한국 근현대사를 수놓은 인물들(1)

오영섭

景仁文化社

한국사를 움직인 인물들과 인연을 맺기 시작한 것은 고교시절부터이다. 당시 방학 때면 남산의 국립도서관에 공부하러 갔었는데, 이따금 도서관 앞마당의 바위에 새겨져 있는 안중근의 글귀들을 훑어보곤 하였다. 그러면서 안중근이란 인물의 생각이나 행적은 어떠했는가에 대해 어렴풋한 의문이 들기도 하였다. 그러나 한국사에 대한 기본 지식의 부족으로 말미암아 그러한 의문을 그냥 덮어둘 수밖에 없었다.

대학 2학년 1학기를 마치고 휴학 하는 동안 잠시 동양 고전을 탐독한 적이 있었다. 그때 재미있게 읽었던 책 중의 하나가 『사기열전』이었다. 거기에 나오는 수많은 인간 군상들의 역동적인 삶을 대하면서 탄복한 적이 한두 번이 아니었다. 그 후 4학년 1학기 때에 서얼들의 역사책 『규사』를 읽으면서 제도와 시대의 질곡을 넘어서려는 주변 집단들의 눈물 어린 노력에 깊은 감명을 받았다. 이어 대학원에 가서 조선후기 신분사와 사상사를 연구해 보려는 생각에서 박제가의 생애와 사상 및 그 주변 인사들에 관한 책과 논문을 찾아서 읽었다. 몇 년이 지나 뒤늦게 석사과정을 시작하기 위해 춘천에 거처를 정한 첫날밤 늦게까지 『안응칠역사』를 처음 읽으며, 나중에 한국 근현대 인물들의 생애와 활동을 다룬 전기서를 내보겠다는 생각을 품기도 하였다.

대학원에 들어가기 이전의 짧은 경험을 통해 사회운영 주체로서의 인간과 인간집단의 활동이나 생각에 대해 깊은 관심을 갖게 되었다. 역사의 거시적·구조적인 발전의 동인과 양상을 추구하는 사회경제사 분야보다는 구체적·개별적인 인간들의 행위와 사상을 연구하는 인물사 분야가 개인적 취향에 들어맞는 분야라고 생각했기 때문이다. 이러한 취향에 따라 그간 한국 근현대 인물사 분야 가운데 미진한 부분을 학문적으로 개척하고 정리하기 위해 정력을 경주하여 왔다. 19세기에서 20세기 초엽까지 한국의 최대 재야학파인 화서학파의 사상과 활동을 박사학위 논문의 주제로 택한 것도 그러한 노력의 일환이었다.

이제까지 한국 근현대사를 수놓은 여러 인물들을 연구할 때에 하나의 원칙만은 일관되게 지키려고 노력하였다. 그것은 특정 인물들의 활동과 사상을 당대 역사의 거시적 흐름이나 조건 속에서 파악하려고 애썼다는 점이다. 이와 관련하여 그동안 한국 역사학계의 근현대 인물연구 경향은 특정 인물을 당대의 역사적 상황이나 조건 속에서 파악하지 못하고 지나치게 시대를 뛰어넘어 활동하고 사고한 것처럼 서술하여 왔다. 이러한 몰역사적인 과장된 해석양태는 인물 연구자가 자기가 다루는 인물의 활동과 사상에 대해 엄정하고도 비판적인 시각을 견지하지 못하고 그 인물의 대변자나 지지자 수준에 그치고 말았음을 의미하는 것이다. 이로 말미암아 한국 근현대 인물들에 대한 그간의 연구들 가운데 상당 부분은 새로운 연구자의 접근을 기다리고 있다고 말해도 과언이 아닐 것이다.

한국 근현대 인물을 이해함에 있어 역사적 상황이나 시대의 흐름을 전체라고 한다면 특정 인물의 활동이나 생각은 부분에 해당한다고 말할 수 있다. 또한 당대 사회를 선도하며 시대정신을 창출한 뛰어난 인물을 전체라고 한다면 그를 도와준 인물들은 부분에 속한다고 말할 수 있다. 이때 전체가 부분의 사상과 활동에 지배적인 영향을 미치는 것은 당연한 것이며, 또 전체와 부분이 유기적이며 상보적인 연관관계를 맺게 되는 것은 필연적인 것이다. 그럼에도 특정 인물의 사상과 활동을 다룸에 있어 부분이 전체를 규정하고 앞서간 것처럼 서술하는 것은 역사연구자로서의 엄정함과 냉정함을 상실하는 것이다. 이러한 문제의식을 유념하면서 한국 근현대 인물들을 연구하는 경우, 특정 가문이나 집단이나 교단이나 기념사업회의 기대에 어긋난 결과가 나오기도 한다. 그렇지만 이러한 문제는 역사적 진실을 파헤치는 작업에 흥미를 지닌 모든 연구자들에게 차라리 피할 수 없는 것은 숙명과도 같은 과제라고 하겠다.

이 책은 최근 몇 년 동안 학술지에 발표한 논문들과 근자에 새로 집필한 미발표 논문들 가운데 한국 근현대 인물들에 관계된 것들을 골라 보완·수정 작업을 가한 다음에 출판한 것이다. 여기에 수록된 인물들 가운데 김가진·신익희·이범진·이도철·안태훈·이준용에 관한 논문들은 저자가 처음으로 학술적 체계를 갖추어 소개하는 것이다. 나인영·이용태에 대해서는 두어 편의 연구논문이 나와 있으나 새로 쓴다는 마음가짐으로 집필하였다. 그리고 이동휘·안공근·최남선·정인보·안재홍에 관한 논문은 기존의 연구성과들을 참작하는 가운데, 그간 새로이 발굴된 약간의 자료나 기존연구와 달리 생각하는 점들을 첨가하여 집필하였다. 이상의 인물들 중에는 그들의 전생애 가운데 일부분만을 다룬 것들이 있는데, 이에 대해서는 차후의 후속 연구를 통해 보완하려 한다.

이 책에 수록된 논문들 가운데 안재홍의 민공협동운동을 다룬 논문은 유일하게 박사학위를 취득하기 이전에 집필한 논문이다. 원래 이 논문은 1992년 상반기 박사과정 첫 학기때에 기말 리포트로 제출한 것을 1998년에 학술지에 발표했다가 이번에 다시 문장을 수정하여 수록한 것이다. 그런데 1999년 이후 안재홍에 대한 후속 연구들이 잇달아 나와서 이 논문은 학술논문으로서의 생명력을 상실하고 말았다. 그럼에도 굳이 이 책에 수록한 것은, 지금은 물론 생각이 달라졌지만, 거기에는 한국사 연구에 뜻을 두었던 시기에 우리 역사와 현실의 난맥상을 어떻게 타개해 나갈 것인가 하는 문제에 대한 저자 나름의 소박한 문제의식이 담겨있다고 생각하기 때문이다.

이 책을 펴냄에 있어 많은 분들로부터 이러저런 은혜를 입었다. 우선 故 이기백 선생님은 한국사의 사실들을 유기적인 상관성 속에서 파악할 수 있는 시각을 제시해 주셨고, 故 최영희 선생님은 역사가의 여유로운 자세를 가르쳐 주셨고, 유영익 선생님은 글쓰기와 논문읽기를 비롯하여 연구자에게 필요한 기본소양을 하나하나 자상하게 가르쳐 주셨다. 또한 이현희·조광·권희영·한홍구·이창식 교수님, 양윤모·김동환·연갑수·신운룡 박사님, 그리고 이기만 사장님은 이 책에 수록된 논문들을 발표할 기회를 주셨다. 마지막으로 난삽한 원고를 책으로 만들어 주신 경인문화사의 한정희 사장님과 신학태 실장님께 감사드린다.

2007년 3월 31일
오 영 섭

목 차

제2부 근왕 성향을 나타낸 인물들

제1장 을미사변 이전 이범진의 정치활동

제2장 이도철의 생애와 애국 활동

제3장 강화도에서의 이동휘의 근왕적 민족운동

제3부 안중근 의사의 부친과 동생

제4부 반일에서 친일로 넘어간 인물들

제1부

개화-애국계몽 계열의 인물들

제 **1** 장

김가진의 개화사상과 개화활동

I. 머리말

한국근대사에서 1870～1890년대는 전근대사회에서 근대사회로 이행을 준비하던 사회변동기였다. 이때 개화파들은 외국의 선진 문물과 제도 도입을 강력히 촉구하며 열혈같은 개혁의지와 혁신적인 개혁구상에 따라 갑신정변·갑오경장·독립협회운동 등 제반 개혁운동을 이끌었다. 이들의 궁극적 목적은 제국주의 열강의 대한침략을 저지함으로써 조선의 자주권을 수호하고, 구래의 봉건적 굴레를 극복함으로써 조선을 근대적인 민족국가로 만드는 것이었다. 한마디로 이들의 삶의 궤적은 한국근대 민족운동사와 개혁운동사를 대변할 뿐 아니라 해방 이후 한국 사회의 전개와 발전에 직결되어 있다.

東農 金嘉鎭(1846.1～1922.7)은 대표적 개화파 가운데 한 사람이다. 한시와 서예 분야에도 일가를 이룬 김가진은 반청연일 개화관료·애국(구국)계몽운동가·항일독립운동가로 세간에 널리 알려져 있다. 그는

1880년대에는 고종과 명성왕후의 근시(別入侍)로서 초대 인천항감리·제2대 주차일본공사·참의내무부사 등직을 맡아 고종정부의 개화정책을 충실히 수행하였다. 1890대에는 개혁주체 세력의 일원으로서 갑오경장과 독립협회운동에 가담하여 제도개혁과 민권신장을 위해 노력하였다. 1900년대에는 궁내부특진관·중추원의장으로서 재정확충에 필수적인 조세개혁과 양전사업을 건의하였고, 대한협회 제2대 회장으로서 구국계몽운동에 앞장섰다. 1919년 3·1운동 후에는 조선민족대동단의 총재로서 의친왕 李堈의 중국 망명을 주선하였고, 이어 아들 毅漢과 함께 상해로 망명하여 대한민국임시정부에서 독립운동을 벌이다가 사망하였다.1)

　현재 김가진의 생애와 활동의 성격을 둘러싸고 학자들간에 약간의 견해차가 있다. 일각에서는 김가진이 일본세력의 후원 하에 단행된 갑오경장에 참여하였고, 충남관찰사 재직 시에 홍주의병장 민종식을 체포 압송했으며, 친일혐의를 받기도 하는 계몽단체 대한협회의 회장직을 지냈고, 한일병합 후에 일본으로부터 작위[男爵]을 받았다는 사실 등을 내세워

---

1) 이제까지 김가진을 약간이나마 논급한 연구는 다음과 같다. 1880년대 김가진의 활동을 언급한 연구로는 이선근, 『한국사:최근세편』, 을유문화사, 1961 ; 임명덕, 『袁世凱與朝鮮』, 臺北: 중앙연구원 근대사연구소, 1970 ; 구선희, 『한국근대 대청정책사 연구』, 혜안, 1999 ; 권혁수, 『19세기말 한중 관계사 연구』, 백산자료원, 2000 ; 김수암, 『한국의 근대외교제도 연구』, 서울대 외교학과 박사학위논문, 2000 ; 한철호, 「개화기(1887~1894) 주일 조선공사의 파견과 외교 활동」『한국문화』27, 2001. 1890년대 김가진의 활동을 언급한 연구로는 신용하, 『독립협회 연구』, 일조각, 1976 ; 유영익, 『갑오경장연구』, 일조각, 1990 ; 송경원, 「한말 안경수의 정치활동과 대외인식」『한국사상사학』8, 1997 ; 한홍수, 「서재필의 귀국 활동과 독립협회 창립」『한국사』41, 국사편찬위원회, 1999. 1919년 3월 이후 김가진의 독립운동에 대해서는 신복룡, 『대동단실기』, 양영각, 1982 ; 장석흥, 「조선민족대동단 연구」『한국독립운동사연구』3, 1989 ; 이현주, 『국내 임시정부 수립운동과 사회주의세력의 형성(1919~1923)』, 인하대 사학과 박사학위논문, 1999. 또 김가진의 생애에 대한 대중용 약전으로는 북악사학회 편, 「김가진(1846~1922)」『역사에 비춘 한국 근현대 인물』, 백산출판사, 1997.

그를 친일인사로 간주하고 있다.[2] 그러나 또 다른 일각에서는 갑오경
장~애국계몽운동 동안 김가진이 구국의 동기에서 조선의 근대화를 위
해 힘썼으며, 지방 관찰부나 대한협회에서의 활동도 친일적인 것으로 간
주할 수 없으며, 1910년 대한협회 고문으로서 한일병합을 반대하였고,
병합 후에는 일제의 식민통치에 참여하지 않았고, 3·1운동 후 국내외에
서 독립운동을 벌였던 여러 사실 등에 비추어 그를 민족운동가로 보아야
한다고 주장하고 있다. 한국근대사의 주역 가운데 한 사람인 김가진을
둘러싼 이러한 논란은 앞으로 그의 생애와 사상에 대한 실증적·객관적
연구가 이루어짐에 따라 자연히 해소될 전망이다.

　본고에서는 1870~1890년대 김가진의 개화사상과 개화활동을 아직
학계에 공개되지 않은 "김가진문서"를 중심으로 논급하겠다.[3] 그간 개
화기 집권층의 대내외 정책과 개화파의 개화사상·개화운동을 다룬 수
많은 연구들은 김가진의 생애와 사상을 주목하지 않았다. 따라서 여기서
는 기왕의 연구에서 간과된 김가진의 인물과 성향, 교우관계·시회활
동·출사과정, 1880년대 초반 보수유림에서 개화파로의 사상전환 경위
와 그가 수용한 개화사상의 실체, 1880년대 후반 반청외교활동, 반청자
주외교론과 동양삼국연대론, 1890년대 갑오경장·독립협회에서의 개혁
활동 등을 폭넓게 살펴보겠다. 이러한 작업을 통해 개항 전후부터 독립

---

2) 김가진은 '기회주의적 친일파'라는 평을 받기도 한다. 그러나 김가진은 1880년대
　　에 고종 측근 별입시로서 반청자주 외교활동을 펼쳤고, 대한제국기에 중추원의
　　수장으로서 재정확충을 위한 구본신참의 세제개혁안을 올렸고, 국망기에는 한일
　　병합 반대운동을 펼쳤으며, 경술국치 후 일제 식민통치에 참여하지 않았고, 그리
　　고 3·1운동 후 독립운동에 가담한 인물이다. 이런 측면들을 감안하면 앞으로 김
　　가진의 일생에 대해서는 좀더 철저한 실증적·분석적 연구가 이루어져야 한다고
　　생각한다.
3) "김가진문서"는 김가진의 손자 金滋東씨가 소장하고 있다가 연세대 중앙도서관
　　에 기증하였다. 아래에서 구체적 인용처와 출판 연도를 제시하지 않은 일차사료
　　는 모두 "김가진문서"의 자료이다.

협회운동기까지의 역사적 격변기에 김가진이 어떤 활동을 펼쳤으며, 또
그의 사상과 활동이 당대 역사에서 어떤 의미를 가지고 있는가를 살펴보
려 한다.

II. 시회 활동 · 교우관계 및 사상 정향

 김가진은 1846년 1월 29일 서울 북부 順化坊 司宰監 契壯洞(현 종
로구 사직동)의 新橋에서 태어났다. 그의 선대들은 유명한 척화파 인사
이자 우의정을 역임한 仙源 金尙容의 후손으로서 안동김씨척족의 일원
이었다. 부친은 문과급제 후 의정부참정 · 예조판서 · 홍문관대학사 등을
역임한 金應均(1801~1875)이다. 조부는 이조판서에 추증된 金炳星이
고, 증조부는 이조참판에 추증된 金世根이며, 외조는 함양박씨인 학생
朴載周이다.[4] 이처럼 명문 양반가문의 一名양반으로 태어난 김가진은
뛰어난 능력과 자질, 성실성과 근면성, 그리고 주변신분인들이 흔히 지
닌 변통성과 기민성을 바탕으로 봉건적인 신분차대를 극복하고 정1품
의정의 반열에까지 오른 입지전적인 인물이었다.[5]

---

 4) 안동김씨대종회 편, 『안동김씨세보』 6, 회상사, 1882, 293~297쪽. 「친족서」에는
  그의 모친 함양박씨(1808~1853)가 안동군 서부면 내막리에 살았던 朴載周의 둘
  째딸이라고 되어 있다.

 5) 유교 우위의 사회환경에서 자란 김가진도 가부장적인 유교윤리를 철저히 따랐다.
  8세(1853) 때 안동에서 모친상을 당하여 장지를 택하게 되었는데, 이때 그는 봉정
  사 앞산의 花心穴이 길지라는 말을 듣자마자 봉정사로 달려가 3일간 지성으로
  청원하여 장지를 얻어냈다고 한다. 또 18세(1863) 때 부친이 병상에 드러눕자 매
  일 侍湯을 전담하였고, 30세(1875) 때 임종을 맞은 부친을 위해 손가락을 베어
  피를 넣어드려 부친을 소생케 하고 유언을 남기도록 하였다고 한다. 나아가 빈한
  했던 김가진 형제는 식사 때에 새우젓 한 접시를 가지고 서로 사양하다가 남기곤
  하였다고 한다. 『고동농김가진선생약력급행장』, 「東農先生行狀及在海外時遺
  詩等」.

김가진은 다방면에 걸쳐 남달리 뛰어난 재능을 지닌 인물이었다. 그는 신체가 자그마하고 얼굴은 갸름·단아하고 눈은 또렷하여 일견해서 재기 있는 사람이라는 인상을 풍긴다.6) 그는 대체로 "敏銳·활발하다" "총명과 지혜가 과인하다" "박학다식하고 재기가 출중하다" "다재다능하다"라는 등의 평을 받았다.7) 이에 반해 일본측은 "世辭에 능하여 소위 하이칼라적 인물로 薄志弱行의 세평이 있고, 한인측으로부터는 일정한 주의·정견이 없는 사람이라고 비난받으나 교제가 능하여 일견 모가 없는 사람이다"고 보았다.8) 한편 김가진은 개화파 중 일본어와 중국어 실력이 매우 뛰어난 편이었고, 영어는 문장을 해득하고 초보적인 의사소통도 가능할 정도였다.9)

---

6) 제목이 없는 [비망록](1910.1.6)에 의하면, 1888년경 그는 망상이 생기면 밀려드는 고통을 참지 못하고 고래고래 소리를 질러야 가라앉는 '狂疾'에 걸렸다고 한다. 그래서 자칭 '霹靂大神'이라 하였다.

7) 『고동농김가진선생약력급행장』, 「東農先生行狀及在海外時遺詩等」 ; 「동경시사신문초」, 규장각도서, 규7561 ; Arnold H. Savage-Landor 저, 신복룡·장우영 역주, 『고요한 아침의 나라』, 집문당, 1999, 178쪽.

8) 『통감부문서』 8, [韓官人의 경력일반], 국사편찬위원회, 1999, 216~217쪽. 황해도관찰사 재직 시에 김가진은 백성의 재산을 늑탈했다 하여 언론으로부터 비판을 받았고, 중추원 부의장 재직 시에는 봉상시 부제조 宋奎憲으로부터 매관매작했다는 비판을 받았다. 農商工部大臣金嘉鎭 曾在言官之長 所言何事 惟公行鬻爵 議院門前 便同開市 汙衊名器 莫此爲甚 亟宜罷黜勘罪. 『매일신문』, 1898년 6월 7일, 7월 4일, 잡보 ; 『고종실록』, 1904년 7월 25일. 또 1910년대 중후반의 김가진에 대한 일본측의 신랄한 비난에 대해서는 靑柳南冥, 『조선독립소요사론』, 경성: 조선연구회, 1921, 182~183쪽.

9) 새비지-랜도어 저, 신복룡 역, 『고요한 아침의 나라』, 178쪽. 김가진은 어려서부터 刻苦勉勵하여 한시와 서예에 일가를 이루었다. 중국 晉唐 이래 명가들의 서체를 두루 공부했으며, 만년에는 米芾과 董其昌의 필법에 심취하였다. 한시는 中唐 이전의 체제를 깊이 연구하여 老杜의 격조에 다다랐다는 평가를 받았다. 김가진이 남긴 글씨로는 창덕궁 秘苑 亭榭의 楣額과 楹聯 및 각 부의 편액, 안동 봉정사 등 지방 각지의 편액, 길이 5척의 주일공사관 편액('大朝鮮國欽差大臣公署')을 썼다. 또 독립문에 새겨진 글씨를 썼다고도 한다. 「이력서:부록사업」 ; 「동경시시신문초」 ; 정정회, 『장강일기』, 학민사, 1998, 26쪽.

김가진은 5세(1850) 때부터 가숙에서 한학을 공부하였다. 그러나 8세 때 모친이 사망하는 불운을 겪었다. 3칸짜리 초가집에서 굶주림과 추위에 시달리는 극도의 생활곤란을 겪으면서도 남다른 포부와 이상을 굽히지 않고 열심히 공부하였다. 이후 그는 어느 시점에 안동을 떠나 서울로 올라가 서울생활을 시작한 것으로 보인다. 당시 그가 서울에서 어떤 학통과 경향을 지닌 학자에게 배웠는가는 잘 알 수 없다. 다만 당시 북촌 양반가의 자제들이 흔히 북학사상을 가학으로 계승했던 것처럼, 그도 위정척사론에 입각한 도학 위주의 공리교육보다는 북학계의 실학사상에 근거한 科學(과거) 위주의 실용교육을 받았을 것이다. 여하튼 그는 장기간 수학한 결과 16세(1861)경에는 經·史·子·集에 '달통'하여 주변인들로부터 학문이 숙성한 인물이라는 평가를 받기에 이르렀다.[10]

김가진은 1860년대 전반 경부터 시회(詩壇·詩社)활동에 적극적으로 참여하였다. 시회활동은 신분장벽에 짓눌려 고생하는 그에게 활동양상·교우관계 및 환로진출을 좌우할 만큼 각별한 의미가 있었다. 시회활동의 무대는 자신의 선비적·문학적·학자적 자질과 능력을 유감없이 발휘하는 작은 공연장인 동시에 신분차대에 짓눌린 심신을 위로받는 유익한 탈출구였다. 처음에 그는 자신과 신분이 비슷한 북촌 출신의 양반자제들과 詩契를 만들어 시회를 열었는데, 이러한 모임은 그가 1919년 10월 상해로 망명하기 전까지 수십 년간 지속되었다. 이러한 시회활동의 결과물은 현재 남아있는 "김가진문서" 가운데 가장 많은 분량을 차지하고 있다.[11]

---

10) 「이력서:부록사업」 ; 『고동농김가진선생약력급행장』, 「東農先生行狀及在海外時遺詩等」.

11) 현존하는 김가진의 시집은 병인양요 전후에 지은 『續漢上題襟集』(68쪽)·『東農未定艸』(A)(32쪽), 1868~1869년작인 『東農詩錄』(A)(28쪽), 『東農詩錄』(A)의 초고본이며 간행본에 빠진 시가 다수 수록된 『東農詩錄』(B)(104쪽), 1876년 전후 작품인 『東農未定草』(B)(18쪽)·『東農詩錄』(C)(54쪽), 1887~1896년작인 『詩

1900년대 이전의 시집들을 보면, 시회활동에서 김가진이 어떤 인물들과 교분을 나누었는가를 어렴풋이 알 수 있다. 1860년대 전반부터 1900년 이전까지 그가 꾸준히 참여한 시회는 北社였다. 그가 지은 詩題에 자주 나오는 '北社諸君子'·'北社諸益'·'北隣諸友'·'北社諸友'·'北社諸伴'·'同社諸益'·'北社諸公' 등은 북촌의 양반자제 중에 그와 사회·경제적 처지가 비슷한 사람들로 구성된 시동인들을 말한다. 19세기 중후엽의 일명계-중인계 시단에 대한 자료가 별로 남아있지 않은 관계로 이들의 이력을 일일이 확인할 수 없는 실정이다. 다만 그의 시제에 첨부된 협주에 자주 나오는 天游 朴文達·棣堂 洪輪鍾(참봉)·友海 洪淳謙 등 미관말직에 머문 평범한 인사들이 북사의 회원들이었다.

북사 동인들 외에도 김가진은 병인양요 전후에 廣州 三峰에 향제를 지닌 '醉箕尙書'와 서울의 '厚翁尙書' 등 정부의 전·현직 고관으로 여겨지는 인물들과 인연을 맺었다. 이때 그는 그들이 주최하는 연회에 참석하여 시를 지어주거나 그들이 서울 근교로 야유회를 나갈 때 자주 모시고 다니면서 시회의 여흥을 돋우는 도우미 역할을 맡았다. 이처럼 대관들을 모시고 자주 시회를 벌이며 그들의 시중을 드는 과정에서 김가진은 신분장벽을 극복하고 점차 사회적·정치적 입지를 구축해 나가기 시작했을 것이다.

1870년 봄(만24세)에 김가진은 '詩契'의 일원이 되었다. 시계는 북촌의 일명양반 중에 '篤厚好古'한 이들이 '會文輔仁'·'有過相規'·'有難相救'하려는 의도에서 조직한 시모임이다.[12] 시계는 1833년부터

錄』(63쪽), 1894~1897년작인 『隨錄』(45쪽), 1897~1900년작인 『東農詩錄』(D)(54쪽), 1901~1912년작인 『東農詩錄』(E)(72쪽), 1912~1919년작인 『東農詩錄』(F)(56쪽) 등이 있다. 이 외에도 약간의 帖子형 차운시와 다수의 낱장시가 있다.

12) 「詩契帖」. 계원은 李世凡·徐贊輔·元用星·丁大英·徐晚輔·朴義成·申

1849년 사이에 태어난 22세에서 38세까지 청장년 선비 24인으로 구성되어 있었다. 여기에는 김가진의 절친한 친구이자 갑신정변 때 김옥균·서광범 등 급진개화파에게 살해된 좌영사 浣西 李祖淵(成), 목천군使官 역임 후 尹雄烈을 따라 남병영에서 근무했을 뿐더러 尹致昊와 친분이 두터웠던 錦樵 朴羲成(1838년생) 등이 포함되어 있었다. 이처럼 시계는 북촌의 양반자제들이 인격수양과 친목도모와 상호부조를 목적으로 조직한 시모임으로서 계원의 상당수는 북사의 회원을 겸했던 것으로 파악된다.

김가진은 개화성향의 인사들과 시를 통하여 교분을 맺었다. 그의 시에 가장 먼저 나오는 이는 金宏集(金弘集)이었다. 조선후기의 명문벌족인 안동김씨와 경주김씨가 배출한 신진기예인 양인은 1866년 대보름날 一翁亭에서 열린 시회에서 북사의 멤버로 보이는 洪輪鍾·洪淳謙·沈定澤·朴文達 등과 함께 시회를 가졌다. 또한 김가진은 1870년대 후반경부터 1890년대 전반경까지 滄江 金澤榮과 누차 시를 주고받으며 교분을 쌓았고, 1880년 전후 규장각 직학에 임명된 洪英植에게 은근히 기대를 표하는 시를 지어주었다.[13] 그리고 1892년 11월경에 翠雲亭 유폐생활에서 풀려난 矩堂 兪吉濬과 갑오경장 직전인 1893년 겨울밤에 몇 차례 만나 시를 화작하였다.[14]

김가진의 시회활동과 교우관계에서 가장 주목할 만한 인물은 北社의 회원이자 詩契의 계원인 李祖淵(1843~1884)이었다. 1865년경 김가진과 이조연은 20대 전후의 혈기방장한 나이에 절친한 친구가 되었다.[15]

明秀·趙昌鎬·李在璋·洪淳謙·李祖成(淵)·尹奉求·鄭徽源·兪致穆·沈賢澤·南相說·李政翼·金嘉鎭·姜龜秀·兪果煥·金商喆·金基龍·李奎儀·鄭匡潤(나이순) 등 모두 24인이다.

13) 『東農詩錄』(C), 「贈洪琴石直學」. 文昌新入紫微垣 妙歲聲名萬口喧 一擧承恩登榜日 十年乞暇讀書村.

14) 유길준과의 시회에서 지은 시는 모두 6수가 남아있다.

15) 「祭文李浣西祖淵」. 嗟余受知 自弁之年.

1870년대 중·후반에 양인은 일명양반에게 배당되는 자리인 규장각 검서관직에 같이 근무를 했었다. 이때 김가진이 이조연과 화작하거나 혹은 혼자서 지어 이조연에게 선사한 「贈浣西」·「贈浣西秘書」·「奉賀李祖淵秘書」·「與浣西言懷」·「述懷與浣西」 등의 시에 나타난 양인의 관계는 참으로 각별하였다.

김가진과 이조연은 수시로 격의 없이 시를 화작하였다. 그 중에는 「贈浣西」의 "하늘이 나를 낳고 다시 자네를 낳았지만 / 우리를 남들과 어울리지 못하게 만들었네",[16] 「贈浣西秘書」의 "우리의 우정이 어떤가는 다시 물을 필요 없지 / 옛날에 雞壇에서 굳게 맹세했기에",[17] 「與浣西言懷」의 "자나 깨나 잠시도 자네를 잊지 못하네 / 서로를 알아주니 우리 肝腸과 같은 사이라네 /…/ 온 산에 빼곡한 계수나무 숲 정자에서 / 훗날에 更張을 함께 하자고 작정했었지"[18] 라고 읊은 구절들이 있었다. 이를 보면 동일한 신분적 처지를 지닌 양인은 그야말로 서로의 신세를 아파하며 肝膽相照의 막역한 관계를 맺었을 뿐더러 거기에서 일보 전진하여 훗날 함께 개혁('更張')을 추진하기로 굳게 약속했음을 알 수 있다.

김가진의 지기 이조연은 연안이씨 소부감판사공파 21세 李承明의 서자인 李用奎의 외아들이다.[19] 그런데 그는 북학계 실학자 朴趾源의 손

---

16) 『東農詩錄』(C), 「贈浣西」. 蒼穹生我復生君 寄與人間却不群 半世行藏同豹霧 百年心事托龍雲 當杯易露钁狂氣 落筆飜成悽楚文 歲暮寒天仍閉塞 四時誰道是平分.

17) 『東農詩錄』(C), 「贈浣西秘書」. 交情不復問何如 宿昔雞壇誓笠車 浪跡叨縻仙府職 淸時同掌史官書 十年雨露憐葵藿 一夢江湖愧島魚 攜手同歸他日約 與君珎重倘無虛.

18) 『東農詩錄』(C), 「與浣西言懷」. 寤寐尋常不暫忘 知君許我好肝腸 黃金可是交人物 綠醑堪爲度他方 北社頻年多負約 一燈今夜培先光 滿山叢桂滿樓月 明日相思意更張.

19) 연안이씨종친회 편, 『延安李氏 小府監判事公派大譜』 3, 2002, 19~20, 73~74쪽. 황현은 이조연이 李石亭의 양자로 들어갔다고 했으나 명확치는 않다

자이자 개화사상의 비조인 朴珪壽와 긴밀한 관계를 맺고 있었다. 즉, 황현은 "이조연이 처음에 재주와 슬기로서 박규수에게 알려지게 되었다"고 하였고, 김택영은 "박규수의 문하에서 배웠는데 당시 재주가 있고 슬기롭다고 일컬어졌다"고 했다.[20] 이에 반해 김가진은 이조연을 추모하는 제문에서 "이조연이 일찍부터 박규수를 섬겨서 직접 의발을 전수받았다. 그래서 재야에 있을 때부터 이미 명성이 널리 알려졌다"고 하였다.[21]

위의 기록들을 보면 이조연이 박규수의 의발을 전수받은 수제자였는가는 불분명한 문제이지만, 적어도 박규수의 제자였던 것은 분명한 사실이었다. 뛰어난 재주로 미루어 이조연은 박규수의 중요 제자(高足) 가운데 한 사람으로서 스승으로부터 북학계의 문호개방론과 통상외교론과 신분개혁론을 비롯한 초기 개화사상을 충실히 전수받은 사상적 후계자였음을 알 수 있다. 이러한 점에서 박규수의 초기 개화사상의 정통 계승자는 기왕에 널리 알려진 것처럼 박규수의 사랑방에 모여든 김옥균·홍영식·박영교·박영효·서광범 등 이른바 급진개화파가 아니라[22] 오히려 갑신정변 때 그들에게 죽임을 당한 이조연과 그 주변 사람들일 가능성이 높다고 생각한다.

이조연의 출사시점은 분명치 않다. 다만 1879년 12월 규장각 검서관에서 6품으로 승진하여 1880년 5월 서광범이 규장각 직학을 맡기 훨씬 전에 이미 비서직을 수행하고 있었다. 이로 보아 그의 출사 시점은 개항 전후인 것 같다.[23] 그러나 뛰어난 재주를 지녔음에도 불구하고 그는 신

---

20) 황현 저, 김준 역, 『매천야록』, 교문사, 1994, 131, 160〜161쪽, 李祖淵始以才諝 爲朴珪壽所知 ; 김택영 저, 조남권 등 역, 『김택영의 조선시대 韓史綮』, 태학사, 2001, 503〜504쪽.
21) 「祭文李浣西祖淵」. 天生吾公 瑚璉其質 早事瓛齋 親傳衣鉢 自在布衣 令譽旁達.
22) 이광수, 「박영효씨를 만난 이야기」, 『이광수전집』 17, 1962, 401쪽.
23) 『승정원일기』, 1879년 12월 1일 ; 『東農詩錄』(C). 「摛文院冬夜與趙東石學士

분장벽 때문에 顯職에 기용되지 못하고 오랫동안 하급의 실무직인 郞
署직을 전전하였다. 그러다가 1880년 6월 제2차 수신사 김홍집의 '서기
사헌부감찰'로서 3개월간 일본 문물을 시찰한 다음, 1881년 윤7월 수신
사 趙秉鎬의 종사관으로 4개월간 일본을 둘러보았다.[24] 이후 개화정책
을 수행하는 특설기구인 통리기무아문의 주사로 재직 중이던 1882년
2월에 魚允中과 함께 조미수호통상조약 체결에 필요한 조약문의 사전
조율을 위해 問議官의 직책을 띠고 2달간 청국 천진을 다녀왔다.[25] 이
처럼 잦은 외국 사행을 통해 이조연은 일본과 서양의 역사는 물론 서양
의 정치제도와 여권신장 및 여왕통치를 열심히 연구하였다. 그리하여 명
성왕후로부터 "외국 사정에 통달하기로는 이조연 이상 가는 사람이 없
다"는 평을 받았다. 또 그는 풍부한 외국 견문 경험을 바탕으로 명성왕
후의 정치자문역을 수행함과 동시에 특유의 친화력과 유머감각으로 명
성왕후의 총애를 얻었다.[26]

임오군변이 일어나자 이조연은 출세가도를 달렸다. 그는 군변 중에
청군 영접관을 거쳐 청군과 군란의 진압문제를 협의하였다. 또 군변 중
에 청국으로 잡혀가 보정부에 유폐 중인 대원군의 송환을 청하는 사절단
의 종사관으로서 김홍집과 함께 청국에 가서 李鴻章과 필담을 나누었
다.[27] 귀국 후 그는 임오군변 때에 입은 손해에 대해 과다한 배상액을
요구하는 일본의 무리한 요구를 일축한 공로를 가상히 여긴 고종의 특별
조치에 힘입어 1882년 9월 尹泰駿과 함께 과거('到記科')에 급제하였
다.[28] 이후부터 갑신정변 발발 전까지 그는 조선의 개화정책 수행부서

　　　李浣西秘書共賦 贈浣西秘書」.
24) 『승정원일기』, 1880년 윤7월 7일, 11월 4일.
25) 『고종실록』, 1882년 2월 3일 ; 어윤중, 『종정연표』, 국사편찬위원회, 1958, 125~
　　132쪽 ; 이선근, 『한국사:최근세편』, 을유문화사, 1961, 426, 440, 724, 731쪽.
26) 윤효정, 『한말비사』, 교문사, 1995, 72, 80, 101쪽.
27) 『승정원일기』, 1882년 7월 16일, 18일.
28) 황현 저, 김준 역, 『매천야록』, 131, 160~161, 186쪽.

인 기기국 총판, 혜상공국 총판 등직을 거치면서 뛰어난 친화력·외교
력·어학 실력을 바탕으로 수차의 외교사행의 임무를 무난히 수행하고
조약상의 분규를 해소하고 국내 민심을 진정시켰다.[29]

이조연은 고종의 총애와 吳長慶·袁世凱 등 청장들의 측면 지원 하
에 군대를 조련하여 1882년 9월에 친군좌영 감독을, 1884년 9월에 좌영
사를, 12월에 고종의 친위군대를 거느리는 영무처 감독을 맡았다.[30] 아
울러 1883년 1월에는 통리교섭통상사무아문(외아문) 참의에다가 5월에
기기국 총판을 겸하였고, 7월에는 외아문 협판을 맡아 고종과 명성왕후
의 균세외교정책을 보좌하였다.[31] 또 1883년 11월과 이듬해 11월에는
청국으로부터 관세수입을 담보로 차관도입을 주도하는 한편, 銀幣 제조
를 목적으로 화폐기기의 도입을 계획하였다.[32] 이로써 이조연은 민씨척
족도 아니며 더욱이 타성의 서얼신분임에도 불구하고 고종과 명성왕후
의 최측근으로 부상하였다.

개항 이후 외교·통상분야를 중심으로 일명양반들의 정치적 진출이
급격히 확대되었다.[33] 이 과정에서 문반의 이조연과 무반의 尹雄烈이
두각을 나타내며 일명양반들의 정치적 진출의 물고를 터놓는 역할을 수
행하였다. 이어 문반의 윤치호·김가진·이범진·민치헌 등이 고종과

---

29) 「祭文李浣西祖淵」. 群疑滿腹 公則是廓 條約紛糾 公則是柝 玉帛往來 公則
獨勞 綸綍宣布 公則聘毫 三載之間 萬幾其政 獻替彌縫 惟公是凭 上弛主憂
下鎭民情.

30) 『고종실록』, 1883년 9월 18일, 1884년 8월 26일 ; 『승정원일기』, 1882년 12월
15일.

31) 『승정원일기』, 1883년 5월 23일 ; 「통리아문협판선생안」, 규장각도서, 규18157
; 「통리아문참의선생안」, 규장각도서, 규18159.

32) 윤치호 저, 송병기 역, 『국역 윤치호 일기 1』, 연세대학교 출판부, 2001, 28,
197쪽.

33) 황현 저, 김준 역, 『매천야록』, 185~186쪽. 개화기의 대표적 일명양반 출신으로
는 이조연·윤웅렬·김가진·윤치호·민치헌·민영기·이범진·민상호·이윤
용·김영준·안경수·이승만 등이다.

명성왕후의 측근에서 활동하며 중앙정계의 일원으로 편입되었다. 이후 일명양반들은 고종과 명성왕후의 개화정책을 최일선에서 보좌하며 세력을 확대해 갔다. 그리하여 그들은 갑오경장 직후에 설립된 군국기무처 의원의 과반수 정도를 점하면서 신분제의 혁파와 능력본위 사회제도의 실현을 목표로 노력하였다.[34] 이에 대해 황현은 "갑오경장 이후 (일명양반들이) 교대로 大官이 되었으며 당상관 이상의 요직도 5분의 3이나 차지하였다"고 하였다.[35]

당시 이조연은 1882년 6월부터 1884년 10월까지 2년 반 동안 고종과 명성왕후의 총애를 한 몸에 받았을 정도로 일명양반의 선두주자였다.[36] 그래서 한창 때 그는 명성왕후 오라비이자 세도가인 閔台鎬의 견제를 받았을 뿐 아니라 명성왕후가 총애하는 조카 閔泳翊과 함께 이조참판·동지경연사 등직의 물망에 오르기도 하였다. 이러한 이조연은 김옥균·박영효 같은 급진개화파나 이조연의 라이벌 윤웅렬의 아들 尹致昊의 사감 어린 주장처럼, 그리고 현재 남한학계 일각 및 북한학계의 편견 섞인 해석처럼 친청수구 사대파의 화신이 아니라 동도서기적 개혁론을 지닌 온건성향의 친청적 개화관료였다.[37] 한마디로 그는 친일·친청·친미·친로파 인사라기보다는 차라리 고종과 명성왕후의 개혁노선과 외교노선을 충실히 따른 근왕파(近侍·別入侍) 개화관료에 해당하는 인

34) 유영익,「갑오경장과 사회제도 개혁」『동학농민봉기와 갑오경장』, 일조각, 1998, 122~124쪽.
35) 황현 저, 김준 역,『매천야록』, 186쪽.
36)『국역 윤치호 일기 1』, 114~115, 246쪽. 이조연은 1883년 윤태준과 함께 상해에 갔을 때 1백만 냥에 달하는 영국인의 분실물을 찾아주어 조선인의 위신을 드높였다. 고종은 그의 청렴성을 높이 평가하여 아들 李億(『매천야록』의 李倬은 오기임)에게 군수자리를 하사했다. 황현 저, 김준 역,『매천야록』, 160~161쪽
37) 이조연이 한규직과 함께 '러시아당'이며, 또 갑신정변 이전에 尹泰駿과 함께 일본공사관을 자주 드나들었다는 기록도 있다. 井上角五郎,「漢城之殘夢」, 한상일 역,『서울에 남겨둔 꿈』, 건국대학교출판부, 1993, 43, 46쪽

물이었다.

　김가진은 이조연과의 절친한 교우관계를 통하여 출사모색·인맥형성·사상전환·정치노선 등 여러 측면에서 많은 도움과 깊은 영향을 받았음에 틀림없다. 이조연 사후 김가진은 "흉역들이 禍心을 품고 神器를 엿보았고, 자신들이 꺼리는 이조연을 비롯한 賢類들을 척살했다"며 급진개화파가 군주권과 집권세력의 변동을 기도한 점을 강력히 비판하였다.[38] 이로 미루어 적어도 1880년대까지 김가진은 김옥균·박영효 등의 급진적 개화노선보다는 이조연의 근왕주의와 동도서기론에 바탕한 점진적 개혁노선을 지지했을 것이다. 하여튼 이조연과 김가진은 공히 근왕파 개화관료였으나 전자가 다소 친청적인 개화노선을 견지했던 반면, 후자는 다소 친일적인 개화노선을 따랐다는 차이점이 있었다.

Ⅲ. 관계 진출 경위 및 개화사상의 수용

　김가진의 관계 진출 과정과 개화사상 수용과정은 고종과 명성왕후의 문호개방정책 및 개화자강정책과 맞물려 있었다. 성리학적 도학에 침잠한 극소수 재야 산림들과 그들의 제자들을 제외한 대다수 유생들처럼 김가진도 과거를 거쳐 관계로 진출하려 하였다. 병인양요가 일어나자, 청년기에 김가진은 수렴첨정 중인 조대비에게 상소문을 올려 국난을 타개할 개혁구상이 담긴 건의서를 올렸다.

　　21세 시에 때마침 병인양요를 당하여 정부로부터 8도에 通會하야 의용군을 초모하는 등 조야가 긴장할 때 선생은 국가 위난을 좌시할 수 없어 당시

---

38) 「祭文李浣西祖淵」. 惟彼凶逆 忽爲鬼域 醞釀禍心 睥睨神器 所内憚者 二三賢類 道濟於晋 元衡於唐 思先剪翼 然後搚坑 宮闈腥沸 殺氣雲屯.

철종대왕 섭정하시던 조대비전에 정치의 적폐와 문벌의 장벽으로 有爲한 인
재 등용의 애로가 있음을 통렬히 상주하였던 바 이에 감동이 되어 선생을 引
見하게 되니 과연 爲人이 총명하며 兩眼이 형형하고 신체가 堅强하며 또한
문필의 통달한 수재임을 비로소 알게 된 것이라고 한다.[39]

즉, 당시의 모든 젊은이들처럼 입신양명을 위해 관계진출에 골몰하고
있던 김가진은 조대비에게 문벌과 신분 차별을 타파하고 인재를 공정히
등용할 것을 상주한 셈이다. 이러한 정치적 상소운동이 즉각적인 성과를
거두지는 못했지만, 그의 존재를 중앙정계에 각인시키는 계기가 되기에
는 충분하였을 것이다. 또한 이러한 신분개혁론은 갑오경장 초두에 그를
포함한 군국기무처 내의 소장파 개혁관료들이 입안·발포한 '혁명적인'
신분제 개혁안의 선구적 조치였음이 주목된다.

1860년대 중반에서 1870년대까지 김가진의 이력은 자세치 않다. 다
만 병인양요 전후에 홍씨 성을 가진 고위급 문관인 '醉箕尙書'를 모시
고 다니며 자주 시회에 참석하였다.[40] 이때 취기상서는 김가진의 장인
으로서 철종~대원군대에 활약하며 정1품까지 오른 洪在喆이거나 그
주변인일 가능성이 높다. 또 황현에 의하면, 김가진은 學官으로 순천부
사 洪在鉉[41]의 책실(수령의 비공식 비서)을 지낸 다음에 자기 부인과
4촌간인 영변부사 洪鍾軒[42]의 비장이 되고자 노력했다고 한다.[43] 이렇
게 처가의 인사들에게 기대는 불우한 20대를 보낸 후 그는 31살 때인
1877년 11월에 비로소 일명양반 가운데 학문과 능력이 탁월한 인사를
우대하는 자리인 규장각 검서관에 올라 용양위부사용(종9품)의 직책을

---

39) 『고동농김가진선생약력급행장』, 「東農先生行狀及在海外時遺詩等」.
40) 『東農未定艸』(B)·『東農詩錄』(A)·(B)·(C).
41) 도총부도총관·형조판서(1879)·예조판서·사헌부대사헌(1882)을 역임하였다.
42) 이조참판(1878)·도총부도총관·동지사정사(1881)·한성부판윤·사헌부대사헌(1882)
·형조판서(1883)·공조판서(1884)·이조판서(1886)를 역임하였다.
43) 황현 저, 김준 역, 『매천야록』, 188쪽. 김가진과 홍씨들과의 잦은 인연은 그의 부
인이 남양홍씨 洪在喆의 딸이었다는 사실과 무관하지 않은 것 같다.

받아 관계로 진출하였다.44)

1880년 3월에 김가진은 통례원 인의(종6품)에 올라 陞六의 기쁨을 누렸고, 곧이어 7월에 사헌부감찰(정6품)에 임명되었다. 그러나 다시 이듬해부터 장악원 주부·통예원 인의·조지서 별제·장흥고 주부 등 종6품직을 전전하였다. 이렇게 5년간 한직을 거친 후 1883년 1월 20일에 비로소 통리교섭통상사무아문(외아문)의 주사(6품)로 발탁되어 고종의 개화자강정책에 가담하게 되었다.45) 그러다가 1886년 2월에 지난 공적이 감안되어 특설과거인 응제과의 시부문에서 수석을 차지하여 趙秉益과 함께 直赴殿試의 자격을 얻었고, 이어 3월에 병과 23인 중 15위로 閔泳敦·李埈鎔·南廷弼·李範升 등과 함께 급제하였다.46)

1883년 1월 관제개편과 함께 신설·강화된 외아문의 초대 주사직에는 능력과 개화지식은 물론 가문 배경까지 두루 겸비한 젊은 실무가가 주로 임용되었다.47) 그렇기 때문에 해외를 유력한 경험도 없었을 뿐더러 민씨척족의 인척이 아닌 김가진이 실무급 요직인 외아문 주사에 오르기 위해서는 다른 누구의 추천이 필요했다. 이와 관련하여 김가진이 지은 제문을 보면, 이조연이 그를 고종에게 천거했다는 구절이 나온다. 나중에 김가진은 이조연이 자신을 천거하자 감격을 이기지 못하며 이조연을 적극 도와 王事에 자기 일신을 바치고자 결심했었다고 그 당시의 심

---

44) 김가진의 며느리 정정화는 "적서를 타파하고 인재를 등용해야 한다는 상소가 주목을 끌어 32세의 나이에 처음으로 규장각의 말직을 맡게 되었다"고 말했다. 정정화, 『장강일기』, 25쪽.

45) 「이력서:부사업」 ; 『승정원일기』, 1883년 1월 20일. 통리교섭통상사무아문에 대해서는 전미란, 「통리교섭통상사무아문에 관한 연구」 『이대사원』 24·25합집, 1989, 213～250쪽.

46) 『승정원일기』, 1886년 2월 29일, 3월 6일, 29일.

47) 1883년 1월 20일 김가진과 함께 신설된 외아문의 주사직에 보임된 사람은 金思轍·南廷哲·鄭憲時·徐相雨·尹起普·高永喆·兪吉濬·鄭萬朝·池運永 등이다. 「통리아문주사선생안」, 규장각도서, 규18156.

정을 토로하였다.[48) 하여튼 그의 서용은 시무에 해박한 젊고 참신한 인재들을 필요로 하는 시대상황, 절친한 지기의 추천, 그리고 그 자신의 능력·자질 및 야망이 맞물려 나타난 결과였다.

그러면 김가진은 언제쯤 어떠한 과정을 거쳐 개화사상을 형성하게 되었는가? 또 그가 정립한 초기 개화사상의 실체는 무엇인가? 이러한 의문점들을 명쾌하게 풀어주는 일차자료는 한정된 편이다. 다만 그가 지은 한시와 '執事'에게 올린 「封書」 등을 통해 대략적인 파악은 가능하다.

현재 남아있는 시를 보면, 적어도 1881년 이전까지 김가진은 여전히 척사사상을 지니고 있었다. 이는 1870년대 중반~1880년대 초반에 지은 『東農未定草』·『東農詩錄』·『詩錄』 등에 실린 「書事」·「咏洋琴」·「聞日本輪船到泊濟物浦與姜白石共賦」·「題洋人畫鶴」 등의 한시에 잘 나타나 있다. 먼저, 개항 전후에 지은 「書事」에서는 중국 개항의 허구성과 침략성을 지적하고 조선도 개항 후 서양세력으로 인해 예악이 붕괴될 것을 우려하며 성인이 다시 태어나서 서양비린내('穢氛')를 깨끗이 씻어내기를 염원하였다.[49) 둘째, 개항 후에 지은 「咏洋琴」에서는 洋琴의 기능성을 인정하면서도 '犬羊'의 땅에서 나온 것이라는 부정적 시각을 덧붙였다.[50) 셋째, 1880년에 지은 「聞日本輪船到泊濟物浦與姜白石共賦」에서는 일본의 화륜선이 제물포 부두에 정박하여 요사스런 분위기와 사악한 금수처럼 조선을 더럽히니 임진왜란 당시의 掘冢 만행을 생각할 때 강화와 수호를 요구하는 일본의 의도는 추호도 진심에서 우러나온 것이 아니라는 시각을 보였다.[51) 넷째, 1881년에 지은 「題

---

48)「祭文李浣西祖淵」. 嗟余受知 自弁之年 菀玉不倫 糠粃是前 謂心無他 擧聞于天 余誠不量 感激灑涕 思將附尾 遠致天里 馬革酬遠 盡瘁王事.

49)『東農詩錄』(C),「書事」. 大洋北西沸鯨波 公報中州近若何 開港將軍空歎息 垂簾天子謾悲歌 三千禮樂今安在 百萬犰狳未謂多 焉得聖人能復起 穢霧消盡見清河.

50)『東農詩錄』(C),「咏洋琴」. 有琴狀兀樣 巧製妙難尋 出自犬羊域 能爲山水心.

51)『詩錄』,「聞□本輪船到泊濟物浦與姜白石共賦」. 狂濤四海漲腥塵 濟物津頭

洋人畫鶴」에서는 서양인이 학을 그린 것을 ‘仙禽’이 ‘犬羊天’에 이른
것이라 비유하고 서양인은 ‘羽蟲’과 모습이 흡사한 자들로서 이미 지난
수년간 조선의 예악을 흐려놓았다고 비판하였다.[52] 이처럼 김가진은 서
양 및 일본과의 개국통상과 인적교류가 종내는 조선의 영토상실과 유교
문물의 치명적 붕괴로 이어질 것이라는 점을 깊이 우려하였다. 따라서
이때까지 김가진은 동양의 유교문화를 보존하고 서양의 사상과 문화를
반대해야 한다고 하는 척사사상을 지향하고 있었던 셈이다.

  김가진은 장흥고주부로 재직 중이던 1882년 11~12월경 세도가로 추
정되는 집사에게 「封書」를 올렸다. 제1쪽에는 그의 四祖와 外祖의 이
력이 격식에 맞게 자세히 적혀있는 「봉서」는 집사의 몇 가지 질문에 대
해 그가 장문의 대책으로 답하는 형식을 빌어서 세도재상과 국왕에게 자
신의 개화사상을 진달한 문건이다. 여기에는 과거와 달리 서양세계의 변
화상과 발전상을 긍정적으로 파악한 다음 척사파에서 개화파(동도서기
파)로 옮겨간 그의 사유구조와 초기 개화사상의 실체가 분명히 드러나
있다. 나아가 「봉서」의 본문에 집사가 그에게 ‘以事問之’했다는 구절이
나오는 것을 보면, 1882년 가을경에 이미 김가진은 시무에 능통한 인물
로 세간에 알려졌던 것으로 보인다. 이 문건을 올린 후 한 달 정도가 지
나서 그가 외아문의 주사직에 임명된 것을 보면, 「봉서」는 김가진의 입
신출세에 상당한 영향을 미친 문건이었음을 알 수 있다.

  「봉서」에 나타난 김가진의 세계관 변화와 근대문물 도입론은 국내외
사회상황의 변화, 이조연으로부터의 전문과 영향, 『易言』의 전래와 복
간 등 몇 가지 외부자극을 능동적·주체적으로 수용한 결과였다. 먼저,

  泊火輪 垂二百年初有事 擧三千里豈無人 妖氛敢入金湯地 惡獸難馴化囿春
  倘憶當年陵寢辱 講修寧或暫成眞.

52) 『詩錄』,「題洋人畫鶴」. 仙禽那到犬羊天 却被毫端倣巧然 宜爾高飛歸物表
  爲誰雙舞向花前 荊秦可是鸞棲地 黍粟元非鳳下田 定有羽蟲形似者 亂眞混
  迹已多年.

그는 1880~1882년간에 벌어진 수신사의 일본파견, 신사척사운동의 종식, 통리기무아문을 통한 개화정책 추진, 조미수호조약 체결과 만국공법 체제로의 실질적 편입, 임오군변의 발생과 청군의 진주, 서북인과 제반 差待人들에 대한 출사제한의 철폐, 斥和碑의 철거 등 급변하는 국내정치에 크게 영향을 받았다. 다음, 1880년 6월부터 1882년 3월 사이에 일본을 2차례, 청국을 1차례 시찰하며 주변국의 진보된 문물을 두루 둘러본 후 정력적으로 개화활동을 벌이고 있는 이조연에게 정치적·사상적 영향을 받았을 것이다. 마지막으로, 김홍집이 일본에서 가져온『易言』 (1871년 간행본)의 내용을 전폭 수용하여 자신의 개화사상을 정립함과 동시에 거기에 실린 갖가지 개혁론을 자신의「봉서」에 그대로 원용·반영하였다.

김가진의 개화사상의 원천인『이언』은『海國圖志』·『瀛環志略』· 『만국공법』등과 함께 조선의 초기 개화사상의 형성과 확산에 큰 영향을 미친 개화자강서이다.[53] 여기에는「公法」·「稅務」·「開鑛」·「電報」·「機器」·「船政」·「郵政」·「洋學」·「交涉」·「出使」·「借款」 등 조선이 자주외교와 부국강병을 달성하기 위해서 반드시 배워야할 개혁론의 대강이 수록되어 있었다. 『이언』에 실린 대외개방론과 근대화론이 조선의 균세외교정책과 부국강병정책에 합치된다고 판단한 조선정부는 이 책을 번역하여 민간에 널리 전포하게 하였다. 그 결과로서 청년국왕 고종의 개명조치와 시대상황의 변화를 능동적으로 수렴하여『이언』의 중체서용론을 지지하고 원용하는 동도서기파 유림들이 나오기 시작했다. 이들은 신사척사운동이 고종의 강력한 의지로 종식된 후에 다양한 근대화정책이 담긴 상소문을 올렸다.[54] 김가진도 바로 그 가운데 한 사

---

53) 이광린,「『이언』과 한국의 개화사상」『(개정판)한국개화사연구』, 일조각, 1969, 20~27쪽.
54) 당시 동도서기파 유림들의 면면과 그들의 개화론에 대해서는 이완재,『한국근대초기 개화사상의 연구』, 한양대학교 출판부, 1998, 261~295쪽 동도서기파 유림

람이었다.

김가진의 초기 개화사상의 철학적 기초는 주자학적 變通論과 時宜論에 입각하여 서양의 기술과 문물을 수용하자는 것이었다. 우선 그는 천지가 있으면 動靜이 있고 동정이 있으면 변화가 생기기 마련이므로 변화된 상황에 맞추어 만사를 적절히 대처해 나가는 것이 옳다는 因時制宜의 논리를 강조하였다. 나아가 이러한 변통론은 중국 상고의 伏羲·神農 이래 국가 발전의 일반적인 원리였으며, 서양도 바로 그러한 변통론에 따라 국가를 경영하여 오늘과 같은 부강함과 강성함을 이루었다고 설파하였다. 따라서 그는 외교와 기무를 처리하는 집사에게 조선의 개화·자강을 이룩하기 위한 첩경으로서 서양의 문물 가운데 우수한 점들의 도입과 채용을 적극 촉구하였다.[55]

김가진이 『이언』의 내용을 크게 참작하여 도입과 채용을 건의한 사항들은 軍械·農器, 船艦, 開鑛, 辭令 등 4가지였다.[56] 먼저 軍械·農器에 대해, 서양의 침략을 막기 위해서는 서양의 성능 좋은 대포와 같은 軍器가 필요하고, 토지를 개간하고 생산력을 증대시켜 민생을 편안케 하기 위해서는 農器가 필요하니, 이들을 속히 도입해야 한다고 역설하였다. 둘째, 船艦에 대해, 조선에서 火輪船을 만들려면 기술부족으로 우수한 성능을 기대할 수 없을 것이니 서서히 서양의 제조법을 강구하여 좋은 선박을 만들어 조운에 투입하자고 하였다. 특히, 국가 소유의 륜선이 없어서 國穀이 留滯되는 폐단이 있으니 민간의 상선을 횡탈하여 사용할 것이 아니라 자체로 륜선을 제작하기 전까지는 외국의 륜선을 임대하여 사용하자고 하였다. 셋째, 開鑛에 대해, 국가의 재부 확충을 위해

과 관료들은 갑신정변 직후에 만국공법을 들먹이며 일본과 개화파를 공격하기도 하였다. 오영섭, 「개항 후 만국공법 인식의 추이」『동방학지』124, 2004, 446~ 448쪽.
55) 「封書」, 1~5쪽.
56) 이는 『이언』의 「火器」·「機器」·「船政」·「開鑛」·「考試」 등을 참작하였다.

개광을 적극 찬성하지만 금은을 강탈해 가는 도적을 방비하기 위해서 광부의 액수를 정하고 군대로 하여금 단속하게 하자고 하였다. 넷째, 辭令에 대해, 서양 언어에 능통한 자를 선발하는 과거를 별도로 설치하고, 연소하고 총명한 자를 선발하여 서양 각국에 보내 유학시키거나 혹은 서양 교사들을 초청하여 가르치게 하자고 하였다.[57]

4개항의 서양문물 채용론을 피력한 후 김가진은 자신이 국가와 인민의 생존에 직결된다고 판단한 아래의 12가지 당면 급무를 제시하였다. 12가지는 ① 백성의 뜻을 안정시킬 것, ② 절약과 검소함을 숭상할 것, ③ 뇌물을 금지할 것, ④ 세법에 없는 세금을 혁파할 것, ⑤ 향리를 오래 임용할 것, ⑥ 기계를 널리 퍼트릴 것, ⑦ 남·서·북 3도에 철도를 부설할 것, ⑧ 도로와 교량을 닦되 수형자들을 사역시킬 것, ⑨ 小邑을 통합하여 大邑으로 만들 것, ⑩ 8도의 모든 역을 혁파하여 公行에 제공할 것, ⑪ 울릉도를 개발하여 경계를 개척할 것, ⑫ 서울과 지방의 향리를 모두 감액할 것 등이었다.[58]

상기와 같은 김가진의 시국대책론은 조선의 사상과 제도에 입각하여 서양의 문물을 흡수하자고 주장한 동도서기론에 바탕한 것이었다. 그의 시국대책론 가운데 ①~⑤는 전통적 성격을 지닌 것들인 반면, ⑥~⑫ 가운데 일부는 김옥균 등 급진개화파의 혁신정강 14조 및 갑오개화파의 군국기무처 의안과 흡사할 정도로 개혁적인 측면이 있었다. 특히, 기계 보급, 도로와 교량 개설, 철도 부설, 지방제도 개혁, 향리제도 혁파, 울릉도 개척 등은 그의 개화사상의 선구적인 성격을 잘 드러내 준다. 하여튼 그는 이러한 개혁안의 실행을 위해서는 무엇보다도 기강 확립이 필요하며, 기강 확립을 위해서는 지금부터 상벌을 정확히 하고 호령을 엄히 해

---

57) 「封書」, 5~9쪽.
58) ① 定民志, ② 崇節儉, ③ 禁苞苴, ④ 革他料, ⑤ 久任長吏, ⑥ 廣布器械, ⑦ 鑄銕路於南西北三道, ⑧ 治道路橋梁以胥靡役之, ⑨ 合小邑作大邑, ⑩ 革八路諸驛以供公行, ⑪ 開鬱陵島以拓疆界, ⑫ 京外吏屬一幷減額

야 한다고 주장하였다.[59]

Ⅳ. 개화정책의 수행과 反淸 자주독립론

1883년 1월부터 1894년 6월 이전까지 김가진의 개화활동은 다채롭게 펼쳐졌다.[60] 그의 개화활동은 크게 전기(1883.1~1886.10)와 후기(1886.10~1893.3)로 구분된다. 그는 전기에는 소장급 개화관료로서 개화정책의 일선 실무자로 활약했고, 후기에는 주일외교관으로서 고종의 반청자주외교를 충실히 보좌하였다.

전기에 김가진은 외아문 산하의 인천개항장과 군국사무를 총괄하는 내무부 같은 개화정책 추진기구에 소속되어 활동하였다. 이때 그는 ① 개항·통상 사무 처리 및 시설 설치 전담, ② 전신 시설 및 우정 사무의 기반수립, ③ 농업·목축 시설의 구비작업, ④ 반청친러 외교활동 등을 전개하였다. 그런데 현재 이러한 활동들을 구체적으로 입증할 만한 자료가 부족한 편이다. 특히, ①·②·③의 대내활동은 눈 여겨 볼만한 업적이지만 방증자료가 부족하여 그가 작성한 자필 이력서와 일본인들이 편찬한 인물록에 의존할 수밖에 없는 실정이다.

먼저 ①을 알아보면, 조일수호조규 체결 후 수년간 일본측이 끈질기게 요구한 인천개항건이 1882년 11월 23일에 성사되어 다음해 6월 16

---

59) 「封書」, 9~11쪽.

60) 1883년부터 1893년까지 김가진의 관력은 장흥고주부 겸 통리교섭통상사무아문주사(1883.1)·감리인천항통상사무아문주사(1883.7)·내무부주사(1885.2)·홍문관부수찬(1886.4)·내무부주사 겸 서학교수(1886.5)·홍문관부수찬(1886.10)·주천진 종사관(1886.10)·주차일본공사관 참찬관(1887.5)·동 서리판리대신(1887.7)·동판사대신(1887.12)·공조참의(1889.1)·승정원동부승지(1890.1)·참의내무부사(1890.2)·안동대도호부사(1891.3)·승정원우부승지(1893.5) 등이다. 「이력서:부록사업」.

일 제물포에 부두가 설치되면서 외국과 본격적인 통상무역이 시작되었다.[61] 이에 고종은 1883년 4월 19일 모친(양모)상으로 체직된 김가진을 7월 10일에 특별히 '감리인천항통상사무아문주사'로 삼았다.[62] 즉, 고종은 그의 개화지식과 뛰어난 실무능력을 높이 평가하여 모친상으로 복상 중이던 그에게 특별히 起復行公을 명했던 것이다. 그러나 곧이어 8월 19일 "해관 사무는 고관에게 맡겨야 한다"는 외아문의 건의에 따라 '감리인천항통상사무'에 임명된 趙秉稷(1884년 4월 이후 洪淳學)이 외아문과의 업무협의를 비롯한 인천항의 대외업무를 총괄했기 때문에[63] 김가진은 '인천항 서기관'으로서 인천항의 실무만을 주관했다. 이후 그는 1885년 8월까지 2년여 동안 인천항에서 '精勵刻苦'하며 港署를 설치하고, 일본과 청국의 조계지를 설정하고, 청일 양국 상인과 관련된 상무 처리 등 일체의 대소 사무를 전적으로 주관하다시피('專任幹辦') 하였다.[64] 그리하여 그는 조선의 개항·통상 사무의 기초를 닦는데 크게 기여했을 뿐더러 인천항에서의 업무실적을 바탕으로 내직으로 승차되어 고종의 측근(별입시)로 부상하게 되었다.

②를 알아보면, 1885년 8월 중앙으로 전보되어 내무부 주사에 임명된 김가진은 고종의 각별한 배려('殊遇')에 힘입어 주야로 3번이나 고종을 면대하며 각종의 건의를 올렸다.[65] 김가진이 1886년 10월 천진종사관에

---

61) 渡邊勝美, 『조선개국외교사연구』, 동경: 동광당서점, 1941, 378쪽. 인천항 감리 설치 및 조계설정 등에 대해서는, 이현종, 『한국개항장연구』, 일조각, 1975, 204~207쪽.

62) 「이력서:부록사업」.

63) 『통서일기』, 1883년 8월 19일, 26일, 9월 14일, 1884년 3월 11일, 4월 1일.

64) 「이력서:부록사업」 ; 『통서일기』, 1883년 9월 13일, 10월 10일, 11월 13일, 12월 30일, 1884년 3월 24일 ; 大村友之丞, 편, 『조선귀족열전』, 조선총독부인쇄국, 1910, 220~221쪽. 1886년 9월에 외아문은 '인천항 서기관 김가진'을 개체하고 그 대임에 유학 任午準을 임명하였다. 『승정원일기』, 1886년 9월 25일.

65) 「이력시.부록사업」. 乙酉 任內務府主事 遂蒙殊遇 晝日三接建白.

임명된 직후 올린 사직상소에 "蔭官으로 진출하여 內府에서 기밀을 도왔고 뒤늦게 문관직에 올라 경연에서 총애와 영광이 분수에 넘쳤다"고 회고한 것을 보면 당시 고종의 총애가 어떠했는가를 익히 알 수 있다.[66] 하여튼 김가진은 다시 중앙관료로서 '電報總司'의 설치를 건의하고, 電報學에 해박한 요원을 선정·천거하고, 각국 전보사무 규정을 취합하여 차례로 전설을 가설하여 만국과의 통신을 통하게 하였다.[67] 그리하여 조선의 전신 운용은 이때부터 시작되었다. 나아가 그는 교통과 체신을 총괄하는 郵政司의 총판에 임명되어 사무를 전관하기도 하였다.[68]

③을 알아보면, 1886년에 김가진은 서양 기술을 채용하여 종식과 목축 등의 실업을 확장하려는 의도를 가지고 서울 동쪽의 馬場里와 남쪽의 靑坡에 종목국을 설치할 것을 건의하였다. 이어 국내외의 牛羊·馬猪 등의 가축과 각종의 수목·菜果 등을 구입하고, 서양의 각종 기구를 직접 구입한 다음에 이들 시설을 직접 경영하였다. 이러한 시설들은 개장한 지 10여 년이 지나 약간의 효과를 거두었으나 재원의 부족과 시국의 변천으로 철폐되고 말았다.[69]

이상과 같은 근대시설의 설치와 운용은 어떠한 결과를 낳았는가? 1883년부터 4년간 서울에서 『한성순보』·『한성주보』의 간행에 깊이 관여했을 뿐더러 급진개화파와도 친분이 두터웠던 이노우에 가쿠고로(井上角五郎)는 "그동안 別入侍 金嘉鎭·鄭秉夏·趙存斗·閔有用·

---

66) 『승정원일기』, 1886년 10월 4일.
67) 이때 그는 『이언』의 저자 정관응이 1880년에 번역·출간한 국제전보에 관한 법조집인 『電報新編』(華電局 간행)과 『만국전보통례』를 크게 참고했을 것이다. 『통서일기』, 1885년 8월 21일.
68) 「이력서:부록사업」.
69) 「이력서:부록사업」. 한편 김가진은 1884년 3월경 '외아문 주사' 재직 시에 서양담배를 만드는 관설회사인 順和局을 운영하였다. 신용하, 『초기 개화사상과 갑신정변 연구』, 지식산업사, 2000, 150쪽 ; 이은주, 「개화기 사진술의 도입과 그 영향」 『진단학보』 93, 1992, 163쪽.

金鶴羽 등이 항상 왕궁을 출입하며 제각기 가문의 이익을 도모하고 典圜局·火藥局·牧畜場·英學校·濟衆院·鑛務局을 신설할 때 이를 핑계 삼아 아무런 근거 없이 국고를 낭비하였다. 물론 도로를 고치고 빈민을 돌보는 등 더러 사회에 유익한 일을 한 것도 있으나 대부분은 해당 관리의 주머니만 풍족하게 해주는데 지나지 않았다" 라며 김가진 등 별입시들의 활동을 평가절하하였다.70) 그러나 일본인의 시각에서 국왕 측근의 활동을 부정적으로 파악한 이노우에가 동시에 "김가진 등의 개화활동이 더러 사회에 유익한 결과를 낳기도 하였다"고 말한 대목은 주목할 만하다. 환언하면, 그의 개화활동은 정부의 재정부족과 일반의 개화정책에 대한 반발 내지 몰이해로 인하여 처음부터 어려움이 많았지만, 그럼에도 갖가지 어려움을 극복해 가며 일정 부면에서 다소의 성과를 거두었던 셈이다.

④를 알아보면, 내무부주사 김가진은 이른바 제2차 한러밀약사건에 연루되어 1886년 7월에 원악지(남원부) 정배형에 처해졌다.71) 이것은 갑신정변 후부터 더욱 심해진 청국 주차관 원세개의 강압적 내정간섭에 반발한 고종의 내명에 따라 친러반청활동을 벌이던 별입시들이 원세개의 위세에 밀린 고종으로부터 '형식적' 견책을 당한 것이다. 이때 그는 내무부주사 金鶴羽·全良黙, 죽산부사 趙存斗, 러시아어통역 蔡賢植 등과 함께 별입시의 일원으로서 궁중을 무시로 드나들며 고종과 명성왕후의 밀명을 각국 공사관에 전달하는 역할을 수행하였다.72) 이들은 자주 러시아공사관에 드나들며 베베르공사에게 청국의 간섭을 배제하고 취약

---

70) 정상각오랑, 「漢城之殘夢」, 한상일 역, 『서울에 남겨둔 꿈』, 69~70쪽.

71) 『승정원일기』, 1886년 7월 17일, 22일, 25일, 26일. 당시 러시아가 김가진 등의 처벌에 강력한 이의를 제기했기 때문에 김가진 등은 7월 25일에 석방되었다. 고려대학교 아세아문제연구소 편, 『구한국외교문서 17:俄案 1』, 1969, No.29, 12쪽.

72) 이등박문 편, 『비서유찬:조선교섭자료』 하, 동경: 비서유찬간행회, 1936, 124~126쪽.

한 조선왕국을 보호해줄 것과 만약 러시아의 내정간섭 중지요청을 청국이 수락하지 않는 경우 러시아가 군함을 파견하여 조선을 도와줄 것을 요청하는 비밀문서를 전달하였다.[73] 주지하듯이 고종의 반청친러 교섭은 閔泳翊의 밀고에 의해 실패로 돌아갔고, 이로 말미암아 원세개는 대원군과 상의하여 이준용을 왕위에 앉히고 대원군으로 섭정을 삼으려는 고종폐립음모를 꾸미기도 하였다.[74]

후기에 김가진은 주청·주일외교관으로서 반청자주 외교활동을 활발히 펼쳤다. 그는 한러밀약사건으로 인한 정배형에서 풀려나 다시 홍문관 부수찬에 임명되어 잠시 경연에 참여하였다. 이어 와병 중인 成岐運을 대신하여 1886년 10월 천진주재 종사관에 임명되어 이듬해 5월 신병으로 개차될 때까지 근무하였다.[75] 아마 한러밀약사건을 재차 곡진히 해명하고 그 사건에 대한 중국측의 반응을 타진하는 것이 그의 주임무였을 것이다. 이어 김가진은 1887년 5월에 고종이 반청·친구미 외교노선에 따라 청국의 간섭을 배제하고 조선의 자주독립성을 내외에 과시하고자 한국 최초로 해외에 설치한 주차일본공사관의 참찬관에 임명되었다. 이때 고종은 대간이 천망단자를 올리자 사헌부장령 김가진의 이름을 특별히 더 써넣어 낙점하였다.[76]

고종의 주일·주미 공사관 설치와 외교사절단의 파견은 반청활동의 일환이었다. 즉, 청국 주차관('감국') 원세개의 국왕폐립음모를 벗어난 고종은 온건개화파들을 정계에서 축출하고 민씨척족들과 근시성향의 소장파 개화관료들을 중용하여 권력기반을 공고히 함과 동시에 열강간의

---

73) 정상각오랑, 「漢城之殘夢」, 한상일 역, 『서울에 남겨둔 꿈』, 41쪽.
74) 이선근, 『한국사:최근세편』, 815~836쪽 ; 임명덕, 『袁世凱與朝鮮』, 261~267쪽.
75) 『일성록』, 1886년 10월 12일 ; 『승정원일기』, 1886년 10월 20일, 29일. 1887년 5월 2일. 김가진은 1885년 10월에 旅順·天津·北京·烟臺 등지를 둘러본 적이 있다. 『詩錄:附雜著』.
76) 『승정원일기』, 1887년 5월 21일.

세력균형을 통하여 청의 대한침략을 견제하고자 해외공사관의 설치와 대외사절의 파견을 추진하였다.[77] 이처럼 청국의 압제에서 벗어나려는 고종정부의 자주지향적 외교정책과 조선을 청국의 영원한 번병으로 삼으려는 원세개의 대한간섭정책이 착종하는 가운데 김가진은 외교사절로서 일본에 파견되었다.

주일공사관을 설치할 때에 고종은 김가진이 평소부터 "충성스럽고 신실하고 업무에 치밀하며"('忠信綜核') "마음을 다하여 공무를 받드는"('悉心奉公') 점을 높이 평가하여 그로 하여금 주일공사 閔泳駿을 보좌토록 하였다. 아울러 고종은 민영준이 일시 공관을 비우거나 업무 및 휴가 차 본국에 귀환하는 경우 임시서리공사의 직임을 대행하라는 별도의 훈유를 내렸다.[78] 그러나 민영준이 國書만 봉정하고 한 달 만에 바로 귀국하고 말았기 때문에 주일공사관을 실질적으로 운영한 이는 김가진이었다. 이때부터 그는 1891년 2월까지 약 4년간 주일공사관의 참찬관과 공사로서 조선의 자주외교를 주도하였다.

최초의 주일 상주외교관으로서 김가진은 다양한 임무를 처리하였다.[79] 도일에 앞서 올린 사폐 때에 고종이 주일공사와 참찬관에게 내린 훈유를 보면, 참찬관 김가진의 임무가 잘 나와 있다. 그 대요는 첫째, 일본과 친목·和好를 도모하여 분규를 만들지 말고 만약 분규가 생기면 타협을 힘써 강구하고, 둘째, 본국 사정에 관계되는 사안은 즉시로 보고하고, 셋째, 견문을 넓히고 두루 신문을 열람하여 일본 정부와 인민의 사정을 소상히 보고하고, 넷째, 일본주재 각국 외교사절과 친밀한 교유

---

77) 『승정원일기』, 1887년 5월 16일, 19일. 구선희, 『한국근대 대청정책사 연구』, 165~167쪽.
78) 고려대학교 아세아문제연구소 편, 『구한국외교문서 1: 일안 1』, No.95, 附4, 1965, 441쪽.
79) 주일공사관은 기밀보호를 위해 자음과 모음의 위치를 바꾸는 '一轉撗看'(예, 교섭→녀숩), 자음과 모음의 위치와 순서를 동시에 바꾸는 '再轉換字母法依撗看'(예, 교섭 ›펴웁) 등 2종의 한글암호문을 사용하였다.

를 쌓아 각국 사정을 보고하는 것 등이었다.[80] 그리고 훈유에는 없지만
주일공사의 가장 중요한 임무 중 하나는 일본에 망명 중인 김옥균·박
영효 등 '갑신역적'들의 동태를 수시로 파악하여 보고하는 것이었다. 이
외에도 주일공사는 울릉도 삼림의 불법 벌목꾼 징벌과 목재 환급요청,
근대식 기계 및 서적 구입, 유학생들에 대한 편의 제공, 일본 경유 외교
사절 접대, 르장드르 같은 시무과 외국인의 추천 등 잡다한 업무를 수행
하였다.[81]

  김가진의 주일 외교활동의 궁극적 목표는 '반청자주독립'의 실현이었
다. 평소 '動必以禮 不辱君命'과 '行必以信 無損國體'를 외교관의 신
조[82]로 삼고 있던 김가진은 조선의 군명과 국체의 존엄성을 훼손하는
무례한 노대국 청국에 대해 강한 적개심을 드러냈다. 그러한 대표적 사
례로서 첫째, 김가진은 1887년 8월 민영준이 귀국한 후 주일청국공사
黎庶昌을 禮訪하지 않고 버티다가 이를 문제 삼은 원세개가 조선정부
에 압력을 가하는 바람에 할 수 없이 이듬해 3월 여서창을 찾아보았
다.[83] 둘째, 원세개의 강압적인 내정간섭에 반발한 조선정부가 1889년
3월부터 원세개 퇴진운동을 벌이게 되자, 이홍장의 완강한 반대와 원세
개의 저지공작에도 불구하고 1889년 11월 주일청국공사 여서창에게 원
세개의 소환을 공식 요청하는 문서를 전달하였다.[84] 셋째, 1890년 윤 2
월에 자국의 경제적 불이익을 염려하여 평양개항을 반대하는 원세개의
내정간섭에 대항해 인천과 황해도 鐵島간 륜선 왕래를 위한 조약 체결을

---

80) 『구한국외교문서:일안 1』, 아세아문제연구소, 1965, #950, 附1·2·3·4, 439~441
    쪽. 김수암, 『한국의 근대외교제도 연구』, 195~196쪽.
81) 한철호, 「개화기(1887~1894) 주일 조선공사의 파견과 외교활동」, 306, 310, 312,
    315, 316쪽.
82) 「이력서:부록사업」.
83) 중앙연구원 근대사연구소 편, 『청계중일한관계사료』 5, 대북: 중앙연구원 근대사
    연구소, 1972, #1343-1, 1350.
84) 『청계중일한관계사료』 5, #2687-2688.

시도하였다.[85] 넷째, 조선정부의 자주외교에 대해 이홍장과 원세개의 탄압이 심해지자 1890년 가을부터 고종의 지시 하에 주일 오스트리아공사 비겔레벤(B.R. de Biegeleben)과 비밀리에 수교협상을 추진하였다.[86] 다섯째, 1890년 11월 고종의 지시에 따라 미국공사관 서기관 알렌(Horace N. Allen, 安連)을 통하여 미국주도의 한반도중립화론을 제기하였다.[87] 이처럼 김가진은 주일공사관의 참찬관과 주일공사로 재직하면서 다각도로 반청활동을 펼쳤다.

김가진의 반청외교활동의 백미는 공식석상에서 "동양의 독립국은 청국과 일본뿐이다"고 공언한 청국공사 王鳳藻를 강력히 반박한 일이었다. 당시 김가진은 분노를 금치 못하며 자리를 박차고 연단으로 나아가 비분강개한 어조로 "조선은 당당한 독립국이다. 오랜 역사와 社稷을 가지고 있는 독립국이다. 누가 荒誕無稽하게 우리나라를 욕하고 타국에 예속되었다고 하는가"라고 말했다고 한다.[88] 이러한 반청의식은 1890년 10월경 일본외무대신 아오키 슈조(青木周藏)와 나눈 대화에서도 그대로 나타난다. 아오키가 청국의 조선국왕 책봉, 속방 칭호, 조선국왕의 중국사신 출영, 원세개의 조선내정 간섭 등을 거론하며 조선을 半독립국이라고 말하자, 김가진은 "조선은 요임금 때부터 국가와 임금이 있던 유서 깊은 나라이다" "설혹 중국에 패하더라도 이제까지 한 번도 지배를 받은 적이 없다" "중국과의 使行은 실익은 조선이 챙기고 중국은 명분

85) 『청계중일한관계사료』 5, #1530, 1603, 1654-2.
86) Spencer J. Palmer ed., 1963, *Korean-American Relations*, Vol. Ⅱ, Berkeley and Los Angeles : Univevsity of California, pp. 250~251.
87) 구영록・배영수 편, 『한미관계:1882~1982』, 서울대 미국학연구소, 1982, 24쪽 ; F. H. 해링튼 저, 이광린 역, 『개화기의 한미관계』, 일조각, 1980, 339~340쪽. 이때 외아문독판 민종묵도 고종의 지시에 따라 별도로 미국공사에게 미국 주도의 조선중립화방안을 제안하였다.
88) 윤효정, 『한말비사』, 273~274쪽 ; 細井肇, 『現代漢城の風雲と名士』, 일한서방, 1910, 168~169쪽.

만 가져간다" "조선 국왕은 一言一令을 자주하고 있다" 라고 말하며 조선의 자주성과 독립성을 강력히 옹호하였다.[89]

김가진은 1890년 1월 휴가 차 귀국하여 1월 22일 복명했다. 이때 고종은 일본의 의회설립, 일본의 군사제도와 재정제도, 오스트리아와 조선의 조약체결 등에 대해 질문하며 일본의 현황과 국제정세에 대해 깊은 관심을 보였다.[90] 나아가 경연에서 고종은 일본의 '民會' 설립과 운용, 일본의 한국외교관 대우문제, 주일공사관 매입, 일본 신궁전의 규모, '甲申四凶'의 동태, 황태자 교육 및 천황 출유 등 일본 황가의 여러 사항, 일본주재 미국함대의 동태와 규모 등 많은 사항들을 두루 하문하였다.[91] 이러한 갖가지 질문에 대한 김가진의 대답이 그의 문서에는 실려 있지 않아서 아쉬움을 남겨주고 있다.

김가진은 1890년 2월에 참의내무부사로서 여주목사에 임명되었다. 이어 1891년 3월 자신의 고향이나 다름없는 안동의 대호부사로 전출되었다. 이때 그는 안동부민을 위해 기우제를 지내기도 하였다. 그러다가 그는 1891년 5월 안동에서 도쿄로 바로 파견되어 청국의 조선속방화정책의 구체적 시행지침 가운데 하나인 이른바 另約三端의 취소를 주일청국공사 李經芳에게 요구하는 한편, 오스트리아 공사와 수호조약의 체결을 논의하고 9월에 돌아왔다.[92] 그 후 1893년 3월 일본공사직에서 공식적으로 체직되었다.

김가진이 주일공사에서 밀려나 외직으로 전출된 것은 민씨척족과의 불화 때문으로 보인다. 1891년 6월경부터 흥선대원군과 일본망명객 김

---

89) 서한, 金嘉鎭 → 李鶴圭(1890년 10월경).
90) 『구한국외교문서:일안 1』, #1605, 53쪽 ; 『고종실록』, 1890년 1월 22일.
91) 「筵說」(1890.1) ; 『일성록』, 1891년 9월 21일.
92) 「이력서:부록사업」 ; 『고종실록』, 1890년 1월 22일, 1890년 7월 26일, 1891년 5월 13일, 9월 21일 ; 이등박문 편, 『비서유찬:조선교섭자료』 하, 동경: 비서유찬간행회, 1936, 15~16쪽.

옥균·박영효 등은 일본인 오가와 히롯(小川實)을 매개로 연대하여 민씨척족을 타도하고 정권장악을 기도하였다. 일본에 가있던 김가진·安馹壽·權在衡 등도 인천우체국장 요시다 우지후미(吉田氏文)로부터 이러한 소식을 듣고 김옥균·박영효를 만나본 후에 공모를 결심하였다. 이에 대원군은 박영효와 김옥균에게 일본인 지원병 200명을 모집하여 인천으로 쳐들어올 것을 종용하였다. 왜냐하면 조선에서 소요가 일어나면 청국이 북양함대를 출동시켜 민씨척족의 거두들을 체포하여 중국으로 압송할 것이며, 나아가 청국이 자신과 김옥균·박영효에게 정사를 일임할 것이라고 판단했기 때문이다. 이 계획은 9월에 이르러 박영효·김옥균이 대원군의 제안을 거절함으로써 무산되었다.[93] 그런데 김가진이 대원군·김옥균·박영효 등 민씨척족의 정적들이 기획한 민씨척족 타도음모에 가담한 것은 민씨척족의 부패와 무능에 대해 비판적 입장으로 돌아섰기 때문으로 풀이된다. 이전의 긍정적 민씨척족관에서 부정적 민씨척족관으로의 변화는 두말할 필요도 없이 1891년 전반 이후 김가진이 한직을 전전하다가 갑오경장에 참여하게 되는 주요 동기로 작용하였다.

1891년 3월 안동으로 전출되기 직전에 김가진은 1890년 연말에 조선에 들어와 수개월간 체류하며 조선의 인물·제도·물산·산하 등을 두루 견문했던 서양인 새비지-랜도어와 상당한 친교를 맺었다.

나는 운 좋게 김가진이라는 조선의 거물 정치인과 잘 알고 지냈는데, 실내에서 항상 말총두건을 쓰고 있는 그의 모습을 그려 주기도 하였다. 그는 박학다식하고 재기가 출중했으며 내가 만난 수많은 외교관들 중에서도 가장 뛰어난 외교관이었다. 아무리 애를 써도 그를 쩔쩔매게 할 수 없었다. 질문에 대답하면서 그보다 더 예리하고 철저하게 준비하여 대응하는 사람을 나는 일찍

---

93) 이등박문 편, 『비서유찬:조선교섭자료』 하, 7~17쪽. 이때 박영효 등의 거사음모에 대해서는 유영익, 『동학농민봉기와 갑오경장』, 33~34쪽.

이 본 적이 없었다. 그는 한때 조선의 사절로 일본 막부에 파견되었는데, 매우 짧은 시간에 일본어를 완벽하게 숙달하였다. 그는 중국어에도 아주 능통하였다. 나는 그가 쉽게 영어 단어를 암기하고 있다는 사실을 알았는데, 그는 공부를 시작한 지 며칠이 되지도 않아 아주 짧은 시간에 실제로 며칠 내에 영어를 이해하고 읽었을 뿐 아니라 어느 정도는 의사소통도 했다. 그는 다재다능할 뿐 아니라 대단한 용기와 독립심을 가지고 있기 때문에 왕의 측근의 대부분 간사하고 모함을 일삼는 관리들은 종종 그와 왕과 마찰을 일으키도록 유도하였다. 그는 아직도 자신의 머리가 어깨 위에 붙어 있다는 사실이 매우 경이로운 일이라고 익살맞게 얘기했다. 그것은 너무나 당연했고 다른 사람은 엄두도 못 낼 일이었다. 열렬한 개혁가였고 서구 문명을 극찬했다. 그의 가장 큰 희망은 얘기로만 숱하게 들어왔던 영국과 미국을 방문하는 것이었다. 그러나 이상하게도 같은 대화를 나눈 바로 다음날 아침, 그는 사소한 예의에 어긋나는 행동 때문에 왕명으로 먼 지방으로 귀양을 갔다.[94]

위의 자료에는 뛰어난 외국어 구사력, 문제 해결력과 상황 판단력, 개혁 성향, 서양 근대국가, 특히 미국과 영국에 대한 동경심, 민씨척족과의 불화로 인한 신변 불안감 등 김가진의 다채로운 면모가 잘 나타나 있다. 특히 김가진이 투철한 정치가나 개혁가 내지 사상가라기보다는 외국어에 능통하고 시세에 기민하게 대처하는 실무가나 처세가 내지 외교관에 가까운 인물이라는 점이 잘 나타나 있다.

한편, 1880년대 후반 김가진의 국제정세관은 어떠했는가? 일본에서 김가진은 亞細亞協會의 임원 소네 토시토라(曾根俊虎)・이토 하루히사(伊藤春畝)・야마다 쿠사이(山田空齋)・에노모토 야나가와(榎木梁川)・오토리 게이스케(大鳥圭介)[95] 등과 자주 시회를 열며 친분을 나누었다. 아세아협회는 1880년 3월에 일본의 관리・군인・언론인들이 일본정부의 지원을 받아 설립한 興亞會의 후신으로 동양 삼국이 합심협력

---

94) 새비지-랜도어 저, 신복룡 역,『고요한 아침의 나라』, 176~178쪽.
95) 1888년 가을 김가진은 아세아협회가 마련한 餞別宴에서 주청공사로 나가는 오토리 게이스케를 위해 송별시를 짓기도 하였다.『詩錄:附雜著』,「送大鳥公使之任北京」. 三國山河分鼎足 五洲形勢看棋枰 隣疆豈但如脣齒 交道應無異兄弟.

하여 서양의 침략을 막아내자는 이른바 동양삼국연대론을 표방하고 있었다.96) 따라서 이미 도일 전에 일본시찰 경험이 있는 개화관료들로부터 흥아회의 주의와 현황을 얻어들었던 김가진은 아세아협회 임원들과의 잦은 만남을 통하여 그들의 동양삼국연대론을 자연스럽게 지지하게 되었던 것으로 파악된다.97) 이러한 동양삼국연대론은 1880년대 후반부터 한일병합 때까지 김가진이 품고 있던 국제질서관의 원형임을 주목할 필요가 있다.

김가진의 동양삼국연대론은 흥아회 간사 시절 신사유람단의 조사들과 자주 어울렸던 소네 토시토라의 시에 대한 차운시와 1890년 10월 일본 외무대신 아오키 슈조와 나눈 대담 속에 가장 잘 나타나 있다. 먼저 차운시에서 그는 한·중·일 삼국의 국제관계를 하늘이 내려준 '鼎峙 輔車'의 관계라고 파악하고, 현재 부강을 이룩한 서양이 이를 믿고 병탄만을 일삼아 공법은 종이쪽과 같아졌고 예물도 전쟁을 막지 못하여 천지가 흉흉하게 변했으니, 동양 삼국이 마음과 힘을 합하여 서양을 물리치고 만민을 평안케 해야 한다고 주장했다. 이어 서양의 침략을 막아낼 군사업무를 담당한 소네를 치하한 후 아시아가 일어설 기회는 아세아협회에 달려있으니 서로 주저 없이 화해하고 협력하여 서양에 뒤진 대국을 만회함으로써 태평한 봄날을 세 나라가 함께 맞이하자고 하였다.98) 다

---

96) 이광린, 「개화기 한국인의 아시아연대론」 『개화파와 개화사상 연구』, 일조각, 1989, 139~144쪽 ; 조재곤, 「한말 조선 지식인의 동아시아 삼국제휴 인식과 논리」 『역사와 현실』 37, 2000, 155~158쪽. 1880년대 초반 李東仁·金玉均·安駉壽·李祖淵 등 한국의 외교사절들도 자주 흥아회를 방문하여 동양삼국연대를 지지하는 시를 지었다.

97) 1887년 11월 亞細亞協會 춘계간친회에서 김가진은 협회가입 권고를 받자 "자신도 가입하고 싶은 마음은 간절하나 갑신역당인 金玉均과 竹添進一郞이 종신회원이기 때문에 가입하지 못하겠다"고 말하였다. 『朝野新聞』, 「잡보」, 1883년 11월 30일. 이광린, 「개화당의 대원군관」 『개화파와 개화사상 연구』, 75~76쪽에서 재인용.

98) 『詩錄:附雜著』, 「-次韻和贈日本曾根嘯雲(名俊虎)」.

음 아오키 외무대신과 대담 중에 조선이 외침을 대비하지 않는다는 지적에 대해, 그는 "아시아에서 조선은 솥의 한쪽 다리와 같다. 만약 솥에 다리 하나가 빠지면 양다리가 있다고 하더라도 솥은 반드시 넘어질 것이다. 귀국과 청국이 이 의미를 이해한다면 조선의 독립은 멀지 않았다"고 응대하였다.[99]

이상의 차운시와 대담 내용을 살펴보면 적어도 1890년 이전에 김가진은 1900년 이후 조선지식인들이 점차 경도된 일본중심의 동양삼국연대론이 아닌 동양 삼국이 각기 동등한 위상을 가지고 번영과 평등을 구가하는 순수한 의미의 동양삼국번영론 내지 동양삼국연대론을 신봉하고 있었다. 나아가 그는 만국공법 및 국제외교의 무용성과 약육강식의 제국주의적 국제질서의 야만적 속성을 제대로 파악하고 있었다. 그러나 동시에 그는 장기간 일본에 머물며 근대화된 일본의 제도와 문물을 깊이 경험하고 거기에 감화를 받은 결과 조선독립을 도와줄 선진문명국이 바로 일본이라는 정세인식을 갖게 되었다. 그리하여 그는 일본에서 돌아올 때에 "일본의 정치·법률·군제·사회·농상·공업 등의 좋은 제도를 빠짐없이 마음에 담아와 귀국한 후에 모방하여 행한 것이 적지 않았다"고 하여 자신의 개혁사상과 개혁운동의 모델이 바로 일본임을 토로했지만,[100] 그러나 동시에 일본 문명과 일본인의 제국주의적 침략성을 제대로 파악하지 못한 사상적 한계를 드러내고 있었다.

---

99) 서한, 金嘉鎭 → 李鶴圭(1890년 10월경). 亞細亞之有朝鮮 如鼎之一足 若鼎缺一足 則兩足雖存 鼎必覆 貴國與淸國 若解此意 則朝鮮之獨立 不遠矣.
100) 「履歷書:附錄事業」. 日本政治法律軍制社會農商工業等美規 無不留心 歸國後 倣而行之者 亦有多少.

V. 갑오경장 및 독립협회운동기의 개혁활동

갑오경장은 한국사회를 전근대사회에서 근대사회로 변혁시키려던 본격적 제도개혁운동이다. 일본의 후원 하에 추진된 위로부터의 근대화운동인 갑오경장은 서양의 근대사상과 조선의 실학사상을 수용·계승한 개화파 관료들의 자주독립적·민주주의적·평등주의적 개혁구상이 잘 반영된 사건이었다.[101] 김가진은 이러한 역사적 의의를 지닌 갑오경장에 주체세력의 일원으로 참여하여 그의 생애의 절정기를 화려하게 엮어 나갔다.

1891년 3월 안동부사 부임 경부터 갑오경장 직전까지 김가진은 反閔적 정치성향 때문에 민씨척족들로부터 소외를 당하였다. 즉, 그는 민씨척족 중심의 최고위 정책의결·집행기구인 내무부의 직책에서 밀려나 승정원 우부승지·경연 참찬관·춘추관 수찬·승정원 동부승지 등 비교적 실권이 적은 직책을 맡았다. 따라서 그는 고종의 배려로 중앙관직은 보유했으나 실제로는 권부의 핵심에서 멀어져 있었던 셈이다. 이때 그는 北社회원·金澤榮·유길준 등과 자주 시회를 가졌다.[102]

갑오경장 직전인 1893년 冬夜에 김가진과 유길준이 몇 차례 개최한 시회는 각별한 의미가 있었다. 이때 김가진은 자기 친우들과 함께 유길준을 만나 시회를 벌이며 교분을 쌓았다. 그런데 이러한 시회장에서 양

---

101) 유영익, 「갑오개화파 관료의 집권경위·배경 및 개혁구상」『갑오경장연구』, 일조각, 1990, 178～222쪽.

102) 「이력서:부록사업」;『詩錄:附雜著』. 한편 김가진은 1891년 12월 일본인 마수다 신수케(增田信之)의 제안에 따라 安駉壽·朴定陽·李相在 등과 함께 근대적인 은본위제의 신식화폐조례('대조선국화폐조례')를 상의하여 고종의 허가를 받았으나 실시되지는 못했다. 송경원, 「한말 안경수의 정치활동과 대외인식」, 209～215쪽.

인은 단순히 시만을 음영한 것이 아니라 겸하여 은근히 시사문제를 논의
했을 가능성이 있다. 당시 취운정 유폐에서 풀려난 유길준이 이미 "金
鶴羽 · 權瀅鎭과 朝暮相善하고 趙義淵과도 기맥을 통하며" 은밀한 정
치행보를 펼치고 있었음을 감안하면 그러한 가능성은 한층 높아진
다.103) 환언하면, 두 사람의 잦은 접촉은 민씨세도 하에서 소외된 반청
독립 · 反閔개혁 성향의 소장개화파들이 갑오경장 직전에 개혁집단을
형성해 가고 있었음을 의미한다. 이러한 배경에서 그들은 1894년 5월부
터 청군차병에 반대입장을 나타내며 하나의 세력으로 결집하여 민씨척
족을 물리치고 대원군을 추대하여 정사의 근본적 개혁을 표방하게 되었
다.104)

　　동학농민들이 봉기하자 1894년 5월 초순 자국 상민과 공사관을 보호
한다는 구실 하에 청일 양국군이 조선에 들어왔다. 5월 13일 입경한 일
본군의 무력을 등에 업은 오토리 게이스케 일본공사는 고종에게 내정개
혁을 강요하였다. 이에 조선정부는 申正熙 등 기초위원 3인을 선발하여
남산의 老人亭에서 일본측과 개혁문제를 협의토록 하였다. 이때 청군차
병 문제로 원세개와 사이가 틀어진 집정당상 민영준은 가중되는 일본측
의 외교 압력을 무마하고자 외교 · 내정분야에서 일본통 실무자를 기용
하였다.105) 김가진이 참의내무부사로서 兪吉濬 · 權瀅鎭 · 金鶴羽 ·
趙義淵 등과 함께 다시 권부에 진출한 것은 이런 과정을 거쳐서였다.
이로써 소장개화파들은 일본군의 지원 하에 대원군을 옹립하여 민씨척

---

103) 개벽사 편집국 편, 「민중의 친우-유길준」『유길준전서』, 일조각, 1971, 375쪽.
　　; 이광린, 「구한말 노령 이주민의 한국정계 진출에 대하여」『한국개화사의 제문
　　제』, 일조각, 1986, 191~192쪽. 김학우는 연무공원 司武를 그만둔 다음 유길준
　　과 취운정에서 자주 철야 음주하며 방담하였다.
104) 이등박문 편, 『비서유찬:조선교섭자료』 중, 360쪽 ; 『주한일본공사관기록』 4,
　　[조선국의 정정에 관한 보고서], 국사편찬위원회, 1989, 137쪽.
105) 삼촌준, 「재한고심록」, 한상일 역, 『서울에 남겨둔 꿈』, 118~121쪽 ; 『주한일본
　　공사관기록』 4, [조선정부의 내부정세 보고], 206, 247쪽.

족을 타도하고 갑오경장을 추진하게 되었다.

6월 28일 갑오경장이 개시되자 김가진은 유길준·안경수 등과 함께 군국기무처의 '會議員'으로서 개혁활동을 주도하였다.[106] 일본군의 경복궁점령 직후에 그는 고종에게 궁궐수비에 대한 수습책을 진언한 다음, "단신으로 직접 일본장교와 담판을 갖는 동시에 抗議를 하야 於是乎 日兵을 退闕케 하고 경회루에서 꼬박 17일간 밤낮을 가리지 않고 개혁안을 친히 기초하여 김홍집내각으로 하여금 공포·시행케 하였다"고 한다.[107] 그런데 그가 군국기무처에서 '친히' 기초하여 공포한 의안들이 어떤 성격의 의안이었는가는 자료 부족으로 구체적 실상을 알 수 없다. 다만 그가 궐내에서 숙식하며 개혁작업에 매달린 기간에 입안·반포된 의안들 중에는 그의 개혁사상이 반영된 의안이 적지 않았을 것이다.

갑오경장 초두에 3개월간 존치된 특설 개혁추진기구인 군국기무처는 사회제도 전반에 걸친 2백여 건의 의안을 입안·통과시켰다.[108] 이때 반포된 의안들 중 가장 중요한 것은 갑오경장이 시작되자마자 쏟아져 나온 신분제 개혁안이었다. 그것은 문벌·반상의 등급타파, 貴賤·門地를 떠난 공평한 인재등용, 문무차대의 폐지, 서얼차대의 금지, 공사노비제와 인신매매제의 철폐, 연좌제 폐지, 七斑 천민의 면천 등이었다. 이러한 의안들은 전통적인 차등적 사농공상의 신분제도와 신분·문벌에 입각한 양반중심의 사회체제를 법제적으로 혁파하고 근대적인 만민평등

---

106) 6월 하순부터 7월 중순경까지 김가진은 관직세례를 받아 正卿의 반열에 올랐다. 이때 그는 협판교섭통상사무·외무아문협판·電郵사무총관·군국기무처 회의원·이조참판·병조참판·공조판서 등을 거쳤다. 「이력서:부록사업」.

107) 「이력서:부록사업」.

108) 유영익, 「군국기무처 의안의 분석」 『갑오경장 연구』, 134~167쪽. 당시 정치제도 개혁안은 유길준·안경수·김가진 등이 『대전회통』·『육전조례』에 나타난 조선의 구제도와 오토리 게이스케공사와 스기무라 후카시서기관의 조언을 참작하여 만들었다고 한다. 전보교결, 「近代朝鮮に於ける政治的改革」 『근대조선사연구』, 경성: 조선총독부, 1944, 474쪽.

사회를 수립하려는 실로 야심찬 개혁조치였다.[109] 이러한 신분제 개혁
안은 서얼차대를 직접 몸으로 겪으며 근대적 만민평등관을 지니게 되었
던 다수의 소장개화파들이 실학사상가들의 신분개혁론과 동학농민군의
폐정개혁요구를 반영하여 입안한 것이 분명하다.[110] 그럼에도 그들 가
운데 21세 때에 이미 신분제의 타파를 요구하는 상소문을 조대비에게
올렸던 김가진의 개혁의지가 다른 이보다 높았을 것임은 재론의 여지가
없을 것이다.[111]

군국기무처의 개혁이 본격화되면서 연립정부의 주축세력인 대원군과
와 소장개화파가 대립하기 시작하였다. 이는 고종을 폐위하고 자신이 애
중히 여기는 장손자 李埈鎔을 등극시켜 섭정권을 거머쥐려는 대권군의
의도와 달리 김가진·안경수 등이 왕권과 세도권을 제약하고 내각 중심
의 입헌군주제를 수립하려는 일련의 의안을 군국기무처에서 처결했기
때문이었다. 이로 인하여 소장개화파와 대원군파는 화합불능의 상태에
빠졌다.[112] 이에 처음에 고종과 명성왕후의 근시로 출발한 김가진과 안
경수는 완고한 대원군을 대체할 세력으로서 왕권회복을 갈구하는 고종
과 명성왕후를 주목하게 되었다. 그리하여 이들은 "국왕이 총명하여 국
내의 사정을 충분히 알고 있기 때문에 새로운 정책을 결정함에 있어 국
왕과 왕비의 재가를 직접 받는 것이 좋겠다"는 판단에 따라 대원군을
제쳐두고 고종의 재가를 거쳐 개혁안들을 통과시켰다.[113] 그러나 결과

---

109) 오영섭, 「한국근대 봉건적 사회신분제 및 풍습의 개혁실태」『사학지』 31, 1998,
    341~355쪽.
110) 유영익, 「갑오경장과 사회제도 개혁」『동학농민봉기와 갑오경장』, 121~124쪽
    ; 신용하, 「갑오개혁과 사회신분제의 폐지」『갑오개혁과 독립협회운동의 사회사』,
    서울대 출판부, 105~158쪽.
111) 북악사학회 편, 「김가진(1846~1922)」, 31~32쪽.
112) 『주한일본공사관기록』 5, [조선정부내의 소분쟁과…], 52~54쪽 ; 전보교결,
    「近代朝鮮に於ける政治的改革」, 97~99쪽.
113) 삼촌준, 「재한고심록」, 한상일 역, 『서울에 남겨둔 꿈』, 138~139, 142~143쪽.

적으로 이러한 반대원군 활동은 갑오경장 초두 일본의 후원 하에 입헌군
주제를 지향했던 자신들의 정체구상에서 벗어나 다시금 고종과 명성왕
후의 전제군주제로의 회귀가능성을 열어둔 것이었다. 이런 점에서 양인
은 일본공사관측은 물론 구미세력들로부터도 신뢰성을 의심받는 처지가
되었다.[114]

　1894년 11월 21일 제2차 김홍집내각(내무대신 朴泳孝)이 성립되었
다. 이는 고종과 명성왕후가 평양의 청군과 남부의 동학농민군과 연계하
여 반일운동을 벌였던 증거를 취득한 이노우에 가오루(井上馨) 일본공
사의 압력에 밀려 단행된 인사였다.[115] 신내각의 출범과 함께 김가진은
이듬해 4월 1일 농상공부대신으로 옮겨갈 때까지 공무아문협판을 맡아
박영효 내무대신이 추진하는 제반 내정개혁을 적극 후원하였다.[116] 또
내각의 각료들이 고종의 권한이 약화된 군주주도형의 입헌제를 지향한
박영효・서광범 등 신파와 이노우에 공사에게 기대어 일본식의 입헌군
주제를 지향한 김홍집・어윤중・김윤식 등 구파로 갈려 대립할 때에 그
는 안경수・조희연 등과 함께 신파에 가담하였다.[117] 나아가 그는 삼국
간섭 후 반일・친구미 성향이 더욱 강해진 고종과 명성왕후의 지원을
받는 친구미 성향의 개화파들이 정동구락부를 중심으로 느슨한 연대관
계를 맺을 때에 거기에도 가담하여 활동하였다.[118] 이처럼 김가진이 친
구미파에 접근하는 모습을 보이자, 이노우에 공사는 김가진이 요청한
郵船會社 약정변경건을 절대 승인하지 말라고 지시하기도 하였다.[119]

---

114) 오영섭,「갑오경장 중 고종의 왕권회복운동」『한국민족운동사연구』24, 2000,
　　16〜20쪽.
115) 오영섭,「갑오경장 중 고종의 왕권회복운동」, 44〜51쪽.
116)『고종실록』, 1895년 4월 1일. 공무대신 신기선이 한 번 등청한 후 낙향했기 때
　　문에 김가진이 공무대신이나 다름이 없었다.『주한일본공사관기록』7, [조선내
　　각의 분열 및 총사직 동의건], 10〜11쪽.
117) 오영섭,「갑오경장 중 고종의 왕권회복운동」, 51〜56쪽.
118) 이등박문 편,『비서유찬:주선교섭자료』하, 670쪽.

1895년 4월 삼국간섭 전후에 고종과 명성왕후가 친일개화파로부터 왕권을 환수하고 강화해가는 상황 속에서 국내외 정세에 밝은 김가진은 극도로 신중한 태도를 보였다. 윤치호는 김가진이 "농상공부대신 재직 시에 자주 파티를 개최하면서도 한 번도 자기 속내를 털어놓지 않아서 친구가 없었다"고 하였다.[120] 또 운산금광 이권 양여문제로 김가진과 접촉한 적이 있는 알렌은 김가진이 "자기의 태도를 주마다 바꾸는 진짜 변덕장이였기 때문에 자신과 일본은 김가진을 친구라고 부르면서도 잠시도 신뢰하지 않았다"고 하였다.[121] 이는 김가진이 전통적 근왕성과 근대적 정치관 사이에서 명확한 진로를 결정하지 못했기 때문에 나타난 현상으로 파악된다.

1895년 윤5월 14일 박영효의 국왕암살 음모사건이 일어났다. 이 사건은 고종과 명성왕후가 왕권회복운동 과정에서 최대 걸림돌인 친일적 박영효파를 제거하기 위한 정략에서 비롯된 것이었다. 박영효파에 대한 체포령이 쇄도하는 가운데 박영효가 李圭完·申應熙 등과 함께 일본으로 망명했다. 이로 인해 박영효내각에 가담했던 김가진·안경수 등도 위태로운 입장에 처하게 되었다.[122] 그러자 김가진은 윤 5월 15일 스기무라 후카시(杉村濬) 일본대리공사에게 편지를 보내 박영효사건에 대한 자신의 거취를 물었다. 이때 스기무라는 속히 출사하여 집무하는 것이 좋겠다는 답서를 보냈다.[123] 이어 며칠 후 스기무라를 만난 자리에서 김가진은 현하 시국에 대한 자신의 입장을 다음과 같이 밝혔다.

---

119) 국사편찬위원회 편, 『주한일본공사관기록』 7, [郵船會社 約定變更 不可指示], 171쪽.
120) 『윤치호일기』 4, 국사편찬위원회, 1975, 1896년 2월 4일.
121) F. H. 해링튼 저, 이광린 역, 『개화기의 한미관계』, 163쪽.
122) 『주한일본공사관기록』 7, [박영효의 모반사件에 관한 보고], 177, 217쪽.
123) 『주한일본공사관기록』 6, [김가진에게 보내는 답서], 196쪽.

一. 일본과 다른 외국의 예에 따라 칙령의 제정과 칙임관의 임면 등에 관한
　　수속절차를 정하고 이것을 바꾸지 못하도록 常憲으로 정하여 국왕의 전
　　제를 예방할 것. 덧붙여 말하면 朴泳孝 면직 후에는 때때로 어전회의를
　　열어 국왕의 지시로 勅任官을 임면한다 하기 때문이다.

一. 閔族 중에도 좋은 인물이 있다면 이를 등용하여 지방관과 같이 중앙정치
　　에 영향이 적은 관리로 임명해야 한다. 이렇게 하면 얼마간 왕비의 마음
　　을 부드럽게 할 수 있을 것이다.124)

　　이를테면, 김가진은 "왕비(명성왕후)를 억제하기 위해서는 대원군을
이용해야 한다"는 전략 하에 국왕의 전제정치를 사전에 제어하기 위한
예비조치로서 칙령 제정과 칙임관 임명 등에 대한 제도적 장치를 마련하
고,125) 또 민씨척족 가운데 有爲者에게 한직을 주어 명성왕후의 원망을
풀어주자고 하였다. 이러한 주장들을 보면, 명성왕후시해사건 직전에 김
가진이 구상한 정치체제는 국왕의 전제군주권을 상당히 약화시킨 '군주
주도형 입헌군주제'였음을 알 수 있다. 그러나 1895년 윤 5월 박영효실
각 이후부터 고종의 왕권강화정책이 더욱 강화되고, 갑오경장 직후 거세
된 민씨척족계 '탐학'관리들이 대거 복작·서용됨에 따라 중앙정계에서
김가진의 입지는 점차 좁아졌다. 따라서 그는 적극적인 정치활동을 자제
한 채 일시적 은거상태에 들어갔으며, 이로써 갑오경장기 김가진의 개혁
활동은 종말을 고하게 되었다.126)

　　1896년 1월 김가진은 서재필과 함께 商務會議所의 설립과 建陽協
會의 결성을 추진하였다. 상무회의소는 일본상인들의 침투에 대항하여
조선상인들의 권익을 보호하기 위한 단체이며, 독립협회의 전신인 건양

---

124) 『주한일본공사관기록』 7, [1895년 6·7월간…일기], 54쪽.
125) 왕현종, 『갑오개혁 연구』, 연세대 사학과 박사학위논문, 1999, 204～205쪽.
126) 김가진은 명성왕후시해사건 후 중추원 1등 의관에 승차되어 주차일본국특명전
　　권공사로 임명되었다. 그러나 그는 일본측의 대한정책에 불만을 품고 계속 부임
　　을 미루고 도일하지 않았다. 『승정원일기』, 1895년 8월 17일 ; 『(구한국)관보』,
　　1895년 8월 17일, 29일.

협회는 민중계몽을 위한 단체였다. 1월 26일 회원수 40명 정원의 상무회의소가 공식 발족되었다. 이때 서재필과 함께 특별회원 자격으로 참석한 김가진은 석유직수입회사 설립발의를 제기하여 참석자들의 열화같은 성원을 받았다.[127] 당시 서울의 日商들은 미국 스탠다드석유회사 일본지사로부터 석유를 독점 수입・판매하여 막대한 이득을 차지하고 있었다.[128] 따라서 석유직수입회사의 설립발의는 갑오경장 후 위축된 조선 상인의 상권을 진작시킬 수 있는 시의적절한 조치인 동시에 반일운동의 성격을 겸하고 있었다.

석유이권을 지키려는 일본측은 김가진과 서재필에 대해 공격과 협박을 가하였다. 나아가 일본측은 서재필의 정부측 후원자인 유길준의 해임공작을 기도함과 동시에 서재필에 대한 축출공작을 병행하여 나갔다.[129] 그러나 서재필에 대한 축출공작이 여의치 않자, 2월 2일에 일본측은 서재필을 도와 건양협회를 결성하고 석유직수입회사의 설립에 앞장섰던 김가진을 "농상공부대신 재직 시에 잦은 파티를 열면서 파티비용 마련을 위해 공금을 유용했다"는 혐의를 내세워 전격 구속하였다.[130] 김가진이 구속된 후 상무회의소 소속의 조선상인들이 일본의 탄압을 꺼려하여 상무회의소를 탈퇴했기 때문에 김가진의 석유직수입회사 설립운동은 수포로 돌아갔다.

구속에서 풀려난 김가진은 아관파천 직후인 1896년 2월 19일에 중추원 1등 의관에 임명되었다. 당시 崔益鉉・金雲洛 등 보수적 관료・유

---

127) 『한성신보』(일어판), 「石油會社 起らんとす」, 1896년 1월 28일 ; 『한성신보』 (국한문판), 「석유회사를 創起하련다」, 1896년 1월 30일.

128) *The Independent*, Editorial, September 5th, 1896.

129) 中村眞南, 「徐載弼氏の周旋」・「徐氏計劃中止す」『韓山近信』, 1896년 2월 3일.

130) 『한성신보』, 1896년 2월 5일 ; 中村眞男, 「金嘉鎭氏の拘引」『韓山近信』, 1896년 2월 4일. 당시 김홍집내각의 친일파들은 김가진이 김홍집과 박영효를 대립하게 만든 '小人'이라고 배척하였다. 『윤치호일기』 4, 1896년 2월 4일.

생들은 갑신정변·갑오변란(경복궁점령)·갑오경장·명성왕후시해사건에 간여한 '개화역적'들을 잡아 처형하라는 역적토벌 상소운동을 대대적으로 벌이고 있었다.[131] 보수파들의 치열한 공세 속에서 갑오경장의 주역이자 친일인사로 간주된 김가진의 행보는 제한을 받을 수밖에 없었다. 특히, 독립협회 설립 직후인 7월 9일 鄭性愚가 올린 상소는 만만치 않은 파장을 일으켰다. 이 상소에서 그는 갑신정변·갑오경장·을미사변에 관계된 모든 개화파의 매국행위를 강하게 비판하는 가운데 "김가진·안경수 등이 앞장서서 나라를 병들게 하고 고칠 수 없게 만들었으니, 이들 역적들을 속히 잡아들여 처형하라"고 하였다.[132] 이에 김가진은 안경수와 같이 재판소에 자진 출두하여 진술한 다음, 서재필·박정양·조병직·이윤용·안경수 등과 함께 고등재판소에 민사소송을 제기하여 승소하였다.[133] 이때 그는「高等裁判所所懷」라는 시에서 국가발전을 위하여 갑오경장에 투신했던 자신의 열혈 같은 붉은 마음은 하늘도 알고 귀신도 안다고 항변하였다.[134] 그러나 보수적 관료·유림들이 1896년 2월부터 독립협회운동이 끝나는 1898년 11월경까지 토역상소운동을 치열하게 벌이고 있었기 때문에[135] 김가진은 2년 반 동안 보수파의 공격을 막아내면서 일신을 보호해야 하는 힘겨운 처지에 놓였다.

아관파천기 초기에 김가진은 시국수습책이 담긴 상소문을 올리려 했던 것으로 보인다. 이 상소문은 서론과 결론이 없고 단지 10가지 건의사항과 그 건의사항마다 약간의 설명이 부가된「急務擬本」이란 글인데, 여기에는 아관파천기 김가진의 시국대책과 현실인식이 잘 나와 있다. 그

---

131) 오영섭,「갑오개혁 및 개혁주체세력에 대한 보수파 인사들의 비판적 반응」『국사관논총』 36, 1992, 99~134쪽.
132)『고종실록』, 1896년 7월 9일.
133)『주한일본공사관기록』 11, 보고 제4·6호, 69, 74쪽.
134)『詩錄:附雜著』,「高等裁判所述懷」. 男兒事業一何遲 我爲時悲不我悲 報國丹忠如火熱 惟應天地鬼神知.
135) 오영섭,『화서학파의 사상과 민족운동』, 국학자료원, 1999, 349~351쪽.

내용은 ① 국왕과 정부를 보호한다는 맹약을 체결한 후에 고종이 환궁할 것,136) ② 충심으로 나라를 위하는 사람을 대신으로 선발할 것, ③ 집권자는 마음을 공평하게 가지고 당파심을 경계할 것, ④ 내각회의의 座儀와 의론의 세칙을 엄하게 세울 것, ⑤ 신상필벌을 엄히 밝혀서 인민에게 믿음을 보일 것, ⑥ 강한 이웃나라와의 교제는 가장 중요한 문제이니 공평하고 겸손한 도리로 외교할 것, ⑦ 의병('匪徒')에 대해 선효유·후토벌하고, 오가작통법과 새로운 호패법을 시행하여 민중을 진정시킬 것, ⑧ 忠信·能幹한 이를 장군으로 삼아 군대를 안정시키고 경찰을 엄히 단속할 것, ⑨ 재정보충을 위해 외채 도입을 강구하고 정부 재무 장부를 엄히 조사할 것, ⑩ 영세토록 변치 않는 독립의 기초를 세울 것 등이었다.137) 이러한 「急務擬本」의 내용 중에서 김가진이 가장 역점을 두었던 사항은 국체의 보존, 인사 개선, 대외관계의 개선이었다.

1896년 7월 2일 독립협회가 결성될 때 김가진은 朴定陽·안경수·韓圭卨·金宗漢 등 건양협회 세력들과 함께 위원이 되었고, 이어 독립협회 발기인으로 참여하였다.138) 이후 그는 독립협회운동의 제1기인 이른바 고급관료주도기(1896.7~1897.8)에 적극 참여하여 독립문·독립공원·독립관 설립에 일정하게 간여했을 것으로 보인다. 특히, '독립문'에 새겨진 글자가 김가진의 글씨라는 그 후손들의 주장은 독립협회 초창기 김가진의 역할을 짐작케 한다. 그러나 김가진은 1897년 4월 제도개혁 논의기구인 校典所의 知事員을 자진 사퇴하고 5월에 황해도관찰사로 나갔는데, 이는 러시아 군사교관 고빙을 반대하는 인물들을 지방으로 전

---

136) 아관파천기에 김가진은 안경수와 함께 고종의 환궁을 청원하는 비밀운동에 참여하고 있었다. 『주한일본공사관기록』 9, [당국정부 부내의 동정], 234쪽.

137) 「急務擬本」. ① 大駕還宮, ② 整頓各大臣, ③ 秉軌公正聲討黨私, ④ 嚴立閣議細則, ⑤ 嚴明賞罰示信于民, ⑥ 調和時局, ⑦ 鎭撫民衆, ⑧ 團束軍警, ⑨ 籌劃外債査正財簿, ⑩ 建萬歲不拔之獨立基礎.

138) 『독립신문』, 1896년 7월 4일.

출시키려는 고종의 조치에 따른 것이었다.[139] 거기에서 이듬해 3월까지
근무했기 때문에 김가진은 독립협회 활동을 일시 접었던 것으로 보인다.
　1898년 가을 만민공동회가 자유민권운동의 기치를 높이 세웠을 때에
김가진은 다시 독립협회운동에 가담하였다. 이때 그는 중추원 의관으로
서 만민공동회를 대표하여 내부 참서관 韓致愈가 지은 상소문을 올렸
다. 그런데 김가진의 만민공동회 참여는 자발적으로 이루어진 것인지,
아니면 고종 및 정부대신들과의 사전 내락에 따른 것인지는 확실치 않
다. 하여튼 이러한 상소운동을 통해 김가진은 ① 趙秉式 · 兪基煥 · 金
禎根 · 閔種默 · 李基東 등 5흉을 처벌할 것(誅奸雄), ② 獻議六條를
시행할 것(施六條), ③ 독립협회를 복설할 것(允民會), ④ 대소 관리를
택임할 것(任賢能) 등 4가지를 상주하였다.[140] 특히 그는 "독립협회는
나라의 세력을 굳건히 하고 백성의 뜻을 정하는 단체이다"라며 속히 복
설할 것을 요청하였다.

Ⅵ. 맺음말

　전통한국이 근대사회로 이행을 준비하던 여명기에 김가진은 중요 역
할을 맡았던 개혁관료였다. 1880~1890년대의 20년 동안에 펼쳐진 김
가진의 개화사상과 개혁활동의 궁극목표는 일본의 선진 문물과 제도를
모델로 삼아서 조선을 근대적인 자주적 민족국가로 만들려는 것이었다.
이를 위해 김가진은 남다른 개혁의지와 개혁구상에 따라 다채롭게 개혁
활동을 펼쳐나갔다. 이제 위에서 논급한 김가진의 개화사상과 개화운동

---

139) 주진오, 『19세기 후반 개화개혁론의 구조와 전개』, 연세대 사학과 박사학위논문,
　　1995, 85~86쪽.
140) 『승정원일기』, 1898년 11월 15일 ; 『황성신문』, 1898년 11월 17일.

에 나타난 특징을 몇 가지로 나누어 약술하는 것으로 결론에 대신하고자
한다.

첫째, 김가진은 주변신분층들의 두드러진 장기인 변통성과 기민성을
바탕으로 자신의 자위와 명성을 꾸준히 높여갔다. 1900년 이전 김가진
의 생애는 크게 다섯 단계로 구분된다. 제1기는 1860년대 중반부터 10
년 동안 일명양반계 詩壇인 北社와 詩契의 동인들, 그리고 처가인 남양
홍씨 인사들과 어울리며 불우한 시기를 보내던 때이다. 제2기는 1877년
11월 일명양반의 능력자가 임명되는 규장각 검서관으로 관계에 진출하
여 6품직의 한직을 전전하며 은인자중 得志를 염원하던 때이다. 제3기
는 1883년 1월 외아문 주사로 발탁되어 인천항 감리·내무부 주사 등직
을 거친 다음 고종의 측근으로 부상하여 고종의 대러시아 비밀외교를 보
좌하던 때이다. 제4기는 1887년 5월부터 4년간 주차일본공사로서 일본
에 상주하며 반청자주외교를 펼치던 때이다. 제5기는 1894년부터 1898
년까지 갑오경장의 주체세력으로서 그리고 독립협회운동 초기의 개혁관
료로서 활동하던 때이다. 이러한 활동을 발판으로 대한제국기에 이르러
김가진은 정1품의 議政 반열에 해당하는 중추원 의장에까지 오른 입지
전적인 인물이 되었다.

둘째, 김가진은 절친한 친구인 李祖淵으로부터 절대적인 영향을 받
았다. 이제까지 '친청사대 수구파'로 알려진 이조연은 기왕의 잘못된 평
가와 달리 온건성향의 보수적·점진적 개혁노선을 취했던 친청적 개화
관료였다. 朴珪壽 문하에서 문호개방론과 개국통상론 등 북학계 실학사
상을 전수받은 이조연은 임오군변 이전에 일본과 청국의 발달된 근대 문
물을 수차례 시찰했다. 그리하여 그는 명성왕후로부터 당대의 관료들 가
운데 외국 사정에 가장 정통한 인물이라는 평을 받았다. 이를테면, 그는
갑신정변 이전에 고종과 명성왕후의 개혁노선과 외교노선을 충실히 따
른 근왕파 관료였던 셈이다. 이러한 이조연과 간담상조의 막역한 사이인

김가진은 출사모색·인맥형성·사상전환·정치노선 등의 여러 측면에서 이조연의 직접적인 도움을 받았다. 요컨대 1880년대에 이조연과 김가진은 공히 근왕파 개화관료였으나, 전자가 친청적 개화노선을 걸었다면 후자는 친일적 개화노선을 밟았다는 차이점이 있었다.

셋째, 1880년대 김가진의 개화사상과 개화활동은 고종과 명성왕후의 문호개방정책 및 개화자강정책과 맞물려 있었다. 김가진은 고종정부의 개화이념이 그대로 반영되어 있는『이언』의 개혁론을 유교적 時宜論과 變通論에 입각하여 적극적으로 해석·수용하였다. 이로써 초기 개화사상을 정립한 김가진은 위정척사파 유림에서 동도서기파 개화관료로 변신하였다. 이후 김가진은 외아문 주사로서 인천항 개항업무 및 조계지 설정 등 개항·통상 사무처리와 시설설치를 전담했고, 1885년에 군국사무를 통섭하는 내무부의 주사로 전보되어 고종정부의 전신시설 및 郵政사무의 기반을 수립하고, 농업·목축시설을 구비하는 실적을 남겼다. 겸하여 그는 고종의 별입시로서 고종의 引俄拒淸政策을 실행했고, 주차 일본공사로서 청국의 조선속방화정책을 무력화시키기 위해 분투하였다. 특히, 그가 한국 최초의 본격적 상주외교관으로서 일본에 4년간 주재하며 펼친 반청자주 외교활동은 조선의 자주성과 독립성을 확보하려는 고종의 염원에 따른 것이었다.

넷째, 개혁관료들간에 정치체제 개혁논의가 일어났던 갑오경장기에 김가진은 전제군주권이 축소된 군주주도형의 입헌군주제를 지향하고 있었다. 동도서기론을 수용하여 고종의 측근으로 부상한 김가진은 1880년대 전반까지만 하더라도 전제군주제를 충실히 따르고 있었다. 그러나 그는 1880년대 후반 일본에서 입헌군주제를 직접 경험한 다음 정치체제관에 일대 변화를 일으켜 당대의 개화파들처럼 일본식의 입헌군주제인 君民同治(君民共主)제의 도입을 고려하게 되었을 것이다. 그리하여 김가진은 갑오경장 이전에 민씨척족의 세도정치를 타도하려는 김옥균·박영효 등의 거사음모에 가담했던 것으로 보인다. 나아가 갑오경장기에 김가 진은 대원군과 명성왕후의 국정간섭에 분명한 반대의사를 표시함과 동 시에, 내각의 각료들이 국왕의 전제를 사전에 제어할 견제장치로서 칙령 제정과 칙임관 임명절차 등에 관한 수속을 정하자고 주장했다. 요컨대 김가진은 고종의 위상과 권위를 크게 침해하지 않는 가운데, 다만 이전 보다 군주의 전제권만을 다소 약화시킨 '군주우위의 君民共治制'를 지 향하고 있었기 때문에 1880년대 후반부터 1900년대 초반까지의 정치적 격변기에 정치생명을 유지할 수 있었다고 판단된다.

다섯째, 1880년대 후반~1890년대 김가진의 국제정세관과 대일인식 은 근대일본의 정치·사회·사상의 영향을 무비판적·몰주체적으로 수 용한 것이었다. 1880년대 후반부터 1890년대 초반까지 김가진은 고종과 명성왕후의 외교노선에 따라 장기간 일본에 머물며 반청자주 외교활동 을 펼쳤다. 이때 김가진은 많은 일본인들과 교제를 통하여 한·청·일 동양 삼국이 동등하게 번영과 평등을 구가하자는 이른바 동양삼국공영 론을 받아들였다. 나아가 김가진은 일본에서 얻어들은 지식을 통하여 만 국공법 및 국제외교의 허구성을 비판적으로 인식하게 되었다. 그럼에도 불구하고 김가진은 일본 근대문명을 조선 근대화의 모델로 간주하고 있 었기 때문에 興亞會의 후신인 亞細亞協會 임원들의 동양삼국연대론의 허구적·침략적 속성을 냉철히 비판하지 못하였다. 요컨대 김가진은 일 본의 각종 제도를 '마음에 담아서' 귀국 후에 그것을 조선에서 실시하기 에 이르렀지만, 그러나 그러한 개혁활동은 일본의 제국주의적 침략성을 제대로 파악하지 못한 상태에서 이루어지고 있었다는 점에서 그의 개화 사상과 개화활동의 한계점으로 작용하였다.

제2장
대종교 창시 이전 나인영의 민족운동

I. 머리말

　대한제국 멸망기에 한국의 우국지사들은 온갖 어려움을 겪어가며 구국운동을 전개하였다. 다년간 치열하게 펼쳐진 그들의 항일운동의 최종 목표는 일제의 대한침략과 봉건적 사회체제에서 벗어나 근대적인 자주적 민족국가를 건설하는 것이었다. 이를 위해 그들은 의병전쟁·계몽운동·청원활동·상소운동·의열투쟁·종교운동 등 갖가지 항일방략을 동원하였다. 이때 일제강점기에 국내외에서 치열하게 벌어진 항일독립운동의 제반 토대를 마련하는데 크게 기여한 인물들이 부상하게 되었다. 그 가운데 대종교를 창시하여 독립운동의 인적·사상적 기반 마련에 일익을 조성한 羅寅永(羅喆, 1863~1916)은 한국근대 민족운동의 선구자이자 민족종교의 개창자로서 주목할 만한 인물이다.

　나인영의 항일민족운동은 일제침략의 수순에 따라 단계적 변화·발전을 보였다.[1] 즉, 일본의 조약위반 행위를 규탄하고 조국의 국권회복을

외친 상소운동, 친일대신들의 부일매국 행위를 징치하고 새로운 사회의
건설을 지향한 사회운동, 국가 멸망 위기 속에서 교육의 진흥을 위한 학
회활동, 그리고 한민족의 국조인 단군을 신봉하는 대종교를 창시한 종교
운동 등이 그것이다. 이처럼 다방면으로 표출된 나인영의 민족운동은 대
종교의 창시를 전후하여 크게 전기(1904~1908)와 후기(1909~1916)로
구분된다. 나아가 전기의 민족운동이 정치활동의 성격이 농후했던 반면,
후기의 그것은 인류적 차원의 순수한 종교운동의 성격이 강한 편이었다.

　일제의 한국병탄정책이 본격화되어 가던 전기에 한민족의 당면과제
는 국가와 민족의 자주권을 회복하는 것이었다. 이에 나인영은 러일전쟁
종결 후부터 평생 동지 吳基鎬와 함께 도일하여 일본의 침략상을 규탄
하는 한편, 한·일·청 동양 삼국의 평화를 역설하고 한일의정서에 실
린 한국의 국권 및 영토 보장 조항의 이행을 촉구했다.[2] 이어 을사조약

---

1) 나철의 생애와 사상 및 종교·독립 활동에 대한 연구로는 김용국, 「대종교와 민
　족운동」『백산학보』4, 1973 ; 신철호, 『韓國中興宗敎 교조론』, 대종교총본사,
　1979 ; 김후경, 「나철선생」, 한국민족운동연구소 편, 『대한민국독립운동공훈사』,
　1983 ; 박영석, 「대종교의 민족의식과 항일민족독립운동(상)·(하)」『한국학보』
　31~32, 1983년 여름·가을 ; 천경화, 「대종교의 민족교육운동에 관한 연구」,
　『백산학보』27, 1983 ; 김동환, 「己酉重光의 민족사적 의의」『국학연구』1,
　1988 ; 박 환, 「나철의 인물과 활동-대종교 창시 이전을 중심으로-」『동아연
　구』, 서강대 동아연구소, 1989 ; 박 환, 『나철·김교헌·윤세복』, 동아일보사,
　1992 ; 오세창, 「만주한인의 3·1운동」, 「수촌박영석교수화갑기념 한민족독립운동
　사논총」, 탐구당, 1992 ; 노용필, 「대한제국기 自新會 관련 고문서에 대한 검토」
　『한국근현대사연구』5, 1996 ; 이동언, 「홍암 나철의 생애와 구국운동」, 대종교중
　광90주년기념 발표논문, 1999 ; 삿사 미츠아키(佐佐充昭), 「韓末における檀君
　敎の‘重光’と檀君ナシヨナリズム」『조선학보』80, 2001 ; 황민호, 「대종교의
　항일민족운동」『일제하 경기도지역 종교계의 민족문화운동』, 경기문화재단, 2001
　; 정영훈, 「홍암 나철의 종교민족주의」『정신문화연구』, 2002년 가을호 ; 김동환,
　「홍암 나철의 사상과 독립운동방략」『한국독립운동사연구』19, 2002 ; 삿사 미츠
　아키, 『한말·일제시대 단군신앙운동의 전개』, 서울대 종교학과 박사학위논문,
　2003 ; 박성수, 『독립운동의 아버지 홍암 나철』, 북캠프, 2003.
2) 박영석, 「대종교의 민족의식과 항일민족독립운동(상)」, 109~116쪽.

후 한국이 일제의 준식민지로 전락하자 계몽단체 自新會를 조직하여 조약 체결에 간여한 매국대신들을 처단하고 한민족의 인권이 회복된 신세계를 건설하려 하였다.[3] 아울러 대한자강회·호남학회에서 애국계몽활동을 펼쳤고, 국채보상운동에도 적극 가담하여 국권회복운동에 앞장서 나갔다.

일제의 강압적인 무단통치가 기승을 부리던 후기에 한민족은 독립운동의 새로운 방략을 모색하고 있었다. 이때 나인영은 외교활동·의열투쟁·계몽운동에 치중하던 전기의 현상적인 외교적·물리적 민족운동을 지양하고 한민족의 국조인 단군의 재발견을 주창하며 차원 높은 정신적·종교적 민족운동을 전개하였다. 이로써 나인영은 한민족의 민족의식을 고취하고 항일운동의 지도이념을 마련함으로써 독립운동의 장기화·지속화·강열화에 크게 기여하였다. 나아가 단군을 민족시조로 내세운 대종교의 개창을 통하여 일국적 국가관념을 넘어서 세계적 사해동포주의를 강조하였다. 그리하여 대종교의 종교적 목표와 한민족의 독립운동의 앞길에 인류사적 보편성을 제시하였다.[4]

한국근대 민족운동의 지도자 가운데 한 사람인 나인영은 "인격이 높은 온후한 군자로서 진지한 한국인들에게 숭배를 받은" 인물이다.[5] 이러한 나인영에 대한 그간의 연구는 양질 면에서 상당히 미흡한 실정이다. 이는 나인영이 남긴 문적과 그에 관한 일차 자료가 소략하기 때문일 것이다. 또한 대종교와 그 관련인물 및 대종교민족주의에 대한 한국 역사학계의 상대적 무관심 때문일 것이다. 게다가 나인영의 생애와 활동을

---

3) 노용필, 「대한제국기 자신회 관련 고문서」, 70~71쪽.
4) 김동환, 「홍암 나철의 사상과 독립운동방략」, 99~107쪽.
5) 『요시찰한국인거동』 3, [羅寅永·鄭薰謨·李永錫의 動靜], 국사편찬위원회, 2002, 284쪽. 대종교도 申圭植은 나인영 추도 만장에서 그를 "조선조 오백년간 둘도 없는 선비"라고 칭송하였다. 예관선생기념회 편, 『한국혼』, 「血目淚」, 중경, 1939, 55쪽. 前朝五百年間無雙國士 大敎四千年載第一宗師.

다룬 기왕의 연구들은 그의 개인 활동과 그 변화상에 촛점을 맞춘 것이 대부분이었다. 따라서 그의 생애와 활동을 구한말의 전체 역사 속에서 바라보지 못했을 뿐 아니라 나인영의 사상과 활동에 내포된 정합성과 일관성 및 그 특성을 간과하고 말았다. 특히, 나인영의 외교활동과 자신회 활동이 국내외 유력자와 명망가들의 신내각 수립운동과 긴밀한 연관 하에 추진된 일종의 정치적 민족운동의 성격을 지니고 있음을 주목하지 못하였다. 여기서는 이상의 문제의식을 깊이 유념하면서 1909년 2월 5일(음1/15) 대종교 창시 이전 나인영의 사상과 활동을 새롭게 재구성하고 재평가하고자 한다.

II. 구국계몽론의 정립과 만국공법의 수용

1902년부터 1916년 서거할 때까지 나인영이 줄기차게 벌인 민족운동과 종교운동의 사상적 토대는 구국계몽사상이었다. 1902년 일본인의 도한이민 반대 상소운동, 1905~1906년 양차의 도일 침략규탄 상서운동, 1907년 자신회의 조직과 을사오적 처단의거, 1909년의 대종교 重光, 1916년 자결(殉命朝天) 당시 일본총리와 조선총독에 항일서한발송 등 나인영의 항일활동을 대표하는 여러 활동들의 기저에는 애국계몽사상이 자리잡고 있었다. 환언하면, 충군애국성·외교독립론·만국공법 수용·동양평화론 신봉·민족종교 중시 등을 골자로 하는 나인영의 구국계몽사상은 그의 삶을 이끈 정신적 지주였다.

나인영은 어떠한 과정을 거쳐 구국계몽사상을 형성하게 되었는가? 나아가 현세적 정치운동에서 시작하여 지고한 종교운동으로 마감된 그의 구국계몽운동의 사상적 기반은 무엇인가? 나인영을 구국계몽운동으로 이끈 사상적 원천은 ① 유교사상의 충국애국론과 신의론, ② 스승 金允

植의 정치적·사상적 영향, ③ 만국공법과 국제조약에 대한 절대적 신뢰 등을 꼽을 수 있다. 이러한 여러 요인들이 복합적 상승작용을 일으켜 나인영으로 하여금 구국계몽운동에 참여토록 하였다.

먼저, 대종교 개창 이전 나인영의 사상과 활동을 좌우한 기본이념은 유교사상이었다. 나인영은 한미한 가문에서 태어나 16세(1878)에 순창군에서 향시에 응시했고 20세(1882)에 서울에서 과거를 보았다.6) 이처럼 나인영은 20세경까지 향리인 전남 낙안 일대에서 수학했으나 그 사승관계는 분명치 않다.7) 1885년 봄에 나인영은 서울에 올라와 온건개화파 김윤식의 제자가 되었는데, 20대 초반의 향촌 유생이 중앙의 개화관료 문하에 들어간 것은 주목할 만한 사건이었다.8) 이를테면, 나인영은 조미수호통상조약(1882.4)~갑신정변(1884.11) 전후 경향의 보수유림들이 고종정부의 개화정책에 부응하여 위정척사파에서 동도서기론자로 옮겨가던 사상변동기에 김윤식에게 투신했던 것이다. 이후 나인영은 김윤식의 문하에서 동도서기적 개화사상을 전수받았는데, 이것은 동양의 도리와 서양의 기술 가운데서 전자를 보다 중시하는 유교개혁론의 일형태였다. 하여튼 나인영이 신봉한 유교사상은 국망기에 지식인들로 하여금 불의한 현실을 타도하고 국가와 군주에 대한 의리를 지키기 위한 '의거'에 신명을 바치게 하는 사상적 특성을 지니고 있었다.

---

6) 신철호, 『한국중흥종교 교조론』, 「나철이력서」, 1979, 193쪽 ; 『羅州羅氏松島公派譜:沙湖公系』, 46~47쪽 ; 박환, 「나철의 인물과 활동」, 690~691쪽.

7) 기왕의 연구들은 『대종교중광육십년사』(대종교총본부, 1971)의 기록에 따라 "나인영이 9세에 漢學塾에 입학하여 호남의 석학인 구례의 王錫輔 선생 문하에서 한학을 수학했다"고 하였다. 그러나 왕석보(1816~1868)와 나인영(1863년생)의 나이를 감안하면 그 기사는 오류로 보여진다. 『開城王氏族譜:平壤公派』 2, 271~272쪽.

8) 김윤식, 『속음청사』 상, 국사편찬위원회, 1960, 197쪽. 羅注書斗永來宿 羅君於吾家六七年 今冬(1891.冬) 應製中大科. 신철호, 『한국중흥종교 교조론』, 95~96쪽. 나인영이 김윤식에게 지우를 구했을 때 지은 영물시는 新燕: 初訝江南岸 更飛漢北雲 珠樓千萬戶 未得一梁春.

1885년 봄 이후 김윤식 문하에 머물던 나인영은 몇 년후에 성균관에 들어갔다. 그리하여 1891년 6월 應製三監試 초시, 8월 '應製參大科 초시'를 거쳐 10월 13일 館學 유생들을 상대로 應製試가 열리자 李圭白과 함께 賦에서 直赴殿試의 은전을 입었다.[9] 이어 1891년 11월 11일 식년시에서 문과의 병과 29인 가운데 제16위로 급제한 다음,[10] 1893년경까지 승정원가주서·승문원부정자·사관(9품) 등 미관말직을 역임했고, 1895년 5월 징세서장에 임명되었으나 나가지 않았다.[11] 1897년 12월 김윤식이 을미사변에 연루되어 귀양형에 처해지자 스승에 대한 의리를 지키고자 1901년 12월 초반까지 제주도와 전라도 智島에서 스승을 모시고 살았다. 1902년 이후 다시 서울 북촌 일대에 거주한 나인영은 대체로 호남과 서울 출신의 중하위급 동도서기적 개화관료들과 친교를 맺었다. 그런데 이들 유림관료 집단은 나중에 나인영이 자신회를 조직하고 대종교를 창시할 때에 주축세력이 되었다. 이로 인하여 기독교나 동학-천도교와 달리 나인영이 창시한 대종교는 '양반종교'라는 평을 듣게 되었다.

둘째, 나인영은 개화관료 김윤식(1835~1922)에게 정치적·사상적 세례를 받았다. 김윤식은 1880년대에 동도서기론에 따라 조선의 내수자강과 균세외교의 실현을 위해 힘썼고, 1890년대에는 갑오경장에 참여하여 조선의 근대화를 위해 분투하였다.[12] 그는 1880~1890대에 활동한 개화파 가운데 유교사상에 가장 경도된 인물로서 대한제국 멸망(1910.8) 전후 유림계의 지도급 인물로 활동하였다.[13] 이러한 김윤식과 나인영은

---

9) 신철호, 『한국중흥종교 교조론』, 96~97쪽 ; 『고종실록』, 1891년 10월 13일.
10) 『국조문과방목』, 「光緖十七年十一月十一日 今辛卯式年文科景武臺 命官殿試榜」.
11) 신철호, 『한국중흥종교 교조론』, 「나철이력서」, 193쪽.
12) 최진식, 「금윤식의 자강론 연구」『대구사학』 25, 1984, 93~131쪽 ; 이상일, 『운양 금윤식의 사상과 활동 연구』, 동국대 사학과 박사학위논문, 1996.2.
13) 대종교와 김윤식의 관계에 대해서는, 신철호, 『한국중흥종교 교조론』, 97쪽 ; 삿

1885년 봄부터 1901년 말까지 정치적·사상적 부침을 함께 하였다. 김
윤식 문하에 다년간 머물면서 나인영은 귀중한 자산을 소개 내지 전수받
았는데, 그것은 스승의 인맥과 개화사상이었다.

나인영이 김윤식에게 소개받은 인맥은 국내 인맥과 국외 인맥으로 구
분된다. 먼저 국내 인맥으로는 김윤식의 친척과 그와 친교가 있는 개화
인사들,[14] 김윤식의 스승인 俞莘煥·朴珪壽의 제자들과 김윤식의 제
자들,[15] 김윤식의 배소에 드나든 전라도의 유림·관료들,[16] 도임·귀양
혹은 공무 차 제주와 호남에 왔다가 김윤식을 자주 찾아온 주사급의 중
하위 관료들,[17] 김윤식과 같은 유배죄인들[18]을 들 수 있다.[19] 국외 인맥
으로는 김윤식이 갑신정변 전후 그리고 갑오경장기에 중앙에서 관료생
활을 하는 동안 친교를 맺어둔 오카모도 류노스케(岡本柳之助) 등 일본
외교관들이었다.[20] 나아가 나인영은 김윤식의 일본 인맥 외에도 일본의
발전상과 기타 근대지식을 두루 배웠을 것이다. 이러한 인맥과 지식은
나인영이 도일 독립외교 활동과 매국대신 처단의거를 수행할 때에 큰 자

사 미츠아키, 『한말·일제시대 단군신앙운동의 전개』, 49~50쪽.

14) 朴泳孝·鄭萬朝·李埈鎔·金晩植 등.

15) 申箕善·육종윤·朴齊純 등. 을사오적의 일인인 박제순(1858~1916)은 김윤식
과 동문인 朴洪壽의 아들로서 김윤식의 지도와 후원 하에 외교관으로 입신한 인
물이었다. 이러한 인연으로 나인영은 박제순이 친일파로 전락하기 이전에 그의
집을 자주 드나들었다. 황현, 『매천야록』, 국사편찬위원회, 1955, 409쪽.

15) 尹柱贊·羅聖敎·洪鍾時·黃玹 일행 등. 전라도에는 1881년 신사척사운동 후
智島로 귀양간 화서학파의 金平默(1819~1891)의 영향을 입은 이들이 많았는
데, 이들은 김평묵과 같은 청풍김씨요 유학자이자 고관을 역임한 김윤식을 주목
하였다.

17) 鄭雲復·李㬺鍾·金昌鎬·張容賢·金應海 등.

18) 鄭丙朝·李承五·金思燦·李台璜·李範疇·張允善·李容鎬·李祖鉉 등.

19) 『속음청사』 상, 국사편찬위원회, 1960, 1898~1902년조.

20) 나인영은 제1차 도일시에 자신이 김윤식의 제자라며 오카모도 류노스케와의 면담
을 요청하였다. 『요시찰한국인거동』 3, [羅寅永·吳基鎬의 岡本柳之助 訪問],
158쪽.

산이 되었다.

개화파 가운데 외교전문가인 김윤식이 나인영에게 전해준 개화사상의 핵심내용은 크게 두 가지였다. 하나는 정치체제 개혁문제이며, 다른 하나는 萬國公法에 입각한 독립외교론이었다. 갑오경장 전후에 김윤식은 군주의 전제군주권이 다소 축소되고 내각 중심의 근대적 관료제가 기능을 발휘하는 君民共治制(입헌군주제)를 지향하고 있었다.[21] 이러한 군민공치제는 1880년 전반부터 1905년 이전까지 한국의 개명인사들이 미국식의 민주공화제에 대한 차선책으로 제기한 것으로서 전제황권이 보장된 상태에서 내각통치가 이루어지는 프러시아형 내지 일본형의 근대적 정치체제였다.[22] 대한제국기에 고종의 절대황제체제를 옹위하는 궁내부 소속의 근시와 별입시들을 제외한 다수의 유신파(일본망명객 · 신진정치세력) 인사들이 그러한 정치체제를 구상하고 있었는데, 나인영도 여기에서 예외는 아니었을 것이다. 하여튼 정치체제 개혁문제나 신내각 수립문제는 중앙정계에서 밀려나 두 차례나 장기간 유배[23]를 당한 김윤식에게 있어서 그리고 빈곤을 참아가며 스승을 모셨던 나인영에게 있어서 그들의 정치적 · 경제적 생존과 명예가 걸린 문제였다.

나인영이 김윤식에게 배운 외교술은 만국공법에 입각한 균세외교론이었다. 김윤식은 약육강식의 국제무대에서 외방에 대해 공손히 공법을 지키고 신의를 지키는 것만이 약소국의 최선의 생존책이라고 보았다. 또 동양 각국이 공법을 준수하고 있는 상황에서 조선도 이를 적극 활용하여 스스로를 보호할 지지대로 삼아야 한다고 하였다.[24] 이러한 호의적인

---

21) 유영익, 『갑오경장 연구』, 일조각, 1990, 205〜207쪽.
22) 왕현종, 「19세기 말 개혁관료의 서구정체 인식과 입헌문제」『한국사상사학』 17, 2001, 475〜512쪽 ; 유영렬, 「한국에 있어서 근대적 정체론과 변화과정」『국사관 논총』 103, 2003, 8〜13쪽.
23) 김윤식은 민씨척족의 개화파 탄압정책에 의해 충청도 沔川(1887.6〜1894.6)에서, 또 명성왕후 시해사건 후 각국에 이를 정당화하는 조회문을 보냈다는 이유로 濟州牧 · 전라도 智島(1897.12〜1907.7)에서 두 차례 유배생활을 하였다.

만국공법관에 따라 김윤식은 1880년대 초반 만국공법이 최초로 활용된 조미조약의 체결과정에서 '속방조항' 등의 문제를 둘러싸고 청국의 李鴻章과 협상을 벌였다.25) 이어 1880년대 중반 영국의 거문도점거사건이 일어나자 외무대신으로서 만국공법에 따라 영국의 침략을 규탄하고 각국 공사관에 중재를 요청하였다.26) 보통의 유림들처럼 1882년 8월 고종정부의 만국공법 공인교서 반포27) 후에 만국공법을 접했을 것으로 보이는 나인영은 다시금 김윤식의 만국공법에 입각한 외교독립론에 깊은 영향을 받게 되었다. 특히, 나인영은 강대국 사이에 균형이 유지되는 가운데 약소국의 자주권이 보장된다고 하는 만국공법의 균세론에 깊은 영향을 받았다.

셋째, 나인영은 약육강식의 제국주의시대에 약소국 한국의 국권을 지켜낼 최선의 방책을 만국공법과 국제조약에서 찾았다. 다시 말해 나인영은 국망 전후기에 공법과 조약에 입각한 외교독립론을 자신의 궁극적인 독립운동방략으로 삼았다. 1902년부터 1916년까지 나인영이 집필한 주요 문건들을 살펴보면 한결같이 공법과 조약이 비중 있게 거론되어 있다. 현재 남아있는 「與金議長嘉鎭論日本移民書」・「與尹議政容善書」(1902), 「與日本政府書」・「上書于日本天皇」(1905), 「公函英美法德俄淸義比利時各國總領事」(1907), 「與日本總理大隈書」・「與朝鮮總督寺內書」(1916) 등은 나인영의 정치사상과 현실인식을 대표하는 글들이다. 여기에서 나인영은 한국이 국제외교에서 신의와 예의를 다하면 강대국이 침략하지 못할 것이라고 역설하는 한편, 일본이 지금처럼 침략정책을 계속한다면 반드시 공법에 의해 징계를 받을 것이라고 경고했다. 이러한 인식은 그가 1902년에 李沂・洪弼周・李健(鍵) 등과 연명으로

---

24) 김세민, 『한국근대사와 만국공법』, 경인문화사, 2002, 86~87쪽.
25) 송병기, 『근대한중관계사연구』, 단대출판부, 1985, Ⅵ・Ⅷ장.
26) 『統署日記』 6, 1885년 5월 7일 ; 『구한말조약휘찬』 중, 국회도서관, 1964, 313쪽.
27) 『고종실록』, 1882년 8월 5일.

의정 尹容善에게 보낸 일본인의 도한이민 반대서한 속에 잘 나타나 있다.

> 지금 일본이 꺼리고 돌아보는 바는 오직 공법과 약장이다. 우리가 반드시 이것을 가지고 그들에게 따지면 그 말이 바르고 그 뜻이 곧아서 장차 천하에 호소하더라도 부끄러움이 없을 것이다.····지난 백년 이래 열방의 변화는 참으로 지극히 놀라운 지경에 이르렀다. 작은 나라는 큰 나라에게 먹히고 약한 나라가 강한 나라에게 병탄을 당하는 것을 분명히 알 수 있다. 그 이유를 캐보면 반드시 약소한 나라가 먼저 실례를 저지르고 강대한 나라가 그것을 문죄했을 뿐이었다. 무엇을 일러 예의라고 하는가 하면 능히 公法과 約章을 지키는 것을 말하며, 무엇을 죄라고 하느냐 하면 공법과 약장을 지키지 않는 것을 말한다. 우리가 과연 실수가 없으면 저들이 또한 구실이 없을 것이니 구실이 없는 전쟁은 천하가 모두 함께 비난하는 바이다.[28]

즉, 나인영은 제국주의 열강이 약소국을 침탈하는 '小爲大呑 弱爲强倂'의 생존경쟁·약육강식의 시대에 공법과 약장에 의거하여 일본을 물리치고 국가의 자주성을 지킬 것을 강조하였다. 또한 그는 중추원의장 金嘉鎭에게 보낸 「與金議長嘉鎭論日本移民書」에서 "지금 우리는 나라가 약하고 백성은 가난하니 일본은 두려워하는 바가 없을 것이다. 그럼에도 일본이 두려워하는 것은 오직 천하의 공법과 양국의 약장이다"라며 공법과 약장에 대해 전폭적 신뢰를 보냈다.[29] 아울러 자진하기 직전에 데라우치 마사타케(寺內正毅) 조선총독에게 보낸 글에서도 나인영은 "만약 대종교를 한국의 구교라 하여 자유를 허락치 않는다면 공법이 반드시 항거할 것이다"고 주장하였다.[30]

나인영은 만국평등의 국제질서 속에서 국권과 군권(황권)의 수호를 위해 전략적·주체적 및 애국적 견지에서 공법과 약장을 거론하였다.

---

28) 이기, 『해학유서』 5, 「與尹議長容善書」, 국사편찬위원회, 1971, 97~98쪽.
29) 이기, 『해학유서』 5, 「與金議長嘉鎭論日人移民書」, 96쪽. 今我國弱民貧 日人
    宜無所畏 而其所畏者 惟天下之公法 兩國之約章也 但當嚴飭港吏 謹守條例.
30) 『대종교중광육십년사』, 「與朝鮮總督寺內書」, 250쪽. 猶太亡而耶蘇之道漸振
    印度殘而釋迦之道益起矣 若以韓國舊交 不許自由 則公法必拒之 不亦惜乎.

그는 만국평등의 국제법인 공법과 그에 따라 체결된 약장이 강대국의 침략을 막아줄 것이라는 굳건한 믿음을 가지고 있었다. 그런데 나인영이 참고한 한역공법서(『萬國公法』·『公法會通』)에는 서양근대 국제법의 용어와 내용이 유교식으로 가필·윤색·격의되어 있었다. 게다가 나인영 같은 대한제국기의 유교지식인들은 사회진화론이 풍미하는 제국주의 시대를 중국 고대의 춘추전국시대와 동일한 시대라고 보았고, 근대유럽의 만국공법이 중국 춘추시대에 약소국을 보호하기 위한 정치·외교적 장치인 '회맹'이나 '맹약'과 같다고 여겼다.[31] 이러한 시대상황의 영향 하에서 나인영도 유교사상의 도덕주의와 평화주의와 상고주의와 낙관주의의 기반 위에서 공법과 약장을 이해할 수밖에 없었다. 달리 말해 나인영은 공법과 약장을 자신의 유교사상의 논리체계와 조화시켜 무리 없이 수용했지만, 그러나 동시에 공법과 약장이 지닌 제국주의적 침략성과 현실적 무용성을 간과한 사상적 한계를 드러내고 있었다.[32] 이러한 사상

---

31) 오영섭, 「개항 후 만국공법 인식의 추이」『동방학지』124, 2004, 제2장 제2절.
32) 제국주의시대에 공법과 조약의 본질을 간파하지 못하는 경우 공법과 조약에 대한 일방적 긍정과 낙관의 기초 위에서 운위되는 동양평화론에 대해서도 그 허구적·침략적 성격을 간과하기 마련이다. 1904년 한일의정서의 체결 전후에 지식계를 풍미한 동양평화론(동양삼국연대론)과 황백인종 대결론은 1880년대 초반 일본정부의 지원으로 설립된 興亞會(亞細亞協會) 인사들의 지론 가운데 하나였다. 당시 흥아회의 동양평화론의 골자는 대전란의 혼돈시대에 동양 삼국이 합심 협력하여 서양의 침략을 막아내자는 것이었다. 이러한 동양평화론과 동서양대결론은 1880년대 초반 李東仁·金玉均·李祖淵·安駉壽 등 개화파 인사들에 의해 조선에 도입되었다. 그리하여 신사척사운동이 시작되던 1881년 3월 전 감역 洪時中은 『興亞會 雜事』 등의 개화서책을 소각하라는 척사상소를 올리기도 하였다. 『승정원일기』, 1881년 3월 23일. 이광린, 「개화기 한국인의 아시아연대론」『개화파와 개화사상연구』, 일조각, 1989, 139~144쪽 ; 조재곤, 「한말 조선 지식인의 동아시아 삼국제휴 인식과 논리」『역사와 현실』37, 2000, 155~158쪽. 나인영은 『興亞會 雜事』의 내용과 외교전문가 김윤식의 가르침을 통하여 갑오경장 이전에 이미 흥아회 계통의 동양평화론을 수용했을 것으로 보이며, 이러한 기반 위에서 대한제국기에 이르러 만국공법과 동양평화론에 입각하여 일본의 違約과 棄信을 비판하게 되었다.

적 특성이 나인영을 투철한 투쟁가보다는 지고한 종교가로 승화시킨 하나의 요인이 되었을 것으로 판단된다.

Ⅲ. 구국계몽운동에의 참여과정

나인영은 1901년 12월 8일 김윤식의 유배지인 智島를 떠나 상경길에 올라 계동에 있는 김윤식의 본가에서 '桂洞留客' 생활을 시작하였다.[33] 이때부터 나인영은 1909년 (음)1월 대종교 개창 전까지 정치활동을 위주로 하는 민족운동에 돌입하였다. 나인영이 1902~1909년간 정치활동에 종사한 사실은 그 자신이 순교 직전에 일본총리와 조선총독에게 보낸 서한에서 "정계에 생각을 끊고 宗門에 헌신하여 천하를 구제하는 것을 나의 임무로 삼았다"[34] "정치관념을 버리고 世法이 협애함을 깊이 깨우쳐 드디어 宗門에 헌신하여 천하 구제를 자담했다"[35]는 구절과 "나인영·오기호씨가…근래에는 정계운동을 포기하고 조국종교를 진흥할 목적으로 종교계에만 헌신 종사한다"[36]는 기사 속에 잘 나와 있다. 30년 지기로서 자신만큼 나인영을 잘 아는 이가 없다고 자부했던 尹柱瓚은 나인영의 대종교 개창에 대해 "나인영이 국가관념을 포기하고 세계주의를 창도했다"고 말했다.[37] 이는 나인영의 '정계관념'·'정치관념'·'정계운동'의 성격이 국가와 민족을 누란의 위기에서 구하고 신사회·신국가를 건설하기 위한 '국가관념'에서 비롯된 것임을 간명하게 표현한 말이다.

---

33) 나인영은 1900년 12월 부인 사망 후 1901년 5월 고향으로 돌아가 아들의 혼사를 마치고 12월 7일 지도로 돌아왔다. 김윤식, 『속음청사』 상, 561, 611쪽.
34) 『대종교중광육십년사』, 「與朝鮮總督寺內書」, 250쪽.
35) 『대종교중광육십년사』, 「與日本總理大隈書」, 246쪽.
36) 『대한매일신보』, 1909년 7월 2일, 「兩氏熱心」.
37) 『대종교중광육십년사』, 「神兄歷史」, 266쪽.

서울에서 나인영이 처음으로 중앙정계에 다시 자신의 존재를 드러낸
사건은 1902년 일본인의 渡韓이민 반대 상소운동이었다. 1896년 4월에
제정된 「일본이민보호법」에는 도한자에 대한 엄격한 관리조항이 실려
있었기 때문에 재한일본인들로부터 많은 불만을 샀다. 이에 한국의 각
항구에 거류하는 일본인들이 1901년 11월 16일 인천항에 모여 회의한
다음 본국정부에 이민보호법의 개정을 촉구하는 건의서와 청원서를 발
송했다. 이는 한국에서 정치상·경제상의 이권 확보에 절대 필요한 일
본 상인들의 자유왕래권을 보장받으려는 침략적 의도에서 나온 것이었
다. 이에 일본 귀족원은 1902년 2월 3일 여권이 필요 없는 도한이민의
자유왕래를 규정한 「일본이민보호법 개정안」을 통과시켰다.[38] 그러자
경제권의 상실과 국권의 피탈을 우려한 대한제국의 지식인들이 공법과
조약을 거론하며 일본인의 도한이민 반대운동을 전개했다. 이때 나인영
은 이기·홍필주·이건 등과 함께 중추원의장 김가진과 의정 윤용선에
게 준열한 항일서한을 전달하였다.[39]

　일본이민법 반대운동을 통하여 중앙정계에 재등장한 나인영은 향후
민족운동을 같이 해나갈 비중 있는 인사들과 교유해 나갔다. 이들은 오
기호·이기·홍필주·이건·정운복·김인식·이회영 등이었다. 먼저,
전남 강진 태생의 吳基鎬(吳赫, 1865~1916)는 나인영에게 있어서 '一
心二體'나 다름없는 최측근 인사였다. 그는 1894년에 상경하여 시무론
자들과 교유했고, 1899년에 나인영과 "心契를 受得하여" 평생동지가
되었다. 오기호는 "언변이 좋고 결단력이 뛰어나고 愛國如家하는 충애
론자였으며, 자금과 인재를 모집하는데 능하였다.[40] 나중에 그는 나인영

---

38) 이승만, 『옥중잡기』, 「일본이민보호법안 개정전말」, 연세대 현대한국학연구소
　　소장, 1902.
39) 이기, 『해학유서』 5, 「與金議長嘉鎭論日人移民書」·「與尹議長容善書」.
40) 정교, 『대한계년사』 하, 국사편찬위원회, 1957, 246쪽 ; 『대종교중광육십년사』,
　　「故正敎巽庵吳赫大兄」, 831쪽.

의 대종교 중광에 주체세력의 일원으로 참여하였다.

김제 출신의 李沂(1848~1909)와 천안 출신의 洪弼周(1857~1917)는 나인영의 항일상소운동에 동참했을 뿐더러 제1차 도일 시에도 함께 활약한 인물들이다. 전자는 동학농민군 진압활동을 거쳐 헌정연구회 평의원·대한자강회 총무·호남학회 교육부장으로서 국민계몽을 촉구하는 논설 등을 다수 발표하였다.[41] 후자는 안동관찰부 참서관·현풍군수·중추원 의관을 거쳐 대한자강회 총무·대한협회 평의원·기호흥학회 학무부장을 지냈다.[42] 이처럼 양인은 대한제국기부터 애국계몽운동기까지 구국운동과 계몽운동에 전력을 투구한 인사들이었다.

이기와 홍필주는 을미의병에 대한 진압·효유 임무 차 안동으로 출동했다가 의기가 투합하게 되었다. 이들은 대한제국의 부패한 현실정치에 불만을 품고 군주주도형의 입헌군주제를 지향하고 있었다.[43] 이기는 가문 대대로 선가계통의 민족종교에 많은 관심을 가지고 있었을 뿐 아니라 그 스스로 眞敎라는 명칭의 단군 종교의 창시를 고려한 적이 있었다.[44] 홍필주는 『대한자강회월보』에 한국의 제도·야사·소설·인물 등을 소개한 짧은 글을 자주 연재했을 정도로 한국 역사와 문화에 밝았다.[45] 나인영은 이들과의 교유를 통하여 정치적 개혁운동에 본격 가담하게 되었음은 물론, 대종교 창시에 이르는 과정에서 이들로부터 민족종교 및 한국사에 대한 기본지식을 흡수했던 것으로 보여진다.

---

41) 김상기, 「李海鶴의 생애와 사상에 대하여」『동방사논총』, 서울대학교출판부, 1974, 257~265쪽.
42) 洪弼周, 『紫隱先生遺事』, 大韓民國殉國先烈遺族會, 1985, 118~121쪽.
43) 김도형, 『대한제국기 정치사상연구』, 지식산업사, 1994, 207~215쪽 ; 최기영, 「헌정연구회의 설립과 입헌군주론의 전개」『한국근대 계몽운동연구』, 일조각, 1997, 159~196쪽.
44) 박종혁, 『한말 격동기 해학 이기의 사상과 문학』, 아세아문화사, 1995, 101~134쪽.
45) 洪弼周, 『紫隱先生遺事』, 75~98쪽.

일본망명객 李健과 일본유학생 출신의 鄭雲復(1870~1920)은 국내
외에서 나인영과 긴밀한 관계를 유지했던 인물들이다. 이들은 대한제국
의 절대황제체제와 고종의 측근중심의 통치행태에 다소 비판적 견해를
가진 인사들이었다. 나인영은 이들과의 교유를 통하여 일본사정과 세계
대국에 대한 생생한 경험담을 청취했을 뿐 아니라 국권위기 타개방안과
정치체제 개혁구상이 포함된 유신운동의 여러 방략들을 함께 구상했을
것이다.

朴泳孝의 생질 이건은 독립협회에서 활동하다가 어느 때쯤 일본으로
건너갔다.[46] 그는 1898년 11월 27일 "朴泳孝·安駉壽·申聲求·安
慶善·安泳中·尹孝定·李健 등을 나고야 동쪽지역으로 퇴거시키
라"는 일본정부의 명령이 해제됨에 따라 12월 13일 일본을 출발하여 귀
국하였다.[47] 앞서 살펴본 것처럼, 이건은 1902년에 나인영·오기호·홍
필주 등과 연명으로 일본인의 도한이민 반대 상소운동에 가담하였다. 이
어 1908년 11월 鄭薰謨·오기호·나인영 등과 함께 다시 도일하여 외
교활동을 벌였다.[48]

황해도 평산 출신의 전 주사 정운복은 義親王 李堈으로부터 일본 망
명정객 "李埈鎔의 하인같은 사람이다"는 평을 받은 인물이다.[49] 그는
일본 大阪상업학교에서 수학한 후 흥선대원군의 손자 이준용의 영국 유
학길에 통역으로 수행하여 구주를 시찰하였고, 러일전쟁 중에는 일본군
을 위해 활동한 것으로 보인다.[50] 애국계몽운동기에 제국신문사 사장,
대한자강회·대한협회 평의원, 大東文友會 회원[51] 등을 역임하였다.

46) 『요시찰한국인거동』 1, [安駉壽·尹孝定·安慶善의 動靜], 306~307쪽.
47) 『요시찰한국인거동』 1, [朴泳孝·安駉壽 一行의 動靜]·[退去令 解除된 李
    健의 動靜 報告]·[李健의 歸國報告], 318, 320, 333쪽.
48) 『요시찰한국인거동』 3, [羅寅永·鄭薰謨·李永錫의 動靜], 284쪽.
49) 『한국독립운동사자료집:대동단사건 Ⅰ』 5, 국사편찬위원회, 1988, 338쪽.
50) 최기영, 『대한제국기 신문연구』, 일조각, 1991, 42~44쪽.
51) 한국교회사연구소 여주, 『뮈텔 주교 일기』 4, 1998, 157~157쪽.

그는 이준용의 도당으로 몰려 1901년 3월 12일 지도에 유배당했는데, 1904년 4월 3일 상경하기 전까지 김윤식의 配所를 무시로 드나들며 김윤식을 받들어 모셨다.[52] 1903년 3월 12일 나인영이 지도에 당도하자 정운복은 그 이튿날 김윤식의 처소를 방문하여 2박 3일간 나인영과 같이 지내며 심회를 교환하기도 하였다.[53]

金寅植과 李會榮은 나인영의 민족운동 참여에 직접적 영향을 미친 인물들이다. 전북 남원 출신의 김인식은 "나인영·오기호를 한번 만나 보고 생사의 교제를 맺었던" 인물이었다.[54] 그런데 김인식과 나인영은 11살이나 차이가 나기 때문에 김인식이 나인영을 同鄕 선배로 대우했을 것으로 보인다. 1887년경부터 閔泳煥(1861~1905)의 조력자인 李儁(1859~1907)과 절친한 친교를 맺은 '개혁파' 金寅植은 범민영환세력으로 분류되는 인사였다. 그는 1904년 중반경 이준이 주도하는 京義契의 일원으로 활동하고 있었다. 그는 국채보상연합회 제1회임시회의 사회측 대표, 국채보상연합회의소 간사, 신민회 회원 등을 지냈다.[55] 아울러 나인영은 보황적 민족주의자로 명성이 자자한 이회영(1867~1935)과도 친교를 맺었던 것으로 파악된다.[56]

이처럼 나인영은 1902~1904년경에 많은 인사들과 긴밀한 관계를 유

---

52) 『속음청사』 상, 594쪽 ; 同書, 하 89쪽.
53) 『속음청사』 하, 42~43쪽. 정운복은 대종교 중광 직전인 1909년 2월 22일에 나인영 등 4~5명의 유지자를 자택으로 초청하여 "한국민이 배일행동을 감행하여 일본의 보호에 항거하다가는 일본의 동정심을 잃어 전민족이 멸망할 것이니, 우리들이 일한 양국의 친목을 두텁게 하기 위해 힘써야 한다"며 은근히 친일협력을 권유하였다. 『통감부문서』 6, 국사편찬위원회, 1998, 36~37쪽.
54) 『대한계년사』 하, 247~248쪽. 寅植官之六品 見時事之日非 常浩然長歎 一見 寅永基鎬 遂爲生死之交.
55) 유자후, 『이준선생전』, 동방문화사, 1947, 28, 113, 167, 189, 212~213, 224쪽.
56) 이정규·이관직 저, 『우당 이회영 약전』, 을유문화사, 1985, 26쪽 ; 이은숙, 『민족운동가 아내의 수기』, 정음사 1975, 148~149, 169쪽. 이회영측 기록에는 이회영이 나인영과 기산도의 을사오적 암살거사에 자금을 지원한 것으로 되어 있다.

지하였다. 다시 말해 나인영은 오기호·이기·홍필주 등을 통하여 주로 전라도 출신의 개신유림계 전현직 관료들을 자기의 지지세력으로 삼았고, 이건·정운복 등을 통하여 거물급 망명정객이나 일본유학생 출신의 유신파 인사들과의 교류기반을 마련했을 뿐더러 세계대세와 일본사정 및 정치체제개혁론에 대한 신지식을 터득하게 되었고, 김인식·이회영 등을 통하여 민족운동에 절대 필요한 인적·물적 자원을 풍부하게 지닌 근왕세력의 지지기반을 확보하게 되었다. 이러한 인적 기반들이 러일전쟁 이후 나인영이 민족운동을 추진함에 있어서 커다란 자산이 되었음은 두말할 나위가 없다.

1904년 2월 한일의정서가 체결되고 곧이어 6월에 일제가 산림·천택 및 황무지개간권을 요구하자 한국민의 항일투쟁이 표면화되었다. 그리하여 청원외교·의병항쟁·상소운동·계몽운동 등 다양한 형태의 항일운동이 동시에 추진되었다. 경향 각지에서 수많은 세력들이 항일활동에 동참했는데, 이때 나인영과 그 주변세력은 유학자의 전통적 사회참여 방식인 상소를 통하여 그들의 의사를 관철시키려 하였다. 이는 그들이 누구보다도 러일전쟁에서 승전을 거듭하고 있는 일본의 강대한 무력을 절감하고 있었기 때문이었다. 나아가 그들은 유림들의 평화주의사상과 만국공법의 국제평등관에 입각하여 한일의정서에 수록된 일본의 한국독립 보장약속을 굳게 믿고 있었다. 이와 함께 그들은 러일전쟁을 동서양의 전쟁으로 파악하고 그 전쟁에서 일본이 승리하기를 기원하는 사상적 특성 내지 한계를 드러내고 있었다.[57]

1904년 여름부터 시작된 항일상소운동에 나인영의 협력세력도 적극 가담하였다. 이기·홍필주·崔東植[58]·李範昌·尹秉 등 서울과 호남

---

57) 이기, 『해학유서』 5, 「與日本伯爵大隈重信書」(1904)·「與日本大使伊藤博文書」(1904), 102～104쪽.

58) 전남 여수인으로 약관 때에 순천 송광사에서 落髮 修道하여 '擎月堂 德旻'이란 법명을 받기도 하였다. 『대종교중광육십년사』, 809～810쪽 ; 신철호, 『한국중흥

출신의 전직관료들이 紳士疏廳을 차려놓고 6회에 걸쳐 황무지개척권 반대 상소운동을 전개하였다.[59] 김윤식의 외재종숙으로 나중에 자신회에 가담한 李㘱鍾도 경향의 사대부들과 함께 일본인 조산 토키치로(長森藤吉郞)의 황무지개척권 요구를 규탄하였다.[60] 민영환의 수하로서 자신회 회원인 金東弼 등 유생대표 26인이 가담한 大韓十三道儒約所와 영남출신 개신유림의 주도하에 120여명의 우국지사들이 1904년 8월 중순에 설립한 충의사는 가장 격렬한 항일상소운동을 벌여 나갔다.[61] 이들은 만국공법에 의거하여 고종황제 및 정부대신, 주한 각국 공사관, 일본 유력자 이토 히로부미(伊藤博文)·오쿠마 시게노부(大隈重信) 등에게 상소문·성토문·호소문을 보내 일본의 침략을 규탄하였다.[62]

주변인사들의 항일운동에 보조를 맞추어 나인영도 적극적으로 항일운동에 동참하였다. 나인영은 배일상소를 통한 항일운동과 정치운동을 원활히 추진하기 위해 1904년 중반 이후 자신회의 전신인 維新會라는 계몽단체를 조직하였다. 여기에는 나인영·오기호·이기·최동식 등 호남출신의 전현직 관료 및 개신유림들이 다수 가담하고 있었다.[63] 아울러 나인영은 황실의 지원 하에 황무지개척권 요구 반대운동을 벌인 大韓保安會의 후신인 大韓協同會에 참여하였다. 민영환(총재)과 그의

종교 교조론」, 31~32쪽.

59) 『대한계년사』 하, 246, 249쪽.

60) 『대한계년사』 하, 248쪽.

61) 『한국독립운동사』 1, 국사편찬위원회, 1965, 90~92쪽 ; 『속음청사』 하, 99~100쪽. 권대웅, 「한말 재경 영남유림의 구국운동」 『일제의 한국침략과 영남지방의 반일운동』, 대구: 한국근대사연구회, 1995, 61~91쪽.

62) 또 도일외교 및 대종교 중광의 동지인 전 참봉 정훈모는 許蔿·李相天·朴圭秉·金璉植 등과 함께 각지에 보낸 통문에서 일본의 한국 황실 및 영토 보호 약속은 기실 침략책에 불과하며 군략상의 필요에 따라 영토와 물자와 인력을 징발하는 것은 한국의 전토를 장악하려는 술책이라고 성토하였다. 『주한일본공사관기록』 24, [許蔿 等 排日通文에 대한 調査要請], 국사편찬위원회, 1998, 39~40쪽.

63) 『대종교중광육십년사』, 810, 831쪽 ; 신철호, 『한국중흥종교 교조론』, 32쪽.

조력자 이준(회장)이 주도한 대한협동회에서 나인영은 池錫永·金錫恒 등과 함께 평의원을 맡았다.[64] 특히, 나인영은 민영환이 주도하는 단체와 그의 지지자들과의 유대관계를 강화함으로써 민영환세력과 연합하여 다음 단계의 정치적 민족운동을 준비하게 되었다.

Ⅳ. 도일 독립외교 활동과 동양평화론

나인영의 도일 외교·정치활동은 1905년 7월부터 1909년 1월까지 도합 4차례에 걸쳐 이루어졌다.[65] 이중 민족운동면에서 제1차의 도일이, 종교운동면에서 제4차의 도일이 볼만한 점이 있었다. 그러나 엄밀히 말해 나인영의 도일 활동은 김윤식이 말한 것처럼 "우국의 정성에서 나왔으나 국사에는 보탬이 못되는" 것이었다.[66] 그럼에도 불구하고 그러한 도일 활동은 나인영 등이 다각도로 항일방략을 강구한 결과로서 택한 것이었을 뿐 아니라 그 시기 외교독립운동가들의 일반적 행동양태를 대변하는 것이었다. 따라서 그들의 항일독립외교의 도덕성과 無用性의 이면에 담긴 애국적·민족적 충정을 먼저 고려할 필요가 있을 것이다.

나인영의 제1차 도일은 1905년 7월에 이루어졌다. 나인영은 동지 오기호와 전남 해남 출신의 천도교도 梁漢默과 먼저 일본으로 출발했고, 이어 동년 9월에 이기와 홍필주가 뒤이어 도일·합류하였다. 나인영은 10월 12일에 망명정객 이준용을 방문하여 요담을 나누었다.[67] 도일 자

---

64) 유자후, 『이준선생전』, 106~107쪽.

65) 나인영은 자신의 도일활동을 다룬 『渡東記』를 저술했는데, 아쉽게도 이 책은 1942년 일제의 대종교탄압('壬午教變') 때에 일본군에게 빼앗겼다고 한다.

66) 『속음청사』 하, 148쪽. 出於憂國之誠而無補於事. 대종교도 정원택도 나인영이 "갑오개혁 후에 민족운동에 여러 방면으로 노력하다가 효과를 얻지 못했다"고 하였다. 鄭元澤 지, 洪淳鈺 편, 『志山外遊日誌』, 탐구당, 1983, 28쪽.

금으로는 나인영의 친우인 전 군수 金亨錫이 2만냥을, 鄭寅國이 3천냥을 내놓았다.[68] 그런데 일본측은 이들 3인이 일본의 제도문물을 시찰하고자 도일한다고 말했으나 기실은 재일망명자인 趙義淵·張博 등과 밀회하고자 일본에 체류 중인 천도교 지도자 李祥憲(손병희)의 초청에 따라 일본에 갔다고 보았다.[69]

　나인영보다 열흘 앞선 7월 17일 황성신문사 사장 張志淵이 일행을 거느리고 도일하였다. 이때 일본측은 "황성신문사와 황실('宮中')과의 관계나 장지연의 경력으로 미루어 이들이 한국의 전도에 대한 일본의 여론을 청취할 모종의 임무를 띠고 도일했다"고 보았다.[70] 또한 국민교육회장이자 헌정연구회 부회장인 이준은 시종무관장 민영환의 지시에 따라 러일전쟁 후 일본의 대한정책의 추이를 탐지할 목적으로 9월 27일에 도일하였다. 일본에서 이준은 박영효 등 일본망명객들을 두루 만난 다음 귀국하였다. 곧이어 이준은 재차 민영환의 지시로 헐벗(Homer B. Hulbert, 訖法)과 같이 상해로 건너가서 閔泳璨·李容翊 등 고종의 측근들과 한국의 국권회복을 위한 외교활동을 전개하였다.[71] 아울러 어느 시기쯤에 일본에 머물고 있던 오기호도 시국대세를 탐지하기 위해 상해로 갔던 것으로 파악된다.[72]

　익히 알려진 것처럼 나인영·오기호·이기 등은 빈한한 선비들이었다. 나인영과 오기호의 도일자금을 마련을 주선한 윤주찬은 평소 지기들

67) 『요시찰한국인거동』 3, [羅寅永·金英鎭·金俊龍의 動靜], 129쪽.
68) 『대한계년사』 하, 225쪽.
69) 『요시찰한국인거동』 3, [梁瀗·羅寅永·吳基鎬], 121쪽.
70) 『요시찰한국인거동』 3, [皇城新聞社長 張志淵 一行의 日本 視察 通告], 114
　　쪽. 당시 장지연은 閔泳綺·閔丙奭·閔商鎬·趙東潤·尹致昊·李達鎔 등 고관들과 함께 도일하였다. 장지연, 『장지연전서』 10, 「연보」, 단국대 동양학연구소, 1989, 8쪽.
71) 유자후, 『이준선생전』, 167~172쪽.
72) 『대종교중광육십년사』, 「故正敎巽庵吳赫大兄」, 831~832쪽.

의 곤란을 자주 구제하여 '赤立之勢'의 처지였다.[73] 이준은 민영환에게
서 자금을 받아 가지고 일본과 상해에서 활동하였다. 1904년 11월 민영
환과 韓圭卨이 영어에 능한 청년 李承晩에게 고종의 밀서를 주어 미국
으로 가서 청원외교활동을 전개하게 했는데,[74] 그때 이승만의 여비와
활동비는 민영환·金嘉鎭 등 대신들이 마련한 것이었다. 아울러 익히
알려진 것처럼, 구한말 외교밀사들과 항일의병의 활동비는 고종의 내탕
금이나 중앙의 대신이나 부호들의 수중에서 나왔다. 이런 사실들로 보아
나인영 등의 4차에 걸친 막대한 도일활동 자금은 당시 은밀히 구국운동
을 전개하고 있던 민영환·한규설·李容泰 같은 고종측근의 유력자들
이나, 아니면 이준용·박영효·손병희 같은 일본체류 망명정객들과 그
들의 후원자들의 수중에서 나왔을 가능성이 높다.

1905년 5월경 러일전쟁 종식되자 일제가 한국을 보호국으로 삼을 것
이라는 소식이 한국 내에 퍼지기 시작했다. 그리하여 일본의 대한정책의
방침을 둘러싸고 정치가와 우국지사들 사이에 의견이 분분하여 조야가
소란하였다.[75] 이에 고종황제와 그 측근세력은 한국의 국권을 지키기
위해 러시아·미국·프랑스 등 구미 열강을 상대로 만국공법의 균세외
교론에 입각한 대외청원 외교활동에 사활을 걸었다. 그리고 소수 친일분
자를 제외한 대다수 중앙 정치세력은 일본의 주도하에 수립될 신내각에
서 정치적 주도권을 장악하고, 그것을 기반으로 유신운동과 구국운동을
전개하려 하였다. 양자는 공히 일본의 대한정책의 향배와 진의를 파악하
고자 지인과 문인 및 겸인들을 은밀히 일본에 파견하였다. 가난한 선비
집단인 나인영 세력의 도일활동도 이러한 배경에서 나온 것이었다.

---

73)『매일신문』, 1898년 6월 25일자.『대한계년사』하, 247쪽. 柱瓚官歷農商工部主
　　事 中樞院議官 善文章筆法 凡僑友之窮餓者 必割其薄俸而共之 寅永基鎬沂
　　之往來日本 其盤費多賴其力 及謀誅齊純等也 以赤立之勢 辦二千兩.
74) 이정식 역주,「청년 이승만 자서전」『신동아』1965년 9월호, 441쪽.
75) 유지후,『이준선생전』, 153쪽.

나인영 등의 도일활동은 단순히 극소수 우국지사에 의한 민간차원의 외교독립활동에 그친 것이 아니라 중앙정계의 고종측근 내지 일본망명객과 긴밀한 연계 하에 전개된 중앙적·집단적 차원의 정치적 구국운동의 성격을 지니고 있었다. 이와 관련하여 나인영의 제4차 도일에 대해 "某 대신이 일본 진보당 영수 오쿠마 시게노부(大隈重信)에게 한국정부 변경할 일을 의논할 차로 나인영·오기호 양씨를 일본에 보냈다"는 『대한매일신보』의 기사는 실제로 그들의 도일활동이 개인적·민간적 차원에서 이루어진 것이 아니라 중앙적·집단적 차원에서 조직적으로 펼쳐진 정치적 민족운동의 일환이었음을 확인시켜 주고 있다.[76]

〈표 1〉 나인영의 도일 활동

도 일	출 국	귀 국	동 행	자금원	접촉인	활 약 상
제1차	1905.7.26	1906.2	吳基鎬 梁瀗(漠照) (梁漢默) 李 沂 洪弼周	前군수 金亨錫 (2만냥) 鄭寅國 (300원)	松村雄之進 李埈鎔	동양 3국의 평화와 한국 독립보장 촉구
제2차	1906.7.3	1906.9.27 (이전)	미상			
제3차	1906.10.20 (동경着)	1906.12.30	吳基鎬 姜基煥 (康達天?)	前참봉 姜基煥 (3만냥)	松村雄之進 岡本柳之助 頭山滿 內田良平 李埈鎔	을사조약 후 일본 조야의 대한 시정방침 탐지
제4차	1908.11.9	1909.1.26 (동경發)	吳基鎬 鄭薰謨 李健(鍵)	皇室 (1천원)	松村雄之進 頭山滿, 陸鍾允 古市公威 伊藤藤次郎 李永錫	한국 인민의 생명과 재산보호 대책 강구 및 신병치료(당료병), 杜一白을 만남

<출처>: 정교, 『대한계년사』하, 국사편찬위원회, 1957 ; 김윤식, 『속음청사』하, 국사편찬위원회, 1960 ; 『요시찰한국인거동』3, 국사편찬위원회, 2002 ; 신철호, 『한국중흥종교 교조론』, 「나철이력서」, 대종교총본사, 1979.

---

76) 『대한매일신보』, 1908년 12월 25일, 「羅氏歸國通信」.

1905년 6월 나인영·오기호·이기·윤주찬 등은 러일전쟁 뒤처리를 위한 강화회의가 미국 포오츠머스에서 열릴 때 한국문제도 논의될 것으로 보았다. 그래서 그들은 청국정부처럼 한국도 강화회의에 사절단을 파견하자고 李夏榮 외부대신에게 건의했다. 그러나 이하영이 반대하고 나서자 나인영과 오기호는 강화회의를 참관하기 위해 도미하겠다는 청원서를 외부에 제출했다. 이는 각국에 한국의 독립 보장을 약속한 한일의정서의 조약문을 선전함으로써 일본으로 하여금 舊約을 이행케 하려는 것이었다. 이러한 의도에서 그들이 외부에 여권을 신청했지만 이하영의 비협조와 일본공사 하야시 곤스케(林權助)의 방해공작으로 뜻을 이루지 못했다. 이에 1905년 7월 26일 서울을 출발하여 일본에 도착한 나인영은 재차 도미를 추진했다. 그러나 상황이 여의치 못하자 1906년 2월까지 일본에 머물며 각종 활동을 펼쳤다.[77] 일본측은 나인영의 도일 경위와 활동에 대해 다음과 같이 평하였다.

> 나인영·오기호 2명은 평소부터 우국지사라 자부하였다. 그 말한 바에 의하면, 동양의 평화를 보호하고 한국의 독립을 확보하기 위하여 일·청·한의 鼎立 협동으로써 대외의 정책을 수립할 의견을 포회하고 왕년 한성정계에 러시아의 세력이 전성을 극하였을 무렵 분함을 금할 수 없게 되자 일·러 충돌로 인한 일본의 선전은 한국의 독립을 보장하는데 있다 함으로써 일본군의 전승을 바라고 있었다. 그러던 중 戰局은 일본에의 승리로 되려 하자 기회를 잃지 않고 일본으로 하여금 선전의 취지를 변경치 못하게 할 것을 강구할 필요를 인정하고 1906년 6월 나·오 2인이 제휴하여 일본에 이르러 "동양평화를 위하여 일·청·한 삼국 동맹과 한국에 대하여 선린의 우의로써 扶助하라"는 의견서를 가지고 일본 각 대신을 두루 방문하고 동경에 머물면서 일본의 형세를 탐지했다.[78]

77) 『대한계년사』하, 224쪽. 김후경·신재홍, 「나철선생」, 한국민족운동연구소 편, 『대한민국독립운동공훈사』, 1983, 492쪽.
78) 『통감부문서』9, [정부전복과 대신암살에 관한 건], 국사편찬위원회, 1999, 431쪽 ; 『대종교중광육십년사』, 14~15쪽.

일본에서 정보를 탐지한 결과 나인영과 오기호는 일본정부의 한국병
탄 방침을 확인하게 되었다. 이에 양인은 1905년 8월부터 11월 사이에
일본의 총리대신·추밀원장·귀족원·중의원 및 오쿠마 시게노부 백작
등에게 서한을 보냈다. 여기에서 그들은 만국공법과 동양평화론과 脣齒
輔車論에 입각하여 동양대세와 한일관계의 중요성을 역설하였다. 동시
에 그들은 한국의 자주독립권 인정(1894.8), 일본정부가 러시아정부에
전달한 청·한 양국 독립보존 확약(1903.8), 한일의정서의 한국의 독립
과 영토 보존 약속(1904.2) 등을 이행하라고 요구했다.[79] 나아가 하야시
공사의 정치간섭, 이권강탈, 차관강요, 魚採강점, 우체권과 경찰권 탈취,
군용지와 민유지 강점, 가옥·광산·철도·삼림 탈점, 고문관 설치 등
제반 침략상을 통렬히 논박했다.[80] 특히, 그들이 일본정부에 올린 서한
에 부속된 6개조의 요구조항은 전후 4차에 걸친 그들의 항일독립외교의
궁극적 목적을 여실히 보여준다.

1. 일·한·청 3국은 연합 동맹하여 동양의 대국을 길이 보전할 일.
2. 한국의 독립과 주권을 보전하고 한일의정서 제3조의 취지를 실천할 일.[81]
3. 주한공사 이하는 모두 公廉·剛斷하고 한국 관인들과 親面이 없는 자를
   택송하여 한일의정서 제1조로 실천할 일.[82]
4. 한국 조정에 권고하여 나라를 그르친 간세배를 모두 쫓아내고 시무를 아는
   현준한 인물을 뽑아서 그들로 하여금 정치를 쇄신하게 하고 국민들에게
   원망과 의심이 없게 할 일.
5. 한국인으로서 일본에 입국하는 자 가운데 관인과 평민을 막론하고 소위 운

79)『매천야록』, 343~345쪽 ;『대한계년사』하, 161~162쪽 ; 박은식,『한국통사』,
   제3편 제33장 ; 이기,『해학유서』, 104~105쪽.
80)『대한계년사』하, 225쪽.
81) 한일의정서 제3조: "대일본국정부는 대한제국의 독립과 영토 보전을 확실히 보
   증할 것."
68) 한일의정서 제1조: "일한 양국간에 항구불역의 친교를 보지하고 동양 평화를 확립
   함을 위하여 대한제국정부는 대일본제국정부를 확신하여 시정개선에 관하여 일본
   제국의 충고를 수용할 것."

동하고 소개한다는 잡류배는 들어오는 대로 곧바로 축출하여 양국의 사사
로운 교통을 막고 양국의 교제를 중히 할 일.
  6. 일본인으로서 한국에 거주하는 자로서 공법과 약장을 침해하거나 사익을
     도모하는 경우에는 모두 엄금하여 한국 백성들로 하여금 각기 그 직업에
     안정하게 할 일.[83]

상기 6개조의 요구사항은 ① 동양 3국의 평화동맹, ② 한국의 주권
및 영토보존 약속 이행, ③ 도한 일본 요인들의 자질 심사 강화, ④ 한국
현내각의 경질과 시무자에 의한 서정쇄신, ⑤ 도일 한국인들에 대한 심
사 강화, ⑥ 재한일본인의 경제적 침탈 방지 등이었다. 이를 보면 나인
영 등은 일본정부에게 동양평화에 힘쓰고 한국의 독립과 영토보전 약속
을 이행할 것을 촉구했다. 그런데 러일전쟁 직후 일본군의 서울 진주와
함께 이미 실질적 보호국으로 전락한 한국의 현실상황을 감안할 때, 나
인영·오기호 등의 궁극적 요구사항은 ③과 ④가 아니었을까? 이를테
면, 그들은 조선의 국권과 영토의 독립이 보장된 상태에서 단기적으로
일본의 시정개선 요구를 받아들여 신내각을 조직하여 사회체제를 근대
식으로 개혁하고, 장기적으로 일본의 지도를 벗어나 조국의 독립과 자강
을 달성하려 하였던 것으로 사료된다.

1905년 11월 일본 동경의 각 신문에 이토 히로부미가 특파되어 보호
조약이 체결될 것이라는 보도가 나왔다. 사태의 급박함을 깨달은 나인영
은 친분이 두터운 외무대신 박제순에게 "목이 잘리더라도 협약에 동의
치 말라"는 급전을 타전하였다.[84] 이어 이토와 일본 천황에게 서한을 보
내 한국병탄을 자행하는 일제의 침략정책을 질책하였고, 조약을 어기고
이전 약속을 저버린 일본정부와 그 지도자들의 식언과 배신을 준열히 따

---

83) 『대한계년사』 하, 162쪽. 한일의정서의 내용 및 성격에 대해서는 최영희, 「한일의
     정서에 관하여」 『격동의 한국근대사』, 한림대 아시아문화연구소, 2001, 211~
     231쪽.
84) 『통감부문서』 9, [정부전복과 대신암살에 관한 건], 431쪽.

졌다.85) 그러나 일제가 이미 가쓰라 - 태프트밀약과 포오츠머스조약을 통하여 미국으로부터 한국의 식민지화를 공인 받은 마당에 나인영 등의 도덕외교가 실효를 거두기는 어려운 상황이었다.

나인영의 제3차 도일은 1906년 10월 상순경에 이루어졌다. 나인영·오기호·이기는 한국에 대한 일본 국회의 시정방침을 파악하고자 도일을 결심하였다. 이때 나인영은 한국 문제는 한국인 스스로 해결해야 한다는 견해를 가지고 있었다.86) 그러나 자금이 없어서 곤란을 겪던 차에 오기호가 전 우체국주사 徐廷禧를 통하여 전 참봉 姜基煥(姜達天)에게서 3만냥을 받아냈다.87) 이에 나인영과 오기호는 관광을 명목으로 그리고 강기환은 상업시찰을 핑계로 도일하여 을사조약 후 일본 조야의 한국에 대한 시정방침을 두루 탐지하였다. 이들 3인은 11월 15일 찌바현(千葉縣)에 체류하고 있던 이준용을 방문하고 17일 도쿄로 귀환했는데, 이날 밤 강기환은 한국에서 전보를 받고 19일에 먼저 귀국했다.88) 그런데 제3차 도일거사의 자금제공자인 강기환은 나중에 한국에 돌아온 후 통도사에서 이준용과 박영효가 조속히 집권하여 종사와 백성을 보호하기를 간절히 빌었을 정도로 재일 망명정객들에게 많은 기대를 품었던 인물이었다.89)

나인영의 제4차 도일은 1908년 11월에 이루어졌다. 나인영·오기호·정훈모·이건 4인이 일본으로 건너갔는데, 일제통감부의 마쯔이 시게루(松井茂) 경무국장은 이들이 황실로부터 1천원을 받아서 도일했다

---

85) 『대한계년사』 하, 164~166, 225쪽.
86) 『요시찰한국인거동』 3, [羅寅永의 動靜], 286쪽.
87) 『대한계년사』 하, 225~226쪽.
88) 『요시찰한국인거동』 3, [羅寅永·吳基鎬·姜達天의 動靜]·[羅寅永·吳基鎬의 岡本柳之助 訪問], 157~159쪽. 강기환은 12월 1일에 재차 동경에 도착하여 오기호에게 자금(80원)을 전달하고 3일에 다시 귀국길에 올랐다.
89) 『대한계년사』 하, 249~250쪽. 祝曰 在外國之李埈鎔朴泳孝等 速還本國 以保宗社生靈 每日淸晨焚香 立呼佛號萬數 至夜分而止.

고 본국정부에 보고하였다. 아울러 마쯔이 국장은 "(한국) 현 내각 대신
들의 일본유력자에 대한 (매국적) 태도를 나인영 등이 비난한 사실을 알
고 황제가 자금을 하사했다는 소문이 경성에 나돌고 있다"고 덧붙였
다.90) 그런데 이때 나인영의 도일목적은 한일병합 후 한국 인민의 생명
과 재산에 대한 보호 대책을 일본 유력자들에게 호소하려는 것이었다.
겸하여 지병인 당뇨병 치료도 나인영의 도일목적 가운데 하나였을 것이
다. 일본에서 마쯔무라 유노신(松村雄之進)·하세가와 요시미치(長谷
川好道) 등 일본의 유력자를 차례로 방문한 나인영은 노동 조건과 처우
가 너무 열악하기 때문에 향촌의 인민들이 항일의병에 대거 가담하여 피
해를 입고 있다며 한국 인민에 대한 대우개선을 촉구했다. 이에 대해 장
곡천은 긍정적 태도를 보였다.91) 또한 나인영은 김윤식 문하에서 함께
수학한 친우 陸鍾允92)을 찾아가 "나인영을 도와주라"는 김윤식의 의뢰
서를 전달하기도 하였다.93) 도일활동이 별다른 성과를 거두지 못하자
나인영은 1901년 1월 26일에 도쿄를 떠나 귀국길에 올랐다.

전후 4차에 걸친 일본 체류활동을 통하여 나인영은 많은 한국인과 일
본인을 만났다. 그가 접촉한 한국인 가운데 가장 비중 있는 인사는 자주
독립 성향이 강한 흥선대원군의 손자 이준용(1870∼1917)이었다. 1894
년 가을 동학농민군의 재봉기를 추동한 이준용은 朴泳孝·徐光範 등
친일개화파 암살음모죄 및 정부전복 혐의로 1895년 3월에 체포되어 유
배형에 처해졌다.94) 곧이어 특사로 풀려난 그는 1895년 11월 일본유학
을 떠나 1897년 8월 영국에 도착하여 1년 4개월간 체류한 다음 다시 일
본으로 돌아와 1907년 7월 純宗 즉위 직전까지 머물렀다.95) 이러한 이

---

90) 『요시찰한국인거동』 3, [羅寅永·鄭薰謨·李永錫의 動靜], 284쪽.
91) 『요시찰한국인거동』 3, [羅寅永의 動靜], 286쪽.
92) 김교헌, 『弘巖神兄朝天記』, 「추도문」(陸鍾允). 雲翁之門 同卓聯床.
93) 『요시찰한국인거동』 3, [羅寅永의 東京 行蹟], 275쪽.
94) 『고종실록』, 1895년 3월 24일, 4월 19일

준용을 나인영은 도일할 때마다 방문했다. 이는 이준용이 김윤식·나인
영과 친밀한 정운복의 후원자일 뿐더러 제3차 도일자금을 제공한 강기
환의 존경을 받는 인물이기 때문이었을 것이다. 게다가 일본유학생을 비
롯한 유신파 인사들과 교분이 두터운 이준용이 義親王 李堈과 함께 병
약한 순종을 대체할 가능성을 지닌 인물이기 때문으로 보여진다.

나인영은 일본에서 도일유학생들과 관계를 맺었다. 그는 申厚永·魚
永善·柳承欽·陸鍾允·李永錫 등을 만났으며,96) 『大韓留學生會
學報』 창간 시에 의연금 10원을 희사하기도 하였다.97) 나인영이 일본에
서 만난 유학생 가운데 가장 비중 있는 사람은 태극학회 부회장을 지낸
崔錫夏였다. 일본유학 시절 정체론과 국가론에 관한 논설을 『태국학보』
에 자주 기고한 최석하는 '朝鮮魂'의 창출과 조선국수주의의 발양을 강
조한 인물이다.98) 귀국 후에 그는 『大韓學會月報』와 『大韓興學報』에
논설을 발표하여 일본 정계의 동향을 소개하기도 하였다. 나인영이
1909년 7월경 북촌 苑洞의 자기 집에서 최석하와 같이 살고 있었던 것
을 보면 양인은 긴밀한 사이였음에 틀림없다.99) 하여튼 나인영은 조선
혼의 주창자 최석하로부터 을사조약 전후의 일본사정과 재일한국인들의
동향에 대한 소상한 정보는 물론 대종교 창시와 대종교의 교리정립 과정
에서 일정한 도움을 받았을 것이다.100)

---

95) 『(구한국)관보』, 1895년 11월 15일 ; 『대한계년사』 하, 265쪽. 이준용은 나인영의
    거 판결 이틀 후인 1907년 7월 14일에 부산항에 도착했다.
96) 『요시찰한국인거동』 3, [동경 재학 한국인의 명단 보고], 199~200쪽, [羅寅永
    의 動靜], 278~279쪽. 이중 유승흠은 1905년 12월 동맹휴교사건을 주도한 강경
    파로서 일본측으로부터 '세력이 있는' 유학생이라는 평을 받았다.
97) 『대한유학생회학보』 창간호, 1907.3, 97쪽.
98) 최석하,「조선혼」『태극학보』 5, 1906.12, 19~22쪽.
99) 『속음청사』 하, 302쪽. 김윤식은 최석하를 "일본에 10년 동안 유학하여 법률학을
    열심히 공부한 애국지사이다"라고 평하였다. 歷訪羅經田[寅永] 其內舍 郭山人
    崔錫夏金永倫同寓 與之會話 崔錫夏留學日本十年而歸 習法律學熱心 愛國
    志士也.

나인영이 찾아간 일본의 지명인사들은 마쯔무라 유노신·오카모도 류노스케·토야마 미쯔루(頭山滿)·우치다 료헤이(內田良平) 등이었다. 나인영이 이들을 방문한 것은 일제의 한국침략을 방어하기 위해서는 거물급 정객을 만나서 외교적 해결책을 모색해야 한다고 판단했기 때문이었다. 나인영은 제1차 도일시에 동양평화론자인 마쯔무라를 심방하였다. 이때 마쯔무라는 순수한 동양평화론자의 모습을 띠고 이토 히로부미의 침략정책을 비판하는 한편 나인영에게 한국의 자강·자립·자유를 촉구하였다.101) 제3차 도일 시에 나인영은 다시 마쯔무라를 찾아갔다. 그리고 마쯔무라의 소개로 토야마와 오카모도를 만나 천하대세와 동양 시국을 논담하며 친교를 쌓았다. 그러나 이때 마쯔무라는 이전의 입장을 표변하여 이토 히로부미의 침략정책을 인정하고 나인영에게 조선통감부 고문 우치다를 만나볼 것을 권유하였다.102) 제4차 도일 시에 다시 마쯔무라와 토야마를 만난 나인영은 마쯔무라에게 경제적 지원을 받았고 그의 집에 단기간 유숙하기까지 하였다.103)

나인영은 일본의 동양평화론자들을 만나 한국독립과 동양평화를 역설했다. 그러나 마쯔무라 유노신이 소개한 오카모도 류노스케는 명성왕후 시해사건에 관련된 낭인배였고, 토야마 미쯔루와 우치다 료헤이는 대륙침략의 전위인 玄洋社의 맥을 이은 黑龍會의 핵심간부들이었다. 한마디로 이들은 일본 위주의 침략적 동양평화론을 대변하는 인물들이었다. 특히, 토야마의 부하인 우치다는 宋秉畯·尹始炳·李容九 등에게 유신회·진보회·일진회 같은 일제의 어용단체를 조직케 함으로써 일제의 한국침략을 이면에서 도운 인물이다. 따라서 일제의 침략정책의 공식대표는 이토 히로부미였지만 이면의 책임자는 우치다 등이었다.104)

---

100) 佐佐充昭,「韓末における檀君敎の'重光'と檀君ナショナリズム」, 41쪽.
101)『대한계년사』하, 225쪽.
102)『대한계년사』하, 226쪽.
103)『요시찰한국인거동』3, [羅寅永의 動靜], 286~289쪽.

이러한 인물들을 상대로 전개된 나인영의 도덕외교는 별다른 성과를 올리지 못하고 말았다. 그러나 그것은 동시에 나인영으로 하여금 한국의 현실을 되돌아보고 자신의 독립운동방략을 변경케 하는 계기를 부여하였다.

V. 계몽단체 自新會 결성과 매국역적 처단 의거

1906년 12월경 국가멸망의 위기상황이 닥쳐오자 나인영은 외인의 조력과 천하의 공론은 믿을 수 없는 것임을 절감했다. 그는 한국의 독립을 저해하는 매국노('內疚')들을 먼저 제거해야 한다는 생각에서 보검 두 자루를 구입해 가지고 귀국하였다.[105] 2천만 국민의 분노와 '일본 지사'들의 조언을 참작하여 자신의 독립노선을 수정했던 것이다. 나인영은 매국의 장본인인 현 내각 대신들을 주살하고 새로 조직한 정부를 중심으로 독립을 굳게 지킬 것을 맹세하고 동지를 규합하기 시작하였다.[106]

1907년 1월 나인영·오기호가 거사를 준비하는 동안 민영환의 수하들인 대한십삼도유약소 대표유생 김동필·전 총순 李鴻來·李容彩 등도 비밀리에 의병재거를 모색하고 있었다. 그때 나인영의 동정을 전해들은 김동필이 나인영을 찾아가 이홍래와 의병장을 지낸 최익현 숭배자 朴大夏를 천거하며 협력을 구하였다.[107] 이러한 접촉은 민영환세력의 하부조직인 京義契의 회원이자 나인영과 오기호의 친우인 김인식의 주선으로 이루어졌을 것이다. 이후 행동노선을 둘러싸고 양자간에 이견이 벌어졌는데, 의병항쟁을 고집하는 민영환세력에 대해 나인영세력은 "병

---

104) 박영석, 「대종교의 민족의식과 항일민족독립운동(상)」, 112쪽.
105) 『대한계년사』 하, 226쪽.
106) 『통감부문서』 9, [정부전복과 대신암살에 관한 건], 432쪽.
107) 『대한계년사』 하, 226~227쪽.

력으로 일본에 항거하는 것은 무모한 방책이니 매국대신들을 처단하고 현정부를 전복하자"고 설득했다.[108] 논란 끝에 나인영노선이 채택됨에 따라 나인영·오기호·최동식·윤주찬·김인식 등 나인영세력이 동심 협력하여 기획을 총괄하고, 김인식·김동필·박대하·이홍래·이용채 등 민영환세력이 장사배의 지휘와 기타 향곡 의병의 모집을 담당하는 역할분담이 이루어졌다.[109] 이로써 매국대신 격살의거의 막이 올랐다.

나인영과 오기호는 솔선의 의미로서 가산을 기울여 마련한 1천 냥을 박대하에 내주어 경상·전라 양도로 가서 장사를 모집케 하였다. 박대하의 주선으로 응모자 150인이 기일 내에 일제히 서울에 모이기로 약속했으나 필요한 수만 냥의 비용 마련이 어려운 문제였다. 그러다가 김인식이 1907년 1월경 성균관박사 李光秀를 통하여 전 내부대신 李容泰에게 거사를 알리고 도움을 청하자 2월 3일에 이용태가 1만 7천 냥[110]을 희사하였다.[111] 이에 나인영은 즉각 박대하에 1만냥을, 김동필에 5천 냥을 주어 인천항에 가서 양총 8정을 구입하게 하고, 2천 냥을 김인식에 주어 장사배 관리비용으로 쓰도록 하였다. 그리고 대신들이 進賀행사를 위해 입궐하는 2월 13일(음1/1)에 매국대신들을 처단하기로 하였다.[112] 이로써 매국대신 처단의거가 본격화되었다.

매국대신 처단거사일을 정하던 2월 3일에 나인영과 오기호는 비밀결

---

108) 『황성신문』, 1907년 4월 27일, 「羅吳의 供招顚末」 ; 『통감부문서』 9, [정부전복과 대신암살에 관한 건], 432쪽. 박영석, 「대종교의 민족의식과 항일민족독립운동(상)」, 116~117쪽. 당시 나인영·오기호는 "본래 일본의 보호정책을 환영한 것이 아니고 여타 강국의 옹호를 얻지 않으면 한국의 독립이 불가능함을 알고 있는 한편, 전승한 일본의 현재 지위를 아는 고로 함부로 일본에 반항하지 않았다"고 한다.
109) 『대한계년사』 하, 239쪽.
110) 자신회 관련 고문서의 이용태 수표에는 11만 5천냥으로 나온다.
111) 『황성신문』, 1907년 4월 27일, 「羅吳의 供招顚末」.
112) 『대한계년사』 하, 227~228쪽.

사를 운용할 계몽단체로서 자신회를 조직했다. 자신회의 회원은 200여 명인데,[113) 의거가 성사되는 당일에 30인이 '국민대표'로서 문서와 병기를 휴대하고 법사에 자수하기로 하였다. 이기가 「自新會趣旨書」·「自現狀」을, 나인영이 「愛國同盟歌」·「同盟書」·「斬奸狀」을, 윤주찬·이광수가 한국정부·일제통감부·헌병대사령부·각국 공사관에 보내는 공함과 내외국인에게 반포할 포고문을 작성했다. 이들 문건에는 애국의 혈성과 독립의 주지와 토적복수의 대의가 분명히 드러나 있었다.[114) 이러한 자신회의 문건 가운데 가장 중요한 것은 그들의 설립취지를 선포한 「자신회취지서」(1907.3)이다.

> 天地之道ㅣ 極於舊而通於新ᄒᆞ나니 日月之代明과 寒暑之迭行이 皆由乎是라. 故로 國舊而不新 則必至於亡ᄒᆞ고 人舊而不新 則必至於死ᄒᆞ나니 嗚呼 今日 我韓之勢 果何如耶. 五百年政治ᄂᆞᆫ 皆已腐敗矣요 三千里疆土ᄂᆞᆫ 皆已荒陳矣요 二千萬人口ᄂᆞᆫ 皆已奴隷矣라. 於是 而猶不思改絃易轍ᄒᆞ고 世之拘儒曲士ㅣ 每以守舊二字로 作爲嚆矢ᄒᆞ야 以欺天下ᄒᆞ야 春至而自樂枯萎ᄒᆞ고 日出而自處昏闇 故로 腐敗者 不可復生矣요 荒陳者 不可復起矣요 奴隷者 不可復免矣니 此ᄂᆞᆫ 吾輩所以太息痛哭 而自新會之不得不設也라. 然이ᄂᆞ 自新者ᄂᆞᆫ 非待人新之라 卽自我新ᄒᆞ니 新之維何오. 淨洗腦髓ᄒᆞ야 以發新思想ᄒᆞ고 竭盡心力ᄒᆞ야 以成新事業ᄒᆞ고 索還人權ᄒᆞ야 以立新世界ㅣ 此乃吾社會之前頭期望所在也니 惟願同志諸君子ᄂᆞᆫ 其各勉哉어다.[115)
>
> 光武 十一年 三月 日

즉, 자신회는 정신을 개조하여 '신사상'을 발휘하고 심력을 다하여

---

113) 일본통감부와 헌병사령부에 보낸 공함에는 '3천 동지,' 泥峴 일본인 거류지에 뿌린 광고에는 '8만 회원'이라고 했는데, 이는 과장으로 보인다.

114) 『대한계년사』 하, 228쪽. 其諸書 愛國之血誠 獨立之主旨 討賊復讐之大義 炳如日星 可以感天地而泣神鬼也. 이들 문건의 내용에 대해서는 신용하, 「한말 '자신회'의 '취지서'·'동맹서' 등」 『한국학보』 13, 1978년 겨울, 205~208쪽.

115) 『동학서』, 「나인영사건」, 규장각도서관, 규17295.

'신사업'을 이룩하고 인권을 되찾아 '신세계'를 수립하기 위한 계몽단체였다. 따라서 자신회는 궁극적 목적을 국권회복을 위한 계몽운동에 두고 있었고, 그러한 계몽운동의 추진에 필요한 사회기반을 조성하기 위해 매국대신 처단의거를 우선 사업으로 설정했음을 알 수가 있다.[116] 자신회가 계몽단체라는 점은 나인영이 작성한 「애국동맹가」에 "일본인에 대해서는 생명·재산을 보호하세. 善에는 필히 報酬 있다. 吾는 吾事를 할 뿐 국권 회복할 시는 일본인도 우리 동포"라는 구절로도 입증된다.[117] 한마디로 자신회의 성격은 무장투쟁을 중시하는 의병전쟁과 달리 정신운동·사회운동을 추구한 합법적인 계몽단체였다.

자신회의 대내지향성은 황제체제를 지지·옹위하는 것이었다. 즉, 자신회는 「자현장」과 「청원서」에서 "세상에서 소위 오적이라고 하는 자들은 우리 대황제폐하의 敵臣일 뿐 아니라 조종의 적신이다 " "황권이 추락하여 王章이 펼쳐지지 못하여" 라고 하였고, 또 「자현장」과 일제통감부 및 각국 공사관에 보낸 공함에서 "한일신조약(을사조약)은 황제폐하의 인준이 없이 정부 간세배의 책동으로 맺어졌다"고 하였다.[118] 이는 황제의 권한을 인정하는 한편 황제의 권위를 내세워 독립을 회복하려는 것이었다. 그러나 신사상·신사업·신세계를 지향한 자신회의 모토로 보아 자신회는 절대황제체제를 지향했다기보다는 1900년 이후 계몽운동가들처럼 군주주도형의 입헌군주제를 원했을 것이다.

자신회의 대외지향성은 만국공법과 국제조약에 기초한 동양평화론이었다. 앞서 살핀 것처럼, 자신회는 「애국동맹가」에서 한일평화론을 강조했다. 또 각국 공사관에 보낸 공함에서 만국공법의 내용에 비추어 협박으로 맺어진 조약은 '逼約'이며, 핍약을 통하여 내정간섭과 경제침탈을

---

116) 노용필, 「대한제국기 자신회 관련 고문서」, 70~71쪽.
117) 『朝鮮ノ保護及併合』, 조선총독부, 1917, 39~48쪽.
108) 신용하, 「한말 '자신회'의 '취지서'·'동맹서' 등」, 208쪽 ; 노용필, 「대한제국기 자신회 관련 고문서」, 71~73쪽.

자행하는 것은 '棄約'이라고 주장하였다. 나아가 진고개 일본인 거류지에 뿌린 광고에서 "매국난적은 동양평화를 해치는 자들이니, 국민의무로써 거사를 수행한다"고 하였다.[119] 즉, 구한말 유교사상을 지닌 개명 지식인들이 한결같이 만국공법과 국제조약에 입각하여 일본의 침략을 규탄했는데, 자신회 지도부도 여기에서 벗어나지 않았던 것이다.

지도부, 거사자금, 선전문, 거사이념, 그리고 조직체를 구비한 자신회는 거사에 박차를 가하였다.[120] 육혈포를 수 십정을 구입하고 널리 장사배를 모집했다. 그러나 박대하가 삼남에서 모집한 결사대원들이 일본군의 강화된 기찰 때문에 약속한 기일(2월 10일) 내에 상경치 못하였다. 그 때문에 거사일을 2월 27일에서 3월 21일로 미뤘다가 다시 3월 25일로 연기하였다. 이때 참정대신 박제순은 오기호가, 내부대신 李址鎔은 김동필이, 군부대신 權重顯은 이홍래가, 학부대신 李完用은 박대하가, 법부대신 李載克은 徐泰雲(云)이, 전 군부대신 李根澤은 李容彩가 맡았다. 이들은 각기 서너 명의 결사대원을 이끌고 지정된 장소에서 공격하기로 하였다. 아울러 나인영은 이들 결사대원들에게 권총과 「동맹서」와 「참간장」을 지니게 하고,[121] 출정을 앞둔 결사대원들에게 비장한 격

109) 신용하, 「한말 '자신회'의 '취지서' · '동맹서' 등」, 205~208쪽 ; 노용필, 「대한제국기 자신회 관련 고문서」 74, 78~79쪽.

120) 황현에 의하면, 나인영은 매국대신 격살의거 이전에 박제순과 이지용의 집에 폭탄상자를 보내 이들을 폭살시키려 했으나 실패하였다. 『매천야록』 하, 408쪽.

121) 규장각에는 '求民會' 명의의 인장이 찍힌 7점의 참간장과 黃聖周 · 李京辰 · 金東弼 · 池八文 · 黃文叔 · 康相元 등이 소지했던 6점의 참간장 등 총 13점의 참간장이 소장되어 있다. 나인영이 직접 작성한 7인의 참간장은, 러시아와 일본에 붙어서 조약 체결을 먼저 주장한 이완용, 조약 체결을 인정했고 농무국을 외국인에게 양여한 權重顯, 조약 체결이 그 손에서 나왔음에도 속으로 찬성하고 겉으로 반대하여 國人을 속인 李夏榮, 조약 체결을 속으로 찬성하고 겉으로 반대하며 전국의 재정을 모두 외국인에게 넘긴 閔泳綺, 외무대신을 맡고 있으면서 조약을 체결하여 나라를 팔았고 또 참정대신이 되어 정권을 양도한 朴齊純, 갑진년의 의정서와 을사년의 신조약이 모두 그 손에서 나왔고 매관매직하여 나라를 망하게 만든 李址鎔, 조약 체결을 허락했고 일본의 위세를 빌어 공을

려문을 지어주었다.[122]

그러나 3월 25일 거사 당일에 결사대장의 지휘 미숙, 결사대원의 나약, 순검의 경비강화, 매국대신의 사전피신 등 여러 이유로 말미암아 실패하고 말았다. 박제순내각은 나인영의 거사를 정부전복을 위한 내란사건으로 규정하고 피체된 이들을 평리원으로 이송하여 심문하였다. 이에 나인영은 오기호·김인식·서창보 등과 재거를 계획하고 박대하·김동필에게 결사대원을 재모집하게 했지만 별다른 성과를 거두지는 못했다. 곧이어 체포된 徐彰輔가 수사당국에 거사의 전모를 실토하는 바람에 거사가담자들이 대거 검거되었다. 그러자 4월 1일 나인영·오기호·김인식 등은 이광수·김영채에게 재거사를 부탁하고 자신들은 자신회 관련 문적을 가지고 평리원에 자수하였다.[123] 7월 6일 사건관련자 가운데 피체된 전원이 중형을 받았는데, 이때 나인영은 유10년을 받았다. 그러나 나인영과 오기호는 7월 13일 병으로 석방되어 유배지로 가지 않고 가택에 연금됐다가 12월 7일 특사로 방면되었다.[124]

이제 자신회 관련자 및 매국대신 처단사건 관련자들의 이력을 통하여 그들의 인적 사항, 자신회의 조직상·활동상 특징, 자신회원들의 참여과정과 참여동기 등을 살펴보면 다음과 같다.[125]

세운다 하면서 군부를 위협하고 백성들에게 해를 끼친 李根澤 등의 처단사유를 각 장에 1인씩 적은 것이다.

122) 『대한계년사』 하, 229~230쪽 ; 『통감부문서』 9, [정부전복과 대신암살에 관한 件], 432~433쪽.

123) 『대한계년사』 하, 230~235쪽.

124) 『속음청사』 하, 210쪽 ; 『대한계년사』 하, 245쪽. 을사오적 결사의거 당일의 상세한 사건경과에 대해서는 김후경, 「나철선생」, 494~496쪽 ; 박영석, 「대종교의 민족의식과 항일민족독립운동(상)」, 118~119쪽.

125) 나인영의 제3차 도일 시 3만 냥을 희사한 전 참봉 강기환, 나인과 항일상소운동과 도일외교활동을 같이한 홍필주·이건, 제4차 도일시 동행한 정훈모, 기타 자신회의 핵심인 나인영·오기호·김동필·김인식의 친우들도 자신회에 가담했을 것이다.

〈표 2〉 자신회 및 매국대신 처단사건 관련자

성 명	나이 (1907)	거주지	신분 직업	관 력	출자금	형 량	비 고
金東弼	48	대구	양반	진사		유10년	閔泳煥의 문인, 大韓十三道儒約所 儒生(1904~1910), 禹龍澤·呂中龍과 헌병대 피체(1906), 宋秉畯 처벌촉구 獻議(1909)
金然灝				참봉	5천냥		金永栾와 친밀
金永栾	35	전북 태인	儒業	筮仕, 寢郎		유10년	
金寅植	34	전북 남원	양반	길주안핵사 司禮所副員 주사(6품)		유5년	李㒃·鄭淳萬 등과 京義契의 계원, 李光秀를 통해 李容泰의 자금을 받아냄, 신민회 회원, 국채보상연합회의소 간사
羅寅永 (羅喆)	45	전남 낙안	양반 (문과)	승정원가주서 승문원부정자 장세서장	약5백냥	유10년	大韓協同會 평의원(1904), 대한자강회 회원(1906), 국채보상운동 참여(1907), 호남학회 평의원(1908)
閔衡植	33	서울	양반 (문과)	규장각대교 진주관찰사 학부협판	1만 4천냥	유10년	閔泳徽의 양자 기호흥학회 총무(1909)
朴大夏		경북 금산				피신	崔益鉉 숭배자, 의병장 출신
徐廷禧	31	전남 광주		관립영어학교 졸업 우체국주사		유5년	독립협회 가입, 대한협회 광주지회 조직, 姜基煥의 거금출자 및 도일행 주선
徐彰輔	46	서울	양반	시종원부경 관리공사 군수(정3품)		유10년	尹柱瓚·李範來 등과 일진회의 합방성명서 규탄 포고문 발포(1909), 국민동지찬성회 회원(1910)

徐泰云						피신	
尹柱瓚	50	서울 (전남 강진)	양반	농상공부주사 중추원의관	2천냥	유5년	나인영과 도미외교 추진(1905), 최익진· 민형식에게 거사자금 수령(1907), 호남학회 학감·평의원(1908)
吳基鎬 (吳赫)	43	전남 강진	양반	무관학교교관 주사(6품)	약5백냥	유5년	일본이민 반대상소 (1902), 황무지개척 반대상소(1904), 호 남학회 평의원(1908)
李光秀	35	전남 담양	양반 (양봉업)	성균관박사		유10년	호남학회 평의원·회 계원(1908)
李 沂	60	전남 구례	양반	量地위원 사범학교교관 주사		유7년	동학농민군 진압활동 (1894), 황무지개척 반대상소(1904), 헌정 연구회 평의원(1905), 대한자강회 총무(1906), 호남학회 교육·편 집부장(1908)
李奭鍾	47	서울	양반 (문과)	중추원의관 비서원승		유10년	金允植의 外再從姪, 황무지개척 반대상소 (1904), 각도 유생대 표와 조약체결반대상 소운동(1905.10)
李承大	33	전남 담양	儒業			유10년	李光秀의 族叔
李容采		충청 충주				피신	閔泳煥의 부하
李容泰	54	서울	양반 (문과)	안핵사 평리원재판장 내부대신 궁내부특진관	1만7천냥 (?11만 5천냥)	유10년	沈相薰의 매부, 閔 應植 아들 丙承의 사돈, 許蔿·申箕 善과 친교, 홍주의병 후원(1906), 대한흥업 회사 찬성원(1909), 경술국치 후 남작

李鴻來	28	함북 회령		박문국·동 문학주사, 총순 의주부참서관		피신	閔泳煥의 부하, 農商 組合所 총재(1909), 1910년대 이후 大韓 正義團·北路軍政 署·參議府의 중추 인사(1919)
鄭寅國	49	서울	양반	해주군수, 3품	300원 (3천냥)	유7년	오기호와 절친, 경술 국치 후 해주에서 거 의·피체
崔東植 (崔顥)	57	전남 순천	양반	사헌부 감찰		유10년	황무지개척 반대상소 (1904), 대한자강회 간사원(1906), 호남 학회 학감·평의원 (1908)
崔翼軫	48	서울		호위국원 餉官	200원 (2천냥)	유10년	
康相元	36	전북 금산	농민			유10년	최익현 문도, 의병 여당
金京善	47	충남 회덕	잡화상			유10년	
朴應七	36	충북 보은	상인			교살형	
朴鍾燮	35	충북 옥천	농민			유10년	
徐仲淳	29	경기 장단	평민 (雇傭)			교살형	
尹忠夏	53	경남 거창	농민			유10년	
李京辰	30	전북 진산	농민			유10년	
李鍾學	38	전북 금산	농민			교살형	
全德俊	45	충남 회덕	상민			유5년	
趙化春	36	충남 회덕	평민 (객주)			유10년	의병 두령
池八文	24	충북 옥천	농민			유10년	

崔相五	41	전북 진산	酒商			교살형	
黃景五	44	충북 옥천	농민			옥사	
黃文叔	36	전북 진산	농민			유10년	
黃聖周	29	전북 금산	농민			유10년	

<출처> 총무처 정부기록보존소 편,『국권회복운동판결문집』, 1995 ;『통감부문서』
9, 「정부전복과 대신암살에 관한 건」, 국사편찬위원회, 1999 ; 정교, 『대한계년사』
하, 국사편찬위원회, 1957 ; 유자후, 『이준선생전』, 동방문화사, 1947 ; 채근식, 『무
장 독립운동비사』, 대한민국공보처, 1950.

첫째, 자신회는 나인영세력과 민영환세력의 인적 자원, 이용태·閔
衡植의 물적 자원이 합해져서 탄생되었다. 나인영세력은 나인영·오
기호·김인식·서정희·이석종·윤주찬·이기·정인국·최동식 등
이며, 민영환세력은 김인식·김동필·박대하·이용채·이홍래·향촌
장사배 등이며, 자금지원세력은 이용태·민형식·최익진 등이었다.126)
대체로 나인영세력은 서울에서 활동한 호남출신의 개신유림계 전직관료
로 이루어져 있는데, 이들은 다시 나인영·오기호 등의 핵심세력과 기
타 주변세력으로 구분된다. 민영환세력은 지도부는 서울출신의 전직관
료들이었던 반면, 하부층은 의병출신의 향촌응모자들이었다. 자금지원
세력은 고위직을 역임한 명망가로서 정치적 영향력이 상당한 인물들이
었다. 나인영세력은 자신회의 이념·선전·자금확보·문건작성 등을
맡았고, 민영환세력은 자금확보·결사대의 모집과 관리·거사 실행 등
을 맡았으며, 자금지원세력은 자신회의 방향설정 및 대신암살자금을 후
원하였다. 지역적 분포를 보면, 지도부의 경우 민영환세력의 지도부와

---

126) 김동필은 지지자를 규합할 때에 을사오적 암살사건의 주모자는 자신과 나인
영·서창보·이용태·민형식이라고 말했다. 『국권회복운동판결문집』, 「徐仲淳
判決文」, 총무처 정부기록보존소, 1995, 135쪽.

자금제공자만이 서울출신이고 나머지 거의 대부분의 인사들이 전라도출
신들이었으며, 결사대원의 경우 兩湖 출신이 반반이었다. 이처럼 신
분·사상·지역·빈부·지위·지향이 상당히 다른 다양한 세력들을
결합시킨 매개자이자 거사자금을 끌어들인 핵심주체는 민영환의 문인
내지 수하인 김인식(나인영의 친우)과 김동필이었다.

둘째, 자신회의 활동자금 지원자인 이용태와 민형식은 애국적·정치
적 성향을 지닌 인물들이었다. 을사조약~고종폐위 전후기에 고종황제
측근의 근왕세력들이 대거 재야세력과 연대하여 의병봉기를 추진했는
데, 이때 이용태는 閔宗植의 홍주의병을 후원하였고 그리고 민형식은
崔益鉉을 비롯한 전라도의병을 후원하였다.[127] 이로 인해 양인은 일본
헌병대에 피체되어 엄한 심문을 받고 수 개월간 감금당하기도 하였다.
이 가운데 전직대신 이용태는 고종의 측근중의 측근으로서 한말 충청좌
도-경상북도 항일의병의 최대후원자인 沈相薰의 매부인 동시에 경기
지역의 항일의병을 후원한 閔丙承(고종측근 閔應植의 아들)과 사돈간
이며 의병장 許蔿와 황해도의병을 후원한 申箕善과 친한 사이였다. 구
한말의 거부이자 정계의 유력자인 閔泳徽의 양자 민형식은 풍부한 자금
력을 바탕으로 각종의 민족운동을 음지에서 후원한 인물이었다.[128] 이
들 가운데 정치적 성향이 다소 강했던 것으로 보이는 이용태는 "내각을
전복시키기 위해 그 문하의 유생들을 선동하여 의병을 일으켰던" 인물
이라는 평을 받았다.[129]

자신회의 출범과 을사오적 암살의거에 이용태는 상당한 영향을 미쳤
다. 당시의 신문과 일본측 자료에 의하면, 이용태는 "오랫동안 권력을

127) 오영섭, 「한말 의병운동의 근왕적 성격」『한국민족운동사연구』15, 1997, 61~
67쪽.
128) 오영섭, 「한말 의병운동의 발발과 전개에 미친 고종황제의 역할」『동방학지』
128, 2004, 제3장.
129) 『통감부문서』3, [통감부제일회보고](1906.12), 1~2쪽.

잃고 滿腔의 불평과 야심을 가지고 있던 차에 분연히 거사를 승낙하는 한편 거사자금으로 김인식에 1만 7천 냥을 주었다"고 하였다.[130] 그러나 규장각도서관에 소장된 자신회 고문서 가운데 이광수가 날인한 (음)1906년 12월 15일(양/1907.1.28)자 어음('手票')을 보면, 거기에는 이용태가 11만 5천 냥을 지급한 것으로 되어 있다.[131] 따라서 1만 7천 냥이란 액수는 거사 준비를 위해 우선적으로 지급한 긴급자금이었을 가능성이 있으며, 그럴 경우 자신회의 조직과 운영에 필요한 거의 모든 자금을 이용태가 떠맡았다는 결론이 나온다. 달리 말해 이용태는 을사오적 암살 후 신내각의 일원이 되려는 정치적 목적에서 자금을 지원했을 것으로 보인다. 이는 김인식이 이용태에게 운동비를 청구하면서 "거사가 성공하는 날에 대감이 대신이 되시면 국사를 위해 다행이겠습니다" 라고 말한 데서 그대로 드러난다.[132] 따라서 이용태의 입장이 자신회의 취지서나 행동방안에 상당 부분 반영되었을 것이라는 점도 하나의 고려사항이다.

---

130) 『황성신문』, 1907년 4월 27일, 「羅吳의 供招顚末」; 『통감부문서』 9, [정부전복과 대신암살에 관한 건], 432쪽.

131) ① 票. 右票事 有緊用處 當文拾正[壹]萬伍仟兩債用 而限明年二月晦內 幷貳伍邊 合拾貳萬柒佰伍拾兩 備報之意 成票事. 丙午十二月卄五日 票主 李光秀(印). 南署 草洞 北橋 五統六戶. ② 本□拾正[壹]萬伍千兩 幷二朔 二五邊 合什貳萬七佰五十 限明年二月晦日 備報事. 丙午十二月卄五日 安洞 李判書宅. 『동학서』, 「나인영사건」, 규장각도서관, 규17295.

132) 『대한계년사』 하, 240쪽. 金寅植供稱 與羅仁永吳基鎬同心協力 而於李容泰處 說與羅寅永所謀事 請求運動費曰 成事之日 大監爲大臣 爲國事可幸也 求得貨一千七百圓.

VI. 맺음말

나인영은 한국근대 민족운동의 선구자이자 종교운동의 개창자이다. 국권회복을 위해 일본제국주의에 저항한 나인영의 민족운동은 대종교 개창을 전후하여 전기와 후기로 구분된다. 나인영은 전기에 일본인의 도한이민 반대운동, 항일독립 외교활동, 자신회 조직 및 을사오적 암살의 거를 단행하였고, 후기에 대종교를 창시하여 민족정신의 통합과 앙양에 크게 기여하고 독립운동의 정신적 기반을 조성했다. 이제 대종교 창시 이전 나인영의 민족운동에 나타난 특징을 몇 가지로 간추려 보면 아래와 같다.

첫째, 나인영은 만국공법과 국제조약과 동양평화론을 신봉한 유교적 평화주의자였다. 나인영은 한국의 독립과 영토를 보존하고 동양 삼국의 항구적 평화를 달성하고자 만국공법과 국제조약 및 동양평화론에 많은 기대를 걸었다. 나인영과 그의 협력자들은 일본이 한국의 국권을 지켜줄 것이라는 소박한 믿음을 가지고 러일전쟁에서 일본의 승리를 기원하기도 하였다. 이처럼 나인영은 적자생존과 우승열패의 사회진화론이 유행하는 제국주의시대의 살벌한 국제환경의 기본속성을 간파하지 못한 아쉬움을 드러냈다. 이것은 나인영이 유교사상의 도덕주의와 평화주의와 낙관주의에 젖어있는 인물이기 때문이었다. 그럼에도 불구하고 나중에 나인영은 이러한 낙관적 · 도덕적 평화주의자라는 자신의 사상적 특성 내지 약점을 승화시켜 인류애를 중시하는 고차원의 종교적 민족운동을 창도하는 위업을 이룩하였다.

둘째, 나인영의 신내각 수립운동은 정치적 민족운동의 성격을 지니고 있었다. 殉道하기 직전에 술회한 것처럼 1909년 2월 이전까지 나인영은 '정치관념' 내지 '정계관념'을 가지고 '정치활동'을 적극적으로 펼쳤다.

그런데 공리적·현세적 측면을 지닌 정치관념이나 정계운동이 나인영 개인의 영달과 私利를 위한 것은 결코 아니었을 것이다. 오히려 그것은 쓰러져 가는 국가와 왕조를 구하고 도탄에 빠진 민인들을 구제하기 위한 우국충정에서 비롯된 것이었다. 달리 말해 그것은 국권회복의 현실적 토대를 구축하기 위해 고심 끝에 택하게 되었던 항일구국방략의 일환이었다. 그렇기 때문에 당대인들은 한결같이 정계관념을 가지고 정치운동에 종사한 나인영을 우국지사로 인정했을 뿐 아니라 "진지한 한국인들에게 숭배를 받는 인물"이라고 말했던 것이다.

셋째, 나인영의 정치적 민족운동의 궁극적 지향점은 신세계를 수립하는 것이었다. 처음에 나인영은 일본에 건너가 정치활동과 외교활동에 종사했다. 이것이 별다른 성과를 거두지 못하자 나인영은 민족운동의 방략을 수정하여 자신회를 조직하고 을사오적 처단을 우선 사업으로 설정하였다. 그런데 그가 조직한 자신회는 정신을 개조하여 신사상을 발휘하고, 심력을 다하여 신사업을 이룩하고, 인권을 되찾아 신세계를 수립하려는 계몽단체였다. 그러나 전근대적 절대군주체제 안에서 신사상·신사업·신세계의 출현을 기대할 수는 없는 일이었기 때문에 나인영은 신세계 건설의 기반을 조성하고자 매국내각을 타도하고 신내각을 수립하려 하였다. 나아가 나인영은 신내각의 통치체제로서 전제군주권이 다소 약화된 일본형 내지 프러시아형의 군주주도형 입헌군주제를 지향했을 것이다.

넷째, 나인영의 정치적 민족운동은 구한말의 다른 민족운동처럼 중앙세력과 긴밀한 연관 하에 전개되었다. 구한말의 무장항쟁(동학농민운동·전기의병운동·활빈당투쟁·후기의병전쟁 등), 유생들의 항일상소운동, 1904~1906년간 정치단체·계몽단체의 유신운동과 민족운동 등은 중앙세력(고종세력과 반정부세력)과 긴밀한 연관 하에 추진된 특질을 지니고 있다. 이것은 기본적으로 통일신라 이래 중앙집권적 통치체제를 운영해온 한국 전통시대의 역사적 경험, 그리고 대한제국기의 權府인 궁내부를 중심으로 더욱 가속화된 인적·물적 자원의 중앙집중화현상에서 비롯된 문제이다. 하여튼 나인영은 도일독립외교 때와 자신회 조직 때에 중앙세력으로부터 거액의 활동자금을 받았는데, 이는 그의 항일활동이 개인적·민간적 차원에서 추진된 것이 아니라 집단적·중앙적 차원에서 조직적으로 벌어진 민족운동이었음을 입증하는 것이다.

다섯째, 나인영은 민족종교의 부활을 통해 민족정신을 고양시키려 하였다. 그는 한민족이 대종교를 신봉하여 민족정신과 민족의식을 보존하게 되면 언젠가는 독립을 되찾을 것임을 믿어 의심치 않았다. 이러한 굳건한 신념에 따라 나인영은 한민족의 민족의식 각성을 촉구했고 민족운동의 지도자들을 대종교인으로 만들어나갔다. 나인영의 대종교 창시와 포교 활동은 그 자체로서 독립운동의 인적·사상적 기반을 마련하는 성과를 가져왔던 것이다. 그리하여 한일병합 이후 종교단체·언론기관·학술단체·독립단체를 중심으로 대종교민족운동이 활발히 추진되었다. 이로써 나인영은 한국독립운동의 정신적 지주가 되었다.

제3장
상해 망명 이전 신익희의 계몽운동과 민족운동

I. 가문 배경과 가풍의 경향

　海公 申翼熙(1894∼1956)는 계몽운동가, 독립운동가, 건국운동가로
서 다채로운 생애를 살았다. 그는 한일병합 전후에는 한국과 일본에서
신학문을 익히며 국권회복과 민족계몽을 위해 힘썼고, 일제강점기에는
한국과 중국에서 독립운동에 헌신하였다. 해방된 후에는 신생 대한민국
의 기초를 세우는 건국사업에 공헌했으며, 이승만정부 때에는 대한민국
의 민주화를 위해 노력하였다. 이로써 신익희는 구국계몽운동과 독립운
동과 건국운동에 투신한 혁명가로서, 그리고 반독재 투쟁의 선봉에 섰던
민주주의 수호자로서 국민의 존경을 받고 있다.[1]

---

1) 신익희에 대한 연구로는 조동걸, 「해공 신익희의 임시정부 활동」『한국학논총』
　18, 국민대 한국학연구소, 1996 ; 박진희, 「해방 직후 정치공작대의 조직과 활동」
　『역사와 현실』 21, 1996 ; 한시준, 「독립운동 정당과 해공 신익희」『우송조동걸
　선생정년기념논총』, 나남, 1997 ; 장석흥, 「대한민국 임시정부의 환국과 '민족대
　학' 설립」『충북사학』 11·12합집, 2000 ; 김용달, 「해공 신익희의 가학과 민족교
　육운동」『한국근현대사연구』 22, 2002 ; 장석흥, 「국민대학 탄생의 역사성과 해

신익희는 1894년 6월 9일(양7/11) 경기도 광주군 초월면 서하리 사마루(社村)의 소론계 명문가에서 태어났다. 그의 8대조 성천부사 申汝晢은 소론계 인사들과 함께 인현왕후 폐위 반대운동을 전개하였다. 이로써 신익희 집안의 당색은 소론계로 굳어졌다. 7대조 申琢은 소론의 기수 李景奭의 외손녀를 아내로 맞아들였다. 또 그는 주자성리학에 이의를 제기한 경학사상가 朴世堂과 가까웠다. 6대조 申宅夏는 박세당과 崔錫鼎에게 배웠는데, 문과에 급제한 다음 승정원 우부승지를 지내면서 집권노론파와 대립하였다. 5대조 申晟은 사마시를 거쳐 의영고 직장을 지냈다.[2]

신익희는 申檀과 그의 네 번째 부인인 鄭敬娘 사이에서 차남으로 태어났다. 신익희의 모친 동래 정씨는 1867년 경남 김해에서 태어나 경기도 양평에서 성장한 후 광주 사하리의 신단에게 시집갔다. 신단은 輔熙·揆熙·弼熙·庭熙·宰熙·翼熙 등 6형제와 1녀를 두었다.[3] 신익희는 신단이 63세에 낳은 막내아들이었다. 신익희는 인생의 황혼기를 보내고 있던 부친으로부터 사랑과 연민을 받으며 자랐다.

조선후기의 대다수 명문가의 후예들처럼 신익희도 가문의 영향을 크게 받았다. 그의 조상들은 자손들의 세계관과 인생관의 형성에 직결된 많은 가르침과 일화들을 남겼다. 그들이 남긴 가르침은 충절과 효도, 검소와 겸손, 의리와 화목 등 유교사상의 덕목들에 기초한 것이었다. 이러한 덕목들은 그의 고조부인 양명학자 신대우와 증조부 신현에 의해 특별히 강조되었다. 그의 집안은 이론과 실천의 합일을 추구하는 知行合一

공」『해공 신익희, 삶과 자취』, 국민대 교사자료위원회, 2006 ; 한시준, 「해공 신익희와 대한민국임시정부」『해공 신익희, 삶과 자취』, 국민대 교사자료위원회, 2006

2) 『평산신씨대동보』 2, 文僖公派, 1976 ; 심경호, 「신대우론」, 정양완 외 공저, 『조선후기한문학작가론』, 집문당, 1994, 99~100쪽.

3) 『평산신씨대동보』 3, 문회공파, 840~842쪽 ; 신창현, 「해공일화집」『해공 신익희』, 해공신익희선생기념회, 1992, 867~868쪽.

의 양명학 사상을 근간으로 삼고, 거기에다가 애국사상과 실천사상을 추가하여 특유한 가풍을 형성하고 있었다.

신익희의 사고방식과 행동방식의 형성에 큰 영향을 미친 이들은 고조부와 증조부, 그리고 신익희와 생활을 같이한 부친과 형제들이었다. 서울에서 활동하다가 광주군 초월면 사하리 인근에 묻힌 고조부 신대우(1735~1809)는 신익희의 가계를 대표하는 인물이었다. 그는 1784년(정조 8년) 50세의 나이에 뒤늦게 음보로 선공감가감역에 올라 관계에 진출하였다. 이후 경희궁수리관, 동부도사, 경릉령 등을 거친 후 9년 동안 각지의 수령을 지냈다.[4]

신대우는 1798년 청도군수 재직 시에 봉급 30만전으로 성을 개축하고 남문의 홍예문을 만들었다. 이듬해에 학문과 덕행의 훌륭함을 인정받아 동궁에게 글을 가르쳤다. 3년 후 동궁이 세자로 책봉되자 세자익위사의 익위에 올라 출세가도에 들어섰다. 1801년 순조가 등극한 후에 우부승지를 비롯하여 10번이나 승지를 역임하며 순조를 보필하였다. 이어 한성부우윤, 동지의금부사, 동지돈녕부사, 경연특진관, 호조참판 등의 고위직을 지냈다. 시문과 서예에 능하였고, 『宛丘遺集』 10권을 남겼다.[5]

신대우는 鄭齊斗에 의해 만개된 양명학을 계승한 인물이다. 그는 조선후기에 새롭게 대두한 인간주체성과 민족주체성의 자각 위에서 실천적 학문을 추구해 나간 강화학파의 맥을 이었다. 그는 양명학의 거두 정제두의 사상을 계승한 여러 제자 중에 한 사람이었다. 또한 정제두의 아들 鄭厚一의 여식에게 장가들어 정제두의 손녀사위가 되었으며, 조선조의 대표적 경학사상가이자 신익희의 종증조부인 申綽을 낳았다. 그는 정제두의 유고를 최초로 정리했을 정도로 강화학파 내에서 중요한 지위

---

4) 심경호, 「신대우론」, 정양완 외 공저, 『조선후기한문학작가론』, 124~131쪽.
5) 『평산신씨대동보』 2, 문희공파, 286쪽 ; 심경호, 「신대우론」, 정양완 외 공저, 『조선후기한문학자가론』, 124~131쪽.

를 차지하고 있었다.[6]

신대우는 "내면을 오로지 하고 자기를 참되게 하는" 학문을 추구하여 자아의 주체성을 강조하였다. 그는 참된 학자란 글귀나 말뜻만을 연구하여 바깥으로 치달린 위선적 학자들과 달리 진실하고 거짓이 없는 마음상태를 꾸준히 유지하는 사람이라고 보았다. 즉, 경전에 담긴 참뜻을 연구하여 실천에 옮겨 지행합일을 실행해 가는 사람만을 바로 참된 학자라고 보았다. 나아가 그는 왕권에 대한 신권의 강화를 주장하는 서인-노론계와 달리 국왕권의 강화를 요구하는 소론계 학자들의 일반적 경향을 이어받아 군왕의 초법적 지위를 인정하는 절대왕권론을 주장하였다. "군신관계가 있은 다음에야 법이 생겨나는 것인데, 그 법이란 다름 아니라 바로 임금을 보위하는 것이라"는 것이 그의 존왕론이었다.[7]

신대우의 셋째아들 신현(1764~1827)은 신익희 일가가 사마루에 정착하는데 기여한 인물이다. 그는 영조대에 강화군 옹일리에서 출생하여 순조 27년 64세를 일기로 세상을 떠났다. 1794년 정시문과에 급제하여 정조를 모셨고, 정조가 문장과 총명이 뛰어난 젊은 신하들을 뽑아 초계문신을 구성할 때에 여기에 선발되었다. 신현이 초계문신에 뽑혀 어전에서 글을 짓고 있을 때에 정조가 "이 사람은 문장을 지으라면 문장을 잘 짓고 講을 하라면 강을 잘한다"는 특별한 격려를 내려주었다.[8]

신현은 정조가 『史記英選』을 현토하여 인쇄하기 위해 선발한 교정원 여덟 사람 중에 한 사람으로 선발되었다. 이때 정조는 교정지에 붙어있는 부전지의 글씨가 신현의 것임을 알아보고 "신현이 붙인 부전은 글자 모양의 획이 굵고 크며 풀을 너무 많이 써서 시골사람의 투박스러움을 연상시킨다"는 평을 내려주었다. 신현은 정조대에 국가사업으로 편

6) 심경호, 「완구신대우론」, 정양완·심경호 공저, 『강화학파의 문학과 사상(1)』, 한국정신문화연구원, 1993, 310~315쪽.
7) 심경호, 「신대우론」, 정양완 외 공저, 『조선후기한문학작가론』, 119~123쪽.
8) 신창현, 「해공일화집」 『해공 신익희』, 120쪽.

찬된 『朱書百選』·『五倫行實』·『五經百篇』·『御定朱文鈔集』 등 많은 서적들에 대해 편집과 교정을 담당하고 인쇄감독도 맡았다.9)

신현은 순조대에 요직을 두루 거쳤다. 사헌부, 사간원, 홍문과 등 문한직과 대간직을 거쳤고, 아울러 호서암행어사, 시강원보덕, 순천부사, 화성암행어사, 서장관, 병조참의, 강원감사, 대사성, 대사간, 동부승지, 호조참의, 지중추부사 등직을 역임하였다. 그러다가 성천부사 재직시에 신대우가 돌아가자 부친을 사마루가 건너다보이는 곳에 안장하고, 사마루에 자신과 후손들이 살집을 마련하였다.10)

신익희의 부친 신단(1832~1905)은 학덕이 풍부하고 해금에 조예가 깊었던 관료였다. 전 현감 申命濩의 둘째아들로 태어난 신단은 친형 申植이 양자로 나가는 바람에 가문의 후사를 잇게 되었다. 그는 1858년 27살의 나이로 과거에 급제하여 사헌부, 홍문관, 사간원 등 문한직과 대간직을 거쳤다.11) 1873년 고종 친정을 앞둔 시점에서 신단은 우부승지를 맡고 있었다. 이때 세도가 閔升鎬가 여러 사람이 모인 자리에서 "당대에는 뭐니 뭐니 해도 신승지만한 사람이 없다"며 신단을 높이 추켜올리는 발언을 하였다. 이때 신단은 "세도가의 집에 드나드는 문객은 소인배이다"며 민승호의 은근한 기대를 일축했다고 한다.12)

신단은 1894년 갑오경장 이전에는 이조참의, 이조참판, 사헌부대사헌, 한성부판윤 등 고위직을 지냈다. 그러나 세도정치를 달갑지 않게 여기는 정치성향과 당색이 소론이었던 관계로 노론계 민씨세도의 중심부에는 진출하지 못했다. 동학농민운동과 갑오경장으로 세상이 변화할 조짐을 보이자 이듬해 1895년에 신단은 부리던 하인들을 대부분 속량해

---

9) 신창현, 「해공일화집」 『해공 신익희』, 120~121쪽.
10) 『평산신씨대동보』 2, 문희공파, 286쪽 ; 신창현, 「해공일화집」 『해공 신익희』, 120~122쪽.
11) 『평산신씨대동보』 3, 문희공파, 840~841쪽.
12) 신창현, 「해공일화집」 『해공 신익희』, 549~550쪽.

주고 극소수 하인들만을 데리고 살았다. 대한제국 초기에는 중추원 1등
의관, 궁내부특진관, 장예원경 등 고위급의 명예직을 두루 거쳤다.[13]

　신익희의 형제들은 조상들과 부친의 후광을 입어 관계에 진출하거나
민족운동에 종사하였다. 친형 신보희가 양자로 나갔기 때문에 가통을 이
어받아 맏아들이 되었던 신규희(1863~1943)는 진사시에 합격한 후 동
부도사, 산릉도감 감조관에 올랐다. 그는 부모에 대한 시봉을 다하여 장
자로서의 임무에 만전을 기하였고, 우수한 한학실력을 바탕으로 동생,
아들, 조카들의 훈학에 평생을 보냈다. 그는 신익희의 아내이자 자신의
계수씨인 이씨부인에게 『소학』을 가르치기까지 하였다.[14]

　둘째 신필희(1866~1944)는 대과에 합격한 다음 한림, 시강원시독관,
비서원랑 등직을 지냈다. 을사조약과 경술국치로 대한제국이 멸망하자
향리에 은거해 살다가 일생을 마쳤다. 그는 고향 금장산 아래에서 농사
나 짓다가 죽겠다는 심정에서 자신의 호를 錦農이라고 지었다. 셋째 신
정희(1872~1943)는 갑오경장 때에 개화파인 朴定陽 내부대신 밑에서
내부주사로 봉직하였다. 이어 대한제국의 국권이 바람 앞에 등불 신세로
변하자 분연히 의병운동에 가담하여 활동하였다.[15]

　넷째 신재희(1891~1943)는 아우가 중국으로 망명한 후 1933년에 중
국으로 건너갔다. 그는 망명 전에는 동아일보 지국에서 근무하였고, 망
명 후에는 대한민국임시정부에서 활동했다. 독립운동에 매진하느라 가
솔을 돌보지 못하여 그의 2남 3녀는 뿔뿔이 흩어졌다. 그는 막내아들 申
量均만을 데리고 중경으로 피난하던 중에 병에 걸려 사망했고, 아들 양
균은 일본 공군의 폭격에 맞아 사망하였다. 맏아들 申海均은 미혼의 누
이동생 申季順을 데리고 연안으로 가서 金枓奉의 예하에서 독립운동에

---

13) 신창현, 「해공일화집」『해공 신익희』, 123, 551~552쪽. 신익희 집안은 1907년
　　늦가을 신단의 탈상을 전후한 시기에 남아있던 극소수 노비들을 해방시켜 주었다.
14) 신창현, 「해공일화집」『해공 신익희』, 95쪽.
15) 신창현, 「해공일화집」『해공 신익희』, 722~723, 808쪽.

종사하였다.16)

신익희 가문에서 다수의 인사들이 독립운동에 가담하였다. 일제강점기 이전에는 신정희가 의병운동에 가담했다. 일제강점 이후에는 신규희·신필희·신익희·신정균·신용균 등이 민중계몽활동을 벌였고, 신익희가 계몽운동과 독립운동과 건국운동에 참여했으며, 신재희와 그의 자녀들이 독립운동에 가담하였다. 신익희 가문에서 이처럼 다수 인사들이 구국운동과 독립운동에 참여할 수 있었던 것은 신대우 이래로 계승해온 애국적·실천적 가풍에 크게 영향 받은 결과였다. 이를테면 신익희 가문의 양명학에 기반한 애국성과 실천성은 신대우에서 신진·신작·신현으로, 신현에서 다시 신단으로, 신단에서 그의 자손들로 흘러가는 사상계보를 형성하고 있었다.

신대우와 신현은 권세에 아부하거나 타협하지 않고 또 하늘과 국가와 민족과 후손을 사랑하는 마음과 정신을 자손들에게 가르쳤다.17) 어린 시절에 신익희는 신대우·신현이 전해준 간접적 교훈과 백형 신규희가 직접 가르쳐준 가르침을 되새기며 생활하였다. 해외 망명 중이던 1945년에 중국 사천성에서 지은 건국운동에 관한 짧은 표어에는 신익희의 독립사상, 건국사상이 집약되어 나타나 있다. "나라는 반드시 완전히 독립되어야 하고, 민족은 반드시 철저히 해방되어야 하며, 사회는 반드시 평등하여야 한다.18)

---

16) 『평산신씨대동보』 3, 문희공파, 842쪽 ; 신창현, 「해공일화집」 『해공 신익희』, 723, 809쪽.
17) 김용달, 「해공 신익희의 가학과 민족교육운동」, 202~203쪽.
18) 國家須完全獨立 民族須徹底解放 社會必須平等.

II. 전통 교육의 이수와 외국어학교에서의
신학문 수학

    대개의 양반가문에서처럼 소년시절에 신익희도 집안에 개설한 가내 서당에서 배웠다. 그는 큰형 신규희의 훈도 하에 7년만에 사서삼경을 모두 떼었다. 조선시대에 능력이 출중한 학동들은 10살 전후에 사서삼경을 모두 암송하고 20살 전후까지 그 오의를 파헤치는 단계를 거쳤다. 이를 보면 신익희의 유교경전 공부는 최상의 속도를 보이고 있었다. 또한 그는 7~8세 때에 『삼국지연의』·『수호전』 등과 같은 중국 소설류를 읽었다. 아울러 열 살 이후에는 우리나라 실학자들의 필생의 저서인 『磻溪隧錄』·『燃藜室記述』 등의 책을 독파하였다.[19]

    신익희가 처음으로 서울땅을 밟은 것은 9살 때였다. 부친 신단이 고종황제의 기로연에 참석하고자 상경할 때에 형님들과 같이 올라가 원남동에 있는 둘째형 신필희의 저택에 머물렀다. 그때 그는 밖에 놀러나갔다가 청국인이 『삼국지연의』를 떠듬떠듬 읽는 것을 보았다. 그는 옆에서 답답함을 참지 못하여 쭉쭉 내리 읽어주고 번역해서 들려준 일이 있었다. 이는 신익희가 어린 나이에 한문에 상당한 지식을 쌓았음을 나타내주는 일화였다.[20]

    신익희는 열 살 때에 조카들과 노비의 자식들에게 한글을 가르쳤다. 스스로 한글을 깨우친 신익희는 일종의 국문교본을 만들어 가지고 아이들을 가르쳤다. 거기에는 가로로 자음 14줄, 세로로 모음 11자가 쓰여 있고, 자음 위에는 단어에 맞는 가위, 나비, 다리미, 난초, 마부, 바가지,

---

19) 신익희, 「나의 소학생 시절」 『(증보판) 해공신익희선생연설집』, 국민대학동창회, 1961, 383쪽.
20) 신익희, 「구술 해공자서전」 『해공 신익희』, 47~48쪽.

할아버지 등의 그림이 그려져 있고, 그 명칭이 모필로 또박또박 칸에 맞추어서 쓰여져 있었다. 그는 이 교본을 아이들에게 한 장씩 나눠주고 가르침으로써 아이들이 그림만 보고도 쉽게 한글을 읽히게 하였다. 이는 신익희가 20대 이후에 민중계몽을 통한 독립운동과 건국운동을 벌여나가는데 단초가 되었던 의미 있는 사건이었다.[21]

신익희는 12살이 되던 1905년 봄에 큰 형의 권유로 광주 남한산성 안에 새로 생긴 소학교에 들어갔다. 당시 신규희는 아동들을 가르치면서 시국의 변화를 관찰하고 있었다. 그러다가 그는 아동들에게 신학문을 가르쳐서 개명사회에 적응할 일꾼을 만들어야 한다는 생각을 품게 되었다. 그래서 어린 동생과 아들을 소학교에 입학시켰다. 이때 신익희는 그때까지 길렀던 머리를 깎고 검정색 무명 두루마기를 입고 소학교에 들어갔다.[22] 이처럼 단발을 하고 검은 옷을 착용함으로써 신익희는 처음으로 근대문물의 세례를 받기에 이르렀다.

신익희가 입학한 소학교는 갑오경장의 개혁조치에 의해 생겨난 근대적 교육기관이었다. 이는 유교경전을 주로 가르친 서당이나 향교를 대체하는 새로운 기관이었다.[23] 소학교는 일본의 학제를 본떠 보통과와 고등과로 구분하였다. 만 8세에서 15세까지의 학동들이 입학하였고, 수업 연한은 보통과가 3년, 고등과가 2년이었다. 그는 나이와 학력을 참작하여 보통과 3년에 편입하였다. 보통과의 교과목은 수신, 독서, 작문, 습자, 산술, 체조 등이었다.[24]

신익희와 와세다대학을 같이 다녔던 白南薰은 공립소학교에 대해 다음과 같은 기록을 남겼다. "장연군 공립소학교는 경자년(1900) 10월에

---

21) 신창현, 『해공 신익희』, 해공신익희선생기념회, 1992, 101~103쪽.
22) 신익희, 「구술 해공자서전」 『해공 신익희』, 50~51쪽.
23) 이만규, 『조선교육사』 II, 거름, 1988, 46, 50~51쪽 ; 오천석, 『한국신교육사(상)』, 광명출판사, 1975, 92쪽, 91쪽.
24) 이만규, 『조선교육사』 II, 46~47쪽.

문을 열었다. 처음 소문엔 서울서 교사가 온다고 하였으나 끝내 오지 않고 앞서 養士業 서당의 훈장님이시던 허곤 선생님을 모시게 되었다. 50여 명의 학생은 그 한문 정도에 따라 1, 2, 3반으로 편성되었는데, 요새 제도로 치자면 3년제 소학교인 셈이었다. 교과서는 『尋常小學』·『幼年必讀』·『국민독본』·『동국역사』·『산술』 등이었다. 그중 『산술』은 가감승제와 사칙응용 문제뿐이었고, 그 이상은 배우려고 해도 교과서가 없고 가르칠 사람도 없었다.”[25] 신익희가 다닌 남한산성의 공립소학교의 경우에도 백남훈이 다닌 장연군의 공립소학교와 별반 차이가 없었을 것이다.

남한산성에 있는 공립소학교에서 신익희는 숙식을 하며 몇 달을 공부하였다. 그는 남한산성 소학교의 수준에 대해, “역사도 산수도 지리도 별로 배울 만한 것이 없고, 선생의 한문 실력은 도리어 내가 가르쳐 주어야 할 정도로 유치했다”고 하였다. 그래서 그는 같이 갔던 조카와 의논한 끝에 집으로 돌아왔다.[26] 즉, 그는 1905년 봄에 소학교에 3학년으로 편입했으나 교수방법과 교육수준이 매우 낮은 것에 불만을 품었고, 특히 한문선생의 실력이 자신보다 못한 것에 크게 실망하여 자퇴하였다.[27] 이로써 신익희의 최초의 근대경험은 당시 교육제도와 교육시설의 부실로 말미암아 별다른 성과를 거두지 못하고 말았다.

을사조약이 체결되자 한국에서는 조약반대운동이 봇물처럼 터져나왔다. 중앙에서 고종과 그 측근들은 구미 열강에 밀사를 파견하여 구원을 요청하였고, 전현직 관료들은 상소운동을 통해 일제의 한국침략을 규탄하였다. 그리고 지방 각지에서는 러일전쟁 이후부터 산발적으로 일어나

---

25) 백남훈, 『나의 일생』, 신현실사, 1973, 67~68쪽.
26) 신익희, 「구술 해공자서전」 『해공 신익희』, 51쪽.
27) 신익희의 관립소학교 수학기간에 대해 그의 자서전에는 ‘한 두 달로,’ 회고담인 「나의 소학교 시절」에는 ‘반년 남짓’으로 각기 다르게 나온다. 하여튼 그는 부친이 사망한 1905년 9월 28일(음/8월30일) 이전 어느 시점에 집에 돌아와 있었다.

던 항일의병운동이 한층 격화되었고, 동시에 중앙의 소식이 지방에 스며들면서 지방 민심이 동요하기 시작하였다.[28] 이러한 때에 벽촌인 사하리에도 격변하는 시국에 대한 소식이 밀려들었다.

1907년 늦가을 탈상을 전후한 시기에 신익희는 교육을 통해 국권회복을 도모하겠다는 의지를 나타냈다. 그는 어른들이 나라가 망한다는 말을 하며 근심하고 한탄하는 것을 보고 "나도 자라면 좀 더 공부를 잘하여 나라가 잘되도록 하겠다"는 교육구국론을 마음에 새겼다. 또 그는 "일본제국주의가 우리나라를 침략하여 나라의 운명이 조석에 있는 터이라. 나이는 어렸을망정 집안 어른들이 근심하시고 한탄하시는 것을 따라서 나도 항상 근심하고 슬퍼하던 생각이 난다"고 회고하였다.[29] 이러한 각오에 따라 그는 서울로 올라가 신학문을 제대로 배우기로 결심하였다.

1908년 봄 15살 되던 해에 신익희는 자신의 향후 진로를 스스로 결정하였다. 1905년 봄 남한산성의 공립소학교에 입학한 것이 큰형의 의지였다면, 서울에서 관립한성외국어학교 영어과에 입학한 것은 자신의 자유의지에 따른 것이었다. 그는 진로를 결정할 때에 두 가지 방안을 두고 고심하였다. 하나는 법관양성소에 들어가서 법률을 배워 무지한 민중이 법망에 걸려 고생하는 것을 구제해 보려는 것이었다. 다른 하나는 영어과에 들어가서 영어를 배워 서구의 진보된 문화를 흡수하는 것이었다. 결국 그는 서양문명을 배우려면 먼저 영어를 배워야 한다는 생각에서 영어과를 택하였다.[30]

동양의 전통학문에 숙달된 신익희가 영어과를 택한 것은 서양문명을 익히는 첫걸음인 영어를 배우기 위해서였다. 아울러 당시 학생들이 관립

---

28) 최영희, 「을사조약체결을 전후한 한국민의 항일투쟁」 『격동의 한국근대사』, 한림대 아시아문화연구소, 2001, 233~249쪽.

29) 신익희, 「나의 회고」·「나의 소학생 시절」 『(증보판) 신익희선생연설집』, 370, 384쪽.

30) 신익희, 「구술 해공자서전」 『해공 신익희』, 51쪽.

외국어학교 중에서 가장 많이 진학한 학교가 영어과였다는 사실도 그의 진로선택에 영향을 미쳤을 것이다.[31] 그때 이미 학생사회에는 "일만 하면 사나 영악해야 살지"라는 유행어가 나돌았을 정도로 일어공부만 해서는 못살고 영어공부도 같이 해야만 산다는 분위기가 형성되어 있었다. 나아가 외국어학교가 학비를 받지 않고 무료로 영어를 가르쳐주는 학교라는 점도 가난한 신익희의 구미를 크게 당겼을 것이다.[32]

신익희가 다닌 외국어학교는 1895년 교육개혁에 의해 탄생된 근대식 외국어 전문학교이다.[33] 외국어학교의 수업연한은 3년이며 12세 이상의 남자를 입학시켜 해당 외국어와 일반 교과를 가르쳤다. 거의 대부분 역관가 자제들이 외국어학교에 들어갔으나 나중에는 양반이나 상민 출신도 입학하였다. 처음에 외국어학교 학생들은 머리를 깎고 양복을 입었으나 이러한 신식복장은 점차로 사라졌다. 대부분의 학생들이 옛날처럼 갓쓰고 두루마기를 입고 등교하였고, 체조시간에는 불편한 한복을 입고 체조를 하였다. 그러다가 1907년부터 일어학교의 학생들이, 1908년부터 다른 외국어학교의 학생들이 상투를 자르고 갓을 썼다.[34] 따라서 부친상 기간에 다시 머리를 길렀을 것으로 보이는 신익희는 다시 단발을 하고 별다른 문화적 마찰 없이 외국어학교에 다닐 수 있었다.

신익희가 전공한 영어학교는 외국어학교 중에 입학자가 가장 많았다. 그는 영어학교에서 단연 두각을 나타냈다. 그에 의하면, "그때에 영어학교에는 독본과 문법을 영어로 배우는 것은 물론 역사·지리·대수·기

---

31) 외국어학교 영어과 제1회 입학생이자 졸업 후 교사를 지낸 윤태헌은 "융희와 광무 년간에 조선사회에는 외국 숭배열이 대단하여 외국어학교를 지원하는 청년학도가 날로 늘어갔다"며 외국어학교의 인기를 증언하였다. 윤태헌, 「나의 모교와 은사」 『삼천리』, 제4권 제1호, 1932.1, 22쪽.

32) 이희승, 『다시 태어나도 이 길을』, 선영사, 2001, 42∼44쪽.

33) 이광린, 「구한말의 관립외국어학교」 『한국개화사연구』, 일조각, 1969, 150∼157쪽.

34) 이광린, 「구한말의 관립외국어학교」 『한국개화사연구』, 142, 147∼148쪽.

하 같은 것을 모두 영어로 배웠었는데, 소학교 과정도 완전히 마치지 못한 학생에게는 큰 부담이었다. 교관은 대부분 한국인이었으나 영국인들도 있었다. 그 당시 낙후된 우리나라 사람들을 대하는 영국인 교사들은 대단히 오만하여 학생들을 멸시하였다.…나는 열심히 공부하여 때로는 평균 98점을 받아서 그런 멸시를 당하지 않았다. 이 무렵 외국어학교 영어과의 나와 한어과의 조카 정균이 두각을 드러냈다. 나와 융희황제비 윤황후의 오라버니 尹弘燮과 鄭求瑛 등 세 사람이 일등을 다투었고, 한어과에서는 조카 정균이 조대왕대비의 조카 趙南俊과 1등을 다투었다"고 한다.[35]

영어학교에서 수학하는 동안 신익희는 대략 다섯 가지 점에서 의미 있는 경험을 하였다. 첫째, 독립운동과 정치활동을 수행할 때에 큰 자산이 되었던 영어를 익힐 수 있었다. 지금도 마찬가지지만 당시에도 영어는 국제적으로 비중 있는 언어 가운데 하나였다. 독립운동가나 건국운동가들이 열강이나 국제회의를 상대로 외교활동을 성사시키려면 능통한 영어실력이 필수적이었다. 따라서 영어에 능한 이들이 많지 않았던 당시의 사회현실에서 신익희의 능통한 영어실력은 주목을 받기에 충분했다.

둘째, 다양한 인사들과 인연을 맺었다. 영어학교를 비롯한 외국어학교 동창생들, 기숙하던 집들의 인척들 및 가솔들과 긴밀한 관계를 맺었다. 그 중에는 순종비 윤황후의 오라비인 윤홍섭, 공화당 당의장을 지낸 정구영, 광복군지도자 이범석[36] 등 유명 인사들도 있었다. 특히, 윤홍섭은 신익희가 어려움에 처할 때마다 수시로 찾아가 술잔을 주고받으며 시름을 풀었던 가장 막역한 친구였다.[37]

셋째, 근대학문을 이수한 우수한 선생들에게 배웠다. 영어학교의 선생으

---

35) 신창현, 「해공일화집」『해공 신익희』, 52쪽.
36) 신익희가 이범석의 집에서 가정교사를 하면서 이범석과 맺은 인연에 대해서는 「나의 교우 반세기」『해공 신익희 일대기』, 해공신익희선생기념회, 1984, 92쪽.
37) 신창현, 「해공일화집」『해공 신익희』, 245쪽.

로는 李能和·安鳴濩·尹泰憲·李起龍·영국인 프램튼(R. Frampton, 夫岩敦) 등이 있었다.38) 이중 이능화는 한학·영어·불어에 능통했을 뿐더러 학생들이 외국인에게 느끼는 열등감을 풀어주어 인기가 높았다. 학생들은 서양인 교사들의 무례에 대해 불만이 많았지만, 동시에 그들로 부터 외국어와 외국문화에 대해 많은 도움을 받았다. 안명호는 고종의 어진을 그린 安中植의 아들인데 칠판에 그림을 그려가며 학생들의 이해를 도왔다. 미국 유학을 다녀온 이기룡은 자유당의 실력자 李起鵬의 사촌으로 영어실력이 대단하였다. 영어 문법을 가르친 윤태헌은 남다른 민족의식의 소유자로서 신익희의 민족의식 형성에 큰 영향을 미쳤다.39)

넷째, 영어학교에서의 체험을 통해 민족의식을 강화하게 되었다. 영국인 교사들이 오만한 태도를 보이며 재주가 떨어지고 학과 공부에 게으른 한국인 학생들을 인간적으로 멸시하는 것을 보고 신익희는 외국인들에게 지지 않기 위해 절치부심의 자세로 공부하였다. 한국의 국권을 강탈한 일제의 야만적 침략행위와 더불어 외국인 교사들이 벌인 한국인 멸시행위는 신익희에게 강렬한 민족의식을 심어주었다.

다섯째, 영어학교에서 신익희는 자신의 정치노선을 형성하였다. 그는 영국인들과 영어에 능한 한국인들에게 자유민주주의와 자본주의에 바탕한 근대교육을 받았다. 그가 아침저녁으로 암송한 영어교과서 내셔널 리더(*National Leader*)는 미국 초등학교 어린이들이 배운 미국식의 국가관과 민주주의 가치관이 반영된 책이었다.40) 나중에 대학시절에 그는 비밀결사운동에 매달렸던 일부 친우들과 달리 사회주의에 무관심한 태도를 보였고, 사회주의에 경도된 학생들로부터 '영국식 젠틀맨'이라는 다소 조

---

38) 이 외에도 한국인 金佑行·鄭一範, 외국인 핼리팩스(T. E. Hallifax, 奚來百士)·허치슨(W. du. Hutchison, 轄治臣) 등이 선생으로 있었다. 이광린, 「구한말의 관립외국어학교」『한국개화사연구』, 137쪽.
39) 이희승, 『다시 태어나도 이 길을』, 49~52쪽.
40) 이희승, 「자전적 교우기」『한 개의 돌이로다』, 휘문출판사, 1971, 24쪽.

롱 섞인 평을 받았다.[41] 또한 두 차례나 미국유학을 가고 싶어 했고, 미국에 가서 한국의 독립을 세계에 호소하려 하였다. 그리고 그는 독립운동기와 건국운동기에 이승만의 독립방략에 따라 친미적 외교노선을 택하였다. 이는 신익희가 외국어학교에서 민주주의와 자본주의에 기반한 근대교육을 받았기 때문으로 보인다.

Ⅲ. 와세다대학에서의 대학생활

신익희는 1910년 9월에 외국어학교를 졸업하였다. 이때 그는 국권상실에 대해 분개심과 저항심을 품고 있던 젊은이들의 행동노선은 두 가지가 있다고 생각했다. 바로 '克世主義'와 '현실론'이 그것이다. 전자는 周時經을 중심으로 "온 세상이 일본말을 배우고 일본화하더라도 우리만은 국문을 연구하고 창명하여 국혼을 고취하였다가 뒷날에 국권을 회복하는데 힘쓴다는 것이니, 이것은 우리 스스로 온 세상을 이기려는 극세주의이다"는 것이었다. 다른 하나는 "우리는 현실을 직시·정시하여야 한다. 우리가 仇敵을 몰아내고 나라를 도로 찾는 데는 부질없이 감상에만 흐르지 말고, 현대로 개화 진보한 일본에 가서 배워 그 놈을 이기고 일어서야 한다"는 것이었다. 의열투쟁론이나 무력항쟁론과 같은 과격노선과는 다른 온건한 두 가지 행동노선 중에서 신익희는 후자의 현실론을 택하였다.[42]

신익희는 일본인보다 더 열심히 공부해야만 나라도 민족도 되찾을 수 있다고 강조한 외국어학교 교사 윤태헌의 가르침을 따랐다. 즉, 그는 국권회복을 위해서는 교육과 식산의 진흥을 통해 힘을 기르는 것이 우선시

---

41) 유병용 편, 『지운 김철수』, 한국정신문화연구원, 1999, 270쪽.
42) 신익희, 「구술 해공자서전」『해공 신익희』, 54~55쪽.

되어야 한다는 실력양성론을 추구하였다. 이는 일제강점기 신익희의 독립운동의 향배를 좌우하는 것이었다. 이 노선에 따라 신익희는 미국에 유학하여 의학을 전공함으로써 세상을 구제하고 인민을 살리는 길을 밟을 것인가, 아니면 일본에 건너가 정치학을 전공하여 정치인이 됨으로써 治國平天下를 이룰 것인가를 두고 고심을 거듭했다. 그러다가 결국에는 후자를 택하기로 마음을 먹었다. 그는 "큰 일꾼이 되어 잃었던 조국을 도로 찾고 가문도 빛내리라"는 굳은 다짐과 함께 현해탄을 건너갔다.[43]

1911년 9월에 신익희는 나라와 겨레를 위해 배워야 한다는 일념에서 신혼의 단꿈을 떨치고 동경 유학을 결행하였다. 동경에 도착한 신익희는 한국 유학생들이 숙식하는 동경시 神田區 錦町 1정목 19번지에 있는 잠룡관에 거처를 정하였다.[44] 그런 후 대학진학을 위한 준비과정을 가르치는 학교를 골라 입학하였다. 이때 그는 일본에 처음 도착한 한국인 학생들이 많이 다녔던 상급학교 진학을 위한 예비기관인 正則영어학교의 고등수험과에 들어간 것으로 보인다.[45]

신익희는 1912년 여름방학 동안에 일본을 이기려면 일본을 제대로 알아야 한다는 생각에서 각지를 답사하였다.[46] 2달간의 면밀한 탐색 결과 신익희는 일본과 한국이 풍속과 언어에서 유사성이 많다는 점을 알았다. 아울러 일본은 도시의 외형만 우수할 뿐이며 시골의 민도는 오히려 한국이 낫다는 판단을 내렸다. 또한 일본인이 부지런하고 단결을 잘하는 미덕은 있으나 지식수준·경제능력·예의사상·위생관념 등에서 한국이 본받을 만한 것이 없으며, 사납고 독살스럽고 잔인하고 악착스러운 국민성을 가지고 있다고 보았다. 나아가 일본인의 남녀 혼욕의 풍습, 가

---

43) 신창현, 『해공신익희선생약전』, 5쪽.
44) 신창현, 「해공일화집」『해공 신익희』, 110쪽.
45) 나영균, 『일제시대, 우리 가족은』, 황소자리, 2004, 31~33쪽.
46) 신창현, 「해공일화집」『해공 신익희』, 296쪽.

내에서의 노출 풍조, 동생이 형수를 취하는 풍습 등을 비판하며 윤리와 강상에 어긋나는 일이 많다고 하였다. 결국 그는 한국민이 신학문을 배우고 국가의식과 독립정신으로 무장한다면 '왜놈들'을 훨씬 능가할 수 있다는 확신을 품기에 이르렀다.[47)

신익희는 1913년 3월에 대학시험에 합격하였다. 당시 그는 진학할 학교로서 동경제국대학·경응대학·와세다대학을 두고 고심하였다. 전형적인 일본관리를 양성하는 동경제국대학은 일본인들이 최고로 치는 대학이었다. 그러나 그는 일제의 관리가 되려는 생각이 없었기 때문에 동경제국대학을 우선적으로 제쳐두었다. 그런 다음에 경응대학과 와세다대학을 두고 저울질하다가 경응대학보다 훨씬 자유분방하고 특권의식이나 우월의식이 비교적 적은 학풍을 지닌 와세다대학을 택하였다.[48) 그가 학풍이 자유로운 와세다대학을 택한 것은 관립영어학교에서의 경험 덕분이었다. 다시 말해 일제통감부의 지도를 받는 관립영어학교에서 그는 외국인 선생들과 외국사정에 밝은 한국인 선생들에게 자유로운 가르침을 받았던 것이다.

1913년 4월에 신익희는 와세다대학 고등 예과에 입각하여 열심히 공부하였다. 그해 여름과 겨울 방학 때에는 귀향하지 않고 일본에 머물며 학습과 견문을 넓히는 기회로 삼았다. 그 결과 2학년 진급시험에서 우수한 성적을 거둘 정도로 학업에 큰 진전을 이룩하였다.[49) 당시 와세다대학 총장은 성적이 불량한 일본 학생들을 모아놓고 통탄하는 어조로 환경과 여건이 불리한 조선인 신익희가 월등한 성적을 올린 것을 적극 본받으라는 훈시를 하기도 하였다.[50) 이처럼 신익희는 와세다대학 시절 전반기에는 대단히 열심히 공부하여 능력과 실력을 인정받았다. 이후 그는

---

47) 신창현, 「해공일화집」『해공 신익희』, 112~113쪽.
48) 신창현, 「해공일화집」『해공 신익희』, 111쪽.
49) 변봉현, 「유학생의 성적을 드러 부형의게 고하노라」『학지광』 10, 1916.9, 7쪽.
50) 신창현, 「해공일화집」『해공 신익희』, 111~112쪽

1914년 7월 고등 예과를 수료하고 10월에 정치경제학과에 입학하여 1917년 5월에 졸업하였다.[51]

신익희는 고학년 때에 독립운동에 치중하느라 학업에 전념치 못하였다. 마지막 학년 1학기 때에는 1시간도 출석하지 못했을 정도로 학업을 중단하고 독립운동에 매달렸다. 졸업시험을 앞두고 일본의 휴양지 熱海로 가서 3주 동안 여관방이 칩거하며 공부한 끝에 겨우 졸업할 수 있었다.[52] 나중에 그는 최두선·현상윤·장덕수 등이 우수한 성적으로 기염을 토할 때에 자신은 민족운동을 하느라 졸업 학년의 성적이 신통치 못했다고 술회하였다.[53]

와세다대학에서의 대학교육은 신익희에게 학문의 엄정함과 인생의 겸손함과 진리의 중요함을 깨닫게 하였다. 그가 서울의 외국어학교에서 배운 교육은 영어 위주의 기초적인 실용지식이었다. 다시 말해 신익희는 와세다대학에서 처음으로 근대 학문의 정수를 제대로 맛보았다. 나아가 그는 학문을 통하여 자신과 세계를 성찰할 수 있는 값진 기회를 얻었다. 그는 해방 후에 대학시절을 회고하면서 자신이 3단계에 걸쳐 변화과정을 거쳤음을 토로하였다. 아래 인용문은 신익희가 자신의 사상변화를 아주 솔직하게 고백한 중요한 글이다.

　　나의 대학시대인 40년 전을 회고할 때에 문득 小古를 이룬 감이 있으므로 지금의 대학생들의 사고경향과는 다소 다를런지 모르나 솔직히 그때의 심경을 회고하면 세 가지 단계를 나눌 수 있다.
　　첫째로 대학에 들어갔을 때에는 긍지를 가졌다. 그때에 그리 흔하지 아니한 대학생이 된 것을 한 자랑거리로 알고 마음속으로 홀로 기뻐하며 자부하

---

51) 와세다대학 교무부, 「조사결과보고서」, 박기환 박사 소장본. 신익희의 지기 윤홍섭은 1912년 3월 고등예과에 입학하여 1913년 10월 정치경제학과를 입학하고 1916년 7월에 졸업하였다.
52) 신창현, 「해공일화집」『해공 신익희』, 133~134쪽.
53) 신익희, 「구술 해공자서전」『해공 신익희』, 56~57쪽.

였던 것이다.

둘째로 이 자랑은 자라서 우월감이 된 것이다. 대학생으로서의 철학·정치·법률·경제 등에 광범한 영역으로 학습을 하고 논리학·심리학·사회학 등에 대하여 교수의 강의를 듣고 자신이 그런그런 전문서적을 읽는 동안에 나는 이 세상에 모든 것을 배우고 또한 아는 듯하여 이러한 학문에 발을 들여 놓지 못한 사람에 대하여 나는 일단 나은 사람이라고 다른 사람을 경시하는 우월감이 있었다.

셋째로는 이 우월감은 어느 틈에 회의와 自下로 변한 것이다. 널리 여러 학자의 학론─더욱 그 정의를 읽는 동안 그것이 구구히 다르고 또 그것이 모다 일면의 진리를 가졌으면서도 일면의 결함성을 가져서 오랫동안 정설을 세우지 못하는 것을 볼 때에 모든 학설에 대한 회의가 생기고 더욱 철학자중에 불가지론자가 있는 것도 무리가 아니라는 생각이 드는 동시에 자기 자신의 학문의 영역·지식의 범위가 얼마나 渺少하다는 것을 알게 되어서 참된 진리는 평생을 두고 탐구하여도 오히려 부족하다는 自下의 생각이 들은 것이다. 톨스토이의 "등대불이 비치는 범위가 넓어지면 넓어질수록 그 어두움의 큰 데는 놀래인다"는 말을 새삼스러이 감명하게 되었다.[54]

처음에 신익희는 대다수 청년지식층이 선망하는 대학생이라는 사실에 긍지와 자부심을 가졌다. 사실 그의 긍지와 자부심은 이미 한국에서 다른 학생들을 앞서가며 형성된 것이었다. 그러나 그는 일본에서 학문에 대한 이해가 깊어져 학문의 광대함과 진리의 가변성과 불가지론을 깨닫게 되면서 이전의 우월감에서 벗어나 겸손함을 깨우치는 단계로 접어들었다. 이를 보면 그가 대학 고학년 때에 독립운동에 매진하느라 학업을 등한시했지만 대학생활의 궁극의 목표인 진리추구에 가까이 다가가고 있었음을 알 수가 있다.

신익희는 중국대륙의 혁명문제에 대해서도 관심을 보였다. 이는 중국의 혁명문제가 한국의 독립문제와 긴밀한 연관이 있다고 판단했기 때문이다. 그는 1917년 여름 이후에 귀국할 때 일본 당국이 금서로 정하여 한국인의 열람을 엄히 금한 『繡像神州光復志演義』란 책을 트렁크에

---

54) 신익희, 「나의 대학시절」『(증보판) 해공신익희선생연설집』, 9쪽.

넣어 가지고 왔다. 이 책은 신해혁명 다음해인 1912년 상해에서 발행된 것인데, 중화민국이 청나라로부터 국권을 되찾는 과정을 소설체로 지은 것이다. 이 책은 상하 16책의 거질이라서 당시로서는 거액을 지불해야만 구입할 수 있었다.55) 따라서 신익희가 대학시절 독립운동의 방향을 모색하면서 혁명에 관계되는 서적들을 광범위하게 읽었음을 알 수 있다.

신익희는 와세다대학에서 우수한 인재들과 교유하였다. 당시 와세다대에는 졸업 후 한국에 돌아와 신문화운동을 주도한 젊은 명망가들이 운집해 있었다. 이들은 安在鴻·金性洙·玄相允·尹顯振·白南薰·崔八容·윤홍섭·張德秀·崔斗善·金良洙·梁源模·李顯奎·盧炳瑞·金榮洙·金興濟·李光洙·宋繼白 등이었다. 이들은 거의 대부분 1891~1896년 사이에 태어났는데, 이중 신익희·장덕수·최두선 3인은 1894년생이었다. 이외에도 그는 명치대와 경응대를 다녔던 宋鎭禹·鄭世胤·金炳魯·羅景錫 등 많은 인사들과 교유하였다. 나중에 신익희가 민족운동과 건국운동을 벌여나갈 때에 이들은 주요한 협력세력이 되었다.

신익희가 와세다대에서 교유한 인사들 중에 가장 관계가 각별했던 이들은 정경학부를 같이 다닌 윤홍섭과 장덕수였다. 윤홍섭은 관립외국어학교와 와세다대학을 같이 다닌 그야말로 평생지기였다. 장덕수는 와세다대학에서 만나 의기를 통한 친구이자 같이 고학하며 학비를 벌었던 기억을 공유하고 있었다. 와세다대학을 다닌 황해도 출신의 白南薰이 동향출신의 거부이자 와세다대학 졸업생인 金鴻亮에게서 학자금을 받았던 것처럼, 신익희는 윤홍섭으로부터, 장덕수는 김성수와 윤홍섭으로부터 학비를 보조받았다. 국가와 민족의 장래를 위해 개인의 사유자산을 주고받았던 이들 3인은 대학시절에 "함께 피를 나누어 마시며 나라를 위하여 목숨을 바치기로 결심한" 절친한 사이였다.56)

---

55) 신창현, 「해공일화집」 『해공 신익희』, 137~140쪽.

먼저, 해풍부원군 尹澤榮의 큰아들인 윤홍섭은 신익희가 일본에 유학할 때에 상당한 액수의 학비를 보조해준 인물이었다.[57] 그는 1918년 6월 윌슨의 민족자결주의가 발표된 후에 신익희·나경석 등과 비밀리에 독립운동을 모의하였다. 3·1운동 직전에는 崔南善의 부탁을 받고 尹用求에게 독립운동에의 참여를 권유했다가 체포되어 취조를 받았다.[58] 또한 그는 신익희가 중국에 망명할 때에 순종비 윤황후로부터 10만원을 얻어다가 신익희에게 주어 상해임시정부 설립자금에 보태도록 하였다.[59]

윤홍섭은 1922년에 아이들 둘을 서울에 남겨두고 부인 韓裕祥과 함께 도미하였다. 뉴욕에서 그는 장덕수와 같이 활동하며 친이승만 계열의 뉴욕한인유학생들이 창간한 『3·1신보』의 발기인과 영업부 직원을 지냈다.[60] 그러다가 학업을 다시 계속하여 오레곤주립대학 신문학과 학사, 콜럼비아대학 석사를 거쳐 1935년에 아메리칸대학에서 국제정치와 비교헌법을 진공하여 박사학위를 받았다. 학위논문의 제목은 "국제적 극동관계상의 조선"인데, 상고에서부터 조선시대까지 한국의 외교관계를 규명한 것이었다.[61]

윤홍섭은 1935년 11월에 귀국한 후 '민족혁명을 목적으로 하는' 흥업구락부에 관여했다가 일경에 체포되었다. 또 참의원 의원직을 주겠다는 일제의 회유를 거절하고 어렵게 생활하였다. 해방 후에는 한국민주당 발

---

56) 신창현, 「해공일화집」『해공 신익희』, 57쪽 ; 신익희, 「고 설산 장덕수동지 영전에 고함」『(증보판) 해공신익희선생연설집』, 93쪽.
57) 신익희가 서울에서 관립외국어학교를 다닐 때와 달리 일본에서 와세다대학을 다닐 때에 재정적 곤란을 피력한 글을 전혀 남기지 않은 것을 보면 윤홍섭의 지원이 적지 않았음을 알 수 있다.
58) 『한국독립운동사자료집』 11, 「윤홍섭 신문조서(1)」, 국사편찬위원회, 1900, 258~259쪽.
59) 신창현, 「해공일화집」『해공 신익희』, 258~259쪽.
60) 고정휴, 『이승만과 한국독립운동』, 연세대학교 출판부, 2004, 145~147쪽.
61) 『동아일보』, 1935년 6월 27일, 11월 9일.

기인, 한국민주당 심사부원을 지내며 온건성향의 우파민족주의자들이 주로 가담한 한국민주당에 관여하였다. 이어 구왕궁사무청 사무장관, 숙명학원 이사장, 국제법 급 외교연구회 이사, 대동청년당 상무이사 등직을 지냈다.[62] 해방 후에 신익희는 정치활동으로 심신이 고달플 때마다 윤홍섭을 찾아가 술잔을 기울이곤 하였다.

장덕수는 일본유학생 가운데 독립성향과 정치성향이 가장 강한 편에 속했다. 그는 신익희와 와세다대학 정경학부를 같이 다니며 학업보다는 독립을 위한 비밀활동에 더욱 주력하였다. 두 사람은 와세다대학을 졸업하고 1919년 11월경 3·1운동 모의단계 때 서울에서 잠시 만나 심회를 교환한 다음에는 같이 활동한 적이 없었다. 그러나 두 사람은 상대방이 민족과 국가에 대한 순결한 헌신성을 지닌 애국자라는 점을 추호도 의심치 않았다. 1947년 12월 장덕수가 암살당한 다음에 신익희는 장덕수를 추모하는 추도사에서 자신과 장덕수의 관계를 중국고사에 나오는 절친한 지기인 伯牙와 鍾子期에 비유하였다.[63]

신익희와 장덕수는 와세다대학 정경학부, 조선유학생학우회, 『학지광』, 조선학회에서 활동하는 동안 바늘에 실 가듯이 같이 움직였다. 그러는 사이에 양인은 함께 고향을 그리며 달을 바라보고, 함께 비분강개하며 국사를 통렬히 논하고, 함께 독립운동에 일신을 바칠 것을 맹세하였다. 그처럼 막역한 우정을 나누었던 사이였기 때문에 신익희는 자기와 마음을 같이 하고 뜻을 같이 하는 친구가 바로 장덕수라고 말했던 것이다.[64]

---

62) 대한민국건국십년지간행위원회, 『대한민국건국십년지』, 1956, 1052쪽.

63) 신익희, 「고 설산 장덕수동지 영전에 고함」 『(증보판) 해공신익희선생연설집』, 93쪽.

64) 신익희는 1917년 1월 와세다대학 정경학부를 졸업하였다. 당시 신익희는 최두선·백남훈·이현규·김양수·노병서·김영수 등과 함께 졸업기념 사진을 찍었다.

Ⅳ. 일본에서의 단체활동과 비밀결사 조직

신익희는 대학시절에 다각도로 민족운동을 펼쳤다. 그가 일본에서 전
개한 민족운동은 ① 국권회복운동의 전위대를 양성하기 위한 학우회의
조직·운영, ② 학우회 기관지『學之光』발간을 통한 민족의식 고취 활
동, ③ 한국문제를 연구하기 위한 비밀단체의 결성과 운영 등이었다. 이
러한 활동들은 신익희가 일본에서 학업을 희생하면서까지 이루려고 고
심했던 것들이었다. 이제 신익희가 일본에서 벌인 민족운동을 차례대로
살펴보겠다.

첫째, 신익희는 국권회복운동의 전위대를 양성하고자 학우회를 조
직·운영하였다. 학우회 조직과 운영은『학지광』발간 활동과 함께 3·1
운동 이전에 신익희가 가장 정력을 쏟은 활동이었다. 그는 대학에서 선
진문물과 세계사조를 배우고 연구하는 시간보다도 학우회를 운영하고
『학지광』을 발간하는 데에 더 많은 시간을 보냈다. 따라서 학우회의 조
직과 운영,『학지광』의 발간 활동은 대학시절 신익희의 민족운동을 대
표할 만하다.

자서전과 주변인들의 증언에 의하면, 동경에 도착하자마자 신익희는
한편으로 대학진학에 필요한 일본어를 배우고 다른 한편으로 유학생 사
회를 통합하는 문제에 관심을 기울렸다. 되풀이해서 술회한 것처럼, 그
가 한국인 유학생들을 결속시키려는 근본동기는 국권회복운동의 전위대
를 확보하기 위한 것이었다.[65] 따라서 일부 학생들의 경우에 친목을 위
해 유학생 단체를 조직했을 수도 있겠으나, 적어도 신익희의 경우에 일
본유학 동기는 말할 것도 없고 유학생 규합 활동의 동기도 철저히 민족
적인 의도를 강하게 지니고 있었다.

---

65) 신익희,「구술 해공자서전」『해공 신익희』, 56쪽.

당시 한국인 학생들의 동태를 기술한 일제측의 기록에는 학우회가 와세다대학의 安在鴻, 명치대학의 崔漢基·徐慶默 3인의 주동으로 조직되었다고 되어 있다.[66] 그런데 자서전에서 신익희는 "(나는) 고하 송진우, 민세 안재홍, 호암 문일평 그리고 정세윤 등과 상의하여 학생운동의 통일단체로 학우회를 결성하였다"고 하였다.[67] 또 그는 "국권회복운동에 필요한 전위를 양성하기 위해 유학생들을 결속시켜 보려고 노력했다" "항상 총무와 평의회의장 또는 회장에 선출되어 실무를 주관했다"고 하였다.[68] 이런 기록들로 미루어 안재홍 주도로 설립·운영된 학우회에서 신익희는 『학지광』의 발행을 책임진 1914년 4월경부터 학우회의 주요 임원을 맡았음을 알 수 있다.

신익희는 1916년 9월에 학우회 회장에 올랐다. 그는 정세윤·朴海暾·盧實根에 이어서 학우회의 제4대 회장이었다.[69] 그러나 그는 학우회가 중앙총회제도를 채택한 이후에 회장에 올랐기 때문에 실질적인 의미에서 통합된 학우회의 초대회장이었던 셈이다. 이때 총무 윤현진, 재정부장 盧翼根, 지육부장 車南鎭, 간사부장 金明植, 평의원의장 金孝錫 등이었고, 장덕수·金榮洙·백남훈 등이 평의원이었다.[70]

학우회는 회원 상호간의 친목도모를 중시하였다. 회원들의 지·덕·체 발달, 학술 연구, 의사소통의 원활함을 기할 것을 우선적인 목표로 내걸었다. 또 명사 연설회, 졸업생 환송회, 신입생 환영회, 운동회, 春令會, 망년회 등을 개최하였고, 단체의 기관지로서 『학지광』을 발간하였다. 아울러 웅변대회를 열어 한국 청년들에게 정열을 발산할 기회를 주기도 하였다. 그러나 학우회는 단순한 친목단체만은 아니었다. 학우회

---

66) 국사편찬위원회 편, 『일제침략하 韓國36년사』1, 1966, 798쪽.
67) 신익희, 「구술 해공자서전」『해공 신익희』, 56쪽.
68) 신익희, 「구술 해공자서전」『해공 신익희』, 56쪽.
69) 『독립운동사:학생독립운동사』9, 117쪽.
70) 『학지광』10, 「우리 소식」, 1916.9, 58쪽.

주최의 모임에서 민족사상을 고취하고 국권회복을 위한 방략들이 깊이 있게 논의되었기 때문이었다.

식민통치로 고통받던 한국의 청년지식인들은 일본을 배워 일본을 이기겠다는 의도에서 도일하였다. 그렇기 때문에 일본에서 한국 청년들이 단체를 조직할 경우 그 단체는 자연스럽게 민족적 색채를 띠기 마련이었다. 학우회도 겉으로는 유학생 상호간의 친목과 민중 계몽을 표방했으나 속으로는 강렬한 민족의식과 독립의식의 결집체였다. 학우회의 주요 인사인 신익희같은 이들의 발언을 보면, 그들이 항일운동의 일환으로서 학우회를 조직·운영했음을 알 수 있다. 이런 흐름은 민족독립에 대한 국제적인 전망이 대두하자 2·8독립선언과 같은 만세운동으로 나타났던 것이다.

둘째, 신익희는 학우회 기관지인 『학지광』의 편집겸발행인을 지냈다. 그가 발간을 주도한 『학지광』은 학우회 회원들에게 그들의 연구성과를 발표할 기회를 부여하고 경험을 쌓게 하는 한편, 회원 상호간에 연구를 장려하고 참고 자료로 삼도록 하려는 목적에서 창간되었다. 당시 『학지광』의 간행에 관계했던 백남훈은 "당시 편집에 관계한 학생은 다수여서 일일이 헤아릴 수 없으나 나의 기억에 있는 이름들을 소개하면, 김병로·신익희·이광수·최두선·장덕수·현상윤·진학문·崔承萬 등 제씨가 있었다"고 증언하였다.

『학지광』의 초대 편집겸발행인은 김병로가 맡았던 것으로 보인다. 신익희는 1914년 12월에 발행된 『학지광』 제3호와 1915년 2월 발간된 제4호의 편집겸발행인을 역임하였음이 확인된다. 이어 1915년 5월 발간된 제5호의 편집겸발행인은 장덕수였다. 신익희는 학우회 제4대 임원진 명단에서 편집부장 장덕수 밑에서 현상윤·최두선과 함께 편집부원을 맡고 있었다.[71] 이는 그가 다른 독립운동에 몰두하기 위해 편집겸발행인

---

71) 『학지광』 제3호, 1914.12, 55쪽, 제5호, 1915.5, 185쪽.

의 자리를 장덕수에게 넘겼기 때문이라고 한다.

신익희는 자신의 독립운동과 일제시대 잡지와의 관계를 다음과 같이 말하였다. "학우회에서 기관지로『학지광』이라는 잡지를 발행하여 민족정신을 고취하는 동시에, 당시 미국에 가서 독립운동을 하는 李承晩 박사가 발행하는 '한국태평양'이라는 잡지를 밀수입하여 유학생 모두에게 돌려가며 보게도 했다."[72] 여기에서 주목할 사실은 신익희가 동경유학생들의 민족정신 고취를 위해『학지광』을 발간했다는 점과, 이승만이 하와이에서 1914년에 창간한『태평양잡지』를 밀수입하여 동경유학생들에게 읽게 함으로써 그들로 하여금 이승만에 대한 호의적 이미지를 가지게 했다는 사실이다.

일제의 반입금지망을 뚫고 여러 경로를 통해 한국에 들어온『학지광』은 국내의 신지식층에게 큰 영향을 미쳤다. 언론과 출판의 자유가 크게 억압당하고 있던 한국 내에서 최남선이 발간한『靑春』에는 신지식층들의 정치사회적 견해가 거의 실릴 수 없었다. 이에 비해『학지광』의 경우에는 일본에서 출판되고 있었기 때문에 어느 정도 언론의 자유를 누릴 수 있었고, 따라서 신지식층의 정치사회적 견해가 보다 많이 반영되어 있었다.[73]『학지광』에는 세계사조에 대한 개괄적 논설, 일본유학생들의 시대인식과 연구경향 등을 알 수 있는 글들이 많이 실렸기 때문이었다. 따라서『학지광』의 책임자를 맡았던 신익희는 한국인의 신문화운동과 민족의식 형성에 간접적으로 기여한 셈이다.

셋째, 신익희는 조선의 역사와 문화의 우수성을 고양하기 위해 조선학회의 결성을 주도하였다.『학지광』제10호「우리 소식」란에는 "유학생 중 유지자가 1916년 1월에 조선학회를 조직했는데, 그 목적은 신학문의 빛으로 조선사정을 연구함이더라. 벌써 세 번 강단을 베풀어 이광

---

72) 신익희,「구술 해공자서전」『해공 신익희』, 56쪽.
73) 박찬승,『한국근대 정치사상사연구』, 역사비평사, 1992, 111, 117쪽.

수·노익근 양군은 농촌문제에 관하야 장덕수군은 식민에 관하야 연구를 발표하얏다더라"라는 기사가 실려있다.[74] 이를 보면, 조선학회는 동경유학생 중에 소수 인사들이 신학문을 토대로 조선사정을 연구하기 위해 1916년 1월에 공식 설립한 단체임을 알 수 있다.

조선학회의 활동에 대해 동경유학생 黃錫禹은 "학우회 일반 학생의 사상경향은 갈수록 건실해졋다. 그 과거의 浮虛한 기풍은 일소되고 참으로 무엇을 알려는 연구적 기운이 무르녹아갓다. 彼 각 부문의 과학적 진리에 입각하야 조선민족의 소생방침 그 지도방침을 학적으로 연구하려는 조선학회가 이러난 것도 이 기운의 영향에 의한 자이엿다. 그 모임은 早大 재학생을 중심으로 하여 이러낫든 자이다. 신익희·백남훈·鄭魯湜 등이 그 중견인물이엿다."[75] 이를 보면 조선학회는 와세다대학의 소수 재학생들을 중심으로 한국 민족의 소생방침을 과학적 진리에 입각하여 연구할 것을 목표로 설립된 담체임을 알 수 있다.

조선학회는 설립이래 꾸준히 조선문제를 가지고 보고회와 강연회를 개최하였다. 1916년 상반기에는 유학생 사회에 정치경제나 법률보다는 실업문제에 치중하는 분위기가 형성되어 있었다.[76] 이때 이광수·노익근은 농촌문제를 가지고 강연회를 열었고, 장덕수는 식민지 문제를 가지고 연구발표회를 열었다. 또한 졸업 관문을 힘겹게 통과하고 아직 귀국하지 않은 신익희가 1917년 6월 23일에 조선기독교청년회관에서 개최된 통상 모임에서 '조선고래의 외교에 대하야' 라는 주제로 강연을 하였다. 田榮澤은 1917년 10월 30일에 역시 같은 장소에서 '조선기독교에 대하야' 라는 주제로 강연을 하였다. 1918년 11월 16일에 노익근이 민족자결을 역설하는 강연을 하였고, 현상윤은 1918년 12월 22일 '조선인

---

74)『학지광』10, 1916.5, 58쪽.
75) 황석우,「동경유학생과 그 활약」『삼천리』, 제5권 제1호, 1933.1.
76) 변봉헌,「유학생의 성적을 드러 부형의게 고하노라」『학지광』10, 1916.9, 8쪽.

으로 본 구주대전' 이라는 주제로 보고 강연을 하였다.[77] 이처럼 조선학
회는 한국의 역사와 민족문제 및 사회문제를 과학적으로 연구함으로써
민족정신을 고취하고자 노력하였다.

그런데 일제측은 조선학회의 성격과 설립시기에 대해 『학지광』이나
『삼천리』의 내용과 다르게 보았다. 일제의 한국유학생 동향시찰 보고서
에는 "1915년 11월 10일에 동경에서 유학생 이광수·신익희·장덕수
등의 발기와 활약으로 조선학회가 조직되었다. 조선학회의 표면상 목적
은 한국에 관한 일반 학술의 연구였으나 독립 운동을 위한 비밀결사로서
별도의 사무실을 두지 않았고 회원 자격은 회원 2인 이상의 보증이 있어
야 되었다"[78] "조선학회는 1916년 1월 29일 제1회 총회를 동경 조선기
독교청년회관에서 개최하고 규칙의 의정 및 역원(役員)을 선거하였다"
고 하였다.[79] 이를 보면 조선학회가 공식 출범한 것은 1916년 1월 29일
이지만, 이미 1915년 11월 10일경 비밀리에 설립되었던 것이다. 또한 조
선학회는 겉으로는 조선사정을 연구하는 학술단체를 표방했지만, 속으
로는 독립운동을 위한 비밀결사였음을 알 수 있다.[80]

조선학회의 비밀결사적인 성격에 대해 신익희의 와세다대학 동창이
자 1915년에 비밀결사를 구성했다고 하는 金綴洙의 구술담은 시사하는
바가 크다. 그는 "내가 맨 처음에 비밀결사한 것이 일본 동경에서 공부
할 때(1915년, 23세)에 윤현진·정노식·장덕수·김효석·金喆壽·金
翼之 등 친구들과 정치결사였다. 도원결의같은 모임이었지만 엄숙하
였든 것이었다. 다마천(川)에 나가서 함께 목욕도 하고 손가락을 베어

77) 『학지광』 13, 1917.7, 84쪽. 제14호, 1917.12, 76쪽, 제15호, 1918.3, 82쪽 ; 『독립
  운동사:학생독립운동사』 9, 124쪽.
78) 국사편찬위원회 편, 『일제침략하 한국36년사』 3, 1963, 184쪽 ; 『독립운동사:학생
  독립운동사』 9, 119쪽.
79) 국사편찬위원회 편, 『일제침략하 한국36년사』 3, 1968, 347쪽.
80) 신익희도 일제측의 주장과 같이 "조선학회가 명칭만 학회지 일종의 독립운동 단
  체였다"고 하였다. 신익희, 「구술 해공자서전」 『해공 신익희』, 57쪽.

피를 합하여[裂指合血] 돌려 마시고 장래 사방으로 흐터저서 호상 연락 不休히 독립운동을 하자는 것이었다"고 회고하였다.[81] 또한 『독립운동사자료집』에는 "와세다대학생 신익희 외 7명, 명치대학생 金良洙·장덕수·崔斗善 등의 발의로 조선학회가 조직되었다. 1918년 1월 17일에 간부를 개선했는데, 간사 金喆壽, 백남훈·전영택·김도연 등이었다"고 하였다.[82]

김철수의 회고담에 나오는 비밀결사 회원들이 『학지광』·『삼천리』 및 기타 자료에는 조선학회 회원들로 나온다. 또 여러 자료에 조선학회 회원으로 나오는 학생들의 대부분은 신익희가 1916년 가을 학우회 회장을 지낼 때에 임원을 맡았던 이들이었다. 김철수에 의하면, 이들은 온천장에 가서 손가락을 베어 피를 모아 한데 섞어 마시며 모임을 갖기도 했다. 이는 신익희가 "윤홍섭과 더불어 몇 사람의 청년 유학생이 함께 피를 나누어 마시며 나라를 위하여 목숨을 바치기로 맹세했었다"는 기록과 일치한다. 따라서 김철수가 조직한 비밀결사는 신익희·장덕수가 주도했던 조선학회임이 분명하다.

김철수와 신익희는 모두 자기와 친한 이들만을 조선학회의 회원으로 거명하였다. 김철수는 자신과 신익희의 차이점에 대해 "그는 학생 때 부텀은 영국 잰들만 식이여. 그래서 우리하고는 잘 섞이지덜 못허고 그렇게 지냈지만. 사람이 체중이 있고 재주 있고, 뭐 또 일 생각허는 점은 있다는 거를 인정하고. 그래 만경 정노식이, 안재홍이, 나 이렇게는 좀 서민적이고, 평민적, 활발하게 나가고, 거그는 잰들만 식으로 나가고" 라고 말했다. 아울러 나중에 양인이 일제시대에 상해에서 그리고 해방 후에 서울에서 다시 만났을 때에 신익희가 김철수에게 공산주의운동을 그만두라고 말했다고 한다.[83] 이를 보면 김철수의 비밀결사 관련 회고담

---

81) 유병용 편, 『지운 김철수』, 7, 195쪽.
82) 『독립운동사자료집』 13, 독립운동사편찬위원회, 1977, 31쪽

에서 신익희가 빠진 것은 양인의 사상적 경향이 달랐기 때문일 것이다.

와세다대학 학생들이 주류세력을 형성한 조선학회에는 신익희·장덕수·이광수·윤현진·윤홍섭·백남훈·최두선·노익근·김양수·정노식·전영택·현상윤·金度演·김익지·金道寅·金鎰洙·金喆壽 등이 참여하였다. 따라서 조선학회는 신익희로 대표되는 우익성향의 유학생들과 김철수로 대표되는 좌익성향의 유학생들의 연합체로 파악된다. 이때 양자를 묶어주는 매개체는 좌우파로부터 모두 신뢰를 받은 장덕수로 보인다. 이와 관련하여 "신익희·장덕수·이광수 등이 조선학회를 결성하였고, 김철수·백남훈·전영택·김도연 등이 간부로 활약했다"고 하는『와세다의 한국인』의 내용은 조선학회의 내부구성을 이해함에 있어 크게 도움이 된다.[84] 하여튼 조선학회에 가담한 인사들이 국내외에서 점진적 실력양성운동과 열강 상대의 청원외교운동과 공산주의운동에서 주요 역할을 수행했고, 또 3·1운동의 전주곡인 2·8독립선언을 동경에서 주도했다는 것은 특기할 만한 사실이다.

V. 대학시절 국내에서의 계몽운동과 의병운동 모색

신익희는 일본 유학 중에 방학이 되면 한국에 돌아와 다양한 활동을 벌였다. 그러한 대표적인 활동으로는 ① 廣東講塾의 설립과 운영을 통한 민중계몽 활동, ② 국내 항일세력과 연대를 통한 항일운동의 모색 등이다. 이 외에도 그는 귀국 후에 東明講習所를 설립 운영하고,『一分蒙求』를 저술하여 조카들의 학업을 도우려 하였다. 20대 전반기에 벌인

---

83) 유병용 편,『지운 김철수』, 270~271쪽.
84) 조도전대학 한국유학생회 편,『와세다의 한국인』, 52쪽.

이러한 다양한 활동들은 신익희가 얼마나 한국의 독립을 위해 매진했는가를 잘 보여주고 있다. 이제 신익희가 한국에서 벌인 민족운동을 차례대로 살펴보겠다.

신익희는 광동강숙의 설립과 운영을 도우면서 민중계몽활동을 벌였다. 그는 1912년 여름방학 때는 일본 내지를 답사하느라, 겨울방학 때는 학업을 보충하느라 귀국하지 않았다. 그는 1913년 여름방학 때 귀국하여 8~9월 두 달간 체류했는데, 이때 서하리의 우국지사들이 광동강숙을 설립·운영하는데 일익을 담당하였다. 그가 광동강숙의 설립과 운영에 참여한 것은 10살 이전에 이미 조카들과 노비의 자식들을 모아놓고 한글을 가르쳤던 개인적인 교육경험을 되살린 것이었다.

신익희는 1912년 여름 두 달간 일본 각지를 시찰하였다. 이로써 그는 "우리 국민들에게 신학문을 교육시키고 국가의식과 독립정신을 고취시키면 왜놈들보다 훨씬 빨리 앞설 수 있다"는 확신을 품기에 이르렀다.[85] 이러한 구국계몽의식과 선각자적인 자세는 당시 신학문을 공부한 신지식층이 일반적으로 지니고 있던 것이었다. 다만 신익희가 다른 계몽론자와 달랐던 점은 한국민족이 일본민족보다 우수하다고 하는 민족우수성론을 견지하며 계몽운동을 벌였다는 점이다. 일본에서 방학을 맞아 귀국한 신익희의 구국계몽의식과 민족우수성론은 을사조약 후부터 한국 내에서 벌어지고 있던 구국교육운동의 치열한 흐름과 맞물려 광동강숙의 탄생으로 이어졌다.[86]

광동강숙은 소학교 보통과 수준의 초등교육기관이었다. 광동강숙의 숙장은 1880년대 후반부터 1890년대 초반까지 통리교섭통상사무아문 주사와 원산항 방판을 지낸 다음 향리에 은거해 있던 徐相雨이 맡았

---

85) 신창현, 「해공일화집」『해공 신익희』, 112쪽.
86) 1913년 귀국 후에 집안 사람들에게 척박한 땅에서도 잘 자라는 포플러나무를 심으라고 권한 것도 신익희가 전개한 민중계몽운동의 일환이었다. 신창현, 「해공일화집」『해공 신익희』, 113쪽.

다.[87) 임원은 신규희·徐元道·신필희·金正世·신익희·安基星·신정균·金相億·吳賢宇·申用均 등이었다. 이를 보면 초빙교사 서상석을 제외하면, 강동강숙의 임원은 사마루의 신씨들과 인근의 유지자들임을 알 수 있다. 이들은 인간이 하늘에서 부여받은 성품과 재주를 기르기 위해서는 학문을 배워야 하며, 학문과 나라의 기초를 세우기 위해서는 학교에서 교육을 실시해야 한다는 신념에서 광동강숙을 설립하였다.[88)

민중계몽을 위해 설립된 광동강숙은 사마루와 그 인근의 6, 7개 동리의 아동들을 대상으로 개설되었다. 학생들의 나이는 10살 미만부터 20대의 청년에 이르기까지 다양하였다. 학생수는 모두 80여명이었고 이들은 4개 반으로 나누어져 있었다. 교사는 신익희집의 사랑채와 마루방, 뒷마루 등을 이용하였다. 교과서는 남한산성의 공립소학교에서 가르친 교과서와 같은 책들을 이용했다고 한다. 아마『심상소학』·『유년필독』·『국민독본』·『동국역사』·『산술』 등을 가르쳤을 것이다. 일제시기 지방에 개설된 대다수 사립강습소들이 그러하듯이 광동강숙도 일제의 끈질긴 탄압과 점차 가중되는 재정난에 밀려 오래 지속되지 못하고 문을 닫고 말았던 것으로 보인다.[89)

광동강숙의 교육활동 중에서 한 가지 특이사항은 1909년 일제가 금서로 지정한 언문교과서 『유년필독』을 가르쳤다는 점이었다. 주지하듯이 한말의 역사가 玄采가 1907년에 지은 『유년필독』에는 한국의 역사와 지리 및 국가사상에 대한 내용들이 많이 실려 있었다. 따라서 『유년필독』은 아동들에게 윤리교육과 애국사상과 민족주체의식을 함양시키고 국가의 흥망성쇠가 국민에게 달려있다는 국가사상을 강조하기 위해

---

87) 『승정원일기』, 1887년 5월 19일, 1891년 5월 29일.
88) 신창현, 「해공일화집」 『해공 신익희』, 115~118쪽.
89) 신창현, 「해공일화집」 『해공 신익희』, 114, 118쪽.

지어진 책이었다.[90] 광동강숙의 운영자들이 일제의 지시를 어겨가며
『유년필독』을 교과서로 사용한 것은 학동들에게 일제에 저항할 수 있는
애국사상과 국가사상을 은연중에 심어주기 위해서였음을 알 수 있다.

신익희는 국내의 항일세력과 연대를 통한 항일운동을 모색하기도 하
였다. 그는 일본에서 학우회 운영, 『학지광』 발간, 조선학회 조직 등을
통해 민족운동을 벌였다. 즉, 공개적인 상태에서 비밀리에 독립운동을
벌이느라 많은 시간과 정력을 쏟았다. 또한 방학을 이용해 귀국할 때면
국내에서 민족운동의 기반을 마련하고자 나름대로 힘썼다. 그는 대학시
절을 회고하면서 "학업보다는 독립운동에 더 많은 시간을 쓰고 졸업 학
년 1학기는 전학기를 통해서 한 시간도 학교에 출석 못한 일이 있었다"
고 말했을 정도로 민족운동에 열성적이었다.[91]

신익희가 졸업학년 1학기에 한 시간도 학교에 나가지 못한 것은 비밀
리에 한국으로 돌아와서 의병운동을 모색하느라 시간을 보냈기 때문이
었다. 그는 일본에서 대학을 다니며 민족운동을 벌이는 중에도 한국내의
의병세력과 함께 항일전쟁을 전개하여 빼앗긴 나라를 되찾겠다는 의지
를 견지했던 것으로 보인다. 그렇기 때문에 향후 의병운동이 벌여졌을
때에 필요한 지지세력을 전국 각지에 심어두기 위해 나름대로 은밀한 행
보를 전개하였다.

신익희는 1914년 여름방학 때에 동경고등공업학교를 갓 졸업한 羅景
錫과 축구단을 조직해서 전국을 순회하였다. 그가 축구단을 조직한 것
은 독립운동의 동지를 규합하기 위해서였다. 축구단을 이끌고 다니는 동
안 신익희는 국제정세와 국내정세를 인민들에게 들려주는데 힘썼다. 이
는 한편으로 일본 관헌의 눈을 피하고, 다른 한편으로 독립운동에 가담
할 핵심세력을 양성하려는 원대한 구상에 따른 것이었다. 그리하여 경남

---

90) 노수자, 「백당 현채 연구」 『이대사원』 8, 1969, 88~89쪽.
91) 신익희, 「구술 해공자서전」 『해공 신익희』, 57쪽.

양산의 윤현진, 평안도의 李裕弼, 함경도의 姜泰東, 경북의 李相定 등 상해임시정부 시대의 쟁쟁한 인물들이 이때 신익희와 뜻을 같이하게 되었다고 한다.[92]

신익희의 축구단은 부여에 들러서 시합한 일도 있었다. 이때 축구단의 운영비는 집안이 부유한 나경석이 제공했을 것이다.[93] 신익희와 나경석은 10여 명의 선수들과 같이 부여에서 4, 5일을 묵으며 시합도 하고 구경도 하였다. 이때 백마강, 낙화암, 고란사, 그리고 백마강 건너 임천면의 聖興山城을 답사하였다. 이처럼 신익희가 부여지역을 샅샅이 돌아다닌 것은 나중에 의병을 일으켜 일본군과 대치했을 때를 예상하여 지형과 지물을 사전에 답사하기 위함이었다.[94] 그런데 그가 의병운동 장소로서 부여를 주목한 것은 자신이 이미 1913년 여름방학 때에 한국에 들렀을 때에 와세다대학 동창생 秦學文과 함께 2박 3일 동안 부여일대를 돌아본 경험이 있었기 때문이었다.

4학년 제1학기 때에 신익희는 비밀리에 한국으로 들어왔다. 수많은 의병장과 의병들이 처형을 당하는 것에 분개하여 직접 의병운동을 벌이기로 결심했던 것이다. 그는 계룡산 신도안의 박노천이라는 인물을 찾아가 방술과 차력과 신력의 신통함을 배워 일본군을 물리치고 국권을 회복하려 하였다. 또 의병을 양성하여 구국결사대를 이끌고 일제와 대항할 심산에서 신도안 일대의 지형을 세세히 살펴보았다. 이러한 활동상은 신익희를 장기간 가까이에서 모셨던 종손자 신창현이 신익희에게 구술 받은 기록에 나온다.

---

92) 신창현, 『해공신익희선생약전』, 5~6쪽.
93) 나경석의 부친 羅基貞은 용인군수와 시흥군수를 지낸 개화관료로서 수원의 손꼽히는 부자였다. 일본 동경 미술학교 유화과를 나와 우리나라 최초의 여류화가로서 명성을 날린 羅蕙錫은 나경석의 여동생이다. 나경석, 『公民文集』, 「연보」, 정우사, 1980, 260~263쪽.
94) 신창현, 「해공일화집」 『해공 신익희』, 297쪽.

이 무렵 국내에서는 각 지방에서 활약하던 그 수효를 일일이 셀 수 없을 만큼 많은 수의 의병 및 의병장들이 일본헌병대에 붙들려 총살형에 집행됨을 통탄한 나머지 해공은 동경을 떠나 한국에 몰래 숨어 들어와서 이와 비슷한 술객을 찾아가 본 적이 있었다. 계룡산 속의 신도안으로 들어가서 海峯 朴魯千이라는 분에게서 도가의 방술을 배우고 차력약으로 백동가루와 무쇠가루에 한약을 섞어서 먹어 차력의 기운을 얻고 신력의 신통력을 빌어서 의병을 일으켜 왜놈과 대항하여 국권회복을 꾀하여야 하겠다는 생각에서 실천에 옮긴 것인데 이로 말미암아 한 학기를 고스란히 결석하게 되었다. 대학생의 몸으로 학문에만 정진하여 졸업을 하고 사회에 진출하여 크게 이름을 드날리는 일이 결코 중요하게 여겨지지 않았다. 학창에 있으면서 학업 도중 신도안 일대의 지형답사를 일일이 하는 가운데 의병을 양성하여 구국결사대를 이끌어 나가려던 구상은 청년 해공이 품은 대업이 아닐 수 없었다. 입신양명보다 의병대장으로 왜놈의 강제 점거로 나라가 없어진 마당에 국권회복부터 획책해 본 그 웅대한 구상에 놀라지 않을 수 없다.[95]

위의 기록에서 두 가지를 주목할 수 있다. 하나는 신익희가 방술과 차력과 신력의 신통함을 배워 일본군에 대적할 힘을 얻으려 했다는 것이요, 다른 하나는 신익희에게 도가의 방술을 가르쳤다는 박노천이라는 인물의 실존 여부이다. 일견해서 믿기 어려운 두 가지 문제는 허위가 아니라 모두 사실이었다고 판단된다.

일본에서 근대학문의 세례를 받은 신익희가 과학적으로 검증이 어려운 방술과 차력과 심력의 힘으로 일본군을 물리치려 했다는 내용은 신빙성이 없는 것처럼 보인다. 그러나 나중에 신익희와 긴밀한 관계를 맺었던 김병로의 경우에도 신익희와 동일한 과정을 거쳤음이 주목된다. 1910년 이전에 김병로도 의병운동의 성공을 위해 술수와 신통력을 익히느라 반 년간 갖은 노력을 경주한 적이 있었다.[96] 따라서 신익희가 박노천을 찾아가 방술을 배우고 차력과 신력의 신통함을 얻기 위해 한 학기

---

95) 신창현, 「해공일화집」『해공 신익희』, 133쪽.
96) 김진배, 「수상 단편」『가인 김병로』, 가인기념회, 1983, 239~241, 248~249쪽 ; 김학준, 『가인 김병로 평전』, 민음사, 1988, 32~33쪽.

나 보냈다는 기록은 사실로 보인다. 차력과 신통력의 힘으로 일제를 물리치려 했을 만큼 신익희나 김병로의 독립의지는 강렬한 것이었다.

신익희가 찾아간 박노천이라는 인물은 신창현의 『해공 신익희』에는 '朴魯千'으로 나온다. 그런데 이는 한말 의병운동 때에 중요한 역할을 수행한 '朴魯天'의 이름을 잘못 기록한 것으로 보인다. 신익희가 박노천을 찾아가서 술수를 배운 후에 박노천의 은거지인 계룡산에서 가까운 공주일대에서 의병운동을 전개하려 했다는 것은 박노천이 의병운동과 모종의 연관이 있는 인물임을 시사해 주고 있다.

한말 의병운동 당시 박노천은 전국적 의병조직인 13도창의군의 군사장을 지낸 許蔿의 측근이었다. 허위의 지시에 따라 그는 대한제국이 일제에게 강탈당한 국권과 이권을 되찾아 회복할 것을 천명함과 동시에, 일제가 한국에서 철거해야만 하는 당위성을 적시한 30개조의 요구조건을 일제통감부에 전달했다.[97] 또 그는 3·1운동 후 한성정부 재무차장에 오른 韓南洙와 함께 1907년 3월 고종의 밀지를 가지고 춘천에 가서 유인석에게 창의를 권하였다. 한말 의병운동의 상징적 존재인 유인석은 러일전쟁 이후 자정론과 창의론을 넘나들며 거의를 주저하다가 박노천과 한남수로부터 밀지를 받은 후에 의병운동의 전면에 나섰다.[98] 이처럼 박노천은 한말 의병운동 당시 이면에서 중요한 역할을 수행한 인물이었다.

요컨대 신익희가 계룡산으로 박노천을 찾아가 술수를 배우려고 많은 시일을 보냈다는 것은 박노천의 지도하에 의병운동을 벌이기 위함이었다. 다만 양인의 창의노력은 지지세력의 미약함으로 말미암아 구체적인 성과를 올리지 못했던 것으로 보인다.

---

97) 신용하, 「왕산 허위의 제2차 의병활동」 『왕산 허위의 사상과 구국의병항쟁』, 금오공대 선주문화연구소, 1995, 61~62쪽.
98) 이정규, 「종의록」 『독립운동사자료집1:의병항쟁사자료집』, 1971, 69쪽.

Ⅵ. 중동학교와 보성법률상업학교에서의 교육활동

1917년 5월 와세다대학 정경학부를 졸업한 신익희는 2개월간 일본에 머물다가 7월에 귀국하였다. 그는 대학졸업 후에 미국 유학에 뜻을 두었다. 유학처로서 미국을 원했던 것은 일차적으로 서구의 개방된 문화와 진보된 과학문명을 흡수하려는 의도에서였다. 그러나 보다 근본적으로는 우리나라를 병탄한 일본이 벌이고 있는 모든 잔학행위를 세계만방에 호소함으로써 독립운동에 다소나마 기여를 하려는데 있었다. 그래서 그는 미국유학을 떠나기 전에 우선 비용을 마련하고자 국내로 들어왔다. 그러나 유학비용의 마련은 용이치 않았다.[99]

신익희는 사마루로 내려가 진로를 모색하였다. 그는 일제 관헌들의 감시를 받는 동경유학생 신분으로서 잠시 민중계몽을 위한 동명강습소란 학당을 운영하였다. 동명강습소를 통해 인근 청소년들과 문맹의 부녀자와 노인들을 대상으로 글을 가르쳐주고 신문화를 소개하고 개화사상을 고취하였다. 이때 동명강습소는 민중계몽을 위해 설립한 야학 수준의 학교로서 광동강숙의 설립취지를 이어받은 학교로 보인다. 그러나 그는 얼마 후에 동명강습소를 조카 신정균에게 맡기고 서울로 올라갔다.[100]

신익희는 1917년 가을에 중동학교에서 교편을 잡게 되었다. 원래 중동학교는 1906년 申圭植이 설립한 한어야학으로 출발하였다. 1907년 吳世昌이 중동야학교로 개명하였고, 오세창·윤치소·신규식·조동식 교장을 거쳐 1915년 9월에 최규동이 제5대 교장을 맡았다. 한글학자 이희승의 은사인 최규동은 1916년 4월 야학과정인 중동학교에 주간과정을 병설하고 학교 수준을 높이고자 노력하고 있었다. 이때 중동학교에서 기

---

99) 신익희, 「구술 해공자서전」 『해공 신익희』, 58쪽.
100) 신창현, 『해공신익희선생약전』, 6-7쪽.

하과목을 가르치던 안일영이 동향후배이자 일본유학생 신익희를 최규동에게 추천했다.[101]

신익희는 강렬한 교육구국론자인 최규동 아래에서 1917년 가을부터 1918년 봄까지 반년간 성심껏 민족교육을 펼쳤다. 처음에 그는 미국행 뱃삯만 마련되면 곧 중동학교를 떠날 예정이었으므로 다른 학교로 옮길 생각은 없었다. 그러나 극심한 재정난을 겪고 있던 중동학교는 그에게 6개월간 한 푼의 봉급도 지불하지 못했다. 게다가 신익희는 1916년에 맏딸 貞婉을 낳았고, 1818년 봄에는 부인 이씨가 장남 河均을 임신한 처지였다.[102] 그래서 그는 미국 유학의 여비는커녕 생계의 위험을 받고 있다가 1918년 4월 명치대를 졸업한 유학 선배 최린의 간곡한 권유에 따라 고려대학교의 전신인 보성법률상업학교(보성법상)로 옮겼다.[103]

신익희가 보성법상에서 강의하던 시기는 일제의 무단정치가 극성을 부리던 때였다. 일제의 무단정치는 민족지사를 길러내는 사립학교에 대해서 더욱 가혹하였다. 일제는 1911년「전문학교규칙」을 반포하여 보성전문학교, 세브란스전문학교 등에서 전문학교란 이름을 박탈하고 각종 학교로 격하시킴과 동시에 교명 앞에 사립이란 글자를 첨가하도록 하였다. 이는 한국의 민간사학이 지닌 민족성향을 억압하고 관사립의 차등을 조성하려는 것이었다.[104] 이러한 일제의 민족사학 탄압정책은 민족종교

---

101) 신익희를 초빙한 최규동은 한학과정을 거쳐 광신상업학교를 졸업하였다. 평양 箕明學校·大成學校, 서울 휘문의숙 교사를 지내다가 중동학교의 교장이 되었다. 일제강점기에 학생들의 민족정신과 구국애족정신을 고취하고자 1주일에 50여 시간을 가르치며 노력하였다. 미군정기에 한국교육위원회 위원으로서 일반교육의 책임자가 되었고, 교육심의회 제3분과위원회에서 교육행정분야를 담당하였다. 1947년 조선전기공업중학교 교장을 거쳐 조선교육연합회 회장·서울대학교 총장 등을 역임하였다. 손인수,「최규동」『한국민족문화대백과사전』, 한국정신문화연구원, 1991, 413쪽.
102) 신익희,「구술 해공자서전」『해공 신익희』, 58쪽.
103) 신익희,「고려대학교 졸업식 축사」『(증보판) 해공신익희연설집』, 310쪽.
104) 고려대학교 90년지 편찬위원회,『고려대학교구십년지, 1905~1995』, 고려대학

천도교가 운영하는 보성법상에 초점이 모아졌다. 신익희는 바로 보성법상이 일제의 탄압을 받고 있을 때에 강사 생활을 하였다.

신익희가 보성법상 법률과의 강사로 나갈 당시 한국에는 아직 대학은 없었고, 전문학교 정도로는 일본인들이 세운 경성전수학교가 있었을 뿐이었다. 민족교육운동에 남다른 포부를 지니고 있던 신익희는 "일본인이 서울에 세운 전문학교보다 월등히 나은 학교를 만들어 보겠다"는 개인적인 야망을 실현시키고자 보성법상으로 자리를 옮겼다. 그는 보성법상에서 3·1운동 직후 중국으로 망명할 때까지 법률담당 강사로서 비교헌법·국제공법·재정학 등을 강의하였다.[105]

보성법상에서 신익희는 특별 초빙된 실력 있는 선생으로서 인망과 학덕이 높았다. 그는 명랑하고 쾌활한 성격으로 함축성 있는 강의를 하여 학생들의 주목을 받았다. 1919∼1920년경 법률과를 다녔던 교육자 李丙羲는 당시 선생들 중에 인상 깊은 강의를 했던 인물들로서 김병로·신익희·南亨祐·니시무라 신타로(西村眞太郎) 등 4인을 들었다. 이 중 경성전수학교와 보성법상에 동시에 출강하며 민법·형법·상법·소송법 등을 담당한 김병로가 가장 탁월한 강사라는 평을 받았다고 하며, 다음으로 신익희가 흠모의 대상이었다고 하였다. 명망 있는 민족주의자인 교감 남형우는 민법 담당으로서 성실한 강의를 했다고 하며, 일본인 서촌은 일본어강사로서 교내 사찰이 주임무였다고 한다.

이병희는 청년 신익희가 명문 와세다대학 출신으로서 만인을 압도할 만한 안광과 기골이 준수한 외모로 함축성 있는 강의를 하였다고 회고하였다.[106] 이러한 특징적인 면모는 학생들에게 깊은 인상을 주었다. 그러나 당시 신익희는 일본에서 배운 지식을 그대로 가르치는 단순한 법률학

교 출판부, 1995, 109쪽.

105) 신익희, 「구술 해공자서전」『해공 신익희』, 58쪽 ; 고려대학교 90년지 편찬위원회, 『고려대학교구십년지, 1905∼1995』, 109쪽.

106) 이병희, 「석탑야사」 11, 『고우회보』, 1973년 7월 5일.

강사만은 아니었다. 그는 교육을 통해 민족의 힘을 길러 일본을 물리치
자는 민족교육론에 따라 계몽운동을 펼쳤고, 각종 독립단체를 조직하고
비밀결사 활동을 전개했던 애국지사였다.

신익희는 일제의 감시망을 벗어나 학생들에게 은밀히 독립사상을 주
입했던 것으로 보인다. 이러한 항일활동은 손병희·윤익선 등 보성법상
의 운영에 관여한 민족지사들의 항일활동과 맞물려 보성법상 학생들의
민족의식을 크게 고양하는 효과를 거두었을 것이다. 하여튼 신익희를 비
롯하여 보성법상에서 교육활동을 펼친 한국인 선생들이 공·사석에서
퍼트리고 강조한 독립사상은 가까이는 3·1만세운동으로 표출되었고 멀
리는 일제 후반기의 민족독립운동으로 이어졌다.

Ⅶ. 3·1운동 참여와 중국 망명

제1차 세계대전은 한민족의 독립운동에 큰 영향을 미쳤다. 전쟁이 발
발하자 독립운동가들은 동맹국의 일원인 독일이 승리하고 일본이 가담
한 협상국이 패전하면 한국독립에 유리한 국제정세가 조성될 것이라고
생각하였다. 실제로 독일이 승승장구하자 일부 민족운동가들을 중심으
로 독일이 승전하는 경우에 일어날 국제정세의 변동을 적극 활용하려는
움직임이 나타났다.[107] 그러한 움직임은 1916년부터 구체화되었다. 당
시 천도교측에서는 李鍾一과 張孝根 등이 교주 손병희에게 민중봉기의
결단을 촉구하고, 한규설·이상재·김윤식·박영효 등 구한국 원로들
을 설득하고, 기독교측과도 연합을 시도하였다.[108]

한국민이 국제정세에 능동적으로 대처하려는 과정에서 신익희도 중

---

107) 신용하, 『한국민족독립운동사연구』, 을유문화사, 1985, 228~229쪽.
108) 권대웅·박걸순, 「3·1운동」『한국독립운동사강의』, 한울, 1998, 89~90쪽.

요 역할을 맡았다. 1917년 겨울에 김시학은 독일의 승전과 일본의 패배를 예상하고 林圭·신익희와 함께 독립운동방안을 발의하였다. 이는 천도교·기독교·유림의 3종단을 연합하고, 사회계에서 이상재·송진우·윤치호, 구관료계에서 윤용구·한규설·박영효·김윤식 등과 연합하고, 이어 1만 명이 서명한 독립청원서를 독일정부에 제출하여 독립운동을 일으키자는 것이었다. 이 안은 다수의 찬동을 얻었으나 1918년에 들어 전쟁결과가 일본의 승전으로 기울었기 때문에 부득이 중단되고 말았다.109) 그러다가 1918년 1월 8일 미국대통령 윌슨이 연두교서에서 천명한 민족자결주의 원칙은 한국독립운동에 새로운 계기가 되었다. 당시 한국의 민족운동자들은 독일의 식민지에만 적용되는 민족자결주의의 원칙과 한계를 분명히 인식하고 있었다. 그럼에도 그들은 민족자결주의로 고양된 국제정세와 국내의 독립열기를 적극 이용하여 독립운동을 일으키려 하였다.110)

독립운동의 모의가 본격화되는 단계에서 국제정세에 밝은 일본유학생 출신의 신지식층이 주도적 역할을 수행하였다. 박은식에 의하면, "1918년 10월에 독립운동 본부가 서울에 설치되었다. 이때 (민족지사들은) 반만년 역사의 정신으로 세계의 정의와 인도에 순응하여 민족자결주의를 합창하였다. 그리고 그 주동자인 최남선·현상윤·송진우·최린 등 여러 사람이 비밀리에 연구하여 천도교의 손병희·권동진·오세창, 기독교의 이승훈·박희도·함태영, 불교의 한용운·백용성 등과 방략을 협상하고 독립운동의 본부를 서울에 설치했다"고 하였다.111)

그런데 위의 주장에서 주목할 사항은 1918년 10월 서울에 독립운동 본부가 설치되었고, 신익희와 관계가 깊었던 최남선·현상윤·송진우·

---

109) 홍영도 편, 『한국독립운동사』, 애국동지원호회, 1956, 95쪽.
110) 권대웅·박걸순, 「3·1운동」『한국독립운동사강의』, 90쪽.
111) 박은식, 『한국독립운동지혈사』 하, 유신사, 1920, 6쪽.

최린 등 유학생 출신들이 모의를 선도했다는 점이다. 이에 대해 신익희
자신도 최남선·최린·송진우·신익희·임규·정노식·윤홍섭·나경
석·현상윤 등 유학생 출신들이 만세운동의 초기 모의를 주도했다고 하
였다.112) 이때 최남선·최린·임규를 제외한 나머지 인사들은 모두 학
우회와 조선학회의 멤버들이었다. 이를 보면 일본유학생 출신, 그 중에
서도 신익희와 활동을 같이했던 인사들이 3·1운동의 모의단계에서 주도
적인 역할을 맡았음을 알 수 있다.

1918년 10월 독립운동본부에 모인 인사들은 운동방법을 논의하였다.
그들은 먼저 테러적 조치로서 세계 열국에 충격을 주고, 이어 한국민이
일제의 통치에 반대한다는 독립선언을 하고, 마지막으로 해외로 망명한
독립운동자들과 함께 '방대한 군사행동'을 일으킬 것을 구상하였다.113)
이에 대해 최린은 테러방식을 동원하면 세계의 동정을 잃을 위험이 있으
며, 또 군사행동으로 일제를 축출하기에는 힘이 부족하다는 이유에서 평
화적인 독립선언을 제안하였다. 그러나 그의 제안에 따라 천도교·기독
교·불교세력 등 광범한 민중운동세력을 포섭하는 것은 어려운 일이었
다. 그래서 각자가 역할분담을 하기에 이르렀다. 이때 신익희는 독립선
언서에 서명할 인사들로서 기독교계 인사들 몇 사람을 맡았다.114)

신익희는 1918년 11월 말경 중국으로 가기 전에 소격동의 어느 집에
서 李承薰을 만나 세계 대세의 추이와 독립운동의 필요성을 역설하였
다. 이에 이승훈은 적극적인 동참의사를 나타냈다. 이승훈의 동참으로
평안도 기독교세력의 3·1운동 참여문제가 해결되었다. 이어 그는 종로
청년회관으로 윤치호를 찾아가 세계 대세와 국내 정형을 이야기하며 동
참을 권하였다. 그러나 윤치호는 극도로 몸을 사리고 기회가 아니라며

---

112) 신익희, 「구술 해공자서전」 『해공 신익희』, 59쪽.
113) 신익희, 「구술 해공자서전」 『해공 신익희』, 59쪽.
114) 신익희, 「구술 해공자서전」 『해공 신익희』, 59~60쪽.

사절하였다.115)

신익회는 중국으로 가기 전에 비밀리에 국내로 들어온 장덕수를 만났다. 당시 장덕수는 배를 타고 국내로 잠입하여 부산의 백산상회로 安熙濟를 찾아갔다. 안희제는 1914년에 백산상회를 설립하여 독립운동가들에 대한 지원과 거점 역할을 수행하고 있었다. 장덕수는 안희제에게 상해의 형편을 알리고 2천원(혹은 3천원)을 받아서 다시 상해로 돌아갔다.116) 그런데 장덕수는 상해로 돌아가기 전에 서울에 일시 머물렀는데, 이때 진고개의 일본여관에 일본인을 가장하고 묵고 있으면서 신익회에게 연락을 취하였다. 그리하여 두 사람은 수차례 만나 3·1운동의 방략을 상의했다고 한다.117)

1918년 11월 말 신익회는 여러 동지들과 의논한 끝에 중국으로 건너가기로 하였다. 그가 중국행을 결정한 것은 해외 단체와 동포들에게 국내의 독립선언의 움직임을 연락하기 위해서였다. 그는 한국의 독립운동은 처음에는 평화적인 방법으로 시작되더라도 결국에는 군사행동으로 결말을 보아야 한다고 생각하였다. 그래서 그는 그러한 의도를 가지고 만주 지역의 민족운동자들을 만나본 다음 상해로 이동하였다. 그곳에서 그는 1달 반정도 체류하며 상해의 민족지사들과 사귀면서 국내의 소식을 기다렸다. 그러나 국내로부터 소식이 없기에 2월 중순경 천진·북경·심양을 거쳐 귀국길에 올랐다.118) 그리하여 3·1만세운동 발발 직후인 3월 2일, 일경의 체포를 피하기 위해 喪主 복장을 하고 서울에 도착하였다.119)

---

115) 신익회, 「구술 해공자서전」 『해공 신익회』, 60쪽.
116) 김희곤, 「신한청년단의 독립운동과 임시정부 수립」 『중국관내 한국독립운동단체연구』, 지식산업사, 1995, 78~83, 89~92쪽 ; 이경남, 『설산 장덕수』, 동아일보사, 1981. 96~102쪽.
117) 신익회, 「구술 해공자서전」 『해공 신익회』, 61쪽.
118) 신익회, 「구술 해공자서전」 『해공 신익회』, 61~62쪽.
119) 신익회, 「구술 해공자서전」 『해공 신익회』, 62쪽.

동북 만주를 위시하여 북경과 상해 일대를 두루 돌아본 신익희가 귀
국을 결심한 것은 두 가지 이유에서였다. 하나는 국내에서 민중동원의
기반을 가진 손병희를 해외로 데려다가 내외 호응으로 줄기찬 독립운동
을 계속하려는 것이었다. 다른 하나는 천도교당 건축비로 모아놓은 헌금
을 해외로 내다가 군사자금에 쓰게 하려는 것이었다. 그러나 서울에 들
어와 보니 이미 손병희는 일본경찰에 체포되었고, 천도교의 헌금도 반출
할 수 없는 형편이었다. 이에 신익희는 독립운동의 방법을 다시 강구하
게 되었다.[120]

서울에서 신익희는 권농동의 조정환 집에 여장을 풀었다. 그는 자서
전에서 "서울에 도착하자마자 보성법률상업학교 제자인 姜基德과 韓昌
桓 등에게 연락을 취하였다. 그런 다음에 남대문정거장 곧 지금의 서울
역에서 시내로 돌진하는 4, 5백명의 제2차 시위행렬을 진두 지휘했다"
고 한다.[121] 당시 강기덕과 한창환은 3월 1일 만세운동에 가담한 다음
은밀히 서울의 각급 학생들과 지속적인 독립운동 방안을 강구하고 있었
다. 이에 양인은 중국에서 귀국한 신익희와 연대하여 3월 5일에 다시 만
세시위를 벌이게 되었던 것이다.

신익희가 3월 5일 서울역에서 시작된 제2차 만세시위에 깊이 가담한
것은 분명한 사실로 보인다. 그와 함께 활동한 강기덕과 한창환은 보성
법률상업학교 시절에 독립의식이 강렬한 신익희에게 애국사상을 전수받
았던 학생들이었기 때문이다. 다만 신익희는 1918년 11월 말부터 1919
년 2월까지 중국에 머물고 있었다. 따라서 그는 1919년 2월 중순부터
시작된 서울시내 각급 학생들의 제1차 만세시위모의에 간여하지 못했
고, 3월 2일 서울에 도착한 다음에 제2차 만세시위에 가담하게 되었다.

신익희의 제자 강기덕은 1919년 2월 중순경부터 3·1운동 모의에 가

---

120) 신익희, 「구술 해공자서전」, 『해공 신익희』, 62~63쪽.
121) 신익희, 「구술 해공자서전」, 『해공 신익희』, 63쪽.

담하였다. 그는 1919년 2월 16일경 종로 청년회관에서 독립선언서 서명
자인 朴熙道를 만나 천도교도와 예수교도가 공동으로 독립운동을 계획
하고 있다는 말을 들었다. 20일경 강기덕은 승동예배당에 한위건·김형
기·김대우·김성득·김문진·김원벽 등 각급 학교 학생들을 만났다.
여기서 한위건의 제의로 모임에 참석한 7인이 각 학교의 생도들에게 독
립운동의 참가를 권유하기도 하였다. 아울러 각 학교 대표자가 체포될
경우에 후사를 담당할 학생들을 선정했는데, 한창환은 보성법률상업학
교의 대표로 선정되었다.122) 이들은 2월 25~26일 양일간 다시 모여 만
세운동을 준비하였다.

2월 28일 강기덕은 독립선언서 서명자인 李甲成을 만났다. 이갑성은
3월 1일 오후 2시를 기해 파고다공원에서 독립선언서가 발표될 예정이
니 이를 시민들에게 알리고 독립선언서를 배포해 달라고 부탁을 하였다.
강기덕은 2월 28일 밤 정동예배당 목사실에서 각 전문학교 생도, 각 중
등학교 생도 20명을 만나 이들에게 독립선언서 1,500매를 나눠주고 서
울시내 각지에 배부케 하였다.123) 이처럼 강기덕과 한창환은 1919년 2
월 중순부터 기독교도인 박희도·이갑성과 연계하여 3·1운동에 깊이
관여하고 있었다.

3월 5일 아침 남대문역은 고종의 인산을 마치고 귀성하는 이들과 몰
려드는 서울 학생들로 붐볐다. 또 평양에서는 약 200명 정도의 학생들이
5일 아침 서울역에 도착하였다. 그리하여 일반인과 학생의 숫자가 약
4~5천명에 달했다. 이때 강기덕과 김원벽은 인력거 위에서 '조선독립'
이라고 쓰여진 대형기를 흔들며 만세시위를 지휘하였다. 각종 격문이
군중에게 살포되었고, 만세소리와 태극기의 물결이 소란하였다. 시위행

122) 『한민족독립운동사자료집』 11, 「강기덕 신문조서(3)」, 국사편찬위원회, 1990,
85쪽.
123) 『한민족독립운동사자료집』 19, 국사편찬위원회, 1994, 184~185쪽. 신용하, 『한
국민족독립운동사연구』, 252~253쪽.

진이 남대문을 돌파하려다 강기덕 · 김원벽 이하 많은 학생들이 체포되었다.

나머지 학생들은 두 갈래로 나누어 시내로 행진해 들어갔다. 한 갈래는 남대문에서 조선은행 앞을 지나 종로네거리 보신각에 이르렀고, 다른 한 갈래는 태평로를 지나 대한문을 거쳐 보신각에 이르렀다. 학생들은 군중들을 향해 민족자결주의를 역설하며 독립사상을 고취하였다. 그러나 보신각 근처에서 경찰에 의해 강제 해산당하고 말았다.[124] 이때 신익희는 4~5백 명의 시위대를 진두지휘했다고 한다. 그는 한민족이 자주독립을 이루기 위해서는 국제적인 선전만 가지고는 안되며, 반드시 피를 흘려서 나라를 찾아야만 한다는 생각으로 시위운동을 지도하였다.[125]

독립운동자에 대한 검거열풍 속에서 신익희는 등사판을 빌어다가 독립선언서를 등사해 시내 각 가정에 배포하였다. 이 일은 순사보조원으로 있다가 3·1운동이 일어나자 만세운동에 가담했던 李基元이 전담하였다. 그러나 며칠 뒤에 일경에게 탐지되어 이기원이 체포되었다. 신익희는 일경의 체포를 피하기 위해 집 뒷담을 뛰어넘어 담 밑에 숨었다. 그러다가 일본어에 능한 관립농림학교 학생 조정환이 진고개에서 사온 하오리를 입고 게다를 신고 태연한 자세로 일본 여관으로 피신하였다.[126]

신익희는 일제의 검거를 피해 중국 망명을 결심하였다. 3월 14일 그는 國葬을 빙자하여 흰색 초립을 쓰고 남바위를 바쳐 쓰고 곰방대를 들고 농사짓는 시골사람 행색을 하였다. 그리고 일경의 눈을 피해 용산역에서 기차에 몸을 싣고 신의주와 봉천을 거쳐 19일에 상해에 도착하였다. 그는 절친한 친구 윤홍섭이 상해임시정부의 독립자금으로 마련해준

124) 김성식, 「학생민족독립운동(Ⅱ)」『일제하의 민족운동사』, 현음사, 1982, 184쪽 ; 김진봉, 「삼 · 일운동과 서울」『삼 · 일운동사연구』, 국학자료원, 2000, 112~113쪽.
125) 신창현 편, 「나의 회고」『(증보판) 신익희선생연설집』, 371쪽.
126) 신창현, 「해공일화집」『해공 신익희』, 227쪽.

거액의 독립자금을 전대에 넣어 허리에 차고 서울을 떠나 중국으로 향했던 것이다.[127] 이로써 신익희의 31년간의 해외 망명생활이 시작되었다.

---

127) 신창현, 「구술 해공자서전」·「해공일화집」『해공 신익희』, 63, 259쪽.

제 2 부

근왕 성향을 나타낸 인물들

제1장
을미사변 이전 이범진의 정치활동

Ⅰ. 머리말

한국근대사에서 李範晉(1853.9～1911.1)은 '친러파의 거두'로 널리 알려진 인물이다. 그는 고위급 무관의 집안에서 태어나 갑신정변 때 명성왕후를 보호한 공으로 명성왕후의 측근으로 부상하여 출세 가도를 달렸다. 1880년대 중반경에 국권과 자주권의 수호를 위해 노력한 고종과 명성왕후의 친러정책을 충실히 보좌하였다. 1895년 3월 삼국간섭 후에는 친러파의 거두로 부상하여 궁내부대신서리·농상공부대신을 거쳤다. 을미사변 후 구미세력의 지원하에 춘생문사건과 아관파천을 주도하며 고종의 항일운동을 적극 도왔다. 대한제국기에는 주미·주러공사로 나가 장기간 미국과 러시아에서 고종의 지시에 따라 반일·친로 외교활동을 벌였다.

이범진은 1904년 2월 러일전쟁 발발 전후에 대한제국정부의 중립화 정책에 소극적 태도를 보이며 친러적 외교활동을 벌였다. 동년 9월 이후에는 친일내각의 소환 요구에 불응하고 러시아 수도 페테르부르크에 계속 머물며 구국운동에 종사하였다. 자신의 구국운동이 무위로 돌아가고 한일병합이 닥치자 향후의 진로를 고민하다가 국가와 국왕에 충성하는 최후의 방법으로서 자결을 택하였다. 자결 직전에는 자신의 모든 재산을 독립운동가들과 민족단체에 기증함으로써 자신의 구국의 염원이 사후에라도 이루어지기를 희망하였다. 한마디로 이범진의 다채로운 생애는 평생을 통하여 반청·반일·친러의 정치노선을 걸었던 친러파 민족운동가의 전형을 보여주고 있다.[1]

    그간 이범진에 대한 한국 역사학계의 평가는 대체로 부정적인 편이었다. 이는 한국인들의 한미관계 중시경향과 한러관계에 대한 이해부족, 뿌리깊은 恐露의식 및 반소·반공의식, 황현의『매천야록』에 나타난 이범진의 파락호 내지 망나니 이미지, 이범진의 정치적 후원자인 고종과 명성왕후 및 그 주변세력들에 대한 일본측과 개화파의 악의적 평가, 그리고 무엇보다도 이범진이 주도한 아관파천이 가져온 국권(군권)의 훼손과 이권 양여에 대한 비판적 인식 등이 복합작용을 일으킨 결과였다. 이로 말미암아 이범진의 생애와 활동에 대한 연구가 충분히 이루어지지 못

---

1) 이제까지 이범진의 생애와 활동을 다룬 연구로는 이현종,「아관파천」『한로관계 100년사』, 한국사연구협의회, 1984, 159~184쪽 ; 방선주,「서광범과 이범진」『최영희선생화갑기념 한국사학논총』, 탐구당, 1987, 444~455쪽 ; 오영섭,「을미의병운동의 정치·사회적 배경」『국사관논총』65, 1995, 238~251쪽 ; 신승권,「아관파천과 러시아의 동아세아 정책」『명성황후 시해사건과 아관파천기의 국제관계』, 동림사, 1998, 175~203쪽 ; 박종수,『러시아와 한국』, 백의, 2001, 115~120, 130~136쪽 ; 강인구,「러시아 자료로 본 주러한국공사관과 이범진」『역사비평』2001 겨울호, 346~361쪽 참조. 또한 한러관계 100주년을 기념하여 출판된『이범진의 생애와 항일민족운동』(외교통산부, 2003)에 실린 윤병희의「이범진·기종·위종 3부자의 가계 및 행적」(3~12쪽) ; 뻬스꿀로바,「붉은 군대 사령관, 왕자 이위종」(51~73쪽) ; 이민원,「아관파천과 이범진」(22~35쪽) ; 박보리스,「러시아에서의 이범진의 외교활동」(38~50쪽) ; 박환,「이범진과 연해주 지역의 한인민족운동」(74~86쪽) 등도 참고할 만하다.

했음은 물론 그가 한국민족운동사에 끼친 일부 긍정적 측면까지 간과되거나 잊혀지고 있는 실정이다. 나아가 한국근대사의 중요한 연구 분야 가운데 하나인 고종과 명성왕후의 친러정책과 그러한 정책을 일선에서 수행한 친러파의 형성과 활동에 대한 문제들이 제대로 밝혀지지 않고 있다.

이범진에 대한 학계의 관심도와 이해도가 매우 낮은 생태에서 소수의 연구자들이 이범진의 정치활동과 민족운동에 대해 각별한 관심을 보였다. 그러나 기왕의 개척적이며 선구적인 연구성과들은 첫째, 이범진의 생애와 활동의 일부 시기나 특정 사건만을 다루고 있으며, 둘째, 을사조약 이전 이범진의 정치활동을 소홀히 다루고 있으며, 셋째, 이범진의 항일활동을 을미사변 후부터 한일병합 전까지 다각도로 전개된 고종의 국권수호전략과 분리시켜 이해함으로써 이범진의 근왕적 성격을 제대로 그려내지 못하고 있다. 특히, 이범진의 정치활동과 민족운동에서 가장 중요한 고종과의 관련문제가 고종의 아관파천을 다룬 연구에 다소 반영되어 있기는 하지만,[2] 그러나 그 연구조차도 이범진의 정치활동과 민족운동을 아관파천 시기애만 국한하여 다루었을 뿐이다. 따라서 이범진의 생애와 활동에 대한 심도 있는 연구는 아직 본격적으로 이루어지지 못했다고 말해도 과언이 아닐 것이다.

여기서 필자는 개항 전후부터 을미사변 전까지 이범진의 정치활동을 살펴보려 한다. 구체적으로 이범진의 인간적 면모와 가문 배경, 반일·반청·친러 의식의 형성과정, 고종과 명성왕후의 別入侍 활동, 갑오경장 이전의 친러활동, 을미사변 이전 친러파 거두로의 부상과정 등을 살펴보려 한다. 이를 통해 이범진의 정치활동이 독자적인 상태에서 이루어진 것이 아니라 고종과 명성왕후의 친러정책과 긴밀한 연관하에 추진된 것임을 강조하려 한다. 나아가 대한제국기의 주미·주러공사 시절부터

---

2) 오영섭, 「을미의병운동이 정치·사회적 배경」, 제3장 제1절 참조.

한일병합 후 자결할 때까지 보여준 강렬한 근왕의식과 구국활동이 어떠
한 배경에서 형성된 것인가를 구명하고자 한다.

II. 가문 배경 및 인물 성향

　이범진은 세종대왕의 다섯째 아들인 광평대군 璵의 후예이다. 이범진
이 속한 광평대군파는 노론계의 밀성군파 · 경창군파, 소론계의 덕천군
파와 함께 전주이씨 가문내에서 조선후기부터 한말 시기까지 명망가를
다수 배출한 유명한 가문이었다. 이러한 광평대군파에서 문무관의 청직
과 판서급 이상의 요직을 다수 배출한 벌열 가계는 선조대에 문과를 거
쳐 사헌부장령을 지낸 李迥의 후손들이었다. 이들은 상당수가 사마시와
문과를 거쳐 고위급 청요직을 역임했는데, 그중에서도 이범진의 7대조
이자 영조대에 영의정을 지낸 李濡(1645~1721)의 자손들이 가장 두드
러진 활약을 보였다. 당시 이유의 자손들은 서인-노론계의 중추 인사
인 宋時烈 · 閔鎭遠 등과 친밀한 관계를 유지하며 노론정권의 일익을
담당했다. 실제로 이유는 송시열의 제자로서 영조대에 좌의정을 지낸
權尙夏와 처남-매부의 관계를 맺기도 하였다. 이후 이유의 후손들은
순조 · 헌종 · 철종대에 우의정을 지낸 李止淵(1777~1841), 이조판서
를 거친 李紀淵(1783~1858) 등을 비롯하여 다수의 고위급 문관들과
무관들을 배출하였다.[3]
　이범진은 이유의 후손들 가운데 이름난 무반가문 출신이었다. 조선후
기에 양반이 증가하여 벼슬길이 급격히 좁아지자 이유의 후손들 중에서
도 문과를 포기하고 무과를 거쳐 관직에 진출하는 인사들이 나오기 시작

---

3) 이범진의 가계에 대한 설명은 『전주이씨광평대군파세보:정안부정공파』, 1977,
　1~55쪽.

했다. 그중에서 이범진의 고조부 李義獻은 음직으로 부호군(종4품)을, 증조부 李復淵은 庭試무과를 거쳐 훈련원도정(정3품 당상관)을, 조부 李寅達은 정시무과를 거쳐 오위도총부경력(종4품)을, 부친 李景夏는 무과를 거쳐 최고위급 무관직을 역임했다.4) 이중 이의헌은 여흥민씨 三房派의 閔百興의 여식에게 장가들었는데, 민백흥의 가계에서는 순종비 민씨와 고종대 민씨세도의 집정자들인 閔台鎬·閔奎鎬·閔泳韶·閔泳翊 등이 배출되었다.5) 이로써 이범진은 여흥민씨와 일정한 혈연관계를 지니게 되었고, 이런 배경은 그가 서일신분임에도 불구하고 민씨세도 치하에서 크게 활약하는데 밑거름으로 작용하였다.

이범진은 인물·성향·능력 등 여러 면에서 부친 이경하(1811～1891)를 그대로 닮았다. 이경하는 철종～고종대에 걸쳐 수십 년 동안 무장으로 이름이 자자했던 인물이었다. 그는 진주병사·한성판윤·형조판서·공조판서 등 내외직을 거쳤고, 또 훈련대장·포도대장·강화유수·어영대장·금위대장·판의금부사 등 경찰－군사 방면의 요직을 두루 거쳤다. 이는 그가 세도정권기와 개항기에 국가안보와 정권안보 분야에서 핵심적 역할을 수행했음을 나타내 준다. 실제로 그는 임오군란의 책임을 지고 10개월간 고금도 유배형에 처해진 것을 제외하면, 평생 무관으로서 출세가도를 달렸다. 특히, 흥선대원군 치세기에 포도대장을 지내면서 천주교도를 혹독히 탄압하여 '駱洞閻羅'라고 불렸을 정도로 대단한 위세를 부렸다.6)

이범진은 이경하가 진주목사를 지낸 때에 진주기생과의 사이에서 태어났다. 진주에서 태어났기 때문에 '범진'이란 이름을 붙였다고 한다. 이경하는 해주오씨와 한양조씨 사이에 각각 딸 한 명씩을 두었으나 적자가

---

4) 『전주이씨광평대군파세보:정안부정공파』, 12, 66～67쪽.

5) 『여흥민씨세계보』 4, 1973, 659～660, 673～674쪽.

6) 황현 저, 김준 역, 『매천야록』, 교문사, 1994, 24쪽. 윤병희, 「이범진·기종·위종 3부자의 가계 및 행적」, 4～5쪽.

없었다. 그래서 부득이하게 이범진보다 여섯 살 어린 李範升(1859년생)을 양자로 들였다. 그러나 이범진은 가문 내에서 서자라고 하여 차대를 받은 것으로 보이지는 않는다. 왜냐하면 모두 정실부인 소생인 4촌의 李範大, 8촌의 李範祖(문과, 승지)의 저택과 나란히 붙은 2채의 대저택을 이범진이 소유하고 있었기 때문이다. 나중에 양모 사망 후 3년상을 치른 다음에 올린 상소문에는 이범진이 서얼임에도 불구하고 친자나 다름없는 대우를 받았으며, 자신을 사랑한 양모에게 극진한 효성을 올렸음이 잘 나타나 있다.

> 아! 양육해 주신 은혜로 말하고자 하니 가슴이 먼저 막히고 쓰기에 앞서 눈물이 흐릅니다. 신의 先母는 나이 오십이 가깝도록 한점 혈육이 없다가 마침 신이 태어나자 마치 자신이 출산한 듯이 여겼는데, 신이 친모의 젖을 떼자마자 선모는 자신의 품으로 데려와 포대기에 쌓여 울적마다 신을 어르고 길렀습니다. 먹여주고 입혀주어 미치지 않음이 없었으니, 옆에서 보는 사람들은 신을 낳은 어미가 누구인지를 알지 못했습니다. 신의 나이 7, 8세가 되도록 친모가 비록 옆에 있었으나 또한 친모가 신을 낳았다는 사실을 알지 못했습니다. 만약 지극한 사랑과 깊은 은혜가 가슴 깊이 스며들고 뼛속 깊이 새겨진 것이 아니라면 어찌 이처럼 혼연히 구별이 없을 수 있겠습니까.…그러니 이 어찌 신이 전생과 이승, 내생을 통해 온 몸이 가루가 되도록 갚는다 한들 만분의 일이나마 보답할 수 있겠습니까.[7]

이범진은 단아한 문인이라기보다는 강건한 무인에 해당하는 인물이다. 그는 "사람됨이 '放蕩'하여 사물에 頓着하지 않았다" 라는 평을 받았을 정도로 호방하고 방탕하여 주변을 의식하지 않는 활달한 성품의 소유자였다.[8] 1888년 6월 일본 체재 시 사방에 방뇨하고 함부로 코를 풀면서 다른 이들의 만류를 받아들이지 않았으며, 주미공사 시절에 유학생들과 공사관에서 투전판을 벌여 지탄을 받았던 사실은 이범진의 방약무

---

7) 『승정원일기』, 1892년 1월 28일.
8) 『통감부문서』 8, [韓官人의 經歷一般], 국사편찬위원회, 1999, 212쪽.

인한 무례한 태도를 잘 보여준다.9) 또한 그는 무예와 기상이 출중했던 부친의 신체와 자질을 그대로 이어받아 담장과 집을 뛰어넘을 정도로 용맹한 기상을 발휘하였다. 그가 청년기에 방탕한 무뢰배로 지낼 때에 민간을 횡행하며 약탈을 일삼던 '망나니' 閔泳柱 일당을 징치하여 무뢰배들의 대명사로 불린 '範甫'라는 별호를 얻었던 것은 당대에 널리 알려진 일화이다.10) 여하튼 이범진이 국내외에서 관료생활을 하는 동안에 보여준 호협하고 방탕한 모습들은 모두 이러한 무반적인 자질과 성향에서 비롯된 것이었다.11)

　이범진은 약관의 나이에 생원시에 입격하여 진사에 올랐다. 이어 1877년 12월 27일 완화군 墡의 관례를 기념하여 창경궁 춘당대에서 실시된 柑製試에서 直赴殿試의 은전을 입어 대과에 합격하였다.12) 현재 규장각도서관에 소장된 『주미거래안』·『駐俄거래안』에 실린 그의 친필 보고서의 필체와 내용 수준으로 보아 이범진은 장기간 한학과 유학에 침잠한 선비지식인의 풍모와는 다소 거리가 있는 인물이었다.13) 또한 1880년대 후반부터 1890년대 초반까지 고종은 경연에서 『자치통감강목』을 가지고 역대 군왕과 신료들의 인물과 치적을 자주 토론했는데, 이때 고종의 근시중에서 문한능력을 갖춘 閔泳達·沈相薰 등이 자주 경연에 불려가서 강론을 맡았던 반면, 이범진은 고종과 명성왕후의 신임을 받고 있으면서도 한 차례도 경연에 참석하지 못했다. 이를 보면 이범진이 달성한 학문과 교양의 수준은 관료생활에 필요한 사직 상소문이나 간단한 현황 보고서를 작성하는 수준에 멈추었던 것으로 보인다. 그렇기

---

9) 『윤치호일기』, 1888년 8월 6일 ; 『신한민보』, 1910년 5월 25일.
10) 황현 저, 김준 역, 『매천야록』, 182～184쪽.
11) 이범진은 풍양조씨 趙秉鐸의 딸을 부인으로 맞아들여 2남을 두었다. 큰 아들 李璣鍾(1873년생)은 진사를 거쳐 내각참서에까지 올랐고, 작은 아들 李瑋鍾(1886년생)은 헤이그밀사와 연해주의병에 참여하는 등 부친의 항일민족운동을 도왔다.
12) 『고종실록』, 1877년 12월 27일.
13) 『주미거래안』(규18061)·『주아거래안』(규18062).

때문에 학식과 능력을 겸비한 동시대 개화파들이나 외교관들은 이범진
을 "무식하고 타락한 무뢰배에 가까운 인물" "외교관측에 끼이지 못할
만큼 미미한 존재"라고 평하였다.[14] 따라서 그가 감제시를 거쳐 환로에
진출한 것은 자신의 문한능력에 의한 것이라기보다는 화려한 가문배경
에 힘입은 결과로 보인다.

이범진은 과거 합격 후 두드러진 활약을 보이지는 못했다. 그는 등과
후에 2년 반 동안 우울한 나날을 보내고 있다가[15] 드디어 1880년 7월
29일에 6품으로 승진하였다. 이후 그는 신분장벽과 실무능력의 부족에
도 불구하고 상당히 빠른 속도로 승진에 승진을 거듭하였다. 그리하여
만 1년만에 사헌부·사간원의 대간직을 거쳐 1881년 8월 8일 통례원좌
통례(종3품)에 임명되었다.[16] 이범진과 거의 같은 시기에 환로로 진출한
서얼출신의 능력자 김가진이 이범진보다 4달 먼저 6품직에 오른 후 3년
동안 종6품직을 전전하다가 1883년 1월에 통리교섭통상사무아문의 주
사(정6품)에 임명된 것에 비하면, 이범진의 잦은 승진은 차라리 예외적
인 경우에 속하는 것이었다. 두말할 것도 없이 이는 유수한 명문가의 후
예이자 현직 고위 무관의 소생이요 집권세력인 민씨세도와 혈연관계라
는 배경이 크게 작용한 인사였을 것이다.[17] 이어 이범진은 1882년 5월
23일 군자감 정(종3품)으로서 개화정책 추진기구인 통리기무아문의 군

---

14) 이광린, 「유길준의 영문서한」『개화파와 개화사상 연구』, 일조각, 1989, 234쪽 ;
    김원모 역, 『알렌의 일기』, 단국대학교출판부, 1991, 253쪽.
15) 황현 저, 김준 역, 『매천야록』, 183쪽.
16) 이범진은 1880년 7월 28일 승정원가주서(정7품)를 거쳐 29일에 6품으로 승차한
    후 성균관전적(정6품)에 임명되었고, 8월 7일 사헌부지평(정5품), 8월 26일 사간원
    정언(정6품), 10월 9일 사헌부장령(정4품)을 지냈다. 이어 1881년 8월 8일 통례원
    좌통례(종3품)에 임명되었다가 12월 25일 신병으로 개차되었다. 『승정원일기』,
    1880년 7월 28일, 7월 29일, 8월 7일, 8월 26일, 10월 9일, 1881년 8월 8일, 12월
    25일.
17) 오영섭, 「동농 김가진의 개화사상과 개화활동」『한국사상사학』20, 2003, 255∼
    256쪽.

무사 주사(정6품)에 차하되었다.[18] 이때 고종은 종3품의 당하관 이범진에게 하위직이지만 실무상 요직인 군무사의 주사직을 겸직하도록 명했는데, 이는 이범진의 문한관료로서의 능력보다는 남다른 무반기질을 감안한 인사였을 것이다.[19]

Ⅲ. 반청·반일 의식의 형성·표출

제국주의 열강이 조선 진출을 활발히 모색하던 1880년대에 이범진의 국제정세관은 어떠했을까? 이에 대한 해답을 구하려면 무엇보다 이범진이 고종과 명성왕후의 근시에 해당하는 인물이라는 사실을 고려해야 한다. 다시 말해 시기에 따라 다소 변화를 보였을 가능성은 있으나, 대체로 이범진은 국왕 부처와 마찬가지로 반일·반청·친로·친미의 외교노선을 걸었다. 이는 고종과 명성왕후의 측근에서 활동한 많은 근왕파 인사들의 한결같은 모습이었다. 이러한 외교노선은 고종과 명성왕후를 가까이에서 모시기 시작한 1883년 1월부터 자결로 생을 마감하는 1911년 1월까지 이범진이 일관되게 견지한 외교노선임을 주목할 필요가 있을 것이다.

이범진의 반청의식은 임오군란 전후에 이미 싹텄던 것으로 보인다. 그의 부친 이경하는 임오군란 때에 무위대장을 맡고 있었다. 그는 성난 군졸들이 군기고를 파쇄하여 무장을 갖추고 파괴공작에 본격 돌입한 다음에야 뒤늦게 왕명에 따라 동별궁으로 나아가 효유에 돌입하였다. 그러

---

18) 『승정원일기』, 1882년 5월 23일, 7월 4일.
19) 종3품의 이범진이 6품직에 임명된 것은 다소 견책의 의미가 포함된 인사조치로 보인다. 그러나 그 견책 인사의 상세한 경위에 대해서는 자료 부족으로 잘 알 수 없다.

나 그때는 이미 군란이 민란으로 변화한 다음이었기 때문에 적절한 효
유·진압책을 펼칠 수가 없었다.[20] 이로 인해 도성내의 난리가 진압된
다음 청나라 장수 吳長慶·馬建忠 등은 군란의 후속조치를 논하는 자
리에서 무위대장 이경하와 어영대장 申正熙가 임무를 제대로 수행하지
못했다는 이유를 들어 군법을 적용하려 하였다.[21] 이때 고종은 이경하
와 신정희의 사형을 감면하고 각각 고금도와 임자도로 유배시키도록 하
였다.[22] 이러한 사건을 겪으면서 이범진은 조선의 내정에 간섭하는 청
국에 대해 반감을 가졌을 것이다.

　이범진의 반청의식은 고종과 명성왕후의 반청정책에서 연유하는 것
임과 동시에 淸人들에게 당한 개인적인 경험이 큰 영향을 미쳤을 것이
다. 1885년 5월에 청인들의 이범진 가옥 마당 통과건과 이범진 가옥 매
매건으로 이범진과 청인간에 일대 분쟁이 일어났다. 이에 앞서 4월 26일
에 淸商會館은 청국의 공사관을 마련하고자 한성 남부 회현방 낙동에
남북으로 늘어선 李範祖·李範晉·李範大(8촌간임)의 집(현 중국대사
관 자리) 4채 가운데 남쪽의 이범조 저택 80칸과 북쪽의 이범대 저택
62칸, 도합 142칸의 가옥을 매입하였다.[23] 이때 청인들이 남북의 두 집
을 왕래하려면 그 가운데에 있는 2채의 이범진가의 마당으로 나있는 길
을 지나야만 했다. 그래서 마당길의 통과권리를 주장하는 청인측과 이를
거부하는 이범진측간에 시비가 벌어졌다. 원래 이범조·이범대 저택을
매매할 때의 계약서에는 청인들에게 '公道'의 사용만을 인정한다고 되
어 있었다. 그러나 청국인들은 '人家內庭之道'라는 구절이 마당길의 통
과를 인정한 것이라며 이범진을 공박하였다. 이에 이범진은 가노들을 동

---

20) 이선근, 『한국사:최근세편』, 을유문화사, 1961, 474, 479쪽.
21) 이선근, 『한국사:최근세편』, 524쪽.
22) 황현 저, 김준 역, 『매천야록』, 133쪽.
23) 고려대학교 아세아문제연구소 편, 『구한국외교문서 8:淸案 1』, 1970, No.164,
　　108∼126쪽.

원하여 마당으로 통하는 문을 판자로 단단히 막게 하였다.[24]

양측은 공도 사용문제로 시비를 거듭하다가 이범진이 청인들에게 자신의 가옥을 팔기로 매매계약을 체결하였다. 그러나 1885년 5월 28일 이사할 때에 이범진이 집안 물건 가운데 '運動産物'을 가져가려 하자 청인들이 이것을 반대하면서 다시금 상호간에 고성과 욕설이 오가는 사태가 벌어졌다. 이 사태는 조선의 관행을 인정치 않는 청국측의 억지와 반청감정을 품고 있는 이범진의 무례한 언동이 빚어낸 것이었다. 급기야 이날 밤 이범진은 청상 董事 熊廷漢 등 수 십인에 의해 청국공사관에 끌려가 의관이 찢겨지고 무수히 난타당한 다음 淸總辦朝鮮商務 陳樹棠에게 치욕스런 심문을 받았다.[25]

청국측이 조선의 국법을 무시하고 이범진을 임의로 잡아다가 구타·심문한 행위는 조선의 국체를 크게 훼손한 것이었다. 그 때문에 고종과 명성왕후는 청인들의 무례에 대해 크게 진노하는 기색을 보이며 외부독판으로 하여금 조청수호통상조약에 근거하여 청국측의 부당한 처사를 따지게 하였다.[26] 그러나 결국에 가서 양측은 사건 당사자들을 처벌하는 선에서 사태를 마무리지었다. 즉, 청군을 거느린 袁世凱의 압력에서 자유롭지 못한 조선 조정은 조관의 체모를 스스로 훼손함으로써 조정에 수치를 끼친 죄를 물어 사간원정언 이범진을 삭직형에 처하였고,[27] 조선측으로부터 부당하게 타국 관리를 잡아다가 심문했다는 항의를 받은 청국측은 상무책임자 熊廷漢을 해임하였다.[28]

1884년 10월 17일에 발생한 갑신정변은 이범진의 출세에 결정적 영

---

24) 『구한국외교문서 8:청안 1』, No.170, 111쪽.
25) 『구한국외교문서 8:청안 1』, 1970, No.170~175, 108~117쪽 ; 『윤치호일기』, (양) 1884년 6월 21일.
26) 『윤치호일기』, 1884년 (양)6월 23일.
27) 『승정원일기』, 1884년 윤5월 1일.
28) 『구한국외교문서 8:청안 1』, No.183, 126쪽.

향을 미친 사건이었다. 당시 그는 궁중에서 당직하고 있다가 정변이 일
어나자 명성왕후를 업고 부친의 생활 기반과 선대들의 묘소가 있는 동대
문밖 노원의 刻心寺로 피신하였다.[29] 이처럼 갑신정변의 와중에서 명성
왕후를 업고 노원으로 급히 피신한 것을 보면, 이범진은 갑신개화파나
일본세력에 반대하고 있었음에 틀림없다. 또한 대체로 갑신개화파들이
서얼 신분들과 일정한 거리를 두었던 명문 양반가의 소생들이기 때문에
이범진은 갑신개화파들을 달갑지 않게 여겼을 것이다. 여하튼 그는 갑신
정변으로 갑자기 찾아온 기회를 적극 활용하여 명성왕후에게 종종의 물
건을 진상하여 환심을 사는 한편 그녀의 신변 보호에 만전을 기하였다.
이로 인해 명성왕후가 환궁한 다음부터 을미사변으로 돌아갈 때까지 이
범진은 서얼신분임에도 불구하고 명성왕후의 각별한 총애를 받았다.[30]

갑신정변이 진압된 직후인 1884년 10월 21일 고종은 갑신개화파가
발표한 모든 개혁안을 환수하였다. 이어 갑신개화파에 대한 체포령을 내
림과 동시에 내각에 대한 개편을 단행하였다. 이날 고종은 전형을 거치
지 않고 특지로 이범진을 홍문관수찬(정6품)에 임명했다.[31] 이는 이범진
의 공로를 감안한 인사조치였다. 이어 12월에 홍문관 관원들이 집단 상
소를 올릴 때에 그는 교리 李基肇·부교리 李建永·부수찬 洪學周 등
과 함께 반일토역을 건의하였다. 여기에는 이범진의 반일성향과 급진개
화파에 대한 증오감이 잘 나타나 있다.

---

29) 황현 저, 김준 역,『매천야록』, 183쪽. 러시아유학생 金賢土는 1911년 4월 3일
   블라디보스톡에서 발간된『달료카야 아크라이나』(遠方의 地域消息)이란 신문에
   기고한 짧은 글에서 "조선의 낡은 구습을 타파할 개혁을 실시하기 위해 이범진이
   金玉均·朴泳孝와 함께 일본군을 동원하여 황궁을 습격했다"고 했다. 그러나 현
   재로서는 이범진의 갑신정변 초기단계에의 참여는 불분명하다.『이범진의 생애와
   항일민족운동』, [이범진 공사 외교자료], 「한국의 황태자 이범진에 대한 회상」,
   133쪽.
30)『통감부문서』8, [한관인의 경력일반], 212쪽.
31)『승정원일기』, 1884년 10월 21일.

저 흉악한 무리들은 실로 무리를 결성하여 패악을 준비해 오다 문득 음란
한 기교를 부려 이역 땅을 두루 돌아다니면서 오래 전부터 나라를 팔아먹을
생각을 품었습니다. 그리하여 마침내는 문을 열고 外寇를 맞아들여 성상의
수레를 협박하여 잠깐 동안에 화란의 기미가 다급해졌습니다. 이때를 당하여
천지는 어둡고 귀신은 분노했으며, 온 나라의 신하와 백성들치고 당황해 하며
분노에 겨워 곧바로 그들의 살점을 도려내어 먹고 그들의 살가죽을 벗겨 옷
으로 입고자 하지 않는 사람이 없었습니다.…아, 저 역적의 우두머리가 형체
를 감추고 자취를 숨겨 아직도 천지 사이에서 숨을 쉬고 있으니, 신들은 간담
이 떨리고 뼈가 흔들려 차라리 말을 하고 싶지가 않았습니다. 다만 삼가 생각
건대, 이번의 국청에서 복주된 여러 흉적들은 모두 그의 패거리로서 머리를
맞대고 역모했거나 팔뚝을 걷어붙이고 흉역을 행했거나 종의 신분으로 힘을
다했거나 형제간으로 계획을 알았던 경우이니, 모두 풀을 베듯 짐승을 잡듯이
죽여 근원을 통렬하게 끊어버려야 합니다. 신들은 생각건대, 이점돌 이하의
흉적들에게 모두 極律을 시행하여 하늘의 토벌을 엄하게 하고 사람의 기강을
바로잡아야 한다고 여겨집니다. 그리고 金玉均·朴泳孝·徐光範·徐載弼
의 경우는 의금부로 하여금 붙잡아 가두도록 하라는 명을 내리신 지 지금 이
미 여러 달인데 아직껏 체포하지 못하고 있습니다. 온 나라가 분하고 원통해
함이 무엇이 이보다 심함이 있겠습니까. 삼가 바라건대, 성명께서는 과감하게
결단을 내리시어 다시 엄한 신측을 덧붙여 기한을 정해 온 나라에 수소문해
잡도록 하는 한편, 이웃 나라에 현상하여 붙잡아 국청을 설치해 심문하고 조
사해서 전형을 통쾌하게 바로잡으소서.[32]

즉, 이범진은 항일상소문에서 나라를 팔아먹을 생각을 품고 이역땅을
돌아다니다가 '外寇'를 끌어들인 난신적자들이라고 갑신개화파들을 비
판함과 동시에, 고종을 협박한 김옥균·박영효·서광범·서재필 등의
흉적들을 국내외에 현상하여 속히 잡아다가 처형하고 그들과 관련된 모
든 이들을 징치하라고 건의했다. 이어 그는 10월 15일에도 홍문관 관료
들과 함께 위의 내용과 유사한 반일, 반갑신정변 상소를 올렸으며, 20일
에는 갑신역당에 대한 노류의 형벌만으로는 부족하다며 더욱 강력한 형
벌을 적용하라고 주장했다.[33] 이러한 반일관 및 반갑신정변관은 1888년

32) 『승정원일기』, 1884년 12월 14일.

6월 27일부터 7월 21일까지 이완용과 함께 일본에 체재했을 때에도 그 대로 나타났다. 이때 그는 윤치호와의 만남을 단호히 거부했을 뿐 아니라 윤치호를 만나면 왜 여기 있느냐고 꾸짖겠다고 말하였다.[34]

IV. 갑신정변 후 別入侍 활동

갑신정변 이후 이범진은 고종과 명성왕후의 측근으로 부상하였다. 갑신정변이 종식된 다음 한달 여가 지난 1884년 12월 28일에 규장각직각 (종6품)의 천망단자가 올라오자 고종은 직접 이범진의 이름을 추가로 써넣어 낙점하였다.[35] 이러한 특별인사는 두말할 필요도 없이 고종과 명성왕후의 배려에 의한 것이었다. 그런데 규장각의 직각이란 자리는 열성조의 御製를 받들고 秘府의 도서를 관장하는 자리로서 경륜이 원대하고 의리에 정미하고 문장과 도덕이 출중한 인사들이 임명되는 것이 보통이었다. 따라서 비교적 문한에 어두운 편인 이범진으로서는 명성왕후를 구했다는 공으로 분수에 넘치는 자리를 받은 셈이었다.

1885년 1월 4일 이범진은 속된 선비가 감당할 자리가 아니라며 고종에게 규장각직각을 사직하는 상소를 올렸다. 여기에서 그는 중국과 조선에서 문벌을 따지지 않고 능력이 출중한 衛靑·霍去病·范仲淹·韓琦·李如梅·鄭道傳 등 서얼계 인사들을 등용한 것은 칭송할 만한 일이라고 진언한 다음, "무인 집안의 천한 첩의 자식으로서 출신이 미천하고 성품이 용렬하여 한갓 부모의 보살핌만 받았을 뿐 스승이나 벗들의 훈계를 익히지 못하여 經術이 조박함은 오히려 말할 것도 없고 功令의

---

33) 『승정원일기』, 1884년 12월 15·21일.
34) 『윤치호일기』, 1888년 (양)8월 4~28일.
35) 『승정원일기』, 1884년 10월 21일, 12월 28일.

작은 것조차 이해하지 못하는" 자신 같은 사람을 규장각직각으로 삼는 것은 옳지 못한 일이다"며 자신의 직임을 속히 교체해 달라고 간곡히 요청하였다.36) 이러한 상소는 관료가 顯職이나 고위직을 받을 경우 당연히 사직상소를 올리는 관행에 따라 이루어진 것이긴 하지만, 거기에는 서얼인 이범진이 왕실문서를 관장하는 직책을 맡은 데에 대한 송구함이 잘 드러나 있었다.

이범진의 사직상소에 대해 고종은 사직하지 말고 계속 근무할 것을 명하는 한편, 오히려 1885년 1월 15일에 명성왕후와 함께 '川雲'이라는 휘호를 직접 써서 내려주었다.37) 이처럼 전례가 드문 시혜 조치는 이범진의 관료로서의 승진과 성공을 보장하는 것이었다. 이후 이범진은 '내전 별입시'에 임명되어 무시로 중궁전을 드나들며 명성왕후의 총애를 한몸에 받았다. 특히, 명성왕후의 혈속이 아닌 일반 관료로서 중궁전을 무시로 드나들 수 있는 격외의 자격을 획득했다는 것은 명성왕후가 이범진에게 얼마나 커다란 특혜를 내렸는가를 잘 나타나 준다. 그러나 이범진은 신분이 낮은 처지였기 때문에 내전에서 민씨척족을 만날 때마다 자신을 낮추며 기를 펴지 못하였다. 이에 명성왕후는 자신이 총애하는 이범진을 위해 閔泳韶・閔泳駿 등 친정 조카들에게 "이범진은 내가 매우 아끼는 바이니, 너희들은 그를 까다롭게 대하지 말라"는 특별지시를 내리기까지 하였다.38)

그런데 이범진이 임명된 별입시라는 비공식적 관직은 고종과 명성왕후의 개화정책과 측근정치의 부산물이었다. 고종 친정 직후인 1873년 11월 국왕의 위세를 배경으로 영향력을 행사하는 명성왕후를 견제하기

---

36) 『승정원일기』, 1885년 1월 4일.
37) 윤병희, 「이범진・기종・위종 3부자의 가계 및 행적」, 6쪽. 이 휘호는 현재 명지대 박물관에 소장되어 있다.
38) 황현 저, 김준 역, 『매천야록』, 184쪽. 춘생문사건 때 일본인들은 이범진을 '명성왕후의 3정부 중 1인'이리고 비방히였다. 『中央新聞』, 제2면, 1895년 12월 3일.

위해 별입시가 처음 등용되었다. 명성왕후의 친정 오라비인 세도재상
閔台鎬가 여망이 있는 대신들을 골라 그들을 차례로 입직시켜 시무에
참여토록 고종에게 건의했는데, 이를 별입시라고 불렀다고 한다. 이때
별입시로 선발된 인사는 金炳始·金永壽·鄭範朝·尹滋德·趙寅
熙·閔奎鎬 등이었다.39) 또한 다른 기록에 의하면 김병시·金輔鉉·
尹滋承·민태호 등이 '四貴別入侍'로서 고종의 특별한 은총을 받았다
고 한다.40) 이들은 국왕과 왕비의 내명에 따라 국왕의 집무시간에 구애
됨이 없이 자유롭게 궁중을 드나들며 국왕 부처의 정책결정에 영향을 미
쳤다.

　개항 후 고종과 명성왕후는 개화정책에 필요한 재원 확보를 위해 관
직매매·광산개발·어염전매·홍삼매매·차관도입 등등 각양의 방법
을 동원하였다. 이때 궁궐 내외에서 이와 관련된 사업을 관장하던 4～
500여 명의 인사들을 별입시라고 불렀다. 서울과 지방 각지에 거주를 두
고 있는 별입시들은 고관으로부터 노비나 상인에 이르기까지 다양한 계
층이 망라되어 있었다.41) 이외에도 한일의정서 체결 후부터 고종 퇴위
직후까지 고종의 항일의지에 따라 재야세력과 연대하여 의병활동을 벌
였던 고종의 고위급 측근 인사들이 대부분 별입시들이었다. 그리고 고종
이 외국과 통상조약을 체결하고 사절단과 외교관을 파견하는 등 대외개
방정책을 활발히 추진할 때에 동원한 외교밀사나 통역관들도 대부분 별
입시의 성격을 지닌 인사들이었다.42)

　갑오경장 이전까지 별입시는 국왕과 왕비를 보좌한다는 명목 하에 무
시로 궁중을 드나들며 정국운영에 적잖은 영향을 미쳤다. 1880년대 중

---

39) 황현 저, 김준 역, 『매천야록』, 50～51쪽.
40) 윤효정, 『한말비사』, 교문사, 1995, 34쪽.
41) 황현 저, 김종익 옮김, 『오하기문』, 역사비평사, 1994, 43쪽.
42) 고종치세기 별입시들의 정치활동과 민족운동에 대해서는 오영섭, 「한말 의병운동
　　의 발발과 전개에 미친 고종황제의 역할」 『동방학지』 128, 2004, 82～84쪽.

반 고종의 개화정책과 친러정책을 보좌한 金嘉鎭·鄭秉夏·趙存斗·
全良默·閔有用·金鶴羽·金牖元 등도 별입시로 입신한 인사들이었
다. 심지어는 개화파인 徐光範·洪英植 등도 한때 고종의 부름을 받고
궁궐을 드나들면서 별입시로 불리기도 하였다.43) 이 외에도 고종의 이
종사촌 심상훈, 고종의 총애를 받은 韓圭禼 등도 1880년대에 별입시 활
동을 벌인 인사들이었다. 하여튼 벌열가의 후손이 고위직을 독점하던 폐
쇄적 신분사회의 질곡 속에서 고종과 명성왕후의 측근에서 활동하던 별
입시란 자리가 주변신분층이나 하층민들에게 신분상승기회를 부여하는
중요한 통로였음이 주목된다. 이때 서얼인 이범진이 중궁전의 별입시로
서 명성왕후를 위해 갖가지 임무를 수행했을 것임을 미루어 짐작할 수
있을 것이다.

　1885년 3월 25일 이범진은 閔丙奭과 함께 왕명을 출납하는 동부승지
에 임명되었다. 이때 그는 정부 각 부처의 업무를 고종에게 보고했으며,
또한 고종의 전교를 받아 전달하고 처리하는 역할을 담당하였다. 이어
4월 24일에 평안도 남부의 군사요충지인 성천부의 부사(종3품)로 나갔
다.44) 그리고 1885년 11월 전남의 순천부사(종3품)로 전출되어 1887년
10월까지 2년 반을 외직에서 근무했다.45) 이는 약 3년간을 지방 관직을
맡아야만 당상관에 오를 수 있는 조선의 관례에 따라 이범진에게 외직을
경험시킨 다음 중앙으로 전보시켜 측근에 배치하려는 고종과 명성왕후
의 배려가 가미된 인사 조치로 보인다. 그러나 목민관의 자질을 갖추지
못한 이범진은 성천과 순천에서 포학과 음욕을 자행했을 뿐더러 부요한
민들에 대한 토색을 일삼아 '乳虎'라는 악명을 얻었을 정도로 지방민의

---

43) 1880년대 별입시들의 면면과 활동에 대해서는 井上角五郞, 『漢城之殘夢』(동경:
　　春陽堂, 1891), 한상일 역,『서울에 남겨둔 꿈』, 건국대학교출판부, 1993, 43, 69
　　쪽 ;『윤치호일기』, 1886년 (양)8월 7일.
44) 『승정원일기』, 1885년 3월 25일 ;『고종실록』, 1885년 4월 24일.
45) 『昇平誌』,「선생안」, 1923.

지탄을 받았다.[46] 게다가 순천부사 재직 시에는 변방 장수를 천거하는 단자를 중앙에 올릴 때에 격식에 어긋난 것이 있다 하여 질책을 당했으며, 선혜청에 진상할 세곡의 납기일을 넘겨 일시 파출을 당하기까지 하였다.[47]

지방관 재직 시의 탐학과 태만에도 불구하고 이범진은 고종과 명성왕후의 비호 하에 중앙직으로 승차하였다. 그리하여 1887년 10월 25일 동지춘추관사를 거쳐 공조참판·호조참판 등 종2품직을 거친 다음 1887년 11월 29일 李源逸과 함께 군국사무를 총괄하는 개화정책 추진기구인 내무부의 협판에 올라 고종정부의 중견인사로 부상했다.[48] 이후부터 갑오경장 이전까지 이범진은 이조참판(1888.10)·경연청동지사·형조참판(1888.11)·돈녕부동지사(1891.12)·한성부우윤(1892. 1)·예조참판(1892. 1)·형조참판(1894. 4)·좌부승지(1894. 6) 등 종2품 관직을 두루 거쳤다. 이범진은 1888년 10월 판서자리가 예약된 영예로운 직책인 이조참판에 임명된 다음에 고종에게 올린 상소문에서 자신의 처지와 고종과 명성왕후의 배려를 다음과 같이 술회했다.

> 신의 집안은 대대로 이른바 영화로운 문벌이니, 처음에는 왕실의 갈래였다가 이어 여러 대를 거쳐 운명을 함께 하는 신하가 되었습니다. 한 가문 안에 將相과 높은 벼슬이 사람들의 이목을 눈부시게 비추어 신의 아비에까지 계속 이어졌습니다. 그런데 신으로 말하자면 수백 년 동안 벼슬길이 막혀 있는 庶孼입니다. 일찍부터 학업을 닦지 못하여 학식이 변변하지 못하고 용렬하며, 재주는 帝 자와 虎 자도 분변하지 못하며, 지혜는 고기나 음악을 담당하는 천한 일도 제대로 해낼 수 없습니다. 그래서 밝은 시대의 버려진 물건을 자처하다가 우리 성상의 천년에 한번 있을 만남과 자상하게 이루어주시는 교화를 입게 되었습니다. 이는 해와 달이 사사로이 비춰주는 일이 없고 비와 이

---

46) 황현 저, 김준 역, 『매천야록』, 183쪽 ; 『윤치호일기』, (양)1888년 8월 4일.
47) 『승정원일기』, 1886년 2월 1일, 1887년 1월 12일.
48) 『승정원일기』, 1887년 10월 25일, 30일, 11월 3일 ; 『고종실록』, 1887년 11월 29일.

슬이 내릴 곳을 가리지 않는 것과 같았습니다. 신이 지명된 초기에 따뜻하게 길러주시고 감화를 젖게 하시어 옥당과 규장각에서 은혜로운 말씀이 계속해서 이어져 백관의 반열에까지 옮겨갔습니다. 지난번에 또 특별히 이조참판의 직함을 제수하셨으니, 신같은 자가 신하를 논하는 것이 과연 현실이겠습니까. 옆에서 보는 자도 꿈이라고 할 것이니, 신이 어찌 감히 현실이라고 여기겠습니까.[49]

아관파천 후에 이범진은 자신의 정치적 후원자인 명성왕후를 가리켜 "왕후가 살아있을 때는 왕후가 모든 악의 근원이라고 생각했다"고 말했지만,[50] 그러나 적어도 을미사변 이전까지 이범진은 명성왕후의 후원에 힘입어 출세했을 뿐 아니라 명성왕후의 주선으로 민씨척족과 우호관계를 유지하였다.

V. 고종과 명성왕후의 친러정책 보좌

이범진은 언제부터 친러파가 되었는가? 구체적으로 그는 언제 어떠한 계기를 거쳐 친러세력과 인연을 맺게 되었는가? 여기에 대해서는 자료의 부족으로 자세한 사실을 알기가 어렵다. 그는 고종과 명성왕후의 수족 역할을 수행한 별입시로 입신한 인물이었다. 따라서 그가 반청·반일·친로·친미 정책에 따라 국권과 군주권을 지키려고 애썼던 고종과 명성왕후의 외교노선을 그대로 따랐을 것임은 어렵지 않게 짐작할 수가 있다. 이러한 점에서 이범진은 코드가 제대로 들어맞는 고종과 명성왕후의 충직한 신하였던 셈이다.

1880년대에 조선에서는 황준헌의 『조선책략』에 나타난 러시아의 야

---

49) 『승정원일기』, 1888년 11월 16일.
50) 『윤치호일기』, 1896년 3월 30일. "When Her Majesty was alive," said, Yi Pom Chin with tear, "we thought she was the author of all national evils."

만적인 영토욕으로 말미암아 恐露症이 한층 깊어진 상태였다.[51] 이처럼 러시아를 경계하는 상황속에서 친러세력이 형성된 계기는 1880년대 중반경부터 강구된 고종의 인아거청정책이었다. 갑신정변 전후 청국 주차관 袁世凱의 내정간섭이 심화되자 조선은 국가의 자주권과 왕권의 독립성을 확보하기 위해 만국공법의 균세론(이이제이정책)에 입각하여 구미 열강과 일련의 수호조약을 체결하였다.[52] 당시 조선은 한반도에서 자국의 정치적 영향력을 확대할 의도를 품고 있는 러시아와도 조러수호통상조약(1884.윤5) 및 양차의 조러밀약을 체결하여 본격적인 교류관계로 접어들었다.[53] 특히, 고종은 1885년 봄이 조러밀약의 체결과 관련하여 러시아통인 權東壽와 金鏞(鏞)元 등을 블라디보스톡에 밀파하여 청일간 분쟁이 발생할 경우에 조선을 보호해 달라는 국왕의 친서를 러시아황제에게 전달하게 하였다.[54] 또한 1886년 7월 원세개의 국왕폐립음모에 반발하여 고종은 측근의 별입시인 김학우·全良默·趙存斗·김가진 등과 러시아어통역 蔡賢植 등을 자주 러시아공사관에 보내 조선의 국권과 국왕의 군주권을 보장해 달라는 비밀서한을 전달하게 하였다.[55] 이어 1887년 4월 민씨척족의 모 관원이 북경으로 가서 청국이 대원군을 지원하여 고종을 퇴위시킬 경우 러시아가 제물포에 함대를 파견하여 이를 진압해 달라는 비밀요청을 북경주재 러시아공사에게 전하였다.[56] 이처럼 1880년대 중후반에 전개된 고종과 명성왕후의 일관된 친러정책은 그러

---

51) 허동현, 「1880년대 한국인들의 러시아 인식양태」『한국민족운동사연구』32, 30~44쪽.

52) 오영섭, 「개항 후 만국공법 인식의 추이」『동방학지』124, 2004, 469~470쪽.

53) 최문형, 「한로수교와 한말의 정황」『제국주의 시대의 열강과 한국』, 민음사, 1990, 89~103쪽.

54) 이등박문 편, 『비서유찬 조선교섭사료』하, 동경: 비서유찬간행회, 1936, 124~126쪽 ; 井上角五郎, 『漢城之殘夢』, 한상일 역, 『서울에 남겨둔 꿈』, 63~64쪽.

55) 이등박문 편, 『비서유찬 조선교섭사료』하, 124~126쪽.

56) 『러시아 국립문서 보관소 소장 한국관련 문서 요약집』, 한국국제교류재단, 2002, 電文: 북경공사 꾸마니 → 외무성(1887. 5.18/음: 4.26), 422쪽.

한 정책을 일선에서 수행할 친러파의 형성으로 이어지기 마련이었다.

전제군주제 국가인 조선과 러시아가 조선 국왕의 군주권 보호문제를 가지고 유대관계를 강화해 나가는 가운데 친러정책의 일선 실무자들이 점차 정계에서 두각을 나타내기 시작했다. "갑신정변 직전 조선에는 청국당·일본당·러시아당이 있었는데, 러시아당은 韓圭稷·李祖淵·趙定熙 등이었고 김유원과 김학우도 러시아와 가까웠다"는 이노우에 가쿠고로(井上角五郞)의 주장을 보면,[57] 갑신정변 이전에 이미 조선에서는 러시아당이 미약하나마 세력을 이루고 있었던 것으로 보인다. 러시아당이 세력화하는 과정에서 1884년 5월 9일에 부임한 러시아공사 베베르(Karl I. Waeber, 韋貝)는 일정한 기여를 하였다.[58] 이들 러시아당은 국왕 부부의 친러정책, 능통한 러시아어실력, 베베르공사와의 친분관계를 바탕으로 느슨한 형태의 정치적 유대관계를 형성했을 것이다. 이것은 조미수호통상조약 체결(1882. 4)·보빙사 파견(1883. 6), 특명전권공사 파견 및 상주공사관 개설(1887.10) 등을 통해 미국공사관을 둘러싸고 친미세력이 서서히 형성되어 가던 시대상황과 맞물려 있었음을 주목할 필요가 있다.

고종정부의 친러정책이 강화되는 상황 속에서 고종과 명성왕후의 별입시인 이범진도 갖가지 공사 임무를 수행하는 가운데 자연스럽게 러시아공사관 및 친러인사들과 관계를 맺었던 것으로 보인다. 당시 이범진은 외무협판 묄렌도르프(P.G. von Möllendorff, 穆麟德)와 친한 관계였다고 하는데,[59] 이는 이범진이 국왕 부처의 지시로 외교임무를 수행하는 과정에서 묄렌도르프와 친분을 쌓았음을 의미한다. 이때 이범진은 러시아공사 베베르와 가까운 사이인 친러 성향의 묄렌도르프를 통하여 러시아

---

57) 井上角五郞, 『漢城之殘夢』, 한상일 역, 『서울에 남겨둔 꿈』, 41쪽.

58) 柵瀨軍之佐, 『見聞隨記 朝鮮時事』(東京: 春陽堂, 1894), 한상일 역, 『서울에 남겨둔 꿈』, 381쪽.

59) 황현 저, 김준 역, 『매천야록』, 133쪽.

세력과 인연을 맺었을 것이다. 나아가 1886년 7월 고종이 원세개의 반발에 밀려 김학우·김가진 등 조러밀약에 관련된 별입시에게 귀양형을 내렸는데, 이때 김학우는 순천부 유배형에 처해졌다.[60] 김학우·김가진 등은 귀양길에 오르기도 전에 고종의 배려로 풀려났지만, 김학우가 이범진이 다스리는 순천부로 부처된 것은 고종의 특별 배려가 가미된 것이었다. 조선시대에 국왕이 총신을 부득이하게 귀양 보낼 때에는 대체로 자신이 총애하는 신하가 다스리는 지역으로 보내는 것이 상례였다. 물론 김학우가 순천부에 부처된 데에는 이범진이 김학우를 비롯한 친러성향의 인사들과 친교를 맺었기 때문에 가능했다는 사실을 주목할 필요가 있을 것이다.

이범진이 친러파 인사로서 보폭을 넓혀가는 시점은 외직에서 내직으로 승차한 1887년 11월 이후로 보인다. 당시 고종과 명성왕후가 친러정책을 가속화함에 따라 세도당상 閔泳駿·閔泳煥 등 집권세력의 상당수가 친러성향을 드러내고 있었다. 국권과 군주권을 보장받으려는 고종과 명성왕후의 친러정책이 러시아로부터 적극적인 호응을 받은 것은 아니지만,[61] 그러나 조정내에 자신들의 친러정책을 수행할 전위부대인 친러집단을 부식한 점에서는 일정한 성과를 거두었다. 1894년 여름에 청일전쟁 취재특파원으로 조선을 답사한 일본 『마이니치신문』의 사쿠라이 군노스케(柵瀨軍之佐)는 1894년 조선 정계의 당파를 논급하는 가운데

---

60) 『승정원일기』, 1886년 7월 22일. 김학우는 경흥부 관리를 지내다가 러시아로 이주하여 조일수호조약 체결 때에 일본인들을 따라왔던 金麟昇의 조카였다. 이광린, 「구한말 노령 이주민의 한국정계 진출에 대하여」, 『한국개화사의 제문제』, 일조각, 1986, 169~170쪽.

61) 당시 러시아 외무성은 "국내 사정이 불안한 고립무원의 조선을 구원하는 것은 러시아에게 큰 부담이 되는 것이다. 따라서 러시아가 조선에 해줄 수 있는 것은 사려 깊은 충고 외에 다른 방도가 없다"는 훈령을 주한 러시아공사에게 내렸다. 『이범진의 생애와 항일민족운동』, [이범진 공사 외교자료], 서한: 기르스 외무장관 → 주한 러시아공사(1890.5.9), 159~161쪽.

친로파에 대한 주목할 만한 언급을 남겼다.

> 러시아당은 사대당(친청파) 낙오자들의 집합소로서 중국의 간섭도 간섭이
> 려니와 袁世凱의 참견이 더 싫어서 마음을 바꾼 자들로 이루어져 있다. 전
> 러시아공사 베베르가 처음 이 당을 주도했고, 한때는 현명한 국왕도 이 당의
> 세력이 확대되기를 바랄 정도였다. 그래서 중국이 이만저만 낭패를 본 것이
> 아니었으나 베베르가 귀국한 후로는 그다지 세간의 관심의 대상이 되지 못하
> 였다. 그러나 선혜청당상 閔泳駿 일파는 변함없이 러시아를 숭배하며 일단
> 조선에 위기가 닥칠 때에는 반드시 러시아에 보호를 요청할 생각이라고 한다.
> 이 당은 무시못할 집단이며 일본 조야의 식자들이 가장 경계해야 할 대상일
> 것이다.62)

즉, 청국과 원세개의 내정간섭을 반대하는 반청적 성향의 친러파는
베베르공사와 고종의 후원 하에 세력을 키워 청국의 내정간섭을 저지하
기도 했지만, 1894년 4월 30일 베베르가 주청대리공사로 부임한 다음부
터 세간의 관심에서 다소 멀어졌다. 그럼에도 불구하고 이때 조선에서
가장 유력한 세도가인 민영준 일파만은 여전히 조선의 국권보호를 위해
러시아에 의지해야 한다고 하는 친러적 태도를 보이고 있었다. 이를 보
면, 갑오경장 직전에 친러세력이 일시 침체하기는 했지만 여전히 친일세
력에 버금가는 막강한 영향력을 지니고 있었음을 알 수가 있다.

요컨대 1887년 11월 이후 민씨척족의 권력기관인 內務府로 진출한
이범진도 고종과 명성왕후의 반청친러정책에 따라 러시아공사관 및 친
러세력과 연대하여 활동했을 것이다. 나아가 이러한 연대관계는 갑오경
장으로 민씨세도가 붕괴되기 전까지 계속 이어졌을 것으로 판단된다. 그
러나 이범진은 1889년 9월부터 1894년 4월까지 6년 동안 생모·양모·
부친상으로 연이어 상복을 입고 있었기 때문에,63) 영어·러시아어를 비

---

62) 柵瀨軍之佐, 『見聞隨記 朝鮮時事』(東京: 春陽堂, 1894), 한상일 역, 『서울에
  남겨둔 꿈』, 381~382쪽.
63) 언이온 상을 미친 다음에 올린 상소에서 이범진은 "6년 동안의 상중에 슬퍼허느

롯한 외국어에 전연 문외한이었기 때문에,[64] 그리고 문한능력과 실무능
력에 다소 약점을 드러내고 있었기 때문에, 국왕 부처의 친러정책을 전
면에 나서서 수행하기보다는 이면에서 보조하고 지원하는 제한적인 역
할을 수행할 수밖에 없었을 것이다.

VI. 갑오경장기 친러파 거두로의 부상과정

1894년 6월 21일 일본군의 경복궁점령으로 흥선대원군－친일개화파
연립정권이 들어섰다. 6월 22일 대원군은 민씨척족과 친민계 관료들을
적격 해임한 다음, 6월 29일 민씨세도에 의해 향리로 방축된 죄인들에
대한 特放을 명하고, 이어 7월 3일 귀양에서 풀려난 인사들에 대한 대대
적인 서용의 은전을 베풀었다. 이는 민씨세도 시절의 국사범 내지 정치
범들을 대거 사면함으로써 그들의 지지를 이끌어내려는 조치였다. 이러
한 상황 속에서 명성왕후의 총애를 받던 한성부좌윤 이범진은 7월 4일
에 평안도 남동부에 위치한 국방상의 요지인 영변부의 부사로 강등·좌
천되었다.[65]

갑오경장 직후 경복궁 동쪽 전각에 유폐된 고종과 명성왕후는 1894
년 7월부터 8월경까지 다각도로 왕권회복운동을 벌였다. 그들은 청국 북
양대신 李鴻章에게 閔商鎬를 밀파하여 조선을 구해달라는 간절한 청원

라 혼과 정기가 소멸되어 피골이 겨우 남았으니, 말을 하려고 해도 소리가 입에서
나오지 않고, 문밖으로 나가려 해도 발이 앞으로 나가지 않습니다. 스스로 추한
몰골을 돌아보면 자리에 눌러앉아 있는 꿍꿍대는 일개 흙인형일 뿐입니다"라고
말했다. 이는 이범진이 장기간의 복상으로 인해 대외활동을 일시 중단했음을 보
여준다. 『승정원일기』, 1894년 5월 11일.

64) 『이범진의 생애와 항일민족운동』, [이범진 공사 외교자료], 「이범진 전한국공사의
자결」(1911.1.14), 246쪽 ; 同, 「이범진공사의 자결에 관하여」(1911.1.15), 249쪽.

65) 『고종실록』, 1894년 7월 4일.

밀서를 전달하게 하였고,[66] 평양감사 閔丙奭에게 밀사와 밀서를 보내 평양에 진주한 청장에게 구원을 요청하게 하였다. 또 그들은,[67] 閔應植·閔泳達·閔泳韶·閔炯植·閔泳煥·李載純 등 고위 관료를 지낸 측근들을 비밀리에 궁중으로 불러 그들로 하여금 항일운동을 벌이게 하였다.[68] 나아가 명성왕후는 민응식·민형식·심상훈 등에게 兩湖지역에서 활동 중인 동학농민군과 연대하여 항일활동을 펼치도록 하였다.[69] 그러나 고종과 명성왕후의 항일활동은 평양전투에서의 청군의 패배, 삼남에서의 동학농민군의 패퇴, 9월 28일에 새로 부임한 이노우에 가오루(井上馨) 일본공사의 효과적인 항일세력 견제활동으로 말미암아 수포로 돌아가고 말았다.[70] 이런 중요한 시기에 영변부사 이범진이 이면에서 어떤 활약을 벌였는지는 자료 부족으로 알 수 없다. 다만 그가 청일간의 평양대회전이 일본군의 승리로 결판난 다음 2주일이 지난 8월 26일에 신병을 이유로 영변부사직을 사임한 것을 보면,[71] 1894년 늦가을 이후 이범진은 서울에 머물며 모종의 활동을 벌였던 것으로 보인다.

이범진이 친러파의 거두로 부상하는데 결정적인 영향을 미친 사건은 1895년 3월 29일에 벌어진 삼국간섭이었다. 이미 1895년 1월 러시아의 압력에 밀려 일본세력과 친일개화세력이 위축되자 고종과 명성왕후는 유리한 대내외 정세를 적극 활용하여 왕권회복운동에 박차를 가하였

---

66) 李毓澍 편저, 『淸季中日韓關係資料十三種綜合分類目錄』, 국학자료원, 1994, 355쪽 ; 황현 저, 이민수 역, 『東匪紀略草藁』, 을유문화사, 1985, 222~223쪽.
67) 이등박문 편, 『비서유찬 조선교섭사료』 중, 633~637쪽, 下, 634쪽 ; 李毓澍 편저, 『淸季中日韓關係資料十三種綜合分類目錄』, 355쪽.
68) 『일본외교문서』, 제27권 제2책, No.496, 「日公使參內謁見始末記」, 146~147쪽.
69) 『주한일본공사관기록』 8, [동학당사건에 대한 회심전말 보고], 「동학당 진무를 위해 정부에서 파견한 具完喜의 일지」, 국사편찬위원회, 1993, 56~57쪽 ; 『大阪每日新聞』, 1894년 12월 16일.
70) 유영익, 「청일전쟁 중 일본의 대한침략정책」 『청일전쟁을 전후한 한국과 열강』, 한국정신문화연구원, 1984, 제2장.
71) 『승정원일기』, 1894년 8월 26일.

다.72) 그간 은밀히 소극적으로 추진되던 고종 부부의 왕권회복운동은 삼국간섭으로 인해 강한 탄력을 받기에 이르렀다. 그런데 고종과 명성왕후의 왕권회복운동은 대내적으로 궁내부와 내각을 장악하여 민씨척족과 그들의 협력자들을 재기용함으로써 친일개화파를 일소하는 것이었고, 대외적으로 친로·친미 성향의 정동파 관료들을 앞세워 친구미 정책을 강력히 추진함으로써 일본의 영향력을 약화시키는 것이었다.

대내적으로 고종과 명성왕후는 갑오경장 이후 내각이 왕권을 제약하고 공화제나 입헌제를 도입하려 한다고 우려했기 때문에 새로운 친위정치기구로서 궁내부를 주목하였다. 1895년 4월 2일 고종은 「궁내부관제」를 반포하고, 4월 7일에 李載純·심상훈·李夏榮·李允用·洪啓薰·李耕稙·閔商鎬·玄興澤 등 근왕적 정치성향을 지닌 수십 명의 인사들을 궁내부에 기용하였다.73) 이때 이범진은 궁내부 제용원 尙衣司長을 맡아 다시 정계에 등장하였다. 5월 1일에 고종은 민씨척족과 노론계 의정들로 구성된 16인의 궁내부특진관을 설치하여 궁내부의 근왕성을 한층 강화하였다.74) 고종은 궁내부의 측근들을 조만간 내각으로 전출시킴으로써 행정·경제·군사권을 궁내부로 이속시키는 왕권공고화 작업을 단행하였다.75)

대외적으로 고종과 명성왕후는 전제군주제 국가인 러시아만이 조선의 국권과 군주권을 보호해줄 수 있다는 판단에서 친러정책을 택하였다.76) 동시에 그들은 조미수호통상조약 제1관의 居中調停 조항이 일본

72) 일제의 경복궁점령부터 을미사변 이전까지 고종과 명성왕후의 군주권회복운동에 대해서는 오영섭, 「갑오경장 중 고종의 왕권회복운동」 『한국민족운동사연구』 24, 2000, 1~79쪽.

73) 『승정원일기』, 1895년 4월 7일.

74) 『승정원일기』·『일성록』, 1895년 5월 1일.

75) 오영섭, 「갑오경장 중 고종의 왕권회복운동」, 56~72쪽.

76) 김상수, 「민비시해사건의 국제적 배경」 『명성황후 시해사건』, 민음사, 1992, 148~154쪽 ; 이민원, 『명성황후시해와 아관파천』, 국학자료원, 2002, 27~30쪽. 당시

의 대한침략을 저지해줄 것이라는 굳건한 믿음에서 친미정책을 취하였
다. 따라서 그들은 그러한 대외청원정책을 일선에서 담당할 친위관료로
서 친로·친미 성향의 정동파 관료를 기용하여 주한외국공사관과 연락
을 전담하도록 하였다. '구미파'·'俄美黨'·'왕실파'·'친미파' 등으
로 불린 정동파 관료들은 국왕 부처의 왕권회복운동을 외교 방면에서 적
극 도왔다. 1895년 윤5월 중순경 고종과 러시아 짜르간에 조선의 국권
과 군주권 보호, 내정 불간섭, 명성왕후와 민씨척족의 안전보장 등 4개
항의 '은밀한 약속'이 성립되었는데,[77] 이는 고종과 명성왕후의 대외청
원활동을 상징하는 사건이었다. 두말할 것도 없이 이러한 비밀약속이 체
결되는 데에는 이범진같은 고종과 명성왕후의 친로파 수족들이 이면에
서 중요한 역할을 수행했을 것이다.

　1895년 윤5월 중하순경 고종과 명성왕후의 군주권 강화정책과 그러
한 과정에서 기용된 이범진을 비롯한 친로·친미 인사들의 활동상을 일
본측은 다음과 같이 기술하였다.

　　당시에 민씨들은 대부분 숨을 죽이며 아직 머리를 쳐들지 못했지만, 소위
　閔派의 성격을 지닌 李允用·安馴壽·李完用·李采淵 등의 무리는 모두
　개화당이라고 칭하면서 정부에 참여하였다. 그리고 마음속으로는 이미 우리
　를 떠나 러시아와 미국으로 기울어져서(소위 貞洞派) 왕비를 업고 정부를 전
　복하고자 했다. 이러한 일을 하는데 있어서 왕비를 도와주는 사람 또한 점점
　늘어갔다. 박영효가 떠난 후 우선 궁내부의 사람들을 경질시켰다. 즉, 궁내부
　대신 李載冕과 동 협판 金宗漢을 파면시키고 대신 李耕稙과 이범진을 임명
　했다. 또 왕비의 친척으로서 이미 총애를 받고 있던 閔商鎬(작년 7월 사변
　후 중국으로 피신했는데 이 무렵 돌아왔다)를 궁내부 外事과장으로 임명하여

　權東壽는 블라디보스톡에 밀파되어 일본의 압제를 막고 조선을 보호해 달라는
　밀서를 연해주총독 운떼르베르게르에게 전달하였다.『재러시아 한국관련 문서요
　약집』, 電文: 아무르총독 두흡쓰키 → 육군상(1895.7.8/음: 윤 5.15), 606쪽.
77)　杉村濬,『明治二十七八年在韓苦心錄』, 한상일 역,『서울에 남겨둔 꿈』, 1993,
　　225~226쪽 ;『러시아 국립문서보관소 소장 한국관련 문서 요약집』, 170, 606쪽.

궁중과 각 공사관간의 관계를 장악하게 하였다. 또 왕과 왕비의 영어통역을
위해서 러시아공사 베베르의 친한 친구인 미국인 르장드르를 불러서 궁내 고
문으로 임명하였다. 그 외에도 경질한 사람이 많았다. 이제 궁내부는 순수한
閔黨 즉 러시아당과 미국당으로 단결하여 그 세력이 거의 내각을 압도하게
되었다. 이것이 7월 이후(음/윤5월 중하순)의 형세이다.[78]

　이러한 과정을 거쳐 고종은 윤5월 20일에 "지금까지 칙임·칙명을
모두 아래에서 의논하여 바친 것은 체제가 아니었다"며 정무친재의사를
공식적으로 피력하였다. 동일에 고종은 "신제도·신법령 등에는 모순이
허다했으니 앞으로 재검토하겠다"며 갑오경장의 성과를 취사선택하겠다
는 취지의 조칙을 반포했다.[79] 이후 고종과 명성왕후의 왕권강화정책은
안으로 친일개화파를 철저히 숙청하고 밖으로 배일친러정책을 강화하는
방향으로 나아갔다. 이에 일본은 8월 20일 러시아의 한반도 진출을 막고
조선에서 자국의 영향력 확대에 최대의 장애물인 명성왕후를 시해하는
만행을 저질렀던 것이다.

　고종과 명성왕후의 왕권강화정책이 추진되는 과정에서 이범진은 출
세가도를 달리기 시작했다. 그는 윤5월 28일에 궁내부 濟用院長에, 6월
29일에 궁내부의 업무를 총괄하는 궁내부협판(7월 8일 궁내부대신서리)
에 임명되었다.[80] 이로써 그는 왕실과 러시아공사관 사이의 연락을 책
임지며 고종과 명성왕후의 친러정책을 보좌하였다. 이어 7월 15일 개국
503년 기념식 때에 사무협판을 맡았고, 을미사변 3일전인 8월 17일에
농상공부대신에 올랐다. 이는 서얼의 승진 상한선인 종2품을 뛰어넘어
정2품의 대신 반열에 올라섰으며, 동시에 명성왕후의 최측근 인사 겸 친
러파의 거두로 부상했음을 나타내는 것이었다.[81] 이런 인연으로 이범진

---

78) 삼촌준, 「재한고심록」, 한상일 역, 『서울에 남겨둔 꿈』, 221쪽.
79) 『고종실록』, 1895년 윤5월 20일 ; 『(구한국)관보』, 1895년 윤5월 21일.
80) 『승정원일기』, 1895년 4월 7일, 6월 29일, 7월 7일.
81) 『고종실록』, 1895년 8월 17일.

은 을미사변 당일 새벽에 일본군이 경복궁을 포위하자 "미국과 러시아
공사관에 긴급히 구원을 청하라"는 고종의 명령을 받고 궁성 서쪽 담장
을 넘어 러시아공사관으로 달려가 "일본군이 명성왕후를 죽이려 함이
분명하다"고 알렸던 것이다.[82]

VII. 맺음말

　이범진은 고종과 명성왕후의 충신이었다. 대원군대에 포도대장으로
명성을 날린 최고위 무장 이경하의 서자로 태어난 이범진은 민태호·민
규호·민영익 등 세도가를 배출한 여흥민씨 삼방파의 민백흥계와도 혈
연관계를 맺고 있었다. 이러한 화려한 가문 배경은 문한능력과 실무능력
과 외국어능력을 갖추지 못했을 뿐 아니라 호기와 방탕을 일삼아 자주
문제를 일으킨 이범진의 관료로서의 약점을 크게 보완해 주었다. 게다가
갑신정변 때에 명성왕후를 업고 노원으로 피신한 사건은 이범진의 근왕
적 성향을 여실히 보여준 것으로서 그의 출세에 결정적 요인으로 작용했
다. 이로써 이범진은 견고한 신분 장벽을 극복하고 을미사변 직전에 판
서의 반열에까지 올랐다.

　이범진은 고종과 명성왕후의 정치노선을 철저히 따랐다. 그는 개항
직후 특별 과거를 거쳐 출사한 다음 1882년 통리기무아문 군무사 주사
직을 거쳐 갑신정변 후 고종과 명성왕후의 측근이 되었다. 특히, 그는
명성왕후의 최측근에 해당하는 중궁전 별입시에 임명되어 무시로 중궁
전을 드나들며 왕비의 자문과 비밀임무를 도왔다. 이어 1880년대 후반
부터 을미사변 전까지 고종과 명성왕후의 친러정책을 보좌하면서 친러

---

82)『이범진의 생애와 항일민족운동』, [이범진 공사 외교자료], 「명성황후 시해사건
　　시 이범진의 활동과 아관파천」, 147~148쪽.

파의 거두로 부상했다. 이는 을미사변 이전 그의 활동이 고종-명성왕후-러시아를 축으로 펼쳐졌음을 의미한다. 요컨대 고종과 명성왕후의 수족 역할을 수행한 별입시로 입신한 이범진은 동도서기적 개혁론과 반청·반일·친로·친미 노선에 따라 국권과 군주권을 지키려 애썼던 고종과 명성왕후의 정치노선을 충실히 보좌하였다.

이범진은 1884년 윤5월 한러조약 체결을 전후한 시기부터 친러적 정치활동을 벌였다. 개항기에 고종과 명성왕후는 전제군주제 국가인 러시아만이 조선의 국권과 군주권을 보호해줄 것이라는 판단에서 강력한 친러정책을 취하였다. 이때 명성왕후의 별입시이자 충실한 군권론자인 이범진은 러시아공사관을 자주 드나들며 고종 부처의 친러정책을 이면에서 수행했다. 그 과정에서 베베르 러시아공사와 친러성향의 묄렌도르프 외무협판 등과 긴밀한 관계를 맺었다. 그가 친러활동을 전개한 데에는 고종과 명성왕후의 영향 외에도 1884년 5월 청국인에게 구타당한 개인적 경험과 11월 일본세력이 국왕의 안녕을 위협한 갑신정변이 큰 영향을 미쳤을 것이다. 하여튼 이범진은 1880년대 중반경부터 친러활동을 벌인 결과 을미사변 직전에 이르러 명성왕후의 친러정책을 대행하는 친러파의 거두로 부상하게 되었다.

이범진과 명성왕후의 정치활동은 고종의 정치활동의 일환으로 추진되었다. 2살 차이가 나는 명성왕후와 이범진은 갑신정변을 계기로 인연을 맺었다. 명성왕후가 세도가인 친정 조카들에게 이범진에 대한 각별한 대우를 부탁했을 정도로, 그리고 이범진이 중궁전을 무시로 드나들며 명성왕후의 시중을 들었을 정도로 양인은 친밀한 관계였다. 그런데 아관파천 직후에 이범진이 윤치호를 찾아와 울면서 "왕후가 살아있을 때 우리들은 왕후가 모든 악의 근원이라 생각했으나 이제 보니 단지 왕을 기분 좋게 하기 위해 해로운 일을 하게 되었음을 알았다"고 말한 것을 보면,[83] 이범진은 자신이 명성왕후의 지시하게 처리한 여러 일들이 결국은 고종의 지시에서 나왔던 것임을 깨닫게 되었다. 이는 자신이 정치의 전면에 나서지 않고 명성왕후를 앞세워 통치를 하였던 고종의 독특한 통치행태가 빚어낸 것이었다.

을미사변 이전 이범진의 정치활동은 국왕 부부의 왕권 및 국권 수호 운동의 테두리 내에서 이루어졌다. 개항기에 고종과 명성왕후는 내정의 근본적인 개혁을 추진하기보다는 국권과 왕권의 자주성 확보에 필요한 열강 상대의 균세외교투쟁에 주력하였다. 이에 따라 그들은 대내적으로 동도서기노선에 따라 제한적인 범위에서 근대적 개혁을 추진하였고, 대외적으로 열강간의 압력과 침략의 위협 속에서 국권과 군권의 수호를 위해 다각도로 노력을 기울였다. 이때 다수의 인사들이 비공식적 직책인 별입시에 기용되어 고종과 명성왕후의 국권수호와 왕권유지를 위한 비밀활동을 일선에서 수행했는데, 중궁전 별입시로 입신한 이범진은 고종과 명성왕후가 신뢰하는 충직한 신하 가운데 한 사람으로서 대러교섭에서 두각을 나타냈다. 요컨대 을미사변 후부터 경술국치 이후까지 이범진이 보여준 강렬한 근왕성과 자주성과 애국성은 개화기에 고종과 명성왕후의 측근에서 활동하면서 자연스럽게 터득한 행동지침이자 사고방식이었다.

---

83) 『윤치호일기』, 1895년 12월 11일.

제2장

이도철의 생애와 애국 활동

I. 머리말

한국의 개화기에는 집권세력을 타도하고 신정부를 구성하려는 정치적 변란이 반정부세력과 외세에 의해 자주 일어났다. 이에 전국 방방곡곡에서 수많은 유교지식인들이 충군애국사상에 따라 고종과 조선왕조를 위해 자신들의 일신을 아낌없이 바쳤다. 국왕과 국가를 구하기 위한 그들의 근왕활동은 중앙에서는 반일정치운동으로 지방에서는 항일의병운동의 형태로 표출되었다. 이중에서 근왕세력들이 서울에서 벌인 반일운동을 대표할 만한 것으로서 춘생문사건을 꼽을 수 있다.

춘생문사건이란 1895년 10월 21일 새벽에 일군의 근왕인사들이 유폐상태에 처한 고종을 구출하고 친일개화파를 타도하고자 일어난 반일정치운동을 말한다. 여기에는 고종, 고종 측근의 궁내부세력, 친구미 성향의 정동파 관료, 충군애국사상에 투철한 일부 중앙군 장교, 고종과 친분을 맺은 서양선교사와 외교관 등 다양한 세력이 가담하였다. 당시 근왕

인사들은 강렬한 우국충정에 따라 봉기하여 경복궁 동북쪽의 춘생문 내
외에서 친일관군과 각축을 벌였으나 불과 몇 시간만에 진압당하고 말았
다.[1]

  춘생문사건이 종료된 후에 33명의 근왕인사들이 체포되었다. 이들은
친일개화파에 의해 모반사건 가담혐의로 혹독한 고문을 받은 후에 특별
법원에 넘겨져 형을 언도받았다. 그중에서 극형을 언도받은 이로는 춘생
문사건의 실무총책으로서 궁중의 고종 및 그 측근들의 지시 하에 재야세
력을 봉기시키는 역할을 맡았던 임최수와 직접 군사들을 거느리고 춘생
문으로 돌격하는 임무를 맡았던 이도철 등 두 사람이었다. 여기서는 춘
생문사건 당시 총대장 겸 돌격대장으로서 고종과 조선왕조를 위해 충성
을 바쳤던 이도철(1852~1895)의 생애와 활동에 초점을 맞추어 논의를
전개하려 한다.

II. 가문 배경과 향촌 활동

  이도철(초명은 道熹, 호는 斗南)은 선조의 9번째 아들인 경창군 李珤
(1596~1644)의 후손이다. 이주는 6남 5녀를 두었는데, 그의 다섯째 아
들 李佾이 이도철의 직계 조상이다. 이후 이도철의 가계는 이일의 둘째
아들 李浣, 이완의 둘째 아들이자 오위도총부 부총관을 지낸 李椐로 이

---

  1) 이선근, 『한국사:현대편』, 을유문화사, 1963, 683~701쪽 ; 홍경만, 「춘생문사건」
    『이재룡박사환력기념한국사학논총』, 한울, 1990, 647~676쪽 ; 김원모, 「정동구
    락부와 친로반일정책」 『한국사학논총』 하, 탐구당, 1992 ; 오영섭, 「을미의병운동
    의 정치·사회적 배경」 『국사관논총』 65, 1995, 238~229쪽 ; 김영수, 「아관파천
    기 정치세력 연구」, 성균관대 사학과 석사학위논문, 2000.2, 7~26쪽 ; 한철호,
    「아관파천의 전주곡, 춘생문사건의 진상과 그 영향」 『내일을 여는 역사』 19, 서
    해문집, 2005, 111~125쪽 ; 오영섭, 「고종과 춘생문사건」 『향토서울』 68, 2006,
    185~225쪽.

어졌다. 이거는 이정걸 · 이정열(문과 급제) · 이정희 · 이정렴 · 이정묵 등 5형제를 두었다. 이중 음계로 통정대부에 올라 첨지중추부사를 맡은 이정희만이 사후에 제천군 두무동에 안장되었다. 이를 보면 양주 · 안산 · 시흥 등지에 묻힌 이도철의 조상들은 경기도 일대에 재지 기반을 지닌 왕족으로 생활하다가 이정희대에 와서 제천과 인연을 맺었음을 알 수 있다.[2]

전주이씨 경창군파의 제천 입향 시조인 李廷熙는 이우 · 이후 · 이용 · 이참 등 4형제를 두었는데, 이들은 모두 사후에 제천 일대에 안장되었다. 이중 이도철의 증조부인 이우는 효행으로 동몽교관에 추증되었고, 종증조부인 이후 · 이용 · 이참은 통덕랑의 품계를 제수받았다. 올바른 행실('行誼')로 이름이 높았던 이도철의 조부 李惟穡은 제천군 봉양면에 안장되었는데, 주지하듯이 봉양면은 천주교도인 황사영이 백서를 집필한 배론과 위정척사세력인 화서학파의 학당인 자양서사가 있는 곳이었다. 이유색의 장남 李悳初(1803~1879)는 음직으로 여러 군의 군수직을 거쳐 통정대부로서 돈녕부도정을 지냈는데, 연일정씨와 반남박씨와의 사이에 4남 4녀를 두었다. 즉, 그의 아들들은 맏아들 이도석, 음직으로 참봉을 지냈고 효행으로 이조참의에 추증된 둘째 아들 이도영,[3] 셋째 아들 이도상, 춘생문사건의 주역인 넷째 아들 이도철 등이었다.[4]

이도철은 세인들로부터 '후덕한 장자'라는 평을 받은 이덕초의 넷째 아들로 태어났다. 그가 어린 나이에 뛰어난 기상을 보이자 이덕초는 "우리 집안을 일으킬 사람은 바로 이 아이다"며 여러 아들 중에서 특별히 총애를 더했다고 한다. 이도철은 어려서 놀이할 때부터 아이들을 지휘하며 장수의 자질을 드러냈다. 그는 장성함에 따라 사방을 경영할 기상을

---

2) 『전주이씨경창군파보』, 창림군파, 1986, 1~6쪽.
3) 이도영의 사돈은 음직으로 관계에 진출하여 판서를 지낸 姜斗欽이다.
4) 『전주이씨경창군파보』, 창림군파, 38‐44쪽.

나타내며 세세한 일에 구애되지 않았으며 오직 대체만을 힘써 행하였다. 그리고 부모와 형제에게 효도와 우애를 다하였고 종족과 노비에게 화목과 자애로움을 유지했으나 선악을 분별하는 데에서만은 엄격함을 유지하였다. 이로 인해 이도철은 향촌사회에서 효성과 우애로 인정을 받았다.[5]

제천의 향민들은 이도철의 뛰어난 幹局을 하나같이 칭송하였다. 그리하여 향중의 대사를 모두 이도철에게 전적으로 맡겨 처리하도록 하였다. 이처럼 향촌사회의 인정을 바탕으로 이도철은 1885년 4월에 제천향교의 校長에 올라 향교내에 만연한 간활함과 과거의 폐막을 모두 혁파하였다. 또한 춘추의 제향에 희생과 폐백을 하나도 빠트리지 않았을 정도로 정성을 다하였다. 이러한 노력을 높이 평가한 제천 군민이 이도철의 공덕을 칭송하며 비를 세워주었다. 향촌에서 쌓은 명성을 기반으로 이도철은 1893년 7월 28일에 음서로 행의금부도사(종5품)에 임명되었으나 곧이어 체직되었다.[6]

이도철의 후손들과 며느리 김세정의 증언에 의하면, 이도철은 기골이 장대하고 기운이 남달라서 뛰어난 장수의 자질을 보였다고 한다. 그는 무과준비를 하던 시절에 타던 말을 양손으로 앞다리와 뒷다리를 들어서 사랑채 대청에 올려놓았을 정도로 용력이 과인했다고 한다. 국수를 즐겨 먹었는데 옹자배기에 하나 가득씩 담아서 먹었을 정도로 식사량이 엄청났으며, 그가 식사하던 그릇은 지금도 제기로 사용하고 있다고 한다. 나아가 그는 성품이 대범했다고 한다.[7]

---

5) 임성복 편저, 『을미왜란(1895) 진상과 명성황후:을미왜란복수창의비사』(이하 『명성황후』), 「忠愍公府君行狀草」, 을미왜란 복수창의비사 편찬회, 1998, 493~494쪽.
6) 『제천향교지』, 「전교록」, 제천향교지편찬위원회, 1979, 273쪽 ; 『명성황후』, 「충민공부군행장초」, 494~495쪽.
7) 이창식, 「충민공 이도철의 순국정신과 제천」 『충민공 이도철의 생애와 활동』, 제천문화원, 2005, 15쪽.

Ⅲ. 동학군 진압과 평양민 구제활동

1894년 가을 동학농민군이 봉기하자 이도철은 동학군 토벌을 위해 급히 상경하여 時宰들을 두루 만나보고 倡義討匪의 뜻을 전달하였다. 그런데 그때 마침 일본인 이시수기(石杉)대위가 일병 200명을 데리고 출동하여 동학농민들을 진압하다가 군병을 모집하였다. 이에 이도철은 서울에서 즉시 제천으로 내려와 의려(군병)를 소모하여 충청·강원도에서 누차 공을 세웠다. 이에 양도 관찰사가 그의 공로를 군무아문에 보고했으나 정부로부터 즉각 포상을 받지는 못하였다.[8]

1895년 5월에 이도철은 동학군 토벌의 공로를 인정받아 평양진위대 참령에 임명되었다. 당시 박영효내각은 궁성을 수비하는 훈련대 제1~2대대 외에 지방 요지에 훈련대 제3~6대대를 설치하는 안건을 내각회의에서 결정하였다. 이어 4월 26일 군부대신서리 권재형이 김홍집총리대신에게 올린 상주문을 내각권들이 서명한 다음 고종에게 올리자 고종이 이를 재가하였다. 이로써 청일전쟁의 전화로 인해 병비가 완전치 못하고 민심이 불안한 상태에 놓여있던 평양에 훈련대 제3대대를 우선적으로 설치하는 안건이 통과되었다.[9]

훈련대 제3대대의 평양 설치건은 친일개화파와 고종의 이해관계가 맞아 떨어진 결과였다. 먼저 휘하의 이진호와 우범선을 통해 서울에 있는 훈련대 제1~2대대를 장악하고 있던 박영효는 지방 각지에 훈련대를 설치함으로써 군사권과 내정권을 장악하려 하였다. 이에 반해 삼국간섭 후에 점차 왕권을 환수하고 있던 고종은 지방 각지에 친위 군대를 부식함으로써 서울에서 변란이 일어날 경우를 대비하려 하였다. 따라서 훈련대

---

8) 『명성황후』, 「충민공공초」·「충민공부군행장초」, 255~256, 495~496쪽.
9) 『奏本·議奏』 1, 서울대학교규장각, 1994, 336~337쪽.

제3대대장에는 일본측이나 고종세력과 동시에 인연을 맺고 있는 유능한
군인이 선발될 수밖에 없었다.

훈련대 제3대대장에 임명될 때에 일본군 장교 이시수기대위가 군부대
신서리 권재형에게 이도철을 천거하였다.[10] 이어 권재형이 박영효내각
과 총리대신을 거쳐 올린 상주문을 고종이 가납함으로써 이도철은 5월
5일에 훈련대 제3대대장(참령)에 임명되었다.[11] 이는 이도철이 고종과
이종사촌이자 고종의 정치적 분신인 제천 출신 심상훈의 후원을 받았고
동시에 일본군 장교와 친분을 쌓았기 때문이었을 것이다. 이후 이도철은
6월에 33명의 군사를 거느리고 평양에 부임하여 군대를 정비하고 청일
전쟁의 참화를 수습하는 일에 진력을 다하였다. 이로 인해 평양민들이
이도철의 위엄을 두려워하지 않고 그의 은혜를 생각하게 되었다고 한
다.[12]

평양에서 이도철은 전염병으로 사망한 시신들을 처리하는 문제로 일
본인 장교와 갈등을 빚었다. 당시 일본장교 미주노(水野)는 평양성 내외
에서 전염병으로 사망한 인민들의 시신을 일본 풍습에 따라 화장하려 하
였다. 그는 평양감사의 동의를 받은 후에 이도철을 방문하여 양해를 구
하였다. 그러자 이도철은 "전염병자의 시신을 화장하는 것은 조선의 풍
속이 아닐 뿐만 아니라 이에 대해 왕명도 없는데 국법을 함부로 바꿀
수는 없다"는 이유로 굳게 반대하고 나섰다.[13] 또 그는 미주노가 中和
倉을 헐어서 그 재목으로 자기의 군막을 수리하려는 것을 보고 "창고도
公廨인데, 어찌 공해를 함부로 헐 수 있겠는가"라며 반대하였다.

이후에도 미주노의 여러 가지 행위에 대해 이도철은 의리를 들어가며
강력히 반대하였다. 이로 인해 양인의 사이가 크게 벌어졌고, 급기야 미

---

10) 『명성황후』, 「충민공공초」, 256쪽.
11) 『승정원일기』·『일성록』, 1895년 5월 5일 ; 『주본·의주』 1, 372~373쪽.
12) 『명성황후』, 「충민공부군행장초」, 496쪽 ; 『주본·의주』 1, 546~547쪽.
13) 『명성황후』, 「충민공부군행장초」, 496쪽.

주노는 군부대신에게 전보를 보내 이도철의 해임을 요구하였다.[14] 1895
년 8월 5일 군부대신 안경수는 '훈련 제3대대 대대장 참령 이도철'에게
휴직을 명할 것을 청하는 상주문을 김홍집 총리대신에게 올렸다. 다음날
권고 휴직 안건이 고종에게 상주됨으로써 이도철은 반강제로 휴직을 당
하였다.[15] 중앙정부에서 소환령이 내려오자 이도철은 8월 10일에 휴직
원을 제출하고 서울로 돌아와 남북밖 사축동의 민가에 기거하였다.[16]

Ⅳ. 춘생문사건 때의 근왕 활동

서울에 머물던 이도철은 조선 건국 이래 초유의 흉변인 을미사변의
소식을 듣고 친일개화파와 일본에 대한 복수를 다짐하였다. 그는 밤낮으
로 분개함을 금치 못하고 은밀히 창의하여 난적들을 토벌하고자 하였으
나 동지를 얻지 못하였다. 그러한 과정에서 이도철은 고종으로부터 밀지
를 받고 은밀히 지지세력 규합활동을 벌이고 있던 궁내부 시종 임최수의
방문을 받게 되었다.[17] 이때 임최수는 "당금에 憂國愛君의 충성이 그대
보다 나은 사람이 없다는 것은 내가 익히 알고 있는 바이다"며 거사에의
동참을 권유하였다. 이에 이도철은 눈물을 흘리며 임최수와 함께 목숨을
바쳐 충성을 다하기로 맹서하였다.[18]

춘생문사건에 가담한 인사들은 근왕과 간당을 제거하고 국모의 원수
를 갚고 국왕의 위급함을 부지하고 왕국을 수호하기 위해 거의하였다.

---

14) 『명성황후』, 「충민공부군행장초」, 497쪽.
15) 『의주』 2, 485~486쪽.
16) 『명성황후』, 「충민공공초」·「충민공부군행장초」, 256, 497쪽.
17) 공초에 의하면, 이도철은 남문안에 거주하는 임최수가 창의를 한다기에 가서 따
　　랐다고 하였다. 『명성황후』, 「이도철공초」, 256쪽.
18) 『명성황후』, 「忠愍公府君行狀草」, 497~498쪽.

당시 임최수가 이도철을 국왕파천운동에 특별히 가담시킨 것은 이도철
이 동학군 진압활동과 훈련대 대대장의 경력을 통해 장군감으로 인정을
받고 있었기 때문이었다. 다시 말해 임최수는 고종으로부터 밀지를 받은
다음에 거사에 동원될 군대를 거느릴 적임자를 물색하는 가운데 충의와
용력과 근왕성이 남다른 이도철을 주목하였던 것이다.[19]

이도철이 국왕파천운동에 가담한 시점에 대해 임최수 관련자료에는
밀지수령 시점인 10월 2일 이전으로 나오는 반면, 이도철 관련자료인
「충민공부군행장초」와 「충민공공초」에는 밀지수령 이후로 나온다. 이와
관련하여 이도철은 10월 14일자 공초에서 "본시 임최수와 친분은 없었
는데 근일에 서로 사는 곳이 가까워 우연히 상면하여 종종 술회한 것이
불과 10여일이 되었다"고 진술하였다.[20] 이러한 내용을 감안하면 임최
수가 고종으로부터 밀지를 수령한 다음에 이도철을 총대장 겸 돌격대장
으로 특별히 초빙한 것으로 파악된다.

연산 출신의 임최수와 제천 출신의 이도철은 모두 충청도 출신들이며
제천에 향제를 가진 고종 측근 심상훈과 친분이 있는 사이였다. 『뮈텔주
교일기』에 보면 궁내부 시종 임최수는 탁지부대신 심상훈의 휘하에서
활동하고 있었고,[21] 을미사변 직후에 심상훈의 지시에 따라 뮈텔주교를
통해 프랑스의 구원을 요청하였다. 그리고 심상훈이 이조판서를 지낼 때
에 의금부도사에 오른 이도철은 "본래 친한 사람은 없었고 심상훈은 동
향인이기 때문에 본디 친분이 있다"고 말했을 정도로 심상훈과 각별한
관계였다.[22] 따라서 춘생문사건의 총대장이 필요한 임최수에게 이도철
을 소개 내지 추천해준 사람은 이도철과 같이 전주이씨 경창군파의 후손

---

19) 『명성황후』, 「忠愍林公傳」, 387쪽. 聞參領李道徹有忠義膂力 往見之 且言且
    泣 激其忠憤 李亦樂聞 相與摒擋 糾合義士 得三十人同之.
20) 『명성황후』, 「이도철공초」, 257쪽.
21) 천주교명동교회 편, 『뮈텔주교일기』 I, 한국교회사연구소, 1986, 391쪽.
22) 『명성황후』, 「이도철공초」, 255~256쪽.

인 고종 측근의 이재순이거나 아니면 동향 사람인 심상훈일 가능성이 높다. 여하튼 임최수와 이도철은 고종을 구하고 국모시해를 복수하고 친일개화파를 징치하기 위해 생사를 함께 하기로 결의하였다.[23]

춘생문사건의 모의단계에서 이도철은 임최수와 이범진 등의 국왕파천전략에 적극적으로 호응하였다. 우선 그는 10월 2일 이후 친일개화파의 군제개편에 불만을 지닌 시위대 장교들과 기타 무인과 장사배들을 상대로 고종의 밀지를 보여주며 동참을 호소한 결과 많은 동조자를 얻었다. 또한 그는 10월 10일에 임최수·홍병진·이민굉·강태응·이충구 등과 함께 홍병진의 집에 모여 거사 전반에 대해 최종적인 논의를 가졌다. 그리하여 이들은 11일 밤에 훈련원에 모여 거사를 실행하기로 약속하였다.[24] 이때 임최수가 군대동원 문제를 걱정하자 이도철은 친위 제1대대 중대장 남만리가 충성스럽고 용감한 인사이니 거사동참을 타일러 보고 응하지 않으면 위협하여 동참시키면 된다며 자신이 책임지겠다는 의견을 내놓았다.[25]

10월 11일 심야에 이도철은 춘생문사건의 주도자들과 함께 훈련원에 모여 고종을 동소문 밖으로 모실 것을 결의하였다. 모임에 참가한 인원수는 처음에는 10여명(혹 20여명)이었으나 곧이어 100여명으로 증가하였다.[26] 이때 모임의 성격을 알고 참가한 이들은 국왕파천운동을 처음부터 주도한 임최수·이도철·이세진·홍병진·이덕순·김진호·홍진길 등 7명에 불과하였다.[27] 이들은 상호간에 친분이 없는 군대를 통솔할 군호로서 가운데 '中'자와 마음 '心'자를 따서 '중심'으로 삼았다.[28]

23) 『명성황후』, 「충민공부군행장초」, 497~498쪽.
24) 『명성황후』, 「임최수공초」, 447쪽.
25) 『명성황후』, 「충민공부군행장초」, 499쪽.
26) 『명성황후』, 「이도철공초」·「임최수공초」, 257, 442, 445쪽.
27) 『명성황후』, 「임최수공초」, 444~445쪽.
28) 『명성황후』, 「이도철공초」·「임최수공초」, 257, 442쪽.

이어 이도철이 이민굉과 함께 군장을 갖추고 이덕순·김진호·홍진
길·전우기·노홍규 등을 거느리고 동별궁에 당도하였다.[29]

동별궁에서 이도철은 이민굉·김진호와 함께 칙령이 없다는 이유로
출동을 주저하고 있던 친위대 중대장 南萬里에게 고종의 밀지를 내보이
며 칼을 빼어들고 위협하였다. 이에 남만리가 이도철의 위풍에 겁을 먹
고 군사를 거느리고 뒤를 따르자 임최수·이도철 등은 이어 친위 제2대
대 중대장 李奎泓이 거느린 군대까지 거병시키는데 성공하였다.[30] 이도
철은 각국 공사관과 천주교당에 보내는 통문을 가지고 있다가 거병 직전
에 당직 병사에게 주어 거의의 정당성을 역설하고 그들에게 경동하지 말
라고 당부하였다. 그가 발송한 통문의 내용은 "대조선 진위대 병졸 등이
방금 취군하야 조정에 역당을 토멸하고 병졸 등에 逆名을 伸雪코자 하
오니 각국 공사 대인은 경동치 말으시고 일제 우리 대궐 드러오셔 대군
주을 보호해여 쥬압소셔" 라는 것이었다.[31]

춘생문사건을 진압한 후에 일본공사관측은 이도철이 고종 측근의 이
범진과 긴밀한 연관하에 거사에 참여할 군대를 출동시켰고, 또 각국 공
사관에 문건을 보냄으로써 주도적인 역할을 수행했다고 하였다.

> 이범진 등이 맨 처음 계획하기로는 시위대를 동원하지 않고 공마대의 일
> 부를 거느리고 그 중에 자객을 끼게 해서 왕궁으로 쳐들어갈 예정이었으나
> 거사를 서둘렀기 때문에 공마대를 모집할 틈이 없었다. 구 시위대 사관 중에
> 동모자가 있음을 다행으로 여기고 11월 28일(음10.12) 심야에 이도철에게 자
> 객 40여 명을 주어 우선 순사주재소를 습격하여 그 검을 탈취하고 이어서 구
> 시위대 막사로 쳐들어가게 하였다. 그때 사관 가운데 문 안에서 응하는 자가

29) 『명성황후』, 「임최수공초」, 445쪽.
30) 『명성황후』, 「임최수공초」, 442, 445쪽 ; 정교, 『대한계년사』 상, 국사편찬위원회,
     1957, 124쪽 ; 『주한일본공사관기록』 7, 기밀발 제100호, [28일 사변의 전말],
     75, 77쪽.
31) 『주한미국공사관·영사관기록』 10, 한림대 아시아문화연구소, 2000, 265쪽.

있어서 문을 열었으므로 곧 들어가 중대장 남만리와 중대장 이규홍을 협박하고 칼을 휘둘러 출병할 것을 종용하고, 이들을 거느리고 왕궁을 습격하게 되었다. 그 당시 이도철은 각 공사관으로 보내는 통고문과 게시문을 갖고 있다가 당직 병사를 시켜 즉시 배부케 하였다.[32]

전투복을 갖춰 입은 이도철은 궁내부와 친구미파로 구성된 거사지도부와 함께 이범진이 모집한 40여명의 자객과 임최수가 규합한 800여명(혹 1천여명)의 구시위대 군대를 거느리고 이미 열려있는 태화문을 거쳐 오전 1시경에 춘생문 앞으로 당도하였다. 이들 근왕군들은 훈련원 → 동별궁 → 건춘문 → 태화궁 → 춘생문·북장문 등의 코스를 거쳐 진군했으며, 태화궁에다가 진을 치고 신무문 밖의 대궐 후원 동쪽문인 춘생문으로 진입을 시도하였다. 이들은 춘생문 앞에 도착하자마자 포를 연이어 세 방을 쏘고 이범래와 이진호가 성문을 열어주기를 기다렸다. 그러나 이진호의 배신과 일본군의 철저한 대비로 말미암아 성문이 열리지 않자 이들은 성문을 열라고 소리를 질러대며 기세를 올렸다. 친위대 대대장 李範來가 춘생문 밖의 근왕군에게 소리 높여 해산을 권유하는 가운데 200명의 근왕군이 춘생문의 서쪽인 北牆門으로 들이닥쳐 문짝을 부수고 돌입하였다. 그러나 일본군의 반격에 밀려 성문밖으로 퇴각하였다.[33]

북장문에 들어왔던 이도철·남만리·이규홍 등은 춘생문 안에서 내응하는 기색이 보이지 않자 일단의 자객과 병사들을 거느리고 직접 춘생문 담을 넘어 돌격하였다. 그러나 이범래의 친위대와 일본수비병이 근왕군이 춘생문 담을 넘어오는 것을 기다려 착검하고 포위 공격을 가함에 따라 일부는 퇴각하고 자객과 병사 10여 명은 생포되었다. 이때 이규홍 등은 이도철의 애초 약속과 달리 성문도 닫혀 있고 이범래의 친위대와 일본수비병에게 공격을 받았다며 자신들을 배신했다는 이유를 내세워

---

32)『주한일본공사관기록』7, 기밀발 제100호, [28일 사변의 전말] 77쪽.
33)『주한일본공사관기록』7, 기밀발 제100호, [28일 사변의 전말] 78~79쪽.

이도철을 생포하여 바친 다음 자진 항복했다고 한다.[34] 근왕군의 선봉
대를 제압한 친일내각의 어윤중은 근왕군을 섬멸하기 위해 발포해야 한
다는 주변의 요구를 적극 잠재우는 동시에 춘생문 성루에 올라가 근왕군
의 원대복귀를 설득하였다. 이에 근왕군이 해산하여 병영으로 철수함에
따라 이도철의 근왕활동은 막을 내렸다.[35]

V. 순국·복작과 장춘단 배향

춘생문사건이 종료된 직후에 친일개화파에 의해 모반 혐의로 체포된
이들은 모두 33인이었다. 그들 중에는 시종원경 이재순, 시종 임최수, 훈
련대 대대장 이도철, 훈련대 정위 이민굉, 위원 이충구, 전 탁지부사계국
장 김재풍 등 거사주도자들, 훈련대의 장교와 병사들 기타 약간의 민간
인들이 포함되어 있었다. 이들은 혹독한 고문을 받은 후에 친일내각이
설치한 특별법원에서 단발령이 반포된 11월 15일에 형을 언도받았다.
이도철은 임최수와 함께 모반률에 의한 교살형을 언도받고, 이외에 주
동자들은 대부분 실형을 선고받았다.[36] 당시 반일운동의 열기가 서울과
지방으로 확산될 것을 우려한 친일개화파는 선고일 당일에 임최수와 이
도철에 대한 형을 즉각 집행하였다.[37] 당시 친일개화파가 이도철에 대
해 내린 재판선고서는 다음과 같다.

---

34) 『주한일본공사관기록』 7, 기밀발 제100호, [28일 사변의 전말] 79쪽.
35) 『명성황후』, 「충민공부군행장초」, 500~501쪽 ; 정교, 『대한계년사』 상, 124~
   128쪽.
36) 『승정원일기』·『일성록』, 1895년 11월 15일 ; 총무처 정부기록보존소 편, 『국권
   회복운동판결문집』, 1995, 37~43쪽.
37) 조카 李曔應이 상경하여 서울의 의인들과 함께 새남터에서 이도철의 시신을 거
   두어 제천으로 돌아와 11월 27일에 장례를 치르고 선영이 있는 두무동에 안장하
   였다.

李道徹은 本年 八月 二十日 事變(을미사변:필자) 後에 林宬洙로 偶然
相從ㅎ야 自稱 契合ㅎ 故로 本年 十月 十一日 夜에 林宬洙의 指揮를 從
ㅎ야 訓練院에 聚會ㅎ야 洋服을 被掛ㅎ고 大隊長의 樣子를 假冒ㅎ야 東
別營 發軍홀 時에 中隊室에 作先 突入ㅎ야 兩隊 長官을 揮劍怯制ㅎ되
勅令이 有ㅎ다 稱ㅎ고 一齊 發兵ㅎ야 春生門에 直犯ㅎ야 太和宮에 留兵
ㅎ고 兩隊兵을 誘脅ㅎ되 各國 公使가 入闕 談判ㅎ면 城門이 將開홀지니
入闕 後에 勅令을 依ㅎ야 各部 大臣을 掃除흔다 ㅎ야 林宬洙로 陰謀를
綢繆ㅎ야 營兵을 脅制ㅎ야 擅發ㅎ고 各國 公使를 假託ㅎ야 軍心을 眩惑
ㅎ엿다.[38]

즉, 이도철에게 내려진 교살형의 이유로는 ① 을미사변 후에 임최수
와 뜻이 통하는 동지가 되었고, ② 11월 11일 밤에 동별영에서 밀지가
있다고 하며 훈련대 장교들을 위협하여 출동시켰고, ③ 각국 공사가 입
궐하여 담판하면 성문이 열릴 것이라고 훈련대 장병들에게 선전했으며,
④ 입궐 후에 칙령에 따라 각부 대신을 제거할 것이라고 말하였고, ⑤
군대를 이끌고 무단으로 춘생문에 돌입하여 무장활동을 전개했다는 것
이었다.

이도철은 거사 실패 후부터 순국하는 날까지 4일 동안 의연한 자세를
유지하였다. 그는 국왕 고종을 보호하고 친일 역당을 제거하려는 충군애
국사상에 따라 춘생문사건에 가담하였다. 다시 말해 그는 입궐하여 간당
을 제거하고 신하로서 분통함을 씻고 국가의 수치를 설욕하려는 의도에
서 거사에 참여하였기 때문에 명성왕후 폐위조치에 가담한 김홍집 이하
친일개화파를 원수로 간주하였다.[39] 그가 심문을 받을 때에 친일내각의
특별법원재판장 張博에게 눈을 부릅뜨고 꾸짖은 말에는 그의 우국충정
이 잘 나타나 있다.

---

38) 총부처 정부기록보존소 편, 『국권회복운동판결문집』, 40쪽.
39) 『명성황후』, 「이도철공초」, 258쪽

금일의 거사는 성상 옆의 역적을 제거하여 국모의 원수를 갚고, 왜놈과 양인을 축출하여 사직을 평안히 하려는 것이었다. 그런데 이것을 역적이라고 말할 수 있겠느냐? 너희 무리가 외국 오랑캐와 결탁하여 화란이 궁실에까지 미치고 말았다. 이것을 충신이라고 말할 수 있겠느냐? 나에게 팔순의 노모가 계시는데도 끝까지 봉양하지 못하고, 나라에 화란이 있는데도 공을 바치지 못하게 되었다. 충성과 효도를 모두 그르치고 말았으니 죽어도 애석할 것이 없다. 그러나 지금 대역적 대간흉의 손에 죽는 것, 이것이 분하고 원통할 따름이다.[40]

아관파천으로 친일개화파가 물러나고 고종세력이 정권을 환수하였다. 1896년 2월 20일 고종은 "임최수와 이도철의 거사는 창의복수를 위한 것이다"며 양인의 관작을 복작시켜 주라고 명하였다.[41] 이어 3월 11일 고종은 내각의 주청을 받아들여 "임최수와 이도철이 왕후시해의 복수를 위해 활동하다가 억울하게 죽임을 당했으니 '恤金을 급여토록 하라"는 전교를 내렸다.[42] 또한 고종은 4월 17일에 임최수를 내부협판에 이도철을 군부협판에 특별히 추증하고 두 사람에게 '忠愍'이라는 시호를 하사하였다.[43] 이어 1898년 2월 19일에 고종은 "충민공 이도철과 임최수가 예전에 참화를 당한 것을 오랫동안 가슴 아프게 여겼다. 그들의 嗣子들의 이름을 물어서 錄用하여 朝家에서 충성심을 장려하는 지극한 뜻을 보이게 하라"는 조칙을 내렸다. 이로써 이도철과 임최수는 사후에 고종으로부터 충신으로 대우를 받았다.

이도철은 대한제국정부가 유교를 국가의 종교로 정하고 신민들에게

---

40) 『명성황후』, 「이도철공초」· 「충민공부군행장초」, 261, 502쪽. 府君 張目大罵曰 今日之事 欲除軍側之惡 以雪國母之讐 驅倭洋安社稷而已 是可曰逆乎 汝輩 交通外夷 禍及宮闈 是可曰忠乎 吾有八耋老慈而不能終養 國有禍難而不能 效功 未免忠孝俱闕 則死亦不足惜 而反死於大逆大姦之手 是爲憤恨也.

41) 『고종실록』, 1896년 2월 20일.

42) 『고종실록』· 『관보』, 1896년 3월 11일. 이도철과 임최수의 후손에게 장례위로금 명목으로 2,000냥이 하사되었다.

43) 『고종실록』, 1896년 4월 17일 ; 『관보』, 1896년 4월 18일,

유교의 충애사상을 권장함에 따라 충절의 표상으로서 각별한 대접을 받
았다. 고종은 1900년 5월 31일 갑오년 이후에 王事를 위해 죽은 병졸들
을 제사지낼 별도의 사당을 건립할 방안을 강구하라고 원수부에 지시하
였다.[44] 이러한 지시에 따라 원수부는 11월 10일에 도성 남쪽의 남소영
터에 나라를 위해 목숨을 바친 이들을 제사할 장충단을 완공하였다. 다
음날 고종은 충성스런 이를 표창하고 절개 있는 이를 장려하는 것은 국
가의 떳떳한 법이라는 윤음을 내려주었다.[45] 장충단이 낙성된 직후에
동학군 토벌에 관련된 홍계훈 등 6인의 신위가 배향되었다. 이때 홍계
훈·이도철·임최수 등 을미사변과 춘생문사건으로 순국한 이들은 다
수의 병사들과 함께 장충단의 제향에 모셔졌다.

　1901년 2월 16일 육군법원장 백성기가 선행을 표창하고 충신을 장려
하는 것은 군왕의 도리인데 근년에 순절한 인사들에 대해 특별사당을 세
워 제사하는 예를 갖추지 못하고 있다며 별도로 사당을 세워 모시자고
건의하였다. 이때 그는 1900년 11월에 완공된 장충단에 동학군 토벌에
관련된 군인들을 배향하자 군인들의 사기가 크게 올라갔다고 주장하며,
임오군란에 관련된 이최응·김보현·민겸호·민창식, 갑신정변에 관련
된 민태호·조영하·민영목·한규직·윤태준·이조연·유재현, 을미
사변에 관련된 이경직, 춘생문사건에 관련된 임최수·이도철 등을 함께
배향할 것을 건의하였다.[46] 이에 따라 그전까지 장충단의 제향에 모셔
지기만 했던 이경직·임최수·이도철 등의 신위가 장충단에 공식으로
배향되었다.[47] 이로써 이도철은 지금까지도 충절과 의리를 상징하는 인
물로 남아있다.

44) 『고종실록』, 1900년 5월 31일.
45) 『고종실록』, 1900년 11월 10일.
46) 『고종실록』, 1901년 2월 16일 ; 『관보』, 1901년 2월 18일.
47) 이상배, 「장충단의 설립과 장충단제」 『충민공 이도철의 생애와 활동』, 106~
　　107쪽.

VI. 맺음말

이도철은 변란이 연이어 일어난 개화기에 국왕과 왕조를 위해 자신의 목숨을 바친 인물이다. 제천에서 전주이씨 왕족의 후손으로 태어난 이도철은 30대 전반에 제천향교의 폐막을 제거하고 민원을 해결함으로써 지역사회의 신망을 받았다. 그는 이러한 신망과 고종 측근 심상훈과의 친교를 바탕으로 서울로 진출하여 의금부도사를 지냈다. 이어 동학농민운동이 일어나자 당시의 여타 유교지식인처럼 동학군을 진압하는데 가담하였고, 동학군 진압의 공로를 인정받아 평양에 설치된 훈련대 제3대대장이 되었다. 그러다가 을미사변이 일어나자 고종 측근들과 함께 친일개화파와 일본세력을 축출하고 고종을 구하려 창의하였다. 그러나 일본군과 친일개화파의 효과적 대응으로 말미암아 뜻을 이루지 못하고 장렬히 순국하였다.

43세를 일기로 생을 마감한 이도철의 생애를 특징짓는 사건은 춘생문사건이었다. 고종이 러시아 공사관으로 옮겨간 아관파천의 전주곡에 해당하는 춘생문사건은 고종과 그의 측근들이 명성왕후의 원수를 갚고 친일세력을 축출하고 군주권을 수호하기 위해 일으킨 근왕운동이었다. 이러한 춘생문사건의 발발과 전개 과정에서 이도철은 주모자인 이재순·임최수·이범진 등을 보좌하는 역할을 맡았다. 다시 말해 그는 남다른 용맹과 풍부한 군사경험으로 고종의 밀지를 받은 임최수로부터 선봉장 겸 총대장으로 특별 초빙을 받았다. 이후 그는 춘생문사건에 투입된 군사들을 거느리고 최전선에서 용맹스럽게 활약함으로써 자기에게 부여된 임무를 충실히 수행하였다.

이도철은 생존 시보다 사후에 강한 영향을 미친 인물이 되었다. 춘생문사건 이전에 이도철은 제천지역에서는 비중 있는 인물로 대접을 받았지만, 아직 서울을 비롯한 전국적인 차원에서는 지명도가 그리 높은 편은 아니었다. 다만 서울에서 그는 동학도를 토벌하고 훈련대 대대장을 지낸 경력으로 말미암아 장군감으로 인정을 받고 있었다. 이러한 개인적 특장으로 인해 그는 춘생문사건에 가담하게 되었으며, 춘생문사건이 실패한 후에 친일개화파에 의해 죽임을 당하였다. 사후에 그는 고종으로부터 군부협판의 직위와 충민공이란 시호를 하사받고 충절의 상징으로 부상하였다. 이어 이도철은 나라에 충성을 바친 군인들을 모신 장충단에 배향됨으로써 현재에 이르기까지 충군애국의 상징으로 남아있다.

제3장
강화도에서의 이동휘의 근왕적 민족운동

I. 머리말

　이동휘(1873~1935)는 한말의 군인출신으로 국권회복을 위해 혼신의 노력을 기울인 민족운동가이다. 한일병합 전에 그는 강화도에서 학교를 설립하여 교육활동을 펼쳤고, 여러 계몽단체에 가담하여 활동하였다. 또한 비밀결사 신민회의 창건멤버로 참여했고, 강화의병의 봉기를 이면에서 지도하였다. 한일병합 이후에는 만주와 노령으로 망명하여 독립운동 세력을 규합하여 무장독립투쟁을 전개하려 하였다. 또한 1917년 러시아혁명 이후에는 사회주의 이념을 수용한 급진적인 항일운동가로 활동하였다.[1]

---

1) 이동휘의 민족운동에 대해서는 고택, 「군대해산」『신동아』65, 1970.1 ; 최취수, 「1910년 전후 강화지역 의병운동의 성격」『한국민족운동사연구』2, 1988 ; 반병률, 「이동휘의 한말 민족운동」『한국사연구』87, 1994 ; 김방, 「이동휘의 국권회복운동(1906~1913)」『한국근현대사연구』6, 1997 ; 조현욱, 「한말 이동휘의 교육진흥운동」『문명연지』5-1, 2004 ; 김형목, 「대한제국기 강화지역의 사립학교 설립운동」『한국독립운동사연구』24, 2005.

이동휘는 다채로운 생애를 통하여 자신에게 부과된 시대적 책무를 해결하려고 애썼다. 대한제국기부터 러시아에서 서거할 때까지 민족운동의 전과정 속에서 이동휘는 언제나 당대의 과제에 비추어 자신의 행동방안을 모색해 나갔다. 이로써 이동휘는 한국 근대의 수많은 민족운동가들 가운데 비교적 실천성이 강한 인물이라는 평을 받게 되었다. 그러므로 이동휘의 실천적 생애를 조망하고 그가 걸어간 활동과 노선의 궤적을 추적하는 작업은 한말 급진적 민족운동가의 특징과 성격을 파악하는 문제와 직결되어 있다.

여기서는 1903년부터 1908년까지 이동휘의 강화도에서의 민족운동을 알아보려 한다. 이때 그는 강화진위대 참령으로서 기독교를 수용했으며, 보창학교를 설립하여 교육운동을 전개하였고, 강화도지역의 의병운동에 깊숙이 간여하였다. 이로써 이동휘는 강화도지역의 근대화와 항일운동의 전개에 기반을 수립한 인물로 남게 되었다. 기왕에 선학들이 내놓은 1908년 중반 이전 이동휘의 활동에 대한 연구들은 이동휘가 군주권론자에서 민주정체론자로 넘어가기 이전의 모습들을 제대로 그리지 못하고 있다고 생각한다. 따라서 여기서는 이동휘가 서양의 민주정체론을 완전히 수용하기 이전의 벌인 민족운동에 나타난 근왕적 측면들에 초점을 맞추어 논의를 전개하였다.

Ⅱ. 교육운동의 착수와 기독교 수용

이동휘는 1903년 5월 참령에 올라 6년 만에 고급무관으로 승진하였다. 그는 승진과 함께 강화진위대 대대장에 임명되어 5월 26일 강화도에 부임하였다. 이후 그는 "산천이 佳麗하고 水土가 良宜하야 사람이 病廢가 없고 풍속이 순량하다"[2]는 평을 받는 강화도에 거처를 정하고 근

무를 시작하였다. 이듬해 7월 서울에서 일제의 황무지개척권 요구에 반
대하는 애국지사들이 대한보안회를 조직하자 이동휘는 평의장을 맡았
고, 이어 9월에 대한보안회가 대한협동회로 이름을 바꾸자 서무부장을
맡았다. 그리고 1904년 12월 친일단체 일진회를 박멸하기 위해 설립된
공진회에도 주도적으로 참여하였다.[3] 이처럼 이동휘는 강화도에서 활동
하는 동안 서울을 중심으로 벌어지는 민족운동에 적극 가담하였다.

이동휘는 강화진위대에서 군인생활을 하면서 교육활동에 가담하였다.
이동휘가 교육활동에 관심을 가진 것은 대한제국 초기에 정부의 근대학
교 설립운동과 『태서신사』 등의 영향으로 교육구국론이 일어나기 시작
하던 시대적 분위기를 적극 받아들인 결과였다. 당시 강화도에는 미국선
교사 조원시(George H. Jones)와 박능일 목사가 2~3명의 학생을 대상으
로 감리교 계통의 '蠶豆義塾'이라는 사숙을 운영하고 있었다.[4] 그러나
잠두의숙은 강화도 최초의 사립학교라는 상징성 외에는 여러 면에서 미
흡하기 그지없는 학교였다. 따라서 강화도에서 최초의 학교다운 학교는
진위대장 겸 감리교회 권사로 활동하면서 주민들로부터 신망을 받았던
이동휘에 의해서 설립되었다.

이동휘는 1903년 8월경에 강화진위대 병영 안에 유소년 교육을 위하
여 학교를 설립하였다.[5] 『황성신문』에 의하면, 그는 자기의 사비로 학교
를 설립하고 하사와 병졸의 자제 가운데 총준한 아동 30여명과 평민 자
제 20여명을 모집하여 그들에게 본국지지, 본국역사, 만국지지, 만국역
사, 산술 등 제반 학문을 주학 야학으로 열심히 교육하였다. 강화군에
사는 조희일은 수년간 일본에 유학하여 일어에 능통했던 인사인데, 이동
휘의 교육활동 소식을 듣고 찾아와 명예교사가 되기를 자원하였다. 이후

2) 『황성신문』, 1905년 2월 15일, 「광고」.
3) 반병률, 『성재이동휘일대기』, 범우사, 1998, 40~41쪽.
4) 유지영, 「합일학교와 故 최상현씨」 『신동아』, 1935.11, 196~197쪽.
5) 『황성신문』, 1905년 2월 15일, 「광고」.

조희일은 이동휘와 협의하여 주야로 학생들을 열심히 가르쳤다고 한
다.6) 이처럼 학교 설립 초기에 이동휘가 사비로 학교를 설립하고 조희일
이 무보수로 일하는 열의를 보였을 만큼 양인의 교육에 대한 열정은 남
다른 바가 있었다.

　이동휘가 진위대 병영안에 설립한 학교의 이름은 育英學校(후일 보
창학교)이다. 육영학교는 1905년 2월에 강화도 사립육영학교장 이동휘,
일어명예교사 조희일, 영어명예교사 김만식 등 세 사람 명의로 신문에
학생모집 광고를 실었다. 거기에는 "학교가 설립된 지 7개월만에 학업이
점진하여 학생수가 80여명에 이르렀고, 신년도에 학교의 규칙을 개선하
여 초등학교 수준의 소학보통과와 영어, 일어를 가르치는 중등교육 수준
의 일어영어과로 구분하였다. 선생들이 주야로 열심히 가르치니 학업에
뜻을 지닌 이들은 食料만 지니고 오면 수업료는 무료이다"고 선전하였
다. 이때 소학보통과는 신체 건강하고 정신이 올바른 자와 연령이 8세
이상 16세 이하자로 규정하였다. 일어영어과는 한문, 국문, 작문, 습자를
가르치며, 학령은 16세 이상 20세 이하로 규정하였다.7) 아울러 같은 날
짜의 『황성신문』에는 육영학교에 보조금을 바친 이들의 명단이 실렸는
데, 거기에는 金東秀, 趙尙錫, 黃範周, 金尙台, 金顯土 등 강화도의
사인들이 포함되어 있었다. 아울러 한 달 후인 3월 22일에 민영환, 조동
윤, 권중현, 민병석, 윤웅렬, 이근호, 엄주익, 민경식, 민영린, 김가진, 민
상호, 조동원, 이성순, 김승규, 어담 등 중앙의 영향력 있는 고관들이 육
영학교에 대략 30~400원에 달하는 거액의 찬성금을 희사하였다.8) 이
는 이동휘의 영향력을 입증하는 것임과 동시에 이동휘의 후원자인 이용
익과 왕실의 은근한 후원 덕분이었음이 주목된다.

---

6) 『황성신문』, 1904년 11월 15일, 「열심교육」; 『대한매일신보』, 1904년 11월 15일,
　「敎育可賀」.
7) 『황성신문』, 1905년 2월 15일, 「광고」.
8) 『황성신문』, 1905년 3월 22일, 「私立江華育英學校贊成金續」.

그런데 이제까지 이동휘가 설립하여 운영한 육영학교는 1905년 3월 이후에 설립된 것으로 알려져 왔다. 이를테면 육영학교는 이동휘가 강화 부윤 윤철규로부터 러시아간첩이라는 무고를 당하여 투옥되었다가 무혐의로 풀려나자 3월 3일 관직을 버리고 강화도로 돌아와 설립한 학교라는 것이다. 이는 그가 을사조약 직후에 작성한 여러 상소문들에서 한결같이 "금년 봄에 軍職을 사직하고 강화도로 내려가 교육에 종사하고 있습니다"고 말한 대목에 근거하고 있다. 따라서 1904년 11월 이동휘가 학교를 세워 운영했고 1905년 2월 육영학교장 이동휘 명의의 신문광고와 1905년 봄부터 교육활동에 종사하고 있다는 이동휘 자신의 기록을 종합해 보면, 이동휘는 1904년 11월경에 자비로 학교를 설립하여 운영만을 관장하다가 관직에서 물러난 다음 1905년 봄부터 직접 교수활동에 참가했던 것으로 보인다. 하여튼 이동휘의 육영학교의 설립과 운영은 교육구국운동이 치열하게 벌어지고 있던 1908년에 "以一身으로 奉獻於學界 而京鄕到處에 脣焦口燥而不已ᄒ며 千難萬險而不避ᄒ야 始撞我國之晨鍾者ᄂ 李東暉氏가 其人也요"라 하여 한국 교육운동의 창시자라는 영예로운 평을 받는 시발점이 되었다.[9]

이동휘는 교육활동에 본격 착수하면서 기독교야말로 한국의 근대화와 독립을 이루기 위해서 반드시 필요한 종교라고 생각하였다. 그래서 그는 강화지방의 감리교 지방전도사인 김우제를 통해 기독교에 입문하였다. 이후 그의 기독교에 대한 믿음은 참으로 지극한 것이었다. 을사조약 직후에 지은 「遺告二千萬同胞兄弟書」에서 이동휘는 자신이 일찍부터 기독교를 믿었다며 "기독교가 아니면 서로 사랑하는 마음이 없고 기독교가 아니면 나라를 사랑하는 마음이 없고 기독교가 아니면 독립할 마음이 없을 것입니다. 이렇듯 자신을 닦고 스스로를 강하게 하는 것은 모두 기독교에 기인하는 것이며, 임금에게 충성하고 나라를 사랑하는 것

---

9) 松南子, 「送鄭益魯氏歸國」 『태극학보』 26, 1908.11.

도 기독교에 기인하고, 독립과 단결을 외치는 것도 기독교에 기인하고, 학문과 교육도 기독교에 것입니다. 그러므로 아 우리 동포들은 노력하고 믿으시기 바랍니다"라고 하였다.[10] 이를 보면 이동휘는 기독교와 계몽운동과 충군애국의 세 가지를 합일시켜 이해하고 있었고, 이러한 바탕위에서 일제침략에 대항해 나라를 구하기 위한 민족운동을 전개해 나갔다.

Ⅲ. 교육운동의 전개와 학회운동 참여

이동휘의 교육운동은 1905년 5월을 기점으로 탄력을 받기에 이르렀다. 한국의 운명을 가름하는 러일전쟁이 종결되어 가고 있던 시기에 강화도에서 교육활동에 열중하던 이동휘는 5월 7일 육영학교 학도 중에서 우수하고 정민한 20여인을 거느리고 각 학교를 시찰하기 위해 서울에 도착하였다. 이동휘의 서울행은 시국정세를 탐지하고 찬성금을 내준 고관들에게 감사를 표시하며 서울의 지사들과 교유하기 위한 다목적의 성격을 지닌 것이었다.

이동휘를 따라 서울에 올라온 육영학교 학생들은 모두 단발을 하였고 周衣 위에는 비단허리띠를 둘렀고 허리띠에는 대한제국 왕실의 문양인 오얏꽃이 새겨져 있었다.[11] 이는 육영학교 학생들이 근대식 외모와 복장을 갖추고 고종황제와 대한제국에 충성을 나타내는 표식을 하고 있었음을 나타낸다. 이때 육영학교는 영친왕의 지시에 따라 교명을 육영학교에서 보창학교로 바꾸었다고 한다. 보창학교장 이동휘와 교감 金成殷은 교명을 바꾼 사실을 『황성신문』에 광고하였다.[12] 아울러 이동휘와 학생

---

10) 홍영기, 「이동휘의 구국운동(1905~1907)에 관한 새로운 자료」『한국근현대사연구』 1, 1994, 299쪽.
11) 『황성신문』, 1905년 5월 8일, 「率徒視察」.

들은 영친왕이 친필로 普昌學校라고 써준 교기를 들고 종로시가를 행진하고 용기백배하여 강화도로 돌아왔다고 한다.[13] 이러한 일화는 이동휘가 경향 각지에서 교육운동가로 명성을 얻게 되는 계기가 되었고, 동시에 보창학교가 발전하는데 필요한 기초를 마련하는 계기가 되었음을 의미한다.

영친왕으로부터 교명을 하사받은 보창학교는 왕실과 고관들의 후원하에 재정적 기반을 마련하였다. 고종은 왕실소유지인 積石寺 소유의 토지와 임야에서 나오는 지세를 보창학교의 운영비로 쓰도록 하였다.[14] 또한 이동휘를 문객으로 거느리고 있다고 일본측이 파악한 고종 측근 이용익은 보창학교를 운영하도록 돌봐주었다. 그래서 보창학교의 경비가 전 내장원경 이용익의 주머니에서 다달이 흘러나온다는 소문이 돌았다. 학교의 기반이 날로 굳어지자 영친왕궁에서도 5천원(당시 학생구두 한 켤레가 1원 50전)을 장학금으로 하사했다고 한다.[15] 또한 이동휘는 鎭海寺 소속의 佛糧畓을 보창학교로 이관해 달라고 학부에 청원하여 허락을 얻어내기도 하였다.[16] 이로써 보창학교가 왕실 및 고관들의 후원하에 재정적 기반을 마련하자 강화도에서는 이동휘를 한낱 인간으로 알기보다는 절대적인 능력과 수완을 겸비한 위인으로 떠받들게 되었다고 한다.

보창학교의 교과목은 역사, 지리, 영어, 일어, 산술, 한문, 문리, 화학, 도화, 체조 등으로 다양하였다. 김승조, 김남식, 갈현대, 고시준, 송석린, 어용선, 박중화 등이 교사를 지냈는데, 교사 가운데는 설립자 이동휘의 영향으로 진위대 출신들이 많았으며 교수 방법 역시 군대식이었다. 이는

---

12) 『황성신문』, 1905년 5월 13일, 17, 「광고」.
13) 유석인, 『애국의 별들』, 교문사, 1965, 183쪽.
14) 최취수, 「1910년 전후 강화지역 의병운동의 성격」, 60쪽.
15) 고택, 「군대해산」, 360~361쪽.
16) 『황성신문』, 1906년 3월 29일, 「學訓沁府」.

보창학교가 이동휘의 영향으로 상무정신을 중시하는 교육을 실시했음을 알 수 있다. 보창학교는 보통과, 초등소학과, 중등소학과로 구분된 학과에서 시험을 보아 우등, 급제, 낙제생으로 우열을 구분 짓는 등의 적극적인 교육을 실시하였다. 교가는 "무쇠구녁 돌구녁 소년남자야 / 애국의 정신을 분발하여라 / 때 달았네 때 달았네 / 우리나라 때 달았네"라 하여 학도들의 애국심을 고취하는 내용으로 되어 있었다. 그리고 매주 토요일 오후에는 학생들을 강당에 모아놓고 며칠 전에 미리 나눠준 주제를 가지고 연설을 하도록 하였고, 매년 봄마다 각 면의 보창학교들이 모두 모이는 연합운동회를 개최하였다.[17]

1906년 4월에 보창학교는 고등과정의 사범과를 설치하였다. 보창학교가 사범과를 설치한 이유는 심상과와 고등소학교와 보통학교의 정규 교원을 양성하기 위한 것이었다. 사범과의 교수과목으로는 윤리학, 수신학, 독서, 작문, 지지(內外), 역사(內外), 교육학, 물리학, 화학, 생리학, 경제원론, 법학통론, 수학, 도서, 창가, 체조병식기계, 외국어(일어, 영어) 등이었다. 입학자격은 18세 이상 35세 이하였고, 수업년한은 2년으로 규정되었다. 사범과에 들어가기 위한 입시과목은 독서, 국한문 작문, 국한문 지지문답, 수학(사칙이내) 등이었다. 사범과는 이렇게 선발한 학생들은 2년 동안 가르쳐 1908년 9월에 첫 졸업생을 배출하였다.[18]

1907년 7월의 고종퇴위와 8월의 군대해산을 전후하여 국내정세가 급변하는 가운데서도 보창학교는 착실한 성장과정을 거쳤다. 1905년 7월 이후에 甲湖(교장 이동휘), 月湖(교장 유경근), 山湖(교장 이동휘, 교감 장동식), 光明학교(교장 유경근) 등 4개의 보창학교 지교가 설립되었다. 또한 7월에 보창학교 내에 부설 여학교가 설치되어 보창학교 교사들이

---

17) 고택, 「군대해산」, 360쪽 ; 최취수, 「1910년 전후 강화지역 의병운동의 성격」, 60쪽
18) 『대한매일신보』, 1906년 4월 4일, 「광고」, 1908년 9월 24일, 「普昌尤昌」 ; 『황성신문』, 1906년 4월 4일, 「광고」

운영과 교육을 담당하였다. 보창학교에서의 여성교육은 강화도 여성들의 근대교육을 선도하는 역할을 하였다.[19] 이후 1907년 2월 당시 보창학교 임직원은 교장 이동휘, 교사 徐相七, 高時駿, 宋錫麟 등이었다.[20] 4월에는 소학보통과에서 최초의 졸업생이 배출되었는데, 이때 고등소학과 학생 19명과 초등소학과 학생 18명이 졸업하였다. 보창학교에서는 이들 졸업생들이 자기 수준에 맞는 상급 과정으로 진학할 수 있도록 적극적으로 배려하였다.[21]

보창학교를 모델로 삼아 국내 각지에서 보창학교 지교들이 설립되었다. 강화도에서는 1907년 5월경에 32개의 보창학교 지교가 설치되었다.[22] 이러한 보창학교 지교들은 대부분 기존의 서당과 사숙을 지교로 변경한 경우가 대부분이었다. 따라서 보창학교가 강화도의 교육방식을 전통식에서 근대식으로 발전시키는데 일정한 기여를 하였음을 알 수 있다. 또한 1906~1909년경까지 많은 보창학교 지교들이 전국 각지에 설립되어 보창학교라는 단어가 사립학교를 의미하는 보통명사로 변할 정도로 큰 영향을 미쳤다.[23] 당시 경기도 일원과 황해도를 비롯하여 함경도와 충청도 등지에 세워진 다수의 보창학교들은 다른 근대식 학교들에 비해 시설은 뒤떨어진 편이었다. 그러나 보창학교들은 국권회복을 위한 애국심 고양에 목표를 두고 교육을 실시하였기 때문에 이후 보창학교 출신들이 민족운동에 가담하는 경우가 많았음이 주목된다.

이동휘의 보창학교는 당시 경향 각지에 유행하던 연합운동회를 적극적으로 개최하였다. 보창학교의 운동회는 1906년 6월부터 해마다 개최

---

19) 김형목, 「대한제국기 강화지역의 사립학교설립운동」, 16~19쪽.
20) 『황성신문』, 1907년 2월 20일, 「광고」, 3월 29일, 「普校大振」.
21) 『황성신문』, 1907년 5월 4일, 「普校漸昌」. 조현욱, 「한말 이동휘의 교육진흥운동」, 91쪽.
22) 『황성신문』, 1907년 5월 27일, 「江華大運動景況」.
23) 김방, 「이동휘의 국권회복운동」, 24~25쪽 ; 김형목, 「대한제국기 강화지역의 사립학교설립운동」, 18~19쪽.

되었다. 이러한 운동회는 지역민의 친목도모와 애국의식의 함양에 많은 기여를 하였다. 이를테면 운동회가 열리는 날이면 강화도를 비롯하여 인근의 많은 사람들이 운동회장에 집결하여 친목과 화합을 다지는 기회를 가졌으며, 동시에 운동회에는 명망 있는 연사가 초청되어 민중계몽과 구국의식을 고취하는 연설을 하는 것이 보통이었다. 이러한 행사를 통하여 강화도 지역민들은 점차 대한제국의 신민에서 대한제국의 국민으로 거듭날 계기를 맞이하였다. 따라서 보창학교의 운동회는 한말의 애국계몽운동과 불가분의 관계를 지닌 의미 있는 행사가 되었다.

보창학교의 제1회 연합운동회는 1906년 6월 16일 개성의 만월대에서 개최되었다. 이때의 운동회는 강화도와 개성 인근의 보창학교 지교들이 참가한 비교적 소규모의 운동회로서 참가자수는 내빈과 학생들을 포함하여 500여 명에 불과하였다. 이는 6월 17일 개교 예정인 개성보창학교 지교의 설립을 축하하기 위한 목적을 겸하고 있었다.[24] 이때의 운동회에는 강화도에서 많은 인사들이 참석하지 못한 것으로 보이기 때문에 개성지역 보창학교 운동회의 성격을 띠고 있었다.

1907년 5월 21일에 강화도 동문 밖 연병장에서 제2회 연합운동회가 개최되었다. 강화 소재 보창학교와 32개의 지교 및 인근 통진과 풍덕 지역의 공사립 학교 38개교가 참가하는 춘기연합운동회였다. 이때 학생 1,200여 명(여학생 20여 명)과 남녀 내빈 다수가 참여하여 성황을 이루었다. 그리고 운동회에 필요한 모든 물품은 보창학교 찬성유지들과 기독교 신자들과 '義務社' 회원들이 마련하였다. 운동회 도중에 비가 내리자 학부모들이 내일 다시 운동회를 속개하자고 요청하여 모든 이들이 동의했고, 학부모들은 숙식에 관계되는 일체의 물품을 제공하였다. 이어 6월 22일 오전에 운동회를 다시 속개하여 마치고 오후에 연설회를 열었다. 이때 거의 1만여 명에 달하는 군중이 집결하여 성황을 이루었다. 연설회

---

24) 『황성신문』, 1906년 6월 25일, 「普昌運動」.

에서는 노백린, 유원표, 허씨 부인 등이 애국계몽 연설을 하였고, 이동휘 주도로 여흥회를 개최하고 해산하였다. 당시 유원표는 자신이 "올봄에 3곳의 운동회를 다녔는데 강화대운동회가 인력과 물품이 加敬할 바라" 고 하였다.[25] 이는 보창학교의 운동회가 단순히 학생들의 운동회에서 그친 것이 아니라 강화 군민들이 대거 집결하여 화합을 다지고 구국의식 을 고취하는 생생한 교육장이 되었음을 의미하는 것이다.

1908년 5월 14일에 제3회 대운동회가 열렸다. 이때의 운동회에는 강 화도 각지의 80여개 학교와 그 인근의 인천, 통진, 개성의 다수 학교에 서 2,600여 명의 학생들이 참가하였다. 아울러 1만여 명에 달하는 대규 모 인원이 참관자로 동원되었다. 이때의 운동회에 대해 『황성신문』은 다음과 같이 보도하였다.

本月 十四日에 江華郡 各校 聯合運動을 設行홈은 前報에 已揭어니와 該 會에 參觀혼 某氏의 所傳을 據혼즉 該郡 各 面里에 八十餘 學校와 仁 川 通津 開成 各 學校가 聯合ᄒᆞ야 男女學徒가 二千六百餘人이오 觀光 男女가 萬餘人이라. 各 學校의 軍幕을 皆 洋木으로 舖設혼 것은 一般 市 民이 供給ᄒᆞ얏더라. 其 運動節次ᄂᆞᆫ 上午 十点鍾에 始作ᄒᆞ야 十餘科程의 競爭을 擧行ᄒᆞ얏고 各種 運動을 畢혼 後에 該 學徒 等을 兩隊에 分ᄒᆞ야 紙製木製의 大砲銃器을 多數 準備ᄒᆞ고 兩軍이 互相 衝突에 勝負를 未分 ᄒᆞ더니 一邊에 決死隊 八十名이 突出奮激ᄒᆞ니 砲煙이 蔽空ᄒᆞ고 喊聲이 如雷라. 於是에 敵軍이 大敗ᄒᆞ야 中丸負傷者가 紛紛倒地ᄒᆞ믹 一邊에서 赤十字隊가 軍中에 馳入ᄒᆞ야 被傷者를 舁去ᄒᆞ더라. 於是乎 銳氣가 百倍 ᄒᆞ야 大捷을 奏ᄒᆞ믹 凱歌를 齊唱ᄒᆞᄂᆞ지라. 於是에 太極旗를 半空에 高揭 ᄒᆞ고 萬歲를 連呼ᄒᆞ고 軍樂隊ᄂᆞᆫ 軍樂을 迭奏ᄒᆞ니 該 學徒 等과 觀光男 女가 莫不蹈舞踊躍ᄒᆞᄂᆞᆫ 狀態를 呈혼지라. 日本 紳士 某氏가 登壇 演說 曰 此雖戲劇의 事나 果然 後日에 本郡 學徒ᄂᆞᆫ 大韓國의 第一等 學徒가 되고 大韓學徒ᄂᆞᆫ 世界의 第一等 學徒가 되고 大韓이 世界에 第一等 國이 되기를 切願ᄒᆞ노라 ᄒᆞ얏더라.[26]

25) 『황성신문』, 1907년 5월 27일, 「江華大運動景況」.
26) 『황성신문』, 1908년 5월 17일, 「강화학교운동」.

이때의 운동회에서는 모의군사훈련이 이루어졌다. 이동휘는 학도들을 좌우 양편으로 갈라 전투를 벌이게 하고, 양편의 전투가 승부가 나지 않자 별도로 80명의 결사대를 조직하여 상대를 공격하도록 하였다. 그리고 패한 측의 부상자를 치료할 적십자 요원까지 배치하였다. 이때 결사대의 활약으로 승부가 나자 학생들은 태극기를 휘날리며 만세를 부르고 군악대가 군악을 연주하였다. 이러한 전쟁놀이는 마치 장래에 있을 외적과의 전투에 대비한 군사훈련을 방불케 하는 것이었다. 이처럼 운동회를 이용한 군사훈련은 제2회 운동회에서도 '防禦攻擊'이라는 제하에 동일하게 실시되었는데, 당시 『황성신문』은 이를 '새로이 발명된 운동회 과목'이라고 하였다. 하여튼 '방어공격'은 운동회를 통하여 학도들에게 상무정신을 기르도록 하려는 이동휘의 의도가 반영된 것이었다.

이동휘는 강화도에서 학생들을 육성하는 동안 학회활동에도 부지런히 참여하였다. 그는 1906년 3월에 설립된 대한자강회에 가담하여 삼남 지방을 순회하며 구국계몽 연설을 하였고, 강화도에 대한자강회 지부를 설치하여 부회장으로서 강화도 주민에 대한 계몽활동에 종사하였다.[27] 또한 1906년 6월 상동청년학원이 주관하던 순한글잡지 『가뎡잡지』의 통신원으로서 강화와 개성 지국장을 맡아 활약하였다.[28] 또한 1906년 10월에는 이준이 주도하던 국민교육회에 가입하였고, 같은 달에 이준, 오상규 등과 한북흥학회를 조직하여 평의원이 되었으며, 1908년에는 국민교육회가 운영하는 속성사범과 학생들을 모집하기 위해 지방순회 활동을 펼쳤다.[29] 나중에 『동아일보』는 "한손에는 성경을 잡고 또 한손에는 교육사상을 고취하는 서류를 잡은 후 이르는 곳마다 선천이 떠나갈 듯한 목소리로 첫마디부터 열혈이 뚝뚝 떨어져서 수많은 청중이 흐느껴

---

27) 반병률, 『성재이동휘일대기』, 58쪽.
28) 전택부, 「전덕기 목사와 그 주변사람들」 『나라사랑』 97, 1998, 274쪽.
29) 『동아일보』, 1935년 2월 15일.

울고 그 마당에서 반드시 학교가 설립되었으니 신사상 주입의 신이 되었다"며 이동휘의 교육 및 종교 활동을 높이 평가하였다.[30]

교육 및 학회 활동을 정력적으로 펼친 결과 1907년 봄에 이르러 이동휘는 "현금 교육가로 第一指屈數한다"는 평을 받았다. 그는 1907년 7월 서우학회에 보창학교의 운동회를 위해 참관인을 보내달라고 공식 요청하였다. 이에 서우학회는 金義善의 동의를 거쳐 총대 2인을 보내기로 하고 李甲의 특별 요청으로 노백린과 김희선을 파견하기로 하였다.[31] 노백린은 운동회에 참석하여 계몽연설을 하였다. 이동휘는 1907년 8월 "본인이 現居 江華나 교육에 종사ᄒ야 밀접흔 관계가 多在於西道ᄒ고 江華도 亦西니 입회ᄒ자"고 요청하여 허락을 받았다.[32] 이처럼 서우학회 가입은 이동휘가 서우학회의 지원을 등에 업고 경기 북부와 황해도 일대에서 보창학교의 지교를 차례차례로 설립해 나가는데 크게 기여하였다.[33]

IV. 항일의병운동의 고취와
강화도 교육기반 강화

1904년 2월 한일의정서의 체결과 6월 일제의 황무지개척권 요구는 한국민들의 항일열기를 고조시켰다. 대한제국이 일제로부터 시정개선 지도를 받을 것을 규정한 한일의정서와 한국의 영토를 강제로 점유하려는 황무지개척권 요구는 일제의 대한침략의 의도를 그대로 드러낸 것이

---

30) 『동아일보』, 1935년 2월 15일.
31) 『西友』 8, 「제8회특별총회 회록」, 1907.7.
32) 『西友』 9, 「제10회 통상회 회록」, 1907.8.
33) 조현우, 「한말 이동휘의 교육진흥운동」, 108쪽.

었다. 따라서 1904년 여름부터 한국민들은 대대적으로 일제의 한국침략
을 규탄하고 나섰다. 그들의 반일운동은 강력한 무장투쟁인 의병운동으
로 승화되어 한일병합 전까지 치열하게 전개되었다. 이러한 시대분위기
속에서 강화도에서도 항일의병이 봉기하여 일제에 항전하였다.

1907년 7월 1일 헤이그특사 파견사실이 언론에 보도되었다. 3일에 이
토 히로부미(伊藤博文) 통감은 고종의 헤이그특사 파견문제를 항의하고
나섰고, 12일에 일본내각은 이토에게 한국정부에 대해 강경책을 구사하
라고 주문하였다. 이에 이토는 18일에 고종을 알현하여 헤이그특사 파견
문제를 추궁하고 양위를 강요하였다. 이토의 강압에 밀린 고종은 18일에
황태자로 하여금 국사를 대리케 한다는 교서를 반포하게 하였다. 이무렵
서울에는 "고종황제가 양위하고 일본으로 잡혀간다"는 이른바 御駕東
渡說이 퍼져 상가가 철시하고 항일분위기가 치솟고 있었다.

헤이그특사 사건으로 시국상황이 위중해지자 이동휘는 서울로 올라
와 지사들과 방안을 모색한 것으로 보인다. 1907년 7월 중순경 이동휘
는 李甲, 盧伯麟, 柳東說, 朴永喆, 林在德 등 일본육사 출신의 무관들
과 대한제국 군인 출신 8인이 조직한 效忠會 동지들과 함께 고종의 양
위를 저지하기 위한 무력항쟁과 친일파 대신 암살을 계획하였다.[34] '충
성을 바치는 모임'이라는 의미를 지닌 효충회는 강렬한 근왕성향을 지닌
무관들이 "동양대세와 군국대사를 의논하기 위해" 조직한 비밀결사였는
데,[35] 한일병합 직전에 고종의 밀명을 받고 러시아측에 황제파천 가능
성을 타진했을 정도로 고종의 신임을 받고 있던 이갑이 효충회를 주도한
것으로 보인다.[36] 이들은 7월 초순 헤이그특사 파견문제로 고종의 안위
가 다급해지자 7월 16일부터 밤마다 이갑의 집에 모여 사태를 논의하였

---

34) 이정희, 『아버님 추정 이갑』, 인물연구소, 1981, 116~122쪽.
35) 이광수, 「무명씨전 A씨의 약력」 1~2, 『동광』 20~21, 1931.4~1931.5.
36) 『이범진의 생애와 항일민족운동』, 「이범진공사에 관한 러시아자료」, 외교통상부,
    2003, 222~223쪽.

고, 이때 고종양위를 반대하는 궁내부대신 朴泳孝와 귀양에서 풀려난
金允植 등과 연락을 취하기도 하였다.[37]

시국상황이 위태로워지자 7월 17일부터 서울 일원에 임진왜란과 을
미사변의 잔학성을 규탄하는 벽보들이 나붙었다. 18일에 고종이 양위하
고 일본으로 붙잡혀간다는 소문이 돌자 모든 시가가 철시하고 야간에 다
수의 시민들이 종로에 집결하여 사직이 위태롭다며 우국적인 가두연설
을 전개하였다. 오후 11시경에는 군중들이 왕성 부근으로 집결하였고,
決死會라 칭하는 이들이 결사연맹부를 작성하여 가맹자를 모집하기도
하였다. 19일에도 전날과 동일한 양상이 벌어지며 항일의 기세가 더욱
치열해졌다.[38]

서울에서 일제의 침략상과 그에 반대하는 운동이 벌어지는 것을 목도
하고 효충회 회원들과 대책을 의논하던 이동휘는 7월 20일 이전 어느
때쯤에 강화도로 내려갔다. 강화도를 현지 조사한 일제경찰보조원 단바
겐지로(丹羽賢太郎)의 1907년 8월 23일자 보고서에 의하면, 7월 20일
강화도에 서울의 사변소식과 『대한매일신보』가 보도한 고종을 일본으로
데려간다는 기사가 전파되자 이동휘가 7월 24일에 기독교도인 金東秀,
許聖京, 金南秀, 金光天, 金彭岩 등과 함께 강화도 읍내 연무당(鍊武
堂)에서 군중집회를 열었다. 이때 이동휘는 다음과 같이 결사항전을 촉
구하는 연설을 하였다.

　　고종을 일본으로 데려간다는 소식이 사방으로 전파되어 각처에서 의병이
　일어나 항일활동을 전개하고 있으며, 평양에서 결사대가 활동하고 삼남에서
　도 역시 의병이 일어났다. 우리 강화도에서도 同心奮起하여 결단코 싸우다
　가 죽겠다는 결심을 가져야 하며, 군대의 하급자라도 나라를 위하여 죽겠다는

---

37) 이정희, 『아버님 추정 이갑』, 116～117쪽 ; 이기동, 『비국의 군인들』, 일조각,
　　1982, 161～163쪽.
38) 『한국독립운동사자료집』 3, 「조선폭도토벌지」, 독립운동사편찬위원회, 1971, 680쪽.

마음을 가져야 한다. 우리 2천만 동포는 혼몽한 상태에서 깨어나 결사 항전하다가 죽어서 우리 동포의 수치를 씻어야 한다. 각기 귀가하여 심사숙고하고 국사를 위해 죽음을 두려워 말아야 한다. 특히나 태황폐하가 일본으로 잡혀가기에 이르렀으니 어떻게 하면 원통함을 갚을 것인가.[39]

위의 연설에서 이동휘는 고종황제가 일본으로 붙잡혀간다는 발언을 수미에서 강조했는데, 이는 인민들의 근왕성을 고취하기 위함이었다. 이는 동시에 당시 이동휘의 사상적 정향성이 근왕성을 강하게 띠고 있었음을 보여주는 것이다.[40]

이동휘는 7월 26일 역시 같은 장소에서 대한자강회 총회를 개최하였다. 이어 30일 밤에 강화 읍내에서 3리쯤 떨어진 정족산성 전등사에서 김동수, 허성경 등과 함께 400여명의 기독교도를 모아 合成親睦會라는 이름으로 대규모 반일집회를 열었다. 이때 이동휘는 결사항전을 촉구했던 지난 20일 연설과 동일한 연설을 하였다고 한다. 이처럼 강화도의 인민과 기독교도들에게 항일투쟁을 촉구한 다음 이동휘는 강화진위대 출신의 해산군인들을 규합하였다. 그는 진위대 복무 당시의 부하들을 비밀리에 만나 창의를 촉구하고, 전등사에서 약간 떨어진 장소에서 일진회원의 입장을 금하고 군인들과 기독교도만 참가하게 하고 항일운동을 촉구하였다. 이렇게 강화도에서 의병봉기에 필요한 준비를 단단히 마친 이동휘는 서울상황을 시찰하러 간다고 칭하고 8월 1~2일 경에 개성을 거쳐 서울로 들어갔다.[41] 이러한 연유로 말미암아 일제는 이동휘를 강화도 의병운동의 '수괴'라고 파악하였다.

---

39) 윤병석 편, 『성재이동휘전서』 하, 「復命書」, 국학자료원, 1998, 362~364쪽.
40) "이동휘가 고종양위 이전에 강화도로 내려가 일반 학생들에게 선동치 말라고 말한 다음에 상경했다"는 『대한매일신보』의 기사는 일제에게 체포된 이동휘를 보호하기 위한 조치로 보인다. 『대한매일신보』, 1907년 8월 17일, 「必因誣告」.
41) 윤병석 편, 『성재이동휘전서』 하, 「復命書」, 364~365쪽.

(1) 경력: 원 육군 참령, 강화도 진위대장이었다. 퇴직 후 강화도 보창중학교 장으로서 (대한)자강회 지부의 부장을 겸하고 교육사업에 종사하며, 보창 중학교 외에 24교를 관리하며 위망이 全島를 눌렀다.

(2) 폭거 중의 행동: 李는 일찍이 기독교를 믿고 과격한 배일사상을 가졌으며 일로전쟁 후 일한관계에 실증을 느끼던바 작년 이래로 시국에 대하여 일 본에 대한 반감을 甚深히 하고 항상 많은 부하 회원 및 신도에 대하여 배일사상의 고취에 힘써 군대해산을 이용하여 병정을 선동하고, 동년 7월 30일 부하 및 일반 인민을 집합시켜 격렬한 배일연설을 하고, 폭거에 대 한 제반의 계획을 가르치고, 시기가 무르익자 부하 金東秀 외 6명이 5백 명을 인솔하고 일을 일으키자 자기는 경성으로 가서 형세를 방관하고 전 연 관계없는 상태를 가장하고 있었으나 사변 진정 후에 체포되어 처형당 하였다.42)

위의 인용문에서 이동휘가 체포되어 처형되었다는 기록은 오류이지 만, 나머지 사항들은 대부분 사실과 부합한다. 이중에서 평소에 항일의 식을 지니고 있던 이동휘가 을사조약 후에 더욱 반일감정이 강화되어 부하들과 기독교도들에게 항일의식을 주입하였고, 고종양위 후에 강화 도 인민들의 항일운동을 이면에서 실질적으로 주도했음을 나타내 주고 있다.

8월 9일 강화도에서 항일의병이 봉기하였다. 延基羽, 池弘允, 劉明 奎, 김동수 등 기독교도와 강화진위대 출신의 군인들이 중심이 되어 창 의하였다. 수원에 주둔 중인 일본군이 8월 10일 강화에 도착하자 강화의 병은 갑곶진에서 일본군을 공격하였다. 그러나 다음날 벌어진 전투에서 의병은 50여 명의 사상자를 내고 패주하였다.43) 일본군은 한성에서 파 견된 일진회 회원 16명을 앞세워 강화읍을 수색하고 의병과 무고한 양 민을 체포하여 처형하였다. 봉기주모자로 체포된 7명 중에 金東秀, 金 南秀, 金永九 3형제가 포살되었고, 통진에서 체포되어 한성으로 압송되

---

42) 『한국독립운동사자료집』 3, 「조선폭도토벌지」, 505쪽.
43) 『대한매일신보』, 1907년 8월 14일, 「강화소식」.

던 劉明奎 역시 살해되었다. 강화에 있던 이동휘의 집 역시 일본군에 의하여 불타고 말았다고 한다.[44]

8월 6일 이동휘는 개성에 당도하여 개성보창학교 교감 김기하의 숙부인 김용권 집에서 하루를 머문 후 10일에 상경하였다. 이어 그는 13일에 강화도진위대의 의병봉기를 모의 지도하고 헤이그특사사건에 관련되어 있다는 혐의로 경시청에 체포되었다.[45] 이후 이동휘는 4개월 가까이 경시청에 구금되어 있다가 12월 2일 미국인 선교사 벙커(Dalzell A. Bunker)의 노력으로 석방되었다.[46] 이후 이동휘는 한말 최대의 비밀결사인 신민회에 가담하여 국권회복운동을 전개하는 한편, 서북학회를 비롯하여 여러 학회에 가담하여 계몽활동을 전개하였다.

1908년 3월경 이동휘는 강화도지역에 불고 있던 의무교육운동에 상당한 영향을 미쳤다. 당시 강화도에서는 교육단체를 조직하여 의무교육을 권장하자는 분위기가 일고 있었다. 이동휘는 의병운동 이전에 교육활동을 같이했던 姜大欽, 黃範周 등과 함께 의무교육을 실시하기 위하여 江華學務會를 발기하였다.

江華郡에서 義務敎育을 實施ㅎ기 爲ㅎ야 該 郡 紳士 李東暉 姜大欽 黃範周 諸氏가 發起ㅎ고 郡內 紳士 及 面長 里長 數百人이 今月 二十四日에 郡廳에 會集ㅎ야 學務會를 組織ㅎ얏ᄂᆫ디 臨時會長 李東暉氏가 開會趣旨을 說明ㅎ고 本 郡守 高靑龍氏은 義務敎育 實施ㅎᄂᆫ데 未開ㅎ 人民이 妨害ㅎᄂᆫ 者 ㅣ 有ㅎ면 雖 强制라도 決斷코 實施乃已ㅎ깃다고 激切勸勉ㅎ고 本 郡에 駐屯ㅎ 日本 憲兵隊長과 巡査部長도 國民義務가 敎育이 最先이라고 演說ㅎ 後 規則을 通過ㅎ고 任員을 選擧ㅎᄂᆫ디 會長은 姜大欽氏로 副會長은 趙尙錫氏로 總務ᄂᆫ 黃範周氏로 其外 任員을 一體 選定ㅎ 後 李東暉氏가 義務敎育이 緊急ㅎ 情況과 新舊敎育의 精神

---

44) 최취수, 「1910년 전후 강화지역 의병운동의 성격」, 63~66쪽 ; 반병률, 『성재이동휘일대기』, 61~64쪽.
45) 『대한매일신보』, 1907년 8월 15일, 「리氏被捉」.
46) 『대한매일신보』, 1907년 8월 15일, 「리氏被捉」.

愚劣을 萬端 演說ㅎ미 紳士 及 面長 里長 數百人이 悅然 大覺ㅎ야 十六
面 一百十四洞을 五十六區域에 分ㅎ야 已設흔 普昌支校 二十一處와 造
明 啓明 昌華 共和 四校外에 三十一을 增設ㅎ고 學齡에 及흔 兒童은 强
制로 各 區域 各 學校에 盡入케 ㅎ고 十五歲以上 二十歲以下 漢文을 能
解ㅎᄂᆞ 者ᄂᆞ 郡內 普昌學校 中學科에 入學케 ㅎ고 二十歲以上 四十歲
以下에 漢文에 嫺熟흔 者ᄂᆞ 中成學校內에 師範速成科 入케 ㅎ고 各 校
塾 經費ᄂᆞ 各 區域內 士民의 分擔흔 義務錢穀과 志士의 特別義捐과 學
徒의 月謝로 永遠維持케 흔다 ㅎ니 江華 一郡이 我韓 義務敎育 實施의
訓導模範되기를 確信ㅎ깃더라.[47]

위의 인용문에 의하면, 1908년 3월 24일 군청에서 개최된 학무회 발
기식에는 강화군의 신사와 면장 이장 등 수백 명이 참석하였고, 이동휘
가 임시의장을 맡아 회의를 진행하였다. 군수 고청룡은 의무교육을 방해
하는 미개한 인민이 있더라도 결단코 강제하겠다는 입장을 나타냈고, 강
화에 주재하는 일본 헌병대장과 순사부장도 의무교육을 권장하는 연설
을 하였다. 이어 규칙을 통과시키고 임원을 선정하여 강대흠이 회장을
趙尙錫이 부회장을 황범주가 총무를 맡았다. 그리고 이동휘가 의무교육
의 긴급한 정황과 신구 교육의 우열을 상세히 논하는 연설을 하자 참석
한 모든 이들이 모두 크게 감명을 받았다.

강화학무회 발기식에서는 의무교육 시행을 위한 주요 내용을 논급하
였다. 첫째, 강화도내 16면 114개 마을을 56개 학구로 나눈다. 둘째, 보
창학교 21개소와 造明·啓明·昌華·共和 4개 학교 외에 나머지 31
개 학구에 사립학교를 설립한다. 셋째, 학령아동은 강제로 각 구역학교
에 모두 입학시킨다. 넷째, 15세 이상 20세 이하 한문을 이해하는 자는
보창학교 중학과에 입학시킨다. 다섯째, 20세 이상 40세 이하 한문에 능
숙한 자는 中成學校 내의 사범속성과에 입학시킨다. 여섯째, 학교경비
는 학구의 주민들이 분담한 의무금, 지사들의 특별의연금, 학생들의 월

사금으로 영원히 유지케 한다.[48] 이러한 의무교육 실시방침은 재정곤란
과 현지사정의 미비로 말미암아 철저히 시행된 것으로 보이지는 않지만,
그럼에도 강화도 민인들의 근대교육에 대한 열성과 노력이 남달랐음을
입증해 주고 있다.

V. 맺음말

1903년부터 1908년까지 이동휘가 강화도에서 펼친 민족운동은 크게
보아 교육운동과 의병운동과 학회활동 세 가지였다. 이러한 민족운동의
방략들은 기독교와 충군애국론이라는 두 개의 끈으로 단단히 묶여 있었
음이 주목된다.

첫째, 이동휘의 교육활동이다. 이동휘는 강화도에서 최초의 본격적
근대학교인 육영학교(보창학교)를 설립하여 운영하였고, 보창학교의 지
교를 강화도 각지에 설립하고 황해도와 경기도를 비롯한 전국 각지로 확
신시켰다. 또 강화도지역에서 의무교육의 실시를 위한 강화학무회의 조
직을 주도했으며, 보창학교를 중심으로 연합운동회를 개최함으로써 강
화도 인민들의 유대강화와 계몽사상 수용에 크게 기여하였다. 이로써 그
는 한말에 교육운동의 대표자로 부상하였다.

둘째, 이동휘의 의병운동이다. 이동휘는 의병운동에 직접 가담하여
활동하기보다는 의병운동을 이면에서 지도하고 후원하는 역할을 수행하
였다. 고종양위 직전 그는 서울에서 근왕적 성향의 무관들이 조직한 效
忠會 멤버로서 시국대세를 고민하였다. 그러다가 강화도로 급히 내려가
강화도 인민들과 기독교도와 진위대 병사들을 모아놓고 국가의 수치를
씻기 위해 결사적으로 항전해야 한다고 역설하여 많은 호응을 얻었다.

---

48) 김형목, 「대한제국기 강화지역의 사립학교설립운동」, 11~12쪽.

이로써 이동휘는 일제로부터 강화도의병의 '수괴'라는 평을 받았다.

셋째, 이동휘는 강화도에서 거주하며 생활하는 동안 서울에서 벌어지고 있는 학회활동에 부지런히 참여하였다. 이미 을사조약 이전에 그는 일제의 황무지개척권 요구를 저지하기 위해 조직된 대한보안회와 그의 후신인 대한협동회에 참여하여 활동하였다. 이어 을사조약 후에는 대한자강회에 가담하여 삼남지방을 돌아다니며 애국강연을 펼쳤고, 강화도에 대한자강회 지부를 설치하여 부회장을 맡았다. 아울러 국민교육회, 한북흥학회, 서우학회, 서북학회 등에 가담하여 활발한 활동을 펼쳤다.

이동휘의 강화도에서의 민족운동은 그가 전제군주제 옹호자에서 민주정체 수용자로 넘어가는 과도기에 펼쳐진 것이었다. 그는 육영학교(보창학교)를 운영할 때에 학도들의 허리띠에 조선황실의 오얏꽃 문양을 새기게 하였고, 서울로 올라가 영친왕을 알현하고 교명과 자금을 하사받았고, 고종으로부터 學田을 하사받았으며, 고종 측근 이용익으로부터 자금을 받았다. 또한 그는 을사조약 직후에 일제의 대한침략과 을사오적의 매국행위를 질타하기 위해 작성한 여러 문건들에서 한결같이 고종을 충직하게 받들어 모시는 근왕주의자의 면모를 보였다. 나아가 고종양위 직전에 서울에서 고종정부를 지지하는 무관들이 조직한 효충회에 가담하여 활동하였고, 강화도에 내려가 의병운동을 격려할 때에 민중들에게 되풀이하여 언급한 것이 일제가 고종을 일본으로 데려가려 한다는 것이었다. 이러한 점들을 두루 고려할 때에 적어도 의병운동 관련혐의로 투옥되는 1907년 8월경까지 이동휘는 근왕주의자의 면모를 보였음을 알 수 있다. 그러다가 1908년 이후 중앙에서 고종황제의 정치적 영향력이 급속히 감퇴하고, 지방에서 계몽세력이 학회활동과 신민회활동을 벌이며 근대적 정체론을 주장하게 됨에 따라 이동휘도 점차 근왕주의자에서 민권주의자로 거듭나는 과정을 거쳤다.

제3부

안중근 의사의 부친과 동생

제1장
개화기 안태훈의 생애와 활동

I. 머리말

1905년 11월 을사조약 후부터 1945년 8월 해방 전까지 안중근가문은 온갖 역경을 극복해 가며 독립운동을 벌였다.[1] 계몽운동·의병운동·의열투쟁·특무공작 등 다양하게 표출된 그들의 독립운동은 국가와 민족의 위기를 주체적으로 극복하려는 강렬한 애국심과 천주교신앙에 기초한 것이었다. 민족수난기의 한국사를 화려하게 장식한 그들의 독립운동은 일본의 압제에서 벗어나 근대적인 자주적 민족국가를 건설하는 것을 최종의 목표로 삼고 있었다. 이 과정에서 안중근가문은 한일병합 전후 한국인들의 구국운동과 대일항쟁을 대표할 만한 역사적 위업이자 당대 수많은 젊은이들을 독립운동으로 인도한 안중근의거라는 위업을 이룩하였다. 따라서 안중근가문의 독립운동은 반제·반봉건을 시대적 과

---

1) 여기서는 1895년 11월 16일까지는 음력을, 1896년 1월 1일(음1895/11/17)부터는 양력을 사용하였다.

제로 삼았던 한국근대 민족운동사의 축소판이라고 평할 만하다.[2]

이제까지 안중근가문의 독립운동에 관한 연구는 한국근대사의 위인 이자 안중근가문의 대표적 인물인 안중근의 생애와 사상 및 활동을 다룬 것이 거의 대부분이었다.[3] 이로써 안중근의 사상형성 과정, 계몽운동과 의병운동, 이토 히로부미 포살과정과 공판투쟁, 동양평화론과 일본인식, 천주교신앙과 천주교단과의 관계, 안중근의거에 대한 국내외 반응 등 많은 사실들이 밝혀졌다. 이 외에 안중근의 동생 안정근과 안공근이 대한 민국임시정부에서 독립활동을 벌인 사실과 김구와 안중근가문의 인연과 독립운동을 다룬 연구,[4] 안중근의 부친 안태훈진사가 남긴 16점의 서한을 정리한 자료 연구[5]도 안중근가문의 독립운동을 이해하는 데 도움을 주고 있다. 그러나 이러한 기왕의 연구들은 안중근가문이 어떠한 기반 위에서 독립운동을 전개했으며, 또 그들이 독립운동에 돌입하기 이전의 활동은 어떠한 양태를 띠고 있었는가 하는 점을 미해결의 연구과제로 남겼다고 볼 수 있다.

---

2) 여기서 안중근가문이란 말은 안중근의 조부 안인수와 그의 직계 후손들로 이루어진 가계를 말한다. 오영섭, 「안중근 가문의 독립운동」『한국민족운동사연구』30, 2002.

3) 안중근에 관한 일반인 대상의 간략한 전기로는 장석흥, 『안중근의 생애와 구국운동』, 한국독립운동사연구소, 1992 ; 안중근의 생애와 활동에 대한 연보로는 원재연, 「안중근 연보」『교회사연구』9, 한국교회사연구소, 1994 ; 안중근의 전기자료에 대한 검토에 대해서는 윤병석, 「안중근의사 전기의 종합적 검토」『한국근현대사연구』9, 1998 ; 안중근 연구에 대한 연구사 정리에 대해서는 조광, 「안중근 연구의 현황과 과제」『한국근현대사연구』12, 2000 참조.

4) 송우혜, 「독립운동가 안정근의 생애」『수촌박영석교수화갑기념 한민족독립운동사논총』, 탐구당, 1992 ; 조광, 「일제하 무장 독립 투쟁과 조선 천주교회」『교회사연구』11, 1996 ; 한시준, 「안공근의 생애와 독립운동」『교회사연구』15, 2000 ; 이재호, 「안창호와 안정근·공근 형제」『도산학연구』10, 2004 ; 장석흥, 「백범과 안중근 집안의 인연과 독립운동」『백범과 민족운동 연구』2, 2004.

5) 장석흥, 「19세기말 안태훈 서한의 자료적 성격」『한국학논총』26, 국민대 한국학연구소, 2004.

주지하듯이 安泰勳(1862~1905)은 을사조약 이전 안중근가문의 핵심인사로서 안중근의 인생행로에 지대한 영향을 미친 인물이다. 그는 황해도 신천군의 자산가인 부친 안인수의 사회경제적 배경과 어렵게 취득한 진사라는 직함을 활용하여 향촌사회에서 유력자로 행세하였다. 또한 그는 안중근가문이 개화사상과 계몽사상 및 천주교를 받아들이는 데 직접적 영향을 미쳤을 뿐더러 안중근의 형제들과 조카들이 김구와 인연을 맺고 대한민국임시정부에서 독립운동을 전개하도록 하는데 일정한 역할을 하였다. 더욱이 을사조약 이전 안중근의 사상이나 활동은 부친의 그것과 연동되어 있었을 정도로 안태훈의 영향은 절대적이었다. 따라서 안태훈의 생애와 활동에 대한 연구야말로 1905년 이전 안중근의 활동과 1905년 이후 안중근가문의 독립운동을 제대로 파악하기 위해서 선결적인 과제라고 하겠다. 따라서 여기서는 기왕에 선학들의 연구에서 깊이 다루어지지 못한 안태훈진사의 생애와 활동을 새롭게 발굴한 몇 가지 자료를 중심으로 살펴보려 한다.

Ⅱ. 가문 배경과 상무적 가풍

순흥안씨 참판공파의 일원인 안태훈의 선조들은 조선중기에 서울을 떠나 해주로 내려가 일가를 이루었다. 1910년대 이후에 간행된 족보에 의하면, 안태훈의 16대조 安憲는 사마시에 합격한 생원으로서 건원릉 참봉을 지냈다. 14대조 安孝信은 어린 나이에 문단에서 명성을 날릴 정도로 문장에 능했으나 벼슬을 구하지 않고 해주로 내려가 은거생활을 하였다. 이로써 안효신은 순흥안씨 참판공파의 해주입향시조가 되었다. 이후 안태훈의 선조들은 13대조 安淑觀과 12대조 安瑠가 통정대부의 품계를 받았을 뿐이며 고조부 安起玉에 이르기까지 벼슬길에 나가지 못했다.[6]

그런데 해주에 정착한 안태훈 조상들의 신분이 양반인가 혹은 주변신분인가에 대해서는 명확히 단정을 내릴 수가 없는 실정이다. 1845년에 순흥안씨족보소가 간행한 『순흥안씨족보』에는 안태훈의 16대조 安慮에 대해 '진사, 후사 없음(進士無后)'이라고 되어 있으나, 1864년 安最良이 편찬한 『순흥안씨족보』에는 安慮에 대해 후사가 나와 있지 않고 '진사'라고만 되어 있다.[7] 이에 반해 1910년대 이후에 간행된 족보에는 안려의 장조카로 강진현령을 지낸 安孝忠(1532~1592)의 둘째동생 安純福이 안려의 양자로 들어가서 安孝信을 낳았다고 되어 있다. 따라서 안태훈의 14대조이자 해주입향시조인 안효신의 존재는 1918년에 신문관에서 간행된 『순흥안씨족보』와 1936년에 간행된 『순흥안씨족보』에서부터 처음으로 나오고 있다.[8] 또한 1800년대 중·후반에 간행된 족보에는 안려의 형인 安懿(1497~1561)의 후손으로 안효충만이 나와 있을 뿐이다. 그런데 1910년대에 간행된 족보에는 안의의 후손으로 안효충 외에도 안현복·안순복·안경복·안창복·안성복·안준복 등이 새로이 나오고 있다.[9] 이로 미루어 해주에 정착한 순흥안씨 참판공과 인사들의 낙향 직전의 世系와 해주입향 후부터 한말까지의 신분문제에는 불명확한 사실이 많음을 알 수 있다.

해방 전후에 안중근의 전기와 비문을 집필한 이들은 안태훈가문의 신분을 한결같이 향리로 보고 있었다. 김택영과 이건승은 안중근의거 이후

---

6) 안종영 편, 『순흥안씨족보』, 신문관, 1918.

7) 순흥안씨족보소, 『순흥안씨족보』(1845), 국립중앙도서관 소장본, 古2518-45-69 ;
   안최량 편, 『순흥안씨족보』(1864), 규장각도서관 소장본, 규12636.

8) 안종영 편, 『순흥안씨족보』, 신문관, 1918 ; 안용락 편, 『순흥안씨족보』, 1936.
   1917년에 安濤가 편찬한 『순흥안씨참판공파보』에는 안순복의 후사가 실려 있지
   않다.

9) 『순흥안씨족보』(1917)에는 安懿의 아들로 안효충·안현복·안순복·안경복·안
   창복·안성복·안준복 등 7명이 나오는데, 『순흥안씨족보』(1918)에는 안효충이
   빠지고 복자 돌림의 6명만 실려 있다.

에 지은 간략한 전기에서 각각 "그 선조는 본래 순흥 사람으로 해주에
살면서 대대로 州吏를 지냈다. 안태훈대에 이르러 글을 읽어 진사가 되
었다"거나 "그의 선조는 순흥인데 중도에 해주로 이사하여 州吏를 지냈
다"고 하였다.[10] 또한 김창숙은 1961년에 지은 「안중근의사숭모비문」
에서 "그 선조의 세가는 西韓의 해주에서 州吏가 되었는데 부친 안태훈
대에 이르러 독서하여 국자생이 되었다"고 하였다.[11] 이처럼 안태훈 당
대와 그 후대에 보학에 소양이 있던 인사들은 안태훈가문을 해주의 향리
집안으로 파악하고 있었다. 나아가 안태훈가문이 안태훈에 이르러 유학
공부를 통해 문과로의 진출을 시도했다고 하였다. 따라서 안태훈의 선조
들은 서울에서 해주로 내려온 후에 해주지역에서 이서직을 세습했던 향
리가문이었고, 안태훈대에 비로소 문과 관문에 발을 들여놓기 시작했음
을 알 수 있다.

　안태훈가문은 안태훈의 고조부 안기옥대에 이르러 무과를 통해서 관
계 진출을 도모하였다. 이는 향리직을 장기간 세습하면서 사회경제적 능
력을 갖추어 나간 이서층이 과거를 통해 양반층으로 편입되려는 신분상
승운동을 벌였음을 의미한다. 안기옥은 安永豊 · 安知豊(안태훈의 증조
부) · 安有豊 · 安順豊 등 네 아들을 두었는데, 이들은 모두 무과에 급
제하였다. 이처럼 향리 가문의 4형제가 모두 무과에 급제한 것은 가문의
위상을 몇 단계 높인 쾌거였음에 틀림없다. 또 안지풍의 맏아들 安定祿
(안태훈의 조부), 안유풍의 아들 安斗亨, 손자 安仁煥,˙안순풍의 아들
安信亨 등이 무과에 급제하였다. 나아가 안유풍의 손자 安仁權이 절충
장군의 품계를 받았고, 安仁彌이 중앙 군사조직인 五衛의 정6품 군직
인 사과를 받았으며, 안태훈의 부친 안인수는 종6품의 무반직인 진해현

10) 이건승, 「안중근전」 ; 김택영, 「안중근전」, 윤병석 역편, 『안중근전기전집』, 국가
　　보훈처, 1999, 450, 463쪽.
11) 김창숙, 「안의사숭모비문」, 안학식 편저, 『안중근의사전기』, 만수사보존회, 1963,
　　255쪽.

감이란 자리를 명예직으로 받았고, 안태훈의 큰형인 安泰鎭은 해주부의
무반직인 군사마 자리를 거쳤다.[12] 이상의 사실들은 14대조 安孝信 이
래 벼슬길에 나가지 못한 안태훈의 선조들이 향리직을 세습하면서 재부
를 축적한 다음, 그러한 재부를 기반으로 무과를 통해 무반 가문으로 성
장해 가고 있었음을 나타내 준다.

안기옥이래 안태훈의 선조들은 무과를 중시하는 상무적 기질과 가풍
을 형성해 왔다. 안태훈의 선조들은 1894년 과거제도가 공식 폐지되기
전까지 무과를 통해 입신양명을 도모한 전형적인 무반 가문을 이루고 있
었다. 그러므로 그들은 자연스럽게 무력을 숭상하고 무력의 가치를 인정
하는 상무 풍조의 분위기 속에서 성장하였다. 이러한 상무풍조의 분위기
가 안태훈 자신은 물론, 그 후손 및 조카들의 생애에 상당한 영향을 미
쳤음은 재론할 필요가 없을 것이다. 그들의 상무적 기질과 가풍은 1894
년 안태훈 일족의 동학군 진압활동, 대한제국기 포군을 앞세운 천주교
비호활동, 1907~1909년 안중근의 의병활동과 이토 히로부미 포살의거,
안명근의 조선총독 암살 미수사건, 1930년대 이후 안공근의 특무공작단
운영 등에서 빛을 발하였다. 한마디로 안태훈 가문은 문필력보다는 무용
력을 과시하는 무장활동에서 강점을 드러내고 있었다.

안태훈 집안의 상무적 기질과 가풍은 안태훈과 그의 형제들에게도 그
대로 전승되고 있었다. 4대조 안기옥의 후손들 가운데 유일한 문과급제
자인 안태훈이 가문의 전례를 벗어나 무과가 아닌 문과에 응시한 것은
그 자신의 뛰어난 재주와 부친 안인수가 이룩한 경제력 덕분이었다. 다
시 말해서 안인수는 자기 당대에 축적한 경제력을 바탕으로 자손들에게
유학교육을 시켜 과거에 급제케 함으로써 무반가문을 문반가문으로 격
상시키려 하였다.[13] 따라서 냉정히 말해 안태훈이 사마시에 입격하여

---

12) 『순흥안씨참판공파족보』 5, 1998, 3913~4025쪽.
13) 안태훈의 둘째형 안태현은 '初試'에 급제한 것으로 되어 있는데, 아마 안태훈처럼

진사라는 타이틀을 얻은 것은 안인수의 지위상승운동의 산물이었던 셈
이다. 그러나 안인수의 소원과는 무관하게 안태훈의 형제들은 가문의 전
통인 상무적 기질과 가풍을 충실히 계승하고 있었다. 안태훈 형제들과
잠시 생활한 경험이 있는 김구는 안태훈 형제들의 상무적 기질과 가풍에
대해 다음과 같이 언급하였다.

> 안진사 여섯 형제는 모두 문사의 풍모가 있었으나 유약해 보이는 점이 하
> 나도 없었고, 특히 안진사는 눈빛이 찌를 듯 빛나 사람을 압도하는 기운이 있
> 었다. 당시 조정 대관들 중에 글로써 항쟁하던 자들도 처음에는 안진사를 악
> 평하였지만, 얼굴만 마주 대하고 나면 부지불식간에 경외하는 태도를 가지게
> 되었다고 한다. 나의 관찰로는 그는 퍽 소탈하여 무식한 아랫사람에게도 교만
> 한 빛 하나 없이 친절하고 정중하여 위아래 모두 함께 하기를 좋아하였다.…
> 안진사는 또한 黃石公의 素書 구절을 자필로 써서 벽장문에 붙여두고 술기
> 운이 있을 때마다 낭독하였다.[14)]

김구는 안인수의 자제들인 안태진·안태현·안태훈·안태건·안태
민·안태순 등 6형제가 모두 문사의 풍모를 갖추고 있으면서도 동시에
강건한 기상을 지니고 있음을 칭탄하였다. 아울러 여섯 형제 중에서도
서민적 소탈함을 지니고 있는 안태훈이 눈빛만으로도 사람을 압도할 정
도의 기상을 발휘했다고 감탄하였다.

그런데 김구의 술회에서 한 가지 주목할 점은 안태훈이 중국 진나라
말엽의 전설적 병법가인 黃石公의『素書』구절을 자필로 써서 벽장문
에 붙여두고 술기운이 있을 때마다 낭독하였다는 대목이다. 주지하듯이
황석공의『소서』는 전략가 장량이 한고조 유방을 도와 한나라를 건국할
때에 크게 이용되었다고 하는 병법서이다. 그런데 안태훈이 취흥이 일어
날 때마다『소서』의 구절을 읊조렸다는 것은 그가 진사시를 통과한 문

문과 진출을 위해 사마시의 초시를 보았던 것으로 보인다.
14) 김구 저, 도진순 주해,『백범일지』, 돌베개, 1997, 58쪽.

사임에도 불구하고 무술가나 병략가의 생애를 매우 흠모하고 있었음을 나타내 준다.

안태훈가문의 상무적 가풍은 안태훈의 큰아들 안중근의 행동방식과 사고방식에 가장 잘 반영되어 있었다. 나중에 여순감옥에서 안중근은 자신이 "친구와 의리를 맺고(親友結義), 술 마시고 노래하고 춤추고(飮酒歌舞), 총을 쏘며 사냥하고(銃砲狩獵), 날랜 말을 타고 달리는(騎馳駿馬)" 4가지를 평생 즐겨 이행했음을 자랑스럽게 술회하였다.15) 또한 그는 "영기가 넘치고, 여러 군인들 중에서 사격술이 제일이며, 나는 새나 달리는 짐승을 백발백중으로 맞추는 재주"가 있었다.16) 또한 어려서부터 사냥을 즐겨하여 언제나 사냥꾼을 따라다니며 산이나 들로 쏘다니느라 학문에 힘쓰지 않았고, 『통감절요』에 나오는 "글은 이름이나 적을 줄 알면 그만이다"는 초패왕 항우의 고사를 가슴속에 새기며 항우처럼 대장부의 기상을 드날리는 인물이 되고 싶다는 포부를 나타냈다.17) 또한 16세의 어린 나이에 포군을 거느리고 동학군을 진압하였고, 20대 초반에 만인계의 사장으로서 채표의 추첨날에 벌어진 군중들의 항의소동을 생명을 내걸고 진정시킨 초인적인 담대함을 보여주었다.18) 그런데 이러한 사고방식이나 행동양태는 의협심과 무용력이 유달리 뛰어났던 안중근 개인에게만 국한되는 문제가 아니라 안태훈가문의 다수 인사들이 은연중에 지니고 있었던 기본성향 가운데 하나였다. 하여튼 개화기에 안태훈가문의 인사들이 상무적 가풍에 따라 사고하고 활동했음을 주목할 필요가 있을 것이다.

---

15) 안중근, 「안응칠역사」 『안중근의사자서전』, 안중근의사숭모회, 1979, 36쪽.
16) 김구 저, 도진순 주해, 『백범일지』, 57~58쪽. 김구는 안태훈이 큰아들 안중근에게만은 한 번도 공부하라는 질책을 가하는 것을 보지 못했다고 하였다.
17) 안중근, 「안응칠역사」, 22~23쪽.
18) 안중근, 「안응칠역사」, 27~28, 59쪽.

Ⅲ. 청계동 이주와 과거 급제

안태훈은 1862년 해주에서 安仁壽(1836~1892)와 제주 고씨 사이
에서 6남 3녀 가운데 3남으로 태어났다. 안태훈의 부친 안인수는 해주
일대에서 미곡상을 경영하여 상당한 재산을 축적하였다.[19] 1911년 한
국을 방문하여 안태훈 일가의 활동지를 답사한 베네딕토수도원의 베버
(Norbert Weber)신부가 작성한 여행기에 의하면, 안인수와 그의 아들
6형제의 가족 36인이 해주에서 일가를 이루고 살았을 당시에 안인수는
4백석의 토지를 지니고 있었다고 한다.[20] 이러한 토지자산은 황해도에
서 중등 규모의 지주에 해당하는 것이다. 따라서 기왕에 널리 인용되는
것처럼 "안인수가 해주·봉산·연안 일대의 대토지를 소유하여 황해도
내에서 2~3위를 다투는 부자가 되었다"는 기록은 다소 과장된 것이
다.[21]

4백석의 토지와 청어잡이 어선을 소유하고 있던 안인수 집안은 해주
일대의 향리 가문으로서는 상당한 재산을 축적한 셈이었다. 이러한 재력
덕분에 안인수 집안은 해주부 내에서 꾸준히 영향력을 확대해 나갔던 것
으로 보인다. 과거에 급제하지 않고도 명예직으로 진해현감이란 자리를

---

19) 일본측은 "안인수가 항상 미곡 매입 대금을 지불하지 않는 등 각종 간악 수단을
　　부려…재물을 모아 거부를 이루었다"거나 "안인수는 성품이 탐욕하고 배부름을
　　모르고 일상 간계를 써서 타인의 재산을 수중에 넣으려고 하였으므로 당시인들이
　　'安億乞'이라고 다르게 불렀다"고 말한 반면, 안중근은 "조부가 자선가로서 도내
　　에 이름이 높았다"고 하였다. 『한국독립운동사 자료』7, 173~174, 293쪽 ; 안중
　　근, 「안응칠역사」, 17쪽.
20) 『조선일보』, 「안중근의사의 고향 청계동①」, 1979년 9월 2일. 또한 안인수는 해
　　주 연안에서 어부들을 동원하여 1년에 2~6만 마리 가량의 청어를 잡아들였다고
　　한다.
21) 안학식 편저, 『의사안중근전기』, 해동문화사, 1963, 15쪽.

얻을 수 있었던 것은,[22] 두말할 필요도 없이 안인수가 해주부 일대에서 상당한 경제력과 영향력을 지닌 인물이었기 때문에 가능한 일이었다. 하여튼 안인수는 이렇게 대폭 높아진 가문의 위상을 배경으로 아들들에게 문과 공부를 시켜 둘째아들 안태현을 초시에, 셋째아들 안태훈을 진사에 입격시켰다.

안태훈은 부친의 넉넉한 재력에 힘입어 어려서부터 문과 급제에 필요한 경전학습과 문학공부에 매진하였다. 안태훈의 큰아들 안중근은 "부친의 6형제가 모두 글을 잘하고 넉넉했으며 그 중에서도 아버지가 재주와 지혜가 뛰어나서 8, 9세 때에 이미 사서삼경을 통달했고 13, 4세 때에 과거공부와 4·6변려문을 익혔다"고 하였다. 또한 안중근은 자기 부친이 『통감절요』를 완벽히 소화하여 주변으로부터 '仙童'이란 칭호를 받았고 그로부터 명예가 원근에 퍼졌다고 하였다.[23] 또한 양서지방에서 문필대가로 통하는 박은식이 17세 때인 1875년에 "사서삼경과 諸子書를 섭렵하고 개연히 분발하여 말하기를 이 외에 어찌 經世之學이 없으리요 하고 고향을 떠나 의사 안중근씨의 부친 안태훈씨와 더불어 교유하여 문장이 대성하니 도내 양신동이라고 칭하였다"고 한다.[24] 이런 기록들에 다소 과장이 섞인 점을 감안하더라도, 1862년생인 안태훈이 10대 중반경에 이미 상당한 학문적 경지에 도달해 있었음을 알 수 있다.

안태훈은 뛰어난 학문적 성취를 바탕으로 20대 초반에 중앙 진출을 모색했던 것으로 보인다. 그는 개화파 박영효가 준수한 청년 70명을 선발하여 일본으로 유학을 보내려 할 때에 거기에 뽑혔다고 한다.[25] 이는 안태훈이 개화 인사들과 관계를 맺었을 뿐만 아니라 개화성향을 지닌 젊은이로 성장하고 있었음을 나타내 준다. 이를테면 1881년 이후 고종정부

22) 『한국독립운동사 자료』 6, 224쪽 ; 『한국독립운동사 자료』 7, 275쪽.
23) 안중근, 「안응칠역사」, 18〜20쪽.
24) 박은식, 『박은식전서』 하, 「백암박은식선생약력」, 단국대학교출판부, 1975, 286쪽.
25) 안중근, 「안응칠역사」, 20〜22쪽.

의 적극적인 개화정책과 『조선책략』·『이언』 등에 실린 현실개혁론의
영향으로 조선사상계에 동도서기론이 크게 유행하던 시기에 해서지방의
대표적 도회지 해주에 살고 있던 젊은 인재 안태훈은 그러한 시대적 분
위기를 적극적으로 받아들여 개화세력과 인연을 맺었던 것으로 보인다.

갑신정변이 실패하고 개화파들이 죽임을 당하거나 망명의 길을 떠나
자 안태훈은 몸을 피하여 고향으로 돌아와 숨어살았다. 당시 그는 "국사
가 날로 틀어져 가니 부귀공명은 바랄 것이 못된다"며 부친을 설득했다
고 한다.[26] 이에 안인수는 자기 가문의 경제적 기반과 가장 뛰어난 셋째
아들 안태훈을 보호하기 위해 피난처를 물색하였다. 그는 여러 아들을
각지에 나누어 보내 이주처를 고르게 하였고, 결국 둘째 아들 안태현이
발견한 천연의 요새지 신천군 청계동을 이주지로 택하였다.[27] 그리하여
안인수는 가진 재산을 친척들에게 나누어주고[28] 300석을 추수할 토지만
남겨둔 채 7~80명의 가솔을 이끌고 산수가 수려하고 피난지로 적합한
신천군 두라면 청계동으로 이사하였다.[29]

<hr>

26) 안중근, 「안응칠역사」, 20~22쪽.
27) 이전, 『안중근혈투기』, 연천중학교기성회, 1949, 5쪽.
28) 안인수가 청계동으로 이주할 당시 아들 6형제에게도 재산을 나눠주었는지, 아니
  면 1892년 그가 사망한 후에 아들들이 부친의 남은 300석 재산을 나눠가졌는지
  명확히 알 수 없다. 하여튼 '安億乏'이라는 별명을 얻었을 정도로 악착같이 모았
  던 안인수의 재산은 나중에 그의 根字 항렬의 손자들과 生字 항렬의 증손자들이
  국내외에서 생활·수학하거나 혹은 독립운동을 펼치는데 일정한 자원이 되었다.
29) 안중근, 「안응칠역사」, 20~21쪽 ; 김구 저, 도진순 주해, 『백범일지』, 59쪽. 안태
  훈가문의 청계동 이주시점에 대해서는 이견이 있다. 안중근은 「안응칠역사」에서
  1885년이라고 하였고, 김구는 『백범일지』에서 안중근이 두 살 때인 1880년이라
  고 하였고, 안중근의 제자인 李全은 『안중근혈투기』에서 은 7천 냥의 원납전 납
  부를 강요하는 대원군(1873년 하야)의 가렴주구를 피하기 위해서라고 하였다. 그
  런데 안중근의 동생 안정근이 흥사단에 들어갈 때에 제출한 입사서에 보면, 그가
  1885년부터 청계동에서 살기 시작했다고 하였다. 따라서 안태훈 가문이 청계동으
  로 이주한 시점은 안중근이 주장한 1885년설이 타당하다고 생각한다. 『도산안창
  호전집』 10, [흥사단우 이력서:안정근], 도산안창호선생기념사업회, 2000, 919쪽.

안태훈가문이 이주한 황해도 신천군 두라면 청계동은 옛적에 의적 鄭來秀의 은둔지로서 구월산에 버금가는 천연의 요새지였다. 분지형태를 이루고 있는 청계동은 3면이 산록으로 병풍처럼 둘러쌓여 있고 동쪽 한 곳으로만 관문이 터져 있었다. 관문 앞에는 望臺山이란 작은 산이 가로 막고, 그 좌우로 좁은 길이 나있었다. 천봉산 골짜기의 맑은 물이 마을 한 가운데를 돌아 긴 강을 이루며 화폭처럼 흘러내리고 있었다. 개울물의 암벽에는 안태훈의 글씨로 '淸溪洞泉'이란 네 글자가 흐르는 물소리에 따라 살아 움직이는 듯했다. 멀리 바라보이는 마을에는 드문드문 흩어져 있는 4~50채의 민가가 있었다.[30] 이곳에서 안태훈은 몇 년간 과거 급제에 필요한 한학 공부에 매진했던 것으로 보인다.

안태훈은 1880년대 후반 어느 시점에 다시 상경하여 金宗漢의 문하에 들어갔다. 1880년대 후반에 전라도인 나인영(나철)은 외무대신 김윤식을, 함경도인 이준은 영의정 김병시를 정치적 후원자로 모셨고, 1890년대 초반에 전라도인 전봉준은 운현궁에서 대원군의 문객생활을 하였다. 이처럼 지방인들이 상경하여 서울의 유력한 정치인들의 문하에서 생활하는 것은 당시에는 흔한 일이었다. 이때 황해도인 안태훈은 사헌부대사헌 김종한을 정치적 후원자로 받들었다. 그가 모신 김종한은 조선중기에 척화대신으로 이름높은 안동김씨 金尙容의 봉사손으로서 조선왕조가 유지되는 동안은 일정한 정치적 지분과 영향력을 행사할 수 있는 인물이었다.[31]

안태훈이 김종한의 문하에 들어간 것은 갑신정변을 진압한 민씨척족에 대한 개인적 반감에 더하여 김종한이 민씨척족과 일정한 거리를 두었

---

30) 이전, 『안중근혈투기』, 5쪽 ; 김구 저, 도진순 주해, 『백범일지』, 55쪽 ; 손세일, 「이승만과 김구⑤」『월간조선』, 2001년 12월호, 54쪽.

31) 『안동김씨세보』 6, 문충공상용파, 안동김씨중앙화수회, 1982, 197~198쪽. 1897년에 황해도관찰사를 지낸 친일개화파 김가진은 조카 항렬의 김종한과 긴밀한 사이였는데, 양인은 모두 김상용의 후손이었다.

던 인물이기 때문으로 보인다. 실제로 김종한은 갑오경장 직후에 친일개
화파와 대원군파로 구성된 군국기무처의 회의원을 지냈을 정도로[32] 민
씨척족보다는 고종이나 대원군에 가까운 인물이었다. 또 그는 조선은행
과 한성은행 및 철도회사의 설립에 관여했을 정도로 근대적 금융과 산업
시설 분야에 해박하였고,[33] 1899년 4월에 한성의숙을 설립하여 정부와
민간에서 일기 시작한 교육입국론을 실행하려 하였다.[34] 김구에 의하면,
안태훈은 과거수험생으로 김종한 문하에서 '다년간' 머무르며 김종한이
시관일 때에 소과에 합격했으며, 이로 인해 김종한의 '문객'이니 '식구'
니 '家人'이니 하는 평을 받았다고 한다.[35]

  현존하는 『사마방목』에는 안태훈의 사마시 입격사실은 나오지 않는
다. 다만 한 가지 주목할 점은 『사마방목』 고종 28년(1891) 증광시 항목
에 안태훈의 바로 아래동생인 安泰健이 사마시에 입격한 것으로 나온
다. 안태건은 증광시의 진사 병과 76등으로 시 부분에서 입격했는데, 생
년이 1868년, 본관이 순흥안, 거주지가 신천, 구존이 具慶下(부모가 모
두 살아계심), 전력은 幼學, 부친명은 안인수, 부친품계는 통훈대부, 부
친관직은 진해(行현감)으로 나온다.[36] 그런데 『사마방목』을 제외한 안
중근의 생애에 관련된 모든 자료에는 안태건을 진사라고 말한 적은 없으
며 안태훈만을 일관되게 진사로 보고 있다. 이는 사마시에 합격한 사람
이 안태건이 아니라 안태훈임을 입증해 주는 것이라고 생각한다. 29살
때에 안태훈이 동생의 이름을 차용하여 진사시에 합격한 것은 갑신정변

---

32) 유영익, 『갑오경장연구』, 일조각, 1990, 139~143쪽.
33) 북악사학회 편, 「김종한」 『역사에 비춘 한국 근현대 인물』, 백산출판사, 1994,
   22~25쪽.
34) 『황성신문』, 1899년 4월 8일, 「잡보」. 한성의숙은 1899년 5월에 교명을 樂英義
   塾으로 개칭하고 교사를 홍화문 앞으로 이전하였다. 이때 교장은 김종한, 교감은
   민영기였다. 『황성신문』, 1899년 5월 11일, 「잡보」.
35) 김구 저, 도진순 주해, 『백범일지』, 59쪽 ; 『한국독립운동사 자료』 7, 293쪽.
36) 『사마방목』, 1891년, 증광시 항목.

에 관여했던 자신의 전력을 숨김과 동시에, 1880년대 후반부터 심해진 민씨척족의 개화파 탄압을 피하기 위한 부득이한 조치로 보인다.

　민씨척족의 세도가 하늘을 찌르고 있던 1891년에 안태훈이 사마시의 시부분을 통과한 사실은 그의 생애에서 상당한 의미를 지니고 있었다. 을사조약 이전에 향촌사회에서 유지행세를 하려면 진사나 생원처럼 국가가 인정한 공식타이틀과 한시나 문장에 숙달한 試賦능력을 필수적으로 구비해야만 하였다. 어려서부터 4·6변려체의 문장에 능숙했을 정도로 한학에 조예를 보인 안태훈이 시분야로 사마시를 통과한 것은 당대 사회가 요구하는 향촌지식인의 자격을 갖추었음을 공인 받은 것이었다. 그는 문무를 겸비한 호걸풍의 인물이었는데, 사마시 시부분을 통과한 데서 알 수 있듯이 특별히 한시전문가로 이름이 높았다. 그래서 황해도내의 '三飛八走'라는 11명의 한시 대가 중에서 飛의 1인에 거론될 정도로 인정을 받았다.[37]

　안태훈은 일상생활에서 시회를 자주 벌이며 자신의 시작능력을 과시하곤 하였다. 이에 대해 김구는 "안진사는 면모도 맑고 수려했지만 다만 주량이 과하여 코끝이 빨간 흠이 있었다. 나는 당시 시객들이 안진사가 지은 명작 율시들을 외우는 것을 많이 들었다. 안진사는 종종 나를 청하여 스스로 잘된 작품이라 생각하는 것을 많이 들려주었다. 그러나 내 기억에 남는 것으로는 동학당 창궐할 때에 지은 시만 생각난다. 새벽 빈대는 살기를 구하여 흔적도 없이 사라지는데(曉蝎求生無跡去) / 저녁 모기는 죽기를 무릅쓰고 소리치며 달려드네(夕蚊寧死有聲來)"라고 회고하였다.[38] 하여튼 안태훈이 일상생활에서 벌인 시작활동이나 시회모임은 천주교 신앙활동, 포군 통솔활동, 병법서 음영활동보다 우선하는 것이었음을 주목할 필요가 있을 것이다.

---

37) 이전, 『안중근혈투기』, 44쪽.
38) 김구 저, 도진순 주해, 『백범일지』, 58쪽.

Ⅳ. 동학농민군 진압 및 김구와의 인연

1894년 가을 전국 각지에서 동학농민군이 봉기하였다. 황해도에서도 9월경에 여러 곳에서 동학농민군이 일어나고 있었다. 그들의 봉기는 민씨세도의 부정부패, 지방관과 양반지주의 탐학, 동학도에 대한 탄압, 이서층의 발호, 방곡령에 따른 반일분위기 등에 반발하여 각지에서 일어났던 민란의 정신을 이어받은 것이었다.[39] 다만 1894년 이전의 민란이 고을 차원의 지역적인 문제나 지방관료의 타도 등을 내세웠다면, 1894년의 농민봉기는 지역적 한계를 넘어서 전국적 차원에서의 개혁을 염원한 것이었다. 이러한 창의이념에 따라 황해도의 동학농민군은 약 4개월 동안 활동하며 도접두 원용일의 지도아래 해주감영을 점령하는 기세를 올리기도 하였다.

병략과 무용을 겸비한 안태훈은 동학농민군이 봉기하자 반동학 활동을 벌였다. 당시 위정척사론을 신봉하던 지방의 보수적 양반유림들은 유교적 사회체제의 근간을 뒤흔드는 동학군을 적극적으로 탄압하였다. 아울러 안태훈처럼 개화성향을 지닌 인사들도 동학군을 도적이나 비도로 간주하여 진압하고자 노력하였다. 그들은 동학군이 봉건정부의 무정부패와 탐관오리의 탐학행위 때문에 봉기했음을 분명히 인식하고 있었다. 그럼에도 그들은 자신들이 향촌사회에서 누리고 있는 사회경제적 기득권이 동학도에 의해 침해되는 것을 원치 않고 있었다. 그렇기 때문에 그들은 일본군이나 관군과 연대하여 동학도를 탄압하는 반민족적 행위를 벌이기도 하였다. 따라서 안태훈의 동학군 진압활동은 한국인들이 근대적인 단일민족의식을 형성하기 이전에 벌였던 불행한 사건이었다.

---

39) 송찬섭, 「황해도지방의 농민전쟁의 전개와 성격」 『동학농민혁명의 지역적 전개와 사회변동』, 새길, 1995, 228~232쪽.

1894년 가을에 안태훈은 청계동에 의려소를 차려놓고 포군을 규합하여 동학진압 활동에 돌입하였다. 그의 반동학 활동의 계기에 대해 안중근의 제자 李全은 당시 개화관료인 황해감사 정현석이 안태훈을 義旅長으로, 안태현을 별군관으로 임명하여 동학군을 진압하게 하였기 때문이라고 하였다. 또한 그는 정현석과 안태훈간에 무기와 탄약의 보급에 관해 사전협약이 이루어졌다고 하였다.[40] 이러한 이전의 주장은 신빙성이 높아 보인다. 김구가 말한 것처럼 안태훈은 "문장과 글씨는 물론 지략까지 겸비하여 명성이 해서지방은 물론 전국에 널리 알려져 조정대신들도 크게 대접하는 사람이었기" 때문이다.[41] 동시에 동학농민운동 이전에 보통의 부호가문처럼 안태훈가문이 다수의 산포수들을 양성하여 식객으로 거느리고 있었던 사실도 중요한 고려사항이 되었을 것이다.[42]

안태훈은 청계동에 기숙하고 있는 포군 20명에게 창의의사를 알리고 인근 각지에 산재한 포군들에게 소집 통문을 돌렸다. 이렇게 불러 모은 군사가 정병이 70여명, 장정이 100여명에 달하였다.[43] 그리고 각지에 창의문을 보내 의거를 독려하고 처자들까지 항오에 편입시켜 동학군에 대응할 태세를 갖추었다. 그는 청계동앞 망대산에 포대를 설치하여 청계동을 수비하게 하였으며, 자신의 거처에 의려소를 설치하고 자신의 친필로 쓰인 '의려소'란 편액을 내걸었다. 이어 훈련 경험이 없는 포군들과 장정들을 위해 단기간에 임시 특별훈련을 행하였다. 그리고 전원을 3개

---

40) 이전, 『안중근혈투기』, 18쪽.
41) 김구 저, 도진순 주해, 『백범일지』, 50쪽.
42) 안태훈가문은 청계동에서 적게는 10여명, 많게는 4~50명 정도의 포군을 식객으로 거느리고 있었고, 이들을 양편으로 나누어 사격술 시험경기 등을 실시했다고 한다. 이들 포수 중에는 노제석·임도웅·박치범·한중석·한재호 등이 유명하였다. 이전, 『안중근혈투기』, 6쪽.
43) 안태훈이 거느린 포군수에 대해 안중근은 70여명, 이전은 80명, 김구는 300여명이라 하였고, 장정수에 대해 이전은 400명이라고 하였다. 여기서는 신천군수가 중앙에 올린 보고서에 나오는 포군 70명, 장정 100여명 설을 취하였다.

중대로 나누어 제1대장에는 한재호를, 제2대장에는 임도웅을, 제3대장
에는 노제호를, 총참모에는 안태건을 임명하고, 안태훈 자신은 총지휘가
되었다.44)

　1894년 11월 13일에 안태훈의 신천의려는 동학농민군을 크게 무찔렀
다. 당시 황해도의 동학도접주 원용일과 부접주 임종현은 청계동에 집결
한 반동학군을 토벌하기 위해 1,700여명(혹 2,000명)의 동학군을 거느리
고 출동하였다. 이미 동학군은 장연군·신천군·장수산성·수양산성
등 신천군의 인근 지역을 모두 점령한 터였다. 11월 14일 동학군은 청계
동에서 북방으로 10리 정도 떨어진 박석골까지 육박하여 야음을 틈타
청계동을 기습하려고 하였다. 급보를 전해들은 안태훈은 대책을 강구한
끝에 박석골의 동학군을 선제공격하기로 하였다. 그리하여 포군영수 노
제석에게 40명의 정병을 이끌고 출전하게 하고, 남은 병정들로 하여금
청계동을 지키게 하였다. 이에 노제석은 포군을 이끌고 동학군을 공격하
여 18명을 포살하는 전과를 올렸으며, 신천의려의 승첩에 접한 신천군수
는 노제석에 대한 포상을 해주감영에 상신하였다.45) 아울러 11월 19일
에 신천군수는 안태훈을 소모관으로 삼을 것을 청하는 공문을 올렸다.

　　신천군수의 첩보. 감영이 임명한 의려장인 본군 진사 안태훈이 포군 70명
　과 촌정 100여명을 모집하여 적진의 영장 3명을 포살하고, 조총·환도·갑
　옷 등을 습득하여 올려 보냈다고 합니다. 안태훈의 유능한 일처리와 기묘한
　공훈은 참으로 지극히 가상하므로 그에게 격려를 내리고 포상을 내려야 마땅
　할 것입니다. 본도의 소모관으로 임명할 일을 아뢰어 처리해 달라는 뜻을 보
　고하는 바입니다.46)

44) 안중근, 「안응칠역사」, 20~22쪽 ; 김구 저, 도진순 주해, 『백범일지』, 55쪽 ; 이전,
　　『안중근혈투기』, 18쪽.
45) 정현석, 「甲午海營匪擾顚末」『동학난기록』하, 국사편찬위원회, 1971, 733~
　　734쪽 ; 안중근, 「안응칠역사」, 26~27쪽 ; 이전, 『안중근혈투기』, 19쪽.
46) 정현석, 「甲午海營匪擾顚末」『동학난기록』하, 국사편찬위원회, 1971, 734쪽.
　　12월 2일에 황해감사 정현석은 안태훈과 노제석이 의려를 일으켜 동학도를 토벌

　박석골전투 얼마 후에 안태훈은 해주부 인근에서 다시 동학군을 격퇴하였다. 그는 황해감사의 구원요청을 받자마자 노제석・한재호 등의 포군을 거느리고 해주로 향하여 진군하였다. 그러다가 해주와 해주 서쪽 翠野의 중간지점에서 동학군의 대부대를 만나 격전을 치러 물리쳤다고 한다.[47] 이는 11월 23~27일 사이에 해주감영의 포군과 일본군이 취야의 동학군을 공격할 때에 안태훈의 신천의려도 거기에 가담했음을 의미하는 것이다. 또한 12월 13일 원용일의 동학군이 신천군아를 점령하자 신천군수가 가족들을 거느리고 도보로 청계동으로 피신하였다. 이에 안태훈은 1895년 3월경까지 신천군수 일행을 청계동에 머물게 하였다.[48] 또한 안태훈은 신천과 재령 일대에서 활동하고 있는 동학군이 정부미를 탈취하여 신천군 용두리의 閔泳龍의 창고에 저장해 놓은 것을 빼앗아다가 포군들의 군량으로 사용하였다.[49] 이 군량미 사용문제는 동학군이 진압된 후에 안태훈에게 곤란거리가 되었다.

　신천의려가 동학군을 진압할 때에 안중근도 중요한 역할을 담당하였다. 안중근은 박석골전투 당시에 동지 6명과 함께 '선봉 겸 정탐독립대'를 조직하여 동학군의 대장소 근처까지 다다랐다. 그는 기율이 부실한 동학군의 허점을 은밀히 탐지한 후 동지들과 함께 선제공격을 결의하였다. 이어 야음을 틈타 동학군의 대장소를 공격했다가 포위를 당했으나 후원군의 도움으로 겨우 풀려났다. 이후 안중근은 더 이상 전투에 가담하지 않았으며, 오히려 두 달 동안이나 중병에 걸려 고생을 하였다. 아무리 무용이 뛰어났다고 하더라도 16세의 어린 안중근에게 생사가 걸린 동학군 진압활동은 힘겨운 일이었음에 틀림없었다.[50]

　한 공로를 포상하고 장려해야 한다는 뜻을 중앙정부에 건의하였다.
47) 이전, 『안중근혈투기』, 20쪽.
48) 이전, 『안중근혈투기』, 21쪽.
49) 이전, 『안중근혈투기』, 21~22쪽.
50) 안중근, 「안응칠역사」, 27~31쪽.

동학농민군을 진압하는 과정에서 안태훈은 황해도의 '아기접주' 김구에게 밀사를 보내 상호 불가침협정을 맺기도 하였다. 당시 김구는 "안태훈이 동생과 아들로 병사를 담당하게 하고 300여명의 산포수를 모집하여 청계동 자택에 의려소를 세우고 경성 모대신의 원조와 황해감사의 지도아래 벌써 동학토벌에 나서 신천지역의 동학토벌에 좋은 성과를 거두고 있었기 때문에 동학 각 접은 안태훈을 두려워하고 있었고, 우리 접도 청계동을 경비하고 있던 터였다"고 하였다. 이러한 상황에서 안태훈은 김구에게 밀사를 보내 "그대가 만일 청계동을 침범하다가 패멸당하게 되면 인재가 아깝다"는 후의를 전하게 하였다. 이에 김구는 즉시 참모회의를 열고 논의한 결과 "나를 치지 않으면 나도 치지 않는다" "어느 한쪽이 불행에 빠지면 서로 돕는다"는 원칙에 따라 안태훈과 밀약을 체결하였다.[51]

안태훈이 김구에게 밀사를 보낸 데에 대해 김구의 동료 정덕현은 "군사적인 원조나 계략이기보다는 나이 어린 형의 담대한 기개를 아껴 밀사를 보내게 되었다"고 하였다.[52] 그러나 안태훈이 김구의 담대함을 포용하려는 이면에는 동양의 전통적 병략술인 이이제이전략과 遠交近攻戰略을 적절히 구사하여 청계동 인근의 동학도들을 격파해 나가려는 깊은 의도가 포함되어 있었을 것이다. 아울러 안태훈은 1895년 1월 동학군 여당을 토벌하기 위해 출동했다가 청계동을 지나가던 일본토벌군 위관 수주키 아키라(鈴木彰)의 면담요청을 병을 칭탁하고 거절했을 정도로 의기가 강한 인물이었기 때문에[53] 앞날이 창창한 김구에 대해 특별한 관심을 보였을 것으로 보인다. 이러한 인연으로 김구는 동학농민운동이 실패한 후 세 달간의 은거기간을 거쳐 1895년 2월 정덕현과 함께 청계

51) 김구 저, 도진순 주해, 『백범일지』, 50~51쪽.
52) 김구 저, 도진순 주해, 『백범일지』, 55쪽.
53) 鈴木彰, 「東學黨征討略記」『동학농민전쟁사료총서』12, 역사문제연구소, 1996, 367~369쪽

동으로 안태훈을 찾아갔다.

청계동에서 안태훈은 식객으로 지내던 20살의 김구를 각별히 예우하였다. 안태훈의 형제들은 모두 술과 독서를 좋아하여 모임을 자주 가졌는데, 이때마다 안태훈은 김구를 초청하였다. 또한 안태훈은 사랑에서 잔치를 개최할 때마다 포군이나 하인들을 시켜 김구를 모셔오게 하였다. 이로 인해 김구를 업신여기던 안태훈의 형제들과 포군들은 김구에게 공손함을 표하게 되었다.[54] 안태훈은 1896년 2월 22일에 해주부의 집사로 추정되는 인사에게 보낸 편지에서 "순검들이 산포를 모아 청계동을 습격하려던 김구를 추적했으나 김구는 도망하고 말았으며 자신도 김구의 발자취를 사방으로 추적하고 있다"고 보고하였다. 이는 자신이 청계동에서 김구를 일시 보호했던 사실이 세상에 알려져 논란이 일어나자 신천군수의 징계를 피하기 위한 보신적 조치로 보인다.[55]

안태훈은 해주의 위정척사계 유림 인사인 高錫魯를 초치하여 청계동과 인근의 학동들을 가르치게 하였다. 고석로는 1880년대 후반에 3년간 춘천군 가정리 가정서사에서 유중교에게 직접 가르침을 받았다. 자신이 누차 술회했던 것처럼 고석로는 자질이 노둔하였기 때문에 화서학파 내에서 두각을 나타내지는 못하고 평범한 유학자로 남았다.[56] 그는 안태훈의 모친과 같은 제주고씨라는 인연으로 1893년 2월에 해주부에서 신천군 청계동으로 이주하여 초당을 지어놓고 생활하고 있었다.[57] 김구는 1895년 2월부터 5월까지 3개월간 고석로의 각별한 애호를 받으며 밤마다 口傳心受의 주자학적 민족주의 교육을 받았다.[58] 안태훈은 자기와

---

54) 김구 저, 도진순 주해, 『백범일지』, 57, 64～65쪽.
55) 장석흥, 「19세기말 안중근 서한의 자료적 성격」, 151, 166쪽.
56) 고석로는 유중교의 제자들 가운데 유인석을 가장 절친한 친구로 여겼던 반면, 유인석은 고석로를 동문 친우 가운데 한 사람으로 대우하였다.
57) 고석로, 『후조집』, 부록, 권2, 연보.
58) 고석로는 1881년 위정척사운동 때에 민씨척족에게 죽임을 당한 화서학파의 홍재학이 가장 먼저 제기한 北邊에서의 독립운동 근거지 개척구상론을 자기의 제자

사상적 정향이 다른 고석로를 종종 방문하여 주거니 받거니 고금의 일을
강론하곤 했는데, 그때마다 김구는 양인의 담론을 듣는 재미를 만끽하였
다.[59]

안태훈이 마련한 청계동이란 공간에서 김구는 많은 것을 얻었다. 첫
째, 김구는 그때까지 자신의 인생에서 가장 비중 있는 인물들을 접하였
다. 그는 고석로를 통하여 평생 가슴속에 새겨둔 민족주의를 처음으로
전수받았고, 안태훈을 통하여 인재를 다루고 대접하는 대인의 풍모를 깨
우쳤다. 둘째, 동학세력인 김구가 개화세력인 안태훈과 위정척사세력인
고석로를 만남으로써 그의 사상적 지평을 확대할 수 있는 기반을 마련하
였다. 셋째, 김구가 청계동에서 맺은 안태훈과의 인연은 나중에 안태훈
의 아들들과 손자들이 대한민국임시정부에서 김구를 도와가며 독립운동
을 벌이는데 디딤돌이 되었다.

V. 천주교 수용경위와 전교 활동

1895년 4월 1일 탁지부는 안태훈이 의병군량미를 칭하고 빼앗아 사
용한 탁지부 公貿米 500석을 환징하라는 관문을 신천군수에게 보냈고,
4월 11일에 다시 안태훈을 招致하여 의병군량의 구실로 탈취한 탁지부
공무미 500석을 환징하라는 공문을 황해도관찰부에 보냈다.[60] 이어 5월

김구와 자기와 친했던 유인석에게 전하였다. 이런 활동을 통해 그는 화서학파의
주자학적 민족주의론이 김구의 자유주의적 자주독립사상의 심층부에 자리잡도록
하였다. 나아가 한말에 의병세력 및 신민회세력이 만주와 북변을 민족독립운동의
근거지로 주목하도록 하는데 상당한 영향을 미쳤다. 김평묵, 「勵志堂洪君墓地銘」
『중암집』 권47, 47가-48나 ; 고석로, 「與柳立軒毅錫」 『後凋集』 권3.
59) 김구 저, 도진순 주해, 『백범일지』, 64쪽.
60) 『公文編案 要約』 1, 서울대학교 규장각, 1999, 322, 325쪽.

18일 탁지부대신 어윤중은 황해도관찰사 趙熙一에게 "신천군에 거주하는 안태훈이 사용한 公貿米 5백석을 숫자대로 조사하여 거둬들이고, 그가 거느린 의병들을 타이르고 깨우쳐 귀향시키라는 뜻을 관문을 만들어 잘 준행토록 하라"는 내용의 관문을 보냈다.[61] 이는 안태훈이 동학군을 진압할 때에 노획한 정부미 500석을 포군의 군수비로 임의 사용한 것과 동학군이 진압되었음에도 불구하고 휘하의 포군들을 해산하지 않고 청계동에서 거느리고 있는 것을 중앙정부가 정식으로 문제 삼은 것이었다.[62]

중앙정부 내에서 정부미 500석 사용 및 포군 양성 문제가 크게 불거지자 안태훈의 정치적 후원자인 궁내부협판 김종한은 청계동에 급보를 보냈다. 그는 안태훈에게 속히 상경하여 선후방침을 도모하라고 알려주었다. 안중근에 의하면, 당시 어윤중과 민영준 양인은 "막중한 국고금으로 구입한 양곡 천여 푸대를 안태훈이 이유 없이 도둑질해 갔는데, 그 이유는 병정 수천을 길러 음모를 꾸미려 하기 때문이니, 속히 군대를 보내 진압해야 한다"는 건의를 고종에게 올렸다고 한다.[63] 이에 안태훈은 포군을 해산하지는 않은 상태에서 중앙으로 올라가 어윤중을 만나보고 경과보고를 하였다. 그러나 어윤중이 받아들이지 않자 부득이 귀향길에 올랐다. 곧이어 6월 24일에 중앙정부가 훈련대병 12명을 청계동으로 급파하자 김종한은 어윤중을 찾아가 설득하여 파병된 훈련대병을 모화관

---

61) 『公文編案』, 제20책, 탁지부편, 규장각도서, 규18154. 因部關 信川居安泰勳處 公貿米五百石 準數查推 出給貿米所 所稱義兵 曉諭罷遣之意 膽關申飭緣由. 題另飭禁斷向事.

62) 안중근은 군량미 '천여 푸대'의 절반은 탁지부대신 어윤중의 개인 소유요, 나머지 절반은 전 선혜청당상 민영준의 농장에서 추수해 들인 곡식이라고 하였다. 이에 반해 이전은 어윤중이 자가추수곡 載寧租 300석을 안태훈이 사용했다고 하였다. 안중근, 「안응칠역사」, 32쪽 ; 이전, 『안중근혈투기』, 36쪽.

63) 안중근, 「안응칠역사」, 33~34쪽. 이전의 『안중근혈투기』에는 안태훈을 핍박한 사람으로서 어윤중 한 사람만이 나오고 있다.

부근에서 되돌아오게 하였다고 한다.[64]

안태훈의 정부미 사용건은 고종 측근 심상훈이 탁지대신을 지낼 때인 1895년 7월 7일에 해결되었다. 물론 이러한 해결책이 나오기까지 김종한은 이면에서 중요 역할을 맡았을 것이다. 당시 탁지부는 안태훈이 의려장으로서 쌓은 공로가 이미 순무영에 등록되었고, 또한 동학도에게 노획한 양곡을 군수품으로 사용한 연유를 이미 군부에 상세히 보고했음을 중시하였다. 따라서 탁지부는 송도상인 金壽敏의 곡식 중에 현미 172석, 조 19석을 안태훈이 사용했다고 하더라도 동학군 진압 후에 탁지부의 정부미가 그 중에 섞여 있다고 하여 그것을 안태훈에게 요구하는 것은 타당치 못하다고 보았다. 이에 탁지부는 김수민 소유의 양곡은 상인소유가 아니며 의병이 군수품으로 사용한 것이니 국법상 문제가 없다고 하였다. 결론적으로 탁지부는 김수민의 양곡뿐만 아니라 의병이 사용한 양곡에 대해 다시 추쇄해서는 안된다는 훈령을 내렸다.[65] 이로써 안태훈의 정부양곡 임의 사용문제는 일단락되었다.

탁지부의 조치에 불복한 송상 김수민은 탁지부대신이 갈릴 때에 다시 소장을 올린 것으로 보인다. 1896년 8월 16일 안태훈은 해주관찰부의 모 인사에게 "송상 김수민이 米包의 일로 신임 탁지부대신에게 또 關子를 내려고 하는데 이미 관찰부에 도착했을 것이다"며 즉시 관찰사에

---

64) 이전, 『안중근혈투기』, 36쪽.
65) 『公文編案』, 제22책, 탁지부편, 규장각도서, 규18154 ; 『公文編案 要約』1, 235쪽. 信川進士 安泰勳 於東徒搶攘之際 倡募義旅 剿捕匪魁 自本營特差義旅長 立功效勞之蹟 已載於巡撫營이고 因賊取糧補用軍需之由 又因軍部來照 洞悉其顚末矣 松都商人 金壽敏 貿置穀中 玄米一百七十二石 租十九石 見奪於東匪者 爲安義旅所取用 而今於匪擾稍靖之後 謂以本部公貿穀 混入其中 越侵於安進士 誠甚無謂 第念斯人也 當全省淪沒之時 挺一身慷慨之義 冒死不顧 屢議營邑 若論其功 雖現在公穀 尙可准數割給 況此穀旣非商人之所有 因義旅用武破巢 而取之補充軍需 在法當許 於義無愧者乎 大抵 非特金壽敏之米包 毋論某人穀 係義旅所取用補餉者 切勿侵索之意 永久施行爲宜者.

게 아뢰어 다른 폐해가 없도록 잘 주선해 달라고 부탁하였다.[66] 이에 대해 안중근은 민영준이 다시 정부미 문제를 제기하자 부친이 서울로 올라가 프랑스신부들의 도움을 받아가며 그 문제를 해결했다고 하였다.[67] 이로 미루어 김수민 양곡의 실질적인 소유주는 兩西지역에 상당한 전장을 보유하고 있었을 뿐더러 가정적으로 양서지역과 긴밀한 사이였던 민영준이 아니었나 하는 추정이 나온다.[68] 하여튼 안태훈은 이런 과정을 거치면서 천주교를 받아들였다.

안태훈은 현실적·공리적인 목적에서 천주교단과 인연을 맺었다. 즉, 그는 삼국간섭 이후 극동에서 영향력이 대폭 강화된 프랑스세력의 첨병인 천주교에 의지하여 자신과 가문의 안위를 보장받으려 하였다. 당시 안중근은 부친이 정부미건을 해결하고자 서울에서 천주교당인 종현성당으로 피신하여 '몇 달 동안' 프랑스인의 보호를 받으면서 그 문제를 해결하였다고 하였다.[69] 이미 해결된 정부미 임의 사용문제의 해결 과정에서 안태훈이 천주교를 받아들였다는 안중근의 주장은 타당성이 적은 편이다. 이에 대해 베버신부는 "(안태훈의 개종동기는) 비록 전적으로 그러하지는 않았을지라도 거의 그의 이기적인 공명심과 지배욕에서 비롯되었다"고 하였다. 나아가 그는 황해도에서 벌어진 반교회적 사건인 이른바 海西敎案의 발단과 전개과정을 시종일관 그러한 배경에서 설명하였다.[70]

---

66) 장석흥, 「19세기말 안중근 서한의 자료적 성격」, 156쪽.
67) 안중근, 「안응칠역사」, 35쪽.
68) 1887~1889년간 평양감사를 지낸 민영준은 일제강점 전후 한국의 최고 부호였다. 생전에 민영준은 각기 황해도와 평안도 출신의 소실을 두었는데, 이들이 민영준 가내의 대소사를 주관하였다. 1935년 민영준이 사망한 후에 민영준의 재산은 이들의 아들들이 독차지하였다.
69) 안중근, 「안응칠역사」, 35쪽.
70) 한국교회사연구소, 「황해도천주교회사」, 1884, 81쪽 ; 최석우, 「해서교안의 연구」 『한국 교회사의 탐구』, 한국교회사연구소, 1991, 414쪽.

안태훈의 천주교 입교동기에 대해 해주관찰사의 보고와 베버신부의
기록은 시사하는 바가 크다. 1897년 4월 29일 황해도관찰사 민영철이
의정부찬정 이완용에게 보낸 보고서에는 "동학농민운동 때 안태훈이 포
군을 모집하여 의병이라고 칭하고 작은 원한을 맺은 이들에게도 살육을
가하고 나약한 이들에게까지 행패를 부렸으며, 그러한 사실을 황해도 경
내가 모두 알고 있기 때문에 그러한 자신의 죄과를 벗어나기 위한 궁여
지책에서 천주교에 투탁하였고, 서울에서 천주교 책자를 몇 상자 가지고
와서 사람들에게 억지로 나눠주고 도당을 모았다"는 내용이 실려 있었
다.71) 또한 베버신부는 "동학농민운동이 끝나자 전사자 가족들이 대부
분 책임을 안태훈에게 돌렸다. 그러나 항간에 떠도는 그 이상의 악평이
안태훈을 괴롭혔고, 그런 현상은 안태훈의 명망과 영향력을 뒤흔들 것만
같았다. 그래서 안태훈은 자신을 보호해야겠다는 생각에서 천주교에 발
을 들여놓게 되었다"고 하였다.72) 안태훈의 정부미 사용건이 1895년 여
름 탁지부대신에 의해 "切勿侵索之意 永久施行爲宜者"란 확실한 무
혐의처분을 받았던 사안임을 감안하면, 그리고 안태훈이 1896년 전반기
에 향리의 참언에 따라 자신을 모함하고 별포군 설치에 필요한 공전을
독촉하는 신천군수와 상당한 갈등관계를 보였다는 사실을 감안하면,73)
안태훈이 동학농민운동 후 관청의 탄압과 향촌의 비난을 피하기 위해 천
주교에 들어갔다고 하는 황해도관찰사의 보고와 베버신부의 기록은 신
빙성이 높은 편이다.

그런데 안태훈은 1896년 가을 이전에 이미 천주교를 수용할 태세를
갖추고 있었다.74) 안태훈과 자주 담론을 나누었던 고석로는 1895년 5월

71) 『黃海道來去案』, 「보고 제3호」(1897.4.29), 규장각도서, 규17986, 황해도관찰사
민영철 → 외부대신 이완용.
72) 『조선일보』, 「안중근의사의 고향 청계동①」, 1979년 9월 2일.
73) 장석흥, 「19세기말 안중근 서한의 자료적 성격」, 149, 151, 152~153쪽.
74) 안중근은 1880년대 후반 과거 응시를 위해 동향 사람 閔泳龜외 함께 상경하여

김구에게 "내가 안진사의 의향을 짐작하는바 천주학을 해볼 마음이 있
으니 만일 그처럼 서양오랑캐에게 의뢰할 마음이 있다면 그것은 대의에
위반된 행동이네" 라며 안태훈이 천주교를 수용할 작정임을 말하였
다.[75] 또한 단발령 직후에 안태훈·고석로·김구 3인이 창의문제를 가
지고 청계동에서 회의했을 때에 안태훈은 "아무 승산 없이 일어났다가
는 실패할 수밖에 없으니 그럴 생각은 없고, 천주교를 믿다가 후일을 도
모하겠다"는 태도를 나타냈다. 아울러 그는 당장 단발을 해야 한다면 기
꺼이 하겠다는 결연한 개화인의 자세를 보이기도 하였다.[76] 이를 보면
1896년 1월경 시국에 대한 고민으로 잠을 이루지 못했을 정도로 우국지
사의 면모를 보였던[77] 안태훈은 자신의 구명방안과 가문의 존속방안을
다각도로 강구하는 가운데 평소부터 호감을 갖고 있던 천주교에 들어가
기로 결심했던 것으로 판단된다.

안태훈은 종현의 천주교당에서 강론을 듣고 성서도 읽으면서 몇 달을
보내다가 1896년 10월 말에 귀향하였다. 당시 그는 친구 이참봉의 소개
로 천주교의 기본교리와 신교의 자유를 호교론적 입장에서 기술한『上
宰相書』를 읽고 천주교에 대한 이해를 심화시킨 다음,『천주실의』·
『七克』·『성교수난사적』등의 서책을 통해 천주교의 교리를 깨달았다
고 한다.[78] 안태훈은 고향에 돌아올 때에 이종래와 함께『교리문답』·

모대감댁에 유숙했는데, 그때 천주교인인 모대감으로부터 처음으로 천주교를 접
했다고 한다. 민영구(베드로)가 안태훈의 청계동으로 이주하여 빌렘신부로부터 영
세(베드로)를 받고 매화동에서 전교하며 초대회장을 지냈던 비교적 알려진 인물임
을 감안할 때 이 기록은 타당성이 있어 보인다. 한국교회사연구소,『황해도천주교
회사』, 155, 164, 191쪽.
75) 김구 저, 도진순 주해,『백범일지』, 67쪽.
76) 김구 저, 도진순 주해,『백범일지』, 87쪽. 안태훈은 단발령 직후에 신천군수가 자
신으로 하여금 포군을 모아 창의하도록 지시하지 않은 것을 비판하였다. 장석홍,
「19세기말 안중근 서한의 자료적 성격」, 151쪽.
77) 장석홍,「19세기말 안중근 서한의 자료적 성격」, 148쪽.
78) 이전,『안중근혈투기』, 27~28쪽.

『12단』 등 120여 권의 종교서적을 가지고 청계동으로 돌아와 친지들과 촌민들에게 나눠주며 복음을 전파하였다. 이때 그는 「안태훈의 요청」이란 문건을 주민들에게 보내 천주교 입교를 권했다고 한다.[79] 이처럼 신천군의 유력자인 안태훈이 전교활동에 팔을 걷어부치고 나서자 두 달 만에 7개 마을에서 천주교로의 개종 움직임이 일어났다.[80] 당시 부친의 인도로 천주교에 귀의한 안중근도 열렬한 신앙심으로 빌렘신부의 服事를 수행하여 해주·옹진 등 여러 지방을 돌아다니며 전교활동을 펼쳤다.[81]

안태훈은 신천군의 천주교 발전을 위해 안악군 마렴본당의 빌렘(Nicolas J. M. Wihelm, 洪錫九)신부를 청계동으로 불러오기로 결정하고 그에게 청계동 공소의 개소를 요청하였다. 빌렘은 2명의 전교회장을 파견하고, 1897년 1월에 세례문답을 통과한 안태훈 일족과 청계동 인근 주민 33명에게 세례를 주었고, 4월 중순 부활절에 다시 66명에게 세례를 주었다. 이렇게 영세를 받은 99명 가운데 어린이는 3명뿐이었고 나머지가 모두 가장들인 성인 남자들이었다.[82] 하여튼 안태훈가문은 조상의 제사 때문에 천주교 수용을 거부한 장자 安泰鎭과 몇몇 친지, 고용꾼 1인만을 제외한 거의 대부분의 인사들이 세례를 받았다.[83]

1898년 4월 빌렘신부가 마렴본당을 다른 신부에게 넘기고 청계동에 정착함으로써 청계동은 마렴에 이어 황해도의 두 번째 본당이 되었다.[84]

79) 『조선일보』, 「안중근의사의 고향 청계동①」, 1979년 9월 2일.
80) 원재연, 「안중근 연보」『교회사연구』9, 1994, 137~138쪽 ; 윤선자, 「'한일병합' 전후 황해도 천주교회와 빌렘 신부」『한국근현대사연구』4, 1996, 114쪽.
81) 한국교회사연구소, 『황해도천주교회사』, 196쪽.
82) 한국교회사연구소 편, 『서울교구년보(Ⅰ)』, 「1897년도 보고서」, 명동천주교회, 1984, 209쪽.
83) 『조선일보』, 「안중근의사의 고향 청계동①」, 1979년 9월 2일.
84) 『조선일보』, 「안중근의사의 고향 청계동②」, 1979년 9월 4일. 윤선자, 「'한일병합' 전후 황해도 천주교회와 빌렘 신부」, 114쪽 ; 차기진, 「안중근의 천주교 신앙과 그 영향」『교회사연구』16, 2001, 11~15쪽. 안태훈은 베드로, 안태건은 가밀로, 안중근은 토마스, 안태훈의 모친은 안나, 부인은 조마리아, 누이는 마달레나라

전국 각지의 천주교회당을 두루 방문하는 기회에 황해도를 방문한 천주
교 조선교구장 뮈텔주교는 1896년 11월 27일 빌렘신부의 인도로 청계동
공소를 방문하여 성당의 축성을 축하하고 안태훈 일족에게 영세를 주었
다.[85] 이후 청계동은 해서교안으로 인해 빌렘신부가 뮈텔주교의 소환령
을 받고 서울로 올라가고, 서양선교사라는 보호막이 사라진 안태훈이 정
부의 체포를 피해 피신하는 1904년 4월 이전까지 황해도에서 천주교 전
교의 중심지 가운데 하나가 되었다.

향촌의 유력자인 안태훈과 서양종교의 전위세력인 빌렘신부가 합세
하여 포교에 진력함으로써 황해도의 천주교 신자는 급속도로 증가하기
시작하였다. 1897~1902년간 안태훈과 안태건은 이러 저런 사건에 관
여하여 정부의 탄압을 받았는데, 그때마다 빌렘신부는 치외법권을 지닌
'洋大人'의 위세를 발휘하여 그들을 보호해주었다. 조선정부의 행정력
과 사법력을 무력화시킨 프랑스신부들의 놀라운 능력은 지방관의 탐학
에 신음하고 있던 황해도 일반 민중들의 관심을 사기에 충분한 것이었
다. 그리하여 황해도의 많은 백성들이 빌렘신부에게 세례를 받고 그의
보호막 아래에 들어가고자 하였다. 심지어 200여명의 포군들이 떼지어
몰려와 세례를 받기를 원하기도 하였다.[86] 이에 따라 황해도의 천주교
신자는 1897년에 555명에서 1902년에 7천명에 달할 정도로 폭발적으로
증가하였다.[87]

한말 황해도 천주교인들의 입교동기는 엄밀히 말해 지방관의 수탈과
착취를 피하려는 공리적인 목적과 안태훈과 같은 지방유력자들의 반강
제적 입교권유에 기인한 측면이 많았다. 그러나 일단 천주교를 접한 후
에 그들은 세례를 받기 위해 교리문답서를 읽고 베껴 쓰는 과정에서 그

는 세례명을 받았다.
85) 천주교 명동교회 편,『뮈텔주교일기』II, 한국교회사연구소, 1993, 233~235쪽.
86)『조선일보』,「안중근의사의 고향 청계동②」, 1979년 9월 4일.
87) 윤선자,「'한일병합' 전후 황해도 천주교회와 빌렘 신부」, 115, 118쪽

리고 주일마다 공소에 참여하여 예배를 드리는 과정에서 점차 참다운 신자로 변모해가고 있었다. 이에 대해 안중근은 "경문을 강습도 받고 도리를 토론도 하기를 여러 달을 지나 信德이 차츰 굳어지고 독실히 믿어 의심치 않고 천주 예수그리스도를 숭배하며 날이 가고 달이 가고 몇 해가 지났다"는 신앙고백을 하였다.[88] 이는 교리 강습과 토론을 통해 천주교가 그의 내면에서 체화되어 가고 있었음을 토로한 것이었다.

1900년 전후 안태훈가문에게 천주교는 긍정·부정의 이중적 영향을 미쳤다. 먼저 긍정적 영향으로는 그들이 천주교 신앙을 통해 점차 상무적 무반기질과 현세적 공리성과 세속성을 벗어던지고 종교적 경건성과 순수성을 지닌 애국집단으로 변신해갔을 뿐 아니라 천주교를 가져온 프랑스 신부들을 통하여 서양의 근대 사상과 문물을 자연스럽게 수용했다는 점을 들 수 있겠다. 다음 부정적 영향으로는 그들이 프랑스 신부들에게 의지하여 가문의 세력을 유지·확대하는 동안 제국주의세력의 침략적 속성을 정확히 파악할 수 없는 한계를 지니게 되었다는 점을 들 수 있겠다. 이러한 이율배반적인 양면성은 당시 서양 종교를 신봉했던 모든 한국인들에게 동일하게 적용되는 것이었다. 그러나 다른 가문과 달리 안태훈가문은 일본제국주의의 침략논리와 식민통치를 적극 옹호하거나 묵인했던 프랑스신부들과 밀착해 있었기 때문에 이러한 양면성이 더욱 선명히 드러날 수밖에 없었다. 따라서 안태훈가문으로서는 프랑스 선교사의 제국주의적 속성을 분명히 깨닫는 한편, 천주교 신앙과 근대적 민족주의 사상을 합일시켜 나가야 하는 어려운 과제를 안게 되었다.[89]

---

88) 안중근, 「안응칠역사」, 40쪽.
89) 오영섭, 「안중근 가문의 독립운동」, 29쪽.

Ⅵ. 향촌 유력자 활동과 정부와의 갈등

천주교를 수용한 후에 청계동을 중심으로 전교활동을 펼치던 안태훈은 지방정부와 계속해서 마찰을 빚었다. 그러한 마찰은 두 가지 원인이 상호 복합적으로 작용하여 나타난 결과였다. 하나는 지방관의 통치권에서 벗어나 있는 천주교도에 대한 황해도 관리들의 단속과 탄압이었다. 다른 하나는 안태훈의 토호적인 성향과 빌렘신부의 지방행정에 대한 지나친 간섭이었다. 이중에서 청계동을 근거지로 전개된 안태훈의 적극적인 전교활동과 토호적인 성향이야말로 1897∼1903년간에 안태훈 일족이 간여된 이른바 해서교안의 핵심적인 논점이었다고 생각한다.

1897년 5월 중순 이후 안태훈은 인민들에게 結錢을 무단으로 징수하고 포군을 사사로이 설치했다는 명목으로 중앙정부로부터 추궁을 받았다. 이 사건은 1896년 10월 귀향 후부터 러일전쟁 이전까지 종교와 무력이라는 양대 도구를 앞세워 전개된 안태훈의 갖가지 토호활동을 대표할 만한 것이었다. 그는 1897년 4월 12일 수십 명의 포군과 천주교도를 거느리고 신천읍 朴晩榮 집에 돌입하여 진을 치고 향장 柳萬鉉을 서한으로 유인하여 사로잡았다. 이때 유만현을 잡아가는 일이 국법에 위배되는 것임을 안태훈은 분명히 인지하고 있었다.[90] 안태훈은 유만현을 말꼬리에 매달아 청계동으로 끌고가 무차별 구타하고 5일간 감금하였고, 관속들이 청계동에 들어오면 타살하겠다고 소문을 퍼트렸다. 아울러 그는 신천군수가 천주교도를 단속하는 것을 징치하기 위해 군아로 돌입하여 군수를 체포할 것이라고 호언하고, 그러한 사전조치로서 유만현을 잡아갔다고 주장하였다. 이에 신천군수가 해주관찰부로 피신하여 사직을 청하는 사태가 일어났다.[91]

---

90) 장석흥, 「19세기말 안중근 서한의 자료적 성격」, 161쪽.

그런데 안태훈의 유만현 구타·감금건은 신천군 관리들과 천주교도 간의 갈등문제 때문이 아니라 조선정부와 안태훈간의 세금분쟁문제 때문에 일어난 것이다. 1894년에 조선정부는 봄에 결전을 거두고 새로운 장정에 따라 겨울에 다시 결전을 징수하였다. 이러한 이중과세 조치에 대해 안태훈은 탁지부에 소장을 올려 호소하였고, 해주관찰부는 이중과세분인 매결당 엽전 16냥 5전 7푼을 1895년분 결전에서 빼주도록 하였다. 그러나 탁지부는 국가세금을 임의대로 감해줄 수는 없으니 좋은 방도를 다시 강구해보라고 해주관찰부에 훈령하였다. 이에 안태훈은 16냥 5전 7푼을 을미년 결전으로 옮기는 수수료('浮費')라고 칭하고, 큰형 安泰鎭에게 포군들을 거느리고 신천군에 가서 매결당 엽전 3냥씩을 징수하게 하였다. 이때 안태훈 형제들은 수수료를 징수함에 있어 자신들이 거느린 포군들과 천주교도들을 동원하여 신천군민에게 위협을 가해가며 강제로 거두어들였다. 이에 신천군수 남효원은 관아의 엄금령을 어기고 결전을 강제로 거둔 포군 최원석·유은석, 천주교도 윤수겸·정언국 등을 체포하여 문초하였다. 그러자 안태훈은 향장 유만현을 감금하고 천주교도를 이끌고 신천군아에 돌입하여 남효원을 징치할 작정이었다.[92]

안태훈의 세금 강제 징수건은 정부의 강력한 반발을 불러일으켰다. 그가 향장을 잡아다가 구타한 일은 차치하고라도 국가의 세금을 자신의 수하들을 동원하여 강제로 징수한 것은 묵과할 수 없는 일이었기 때문이다. 당시 황해도관찰사는 안태훈이 포군을 사사로이 설치하고 천주교를 칭탁하여 서양신부를 유치하고 관납을 자의로 거두고 백성을 임의로 다스려 신천군의 행정력이 마비되었으니 별도의 방침이 요구된다고 보고하였다.[93] 이에 1897년 5월 4일 의정부찬정 이완용은 안태훈이 결전을

---

91) 『黃海道來去案』, 「보고 제3호」(1897.4.29), 황해도관찰사 민영철 → 의정부찬정 이완용.
92) 『黃海道來去案』, 「보고 제4호」(1897.5.14), 황해도관찰사 민영철 → 의정부찬정 이완용.

加歛하고 포군을 사사로이 설치한 일은 천주교에 기댄 일보다 죄가 백
배나 무거운 일이라며 안태훈이 포군을 설치한 연유를 자세히 보고하고,
서양선교사의 소속과 성명 등을 보고하라고 지시하였다.[94] 이에 황해도
관찰사 민영철은 안태훈의 포군관련건과 빌렘신부의 지방행정 간섭실태
를 상세히 보고하였다. 이중 포군을 앞세운 안태훈의 토호행위는 그의
처지를 위태롭게 할만한 중대한 사안이었다.

> 甲午 匪擾時에 安泰勳이 私設 砲軍 數百名ᄒᆞ야 屯聚於所居斗羅坊淸
> 溪洞 而該洞은 卽峽谷隘口이혼바 稱以義兵ᄒᆞ고 殺戮이 加於睚眦ᄒᆞ며
> 搶奪이 及於遠近ᄒᆞ야 各 宮庄賭穀과 京宰秋收를 無不執奪ᄒᆞ기로 此說
> 이 傳播京鄕ᄒᆞ야 所謂義兵을 一倂革罷ᄒᆞ라신 廟令이 截嚴ᄒᆞ오신즉 厥漢
> 이 如干破傷ᄒᆞᆫ 軍物만 收納官門ᄒᆞ고 銃與藥丸을 爲藏匿 而砲軍을 不爲
> 解放ᄒᆞ고 仍留谷口ᄒᆞ야 出行則着黑擔銃ᄒᆞ고 退藏則把守要地ᄒᆞ야 團成
> 一窩ᄒᆞ니 人人이 畏不敢近이옵고 竊寡勒掘과 市上行悖와 官屬毆打가
> 非一非再나 自官으로 不能禁斷ᄒᆞ옵기로 該房 公錢이 全數拒納이오며 一
> 自以後로 渠亦自知罔赦ᄒᆞ고 敢生不測之計ᄒᆞ야 至於昨冬에 托入西學ᄒᆞ
> 야 去益凶悖이옵다가 今次 本郡鄕長之捉去也에 用以賊刑ᄒᆞ야 勒執贓錢
> ᄒᆞ고 囚於五哨砲軍房타가 過五日이 放送ᄒᆞ니 郡守는 避鋒入府ᄒᆞ고 官
> 屬은 擧皆 恸散이혼바 泰勳은 與洋敎士로 同爲上京ᄒᆞ고 厥兄泰鎭이 率
> 砲軍 更爲入邑ᄒᆞ야 三兩加歛條를 不幾日에 沒數督捧ᄒᆞ오니 民雖有不給
> 之心이나 極刑이 在卽이온즉 安得不給이오며 亦於何處伸訴乎잇가.[95]

위의 자료에는 안태훈이 정부의 지령을 거부하고 포군을 양성했을 뿐
더러 안태훈 일족이 포군의 위세를 배경으로 위법행위를 하였던 사실이
담겨있다. 나아가 공전징수건과 포군설치건으로 궁지에 몰린 안태훈이

---

93) 『黃海道來去案』, 「보고 제3호」(1897.4.29), 황해도관찰사 민영철 → 의정부찬정
  이완용.
94) 『黃海道來去案』, 「지시 제2호」(1897.5.4), 의정부찬정 이완용 → 황해도관찰사
  민영철.
95) 『黃海道來去案』, 「보고 제4호」(1897.5.14), 황해도관찰사 민영철 → 의정부찬정
  이완용.

빌렘신부와 함께 상경하여 그 문제를 해결하려 노력했음이 나와있다.[96] 이처럼 안태훈은 청계동이란 요새지를 기반으로 대외적으로 천주교 신부의 위세를 빌리고, 대내적으로 포군의 무력을 앞세워 향촌사회의 실력자 노릇을 하고 있었다.

그런데 당시 정부로부터 토지세 감면조치가 내려오기를 학수고대하고 있던 안태훈이 무력을 동원하여 민인들에게 토지수수료를 강제로 징수하는 무리수를 범한 것은 막대한 포군유지비 때문이었을 것이다. 정기적으로 급료를 지불 받는 포군을 양성하려면 다액의 비용이 소요되기 마련인데, 안태훈 일가는 청계동에 들어올 때에 300석의 재산만을 지니고 있었으므로 수십 명의 포군을 양성할 만한 재력은 지니지 못한 셈이었다. 따라서 안태훈 일가는 포군유지비를 향촌사회에서 염출하려 하였기 때문에 조선정부와 심한 갈등을 빚었다. 그리고 대한제국정부가 엄히 금한 만인계를 안태훈 일가가 신천군에 설행한 것도 모두 포군 유지비를 마련하기 위한 궁여지책의 일환으로 이해된다. 게다가 새로이 건립된 청계동 성당의 건축비와 유지비도 안태훈 일가에게는 상당한 재정적 부담으로 다가왔을 것이다.

안태훈을 비롯한 황해도 천주교도들의 적극적인 활동은 조선정부로 하여금 반천주교 대책을 강구하게 하였다. 이미 1896년 12월에 황해도 관찰사 민영철은 "민인들이 西學에 들어가 도당을 형성하고 평민을 침학하고 관명을 거역하며 錢穀을 징수하여 공납이 연체되고 법령이 행해지지 않고 있다"며 천주교의 확산과 천주교도에 의한 작폐를 크게 우려하였다. 나아가 그는 서양선교사들이 그러한 사실을 모르고 천주교를 탄압한다고 항의하고 있는데, 이는 사실이 아님을 서양 각국의 공사들에게

---

96) 안태훈은 1897년 4월 17일 이전에 신천군수가 해주관찰부에 보고한 내용을 입수하여 빌렘신부와 대책을 강구하려 하였다. 또한 그는 5월 16일에 서울에서 정치적 후원자인 김종한과 신임 황해도관찰사인 김가진을 만났다. 장석흥, 「19세기말 안중근 서한의 자료적 성격」, 161~162쪽.

알려달라고 중앙정부에 보고하였다.97) 이에 따라 황해도관찰사는 천주
교도에 대한 단속령을 군수들에게 하달하였다.

황해도관찰부의 조치에 따라 1899년 말경에 황해도의 모든 선교사들
은 지방관아로부터 적대적 대접을 받았고 천주교 신자들도 부당한 체포
위험에 노출되어 있었다.98) 그리고 이듬해 12월에는 고종황제 측근의
대신 2인이 황해도의 선교사들과 신자들을 학살하라는 비밀지령을 군수
들에게 하달하였다. 그러나 개신교 목사들이 먼저 알고 선교사들에게 알
려주었기 때문에 그 천주교도 학살모의는 중단되었다.99) 이처럼 조선의
지방정부와 천주교도가 심각한 갈등을 보였던 상황에 대해 안중근은 자
신의 자서전에서 호교론적인 입장에서 천주교도를 옹호하였다.

> 그 당시 각 지방에 있는 관리들은 학정을 함부로 부려 백성들의 피와 기
> 름을 빨아 관리와 백성 사이가 서로 원수처럼 보고 도둑처럼 대하였다. 다만
> 천주교인들은 포악한 명령에 항거하고 토색질을 받지 않았기 때문에 관리들
> 이 교인을 미워하기를 외적과 다름없이 하였다. 그런데 저들은 옳고 우리가
> 잘못되어 어찌할 도리가 없는 일이 있었다. 그 무렵 난종을 부리는 패들이 교
> 인을 칭탁하고 협잡하는 일이 더러 있었기 때문에 관리들이 이 틈을 타서 정
> 부대관들과 더불어 비밀히 의논하고 교인들을 모함하려고 했다. 황해도에서
> 교인들의 행패로 인하여 행정과 사법을 할 수 없다고 하여 정부로부터 사핵
> 사 李應翼을 특파하였다. 이응익은 해주부에 이르러서 순검과 병정들을 각
> 고을에 파송하여 천주교회 우두머리 되는 이들을 옳고 그름을 묻지도 않고
> 모조리 잡아 올리는 통에 교회안이 크게 어지러워졌다.100)

즉, 조선정부는 천주교도의 발호로 인한 지방행정의 문란을 문제시하
였던 반면, 천주교도는 지방관의 가렴주구와 교인탄압으로 인한 천주교

---

97) 『黃海道來去案』, 「보고 제2호」(1896.12.7), 황해도관찰사 민영철 → 의정부찬정
   이완용.
98) 한국교회사연구소 편, 『서울교구년보(Ⅰ)』, 「1900년도 보고서」, 263쪽.
99) 한국교회사연구소 편, 『서울교구년보(Ⅰ)』, 「1901년도 보고서」, 282쪽.
100) 안중근, 「안응칠역사」, 86~88쪽.

도의 피해사실을 중시했던 것이다. 따라서 천주교도의 활동과 천주교의
확산에 대한 이러한 상반된 인식은 필연적으로 지방정부와 천주교도간
에 마찰을 불러일으키기 마련이었다. 그러한 마찰은 1900년 이후 점차
심해졌으며, 1902년 6월 천주교에 적대적인 이용직이 황해도관찰사로
부임하면서부터 더욱 격화되었다. 그리하여 옹진·황주·신환포·장
연·은파·재령 등 황해도 각지에서 천주교도와 지방정부간에, 혹은 천
주교도와 기독교도간에 마찰이 발생하였다.101)

  신천군 일대에서 천주교도와 지방정부의 마찰이 일어날 때마다 안태
훈·안태건·빌렘신부는 거의 매번 주역의 역할을 하였다. 안태훈이 동
학농민운동 때의 악행 때문에 신천군 감옥에 갇히자 빌렘신부가 군수에
게 항의하여 안태훈을 석방시켰다.102) 또 안태훈은 "천주교 신자가 되면
빌렘신부를 통해 관청에 대항할 수 있는 강력한 보호를 받을 수 있다"며
해주민들을 상대로 전교활동을 펼치다가 해주감영에 투옥되었는데, 이
때도 빌렘신부의 도움으로 풀려났다.103) 또 1899년 2월 안태건은 빌렘
신부와 함께 무리 100여명을 거느리고 안악군아에 돌입하여 도적혐의로
구금된 천주교도 3인을 석방시켰다. 이때 안태건의 요청으로 범죄에 가
담한 사람들을 대질 심문한 결과 천주교도들의 범법행위가 드러났다. 그
러나 안태건은 천주교도들의 무죄를 고집하며 자의로 죄수들을 데리고
나갔다. 마침 이날은 장날이라 그 사건을 목도한 많은 이들이 안태건의
무법행위를 개탄했다고 한다.104) 또 1903년 1월 15일에 조선정부는 군
아에 난입하여 군수를 협박하고 행패를 부린 천주교도 6인을 잡으러갔

---

101) 최석우, 「해서교안의 연구」, 417~439쪽 ; 박찬식, 『한말 천주교회와 향촌사회
    -교안의 사례분석을 중심으로-』, 서강대 사학과 박사학위논문, 1996, 144~
    145쪽.
102) 『조선일보』, 「안중근의사의 고향 청계동②」, 1979년 9월 4일.
103) 『조선일보』, 「안중근의사의 고향 청계동③」, 1979년 9월 5일.
104) 『黃海道來去案』, 「보고서」(1899. 2. 20), 안악군수 李義惠 → 의부대신.

다가 사로잡혀 무수히 구타당한 순검들에게 "다시 오면 결단코 목숨을 보존하기 어려울 것이다"고 협박한 빌렘신부의 소환을 청하는 조회문을 프랑스공사관에 보냈다.[105] 이처럼 서양신부를 배경으로 하는 천주교도들의 토호활동은 대한제국 정부의 반발을 초래하였다.

조선정부는 1903년 1월 22일 사핵사 이응익을 파견하여 지방정부와 천주교도들의 마찰, 천주교도와 기독교도의 분쟁, 천주교도들의 행패사건을 자세히 조사하게 하였다. 이응익은 2월 3일 해주에 도착하여 약 2개월 반 동안 이른바 해서교안에 관련된 모든 이들을 불러다가 치밀하게 조사한 다음, 4월 20일에 『해서안핵사보고서』를 정부에 제출하였다. 당시 이응익은 "안태훈과 안태건이 청계동에 반거하여 외국인을 믿고 관청에 항거하고 인민을 침해함이 심하다"는 명목으로 순검들을 파견하여 잡아오도록 하였다. 그러나 안태훈은 병을 칭하고 나타나지 않았으며, 안태건이 청계동 밖으로 나왔지만 빌렘신부와 천주교도 100여 명이 순검들에게 위해를 가하려 하였기 때문에 순검들은 그냥 돌아오고 말았다.[106] 이에 조선정부는 이응익의 조사결과에 따라 황해도 천주교도들과 정부와의 마찰사건에 관련된 빌렘신부 등을 구속하여 심판하라는 조회문을 불란서공사관에 보냈다.[107] 또한 이응익의 보고서 내용에 따라 의정부찬정 김규홍은 고종에게 문건을 올려 안태훈·안태건·빌렘신부·르각신부 등을 체포할 것을 건의하였다.

> 이번 교도들의 소요는 옛날에 없던 변고로, 무리를 모아 각각 교파를 세우기도 하고, 관청에서 하는 것처럼 訟事를 처결하기도 하며, 형구를 만들어 놓

---

105) 『구한국외교문서 12:법안2』, #1681, 「교도를 불법비호한 법국인 홍신부의 초환 요구건」(1903.1.15), 고려대 아세아문제연구소, 1969, 296쪽.
106) 이응익, 『海西按覈使報告書』, 별순검 李寬謙 등의 공술, 141나-143가.
107) 『구한국외교문서 12:법안2』, #1768, 「황해도 교인 起鬪사건 관련 홍신부등 구속심판 요구건」(1903.8.22), 345쪽.

고 평민들을 못살게 굴기도 하고, 사사로이 사람들을 잡아들여 남의 재산을
빼앗기도 하였고, 심지어 땅주인을 위협하고 관청에서 보낸 사람에게 대항하
여 쫓아내기까지 하는 등 극도에 달하였습니다. 安泰健은 敎士라는 신분을
이용하여 사람들을 억누르고 무기를 가진 사람들을 모집하여 제 몸을 보호하
고, 李龍恪은 이웃고을에까지 호령하며 노약자들에게까지 형벌을 가하였습
니다. 무리를 모은 것이 무슨 의도였겠습니까. 이들은 마치 강도들과 흡사하
고 명분 없는 재물을 모은 것이 남의집 재산을 도적질하는 것보다 심했습니
다.…安泰勳은 청계동 와주라는 말을 듣고 있는 자로 황해도의 두목이라는
지목을 받고 있는데 아직도 잡히지 않고 있으니 끝내 관대히 용서해 주기는
어렵습니다.…이른바 洪敎士라는 자는 프랑스 사람인데 청계동에 살고 있습
니다. 8, 9개 고을들이 모두 그의 소굴이 되고 6, 7명의 敎士가 그의 손발이
되었습니다. 전도를 핑계로 연줄을 맺고 폐단을 키우고 있으며, 행정에 간섭
하지 않는 것이 없습니다. 소송도 그가 직접 판결하고 손을 묶고 발에 형틀을
채우거나 무릎을 꿇리는 형벌을 평민에게 함부로 시행했습니다. 이는 천하의
법률을 남용한 짓으로 우리나라와 프랑스 양국간의 조약에도 실려 있지 않은
바입니다. 또 郭敎士라는 자는 홍교사의 못된 짓을 본떠 행하고 있습니다. 이
런 자들을 그대로 놓아둔다면 후환이 있을까 두렵습니다. 외부로 하여금 프랑
스공사관에 공문을 보내 두 사람을 잡아다 조사하고 그 나라의 율례에 따라
심리하고 판결하게 하는 것이 진실로 사리에 부합될 것입니다.[108]

안핵사 이응익의 조사 이후에 안태훈은 중한 범죄인의 처지로 떨어졌
다. 이때 그는 한재호·이재걸·이희담 등 동지들과 의논한 끝에 피신
과 신경통 치료를 겸해서 함종에 있는 천주교도 郭廷學의 집에 머물렀
다. 그곳에서 그는 인근의 시인묵객들과 교유하며 지냈다. 특히, 매주 일
요일 주일예배가 끝나면 한시에 조예가 있는 곽정학·배정서 등과 함께
모여 性理를 강구하고 시를 화작하였다.[109] 이렇게 반년 이상을 음풍농
월한 다음에 안태훈은 고향으로 돌아왔다. 그런데 안중근은 자기 부친이
"몸을 다른 곳으로 피하여 관리배들의 악행을 통분히 여기며 탄식하기
를 마지않았고, 밤낮으로 술을 마시어 心火로 병이 들어 중병에 걸려

---

108) 『승정원일기』, 1903년 (음)6월 30일 ; 『고종실록』, 1903년 8월 21일.
109) 이전, 『안중근혈투기』, 43~44쪽.

몇 달 후에야 고향으로 돌아왔으나 치료에 효험이 없었다"고 하였다.[110] 이로 미루어 안태훈은 1년 정도 피신생활 동안에 건강을 크게 해친 것으로 보인다.

안태훈은 1904년 4월 20일 안악읍에 사는 청나라 의사 舒元勛과 시비가 있었다. 안태훈은 병을 치료하기 위해 친우 李龍一을 데리고 서원훈을 찾아갔다. 양측이 필담을 나누는 사이에 안태훈측이 어떤 실수를 했는지 서원훈이 갑자기 일어나 안태훈의 가슴을 발로 걷어찼다. 이에 안태훈은 서원훈에게 화해를 청하고 물러나왔다.[111] 그러나 이 소식을 들은 안중근이 4월 29일 이용일 등 10여 명과 함께 무기를 들고 야밤에 서원훈을 잡아다가 길가에서 무수히 난타하여 거동이 어렵게 만들었고, 이에 대한 반발로 5월 2일 청국인 7~8명이 이용일의 집에 난입하여 그를 마구 구타하고 잡아가려고 하였다.

한중 양국민 사이에 분쟁이 발생하자 삼화항의 청국영사가 한국정부에 공식 문제제기를 하였다. 이에 따라 삼화항 감리가 순검을 보내 안중근과 이용일을 체포하여 압송토록 하였다. 그런데 중도에 나타난 괴한들이 순검들을 난타하고 안중근과 이용일을 구하여 사라졌다. 이때 순검한 명은 안면에 총을 맞아 중태에 빠졌다.[112] 체포령이 내려진 상황에서 7월 10일 전후에 안중근과 이창순은 각기 외부에 청원서를 올려 자신들의 부친이 억울하게 청국인들에게 당했다고 호소하였다.[113] 그러나 외부는 다시 자체 조사를 거친 끝에 안중근과 이용일의 죄상이 중하다는 점을 인정하기에 이르렀다. 이에 지방정부에 안중근 등의 체포를 명하였고, 7월 22일 황해도관찰사 李容弼은 안중근과 이용일이 기미를 알고 미리 도주하여 체포하지 못했다는 보고서를 외부대신에게 올렸다.[114]

---

110) 안중근, 「안응칠역사」, 88쪽.
111) 안중근·이창순, 「청원서」(1904.7), 『外部訴狀』, 규장각도서, 규18001.
112) 『황해도래거안』, 「훈령 제39호」(1903.6.26), 외부대신 이하영 → 황해도관찰사.
113) 안중근·이창순, 「청원서」(1904.7).

한편 안태훈 일가는 천주교와 포군을 배경으로 향촌사회에서 영향력을 행사하는 가운데 신천군에 만인계를 설행하였다.[115] 그런데 만인계에서 채표를 추첨할 때에 채표기의 고장이나 주최측의 출표 농간으로 자주 소란이 일어나곤 하였다. 당시 안중근이 사장을 맡은 신천군의 만인계에서도 처음에 채표기에서 1등표가 2장이 나오자 수천의 군중들이 광분하여 소동을 일으켰다. 이때 안중근은 권총을 꺼내 보이며 군중들을 진정시키는 한편, 직접 군중들로 하여금 다시 채표를 출표하도록 하여 사태를 무마하였다.[116] 이에 대해 20대 초반에 자기 집안에서 운영하는 만인계의 대표를 맡았던 안중근은 출표일 당일에 보여준 자신의 담대한 행적을 자서전에 자랑스럽게 자세히 남겼다.

주지하듯이 만인계는 오늘날의 로또복권과 형식은 같으나 수익률은 매우 낮은 사행성이 대단히 높은 게임이었다. 1899년 여름에 서울에서 크나큰 사회문제로 떠올랐던 서문밖의 萬喜社, 양화진의 彩票局, 1901년 마포의 만인계, 남산동의 만인계 등은 만인계가 지닌 폐단을 고스란히 보여주는 대표적인 사례였다.[117] 그 때문에 처음에 궁내부의 부족한 재정을 확충하고자 만인계를 허락했던 대한제국 정부는 행정력을 동원해 전국 각지에 만연하고 있는 만인계를 엄히 금하였다. 그 이유는 일부 계주가 다른 계주들의 자본금을 사취하거나 빈천한 인민들이 일확천금을 노리다가 파산하는 일이 자주 발생하여 지배질서의 불안을 조장하기 때문이었다. 그러나 중앙과 지방의 관리들과 그곳의 유력자들이 관권을 배경으로 만인계를 운영하는 경우가 많았기 때문에 정부의 엄금조치에도 불구하고 만인계는 쉽게 종식되지 않았다.

---

114) 『황해도래거안』, 「보고 제38호」(1903.7.22), 외부대신 이하영 → 황해도관찰사.
115) 안학식 편저, 『의사안중근전기』, 39~40쪽.
116) 안중근, 「안응칠역사」, 59~67쪽.
117) 『황성신문』, 1899년 6월 20·26·28일, 7월 3~8, 15일, 1901년 7월 2·8일, 8월 7일, 「잡보」, 1899년 6월 26일, 1901년 7월 3일, 「논설」.

1900년 12월에 황해도관찰부는 도내에 만인계의 폐해가 심하여 엄히 훈령을 내렸음에도 불구하고 만인계를 개설하는 자들이 있어서 단속에 나서고 있으며, 만인계가 개설된 근본책임은 해당 지역 군수에게 있다고 중앙정부에 보고하였다.[118] 이에 중앙정부는 관찰부의 훈칙을 어기고 만인계의 개설을 허용한 신천・은율・장연 3개 군수에 대해 1개월의 감봉조치를 내렸다.[119] 따라서 안태훈 일가가 관청에서 엄히 금하는 만인계를 신천군에 개설하여 운영했다는 것은 1900년 전후 향촌사회에서 그들의 영향력이 어떠했는가를 여실히 보여주는 좋은 증거이다.

러일전쟁이 일본의 승리로 끝날 즈음에 안태훈은 신병이 위중한 상태에 이르렀다. 이때 안중근은 일본이 한국의 독립과 자주를 보장하겠다던 전일의 맹서를 저버리고 침략정책을 자행하고 있음을 통탄하며 중국으로 건너가 민족운동을 전개하겠다는 의사를 나타냈다. 이에 안중근은 1905년 가을 중국 상해로 떠나고 안태훈은 짐을 꾸려 식구들을 데리고 진남포로 가서 기다리기로 하였다. 그런 다음에 안중근이 돌아오는 날에 향후 거처를 다시 의논하기로 하였다.[120] 그러나 아들이 상해로 떠난 직후에 안태훈은 지병이 재발하여 재령군 신환포에 있는 큰며느리의 친정인 金能權의 집에서 43세를 일기로 생을 마감하였다. 그 유해는 청계동으로 반장했는데, 신천・재령의 선교사들과 산포수들이 참여하여 성대한 장례식을 치렀다.[121]

---

118) 『황성신문』, 1900년 12월 10일, 「잡보」. 1901년 1월에 경상관찰부는 관내 각 군
   의 유력자들이 지방관의 보호 하에 각지에 만인계를 설행하여 민재를 약탈하고
   있다고 보고하였다. 『황성신문』, 1901년 1월 14일, 「잡보」.
119) 『황성신문』, 1900년 12월 14일, 「잡보」.
120) 안중근, 「안응칠역사」, 97~99쪽.
121) 이전, 『안중근혈투기』, 42쪽.

VII. 맺음말

안태훈은 근대화의 물결과 외세침략의 마수가 밀려들던 격변기에 해서지방에서 태어났다. 그는 상무적 가풍을 이어받은 호걸풍의 문사로서 병법과 병략에 깊은 관심을 보였다. 또한 청소년기에 朴殷植과 함께 해서지방의 신동이라는 평을 받았을 정도로 뛰어난 재주를 보였다. 그는 이서층에서 무반으로 지위가 격상된 부호가문의 경제적 기반을 바탕으로 과거공부에 종사하였다. 그리하여 29살 때에 진사시 시부분에 합격하여 당대 사회가 요구하는 향촌지식인의 자격을 갖추었다. 한마디로 그는 평생 한시를 음영하고 시회를 개최하며 문무를 겸비한 지역엘리트로서의 삶을 살았다.

안태훈은 개화지향적인 정치성향을 보였다. 그는 20대 중반까지 중국과의 문물교류가 빈번한 해서지방의 도회지 해주에서 생활하였다. 따라서 그는 1880년대 초반 고종정부의 개화정책의 세례를 받았던 것으로 보인다. 이어 갑신정변 이전에 개화파 박영효가 일본에 파견하려는 유학생에 선발되어 개화파와 인연을 맺었고, 1890년대 후반부터 척족정치에 반감을 지닌 개화관료 김종한을 정치적 후원자로 모셨다. 그러나 그는 자유민권과 자주독립을 표방한 독립협회가 황해도에 지부를 설립할 때에 압력을 가하여 무산시켰다. 그리고 1902년에 친구들에게 천주교 교리를 설명하다가 정치적 문제를 언급하여 15일간이나 구금되었다.[122] 이로 미루어 안태훈은 서양종교는 적극 받아들이되 서양 정체는 거부하는 수준의 동도서기론적 정체관을 지녔던 것으로 판단된다.

안태훈은 부친 안인수가 마련한 청계동이란 공간을 활용하여 향촌사회에서 영향력을 발휘하였다. 그는 포군과 천주교라는 두 가지 수단을

---

122) 한국교회사연구소, 『황해도천주교회사』, 196쪽.

적절히 구사하여 향촌사회에서 유지행세를 하였다. 이때 포군과 천주교
는 안태훈가문의 권능을 상징하는 두 날개인 셈인데, 전자는 안태훈가문
이 농민군 진압 이전부터 청계동에서 사병처럼 양성한 것이며, 후자는
안태훈 자신이 동학군 진압과정 때에 범한 위법행위가 가져올 개인적인
곤경을 피하기 위한 공리적인 의도에서 받아들인 것이다. 그는 이러한
양 날개를 이용하여 황해도 각지에서 발생한 지방정부와 천주교도간의
사소한 분쟁을 해결하곤 하였다. 이를테면 그는 자기 가문이 개척한 청
계동이라는 요새지를 기반으로 삼아 대내적으로 포군의 무력을 앞세우
고 대외적으로 천주교 신부를 위세를 빌려 향촌사회의 실력자 노릇을 하
였다.

　안태훈은 유교사상에 몰입되어 있던 청계동 사람들을 천주교집단으
로 만들었다. 그는 천주교에 입교한 후에 자기 가문의 인사들과 청계동
인근의 민인들에게 적극적으로 천주교를 전파하였다. 이어 빌렘신부를
초청하고 청계동 공소의 개소를 요구하고 청계동에 성당을 건축하였다.
이로써 안태훈의 근거지인 청계동은 황해도에서 천주교 전교의 중심지
가운데 하나로 떠올랐다. 당시 황해도의 천주교 신자들의 입교동기는 지
방관의 착취를 피하려는 공리적 목적과 안태훈과 같은 지방유력자의 강
제 권유가 커다란 역할을 하였음도 엄연한 사실이었다. 그러나 그들은
일단 천주교에 입교한 다음에 장기간 되풀이하여 교리강습을 받고 설교
를 듣고 교리문답서를 베껴 쓰는 과정에서 천주교신앙을 자신들의 내면
으로 받아들이는 단계로 접어들게 되었다. 이로써 안태훈은 황해도에서
천주교세력이 크게 확산되는데 일익을 담당하였다.

　안태훈은 을사조약 이후 안중근가문의 독립운동 기반을 수립하였다.
첫째로, 그는 한국근대사의 위인인 안중근의 사상과 활동에 직접적인 영
향을 미쳤다. 안중근이 안태훈에게 물려받은 것은 강건한 신체, 무인다
운 담대함, 상무적 가풍, 그리고 독실한 천주교신앙 등이었다. 안중근은

이러한 유산을 등에 업고 을사조약 이후에 계몽운동과 의병운동과 의열투쟁을 벌여나갔다. 둘째, 그는 안중근가문이 천주교 신앙을 지닌 상태에서 집단적인 항일운동을 전개하게 하였다. 일제시기에 프랑스선교사들과 조선천주교단은 정교분리정책과 정치불간섭주의에 따라 신자들의 항일운동을 적극 만류하였다. 그러나 안중근가문은 천주교신앙에 바탕하여 대거 독립운동에 참여함으로써 한국근대 기독교민족운동사에서 두드러진 위업을 남겼다. 셋째, 안태훈은 그 형제들과 조카들이 김구와 인연을 맺고 대한민국임시정부에서 독립운동을 전개하도록 하는데 일정한 역할을 하였다. 안태훈이 펼쳐놓은 청계동이란 공간에서 김구는 고석로의 민족주의와 안태훈의 대인다운 풍모를 체득하였고, 이러한 자산은 나중에 안태훈 일족과 협력하여 독립운동을 전개하는데 밑거름이 되었던 것이다.

제2장
일제시기 안공근의 항일독립운동

I. 머리말

주지하듯이 安重根(1879~1910)·安定根(1884~1949)·安恭根(1889~1939) 3형제는 한국근대사를 화려하게 장식한 독립운동가들이다. 이들은 을사조약 후에 학교운영·국채보상운동·학회활동 등 애국계몽운동에 종사하였고, 1907년 이후 일제의 한국병탄이 가시화되자 의병운동과 의열투쟁을 전개하였다. 한일병합 후에는 러시아로 망명하여 독립운동의 진로를 모색하였고, 상해임시정부가 수립된 후에는 임시정부의 요원으로서 상해·모스크바·북만주 등지에서 독립활동을 펼쳤다. 이어 1930년대 이후에는 일제에게 직접적인 타격을 가할 수 있는 특무공작과 결사활동에 전념하였다. 이들이 전개한 다양한 독립활동 중에 안중근의 이토 히로부미 포살의거와 안공근의 한인애국단의 관리·운영은 한국독립운동사에서 특기할 만한 위업으로 평가받고 있다.

안중근 형제들의 독립운동은 1905년 11월 을사조약의 강제체결 후부

터 1945년 8월 해방 전까지 지속되었다. 그들은 일제의 대한침략의 강
도와 수순에 맞추어 자신들의 독립운동 방략을 변화·발전시켜 나갔다.
그들은 교육활동·강연활동·학회활동·의병항쟁·의열투쟁·외교활
동·유일당운동·특무공작·독립단체운영·독립군 양성활동 등 실로
다양한 활동을 벌였다. 이를 다시 시기·형태·성격별로 크게 분류하면,
계몽운동·의병운동·의열투쟁·독립투쟁 등으로 구분된다. 이러한 활
동들은 1910년대 이전에는 국내와 러시아 연해주에서 활약한 안중근에
의해 주도되었고,[1] 1910년대 이후에는 만주·연해주·중국 관내 등지
에서 활약한 안정근·안공근에 의해 이루어졌다.[2]

　안중근 3형제 가운데 막내인 안공근은 1930년대 이후의 독립운동에
서 두각을 나타낸 인물이다. 50평생에 걸친 안공근의 생애는 크게 5시기
로 구분된다. 첫째는 진남포에서 애국계몽운동과 여순에서 안중근의 옥
바라지를 하면서 항일정신을 체화한 시기(1905~1910), 둘째는 러시아
로 망명하여 러시아말을 배우고 생활기반을 마련하면서 밀정을 처단하
고 독립운동 방안을 강구하던 시기(1910~1919), 셋째는 상해로 이주하
여 임시정부 특사로 모스크바에 다녀온 후 독립운동촉성회·유일당운

1) 안중근에 관한 일반인 대상의 간략한 전기로는 장석흥, 『안중근의 생애와 구국운
　동』, 한국독립운동사연구소, 1992 ; 안중근의 생애와 활동에 대한 상세한 연보로
　는 원재연, 「안중근 연보」 『교회사연구』 9, 한국교회사연구소, 1994 ; 안중근의
　전기자료에 대한 검토에 대해서는 윤병석, 「안중근의사 전기의 종합적 검토」 『한
　국근현대사연구』 9, 1998 ; 안중근 연구에 대한 연구사 정리에 대해서는 조광,
　「안중근 연구의 현황과 과제」 『한국근현대사연구』 12, 2000 참조.
2) 안정근·안공근의 생애와 독립운동을 다룬 연구로는 송우혜, 「독립운동가 안정근
　의 생애」 『수촌박영석교수화갑기념 한민족독립운동사논총』, 탐구당, 1992 ; 조
　광, 「일제하 무장 독립 투쟁과 조선 천주교회」 『교회사연구』 11, 1996 ; 한시준,
　「안공근의 생애와 독립운동」 『교회사연구』 15, 2000 ; 오영섭, 「안중근 가문의
　독립운동」 『한국독립운동사연구』 30, 2002 ; 이재호, 「안창호와 안정근·공근 형
　제」 『도산학연구』 10, 2004 ; 장석흥, 「백범과 안중근 집안의 인연과 독립운동」
　『백범과 민족운동 연구』 2, 2004.

동・八人團・동방무정부주의자연맹・한국독립당 등 여러 독립단체에
가담하여 활동하던 시기(1920～1930), 넷째는 1931년 11월경 한인애국
단에 가담한 것을 계기로 김구의 최측근으로 부상하여 특무활동을 주관
하고 김구의 사조직을 실질적으로 운영하던 시기(1931～1937), 다섯째
는 자신의 정치적 후원자인 김구의 신임을 점차 잃고 독자적으로 활동하
다가 사거하는 시기(1937～1939)로 구분된다.[3] 이러한 시기의 대부분
동안 안공근은 한민족에게 불후의 위인으로 추앙받는 안중근의 친동생
이라는 영광스런 배경과 안중근의 업적을 제대로 계승해야 한다고 하는
무거운 책무를 걸머지고 인생을 살아갔다.

Ⅱ. 애국계몽운동 참여와 안중근의 옥바라지

안공근(호는 信庵, 세례명은 요한)은 1889년 7월에 황해도 신천군 두
라면 청계동에서 安泰勳과 조씨 사이에서 3남 1녀 중 막내아들로 태어
났다.[4] 안공근의 조부 安仁壽는 미곡상 경영을 통해 막대한 재산을 축
적한 인물이었다. 이러한 안인수의 재산은 그의 후손들이 애국계몽운동
과 독립운동을 벌여나가는데 밑거름이 되었다. 1885년에 안인수는 셋째
아들 안태훈이 갑신정변의 주역 박영효와 연계된 인연 때문에 가문이 피
해를 받을지도 모른다는 점을 깊이 우려하였다. 그리하여 그는 가산을
정리한 다음 7～80명의 가솔을 이끌고 해주읍 동문 밖에서 신천군 청계
동으로 이주하였다.[5] 이런 사연으로 안중근과 안정근이 해주읍 동문 밖

---

3) 안공근의 독립활동에 대한 최초의 상세한 연구로는 한시준, 「안공근의 생애와 독
   립운동」 참조.
4) 오영섭 「안태훈(1862～1905)의 생애와 활동」『한국근현대사연구』40, 2007, 제2장
   참조.
5) 안중근, 「안응칠역사」『안중근의사자서전』, 안중근의사숭모회, 1979, 20～21쪽 ;

에서 태어난 반면 안공근은 청계동에서 태어났다.

어린 시절에 안공근은 부친 안태훈(1862~1905)의 영향으로 천주교 신자가 되었다. 안태훈은 동학군에게 빼앗은 정부미의 임의사용과 정부의 훈령을 무시하고 포군을 사사로이 양성했다는 이유로 개화정부의 추궁을 받았다.6) 이에 그는 자신과 가문의 안녕을 위해 서양선교사들이 있는 종현의 천주교당으로 피신하여 몇 달을 보내는 사이에 천주교를 받아들였다. 이후 천주교 서적 120권을 가지고 귀향하여 인근 지역을 돌아다니며 전교활동을 벌였고, 안악군 마렴본당의 빌렘(Nicolas J.M. Wilhelm, 洪錫九)신부를 초청하여 공소의 개소를 요청했다. 빌렘신부는 1897년 1월에 청계동의 안태훈 일족과 인근 주민 가운데 세례문답을 통과한 33명에게 세례를 주었는데, 안태훈(베드로)은 큰아들 안중근(토마스)과 함께 영세를 받았다. 이어 4월 중순 부활절에 66명이 세례를 받을 때에 안공근(요한)은 9살의 어린 나이로 모친 조씨(마리아), 둘째형 안정근(시실로)과 함께 세례를 받았다.7) 이때부터 안공근은 천주교서적과 프랑스신부를 통하여 서양의 문물과 언어와 사상을 체험하는 단계로 접어들었다.

안공근은 1906년 봄 일족과 함께 청계동을 떠나 진남포로 이주하였다. 작은형 안공근이 1892년부터 1900년까지 청계동의 한문사숙에서 수학한 것으로 미루어8) 안공근도 청계동을 떠나기 전에 한문사숙에서 수학했을 것으로 보인다. 이후 그는 1909년 10월 안중근의거 전까지 학생

「홍사단우이력서:안공근」『도산안창호전집』10, 도산안창호선생기념사업회, 2000, 919쪽.

6) 『公文編案』, 제20책, 탁지부편, 규장각도서, 규18154 ; 『黃海道來去案』, 보고 제3호(1897.4.29), 규장각도서, 규17986, 황해도관찰사 민영철 → 외부대신 이완용.

7) 최석우, 「안중근의 의거와 교회의 반응」『한국교회사의 탐구』3, 한국교회사연구소, 2000, 242~243쪽 ; 윤선자, 「한일병합 전후 황해도 천주교회와 빌렘신부」『한국근현대사연구』4, 1996, 114쪽.

8) 「홍사단우이력서:안공근」, 919쪽.

겸 교육자로서 분주한 나날을 보냈다. 안공근이 애국계몽운동에 가담한 것은 개화파와 친교를 맺은 다음 서양종교를 받아들인 개화성향의 부친 안태훈, 서양종교와 서양문화를 전수한 천주교신부 빌렘, 사유재산을 쏟아가며 애국계몽운동과 국채보상운동을 추진한 우국지사인 큰형 안중근의 영향, 吏職→무과→문과로의 단계적 지위상승 과정을 거치며 교육을 중시했던 집안의 가풍, 그리고 무엇보다도 교육과 식산을 통해 문명개화를 달성해야만 국가간·인종간의 경쟁세계에서 생존할 수 있다고 하는 사회진화론적 시대인식 등이 복합적으로 작용한 결과였다.

진남포에서 안공근은 큰형이 가산을 기울려 설립한 2개의 학교 가운데 하나인 천주교계통의 三興學校에 들어가 공부하였다.9) 삼흥학교는 안중근 3형제가 경비를 자담한 야학교로서 영어를 주로 가르친 학교로 알려진다.10) 안공근이 19세의 나이에 삼흥학교에서 영어를 배운 것은 나중에 그가 상해에서 구미인들을 상대로 외교활동을 펼치는데 밑거름이 되었을 것이다. 또한 그는 1899년에 일어학교에 들어가 일어를 배웠는데,11) 일본인의 왕래가 잦은 개항장 진남포의 근대적 분위기 속에서 일어실력을 배가했을 것이다. 그의 일어실력은 여순에서 안중근의 동생으로서 참고인 심문을 받을 때에 통역 없이 일어로 대화를 나눴을 정도였다.

안공근은 삼흥학교에서 수학하다가 1907년 3월에 서울로 올라갔다. 당시 안중근은 안정근·안공근을 서울로 보내 유학하게 하였다고 한다.12) 안중근의거 직후 일제의 조사서와 여순감옥에서 진술한 참고인 심문조서에 의하면, 안공근은 초등학교 교사를 양성하는 경성사범학교

9) 『한국독립운동사 자료』 7, 국사편찬위원회, 1968, 293쪽.
10) 『경향신문』, 1907년 1월 4일 ; 『대한매일신보』, 1907년 5월 31일. 조광, 「안중근의 애국계몽운동과 독립전쟁」 『교회사연구』 9, 1994, 76~77쪽.
11) 『고등경찰보』 6, 조선총독부 경무국보안과, 1937, 302쪽.
12) 박은식, 「안중근」, 윤병석 편역, 『안중근전기전집』, 국가보훈처, 1999, 286쪽.

에 입학하여 6개월 기간의 속성과를 마쳤다.13) 이후 그는 1908년 8월부터 진남포 공립보통학교 부훈도(판임과 4등 7급)를 지내다가 안중근의거가 일어나자 사직하였다.14) 이처럼 3년간에 걸친 학습-교육 활동 기간 동안 안공근은 일제의 속박에서 벗어나기 위해서는 민지의 계발과 교육의 증진을 우선시해야 한다는 당대의 시대인식에 적극 동참하였다.

안공근의 애국계몽활동은 안중근의거가 일어나자 중단되었다. 1909년 10월 26일 하얼빈에서 일어난 안중근의 이토 히로부미 포살의거는 일제침략에 신음 중이던 한민족에게 청량제로 작용하였다. 그렇지만 안중근의거는 안공근을 비롯한 안중근가문의 모든 인사들에게 크나큰 영광과 시련을 한꺼번에 안겨준 사건이었다. 안중근의거 이후 안중근의 사촌을 비롯한 수십 명이 만주와 러시아로 건너갔다.15) 이들은 국내에서 일제의 극심한 탄압을 견디지 못하고 새로운 거처를 구하기 위해 해외이주를 결행할 수밖에 없었던 것이다. 이때 안중근의 처자와 동생들이 누구보다도 일제의 감시와 탄압을 혹독히 받았으리라는 것은 불문가지의 사실이다.

안공근은 안중근의거 직후에 공범혐의로 일제경찰에 체포되었다. 1909년 11월 7일 이전에 안공근은 진남포 세관주사 金南奎, 둘째형 안정근과 함께 진남포 경찰서에 안중근의거 관련혐의로 구치되었다.16) 일제는 이들과 안중근과의 사전공모 여부를 캐내기 위해 엄한 취조를 가했다. 그러나 이들은 안중근의거와 아무런 관련이 없었기 때문에 감옥에 구치된 지 한 달 남짓 지나서 석방되었다. 감옥에서 나오자마자 이들은 형을 면회하기 위해 11월 13일에 인천을 거쳐 중국 대련으로 향하였

---

13) 『한국독립운동사 자료』 7, 275쪽. 1937년 일제의 조서보고서에는 안공근이 경성 사범학교를 자퇴했다고 되어 있다. 『고등경찰보』 6, 302쪽.
14) 『고등경찰보』 6, 302쪽 ; 『한국독립운동사 자료』 6, 국사편찬위원회, 1968, 229쪽.
15) 오영섭, 「안중근 가문의 독립운동」, 40~43쪽.
16) 『한국독립운동사 자료』 7, 168쪽.

다.[17] 이들이 인천에 도착하자 일제는 몇 일간 경찰서에 구류하고 심문하면서 "말이 어긋나도 때리고 차고 하면서" 혹심한 학대를 가했다고 한다.[18]

안정근·안공근은 일본순사 3명의 동행 감시 하에 대련을 거쳐 11월 18일에 여순에 도착했다. 이들은 여순에서 안중근 면회와 옥바라지, 형수와 조카들 돌보기 등의 일들을 상의한 후에 형수와 조카들이 있는 러시아의 포프라니챠나 지방으로 갔다.[19] 이들이 다시 여순으로 돌아왔을 때 일제는 양인과 안중근과의 면회를 쉽게 허락하지 않았다. 그러다가 양인은 12월 20일 관동도독부 지방법원에서 미조부치 요시오(溝淵孝雄) 검찰관으로부터 참고인 심문을 받았다.[20] 이어 12월 20일 이후에 양인은 안중근을 면회한 자리에서 모친 조마리아가 내려준 십자가를 전하고 신부가 주재하는 종교의식에 따라 영면하기를 권하는 모친의 애절한 마지막 당부를 전하였다.[21]

안중근의 동생들은 형의 공판이 열릴 때까지 옥바라지에 매달렸다. 이들은 일제의 허락 하에 경성변호사회에 변호사를 보내달라는 전보를 쳤다. 그러나 일제는 다시 전보를 압수하고 한국인 변호사의 변호를 허용하지 않았다. 당시 한국인 변호사 安秉瓚이 자원하여 여순으로 달려왔으나 일제는 "일본어를 능숙하게 통하지 않으면 재판에 지장이 있다"는 핑계를 내세워 안병찬의 변호를 막았다.[22] 일제의 방해를 견뎌가며 이들은 자주 여순감옥의 안중근을 면회하여 심회를 나누었다. 그리고 1910년 2월 7일부터 12일 사이에 열린 도합 5회의 공판에 참석하여 안

---

17) 『대한매일신보』, 1909년 12월 17일.
18) 박은식, 「안중근」, 301~302쪽.
19) 정교 저, 조광 편, 『대한계년사』 9, 소명출판, 2004, 53~54쪽.
20) 『한국독립운동사 자료』 7, 229~231쪽.
21) 정교 저, 조광 편, 『대한계년사』 9, 55~56쪽.
22) 정교 저, 조광 편, 『대한계년사』 9, 122~123쪽.

중근의 늠름한 공판투쟁을 지켜보았다.[23] 당시 안중근은 일제 검찰관의 친일논고에 맞서 일제침략의 부당성과 이토 히로부미 포살의거의 정당성을 당당하게 개진하였다. 이런 모습들은 형의 옥바라지를 하면서 일본인들의 반복되는 부당한 처사에 분노하고 있던 안중근의 동생들에게 항일의식을 강화하도록 하는 계기가 되었을 것이다. 당시 공판과정에서 안공근은 일제 검찰관이 거짓 논고를 하는 것을 보고 의분심이 솟구쳐 즉석에서 논박하였다.

> 검사 미조부치가 논고하기를, "피고는 본래 정치사상이 없는 자다.『대한매일신보』및 안창호의 연설로 인하여 정치사상을 갖게 되었으며 이번 일을 행하기에 이르렀다. 이는 피고의 자백이 아니고 그 동생에게서 들은 것이다"고 하였다. 안공근이 노하여 따지고 말하기를 "우리가 언제 그런 말을 했기에 우리한테 들었다는 것인가"고 하니, 미조부치가 말이 막혀 외치기를 "이런 말이 있기 때문에 이렇게 논고한 것이다. 어찌 감히 질문하는가"고 하였다. 안공근이 "이는 강제이지 법에 의한 것이 아니므로 사람들이 승복할 수 있겠는가"고 하니, 미조부치가 웃으면서 말하기를 "이는 안창호가 사주하여 하였다는 말이 아니고 그것은 안창호의 연설로 인하여 정치사상이 있게 되고 이런 결과가 나오게 되었다고 말한 것뿐이다"고 하였다.[24]

이처럼 안공근이 여순에서 일본인들의 침략적 속성을 목도하고 안중근의 공판정에서의 마지막 항일투쟁을 지켜보며 일제의 거짓 논고를 정면으로 비판한 것은 그의 인생역정에 커다란 영향을 미쳤다. 이후 안중근은 동생들과의 면회에서 한국이 독립하기 전에는 비록 죽어서라도 귀국하지 않겠다고 서약하며 하얼빈에 묻어달라고 하였다. 안중근에 대한 사형이 집행된 후에 안중근의 동생들은 형의 시신을 귀국시켜 고향에서 장사지내게 해달라고 일제에게 요청하였다. 그러나 일제는 허락하지

---

23) 정교 저, 조광 편,『대한계년사』9, 124~126쪽.
24) 박은식,「안중근」, 306쪽.

않았다. 이들은 여순의 공동묘지에서 안중근을 장사지내고 슬프게 부르짖고 통곡한 다음 고향으로 돌아왔다.[25] 이렇게 큰형 안중근을 보내는 과정에서 안공근은 자기도 모르는 사이에 철저한 항일운동가로 변해 있었다.

Ⅲ. 러시아에서의 생활과 독립운동 모색

안중근의거 이후 일제는 안중근 일족에 대해 심한 억압을 가했다. 당시 안중근 일족의 어려운 상황은 "일제가 더욱 鍛鍊을 가하여 헌병과 순사들이 매일 그 대문을 두드리고 그 출입자들을 탐문하고 그 의사를 캐물으니, 옥리가 죄수를 감시하는 것과 다름이 없었다"[26] "일인들이 안중근의 두 동생을 매우 기피하여 심히 정찰하며 어떤 일을 만들어 없애버리려 하였다"고 한다.[27] 이처럼 일제의 삼엄한 감시망에 노출되어 운신이 자유롭지 못한 상황에서 안중근의 두 동생은 일제의 탄압을 피하기 위한 탈출구로서 러시아 연해주를 주목하게 되었다.

안중근의 동생들이 연해주를 망명지로 택한 이유는 여러 가지이다. 우선, 안중근의 처자가 안중근의거 전부터 1910년 봄까지 블라디보스톡 -크라스키노에 머물고 있었기 때문이다. 안중근의 처자는 1909년 여름에 안중근의 부탁을 받은 鄭大鎬의 도움과 안정근·안공근의 주선으로 평양을 지나 하얼빈을 거쳐 블라디보스톡에 당도하였다.[28] 둘째, 안중근의 활동무대인 연해주에 안중근에게 우호적인 분위기가 형성되어 있었

---

25) 정교 저, 조광 편, 『대한계년사』 9, 163~164쪽.
26) 송상도, 『기로수필』, 국사편찬위원회, 1971, 159쪽.
27) 박은식, 「안중근」, 311쪽.
28) 안중근, 「안응칠역사」, 162쪽 ; 『한국독립운동사 자료』 6, 204~227, 227~228쪽, 『한국독립운동사 자료』 7, 277, 284쪽.

기 때문이다. 안중근은 의거 전에 의병군자금 모집문제로 연해주 한인들의 비난을 사기도 하였다. 그러나 안중근의거 이후에는 상황이 변하여 崔鳳俊·金秉學·金學滿·兪鎭律 등 블라디보스톡의 한인 지도자들이 안응칠유족구제회를 결성하여 안중근 추모사업을 모색하였다.29) 또한 안중근의거의 진원지 중의 하나인 대동공보사는 안중근서거 이후 안중근추도회를 개최하기도 하였다.30) 하여튼 안중근의 동생들은 연해주 한인사회의 안중근 숭배분위기에 고무되어 연해주를 망명지로 택한 것으로 파악된다.

안정근·안공근 형제는 1910년 5월경에 "형의 유지를 계승하기 위해 간도를 경유하여 연해주로 들어갈 목적으로" 평양에서 출국준비를 하였다.31) 그러다가 안정근은 북간도를 거쳐서 블라디보스톡으로 들어갔고, 안공근은 원산에서 배를 타고 블라디보스톡에 도착했다.32) 양인의 가족들은 블라디보스톡에서 합류한 후에 안중근의 주요 활동지이자 斷指同盟의 장소인 크라스키노로 옮겨갔다. 이곳에는 안중근의 유가족이 가옥을 매입하여 金起龍과 동거하고 있었다.33) 또한 크라스키노에는 안중근유족구제공동회가 결성되어 있었고 그 기금을 크라스키노의 한인지도자 崔才亨이 보관하고 있었다고 한다. 이에 안중근 일족은 1910년 가을에 크라스키노에서 嚴仁燮의 집과 최재형의 집에 체재하였다.34) 나중에 안정근이 1909~1910년간 크라스키노에 머물며 러시아어를 수학했다고 진술한 것으로 미루어,35) 이때 안공근은 형과 함께 민족운동가들의 집

---

29) 박환, 『러시아한인민족운동사』, 탐구당, 1995, 98쪽.

30) 『대동공보』, 1910년 4월 24일.

31) 『요시찰한국인거동』 3, 국사편찬위원회, 2002, 526~527쪽, 블라디보스톡 총영사 대리 矢野正雄이 외무대신에게 보낸 보고서(1910.5.17).

32) 한시준, 「안공근의 생애와 독립운동」, 121쪽.

33) 『요시찰한국인거동』 3, 526~527쪽.

34) 한시준, 「안공근의 생애와 독립운동」, 121쪽.

35) 「홍사단우이력서:안공근」, 919쪽.

에 머물며 러시아어를 익히는데 정력을 쏟았던 것으로 보인다.

안정근·안공근 형제는 가족들의 안전한 거주지를 물색하였다. 이들이 거주지를 선정하는 데에는 안창호가 도움을 주었다. 안창호는 1910년 8월 말부터 1911년 3월까지 연해주와 중러 접경지대를 무대로 독립운동 근거지 개척사업을 비롯한 다양한 독립활동을 모색하였다. 1911년 2월 7일에 그는 개척사업의 일환으로서 안정근·장경 등과 함께 밀산현 봉밀산 개척지를 둘러보았다.36) 4월에 그는 안중근의 가족을 데리고 동청철도의 동부선상에 있는 穆稜(穆陵, 물린)으로 가서 八面通(八面屯)에 정착하도록 도와주었다고 한다.37) 이에 반해 상해판 『독립신문』에는 "슈季 정근씨의 건투로 간신히 길림성 목릉현 동청철도 조차지에서 수년간 일가를 지지하게 되다"라고 하여 안정근의 노력으로 동청철도 조차지를 얻어서 거주하게 되었다고 하였다.38) 하여튼 안중근 일족이 정착한 목릉은 북만주 밀산부에 인접한 곳이며 경작에 용이한 미간지가 넓게 퍼져있는 곳이었다. 또한 목릉에는 서북 출신들이 많이 살면서 항일 집단촌을 형성하고 있었다고 한다.39)

그런데 안창호가 안중근의 일족에게 관심을 보인 것은 위대한 독립운동가의 유족에 대한 단순한 호의에서 나온 것은 아니었다. 안중근은 李甲과 안창호가 주도한 서북학회-신민회 세력이 특별히 발탁하여 북만주-연해주로 파견한 민족운동가였기 때문이다.40) 이를테면 안중근은 부친의 친우이자 서북학회 총무인 金達河의 권유로 평양에서 상경하여 서북학회-신민회 세력과 친교를 맺은 후에 김달하의 아들을 데리고 한

---

36) 이명화, 『도산 안창호의 독립운동과 통일노선』, 경인문화사, 2002, 197~204쪽.
37) 한시준, 「한공근의 생애와 독립운동」, 121~122쪽. 주요한은 안창호가 1911년 봄 목릉현 팔면통에 들러 안중근가족을 면대했다고 하였다. 주요한, 「안도산전서」 『주요한문집』 I, 요한기념사업회, 1982, 478쪽.
38) 『독립신문』, 1920년 1월 31일자, 「安義士의 遺族」.
39) 『한국독립운동사 자료 40:중국동북지역편 2』, 국사편찬위원회, 2004, 289쪽.
40) 『한국독립운동사 자료』 7, 243~244쪽.

국을 떠났다. 연해주에서 안중근은 항일운동을 하는 중에도 이강·유동
열·안창호와 비밀연락을 취했다고 한다.[41] 그렇기 때문에 일제는 안중
근의거 직후에 최재형·안중근 등이 주도한 연해주의 동의회가 서울의
이갑·김달하의 서북학회세력과 기맥을 통하고 있다고 보았다.[42] 또한
일제시기에 한국의 민족운동을 개관하는 자리에서 일제는 서북학회-신
민회세력이 재외망명자와 연계하여 안중근의거 등의 음모를 기도했다고
하였다.[43] 따라서 안창호의 안중근 일족에 대한 예우 내지 우대는 일종
의 부채의식의 소산이었음을 알 수 있다.

　안정근은 안공근가족을 비롯하여 20명에 달하는 일족을 거느리고
1912～1913년간 잡화상을 운영하며 생활비를 마련하였다. 이때 목릉의
안정근 저택에는 1912년 4월 치타에서 목릉으로 이주한 이갑 부녀를 비
롯하여 張道斌·金聖武·朴茂林 등이 기숙하고 있었고, 또 많은 한국
인들이 수시로 드나들었다. 이로 인해 손님접대비가 많이 들어 안정근의
집은 넉넉한 형편이 아니었다고 한다.[44] 1913년 봄에 이갑은 자신을 돌
봐준 데 대한 감사의 표시로서 본댁에서 보내온 자금으로 18일경의 토
지를 구입하여 안중근의 장남 安俊生과 안창호의 아들 안필립에게 반반
씩 나누어 주었다.[45] 안공근은 1914년 2월에 블라디보스톡으로 가서 기
부금으로 5종의 안중근 기념 사진엽서를 발간하는 일을 주관하기도 하
였다.[46] 이러한 기념엽서 발행사업은 안중근기념사업을 펼칠 자금을 마

41) 박종효 편역, 『러시아 국립문서보관소 소장 한국관련 문서 요약집』, 한국국제교류
　　재단, 2002, 503쪽.
42) 『요시찰한국인거동』 3, 360쪽.
43) 『齋藤實文書:민족운동1』, 「朝鮮獨立運動の淵源」, 고려서림, 1990, 362～363쪽.
44) 주요한, 『추정 이갑』, 대성문화사, 1964, 78～79쪽 ; 이정희, 『아버님 추정 이갑』,
　　인물연구소, 1981, 206, 197, 210, 216쪽.
45) 주요한, 『추정 이갑』, 78～79쪽 ;『도산안창호자료집(1)』, 한국독립운동사연구소,
　　1990, 318쪽, 안정근 → 안창호(1914.5.19).
46) 『한국독립운동사 자료 39:중국동북지역편 1』, 국사편찬위원회, 2003, 351쪽.

런함과 동시에 해외 한인들에게 안중근의 위업과 민족의식을 고취하는 다목적 의미를 띠고 있었다. 안정근이 대가족의 생활비와 안중근 기념사업비 마련에 분주한 동안 모친 조씨는 "거의 寧日이 업시 동은 海蔘威로 서는 바이칼에 至하기ᄭ지 奔走하여 동포의 警醒에 종사"하였을 정도로 러시아 동포들의 민족의식 고취에 여념이 없었다.[47]

안정근이 가족을 부양하며 항일운동자들과 교유하고 있을 때에 안공근은 유학하고 있었다. 그가 유학을 떠난 것은 안중근의 당부에 의한 것이었다. 안중근은 1909년 (음)4월 3일(5/21)자 편지에서 안정근에게 법률학 공부를 열심히 하고 안공근을 다시 고등학교에 들여보내 학업을 계속하게 하라고 권고하였다.[48] 또한 그는 같은 날짜의 편지에서 안공근에게 고등학교에 들어가 학문을 배워 국가의 동량이 되어야 한다고 역설하였다.[49] 안중근은 1910년 3월 25일 동생들과의 마지막 면회에서 안공근에게 "너는 재질이 있으니 학문을 연구하는 편이 좋을 것이라"며 학업을 계속하라고 하였다.[50] 이에 안공근은 가족이 목릉에 정착한 이듬해인 1912년 6월부터 1913년 가을까지 상트 페테르브르크에서, 그리고 1913년 가을부터 모스크바에서 러시아어를 배웠다. 이때 그는 자신이 의도하는 학과에 들어가 고등학문을 배우려고 하였으나 경비부족과 가족관계 때문에 부득이 학업을 중단하고 1914년 4월경에 니콜리스크로 돌아왔다.[51]

안정근은 1914년 3월에 이갑의 가족과 함께 니콜리스크(蘇王嶺)로 이주하였다. 그들이 니콜리스크로 이주한 것은 제1차 세계대전으로 동청철도 연변에 일본군이 널리 퍼져 가택수색과 감시가 나날이 심해졌

47) 『독립신문』, 1920년 1월 31일자, 「안의사의 유족」.
48) 『한국독립운동사 자료』 7, 286~287쪽.
49) 『한국독립운동사 자료』 7, 287쪽.
50) 『한국독립운동사 자료』 7, 541쪽.
51) 『도산안창호자료집(1)』, 313~314쪽, 안정근 → 안창호(1014.1.16).

고,[52] 동시에 니콜리스크에 이갑의 동생이 차린 '우리국수집'이 성황을 이루고 있었기 때문이었다. 니콜리스크에서 이갑의 동생은 안정근에게 생활비를 보조했고, 이어 안정근의 식구들까지 니콜리스크로 불러와 생활하도록 주선해 주었다.[53] 이때 안정근은 니콜리스크에서 4천원의 자본금을 가지고 국내에서 건너온 인사들과 함께 상점을 개설하였다. 그는 상점을 잘 운영하여 니콜리스크 한인 사회에서 가장 유력한 기관으로 양성함과 동시에 이전에 실패했던 독립운동 기지개척 관련사업들을 복구할 계획을 갖고 있었다. 모스크바에서 돌아온 다음에 안공근은 형이 개설한 상점에서 일하였다.[54]

제1차 세계대전 후 러시아와 일본이 동맹국이 됨으로써 재러한인들에 대한 탄압의 기운이 높아갔다. 이런 상황 속에서 안공근과 안정근은 어느덧 일제 영사관과 연해주 행정청이 주목하는 인사가 되어 있었다. 1914년 8월 20일 블라디보스톡 주재 일본 황실 총영사 외무부는 연해주 군총독에게 비밀문건을 보냈다. 그 내용은 권업회를 해산하고 『권업신문』을 폐간하고, 한인지도자들, 즉 "조국의 독립을 꿈꾸는 반일적 성향의 무리"를 연해주에서 축출하라는 요청이었다. 거기에는 21명의 축출대상자 명단이 들어 있었다. 李鍾浩・李東輝・李東寧・尹海・鄭在寬・桂鳳瑀・吳周爀・李範允・李甲 등 저명한 항일운동자와 함께 안정근과 안공근이 포함되어 있었다.[55]

연해주 행정청에서는 1914년 8월 22일 니콜리스크-우수리스크 경시총감에게 블라디보스톡 주재 일본 총영사의 공문에 따라 안정근・안공근・이강에 대한 직업・품성・가족사항・사회적 지위 등 상세 정보

---

52) 『독립신문』, 1920년 1월 31일자, 「안의사의 유족」 ; 『도산안창호자료집(1)』, 317쪽, 안정근 → 안창호(1014.5.19).
53) 이정희, 『아버님 추정 이갑』, 248~249쪽.
54) 『도산안창호자료집(1)』, 317~318쪽, 안정근 → 안창호(1014.5.19).
55) 『한국독립운동사 자료 34:러시아편 1』, 국사편찬위원회, 1997, 113~115쪽.

를 조사하여 통보하라는 공문을 보냈다. 이에 니콜리스크ー우수리스크 지역의 경찰서장은 9월 21일에 답신을 보냈다. 1) 안정근: 1912년 러시아 국적 취득,[56] 보리소프스카야읍 농민조합 소속, 니콜리스크시 거주, 상업, 처와 3자녀 부양. 2) 안공근: 26세, 처와 두 자녀 부양, 니콜리스크시 거주, 1914년 6월부터 친형인 안정근의 상업을 돕고 있음.…상기 한인들은 범죄사실이 없으며 별다른 특징이 발견되지 않고 있음.[57] 이처럼 일제측의 주목을 받는 상황 속에서 안정근·안공근 형제는 1914년 9월에 일제 밀정을 처단하는 거사를 결행하였다.

> 관내 동청철도 동부선 목릉역에 거주하는 고 안중근의 유족(중근의 모친 아내 아이 및 친아우 定根·恭根 및 그들의 가족)은 실로 북만주 불령조선인 세력의 중심이 되고 있다. 그 중에서도 중근의 모친과 처자는 故 지사의 片身으로 존경을 받고 있어서 원근에서 금품의 선물은 물론, 편지 등으로 위로를 받는 것이 적지 않다고 듣고 있다. 정근·공근은 지나의 穆稜 蜂蜜山縣 등에 산재하는 수천 명의 조선인 사이에 가장 세력을 가지고 있어서 중러 국경역인 포그라니치나야역에 중요한 동료를 보내 여기를 통과하는 일본인과 조선인에 대해 경계를 강하게 하고 있었다. 실제로 작년(1914) 9월의 경우 定根의 지휘 하에 포그라니치나야역 부근 산속에서 조선인 金鼎國을 하얼빈 일본총영사관 스파이라고 하여 죽인 적이 있다. 사건이 발각되어 高泰奎 외 2명이 당관 손에 체포되자마자 정근·공근 2명은 도망하여 러시아 영내에 들어가 그 이후로 니콜리스크 방면에서 거주한 형적이 있다. 최근에 이르러 恭根은 당지에 들어가 러시아인 집에 잠복해 당지에 거주하는 러시아에 귀화한 조선인으로 不逞의 원흉인 金成伯과 왕래한 형적이 있다. 체포 수배 중이었는데 약 2주일 전에 바람과 같이 어디엔가로 도주해 버린 것은 매우 유감이라고 하겠다. 그 후 소문에 따르면 恭根은 당지를 빠져 나가 일단 穆稜驛의 집으로 돌아간 뒤 어디엔가로 떠나버렸다고 한다. 그리고 공근 형인 정근은

---

56) 안정근의 홍사단 입회서에는 1911~1912년간 '아라사보병'으로 근무했다고 되어 있다. 이를 보면 안정근은 러시아군대에 복무한 대가로 러시아국적과 동철철도 조차지를 얻은 것으로 보인다.

57)『러시아 국립극동역사문서보관소 한인관련 자료 해제집』, 고려학술문화재단, 2004, 144~145쪽.

曹道先(이등박문 가해범 처형으로 여순감옥에서 복역. 출옥 후 러시아령에
들어간 사람)과 함께 약 2개월 전부터 포그라니치나야역 부근에 출몰해 東寧
縣 高麗村에 있는 秦學新 등과 왕래를 거듭하며 무슨 일을 계획 중이라고
한다.[58]

위 자료에 의하면, 안정근과 안공근이 안중근의 동생이라는 후광을
업고 목릉현－니콜리스크 일대에서 항일운동의 중심세력으로 부상하고
있었음을 알 수 있다. 또 그들이 동지들과 함께 일제 밀정으로 알려진
金鼎國을 처단했고, 이듬해까지 살인공범자 혐의로 일제의 추격을 피해
도피하는 도중에 김성백·조도선·진학신 등과 왕래하며 차후의 항일
운동을 구상했음을 알 수 있다. 아울러 두 형제 가운데 러시아 국적자
안정근은 일제의 검거를 피하기 위해 1915년 8월 니콜리스크 병사관에
출두하여 국민병으로 종군을 자원하여 하바로프스크병영에 들어갔고,[59]
안공근은 민족운동자들과 후속방책을 도모하는 가운데 적극적으로 러시
아귀화를 요청했던 것으로 보인다. 하여튼 안공근이 25살 때인 1914년
에 형과 함께 기획·실행한 김정국처단사건은 안공근의 독립운동을 대
표하는 1930년대 이후의 특무공작 수행에 귀중한 경험이 되었음은 물론
이다.

1919년에 안정근은 기후와 풍토가 벼농사에 적합지 않다고 알려진
니콜리스크에서 처음으로 벼농사에 성공하였다. 안정근은 200석 가량의
백미를 수확하여 예상 밖의 호성적을 거두었다. 그러자 인근의 러시아인
들과 학생들이 농장을 견학하였고 일제측도 벼농사의 성공을 예의 주목
하였다. 이에 안정근은 "西比利亞의 白米의 需要는 거의 無限일 뿐더
러 水陸의 交通을 利用하야 輸出하기도 容易할 터인즉 西比利亞의

---

58) 『한국독립운동사 자료 40: 중국동북지역편 2』, 국사편찬위원회, 2004, 8~9쪽,
   「哈爾賓地方에 있어 不逞鮮人의 동정에 관한 보고의 건」(1915.9.29), 하얼빈
   총영사대리 佐藤尚武 → 외무대신 大隈重信.
59) 한시준, 「안공근의 생애와 독립운동」, 124쪽.

稻農은 注目할 만한 大富源이라. 남에게 빼앗기기 前에 我 韓人 資本家가 速히 活動을 開始하기를 希望한다"며 자신도 장래에 대규모 농장을 경영하겠다는 포부를 드러냈다.[60] 이에 대해 『독립신문』은 안정근과 안공근이 이미 국유지를 조차하기 위해 러시아 국적을 활용하여 러시아 관헌과 교섭을 벌였다는 사실을 보도하였다. 이처럼 양인은 벼농사의 성공을 계기로 니콜리스크에서 농장을 경영하고자 했는데, 이러한 농장 경영은 독립운동 기지 건설을 위한 초석을 마련하기 위한 것으로 파악된다. 아울러 그들의 벼농사 성공은 니콜리스크 한인들의 생활안정에 기여한 바가 컸다는 점이 주목된다.

Ⅳ. 비밀결사 활동과 독립단체 가담활동

밀정처단사건이 잠잠해지자 안정근·안공근 형제는 다시금 독립운동을 모색하기 시작하였다. 그들은 1917년 러시아 2월혁명의 결과 노령 한인사회에서 토착한인들을 중심으로 통합의 움직임이 나타났던 시대적 분위기에 영향을 받았을 것이다. 당시 노령 한인들은 토착한인과 이주한인으로, 그리고 반볼셰비키적 고려족중앙총회와 친볼셰비키적 한족중앙총회로 갈라져 갈등을 벌였다. 이러한 대립의 해소와 독립운동의 진전을 위해 1918년 1월 한인사회당의 창당이 논의되었는데, 이때 안정근은 부르주아민주주의를 지지하는 입장에서 볼셰비즘을 반대하고 원동인민위원회의 후원만을 받자고 하는 신민회계 우파 인사들과 입장을 같이 하였다.[61] 이를 보면 안정근은 볼셰비즘을 지지한 李東輝와 노선을 달리했음을 알 수 있다.

---

60) 『독립신문』, 1920년 1월 17일자, 「西比利亞의 稻農」.
61) 반병률, 『성재 이동휘 일대기』, 범우사, 1998, 138-152쪽.

1918년 6월 13일(음력 단오절)에 니콜리스크 소재 고려족중앙총회 사무소에서 연해주와 오소리주에 사는 500명의 한국인들이 모여 비밀회합을 개최하였다. 제2회 전로한족대표자회로 알려진 이 비밀회합은 단오절을 기념하기 위해 니콜리스크 부근의 한인학교들이 연합운동회를 여는 기회를 이용하여 6월 13일부터 24일까지 열렸다.[62] 안공근도 참가한 이 모임에서 15개조의 비밀결의가 채택되었는데, 그중 ① 고려족은 타국에 귀화하더라도 결속을 강화하여 일본에 반대하는 고려민국을 재건하고, ② 노령 각지에 있는 조선인 민회는 고려족중앙총회와 일치된 행동을 유지하며 중국 각지에 있는 조선인회와 연대하고, ③ 고려족 단독으로 폭동을 일으키지 말고 타국의 후원에 따라 행하고, ④ 흑룡강성 烏雲縣에 새로운 이주지를 개척하고 학교를 설립하여 청년교양을 증진해야 한다는 내용이 포함되어 있었다.[63] 이러한 모임에서 안공근은 두드러진 역할을 맡지는 못했지만, 그럼에도 민족통합과 해외연대의 중요성을 깨닫는 기회가 되었을 것이다.

1919년 3·1운동 후에 상해에서 대한민국 임시정부가 수립되자 안정근은 11월 이전에 상해에 도착하였다. 그가 야심차게 추진하려던 미곡농장 개척사업을 접고 상해로 진출한 이유는 안중근의 후손인 安賢生양(18)·安祐生군(13), 자기 아들 安原生, 동생의 큰아들 安俊生의 교육을 위해서였다.[64] 실제로 안정근의 장남 안원생은 부친보다 먼저 상해로 옮겨가서 1917~1918년간 상해의 中法學堂에서 배웠고, 1918~1919년간 구강 南偉烈中學에서 수학하였다.[65] 이처럼 자식과 조카들의 교육문제 외에도, 노령의 과격파 사회주의자들의 정치노선이 자신의 그것과 달랐고, 또 형님으로 모시는 안창호가 1919년 5월부터 상해임정

62) 반병률, 『성재 이동휘 일대기』, 152~155쪽.
63) 『한국독립운동사 자료 40:중국동북지역편 2』, 411~412쪽.
64) 『독립신문』, 1920년 1월 31일자, 「안의사의 유족」.
65) 「홍사단우이력서:안원생」, 805쪽.

을 실질적으로 이끌어가고 있던 사실에 영향을 받았던 것으로 보인다.

안공근은 니콜리스크에서 가사를 감독하며 개간사업에 종사하는 가운데 비밀결사 활동에도 가담하였다. 1919년 7월 중순에 孟正國·方斗圓·徐某 등 3인이 훈춘지방에서 독립의군의 재정부장으로서 노령의 오지에 들어갔다. 이들은 蔡克平을 고문으로 삼고 지방부락에 의연금 모집을 강요하고 출자를 강요했으며, 재력이 없는 이들을 억지로 결사대에 편입시켰다. 동시에 안공근·吳周赫·金東漢·朴仁默 등은 노령의 秋風에서 무기를 구입하여 왕청과 훈춘의 경계에 있는 천여산 속에 숨겨놓았다. 이들 무기는 간도와 안도현에 거주하는 동지들과 연락하여 항일운동을 펼칠 때에 사용하려는 것이었다. 이들이 소속된 부대는 이동휘가 총사령이며, 각기 200명으로 구성된 홍범도군·황병길군·김의군군·원미하일군이 있으며, 그중 60명을 결사대원으로 선발했다고 한다.[66] 이를 보면 안공근은 니콜리스크에서 결사대원들의 무장활동에 필요한 무기를 조달하고 있었다.

1920년 1월에 안공근은 임시정부의 러시아 외교특사로 선정되어 5월에 상해로 진출하였다. 당시 임시정부는 러시아의 재정지원을 받아 극심한 자금부족 문제를 해결하고자 다각도의 대러교섭 방안을 모색하고 있었다. 임시정부 내무총장 겸 국무총리로서 외교까지 주관하던 안창호는 1920년 1월 15일 안정근의 방문을 받고 외교특사 파견문제를 협의하다가 안공근을 특사로 정하였다.[67] 이는 유학 경력을 지닌 안공근이 러시아어에 능통하고 모스크바 사정에 익숙했기 때문일 것이다. 이어 임시정부 국무원이 1월 22일 한형권·여운형·안공근 3인을 모스크바에 파견할 특사로 결정하였다. 이날 안창호는 안정근에게 안공근을 속히 불러와 출발시키자고 하였으나 안공근은 가사를 정리하고 가족을 데리고 오느

---

66) 『한국독립운동사 자료 40:중국동북지역편 2』, 411~412쪽.
67) 『도산안창호전집』 4, 「일기」, 834쪽.

라 5월 3일 직전에야 상해에 당도하였다.[68] 당시 국무총리 이동휘는 안
창호가 선정한 여운형과 안공근을 꺼려하여 자신의 측근인 한형권만을
비밀리에 모스크바로 파견하였다.

상해임정 초기에 안정근과 안공근의 안창호에 대한 입장은 다소 차이
가 있었다. 안창호를 '형님'으로 모신 안정근은 임시정부의 내정과 외교
에 대한 제반 문제를 안창호와 비밀히 의논하였다. 그는 안창호에게 "형
님이 상해에 在치 안이하면 임시정부의 제반이 극난할지라. 형님이 정
부에 無하면 자기도 정부에 傾向할 마음이 無하노라"고 말했을 정도로
안창호 지지자였다.[69] 이에 반해 안창호의 발탁으로 상해임정에 가담한
안공근은 1920년 5월 15일 안창호가 흥사단 가입을 권유하자 "자기심에
실로 적절히 생각하나 실행에 대하야 難한 것을 覺하노라"며 완곡히 거
절했다.[70] 이는 안공근이 안창호의 측근역할을 맡은 안정근과 달리 안
창호와 일정한 거리를 두었음을 의미한다. 또한 그는 5월 23일 안창호에
게 "총리가 여러 가지 음모하는 것이 심히 의심스럽다"고 했는데, 이는
이동휘에 대한 비판적 시각을 드러낸 것이었다.[71] 하여튼 안창호에 대
한 소극적 지지, 이동휘에 대한 강력한 비판은 안공근이 1920년대 후반
이후 김구와 연계하여 독립운동을 벌여나가는데 중요한 단서를 제공해
준다.[72]

---

68) 『도산안창호전집』 4, 「일기」, 841, 902쪽.
69) 안정근은 상해의 유력한 민간단체인 대한적십자회의 부회장이자 실질적인 운영자
로서 안창호를 측면 지원하였다. 그는 1920년 2월 20일 흥사단 입단문답을 치렀
지만 金弘敍를 꺼려하여 통상단우에 들지 않고 특별단우로 남았다. 『도산안창호
전집』 4, 「일기」, 856쪽, 861, 864, 866쪽.
70) 『도산안창호전집』 4, 「일기」, 913쪽.
71) 『도산안창호전집』 4, 「일기」, 921쪽.
72) 일제측은 1921년 10월에 안공근을 니콜리스크에 기반을 지닌 文昌範의 지지자로
분류하였다. 『한국민족운동사료:중국편』, 「상해재주 한인독립운동자의 근황」(1921.
10.14), 국회도서관, 1976, 357쪽.

임시대통령 이승만이 1920년 12월 상해에 부임한 이듬해 7월에 안공근은 임시정부 최초의 러시아대사가 되었다.[73] 이승만은 자기와 갈등을 빚은 국무총리 이동휘의 사표를 수리하고 1921년 4월 29일 기호파 중심의 신내각을 구성하면서 이희경을 외무총장 대리로 안공근을 외무차장으로 임명하였다.[74] 이어 5월 16일 국무회의에서는 이동휘가 파견한 한형권에게 임시정부의 대표자격이 없다는 이유로 소환조치를 취하였다.[75] 안공근은 7월 29일 이희경과 함께 상해를 출발하여 9월에 독일주재 러시아대표부가 있는 베를린에 일시 정착하였다. 그러다가 1922년 초에 가서야 모스크바에 도착하여 외교활동을 벌이기 시작하였다.

당시 러시아에는 이동휘세력, 임시정부세력, 조선대표단 등이 레닌정부를 상대로 외교활동을 펼치고 있었다. 이들의 근본목적은 러시아정부로부터 독립자금을 얻어내는 것이었다.[76] 이중 이동휘의 수하인 韓馨權이 박진순의 소개로 레닌을 만난 다음 200만 루불의 원조를 약속받고 1차로 40만 루불을 받아가지고 1922년 초에 상해로 돌아왔다.[77] 안공근·이동휘·김규식·여운형·이희경 등은 모스크바에 계속 남아서 레닌이 약속한 잔액 140만 루불을 얻어내려고 하였다.[78] 모스크바에서 안공근은 1922년 5월 러시아정부에 구두보고를 보내 3·1운동 후 임시정부의 활동상을 소개하고, 소비에트정부의 이동휘에 대한 지나친 믿음은 잘못된 것이라는 점을 강조하고, 임시정부의 지도자 중에서 이승만의 활동

---

73) 1920년 10월 외무총장대리 신익희가 모스크바 비밀외교원 안공근·여운형·韓偉健 3인을 臨時派露외교위원에 임명하여 러시아로 보내자고 하였다. 『일제침략하한국36년사』 5, 국사편찬위원회, 1971, 649쪽.
74) 『우남이승만문서:동문편』 6, 연세대 현대한국학연구소, 1998, 38쪽.
75) 『우남이승만문서:동문편』 6, 356쪽.
76) 반병률, 『성대이동휘일대기』, 355～362쪽.
77) 반병률, 『성대이동휘일대기』, 243쪽.
78) 『한국독립운동사 자료』 2, 「국민대표회의 경과 및 국민대표회주비위원회 선언서」 (1922.5.23), 585쪽.

을 긍정적으로 설명하였다.[79] 이후 안공근・이희경은 러시아정부로부터 별다른 회답을 받지 못하고 다시 베를린으로 향하였다. 이로써 임시정부가 구상한 차관교섭이라는 문제를 가지고 러시아정부를 상대로 청원활동을 벌이려 했던 양인의 활동은 별다른 성과 없이 끝나고 말았다.

안공근은 1923년 이전에 상해로 돌아왔던 것으로 보인다. 이후 그가 상해에서 심혈을 기울인 문제는 가족의 생계마련이었다. 당시 안정근은 뇌병으로 활동이 불가능하여 1924년 2월에 가족과 함께 북경으로 이주했고, 이어 1925년에 가족을 이끌고 위해위로 요양하러 떠났다. 당시 안공근의 모친과 안중근의 자녀들은 상해에서 어려운 생활을 하였다. 그 때문에 안중근의 자녀들은 학교에도 다니지 못하고 있었다. 그러다가 그들은 1926년에 국립 暨南學校에 교장의 도움으로 학비를 면제받고 입학하였다.[80] 이러한 상황에서 안공근은 모친 조마리아와 안중근의 일족과 자기 가족의 생계까지 책임져야 했다.

안공근은 수년간 구미공사관에서 통역과 정탐원 생활을 하며 가족의 생계를 꾸려갔던 것으로 보인다. 당시 일제는 "안공근은 6개 국어에 통해서 상해의 미국 혹은 영국 공사관에 통역으로 고용되었다. 그후 소련영사관으로 옮겼다가 소련영사관이 인양되자 독일영사관에 출입하면서 일면으로 소련의 밀정이 되어 재상해 白系러시아인의 조사・보고를 하였다"고 하였다.[81] 하여튼 가족의 생계를 위해 분주히 활동하는 동안 안공근은 1925년 7월 프랑스조계 공무국이 작성한 보고서에 김구・이시영・노백린・김규식・김약산・여운형・이유필과 함께 중요한 한국인으로 분류될 정도로 영향력을 확대해 가고 있었다.[82]

---

79) 고정휴, 「상해 임시정부의 재정운용과 이승만」, <이승만과 대한민국임시정부> 학술회의 발표자료집, 연세대 현대한국학연구소, 2006, 92~93쪽.
80) 손과지, 『상해한인사회사』, 한울, 2001, 150쪽.
81) 『고등경찰보』 6, 303쪽. 한시준, 「안공근의 생애와 독립운동」, 128~129쪽.
82) 『한국독립운동사 자료』 20, 「상해 한인사회의 일반정보에 관한 건」, 57쪽.

1926년 이후부터 1931년 한인애국단에 가담하기 전까지 안공근은 다양한 단체에 가담하여 활동하였다. 첫째, 안공근은 1923년 국민대표자대회 실패 후 제기된 민족운동 집단의 통일운동 노력을 계승하였다. 그는 1925년 11월 당파와 애증이 없는 전민족적 통일을 주장한 박은식의 유언을 필기하였다. 또한 1926년 2월 여운형에 이어 상해의 교민단 단장에 취임하여 교민사회의 통합에 힘쓰고 있었다.[83] 이러한 활동들은 만주에 가서 독립단체들의 통합을 위해 노력하던 안정근의 통일운동과 박은식의 애절한 마지막 부탁을 계승한 측면이 있다.

안공근은 1926년 5월경 독립운동촉성회를 조직하여 '전민족적 통일'을 추구하였다. 趙尙燮·崔昌植·李裕弼·吳永善·(呂運亨) 등은 안공근을 회장으로 추대하였다. 독립운동촉성회는 "한국민족해방을 촉성하기 위해 철저한 독립운동자의 조직적 대단결의 실현을 기성하려고 노력한다"는 강령을 내걸었다.[84] 이 단체는 조직적 대단결의 달성방안을 토의하기 위해 장래 대표대회의 개최를 계획하고 있었으며, 한국독립운동촉진회 명의의 5월 12일자 선언서를 인쇄하여 남만주지방과 조선 내외의 일반에게 배포하였다.[85] 이러한 독립운동촉성회에 대해 일제는 '내홍과 정쟁'을 벌이다가 별다른 성과를 거두지 못하고 말았다고 하였다.

둘째, 안공근은 안창호가 주도한 민족통일운동인 유일당운동을 적극 지지하였다. 안창호는 1926년 7월 삼일당에서 "주의 여하를 불문하고 단결하여 대혁명당을 조직하자"는 연설을 함으로써 유일당운동에 불을 지폈다. 이러한 안창호의 주장을 새로 취임한 국무령 洪鎭이 임시정부의 시정방침으로 채택하였고, 이어 상해와 북경 지역의 여러 세력들이

---

83) 『독립신문』, 1925년 11월 11일 ; 『동아일보』, 1926년 2월 20일.
84) 『한국민족운동사료:중국편』, 598쪽.
85) 『도산안창호전집』 6, 「상해정보」(1926.6.3), 454쪽.

유일당운동을 지지하고 나섰다. 이때 안공근은 『공화일보』(*Republican Daily News*) 편집자와의 인터뷰에서 대한민국임시정부의 유일당운동을 적극 지지한다는 입장을 나타냈다.

> 대한민국임시정부는 한국의 모든 정당을 통합하여 일본에 대항할 혁명가들을 양성할 것을 결의했으며, 아시아의 소수 민족들이 힘을 합하여 외국 열강에 대항할 것을 결정하였다. 구체적인 조직기반은 중국내에 구축하기로 하였는데, 그것은 유사시에 중국이 한국인들에게 원조를 보낼 수 있기 때문이다. 상해의 임시정부는 한국 혁명의 원천일 뿐이다. 우리는 고국에 공식적인 우리의 정부를 세우기를 염원한다. 한국 본국과 만주에는 수많은 한국인 정당들이 있으나 그 어느 것도 아직 완비된 조직을 갖추고 있지 못하다. 따라서 우리의 대한민국임시정부는 혁명사업을 준비하기 위하여 하나의 책임 있는 정당을 수립하고자 한다.[86]

상해에서는 1927년 4월 좌파세력들의 동조에 힘입어 한국유일독립당 상해촉성회가 결성되었다. 이때 안공근은 홍진·이동녕·조완구·김구 등과 함께 집행위원으로 선출되었다. 그러나 국공합작의 와해와 코민테른의 12월테제로 인한 국제정세가 순조롭지 못했고 또 좌우세력의 합작 동기와 목적이 달랐기 때문에 유일당운동은 별다른 진전을 이루지 못했다. 1929년 좌파세력들이 상해촉성회의 해체를 선언하고 좌파의 결집체를 별도로 설립함으로써 유일당운동은 결렬되었다.[87]

셋째, 안공근은 독립운동진영의 통일운동을 추구하면서 비밀결사 활동에도 가담하였다. 먼저 안공근은 1920년대 중반경부터 상해의 무정부주의자들과 친밀한 관계를 유지하였다. 그는 1925년 초경에 불란서 조계 하비로에 약방을 차려보려고 3층 양옥을 세집으로 얻었다. 그러나 약방 개업을 준비하지 못하고 빈집으로 놔두고 있었다. 그러다가 4월경에

---

86) 『한국독립운동사 자료』 20, 「안공근 등에 관한 건」(1926.8.3), 국사편찬위원회, 1991, 70쪽.
87) 한시준, 「안공근의 생애와 독립운동」, 129~130쪽.

무정부주의자 鄭賢燮(정화암)의 부탁을 받고 아이스크림가게로 쓰도록
하였다. 연이은 호우로 아이스크림장사는 실패하고 말았지만, 이후 양인
은 각별한 친분을 유지하게 되었다.[88] 안공근이 1928년 3월 상해에서
柳基石·尹浩然·李乙奎 등과 함께 동방무정부주의자연맹을 조직하
여 활동하게 되었던 것도 그러한 친분이 작용한 결과였을 것이다.[89] 하
여튼 무정부주의자들과의 교류는 나중에 안공근이 무정부주의단체인 남
화한인연맹과 연대하여 특무공작을 벌이는데 직접적 도움이 되었다.

안공근은 1926년 이후 어느 시점에 조카인 安原生(안정근 큰아들) 및
기타의 청년들과 함께 八人團을 조직하였다. 팔인단은 암살을 목적으로
하는 비밀결사로서 안공근 자신이 책임자가 되었다고 한다.[90] 단체이름
을 팔인단으로 정한 것은 8명의 결사대원으로 구성된 때문일 것이다. 이
러한 팔인단은 안공근이 1910년대에 니콜리스크에서 밀정을 처단한 사
건과 결사대가 사용할 무기를 구입했던 경험을 되살려 조직한 것으로 파
악된다. 물론 이러한 암살단은 김구가 한인애국단과 같은 특무공작단을
조직할 때에 산하단체로 편입되어 중요한 역할을 수행했을 것이다.

넷째, 안공근은 유일당운동이 실효를 거두지 못하자 민족주의세력만
으로 구성된 한국독립당에 참여하였다. 당시 기호파와 서북파의 영수인
이동녕과 안창호가 합심하여 종래의 지방적 파벌투쟁을 청산하고 민족
주의운동전선을 통일하고 임시정부의 기초적 정당을 조직하여 임시정부
를 옹호·유지하고자 하였다. 그리하여 1930년 1월 25일 이동녕·안창
호·안공근·조완구·조소앙·김구·윤기섭·안공근·엄항섭·김두
봉 등 기호파·서북파 독립운동가 및 기타 우파 민족주의자 28명이 모

---

88) 정화암, 『이 조국 어디로 갈 것인가』, 자유문고, 1982, 92쪽.
89) 김정주 편, 『조선통치사료』 10, 동경: 한국사료연구소, 1970, 870쪽 ; 호춘혜, 『중
    국안의 한국독립운동』, 단대출판부, 1978, 212쪽. 이 단체는 민족혁명공작을 추진
    하다가 조직이 일제에 탐지되어 강제 해산되었다.
90) 『고등경찰보』 6, 303쪽.

여 한국독립당을 창당하였다. 이때 안공근은 이동녕·안창호·김두
봉·이유필·조소앙 등과 함께 7인의 黨義와 黨綱을 기초하고 그것을
가결하는 기초위원에 선발되었다.[91]

한국독립당은 혁명수단으로 원수 일본의 모든 침략세력을 박멸하고
국토와 주권을 완전히 광복하고 정치·경제·교육의 균등에 기초한 신
민주국을 건설하여 안으로 국민 각자의 균등생활을 보장하고 밖으로 민
족과 국가의 평등을 실현한다는 취지에서 발족되었다. 이를 위해 한국독
립당은 1) 대중에 대해 혁명의식을 환기하고 민족적 혁명역량을 총집중
할 일, 2) 엄밀한 조직 하에 민족적 반항과 무력적 파괴를 적극적으로
진행할 일, 3) 세계 피압박민족의 혁명단체와 연락을 취할 일, 4) 보통선
거제를 실시하고 국민의 참정권을 평등히 하여 기본권리를 보장할 일 등
의 정강을 표방하였다.[92] 이러한 독립방략 가운데 "엄밀한 조직하에 민
족적 반항과 무력적 파괴를 적극적으로 추진하는" 것이 안공근의 주요
임무였다.

1910년대부터 1920년대까지 안공근은 다양한 독립활동을 벌였다. 그
는 1919년 여름까지는 안정근의 그늘 밑에서 활동했고, 1920년 이후에
는 안창호의 천거로 상해임정을 도왔다. 그러나 그는 러시아에서 귀국한
후부터 상해지역의 주도세력인 안창호계와 입장을 달리하였다. 1926년
5월 임시의정원이 양기탁의 후임으로 안창호를 국무령에 선임하자 기호
파의 중심인 안공근·金奎植·金九·金甫潤 등은 서북파인 안창호가
국무령이 되는 것을 반대하였다. 또한 임시의정원의 집정 崔昌植에 의
해 국무령으로 추대된 홍진이 내각을 구성했을 때에 기호파의 김구·조
소앙, 중간파의 안공근·오영선 등이 입각을 반대하여 결국 안창호가
내각구성을 도왔다고 한다.[93]

---

91) 『한국민족운동사료:중국편』, 645~646쪽.
92) 김정주 편, 『조선통치사료』 10, 697쪽.

요컨대 자료에 따라 기호파 내지 중간파로 분류된 안공근은 1926년 이후부터 안정근·안창호의 서북파를 벗어나 이동녕·김구를 비롯한 기호파와 활동을 같이하고 있었다. 동시에 그는 안창호의 점진적 실력양성주의를 떠나 한국독립당과 김구의 무력적 파괴주의를 지지해 가고 있었다. 이처럼 안공근이 외교주의나 실력양성주의보다 무력적 파괴주의를 지지하게 되었던 것은 20대 중후반의 일제밀정 처단사건과 결사대원 양성사업, 30대중반 무정부주의자들과의 연대경험, 그리고 침체에 빠진 독립운동계를 위해 일대 거사가 필요하다는 시대분위기 등이 복합적인 영향을 미쳤기 때문으로 풀이된다.

V. 특무공작단 운영과 독립군 양성 활동

1931년 9월 만주사변 발발하자 대한민국임시정부는 특무대를 조직하여 의열투쟁을 전개하기로 하였다. 임시정부가 의열투쟁을 강구한 것은 1920년대 중반 이후 침체에 빠진 독립운동의 활성화를 위한 고육책에서 나온 것이었다. 당시 임시정부 요인들은 "군사공작을 못한다면 테러공작이라도 하는 것이 절대 필요하다"고 생각했다.[94] 이를 위해 임시정부는 의열단의 고문을 지낸 적이 있는 재무장 겸 민단장 김구에게 한인애국단의 조직을 일임하였다. 이에 1931년 11월경 김구는 한인애국단을 조직하고 단장에 올랐다. 단원은 안공근·嚴恒燮·金東宇·安敬根·孫昌道·白九波·金毅漢·金鉉九·金弘壹·孫斗煥·李德柱·柳相根·李秀峰·崔興植 등이었다. 이러한 한인애국단은 일제 요인과 시설에 대한 암살과 파괴를 주요 임무로 삼고 있었다.[95]

---

93) 『한국민족운동사료:중국편』, 598, 600∼601쪽.
94) 김 구 저, 도진순 주해, 『백범일지』, 돌베개, 1997, 326쪽.

한인애국단은 임시정부 산하의 비밀결사 단체였으나 실제로는 김구의 사조직처럼 운영되었다. 김구는 이러한 한인애국단의 운영을 안공근에게 맡겼다. 당시 안공근은 참모(나중에 부단장)라는 직책을 가지고 단원의 모집과 관리·통신연락·정보수집·특무활동 등에 관한 일을 총괄했던 것으로 보인다.96) 신입단원 엄창복의 사례를 보면, 입단서를 받고 한인애국단의 취지를 설명하는 중요한 일은 안공근이 맡고 있었다. 그리고 신입단원은 안공근의 앞에서 김구를 비롯한 여러 선생들의 지휘 명령에 절대복종하며 목적달성을 위해 열심히 활동하겠다는 선서를 하기도 하였다.97) 이로 인해 일제는 "안공근은 김구의 참모로서 그 신임이 가장 두텁고 김구가 범한 不逞 행동은 안공근의 보좌에 의해서 된다"고 파악하고 있었다.98)

한인애국단의 본부는 안공근의 집에 설치되었고, 따라서 한인애국단의 중요한 일들은 안공근의 집에서 이루어졌다. 1931년 12월 13일 이봉창의사의 선서식이 안공근의 집에서 거행되었고, 또 단원들의 통신 연락처도 안공근의 집이었다.99) 윤봉길의사가 출정에 앞서 태극기를 들고 찍은 사진은 안공근의 제2남 安樂生이 자기 집에서 촬영한 것이다. 안공근의 집은 프랑스 조계 貝勒路 新天祥里 20호였는데, 각지로 파견된 단원들이 이곳으로 통신연락을 하였다. 일제는 "만주 방면의 대관 암살의 목적으로 파견한 이덕주·兪鎭萬·金兢鎬·최흥식·유상근 등과의 통신연락은 오로지 신천상리 20호 안공근 가족의 주택을 주소로 하여 행해졌다"고 하였다.100)

---

95) 김창수, 「한인애국단의 성립과 활동」 『한국독립운동사연구』 2, 1988, 439~468쪽.
96) 한시준, 「안공근의 생애와 독립운동」, 133쪽.
97) 『백범김구전집』 4, 659쪽.
98) 『고등경찰보』, 303쪽.
99) 한시준, 「안공근의 생애와 독립운동」, 132쪽.
100) 『한국독립운동사료:중국편』, 「폭탄사건 후에 있어서의 김구 일파의 동정」(1932.

그런데 김구가 안공근을 중용한 것은 여러 가지 이유에서였다. 첫째, 안공근은 어려서부터 김구와 인연을 맺었다. 김구는 1895년 2월부터 3개월간 안공근의 부친 안태훈진사의 후의로 청계동에서 식객생활을 하였다. 이때 김구는 "빨간 두루마기를 입고 머리를 땋아 늘어뜨린" 8살의 어린 안공근을 기억하고 있었다.[101] 둘째, 안공근은 특무활동에 종사한 경험이 있었다. 안공근은 1914년에 안정근과 함께 일제밀정 처단사건을 결행하였고, 팔인단을 조직하여 모종의 특무공작을 벌였다. 셋째, 안공근은 상해거류 한인들 중에 정보력이 매우 뛰어난 편이었다. 그는 다년간 구미공사관에 드나들며 정보를 습득했고, 밀정들에 관한 많은 정보를 갖고 있었다. 따라서 임시정부 경무국장을 지내면서 정보력의 중요성을 절감한 김구에게 정보통 안공근은 반드시 필요한 인물이었다.[102] 넷째, 안공근은 상해의 무정부주의세력과 친밀한 사이였다. 한인애국단이 원활한 활동을 전개하려면 남화한인청년연맹과 같은 비밀단체의 도움이 필요하였다. 이럴 경우 남화한인청년연명의 주축인사인 정현섭과 친분이 두터운 안공근은 주목할 인물이었다. 다섯째, 안공근은 1920년대 중반 이래 김구와 정치노선을 같이하고 있었다. 안공근은 임시정부를 유지·옹호하는 문제에서 김구와 입장을 같이하며 안창호세력을 견제하기도 하였다. 이런 이유들로 인해 김구는 안공근을 한인애국단의 운영자로 발탁했던 것이다.

1.10), 747쪽.

101) 김 구 저, 도진순 주해, 『백범일지』, 돌베개, 1997, 57쪽.

102) 당시 안공근은 러시아인을 통해 일본측의 정보를 입수하였고, 한인청년 위혜림과 김성근을 포섭하여 일본영사관의 정보를 입수해 내기도 하였다. 그가 위혜림을 시켜 조사한 비행의 내용을 친구 정현섭에게 내놓은 적이 있었는데, 거기에는 "상해의 독립운동가 중의 일부 요인에 대한 일본 영사관측의 암살지령 내용, 이간과 중상모략의 내용, 그리고 일본 영사관으로부터 그들이 받은 자금내역 등에 이르는 상세한 기록까지 기재되어 있었다"고 한다. 정화암, 『이 조국 어디로 길 갓인가』, 145쪽. 한시준, 「안공근의 생애와 독립운동」, 133쪽.

1932년 4월 29일 윤봉길의거 이후 안공근은 김구의 최측근 겸 한인
애국단의 실질적인 운영자로 부상하였다. 윤봉길의거 직후 일제의 수색
이 극심해지자 김구는 일단 상해 외인기독교청년회 주사인 피치(S. A.
Fitch)의 집으로 피신하기로 하였다. 이때 그는 안공근·엄항섭 양인을
불러 "이후로 군등의 집안생활을 내가 책임질 터이니 오로지 우리 사업
에만 전념하라"고 하였다.[103] 이것은 자신의 권한을 상당 부분 양인에게
양도한 것이었다. 이후 안공근은 김구가 가흥으로 피신처를 옮길 때에
김구와 동행하였고, 이후 가흥과 상해를 오가며 한인애국단의 조직과 운
영을 총괄하였다. 이로 인해 일제는 "윤봉길의거 후에 안공근이 김구의
재상해 대표격으로 그 거처를 성내에 정하고 때로는 항주·남경을 다니
고 있다"고 하였다.[104]

안공근은 윤봉길의거 이후에도 대중국교섭과 친일파처단 활동에 열
중하였다. 윤봉길의거를 한중 양국민의 시름을 씻어준 쾌거로 간주한 중
국의 관민과 군부는 1932년 5월경부터 10월까지 김구와 여러 독립운동
가에게 상당한 자금을 회사하였다. 이때 안공근은 중국정부의 지원금 가
운데 60% 이상을 직접 받아서 김구에게 전달했을 정도로 독립자금 문
제에도 깊이 간여하였다.[105] 또한 그는 1933년 8월에 제약회사를 경영
하며 일제 관헌과 내통하고 있던 玉觀彬을 처단한 이른바 鋤奸團事件
을 성사시켰다. 이 사건은 안공근이 김구의 한인애국단과 정현섭의 남화
한인청년연맹이 합작하도록 주선하여 이루어진 것이었다.[106]

윤봉길의거 이후 김구는 한국독립당이나 임시정부와 관련 없이 독자
행보를 걷기 시작했다. 이러한 독자행보는 1933년 1월 개최된 한국독립
당 대표대회에서 이직과 태만을 이유로 김구·안공근·엄항섭·박찬익

---

103) 김 구 저, 도진순 주해, 『백범일지』, 338쪽.
104) 『한국독립운동사 자료』 2, 「폭탄의거 후 김구일파 등의 동정」(1932.11.10), 268쪽.
105) 『한국민족운동사료:중국편』, 749쪽.
106) 정화암, 『이 조국 어디로 갈 것인가』, 159～165쪽.

등이 이사직에서 해임된 이후에 가속화되었다. 이후 김구는 측근들을 중심으로 독자적인 조직과 세력을 형성하여 활동하였다.[107] 김구가 일제의 검거를 피해 잠복한 상태에서 독자행보를 펼치는 과정에서 안공근·엄항섭·박찬익 3인은 3각편대를 이루어 부단히 외교와 정보 방면에서 김구를 보좌하였다.[108] 아울러 안공근은 1933년 봄 김구가 한중연대의 일환으로서 기병학교 설립안을 가지고 蔣介石을 면담하러 남경에 갈 때 엄항섭과 함께 김구를 모시고 갔다.[109]

1934년 이후 안공근은 김구가 설립한 특무교육기관의 실질적인 책임과 운영을 맡았다. 안공근은 중국중앙육군군관학교 낙양분교 내에 설치된 한인특설반을 거느렸다. 한인특설반은 김구가 장개석의 협조와 지원을 받아 군사간부를 양성하고 자기 세력을 확대하기 위해 1934년 2월에 설립한 학교였다. 한인특별반은 김구계열이 운영자금을 장악하고 이청천계가 교육훈련을 담당하는 이원적인 구조로 이루어져 있었다.[110] 따라서 양측의 주도권 경쟁으로 말미암아 한인특별반은 원활한 운영이 어려웠다. 당시 한인특별반의 운영은 김구가 고문자격으로 총괄했지만 입교생들의 모집부터 관리에 이르기까지 모든 실무는 '학생보호계'를 담당한 안공근이 담당하였다.[111]

1934년 6월경부터 안공근은 뛰어난 외교술로 대외교섭과 재정조달의 임무를 맡아온 박찬익을 대신하여 중국측과의 교섭임무를 담당하게 되

107) 한시준, 「안공근의 생애와 독립운동」, 134~135쪽.
108) 김 구 저, 도진순 주해, 『백범일지』, 355쪽.
109) 한상도, 『한국독립운동과 중국군관학교』, 문학과지성사, 1994, 306~309쪽. 안공근은 1933년 7월에 조직된 한중 민간연대 단체인 중한호조연합체(회장 陳樹人, 부회장 김구)에 회원으로 가입하였다. 이 단체는 암살단원을 모집하여 일본군 점령지역의 치안을 교란하여 한국독립을 도모하였다. 한상도, 중국혁명 속의 한국독립운동, 집문당, 2004, 154쪽.
110) 한상도, 『한국독립운동과 중국군관학교』, 313~314쪽.
111) 한시준, 「인공근의 생애와 독립운동」, 135쪽.

었다. 당시 박찬익은 한국국민당의 자금관리 문제를 김구에게 건의했으나 받아들여지지 않았다. 이것이 불씨가 되어 박찬익은 김구와 불화가 생겼고, 더욱이 자금운영문제로 의심을 받자 미련 없이 자리를 떠났다.112) 이로써 안공근이 중국과의 교섭창구역을 맡게 되었다. 김구는 중국의 지원담당 실행위원인 蕭錚에게 편지를 보내 안공근을 소개하며 교체사실을 통보하였다. 이로써 안공근은 박찬익이 담당하던 중국과의 교섭업무를 모두 차지하였다. 그리하여 김구의 측근으로서의 위상을 한껏 누리게 되었다.113)

1934년 12월 안공근은 한인특별반의 후신인 한국특무대독립군의 관리와 운영을 도맡아 처리하였다. 낙양군관학교에서 김구계와 이청천계 간의 주도권 다툼이 심해지자 김구는 1934년 8월 자기 휘하의 입교생을 철수시켰다. 당시 김구는 한인학생들을 집단적으로 수용·훈련시킬 단체를 만들어 이들의 항일투쟁 역량을 자신의 활동기반으로 삼고자 하였다. 그는 남경성 안의 木匠營 高安里 1호에 한국특무대독립군 본부를 설치하고 대장을 맡아 80여명의 한인학생들을 대상으로 교육과 훈련을 실시하였다. '김구특무대'라고 불린 한국특무대독립군은 ① 군사적 무장수련을 목적으로 하고, ② 배신자나 친일파를 처단하고, ③ 일본제국주의와 그 정책을 파괴할 것을 설립목적으로 삼고 있었다.114)

안공근은 한국특무대독립군의 참모로서 학생들을 관리하고 교육하는 일을 주관하였다. 그는 학생들의 입회심사·일상생활·편의제공·지시하달·혁명학습에 이르기까지 모든 일을 김구를 대신하여 실행하였다. 그는 학생들을 모아놓고 교육할 때 다음과 같이 특무활동의 필요성과 의의를 논급하는 강연을 하였다.

---

112) 『남파박찬익전기』, 을유문화사, 1989, 221~222쪽.
113) 한시준, 「안공근의 생애와 독립운동」, 136쪽.
114) 한상도, 『한국독립운동과 중국군관학교』, 333~334쪽.

우리는 조선의 혁명을 위하여 일생을 바치고 있는 白凡선생의 산하에 모여서 그의 추거로 혁명적 전위 투사로서 훈련을 지금 각각의 학교에서 받고 있는 중이다.····유격전술의 특징은 한 사람이 몇 천 명, 몇 만 명을 상대하는 일을 하는데 있는 것이다. 그 좋은 본보기는 상해사건에서 尹奉吉이다. 중국의 군대들은 몇 천, 몇 만의 군을 동원하여 전쟁했지만 결국 한 사람 대장의 발마저도 엿볼 수가 없었던 것에 반하여 윤봉길은 한 사람으로 白川대장을 쓰러뜨렸던 것이다. 이와 같이 유격대의 전술은 일기당천의 효과를 가져오는 것인데, 그대들은 그 유격대로서 혁명운동에 활동해 주지 않으면 안된다. 이것이 그대들 학생으로 한국특무대독립군을 결성하는 백범선생의 취지인 것이다.····이 특무대의 목적은 조선국의 독립과 조선민족의 행복을 위한 공산주의 혁명이다.····일본이 소연방, 또는 중국과 제국주의 침략전쟁을 할 때에 우리는 중국, 또는 소연방과 악수하여 그 양해와 원조 아래서 일본과 대륙 중간에 있는 조선에서 일을 벌여 전선과 일본 본토와의 중간을 차단함으로써 전쟁을 일본에게 불리하도록 유도한다. 그렇게 하여 제국주의를 약화시켜 우리들이 조선의 혁명달성을 도모하는 바로 그것이다. 곧 우리 특무대가 그 목적을 위하여 일본제국주의 타도의 당면 수단으로서는 조선 및 일본 본토 그리고 만주국에 우리 대원을 밀파하여 철도나 철교 큰 건조물을 파괴하고 요로의 대관을 암살하고 공장 기타 노동자 농민 등 집단 장소에 잠입시켜 혁명의식을 주입하고 선전 선동함으로써 정치 경제 기구를 문란하게 하여 그러는 가운데 우리들의 진정한 목적을 달성하도록 하는데 있는 것이다.[115]

김구는 한국특무대독립군 외에도 또 다른 사조직인 학생훈련소를 운영하였다. 학생훈련소는 1935년 2월 안공근의 건의에 의해 남경성내 東關頭 23호에 설치되었다. 학생훈련소는 이후 각 지방에서 모집한 약 30명의 한인청년들에게 교양훈련을 시켰다. 그 목적은 장래 김구의 수족으로서 각종 혁명공작을 수행할 때에 가장 필요한 군사훈련을 본격적으로 습득케 하고, 나아가 중국측과 교섭하여 재남경 중국중앙육군군관학교에 입학시키기 위한 예비교육을 실시하려는 것이었다. 이에 군사훈련소에서는 중국어·기하·대수 등 예비교육을 실시하는 외에 혁명정신에 대한 교양을 교수하였다. 이로 보아 학생훈련소는 한국특무대독립군을

---

115) 『한민족독립운동사자료집』 43, 「백찬기심문조서(제5회)」, 198~199쪽.

거느릴 장교를 양성하기 위한 예비사관학교였다. 그러나 6월에 일본관
헌에 본부가 발각되어 강소성 宣興縣 張州 龍池山로 이주하면서 엄항
섭이 관장하게 되었다. 10월에 훈련생 鄭成彦 등 2명이 체포되어 실체
가 노출되자 일본측은 중국측에 한인의 군관학교 입교를 거부하도록 압
력을 넣었다. 이로 말미암아 학생훈련소는 소기의 목적을 달성하지 못하
고 폐쇄되고 말았다.116)

　안공근은 윤봉길의거 이후 김구의 특무조직을 운영하면서 영향력을
확대해갔다. 한인애국단·한인특별반(한국특무대독립군)을 실질적으로
운영하고, 학생훈련소의 초기운영에 관여하면서 세력기반을 넓혀갔던
것이다. 이어 1935년 11월 김구가 임시정부의 무정부상태를 이용하여
한국국민당을 결성하고 임시정부의 주도권을 장악하고 임시정부를 옹호
할 것을 천명하였다. 김구는 좌익계의 민족혁명당에 불참한 임시정부내
구세력과 한인애국단 소속의 측근들을 망라하여 한국국민당 간부진의
진용을 짰는데, 이때부터 안공근은 임시정부의 중요인물로 부상하였다.
그리하여 김구의 후광을 등에 업고 한국국민당 이사, 임시의정원 의원,
임시정부 군사위원회 위원 등에 선임되었다.117) 이때 공식－비공식 활
동에 분주히 돌아다니던 안공근은 일제의 검거를 피하기 위해 西利
路·信庵(안공근의 호)·安三才·張震球·趙韓用 등 여러 개의 가명
을 사용하기도 하였다.118)

　1936년 이후에도 안공근은 임시정부에서 활동하기보다는 특무조직을
관리하고 운영하는데 심혈을 기울였다. 한국국민당은 그 전위조직으로
서 한국국민당청년단과 한국청년전위단을 거느렸다. 전자는 1936년 7월
기존의 한국특무대독립군과 해산된 학생훈련소를 중심으로 조직한 것이

116)『백범김구전집』4, 대한매일신보사, 1999, 683쪽. 한상도,『한국독립운동과 중국
　　　군관학교』, 338～345쪽.
117) 한시준,「안공근의 생애와 독립운동」, 137쪽.
118)『한국독립운동사료:중국편』, 886쪽.

고, 전위단은 광동지역에 세력을 확대하기 위해 김구의 아들 金仁과 안공근의 장남 安偶生을 파견하여 조직한 것이다. 안공근은 이러한 전위조직들을 관리하고 운영하면서 각종 정보수집과 한국국민당의 세력기반을 확장해 나가고 있었다. 그리하여 "한국국민당의 청년들이 종사한 정보공작은 완전히 안공근에 의해 움직였다"는 말이 나왔을 정도로 1936년경까지 영향력을 발휘하였다.[119]

1937년 8월 안공근은 한국애국단 대표로서 미국내 한인독립운동단체인 한국국민회 등 5개 단체, 중국내 조선혁명당·한국독립당 등 8개 단체와 연명으로 「韓國黨護運團體의 中日戰局에 대한 선언」을 발표하고, 같은달 17일에 한국국민당·한국독립당·조선혁명당 등과 함께 하와이와 미국내 한인독립운동 9개 단체를 토대로 한국광복운동단체연합회를 조직하여 1938년까지 활동하였다. 당시 한국광복운동단체연합회는 본거를 장사에 두고 거듭 안공근·안경근을 홍콩에 파견하였고, 잠복책동 중인 김인(김구 장남)·안우생(안중근 장남) 등으로 하여금 동지규합에 힘쓰도록 하고, 항일 선전자료와 기타 정보 수집에 애쓰도록 하였다. 그러나 연합회내에 노인은 많고 청년층의 활동분자는 극히 소수였기 때문에 두드러진 활동은 없었다고 한다.[120]

VI. 김구와의 갈등과 말년의 모습

1935~1936년은 안공근의 생애에서 가장 화려한 시기였다. 이때 그는 한인애국단과 한국특무대독립군 등 특무기관을 실질적으로 운영하였고, 한국독립당의 이사와 임시의정원 의원 등직을 맡아 활동했으며, 중

---

119) 한시준, 「안공근의 생애와 독립운동」, 137~138쪽.
120) 김정명 편, 『조선독립운동』 II, 「1938年の在支不逞朝鮮人の不穩策動狀況」, 동경: 원서방, 1967, 616쪽.

국정부를 상대로 임시정부의 대외창구 역할까지 맡고 있었다. 그러나 이처럼 개인적으로 영광이 극도에 달한 시점에 그는 후원자나 지지자들로부터 견제 내지 비판을 받고 있었다. 무엇보다 안공근의 정치적 후원자인 김구가 1937년 7월 이후에 그에 대한 신임을 철회한 일은 안공근의 독립운동 무대에서의 퇴장과 밀접한 관련이 있었다.

김구가 한국국민당의 세력을 확대하느라 분주하게 지내던 1936년 1월 초순에 특무부대의 중견단원들이 탈회하는 사건이 벌어졌다. 당시 金東宇·吳冕植·盧鍾均·宋曉春·楊汝舟 등 7~8명은 김구·안공근과와 내홍을 벌이다가 "김구의 독재전제적 행동과 안공근의 전횡불륜 행위에 분개하여" 특무부대를 떠났다. 이들이 외부인사들과 연대하여 韓國猛(盟)血團을 조직하고 상해로 진출하자 김구의 특무부대는 와해될 지경에 처하였다. 이에 김구는 중국측에 신용을 만회하기 위해 부하들을 독려하여 새로이 청년들을 모집하였다. 그리하여 약 20명을 모집하여 엄항섭을 지휘자로 삼아 혁명교육을 실시하게 하였다고 한다.[121] 이를 보면 동지들의 탈회사건이 있은 후에 특무공작단의 운영권이 안공근에서 엄항섭으로 넘어갔음을 알 수 있다. 그러나 이후 한국국민당의 특무공작은 침체에 빠졌고 한국국민당의 활동도 이전만 못하였다.[122]

특무부대원들이 탈회하면서 비판한 '안공근의 專橫不倫'이 무엇인가는 명확히 알 수 없다. 이와 관련하여 안공근은 윤봉길의거 이전 어느 시기에 위혜림과 함께 대공원(The Great World Amusement Resort) 근처에 도박장을 설립하자는 광동인의 술수에 말려들어 수천 달러를 사기당한 적이 있었다.[123] 또 임시정부 내막에 소상한 친김구 성향의 정정화는 자신의 일대기에서 "안공근이 상해에 있을 때에 형 안중근의 일로 말썽

121) 『백범김구전집』 4, 「한국국민당, 靑年團其後の情勢」 753쪽 ; 『한국독립운동사료:중국편』, 874쪽.
122) 호춘혜, 『중국안의 한국독립운동』, 197쪽.
123) 『한국독립운동사 자료』 20, 「金海山 등 심문기록」(1934.2.9), 249쪽.

을 일으키고 공금을 챙겨 홍콩으로 잠시 몸을 피한 일이 있었다. 재주가 많고 말을 잘하는 이라서 여기저기에 허튼 소리를 하고 다녔던 모양이다. 임정 어른들께 야단을 맞게 생겼으니까 홍콩으로 도망갔던 것이다"고 하였다. 나중에 돌아온 안공근에게 김구는 "이제 사람이 돼라. 지금 이 자리서 결심을 해라. 그 대신 나도 내가 좋아하는 이 담배를 끊겠다. 너 사람이 될 때까지"라고 말했다고 한다.[124]

안공근의 금전문제를 언급한 위의 두 가지 기록들은 사실 완전히 신뢰하기가 힘든 측면이 있다. 왜냐하면 일제시기 해외에서 독립운동을 주도한 유명 인사들 치고 독립자금의 투명성이란 문제에서 자유로운 이는 거의 없는 형편이기 때문이다. 이와 관련하여 한국특무대독립군의 단원으로 처음에는 안공근에게 많은 영향을 받았으나 신병이 생긴 뒤로 안공근에게 소외를 당하고 서운한 마음을 품었던 白贊基의 공술은 시사하는 바가 크다.

> 안공근은 항상 주거지를 숨기고 있는데, 어디인지 중국사람 집에 있는 것 같았다. 김구파 제1의 실력가이고, 가장 인기 있는 역할을 하는 사람으로 김구의 참모이자 또한 김구의 대리로서 일체를 처리하여 김구파의 혁명운동은 모두 이 안공근의 의도에서 나온다고까지 일컬어지고 있다. 남경정부에서 김구파가 받는 대양전 2,500원도 김구와 안공근 사이에서 적당히 안배하여 처분되고 있는 모양이다. 출입할 때는 언제나 인력거를 쓰는데 그 싼 곳에서도 한 달에 인력거 비용만 40원이 된다는 소문으로 그들의 생활이 호화로움을 알 수 있을 것이다. 이렇게 해서 김구파의 간부들은 호화로운 생활을 하고 있으면서 나와 같이 병으로 쓰러진 사람에 대해서는 의료원으로 가라고 여비 정도만 주어 쫓아버리는 식이니 자연스럽게 부하의 신망도 엷어지는 것으로, 이 점에서 의열단과는 정반대이며 의열단은 운동을 위해서는 상당히 돈을 쓴다는 것이다. 그런 점으로 보아 김구파는 의열단에게 그 세력이란 점에서 멀리 떨어진 것으로 생각한다. 그리고 또 이 안공근은 상해의 프랑스조계 이하는 모르고, 가족을 맡겨놓고 상당한 자산을 가지고 있다는 소문이다.[125]

---

124) 정정회, 『녹두꽃』, 도서출판 미완, 1987, 77쪽.

앞의 백찬기의 공술에는 ① 안공근이 김구의 참모이자 대리인으로서 김구파의 혁명공작을 비롯한 모든 일을 기획했을 정도로 영향력을 발휘했고, ② 중국정부의 재정지원금을 안공근이 김구와 나누어 사용하였고, ③ 안공근과 그 가족의 생활이 비교적 호화로웠던 반면 부하들에 대한 대우는 극진하지 못했다는 점이다. 이중 안공근과 그 일족의 생활이 넉넉했던 반면 특무대원에 대한 대우가 의열단원보다 못했다는 점은 주목할 요한다고 생각한다. 당시 중국 관내에서 활동한 일반 독립군들의 생활수준은 일신을 지탱하기에도 넉넉지 못한 경우가 많았기 때문에 중국정부의 지원금을 관장하며 호사스런 생활을 하고 있는 안공근은 비판의 대상이 되기에 충분하였다.

안공근과 김구가 갈라선 이유에 대해 중일전쟁 이후 안공근이 큰형의 가족을 상해에서 탈출시키지 못했기 때문이라는 설이 널리 퍼져 있다. 『백범일지』에 의하면, 1937년 10월 일본군이 상해를 공격해 오자 안공근은 자신의 가족들을 제쳐두고 김구의 모친 곽낙원만을 모시고 남경으로 나왔다. 당시 곽낙원은 안공근의 집에 머물고 있었는데 안공근은 자신의 가족들보다 곽낙원의 안위를 중시한 셈이었다.[126] 이로 보아 안공근의 김구에 대한 절대적 충성심을 익히 짐작할 수 있다. 이후 김구는 다시 안공근에게 상해로 들어가 그의 가솔과 안중근의사의 부인을 모셔오도록 거듭 당부했으나 안공근은 자기 가솔만을 데리고 나왔다.

> 나는 안공근을 상해로 파견하여 자기 가솔과 안중근 의사의 부인인 큰형수를 기어이 모셔오라고 거듭 부탁하였다. 그런데 공근은 자기의 가속들만 거느리고 왔을 뿐 큰 형수를 데려오지 않았다. 나는 크게 꾸짖었다. 양반의 집에 화재가 나면 사당에 가서 神主부터 안고 나오거늘. 혁명가가 피난하면서 국가를 위하여 殺身成仁한 의사의 부인을 왜구의 점령구에 버리고 오는 것

125) 『한민족독립운동사자료집』 43, 「백찬기심문조서(제5회)」, 208~209쪽.
126) 한시준, 「안공근의 생애와 독립운동」, 138쪽.

은, 안군 가문의 도덕에는 물론이고 혁명가의 도덕으로도 용인할 수 없는 일이다. 또한 군의 가족도 단체생활 범위내에 들어오는 것이 생사고락을 같이하는 본의에 합당하지 않겠는가? 그러나 공근은 자기 식구만 중경으로 이주케 하고 단체 편입을 원하지 않으므로 본인의 뜻에 맡겼다.[127]

안공근이 김구로부터 호된 꾸지람을 듣고 김구로부터 신망을 잃었으며 그로 인해 김구의 단체에 편입되기를 원치 않았다고 하는 위의 기록을 입증할 만한 다른 자료는 남아있지 않다. 큰형의 가족을 데려오지 못하면 온갖 비난이 쏟아질 것임은 누구보다도 안공근이 잘 알고 있었을 것이다. 그럼에도 그가 큰형의 가족을 피신시키지 못한 것은 이미 일제의 수중에 떨어진 상해의 현지상황이 여의치 못했기 때문으로 보인다. 다만 명분과 도덕과 의리를 중시하는 김구는 그러한 상황을 고려치 않고 원칙론에 입각하여 안공근의 부도덕성만을 일방적으로 꾸짖는 말을 『백범일지』에 남겼다.

안공근은 1939년 5월 30일 중경에서 홀연히 실종되었다. 그의 실종에 대해서는 크게 두 가지 설이 엇갈리고 있다. 하나는 한국 독립단체 내부의 분파투쟁 때문이라는 것이요, 다른 하나는 일제 밀정의 소행 때문이라는 것이다. 이러한 두 가지 견해는 안공근 실종사건을 직접 수사했던 중국 국민당정부의 정보기관인 軍統과 中統의 요인들도 동일하게 지니고 있었다.

먼저 전자를 알아보겠다. 1920년대부터 안공근과 애증이 교차하는 친밀한 교유를 나누었던 무정부주의자 정현섭은 안공근의 최후에 대해 다음과 같은 의미심장한 기록을 남겼다.

안공근은 운동자금 명목으로 중국정부로부터 많은 돈을 받아 자기 마음대로 지출을 해오면서 낭비가 많았다. 한번은 김구가 안공근에게 어떤 용도가

---

127) 김 구 저, 도진순 주해, 『백범일지』, 361~362쪽.

있어 5원의 지출을 요구했다가 돈이 없다는 이유로 거절을 당했다. 어디에 돈
을 썼냐고 물으니 화암과 위혜림에게 주었다고 대답했다. 이에 김구가 의심을
품고 자기의 큰아들 金仁・金鍾秀・羅月煥・金元龍・李海平을 나에게
보내 왔다. 나는 이들에게 안공근을 만난 일도 없고 위혜림을 통해서 접촉한
일도 없다고 말해 주었다. 이들은 위혜림에게 가서 다시 이 사실을 확인했다.
김구는 비로소 나와 안공근이 소원해지고 있다는 것을 알았다. 이와 같이 상
황이 바뀌어 가자 안공근은 안공근대로 딴 공작을 하기 시작했다. 국민정부의
정보기관인 藍衣社의 戴笠이란 사람과 손을 잡고 김구를 몰아내고 자기의
형인 安宅[定]根을 내세우려고 계략을 꾸민 것이다. 그러나 그것이 제대로
될 리가 없다. 그 내막까지 알게 된 김구는 즉시 안공근을 축출하고 그동안
안공근이 맡았던 중국정부와의 모든 연락과 교섭업무 일체를 성암 이광에게
맡겼다. 그리고 안공근을 중심으로 했던 모든 활동을 봉쇄하고 정보업무에 필
요한 공작기계(전신기계)와 그가 쓰던 집까지 몰수해 버렸다. 그후 안공근은
重慶에서 병원을 경영하는 교포 유모의 집에 자주 내왕했는데 그 뒤의 소식
은 알 길이 없다.[128]

위의 정현섭의 회고록에 따르면, ① 안공근은 중국정부로부터 자금을
수령하여 낭비하는 경우가 많았으며, ② 김구는 안공근의 자금 낭비와
유용을 문제 삼아 그의 권위와 도덕성에 타격을 가했고, ③ 위기에 몰린
안공근은 대항책으로서 중국 정보기관과 연대하여 김구를 축출하려 하
였고, ④ 안공근의 의도를 알아챈 김구 일파가 안공근의 모든 기반을 몰
수해 버렸음을 알 수 있다. 결국 1930년대 전반기에 김구의 최측근 역할
을 수행했던 안공근은 자금문제로 시작하여 김구와 갈등하다가 결국 모
든 기반을 상실하고 말았다는 것이다. 이러한 설을 방증하는 것으로서
김구의 최측근 인사인 某 독립지사의 수하들이 안공근을 제거했다는 주
장이 지금까지도 독립운동가 후손들 사이에 널리 언급되고 있다.
다음 일제 밀정의 소행 문제를 알아보겠다. 최근에 나온 근거가 명확
히 제시되지 않은 르뽀성 연구에 의하면, 안공근은 국제간첩인 중국인

---

128) 정화암, 『이 조국 어디로 갈 것인가』, 자유문고, 1982, 180~181쪽.

羅劍北에 의해 살해되었다고 한다.[129] 1939년 5월 하순 홍콩을 떠나 중경에 도착한 안공근은 상해 시절부터 협력하는 사이였던 中統국장 朱家驊에게 전화를 걸어 2일 후에 홍콩에서 수집한 정보를 전달하겠다고 통보하였다. 그리고 실종 당일에 그는 安靜生에게 한국인 치과의사에게 치료를 받은 다음에 저녁에 가족들과 식사를 같이 하겠다고 말하고 권총을 소지하고 집을 나섰다. 이날 그는 趙雄·李合盛 등과 식사를 같이 했는데, 조웅은 남경에서 안공근 가족과도 친하게 지내던 인물로서 軍統국장 戴笠 휘하에 있는 영화제작소 감독실에서 비밀공작 임무를 맡고 있었다.

그런데 안공근은 홍콩에서 일제 밀정을 추적하다가 상해 시절부터 항일운동자로 알고 있던 羅劍北이 일제 밀정과 접선하는 장면을 목격하게 되었다. 상해에서 안공근과 친하게 지냈던 나검북은 북경대를 마치고 영국에 유학하여 정치·법률을 공부했고, 1929년에는 장학량 휘하의 정보처장을 지내며 일본군의 정보를 빼내는 공적을 세웠다. 그는 상해에서 『동방관찰가』라는 항일잡지를 발간하다가 자금난에 처하여 영국군의 지원을 받게 되었고, 이후 영국 국적을 취득하고 영국스파이가 되었다. 당시 안공근은 대검북이 자신을 알아보지 못했을 것이라고 판단하여 은밀히 자리를 떴으나 나검북은 안공근을 알아봤다. 그래서 나검북은 안공근을 살해할 결심으로 중경으로 잠입하여 안공근과 친한 趙雄과 결탁하여 안공근을 살해하고 시체는 폐광의 갱내에 버렸다. 장개석정부는 나검북은 영국인이라 처형하지 못하고 조웅 등 3인만 처형했다고 한다.[130]

안공근 실종사건이 벌어지자 김구는 보위부장 金永信에게 조사를 지시하는 한편, 중경시장 楊森和와 경비사령 劉峙에게 전화를 걸어 안공

129) 이하는 王炳毅, 「韓國抗日義士 安恭根 重慶失踪 案內幕」 『文史春秋』, 2003년 11월호의 내용에 근거한 것임. 이 논문을 소개·복사해 주신 서강대 사학과 최기영교수께 감사드린다.
130) 王炳毅, 「韓國抗日義士 安恭根 重慶失踪 案內幕」, 37쪽.

근 실종사건을 조사해 달라고 간곡히 부탁하였다. 안공근의 장녀 안정생은 자신을 매우 아꼈고, 전국항일부녀연합회에서 모신 바가 있던 장개석 부인 송미령에게 서한을 보내 부친을 반드시 찾아서 돌려보낼 것, 찾지 못한다면 시신만이라도 거두어 줄 것, 자신과 형제들의 생활을 도와줄 것 등 3가지를 간청하였다. 이에 따라 송미령은 주가화와 대립에게 안공근 실종사건에 대한 철저한 조사를 지시하고 안정생 형제들에게 생활기반을 제공했다고 한다.

Ⅶ. 맺음말

안공근은 한국침략의 원흉인 이토 히로부미를 포살한 한국근대사의 위인 안중근의 막내 동생이다. 안공근이 안중근의사의 동생이라는 사실은 안중근의거 후 그의 인생행로가 이미 정해진 것이나 다름없었다. 이를테면 안중근의 동생으로서 안공근은 모든 한국인들과 독립운동가들에게 흠모와 존경을 받았던 반면, 일본근대의 원훈을 포살할 흉한의 동생으로서 안공근은 일제의 가혹한 취체와 감시를 견뎌내야만 했다. 이처럼 안중근의 동생이라는 사실은 안공근에게 영광과 시련을 동시에 안겨다준 피할 수 없는 운명이었다. 그는 큰 형이 민족독립을 위해 산화하면서 자신에게 남겨준 영광과 시련을 한 몸에 지닌 상태에서 인생을 살아가야만 했다.

1910년대 안공근의 활동은 둘째형 안정근의 활동과 연동되어 있었다. 여순으로 안중근을 면회하러 갔던 일, 자기 가족과 형들의 가솔과 함께 목릉에 정착하여 생활기반을 닦던 일, 모스크바 유학에서 돌아온 다음 니콜리스크에서 장사하던 일, 일제밀정 김정국 처단을 주도한 일, 니콜리스크에서 처음으로 작은 형과 함께 벼농사에 성공한 일, 장사와 벼농사의 성공을 통해 독립운동 기지를 개척해 보려고 노력한 일 등등, 안공근이 1910년대에 벌인 수많은 일들은 둘째형 안정근의 그늘 아래에서 이루어진 것이었다. 이러한 점에서 안공근의 1910년대 활동은 안공근의 활동과 상당 부분이 중첩되어 있다고 말할 수 있다.

1920년대에 안공근은 여러 독립단체에서 활동하며 독립방안을 모색하고 자신의 입지를 다져나갔다. 1920년대 전반기에 그는 러시아에서 독립자금을 얻어내기 위해 상해 임정의 외교특사 활동을 전개하였다. 1920년대 후반기에 그는 다양한 활동을 전개하였다. 무정부주의자들과 친교를 맺고 동방무정부주의자연맹을 결성했으며, 독립운동자들의 전민족적 통일을 달성하기 위해 독립운동촉성회와 유일당운동에 가담했으며, 요인암살을 목적으로 하는 비밀결사 팔인단을 조직하였다. 아울러 상해의 외국공사관에서 통역과 정보원 생활을 하며 대가족의 생계를 마련하기도 하였다.

1930년대에 안공근은 특무활동을 정력적으로 전개하였다. 대한민국 임시정부의 재무장 김구의 한인애국단을 운영하며 이봉창의거·윤봉길의거·서간단사건 등의 의열투쟁을 주도하였다. 또한 윤봉길의거 후에는 김구의 최측근으로 부상하여 김구가 관장하는 모든 공사 조직을 실질적으로 관리하고 운영하였다. 그리하여 김구가 장개석정부의 지원을 받아 설립한 낙양군관학교의 한인특별반, 한인특별반의 후신이자 김구의 사조직인 한국특무대독립군, 고급사관 양성 예비학교인 학생훈련소 등에서의 특무활동을 통해 다수의 청년학생들에게 민족교육과 특무활동을 가르쳤다.

안중근과 안정근이 안창호와 상당한 인연을 맺었던 반면, 안공근은 안창호와 일정한 거리를 두었다. 안중근의 의병활동이나 의열투쟁은 안창호가 속한 서북학회나 신민회의 민족운동과 다소 연관이 있었다. 또 안정근은 안창호를 형님으로 극진히 모시며 상해 임정의 제반사를 상의

하는 사이였다. 그는 안창호가 임시정부에 관여하지 않으면 자신도 임시
정부에 관여하지 않겠다는 의사를 나타내기도 하였다. 이에 반해 안공근
은 안창호의 천거로 임시정부에 가담하여 러시아 외교특사에 임명되었
지만, 안창호의 은근한 권고를 물리치고 흥사단에 가입하지 않았다. 더
욱이 그는 1920년대 후반에 기호파나 중간파로 분류되며 안창호의 서북
파와 대립하는 양상을 보였다.

안정근이 안창호와 밀접한 관계였다면, 안공근은 김구와 긴밀한 사이
였다. 안공근은 정보력·어학력·의열인맥·정치노선 등에서 김구에게
유익한 인물이었다. 김구가 임시정부와 중국정부의 재정지원으로 특무
활동을 전개할 때에 안공근은 언제나 김구를 최측근에서 보좌하였다. 그
래서 김구파의 모든 혁명공작은 김구의 참모이자 대리인인 안공근의 기
획에서 나왔다는 말이 나올 정도였다. 그러나 양인의 밀착관계는 휘하
동지들로부터 김구가 '전재독제적'이라는 비판을 받고 안공근이 '전횡불
륜'이라는 비판을 받으면서부터 틀어지기 시작하였다. 이후 안공근이 범
한 재정남용 문제를 김구가 추궁하고 들어가면서 양자는 서로 화합할 수
없는 사이가 되고 말았다.

안공근의 독립운동을 특징짓는 것은 특무공작이다. 그는 20대 중반에
둘째형을 도와 일제밀정을 처단한 경험이 있었다. 그는 30살 때에 노령
니콜리스크 일대의 결사대원들에게 제공할 무기를 구입하여 산속에 숨
겨놓기도 하였다. 이런 경험을 바탕으로 안공근은 1930년대 초반에 김
구와 함께 이봉창의거와 윤봉길의거를 엮어냈다. 이중 윤봉길의거는 중
국 관내지역에서 한국독립운동의 흐름을 뒤바꾼 사건으로서 안중근의
이토 히로부미 포살의거에 버금갈 만한 의의를 지닌 사건이었다. 이런
점에서 한국독립운동사를 화려하게 장식한 사건들이 안중근과 그 형제
들에 의해 이루어지거나 기획되었다는 것은 대서특필할 만한 가치가 있
는 사실이라고 생각한다.

제4부

반일에서 친일로 넘어간 인물들

제1장
고종의 잠재적 대안자로서 일생을 살아간 이준용

I. 머리말

한국사에서 1970년대부터 1910년대까지의 시기는 전근대사회에서 근대사회로 옮겨가던 사회변동기였다. 당시의 문명사적 전환기를 살아간 한국인들에게 부과된 과제는 두 가지였다. 하나는 제국주의 열강의 침략을 저지하고 조선의 자주권을 지키는 것이었다. 다른 하나는 봉건적 사회제도를 개혁하고 조선을 근대국가로 바꾸는 것이었다. 이러한 역사적 책무 앞에서 수많은 인걸들이 나름대로 고민하고 분투하다가 역사의 수레바퀴에 떠밀려 일생을 마감하곤 하였다. 우리는 그러한 대표적인 사례를 이준용의 경우에서 찾아볼 수 있다.[1]

李埈鎔(1870.6.25 ~ 1917.2.29/양3.22)은 홍선대원군(이하 대원군)의

---

[1] 이준용의 일생에 대한 간략한 소개로는 『조선신사보감』, 「이준공」, 조선문우회, 1913, 9~10쪽 ; 小田省吾 등편, 『이희공실기 · 이준공실기』, 이왕직, 1943, 1~59쪽 ; 유영익, 「이준용」 · 「이준용옹립사건」『한국민족문화대백과사전』 18, 한국정신문화연구원, 1991, 246~247쪽.

맏손자이자 고종의 조카로 유명한 인물이다. 조선에서 가장 존귀한 신분을 지닌 이준용의 생애는 크게 세 시기로 구분된다. 즉, 제1기(1870.6~1895.11)는 태어나서부터 일본 유학길에 오를 때까지로서 대원군의 정치활동과 철저히 연동되어 있던 시기이다. 제2기(1895.11~1907.7)는 1년 4개월간의 영국 생활을 제외하고 장기간 일본에서 망명 생활하던 시기이다. 제3기(1907.7~1917.3)는 계몽운동과 정치활동에 잠시 가담한 후 일제의 한국침략에 동조 내지 묵인하다가 사거한 시기이다. 이중 제1기 말엽인 갑오경장 직후에 동학군 및 청국군과 연대하여 일본군과 개화파를 물리치고 왕위를 차지하려고 노력했던 것은 이준용의 생애에서 가장 두드러진 사건이었다.

이준용은 무골호인에 가까운 부친 李載冕보다는 능력과 야심이 남달랐던 조부 李昰應을 닮았다.2) 일생에서 가장 분주한 시기를 보냈던 25~27세경에 이준용은 주변으로부터 유능한 인물이라는 평을 받았다. 오토리 게이스케(大鳥圭介) 일본공사는 이준용을 "전주이씨 종친 중에서 가장 有爲의 기상이 넘치는 인물" "당년 겨우 25세에 불과하지만 대단한 기상을 지닌 인물"이라고 평하였다. 니치니치(Nichi Nichi) 신문의 서울특파원도 이준용을 "조선에서 가장 재능 있는 젊은이 중의 한 사람"이라고 말했다. 또한 동경주재 영국공사 사토경(Sir Ernest Satow)도 1896년 2월 도쿄에서 이준용을 면담한 후에 '유능한 인물'이라는 평을 내렸다.3) 이처럼 이준용은 국가를 다스릴 만한 자질과 능력을 겸비한 젊

---

2) 체격면에서 이준용은 조부보다는 부친을 닮았다. 그는 20대 때에는 보통 체격이었으나 30대 후반에 귀국했을 때에는 뮈텔주교도 그를 몰라봤을 만큼 비대한 체격으로 변해 있었다. 그 때문에 그는 '洋돼지'라고 불렸고, 장정 2명이 끄는 인력거를 타고 다녔다고 한다. 한국교회사연구소 역주, 『뮈텔주교일기』 4, 1998, 184쪽 ; 김상태 편역, 『윤치호일기』, 역사비평사, 2001, 601~602쪽.
3) 『주한일본공사관기록』 5, [한국조정 내부의 분리와 알력], 43쪽. 유영익, 『동학농민봉기와 갑오경장』, 일조각, 1998, 46~47쪽.

은 인재였기 때문에 대원군과 여러 정치세력들은 그를 계속 신왕으로 옹
립하려 하였다.

이준용은 조선이 자주국가에서 일제의 식민지로 전락하던 격변기를
살아갔다. 당시에는 외세의 침략을 막아내기 위한 한국민의 저항운동이
다각도로 전개되었다. 또한 현정부를 타도하고 신정부를 수립하려는 정
부전복운동이 흥선대원군과 그 지지세력, 청국의 원세개, 망명 친일개화
파와 그 여당 등에 의해 자주 일어났다. 이러한 반외세운동과 반정부운
동이 일어날 때마다 이준용은 과단성이 부족한 고종과 병약한 세자(순
종)를 대체할 수 있는 인물로서 주목을 받았다. 그리고 이준용 자신도
청일전쟁 중에 고종을 폐위하고 직접 왕위에 오르려는 정치적 야망을 드
러내기도 하였다. 이처럼 자타가 공인한 잠재적인 최고통치자라는 독특
한 지위는 이준용의 인생행로를 결정한 가장 주요한 요인이었다. 이로
인해 1909년 이후 일제에 협력하기 전까지 이준용은 지지세력의 연이은
추대와 반대세력의 부단한 견제 및 일본측의 특별 관리를 받는 중첩된
인생을 살아가야만 했다. 그리고 이러한 중첩된 인생이 초래한 정신
적·육체적 피로감으로 말미암아 아쉽게도 말년의 삶을 주체적으로 이
끌지 못하고 말았던 것으로 파악된다.

II. 출신 배경과 갑오경장 이전의 활동

이준용(자는 景極, 호는 石庭, 松亭)은 조선의 전통적 사회체제에 새
로운 변화의 계기가 요구되던 1870년에 운현궁에서 태어났다. 그의 증
조부 이구는 인조의 제3남 인평대군의 6대손인 이병원의 아들인데, 나중
에 정조의 이복동생인 은신군 이진에게 입양되어 남연군에 봉해졌다. 남
연군의 넷째아들은 이준용의 조부이자 개화기 정치사의 주역 가운데 한

사람인 대원군 이하응이다. 그는 국왕의 살아있는 부친으로서 왕실의 최고 어른인 조대비의 후원 하에 정권을 장악한 다음 1864년부터 1873년까지 왕권강화정책과 강병정책과 쇄국정책을 펼쳤다.[4] 그는 여흥민씨를 부인으로 맞아들여 이재면과 이재황(고종)을 두었는데, 이준용은 이재면과 풍산홍씨 사이에서 장남으로 태어났다.[5]

개화기 왕족의 후예들이 그러하듯이 이준용의 어린 시절에 대해서도 알려진 것이 거의 없다. 그는 임오군변 이전에 운현궁에서 대원군의 측근인 허욱이란 유생을 독선생으로 모시고 글을 배웠다고 한다.[6] 개화파 김윤식은 아관파천 이후 고종 측근들에게 함께 핍박을 받았던 동병상련의 경험으로 인해 이재면·이준용 부자의 신도비문을 썼는데, 거기에서 그는 "이준용이 어려서 매우 영리하고 행동거지가 신중하여 대원군이 매우 총애했다"고 적었다.[7] 이로 미루어 이준용은 익히 알려진 것처럼 대원군의 각별한 사랑을 받으며 운현궁에서 유년시절을 보냈던 것으로 파악된다.

이준용의 보호자인 대원군은 1873년 11월 권좌에서 물러난 후부터 둘째아들 고종과 정치적으로 적대관계에 놓여있었다. 이후 대원군은 기회만 오면 언제나 탐탁지 않은 고종과 명성왕후를 폐위하고 이준용을 왕위에 앉히려 하였다. 물론 여기에는 이준용을 허위로 앉히고 섭정의 자리를 차지하려는 대원군의 깊은 의도가 담겨 있었다. 이 외에도 고종정부에 반대하는 국내외 여러 정치세력들이 고종이나 순종의 대안자로서 이준용을 주목하였다. 그들은 자신들에게 순종할 인물을 옹립하기 위해

4) 연갑수, 『대원군 집권기 부국강병정책 연구』, 서울대 출판부, 2001 참조.
5) 김윤식, 「이준용신도비명」, 1919.
6) 정교, 『대한계년사』 상, 국사편찬위원회, 1971, 16쪽. 허욱은 임오군변 때 병사 복장을 하고 대궐로 들어가 군사들에게 명성왕후를 가리켜 주는 역할을 맡았다가 군변이 진압된 다음에 죽임을 당하였다.
7) 「이준용신도비명」. 幼而岐嶷擧止凝重 大院王甚愛之.

서 혹은 조선의 정치체제를 근대적으로 개혁하기 위해서 이준용을 왕위에 앉히려 하였다. 그래서 이준용은 15세의 어린 나이 때부터 30대 중반경까지 끊임없이 반정부세력들로부터 고종과 태자를 대신할 왕재로서 주목을 받았다.

1884년 2월 고종과 명성왕후는 편전에서 윤치호에게 다음과 같이 지시하였다. 그 하교는 "근일 경상도에 반란을 꾀하는 무리들이 있어 일이 조금 드러났다. 그 난당들이 주장하는 바는 서양인을 축출하고 위로 정부를 공격하여 대원군의 환국을 청하고 원손(이준용)으로 왕을 삼을 계획이다. 서울에 모일 때는 한산한 행인으로 분장하여 3월에 거사할 것을 약속하였다 한다. 이미 사람을 보내어 탐지케 했으므로 이달 20일경에는 자세히 알게 될 것이다"는 것이었다. 당시 고종과 명성왕후는 이런 사실을 전영감독 한규직을 통해 이미 일본공사에게 전달했으며, 다시금 윤치호를 통해 미국공사에게 통지하게 하였다.[8] 이 사건은 대한제국기까지 계속해서 일어난 이준용옹립사건의 시발점이었다.

1884년 11월 갑신정변이 일어나자 이준용은 개화파에 의해 세자익위사의 정9품 잡직인 세마에 임명되었다. 당시 개화파는 고종과 같은 항렬인 이재원을 영의정에, 이재면을 좌찬성에, 이재순을 평안감사에, 이재원을 병조판서에 임명하였다. 그리고 고종의 조카 항렬에서는 유일하게 불과 15세의 이준용을 발탁하려 하였다.[9] 이는 개혁정책을 실시하는 과정에서 왕실의 지원과 협조를 구하려는 것이었다. 이때 이준용이 정변 종식 후 역적으로 지목된 갑신개화파에 의해 세마직에 오른 것은 그의 의사와 무관한 것이었다. 그렇기 때문에 이준용은 정변이 진압된 후에 고종과 명성왕후로부터 별다른 제제를 받지 않았다.

---

8) 윤치호 저, 송병기 역, 『국역 윤치호일기』 1, 연세대 출판부, 2001, 88쪽. 1884년 2월 6일.
9) 이선근, 『한국사·척근세편』, 을유문화사, 1961, 632쪽

1886년에도 이준용은 원세개에 의해 다시금 고종의 대안자로 고려되었다. 당시 고종과 명성왕후는 갑신정변 후부터 더욱 심해진 청국의 간섭에서 벗어나기 위해 적극적인 친러정책을 취하고 있었다. 고종정부의 친러정책은 제2차 한러밀약사건으로 표면화되었다. 이에 청국 주차관 원세개는 1885년 10월 보정부에서 환국한 대원군과 협의하여 1886년 초부터 고종을 폐위시키고 이준용을 세자로 삼아 대원군을 섭정케 하려 하였다. 이를 위해 그는 왕실과 정부로부터 친러반청세력을 일소하려는 정치적 음모를 공공연히 추진하였다. 이해 8월 초에 원세개는 이홍장에게 정식으로 이 계획을 건의하면서 조선에 해군과 육상 병력 약간을 파견하여 대원군과 상의하여 추진하면 수일 내에 무난히 성사할 수 있다는 구체적인 방안까지 제시하였다.10) 그러나 원세개의 고종폐립음모는 여러 가지 현실적인 어려움과 열강들의 반대를 우려한 청국정부와 이홍장의 반대로 무산되었다.11) 하여튼 이때에도 이준용은 자신의 의사와는 무관하게 고종을 대신할 인물로 고려되었다.

이준용은 고종의 조카라는 후광을 배경으로 16세부터 24세까지 문한직을 두루 거쳤다. 그는 나이가 어린 편이었기 때문에 임오군변 후부터 갑오경장 전까지 고종정부의 개화정책과 군국사무를 총괄하는 통리군국사무아문이나 내무부와 같은 특설기구에는 참여치 못하였다. 그는 1885년 8월에 동몽교관에 제수되었고, 1886년에 충량과 문과에 급제하여 규장각대교에 임명되었다. 1887년에 예문관 검열, 홍문관 부응교를 지냈고, 12월에 모친상으로 3년간 상복을 입었다. 1890년에 승정원 동부승지

---

10) 김기혁, 「이홍장과 청일전쟁」『근대 한·중·일 관계사』, 연세대 출판부, 2007, 237쪽.
11) O. N. 데니 저, 유영박 역주, 『청한론』, 동방도서주식회사, 1989, 51~53쪽 ; F. H. 해링튼 저, 이광린 역, 『개화기의 한미관계』, 일조각, 1973, 226~227쪽. 이선근, 『한국사:최근세편』, 822~823쪽 ; 유영익, 『동학농민봉기와 갑오경장』, 1998, 31쪽.

형조 참의, 성균관 대사성을 거쳐 1891년부터 1894년 6월까지 홍문관 부제학, 규장각 직제학, 승정원 도승지, 이조 참의 등직을 맡았다.[12] 이를 보면 이준용은 20대 초반까지 국왕의 지친이라는 예우를 받으면서 비교적 정치적 실권이 적은 문한직이나 청요직을 주로 맡았음을 알 수 있다.

이준용은 반대원군세력으로부터 폭사위협을 당하기도 하였다. 1892년 봄 운현궁에서 화약이 터지고 여러 건물에 장치된 화약이 발각된 사건이 발생하였다. 황현에 의하면 이 사건은 명성왕후가 대원군 일가를 폭살하기 위해서 벌인 것이었다고 한다. 이때 대원군의 사랑채와 이재면과 이준용 부자의 거처에도 폭약이 장치되어 있었으나 다행히 점화되지는 않은 상태에서 발각되었다.[13] 이는 1874년에 대원군이 명성왕후의 오라비인 민승호에게 폭약을 보내 일가를 폭사시켰던 전례를 상기시키는 정치적 보복극이었다. 아울러 갑오경장 이전에 민씨척족의 감시를 받으며 운현궁에서 유폐상태나 다름없는 어려운 생활을 하고 있던 대원군 일가를 완전히 제거하기 위한 사건이었다. 하여튼 이 사건은 갑오경장 이전 이준용의 처지와 입지가 어떠했는가를 대변하는 것이나 다름없었다.

1893년에도 대원군은 동학농민군이 상경하여 경복궁 앞에서 복합상소운동을 벌이는 기회를 이용하여 이준용을 왕으로 추대하려 하였다. 정교는 『대한계년사』에서 1893년 2월 11~13일까지 3일간 박광호를 소두로 하는 약 50명의 동학도들이 상경하여 궁궐 앞에서 교조신원을 탄원하며 연좌시위를 벌인 사건은 대원군이 시킨 일이라고 주장하였다. 이때 정교는 "대원군이 은밀히 동학당 수만 명을 서울로 불러 모임을 갖고

---

12) 「이준용신도비명」 ; 『이희공실기 · 이준공실기』, 8~35쪽.
13) 황현 저, 김준 역, 『매천야록』, 교문사, 1994, 230쪽. 윤효정은 이 사건이 이준용이 통위사에 오른 것을 기념한 1894년 7월 중순경에 일어났다고 기술하였다. 윤효정, 『한말비사』, 교문사, 1995, 138~139쪽.

장차 불궤를 도모하여 그의 손자 이준용을 추대하려 했으나 결국은 실패하고 말았다"고 하였다.[14] 이러한 이준용옹립사건은 이듬해 발생한 갑오경장으로 절정을 맞게 되었다.

III. 동학군과의 연대를 통한 항일활동

1894년 6월 21일 일본군 혼성여단이 경복궁을 강제 점령하였다. 경복궁점령 후 경회루에 본부를 설치한 일본군은 고종으로 하여금 조선군의 무장을 해제하도록 하였다. 이에 울분을 못이긴 조선군은 검을 빼어 돌을 치고 하늘을 우러러 통곡하며 사방으로 해산하였다.[15] 이날 오전 정권탈취와 왕조중흥 방안마련에 골몰하던 대원군은 "조선의 땅을 한 치도 요구하지 않겠다"는 스기무라 후카시(杉村濬) 일본공사관 서기관의 확약을 곧이곧대로 믿고 일본 장사배의 호위를 받아가며 입궐하였다.[16] 이로써 청국에 의지하는 민씨세도가 무너지고 대원군—갑오개화파 연립정권이 등장하였다.

갑오경장 초두에 대원군과 이준용은 고종폐위의 전초작업으로서 명성왕후 폐서에 착수하였다. 6월 22일에 대원군은 심복 이원긍을 오토리 일본공사에게 보내 명성왕후 폐서의 취지가 담긴 문건을 제시하고 동의를 구하였다. 또한 이준용도 24일까지 오토리 공사를 설득하기 위해 일본공사관을 두 차례나 방문하였다. 그러나 스기무라 서기관을 비롯한 일본공사관 요원들이 강력히 반발했기 때문에 대원군과 이준용의 의도는

---

14) 정교, 『대한계년사』상, 68, 209쪽.
15) 황현 저, 김준 역, 『매천야록』, 288~299쪽 ; 이등박문 편, 『비서유찬 조선교섭자료』中, 동경: 원서방, 1970, 599~602쪽.
16) 유영익, 『동학농민봉기와 갑오경장』, 40~43쪽.

무산되었다.[17] 이에 대원군과 이준용은 일본측의 처사에 반발하며 초지를 굽히지 않았다. 대원군은 6월 24일 이준용을 중궁전 별입직에 임명하여 고종과 명성왕후에 대한 감시를 일층 강화하게 하였다.[18]

갑오경장이 개시된 지 일주일도 못된 1894년 6월 하순경부터 대원군 세력과 일본세력은 이러 저런 이유로 대립하기 시작하였다. 그들이 대립한 주요 이유로는 첫째, 위에서 살펴본 것처럼 일본측이 대원군과 이준용의 바람과 달리 명성왕후 폐서에 동의하지 않았고, 둘째 대원군의 반대에도 불구하고 일본이 조선에서 일방적으로 청일전쟁을 결행하였고, 셋째, 대원군측의 협력요청을 거절하고 고종과 명성왕후에게 나아간 박영효를 일본측이 비호하고 있었으며, 넷째, 일본측이 개화파를 통해 군국기무처에서 입헌주의적 정치체제의 개편을 비롯한 급진적 제도개혁을 추진하고 있었고, 다섯째, 안경수·김가진·이윤용 등 군국기무처 내의 친일개화파들이 다시 고종에게 정무의 재가를 요청하는 일이 벌어졌던 사실 등을 들 수 있다.[19]

대원군세력과 일본세력이 갈등을 빚음에 따라 이준용의 지위에도 변화가 일어났다. 대원군은 고종과 명성왕후를 감시하는 역할을 큰아들 이재면에게 맡기고 7월 15일에 손자 이준용을 종정경, 친군통위사겸정부당상, 내무아문협판에 임명하였다.[20] 이중 종정경은 전주이씨 종친의 지도자라는 상징적인 관직이었고, 통위사는 수도의 가장 강력한 군영 중의 하나인 통위영을 다스리는 총책임자였으며, 내무아문협판은 전국 지방관을 임명하는 권한과 서울 일원의 경찰권에 대한 통수권을 지닌 자리였다. 이어 7월 17일 군국기무처가 이준용을 군국기무처 의원에 차하할 것

17) 『일본외교문서』, 제27권 제2책, No.475, 41쪽, No.496, 142～143쪽.
18) 『고종실록』, 1894년 6월 24일 ; 삼촌준, 『명치이십칠팔년재한고심록』, 한상일 역, 『서울에 남겨둔 꿈』, 건국대출판부, 1993, 132～133쪽.
19) 유영익, 『동학농민봉기와 갑오경장』, 43～50쪽.
20) 『고종실록』, 1894년 7월 15일

을 고종에게 건의하였다. 그러나 이준용의 권한 확대를 우려하고 있던 고종은 단호한 태도로 윤허하지 않았다. 이에 대원군은 7월 19일에 이준용을 내무대신서리에 임명하여 내정을 완전히 장악하게 하였다.[21] 이처럼 대원군은 고종을 폐하고 이준용을 왕위에 앉히고 자신이 후원자나 섭정의 직위를 차지하려는 의도에서 자신의 애손자요 대리자인 이준용에게 권력을 집중시켰다.

1894년 7월 중순부터 대원군세력과 일본세력간의 대립이 격화됨에 따라 대원군과 이준용은 강력한 항일운동을 구상하게 되었다. 처음에 대원군은 고종과 명성왕후를 폐위하고 조선의 정사를 바로잡기 위해 일본측과의 일시적 연대에 동의하였다. 그러나 이제 그는 일본의 대한침략을 징치하기 위한 다각도의 항일방책을 강구하기 시작하였다. 이렇게 대원군이 항일운동을 펼치는 과정에서 이준용은 중앙과 지방에 포진한 자신의 지지자들을 동원하여 고종을 폐하고 직접 왕위에 오르려는 적극적인 의지를 나타냈던 것으로 보인다. 이와 관련하여 이준용의 수하들은 갑오경장 초두에 경복궁에 유폐된 고종에게 왕위를 이준용에게 양보하라고 강요하였다고 한다.[22]

1894년 가을경 대원군과 이준용의 항일활동을 입증해 주는 한일 양국측의 자료는 상당히 많다. 이 중에서 조선의 항일운동을 진압한 후에 일본공사가 작성하여 본국 외무대신에게 보낸 총괄보고서와 『동학난기록』에 실린 공초들의 내용이 가장 자세한 편이다. 이를 종합해 보면, 대원군과 이준용은 다음과 같은 항일활동을 추진하였다. 첫째, 대원군파는 1894년 7월경부터 일본세력을 퇴치하기 위해 지방의 사회세력과 평양의 청군의 협력을 받으려 하였다. 구체적으로 그들은 지방의 동학농민군,

---

21) 『일성록』, 1894년 7월 17일 ; 『고종실록』, 1894년 7월 19일 ; 『의정존안』, 1894년 7월 22일.
22) 한국교회사연구소 역주, 『뮈텔주교일기』 1, 1986, 314~315쪽.

토호세력, 양반유림, 공신의 자손들, 보부상 등에 밀사를 파견하여 의병봉기와 군수지원을 촉구하였다. 동시에 그들은 평양대회전에 대비하여 압록강을 건너 평양에 진주한 청장들에게 밀사를 보내 일본군을 축출하고 조선을 구원해달라는 청원요청을 하였다. 이로써 그들은 삼남의 항일세력을 북상시키고 평양의 청군을 남하시켜 서울의 일본군과 친일개화파를 물리치려는 남북협격전략을 구사하였다.[23)

둘째, 서울에서 대원군파는 은밀히 자객을 동원하여 개화당의 중진인물인 김홍집·김학우·김가진·안경수·조희연·유길준·김종한·이윤용 등을 암살하려 하였다. 이 암살계획은 동학농민군이 이준용 휘하의 통위영과 협력하여 서울을 공격하기로 하였던 8월 중순경에 실천에 옮겨질 예정이었다. 그러나 군국기무처 내에서 대원군과 이준용의 반란모의를 조사하자고 주장했던 김학우를 암살하는데 그침으로써 제한적 결실만을 거두었을 뿐이다.[24) 또한 대원군파는 전현직 관료 및 재야유생들로 하여금 반일 반개화 상소를 올려 반일여론을 조성케 하고, 동시에 청일전쟁을 종식시킬 외교적 지원을 얻고자 구미공사관에 접근하는 전략을 구사하였다.[25)

대원군파가 구사한 두 가지 전략 중에서 그들의 항일운동을 대표할뿐 아니라 조선말 한국민의 항일운동을 대표할 만한 것은 역시 첫 번째의 방책이었다. 이에 대해 일제가 기록한 다음의 사료는 1894년 늦여름 이준용의 역할을 잘 보여주고 있다.

23) 『동학난기록』 하, 국사편찬위원회, 1971 ; 『주한일본공사관기록』 8, [대원군과 이준용의 음모에 관한 전말], 국사편찬위원회, 1990, 15~18쪽. 대원군파의 항일활동을 심도 있게 다룬 연구로는 유영익, 「대원군과 청일전쟁」 『동학농민봉기와 갑오경장』 ; 오영섭, 「갑오경장 중 고종의 왕권회복운동」 『한국민족운동사연구』 24, 2000 참조.

24) 「이준용공초」 『아세아연구』 4-2, 고려대 아세아문제연구소, 1961, 23~68쪽.

25) 「중범공초」 『동학난기록』 하, 583~614쪽 ; 이등박문 편, 『비서유찬 조선교섭자료』 하, 633~634쪽.

　　대원군은 작년 7월 중 왕성내의 사변에 즈음하여 민씨를 대신하여 정권을 장악하였다. 그후 일본군이 정부 당국의 의뢰에 따라 아산에서 청국군을 무찌르고 더 나아가 당시 평양에 집결해 있던 청국군을 향해 진격준비를 하고 있었음에도 대원군은 평양에서의 일청 양국의 전쟁은 반드시 일본군의 패배로 끝날 것이며, 청군은 승승장구하여 곧 경성을 쳐서 일본군을 격퇴하게 될 것이라고 확신하였다. 그 때문에 그럴 경우 청국에 아첨하여 자기의 권력을 공고하게 할 것을 예상하여 한편으로는 평양의 청군에게 내통하고 또 한편으로는 양으로 동학당 진무에 관한 효유문을 내보내면서 음으로 밀사를 시켜 동학당을 불러 모아 청국군이 오면 내·외세를 규합하여 일본군을 격퇴할 것을 꾀하였다. 이준용 또한 이러한 혼잡한 틈을 이용하여 국왕과 왕비 및 세자궁을 폐위하고 스스로 왕위찬탈을 기도하려고 대원군과 모의하였다. 그래서 임진주·정인덕·박동진·박세강·허엽·송정섭·이용호 등을 각 지방에 파견하여 동학당의 요인들에게 고하게 하였는데, "이번에 왜적이 대궐을 침범하여 난폭 낭자함이 이를 데 없는데 너희들은 조속히 의병을 일으켜 경성으로 쳐들어가 왜인을 격퇴하여 국가의 위급을 구하라"는 취지로써 거병을 선동한 것으로 인정된다. 지금 이와 같은 흔적을 증명하는 데는 다수 서류 및 증인의 구술서 등이 있다.[26]

　이상과 같이 다각도로 전개된 대원군파의 항일전략의 최종 목표는 국왕·왕비·왕세자를 폐하고 이준용을 신왕으로 옹립하는 것이었다. 아울러 여기에 관여하여 공훈이 있는 인사를 중심으로 신정부를 조직하는 것이었다. 그러나 그러한 항일방략은 평양에서의 청군의 패배, 삼남에서의 동학군의 궤멸, 서울에서의 일본군과 친일정부의 효과적 대응 등으로 말미암아 무위로 돌아가고 말았다.

　1894년 10월 중순 이후 일본측은 대원군과 이준용이 항일활동을 전개한 증거들을 가지고 양인에게 공직 사퇴를 종용하였다. 당시 조선정부는 고종이 평양의 청장들에게 보낸 밀서를 일본측이 문제 삼지 않는다는 조건으로 대원군의 거세에 동의한 터였다.[27] 이에 대원군은 이노우에

---

26) 『주한일본공사관기록』 8, [동학당 사건에 대한 회심 전말 具報], 52쪽.
27) 삼촌준, 『재한고심록』, 160~162쪽.

가오루(井上馨) 일본공사에게 자신이 추진한 항일운동에 대해 사과하고 애손 이준용의 장래 교육을 부탁하였다. 이준용도 자신이 시골사람들과 부주의한 접촉을 했다며 동학지도부와 연대한 사실을 완곡하게 인정하였다.[28] 이에 이준용은 10월 26일에 고종에게 통위사직을 사직하였고, 11월 21일 통위사 사직건의가 수락된 다음 12월 4일에 주차일본전권공사에 임명되었다.[29] 이어 12월 17일 박영효가 내무대신에 임명됨과 동시에 이준용은 내무대신서리직을 상실하였다. 이로써 이준용은 자신의 생애에서 가장 화려했던 1894년 여름의 정치활동과 항일운동을 접어야만 했다.

종정경 이준용은 1895년 3월 24일 개화파 김학우 암살 혐의로 법무아문에 체포되었다. 그는 20여 일간 혹독한 심문을 받은 후에 개화파 서광범이 주재하는 특별법원에서 재판을 받았다. 그 결과 이준용을 비롯한 6인이 모반대역죄, 김학우암살죄, 모살죄 등의 혐의로 기소되어 교살형을 언도받았다. 당시 박영효와 서광범 등은 이준용역모사건을 이용하여 조선정계에서 대원군파를 일소하려는 의도에서 이준용과 그 당여들을 극형에 처하려 하였다. 그러나 어떤 대가를 지불해서라도 이준용을 구하려는 대원군의 절박한 부탁을 받은 이노우에공사와 각국 영사들이 이준용에 대한 온건한 처벌을 강력히 주장하고 나섬으로써 이준용만은 사형을 면하고 종신유배형을 받았다. 이준용은 4월 19일 고종의 특사조치로 10년간 강화도 교동도에 유배되었다가 이어 6월 2일에 특별히 석방되었다.[30]

---

28) 『일본외교문서』, 제27권 제2책, No.479, 82~84쪽.
29) 『일성록』, 1894년 10월 26일, 11월 21일, 12월 4일.
30) 『고종시대사』 3, 국사편찬위원회, 1969, 732, 831, 836쪽 ; 『주한일본공사관기록』 8, [이준용 처분건], 19~21쪽. 유영익, 『동학농민봉기와 갑오경장』, 63~64쪽.

Ⅳ. 장기간의 해외 망명 생활

1895년 9월 1일 고종은 이준용의 죄명을 삭제하고 중추원 1등의관에 임명함과 동시에 일본유학을 명하였다.[31] 그런데 이준용의 일본행은 8월 20일 을미사변 직전에 이미 대원군과 일본측간에 내정된 사안이었다. 당시 일본측은 대원군의 입궐을 허용하는 조건으로서 "정사에 일체 간섭하지 말 것" "이준용을 3년간 일본에 유학시켜 그 자질을 양성하게 할 것. 단 매년 여름에는 귀국해도 무방함" 등의 내용이 포함된 4개항을 제시하였다.[32] 이를 보면 일본측은 이준용이 대원군의 후원 하에 정권을 장악하고 고종과 왕세자를 폐위하는 거사를 일으킬 것을 사전에 방지하려는 의도를 나타냈던 것이다. 따라서 문명의 감화를 받기 위한 유학이라는 명분을 내걸었던 이준용의 일본행은 사실상 일본측에 의해 떠밀린 정치적 망명에 해당하는 것이었다.[33]

이준용은 11월 1일 궁내부특진관에 임명된 다음 11월 2일 영선사장 박용화, 전 주사 어윤적을 거느리고 유학생의 명목으로 도일행에 올랐다.[34] 1896년 1월 3일 이준용은 수행원들과 함께 기선을 타고 고베항에 도착하여 하루 밤을 묶었다. 이날 그는 본국에서 단발령이 공포되었다는 소식을 듣고 즉시 단발할 것임을 전보로 본국에 통지하였다. 그런 다음에 근처 이발관에서 단발하고 양복으로 갈아입고 도쿄로 출발하였다.[35]

---

31) 『고종시대사』 3, 996쪽.
32) 삼촌준, 『재한고심록』, 229~230쪽.
33) 『주한일본공사관기록』 8, [황제봉위식…이준용에 관한 건], 178쪽.
34) 『고종시대사』 3, 1047쪽. 당시 이재면은 궁내부대신으로서 이준용을 주차일본공사로 부임시키려 하였으나 일본측의 반대로 유학생 신분으로 도일시켰다. 서영희, 『대한제국 정치사 연구』, 서울대 출판부, 2003, 62쪽.
35) 『이희공실기·이준공실기』, 42~43쪽 ; 中山泰昌 편저, 『신문집성 명치편년사』 9, 동경: 재정경제학회, 1936, 명치 21년 1월조.

그는 1907년 7월 19일 순종의 즉위 전날 서울에 돌아오기 전까지 장기간 원치 않는 해외 망명생활에 돌입하였다.

이준용은 일본에 체류하는 동안 일본의 "오쿠마(大隈) 외무대신과 히지카타(土方) 궁내부대신의 盡力救護함을 받았다"고 한다.[36) 당시 일본정부는 향후 한국에 수립될 괴뢰정부에 임명할 유용한 인적 자원을 미리 확보해 두기 위해 이준용·박영효·유길준 등 망명개화파에게 재정보조와 신변보호를 해주었다. 이는 1896년 2월 이준용과 조선의 제반 상황에 대해 담론을 나누었던 일본인 통역관 오가와 히롯(小川實)이 "이준용은 장래 조선의 총리대신에 오를 인물이므로 일본정부가 미리 편의를 주는 것이 좋겠다"는 건의를 올렸던 사실로 입증된다.[37) 이후 이준용은 일본정부가 주는 약간의 도움과 보호를 받아가며, 그리고 한국의 학부와 탁지부 및 대원군과 이재면이 보내주는 재정적인 도움을 받아가며 외로운 해외생활을 견뎌나갔다. 하여튼 다년간 일본정부의 특별한 보호와 지원을 받아가며 생활하는 동안 이준용은 점차 일본정부의 한국망명객 활용정책에 순치되어 가고 있었다.

이준용의 일본생활에 대해 신도비문을 집필한 김윤식은 이준용이 정치문제에 관여치 않는 초연한 자세를 보였다고 하였다. 당시 한국인 망명 국사범들은 도쿄에 모여 대한제국의 정치 문제를 가지고 밤낮으로 논란을 벌이며 비분강개하고 한탄을 금치 못했으나, 이준용만은 "문을 닫아걸고 방문객을 사절하고 조정의 득실을 말하지 않았으며, 오직 대원군 부부의 상에 달려가 곡하지 못함을 종신의 한으로 여겼다"는 것이다.[38)

---

36) 『조선신사보감』, 「이준공」, 10쪽.
37) 『요시찰한국인거동』 1, [통역 小川實 담화 보고](1896.2.6), 국사편찬위원회, 2001, 4쪽.
38) 「이준용신도비명」. 國事犯諸人 皆聚東京 日夜相徵 逐論本國政界之變 慷慨憂歎 公獨杜門謝客 口不言朝廷得失 惟以大元王興宣王妃兩喪不能奔哭 爲終身之恨.

그러나 이러한 기술은 부분적으로만 사실일 뿐이다. 고종의 대안자라는 독특한 지위에 있는 이준용은 국내외에서 일어나고 있는 반정부운동과 어떤 형태로든지 연관을 맺을 수밖에 없었던 것이다. 실제로 이준용은 일본에 도착한 직후에 박영효와 함께 주일 영국공사 사토를 만나 "조선의 현내각은 민씨 일파를 제외하고는 편벽되지 않으며, 만약 영구히 자신들을 도와주지 않으면 조선은 러시아에 합병당할 것이다"고 말하기도 하였다.[39]

일본에 도착한 이후부터 1897년 8월 영국으로 떠나기 전까지 이준용은 여러 인사들과 어울렸다. 그들은 정운복·이정석 등 자신의 수하들, 조희연·조중응·송열오·장박·유길준·권형진·송헌혜·윤치오 등 친일개화파와 유학생들이었다.[40] 당시 일제의 한국인 망명객 동향보고에 의하면, 재일망명객들은 2파로 나뉘어져 있었는데, 유길준·조희연이 속한 이준용 추대파와 박영효가 속한 의화궁 이강 추대파가 그것이다. 이중 이준용 추대파는 일본정부의 요로자와 왕래하는 동시에 본국의 유지자들과 기맥을 통하고 있었다. 또한 일본정부는 박영효파와 유길준파 등에게 약간의 수당금을 지불하였다.[41] 이처럼 잠재적 왕위계승자들과 친일개화파들이 집단을 형성해 가는 상황은 군주권의 수호를 가장 중시하는 고종과 그 측근들에게 심각한 위협으로 느껴졌을 것이다.

고종이 러시아공사관에 머물고 있던 1896년에는 친위쿠데타와 무고사건이 빈번하게 일어났다. 그런데 그러한 사건의 장본인들을 추국하는

---

39) 김현철, 『박영효의 근대국가 구상에 관한 연구』, 서울대 외교학과 박사학위논문, 1999, 155쪽. 이준용은 영국선교사 쇼우네에게 건네받은 2,000원 중에 100원을 한국유학생들을 단속하고 있는 윤치오에게 주었다. 이에 대해 일제는 이준용이 유학생들을 자기 집에 출입시켜 기맥을 통한 다음 후일 그들을 기용하여 권세를 펴려는 계획에서 나온 것이라고 보았다. 『주한일본공사관기록』 8, [재경성···대원군의 서신과 금품 전달], 181쪽.

40) 『요시찰한국인거동』 1, 18, 22쪽.

41) 『요시찰한국인거동』 1, [일본 체류 한국인 망명자의 성향 보고](1897.7.22), 136쪽.

과정에서 이준용의 이름이 거론되곤 하였다. 예컨대 8월에 전 사과 이세
진이 "현영운이 왕태후 칙령을 가칭하여 이준용으로써 왕위를 대리케
할 차로 일본에서 병정을 솔래하여 거사케 하려 한다"고 고발한 사건이
일어났다.[42] 또한 윤이병이 "최춘희·유세남 등이 이준용을 왕으로 추
대하려 하였다"고 무고했지만, 심문 결과 근거 없음이 드러나 윤이병이
처벌을 받았다.[43] 이러한 국내상황에 더하여 "이준용이 망명자들과 결
탁하여 무슨 일을 도모하고 있다"는 소문이 일본으로부터 들려오고 있
었다.[44] 이러한 사례들은 근거가 약한 무고와 소문에 불과한 것이었지
만, 그럼에도 이준용의 신상에 위해를 끼치기에는 충분한 것들이었다.

　1896년 가을부터 이듬해 가을까지 고종의 정치적 분신에 해당하는
이재순과 심상훈은 이일직과 홍종우 등을 사주하여 일본의 박영효파를
거세하려 하였다.[45] 동시에 그들은 이준용과 의화궁 이하를 모두 암살
하여 화근을 끊어버리려는 의도에서 김현성·나세운·권인수·최봉
환·최영규 등 많은 자객들을 일본으로 보냈다. 이 중에서 최봉환과 최
영규가 이준용에게 면담을 신청했으나 이준용은 그들과의 만남을 거절
하였다.[46] 당시 일본정부가 대한제국이나 구미공사관측과의 외교분쟁을
피하기 위해 재일망명객들에 대한 신변경계를 엄히 하였기 때문에, 그리
고 박영효 같은 일본 망명객들이 자객들을 효과적으로 설득하기도 하였
기 때문에 자객들은 암살임무를 달성하지 못하였다.

　1897년 8월 25일 이준용은 본국정부와 대원군의 內命에 따라 영국으
로 떠나게 되었다.[47] 이는 이준용으로 하여금 더 이상 친일개화파들의

---

42) 『일성록』, 1896년 9월 4일 ; 『관보』, 1896년 10월 20일.
43) 황현 저, 김준 역, 『매천야록』, 392쪽.
44) 『요시찰한국인거동』 1, [이경윤의 上京](1897.8.24), 170쪽.
45) 『요시찰한국인거동』 1, [망명자 박영효의 신상 경계 보고](1896.9.2), 39쪽.
46) 『요시찰한국인거동』 1, [자객 혐의자들의…행정 보고](1897.5.28), 96쪽.
47) 『요시찰한국인기동』 1, [이준용의 渡英](1897.8.22), 168 - 169쪽.

반정부음모에 휩쓸리지 말고 조용히 지내라는 고종정부의 강력한 경고
이자 대원군의 간절한 부탁이 담긴 것이었다. 아울러 일본측은 조선정부
와 외교적 마찰을 피하려는 의도에서 이준용의 영국행에 필요한 제반사
를 주선하였다.[48] 당시 고종은 이준용이 영국에서 러시아로 건너갈 것
을 염려하여 영국보다는 미국으로 가기를 원하였으며, 일본측은 고종을
안심시키기 위해 추후에 이준용을 영국에서 미국으로 보내는 계획을 구
상하고 있었다.[49] 이준용은 일본정부에 여행자금 1,500원을 빌린 다음
8월 25일 정오에 이정석·정재순·정운복 등을 거느리고 시모노세끼항
에서 기선 도사마루를 타고 영국으로 떠났다. 9월 6일 홍콩에 도착한 다
음 9월 15일 싱가포르를 경유하여 10월 27일 런던에 당도하였다.[50]

이준용은 영국에서 문물을 시찰하는 동안 잠시 프랑스를 유력하기도
하였다. 그러다가 그는 1898년 1월 9일 조모인 부대부인 민씨의 사망통
보를 받고 귀국을 위해 주영일본공사에게 동의를 구하는 한편 대원군에
게 여비를 요청하였다.[51] 그러나 대원군은 시기가 적절치 않다는 이유
로 이준용의 귀국을 만류하였다.[52] 곧 이어 2월 22일 대원군이 사망했
을 때에 이준용은 다시 귀국하려 했으나 주영일본공사 가토 타카아키
(加藤高明)와 이재면의 만류로 포기하고 말았다.[53] 당시 이재면은 대원
군 일가가 조선왕실에서 받은 제사비용 4천원 가운데 절반인 2천원을
이준용의 학자금으로 전송하였다.[54]

---

48) 『주한일본공사관기록』 12, [이준용 漫遊件], 250쪽.
49) 『주한일본공사관기록』 8, [이준용의 영국 漫遊에 대한 국왕의 의향], 182쪽.
50) 『주한일본공사관기록』 12, [이준용 싱가폴에 안착]·[이준용 런던에 안착], 263,
    279~280쪽.
51) 『주한일본공사관기록』 8, [대원군 부대부인 사망…이준용의 귀국여비 조달],
    188쪽.
52) 『주한일본공사관기록』 8, [대원군…이준용의 귀국을 만류], 188~189쪽.
53) 『주한일본공사관기록』 8, [이준용 일행에 관한 건], 189쪽.
54) 『주한일본공사관기록』 13, [이준용씨 일행에 관한 건], 471~472쪽.

1898년 6월에 이준용은 부친으로부터 자금이 도착하자 다시금 귀국하려 하였다. 그러나 주영일본공사와 부친이 굳게 만류했기 때문에 귀국을 단념하고 일본으로 돌아가기로 결심하였다. 처음에 그는 고종의 의사대로 미국으로 가려 했으나 비용 문제와 집안 운영 문제 때문에 한국과 가까운 일본을 택하였다.[55] 그는 1899년 1월 20일 런던을 출발하여 동경으로 돌아왔다. 일본에 돌아온 이후에 이준용은 여비와 생활비가 곤핍하여 어려움을 겪었으며 주변으로부터 차입하여 생활하기도 하였다.[56] 심지어 그는 일본 외무대신을 통해 일본정부에 금전 차용을 재삼 요청하기도 하였다. 이에 일본정부는 이준용에게 500원을 빌려주었다.[57] 이후 일본정부와 한국정부 사이에 이준용과 이강의 학자금 조달 및 부채상환 문제가 현안으로 떠오르기도 하였다.

1899년 4월 이준용은 일본망명객들이 벌인 엄상궁의 왕비책봉에 대한 반대운동에 가담하였다. 그는 유길준·권동진·조중응 및 기타 2~3인과 함께 논의한 결과 신분이 낮은 엄상궁을 왕후로 삼는 것은 국가를 위태롭게 하는 조치라는 이유를 들어 엄상궁의 왕후책봉을 반대할 것을 결의하였다. 그리고 이러한 의사를 담아 궁내부대신 이재순에게 충고서를 보내기로 하였다.[58] 또한 이준용은 부친에게 서한을 보내 엄상궁 같은 미천한 소생이 국왕의 총애를 얻은 것을 기화로 간신배들이 벼슬을 얻기 위해 엄상궁을 왕비로 책봉하려 기도하고 있으니, 이러한 때에 왕실에 관계된 이들은 반대를 분명히 해야 한다고 하였다.[59] 이처럼 이준용이 엄상궁의 왕비책봉 반대운동을 적극적으로 벌인 것은 엄상궁이 자

---

55) 『주한일본공사관기록』 8, [이준용의 귀국과 여비 건], 190쪽.

56) 『주한일본공사관기록』 12, [이준용 滯日여비 및 의화궁 학자건], 417쪽.

57) 『주한일본공사관기록』 8, [이준용씨의 일본 체류비 건], 194쪽.

58) 『요시찰한국인거동』 1, [엄상궁의 왕비책립 반대협의](1899.4.17), 395쪽.

59) 『요시찰한국인거동』 1, [이준용의 엄상궁 왕비책립 반대서한 발송](1899.4.28), 397쪽

신의 아들 이은의 권력 승계를 위해 일본에 망명중인 이준용과 이강 등
을 극력 배척하였기 때문이었다. 이런 처지에서 이준용의 왕비책봉 반대
운동은 도리어 그의 신변에 위협 요인으로 작용할 수밖에 없었다.

이준용이 일본에서 다시 활동을 개시할 때쯤에 벌어진 장윤상사건과
어용선사건은 고종정부를 자극하기에 충분한 것이었다. 전 참봉 장윤상
은 자신이 일본에서 이준용을 모셨다고 하면서 1899년 1월 이준용이 귀
국하면 고종 대신 국왕이 되거나 대통령에 오를 것이라고 말하였다. 이
는 "박영효가 반역하여 이준용을 추대하고 고종을 태상황으로 만들 것
이라"는 소문으로 번져나갔다. 이에 4월 12일 소문의 발원자인 장윤상
은 교살형에 처해졌고, 그 사실을 알고도 고발하지 않은 유학 신현표와
전 순검 이지현은 태 1백대에 종신형을 선고받았다.[60] 또한 3월에 어용
선 등이 이준용을 일본에서 모셔다가 현정부를 전복하고 민주국체를 모
방해 대통령제를 실시하려 한다는 혐의로 체포되었다.[61]

반정부 인사들이 이준용을 대통령으로 추대하려 한다는 소문이나 움
직임은 고종에게 상당한 충격을 안겨주었다. 장윤상사건과 어용선사건
이 처리된 직후인 6월에 고종을 폐위하고 이준용의 옹립을 기도했다는
고발에 따라 윤태영 등 3인을 체포했는데,[62] 이는 고종정부가 이준용추
대모의에 대해 알레르기반응을 나타내고 있음을 보여주는 것이었다. 당
시 고종은 1898년 11월 궁내부 참리관을 사직하고 독립협회운동에 가담
한 이무영에게 "국사범 중에 박영효가 돌아오면 오로지 황제의 권력을
빼앗으려 할 것이며, 이준용이 돌아온다면 당장 황위를 제멋대로 움직이
려 할 것이다"며 이준용과 박영효의 존재에 대해 강한 두려움을 드러냈
다.[63]

---

60)『일성록』, 1899년 3월 15일, 18일 ;『독립신문』, 1899년 4월 29일 ;『주한일본공
   사관기록』13, [한국의 현황보고](1899.4.30), 393～394쪽.
61)『주한일본공사관기록』13, [어용선 등 포박 운운에 관한 회답], 241쪽.
62)『주한일본공사관기록』13, [고종폐위…윤태영 외 3인 체포], 448쪽.

1900년 5월 28일 고종의 비밀 지령을 받은 법부대신 이유인은 옥중에 있는 안경수와 권형진을 교살하였다. 그런데 양인을 심문하는 과정에서 1894년 7월에 이준용이 명성왕후와 세자궁을 처단하려 하였고, 이러한 역모사건은 결국 을미사변으로 이어졌다는 진술이 나왔다.[64] 이에 고종정부의 대관들인 김성근·신기선·조병식·윤용선·민종묵 등과 재야의 유생들은 6월 이후부터 역모를 자행한 이준용을 일본에서 불러다가 처형하자는 상소를 되풀이하여 올렸다. 그러나 고종은 그때마다 윤허하지 않았다. 그러자 평리원과 학부는 외부에 조회하여 1900년 6월 19일에 주일공사 이하영에게 이준용을 즉각 잡아서 돌아오게 하라고 하였다. 다음날 이하영은 "이준용이 꼼짝하지 않고 듣지 않으니 잡아서 돌려보낼 길이 없습니다"라고 보고하였다.[65]

1900년 6월 22일 고종정부는 주일공사 이하영에게 이준용·유길준·조희연·조희문·우범선·이두황 등 6인을 잡아서 돌려보내 달라는 공식 요청을 일본 외무성에 보내게 하였다. 이처럼 조선정부가 일본정부에 을미망명자들의 나환을 촉구한 것은 안경수·권형진 처형사건으로 외교적으로 궁지에 몰렸던 국면을 전환시킴과 동시에[66] 한국내 반개화 세력의 집요한 토역상소운동을 잠재우기 위한 양면적인 성격을 지닌 것이었다. 이에 이하영은 일본정부에 이준용의 학자금 지급 정지요청과 조속한 생포 송환을 요구하였으나, 26일에 일본측은 한국과 일본이 범인 인도 조약을 맺지 않았다는 이유를 들어 거절하였다.[67] 이때 이준용은

---

63) 정교,『대한계년사』하, 308~309쪽. 帝又曰 協會有潛援國事犯之心乎 李懋榮 對曰 臣卽未聞也 帝曰 國事犯中 朴泳孝若還來 則只奪君權矣 若李埈鎔還 來 則當擅動代位矣.

64) 정교,『대한계년사』하, 65~66쪽.

65) 정교,『대한계년사』하, 66~70쪽 ;『주한일본공사관기록』14, [이준용에 대한… 拿捕 招還의 훈령 등 사본 송부건], 356쪽.

66) 최준,「을미망명자의 나환문제」『한국신문사논고』, 일조각, 1976, 164쪽.

67)『주한일본공사관기록』14,「이준용 등 인도요구 거부건], 356, 424쪽.

이하영에게 안경수와 권형진을 자신과 대질 심문시키지 않고 구두 진술만을 가지고 자신을 핍박하고 있다며 귀국할 수 없다는 내용의 편지를 보냈다.[68]

고종정부의 보수대신들은 1900년 6월 30일 일본으로 자객을 파견하였다. 궁내부 시종 현영운과 군부 참모관 홍승하 외 2인이 일본으로 건너갔다. 이때 한일 황실의 친목을 도모하라는 명령을 받은 현영운은 일본외무성 통상국장을 직접 만나 을미망명자들의 나환을 요청하였다.[69] 그리고 현영운과 별도로 홍승하 외에 2인이 이준용 암살의 밀명을 받고 일본으로 건너갔다는 소문이 무성하게 퍼졌다.[70] 당시 이준용의 자객혐의자 중에 홍익선은 8월 13일에 일본을 떠났으며, 한석로·박규형·안정빈은 이준용을 납치해 조선으로 데려갈 의도를 지니고 있었다고 한다.[71] 또한 홍종한과 김창한 등이 도쿄에 도착했는데 이들은 이준용을 저격할 자객이라는 혐의를 받았다.[72]

엄비를 추종하는 고종의 측근들은 이준용을 비롯한 망명자들을 처단하기 위해 노력을 기울였다. 고종정부의 보수세력은 1900년 겨울 을미사변에 관련된 망명객들에 대한 궐석재판을 열어 형을 선고했는데, 이때 이준용은 "형률상 처참해야 하는 사실이 안경수·권형진의 옥사에서 드러났으나 형을 감하여 종신형에 처한다"는 처분을 받았다.[73] 이런 조치는 일본에 있는 이준용의 신상에 영향을 미칠 수밖에 없었다. 실제로

68) 정교, 『대한계년사』 하, 70~71쪽.
69) 최준, 「을미망명자의 나환문제」, 165~166쪽.
70) 『고종시대사』 5, 122쪽 ; 『주한일본공사관기록』 14, [장사 홍승하 외 2인…도항건], 351쪽. 당시 법부는 1899년 3~4월경에 이준용과 서신을 주고받았다는 혐의로 이회원과 박계환을 태형 1백대에 지도군으로 유배보내기도 하였다. 정교, 『대한계년사』 하, 73쪽.
71) 『요시찰한국인거동』 2, [홍익선의 귀국](1900.8.13)·[한석로의…도일](1900.9.3), 243, 269쪽.
72) 『요시찰한국인거동』 2, [홍승하…大阪 來着 보고](1900.10.24), 334쪽.
73) 최준, 「을미망명자의 나환문제」, 172~173쪽.

1902년 10월경 일본신문은 오사카에 근거지를 두고 있는 20명 정도의 한국인 자객들이 도쿄·요코하마·오사카·고베 등지를 배회하면서 재일망명자들에 대한 암살의 기회를 보고 있다고 보도하였다.[74] 이는 이준용의 일본에서의 생활이 그만큼 위태롭고 고단한 것이었음을 말해주는 것이다.

이준용은 1902년 4월에 민영준의 밀사인 임정균을 만났다. 임정균은 찌바현에 머물고 있는 이준용을 찾아가 민영준의 부탁을 전달하였다. 이때 민영준은 일본망명자들과 교제를 계속하면 반역자라는 혐의만 더욱 증폭시킬 것이니, 차제에 고종에게 다른 마음이 없다는 의사를 분명히 상주하고, 그러한 결백을 증명하기 위해서 더욱 행동을 신중하게 하라는 충고를 전달하였다. 아울러 조선정부로부터 재정지원이 끊어져 어려운 처지에 놓인 이준용으로부터 생활비 지원요청을 받은 이재면은 임정균을 통해 충분치 못한 액수의 생활비를 전달하였다.[75]

1902년 11월 5일에 김형섭이 아와노쿠니(安房國) 호우조우초(北條町)에 망명 중인 이준용을 암살하기 위한 연극을 꾸민 사건이 일어났다. 당시 찌바현(千葉縣) 지방재판소의 예심종결서에 의하면 피고 김형섭과 김의선은 일찍이 일본에 유학하여 졸업하고 귀국하여 육군 교관으로 재직하던 중 일본에 망명 중인 유길준과 결탁하여 혁명을 기도하였다는 혐의로 투옥되었다. 그들은 10월 19일 출옥하자 혐의를 벗기 위하여 재일망명자를 살해하려는 행위를 가장하여 보일 것을 모의하고 가명으로 일본에 건너가서 김의선은 박영효, 김형섭은 이준용을 살해하려는 연극을 꾸몄다고 한다.[76] 이처럼 가장의 암살극이 벌어질 정도로 한국에서 많은 자객들이 파견되었으며, 그들은 이준용의 동정을 살피며 위해를 가할

---

74) 『朝日新聞』, 1902년 10월 17일, 「朴氏殺されんとす」 ; 김현철, 『박영효의 근대국가 구상에 관한 연구』, 80쪽에서 재인용.
75) 『요시찰한국인거동』 2, [한인 임정균, 이준용을 방문](1902.4.24), 540쪽.
76) 『고종시대사』 5, 657쪽.

기회를 노렸다. 그러나 이준용의 엄한 경계로 말미암아 자객들은 별다른 성과를 거두지 못하였다.[77]

1904년 러일전쟁이 일어나자 일본에 망명한 친일개화파들은 한껏 고무되었다. 일본이 러시아를 물리칠 경우 자신들이 귀국하여 친러파를 물리치고 내각을 장악할 것이라고 생각했기 때문이었다.[78] 그들은 고종을 명목상의 군주로 돌리고 이준용이나 이강 같은 왕족을 총리대신으로 내세워 개혁정치를 해나가려 하였던 것으로 보인다. 당시 박영효파와 조희연파로 갈라진 재일망명객들은 러일전쟁에서 일본을 돕기 위해, 혹은 일본정부의 대한정책의 향배를 탐지하기 위해 분주히 움직였다. 그러나 이준용은 대한제국 고문인 가또(加藤)의 초청을 받고 그와 밀담을 나눈 것 외에는 별다른 움직임을 보이지 않았다. 당시 그는 찌바현에 은거하며 일본정부의 부조를 얻어 근근이 생활을 유지하고 있던 터였다.[79] 하여튼 이준용은 국내외에서 잠재적인 왕위계승자의 귀국을 바라는 인사들이 존재하는 상황 속에서 러일간의 전황을 예의 주시하며 귀국 기회가 오기를 학수고대하고 있었다.[80]

을사조약으로 한국을 실질적인 식민지로 편입한 일본의 외무대신은 1906년 2월 이토 히로부미(伊藤博文) 통감에게 재일망명자들의 문제를 한국정부와 협의하도록 하였다.[81] 그러나 고종은 이강을 비롯한 15명의

---

77) 『요시찰한국인거동』 2, [한국인자객의 건](1902.11.5). 624~625쪽.

78) 『요시찰한국인거동』 3, [망명한인동정](1904.2.24), 15쪽.

79) 『주한일본공사관기록』 26, [의화궁·이준용…귀국건], 488쪽.

80) 이준용은 을사조약 전후에 일제의 대한정책의 향배를 탐지하고자 일본에 건너간 인사들의 방문을 받았다. 예컨대 을사오적 암살사건의 주도자인 나인영과 오기호는 서울의 고위대신들의 밀명을 받고 1905년 7월부터 1906년 12월 사이에 일본을 세 차례 방문했는데, 그때마다 이준용을 방문하고 담화를 나누었다. 이는 이준용이 일본정부 요인들과 친분이 있는 인물임을 동시에 한반도에 새로이 수립될 신정부의 수장을 맡을 가능성을 지닌 인물이기 때문이었다. 오영섭, 「대종교 창시 이전 나인영의 민족운동」 『한국민족운동사연구』 39, 2004, 210~217쪽.

81) 『고종시대사』 6, 435쪽.

귀국은 허락하면서도 반역음모와 을미사변에 연루된 이준용·박영효 등 14인의 귀국은 결단코 허락지 않았다. 이에 이토 통감은 박영효를 우선 귀국시키고 나머지 망명객들을 도한시키기 위해 노력하였다.[82] 1907년 6월에 이준용은 이토 통감에게 누차 전문과 서한을 보내 귀국을 도와달라고 요청함과 동시에 일본정부의 실력자들에게도 자신의 조속한 귀국 실현을 힘써 달라고 간청하였다. 만약 그것이 실현되지 않으면 박영효의 경우처럼 임의대로 귀국하겠다고 선언하였다.[83]

이토 통감의 거듭된 요청에도 불구하고 고종은 이준용의 귀국을 강력히 반대하였다. 그러자 이토 통감은 이준용에게 일단 부산에 당도해 있으면 자신이 박영효의 경우처럼 힘써 보겠다고 말하였다. 그리고 이토는 내각 회의를 통해 안경수·권형진 의옥사건에 대한 이준용 연루건이 무죄임을 결정하였다.[84] 이로써 이준용은 사복 경부 1인과 순검 2인의 보호 하에 7월 14일 부산항에 도착하였다. 순종 즉위 전날인 1907년 7월 19일 서울에 도착한 이준용은 신변 안전을 위해 정운복과 함께 진고개의 일본인 여관에서 1박한 후에 운현궁으로 돌아갔다.[85] 이로써 타의로 한국을 떠났던 이준용은 12년 7개월간의 해외 망명생활을 마감하고 고국생활에 돌입하였다.

V. 순종 즉위 이후의 계몽활동과 정치활동

1907년 8월 7일 태황제 고종은 후사가 없는 순종의 황태자로 영친왕 이은을 결정하였다.[86] 이는 자신의 왕위를 계속 위협했던 이준용과 이

---

82) 『고종시대사』 6, 444~445쪽.
83) 서영희, 『대한제국 정치사 연구』, 372~373쪽.
84) 『통감부문서』 3, 국사편찬위원회, 1998, 39~40, 336, 341~350쪽.
85) 『고종시대사』 6, 635, 641쪽.

강을 견제하려는 고종의 의도와 이준용파와 이강파가 득세하면 자신의 실권이 잠식될 것을 우려한 이완용의 정략이 맞아떨어진 결과였다. 이로 써 장기간 해외 망명생활 중에 끊임없이 잠재적 왕위계승자로서 대우와 주목과 견제를 받아왔던 이준용과 이강은 순종의 동생이자 황태자의 숙부라는 지위로 격하되었다. 이로써 이준용은 일제의 식민지로 전락한 한국에서 일제에 협력하며 활동을 전개해 나가야 하는 상황을 맞게 되었다.

이준용은 순종정부와 일제로부터 정치적인 복권혜택을 받았다. 8월 14일에 이준용은 자신의 죄상을 삭제하는 조칙을 하사받았고, 9월 12일에 종1품 숭정대부, 영선군에 봉해졌으며, 10월에 훈1등 태극장을 받았다. 11월에는 육군참장에 임명되어 일본국보빙대사에 임명된 부친 이재면을 모시고 수행원 자격으로서 일본에 다녀왔다. 일본에서는 명치천황으로부터 훈1등 욱일장을 받았다.[87] 이처럼 이준용은 일제의 조종을 받는 순종정부와 이토 히로부미가 다스리는 통감부로부터 일정한 예우와 보호를 받으며 활동하기 시작하였다.

1907년 7월 귀국한 후부터 1917년 3월 신장병과 심장병이 병발하여 사망할 때까지 이준용은 대체로 세 가지 방면으로 활동을 전개하여 나갔다. 첫째는 당시의 시대사조였던 학회활동과 계몽활동을 벌인 것이었다. 둘째는 정권장악을 목표로 정치활동을 전개한 것이었다. 셋째는 일제에의 협력활동에 종사한 것이었다. 이러한 활동들 중에서 첫째와 둘째의 활동은 거의 동시에 전개된 것이며, 셋째의 활동은 1909년 8월 이후에 이루어진 것이다. 따라서 이준용의 말년기 활동은 한국이 일본의 지배 하에서 다소나마 자치를 누릴 가능성이 엿보이던 시점에서는 긍정적 측면을 보여주다가 한국의 식민지화가 확정된 이후에는 일제에 협력하는

---

86) 『고종시대사』 6, 662쪽.
87) 『이희공실기 · 이준공실기』, 47~49쪽.

부정적 모습을 나타냈다.

　첫째, 이준용이 전개한 학회활동과 계몽운동이다. 그는 정부 고관들이 다수 참여한 대동학회와 기호흥학회에 가담하여 활동하였다. 대동학회에는 창립모임에 회원으로만 참여했으나[88) 기호흥학회에는 다소 열성적으로 가담하였다. 그는 기호흥학회 기관지의 창간호에 민영휘·김윤식·김가진·신기선 등 대관들과 함께 축사를 실었다. 또 기호흥학회의 찬무부 부장, 월보 저술원, 특별찬성회원 등을 맡았다.[89) 그는 특별찬성회원으로서 1908년 10월에 부친과 함께 5년간 매월 50원을 기호흥학회에 보조하기로 하였다. 이러한 보조활동은 1909년 1월부터 『기호흥학회월보』의 발행이 중단된 1909년 7월까지 계속되었다. 나아가 이준용은 『기호흥학회월보』에 교육의 중요성을 강조하고 사범교육을 권장하는 2편의 논설을 기고하였다.[90)

　이준용은 교육의 중요성을 강조한 논설에서 한국 민족의 우수성은 천부의 것으로서 결코 구미인들에 비해 뒤떨어지지 않는다는 강한 자부심을 드러냈다.[91) 그럼에도 불구하고 현재 한국민이 민생의 방도를 모르고 구습을 추종하고 고루함을 편히 여겨서 이웃나라로부터 비웃음을 사는 것은 모두 근대 교육을 시키지 않았기 때문이라고 하였다. 따라서 그는 국세가 나날이 기울어가고 민생이 나날이 곤궁해지는 암흑의 상황을 타개하기 위해서는 무엇보다도 교육을 중시해야 한다고 보았다. 그렇게 해야만 한국이 문명진보의 영역으로 나갈 수 있을 것이라는 것이 그의 주장이었다.[92)

---

88) 『대동학회월보』, 제1호(1908.2.25), 65~66, 72쪽.

89) 『기호흥학회월보』, 제1호(1908.8.25), 제2호(1908.9.25), 제5호(1908.12.25).

90) 이준용은 1909년 2월 학술연구, 지식교환, 哀慶相問, 환난상구, 공제친목을 목표로 전풍진·김성한·신세영 등이 결성한 대동학우공제회에 김가진·박제순 등과 함께 찬성원으로 참여하였다. 『통감부문서』 10, [전풍진 등 대동학우공제회 조직건].

91) 我半島同胞 皆以神聖之裔 具天賦之良 其性質資格 豈於歐美白種之下哉.

이준용은 자신의 교육론을 직접 실천에 옮겼다. 그는 1908년에 종척 자제의 일본유학을 건의하였다. 이에 따라 이재곤·민병석·윤택영의 자제들과 타성의 가문에서 80여명의 유학생이 선발되었다고 한다.[93] 또한 그는 1908년 봄에 이지용·이재극과 함께 서울 북부 계동에 황족 자제들의 교육을 위해 敦明學校를 설립하였다. 처음에는 황족의 자제들을 대상으로 했다가 점차 문호를 개방하여 민간의 아동들 100명 정도가 수학하게 되었다. 학교의 운영자금이 부족하자 설립 당시 수천원을 하사했던 순종은 1909년 2월에 시종관을 보내 이준용·이지용·이재극 등 학교 관계자 30명과 함께 돈명학교의 발전방향을 협의하도록 하였다.[94] 6월에 이준용은 자신이 소유한 전답을 저당 잡혀 2만여 원의 자금을 가지고 돈명학교를 건립하기 위한 방안을 황족들과 논의하기도 하였다.[95] 또한 이준용은 사범교육을 권장하는 논설에서 다음과 같이 당당한 주장을 피력하였다.

楊州之金이 雖品이나 非鍛鍊이면 無以成金이오 藍田之玉이 雖美나 非琢磨면 無以成玉이니 其所以鍊之琢之를 非善工良匠이면 亦莫能致其 精美ㅎ니 作成人才에 何獨不然이리오. 現今 天下列邦이 莫不以文明富 强으로 爭衡爭權호딕 惟獨 我韓은 最野最昧ㅎ며 最貧最弱ㅎ야 以招隣 侮 而不能自振者 何也오. 人民不多而然歟며 疆土不廣而然歟아. 二千萬 人衆이 不爲不多며 三千里土地가 不爲不廣也로딕 但 無誘掖指導之一 條方針으로 至于此慘況悲境者也니 此눈 廣學會之所由設也오. 我韓 人 種이 雖似野昧ㅎ나 語其資質 則無非楊金藍玉이로딕 特不遇其鍊琢良手 니 此師範敎育之所由起也라. 以爲 文明富强이 在於學校라 ㅎ야 全國之 內에 雖面面設學ㅎ고 村村建校라도 若無新舊參互可師之人이오 鄕先生 村學究ㅣ 依舊敎授ㅎ야 從事於枝葉之文과 口耳之學이면 是눈 徒設學

校而已라. 焉有實地上 一步前進之望歟아. 是以 師範敎育이 爲興學之急
先務라 ᄒ노라.[96]

이준용은 사회진화론적 문명론에 기대어 논리를 전개하는 가운데 자
질이 우수한 한국민이 무지와 빈약을 벗어나 문명부강의 경지에 도달하
기 위해서는 그들을 교육할 학교를 설립해야 하며, 학교를 제대로 운영
하기 위해서는 구래의 전통적 교육기관이 아닌 근대적 인재들을 길러낼
사범학교를 세워 교사를 양성해야 한다고 역설하였다. 한국민의 우수성
을 긍정적으로 인식한 이준용의 교육계몽활동은 이후 지속적으로 전개
되지 못했다는 아쉬움을 남겼다.[97]

둘째, 이준용이 전개한 정권장악을 위한 정치활동이다. 일제측의 기
밀보고에 의하면, 1909년 2월경에 그는 "정권을 장악하려는 야심에서
친일파인 이근호·이근택 형제와 자주 모의하며 이완용을 대신하여 자
신이 수상이 되려는 기대를 품고 미리 일본의 여러 대관들과 면식을 쌓
아두기 위해 조만간 일본으로 건너가기 위해 준비하고 있었다"고 한
다.[98] 또한 그는 1909년 7월경 이지용·김윤식 등과 정우회의 결성을
계획한 바가 있었다.[99] 그런데 그가 결성하려던 정우회는 정당을 표방
하며 일본식 이름을 본뜬 단체로서 통감정치가 강화되면서 구래적 질서
가 흔들릴 것을 우려한 국내 정치세력들이 세력결집을 통하여 권력질서
를 유지하려는 노력의 일환이었다.[100] 이러한 사실들로 미루어 한국이
일제의 보호국으로 전락한 통감부시기에 대다수 한국의 유력 인사들처

---

96) 이준용, 「師範敎育이 爲興學之急先務」『기호흥학회월보』 2, 1908년 9월.
97) 이준용은 1909년 12월 20일 상무조합원들이 중부 전동에 모여 상무조합소를 다
    시 조직하고 임원을 선정할 때에 총재를 맡아 실업계에도 영향을 미치고 있었
    다. 『대한매일신보』, 1909년 12월 22일.
98) 『통감부문서』 6, [이준용의 정권장악운동차 도일준비설건], 39쪽.
99) 『대한매일신보』, 1909년 8월 1일, 「정우회조직」.
100) 한명근, 『한말 한일합방론 연구』, 국학자료원, 2002, 108쪽.

럼 이준용도 일본의 후원 하에 정권을 장악하여 한국을 통치해 보려는 의욕을 나타냈던 것으로 보인다.

이준용은 하얼빈에서 일어난 안중근의거의 여파가 한국에 밀려든 1909년 11월 초경에 모종의 정치활동에 종사하고 있었던 것 같다. 이에 대해서는 일제가 작성한 "伊藤公 사건에 대한 이준용의 태도보고"라는 기밀문서를 참고할 만하다.

> 영선궁 이준용은 본월(11월) 1일 오후 2시경에 자기 집을 방문한 親近者에 대해 李甲이 伊藤公 살해자의 연루혐의자로 체포되고 또 가택 수색을 받았으므로 어디 留置되었는지 그 취조 시에 사건 연루자의 성명을 자백하지 않으면 좋지만 어찌될지 운운하며 창황하면서 크게 우려하고 그 소식을 극력 내밀히 정탐하여 전해주었으면 좋겠다고 의뢰하였다고 한다. 그런데 마침 이준용의 신용이 두터운 경성 중부 布屛門 후곡에 사는 전 경무관 姜鎬善[101]이란 자가 역시 와서 이준용에게 무언가 귓속말을 하니 李는 姜에게 대하여 그렇다면 빨리 그 상황을 탐사 통보하되 후각 북문외 이준용 소유의 三溪洞 정자로 오라고 말하고 3시경에 정자로 가서 8시경에 귀가하였다는데 그 정자에서 姜과 회담 여부는 상세치 않다.[102]

이를 보면 이준용은 안중근의거가 일어나기 전에 애국성이 강한 급진성향의 민족지사 이갑과 그를 둘러싼 여러 인사들과 연결되어 있었던 것 같다. 아울러 안중근의거로 인해 일제의 한국병탄정책이 앞당겨질 가능성을 크게 우려하였던 것으로 보인다. 그러나 위의 자료만을 가지고는 이준용의 정치활동의 범위나 성격 및 목표를 제대로 구명하는 것은 어려운 문제라는 판단이 든다.[103]

---

101) 강호선은 1895년 총순의 직위로 이준용이 교동부에 유배되었을 때에 이준용을 모셨다.
102) 『한국독립운동사 자료』 7, 국사편찬위원회, 1968, 162쪽.
103) 1909년 11월 4일 이토 히로부미 장례 추도회가 열렸을 때에 내각 및 부민들이 장춘단에서 관민대추도회를 열었다. 이때 이준용은 의친왕 이강 등의 왕족과 함께 참석하였다. 정교, 『대한계년사』 하, 317쪽.

셋째, 이준용의 일제에의 협력활동이다. 그는 1908년 8월부터 신궁봉경회에 관여하기 시작하였다. 신궁봉경회는 일본의 국가종교인 신도에 한국의 단군신앙을 부속시켜 한국의 민족과 종교를 일본화하려는 이른바 내선융화를 목표로 하는 종교단체였다. 이준용은 8월 12일경부터 내분이 발생한 신궁봉경회에 개입하기 시작하여 21일에 총재로 선출되었다. 그리고 개인적으로 재정이 곤란하다고 하면서도 신궁봉경회에 후원금 2천환을 기부하였다.[104] 그는 9월부터 『한성신보』를 인수하여 신궁봉경회의 기관지로 만들려고 노력하는 한편, 신궁봉경회의 회무를 쇄신하기 위해 조직을 개편하였다.[105]

이준용이 총재를 맡은 신궁봉경회는 1910년 7월 16일 안암동 지역에 일본의 시조신인 天照大神과 단군을 함께 제사지낼 신궁건립부지를 확보하고 『신궁건축지』를 발간하였다. 그런데 일본의 이세신궁을 본떠 만들려는 안암동의 신궁에는 천조대신을 중앙에 배치하고 양옆에 단군성조와 태조 이성계의 신위를 모시는 전각을 배치하여 한국의 단군성조와 조선의 태조를 일본의 시조신에 종속시키고 있었다.[106] 또한 이준용은 한국의 전통과 역사를 말살하는 신궁의 대들보에 올릴 상량문에서 한일 양국의 시조인 천조대신과 단군천황의 제왕으로서의 업적을 기렸다. 나아가 그는 "만세를 위하여 태평의 시대를 열었던 천조대신의 덕을 기리기 위해 이세신궁을 모방하여 한국에 궁전을 짓게 되었다"고 말하였다.[107] 이처럼 단군과 태조를 천조대신에 부속시킨 것은 자신의 조상인 전주이씨 선대왕들을 저버린 것이며, 자신을 끔찍이 아꼈던 대원군의 항일의지를 저버린 것이었다.[108]

---

104) 『대한매일신보』, 1909년 8월 12일, 21일, 「영선군협의」·「업네업네하면서」 ; 『황성신문』, 1909년 8월 12일, 「신궁총재협의」·「기부이천환」
105) 『통감부문서』 8, 『대한매일신보』, 1910년 10월 10일, 「장하구나」
106) 신궁봉경회 편, 『신궁건축지』, 1910, 21쪽.
107) 신궁봉경회 편, 『신궁건축지』, 21〜22쪽.

이준용은 한일병합 전부터 사망할 때까지 왕실행사나 일제가 주최하는 모든 행사에 왕족의 일원으로 참가하였다. 또한 그는 일제로부터 훈장과 관직과 거액의 은사금을 받았다. 한일병합 직전에 그는 정1품 상보국숭록대부에 올랐고, 金尺大綬章을 받았다. 한일병합 직후인 10월 9일에 일제로부터 16만 8천원의 은사금을 받았고, 12월에 일본 명치천황으로부터 육군소장에 임명되었다. 1912년 8월에는 한국병합 기념장을 받았고, 9월에 부친이 죽자 작위를 승습하고, 이름을 埈鎔에서 埈으로 바꾸었다. 당시 이준용의 전 장인 홍순형이 작위를 거절했던 사례에 비추어 보면 이준용의 작위승습은 비판의 소지를 안고 있었다. 그는 1915년 2월에 일본 대정천황의 즉위를 축하하기 위해 도쿄에 다녀왔으며, 1917년 2월 자신이 태어난 운현궁에서 47세를 일기로 생을 마쳤다. 그와 부인 남양홍씨 및 광산김씨 사이에는 후사가 없었고 소실 소생으로 여식 한명만이 있었기 때문에 의친왕의 제2자 鍝를 후사로 삼았다.109)

VI. 맺음말

이준용의 일생은 잠재적인 최고통치자라는 자리가 보여주는 한 편의 비극적인 드라마와도 같았다. 개항 후부터 고종 퇴위 전후까지 이준용은

---

108) 이준용은 調陽俱樂部(후일의 조선정악원)에 5백원을 연조했는데, 이에 대해 미주의 한인 신문은 다음과 같이 비판하였다. 이는 유능한 왕족으로서 많은 기대를 받았던 이준용에 대한 국내외 민심이 어떻게 변했는가를 시사하는 대목이다. "리준용은 황실지친으로 적이 사름의 창주를 가　스면 응당 됴선국가에 되ㅎ야 마암을 쓰는 바ㅣ 잇스런만은 이것은 천만리 구름 밧게 던져두고 다만 음란ㅎ고 방탕한 것을 됴하ㅎ야 소위 됴양구락부에 황금 오빅원을 연조ㅎ엿다더라. 『신한민보』, 1911년 4월 5일, 「리쥰용의 연조금」.

109) 『이희공실기·이준공실기』, 51~60쪽 ; 『조선총독부관보』, 1912년 9월 25일, 1913년 4월 12일 ; 『매일신보』, 1911년 1월 14일, 「공채본권교부」.

반정부세력이나 유신세력에 의해 고종과 왕세자의 대안자로서 주목을 받았다. 동시에 그는 고종과 그 지지세력들로부터 끊임없는 견제와 감시를 받아야만 했다. 그는 국왕이 되는데 필요한 능력과 자질을 갖추고 있었고, 주변 인사들로부터 지원과 기대를 한 몸에 받고 있었다. 그럼에도 그는 자신과 조부가 그토록 원했던 왕위에 오르지 못하고 끝내 대안자라는 위치에 머물고 말았다. 따라서 이준용의 생애는 왕조체제 하에서 능력 있는 왕족들이 겪어야 했던 좌절과 고뇌가 어떠한 것인가를 여실히 보여준다고 하겠다.

이준용이 한국근대사에 남긴 가장 뚜렷한 족적은 25세 때인 1894년 여름과 가을에 걸쳐 항일운동과 반정부운동을 정력적으로 펼친 것이었다. 이때 그는 삼남의 동학군을 북상시키고 평양의 청국군을 남하시켜 서울의 친일개화파를 축출하려고 하였다. 또한 서울에 있는 친일개화파들을 암살하고 고종과 명성왕후와 왕세자를 폐위하고 자신이 왕위에 올라 신정부를 구성하려 하였다. 권력투쟁과 민족운동의 측면이 결합되어 있는 이준용의 거사는 동학군과 청국군의 패배, 작전계획의 사전노출, 일본측의 효과적 대응작전 등으로 말미암아 실패로 돌아가고 말았다. 그러나 당시의 거사는 이준용이 자신의 일생에서 가장 주체적인 의지를 갖고 추진한 것이라는 점에서 나름대로 의미를 부여할 수 있다.

이준용은 1907년 귀국 후 대원군의 사당을 배알할 때에 눈물을 흘리지 않았고 슬퍼하는 기색도 없어서 주변으로부터 無淚公子라는 조소를 받았다고 한다. 또한 1912년 부친의 임종을 맞을 때에 그리고 장례를 치를 때에 아들로서 정성을 다하지 않았다고 비판을 받기도 하였다.[110] 이러한 일화들은 이준용이 가슴속에 지니고 있는 회한들을 잘 보여준다. 거기에는 수차례 자기를 앞세워 정권을 장악하려 하였던 대원군의 정치적 야욕, 열강들의 발전상에 역행하는 대원군의 보수적 통치전략에 대한

---

110) 윤효정, 『한말비사』, 159~160쪽.

반감, 을미사변 직전 대원군이 입궐을 위해 자신의 일본 유학을 일본인
들에게 허락한 사실, 국왕의 친형인 부친이 자기 아들의 신원을 강력히
요청하지 못하고 자객들의 일본행도 막지 못한 점, 일본 망명 중에 부친
이 충분한 지원을 해주지 못했고 집안을 제대로 경영하지 못한 데에 대
한 실망감 등이 복합적으로 작용한 것이었다. 그러나 무엇보다도 이준용
이 10여년 동안 일본에서 생명의 위협에 떠는 불안한 나날들을 보냈던
개인적인 쓰라린 경험이 그의 감정과 가족애를 무디게 만든 가장 중요한
요인이었다고 판단된다.

　이준용은 1894~1896년간을 제외하면 생애의 대부분을 비교적 한가
한 상태에서 보냈다. 따라서 그는 남아도는 허다한 시간에 독서로 시름
을 달랬던 것으로 보인다. 김윤식이 지은 신도비문에 의하면, "이준용은
젊어서부터 독서를 좋아하여 만년에는 書樓를 지어 놓고 서적을 많이
쌓아 두고 밤낮으로 그 사이에서 눕고 지냈으며, 밤부터 아침까지 거의
침식을 잊고 책을 읽어 고금의 역사서와 東國 선현들의 문집을 두루 검
토하여 그 정요를 모두 파악하였다. 남과 대화할 때에는 언변이 도도하
게 막힘없이 흘러 經生과 학생들이 스스로 미치지 못한다고 여겼다. 안
락하고 편안할 때에도 즐거워하지 않았고, 힘든 처지에도 번민하지 않아
끝내 종실의 표준으로 남은 것은 모두 독서의 힘이다"고 하였다.111) 다
소 과장 섞인 글이지만, 그래도 48세의 비교적 짧은 생애에서 이준용이
가장 많은 관심을 보인 것이 독서였음을 잘 보여주고 있다. 이러한 독서
습관은 대안적인 왕위계승자로서 인내하고 고대하는 기나긴 나날들을
보내야 했던 이준용에게 최고의 소일거리였다.

---

111) 『이준용신도비명』.

제 2 장

최남선의 국학운동과 문화사관

I. 머리말

  최남선(1890~1957)은 영예와 오욕이 엇갈리는 생애를 살았다. 그는
1908년 이래 신문관을 통해 출판사업과 계몽잡지 간행활동을 벌임으로
써 신문화운동의 기수로 떠올랐다. 3·1운동 때에는 독립선언문을 기초
했다가 붙잡혀 2년여의 옥고를 치렀다. 이로써 그는 서재필과 안창호를
잇는 인물로 "한국근대 문화운동사상 빛이 뚝뚝 떨어지는 새벽별"이라
는 평을 받았다. 그러나 1928년 10월 일제 식민사학의 온상인 조선사편
수회에 들어가면서 세간에 물의를 일으켰다. 이어 1930년대 들어 친일
행보를 걸으면서 민족지성에서 변절자로 전락했다. 그는 일제의 만주침
략과 대동아공영권론을 찬양하면서 청년기의 순수한 마음을 잃어갔다.
해방 후 다시 친민족적 태도로 돌아섰으나 이승만정권 출범 후 반민특위
에 걸려 1개월간 수감생활을 하였다. 민족 해방과 일제잔재 척결이 역사
적 과제였던 시기에 벌인 대일 협력 행위들로 인해 반민족 인사라는 지

탄을 받았던 사실은 그의 생애에서 부끄러운 경력이었다.

1920년대 중반부터 한국전쟁 직후까지 30년간 최남선은 한국에서 가장 비중 있는 역사가였다. 서대문형무소에서 지은 「自列書」에서 "일관된 고행이 국사연구, 국민문화 발양에 있었다"고 자부했을 만큼 최남선은 한국사 연구에 열의를 다한 역사가였다. 실제로 그는 다양한 분야에 걸쳐 많은 저술을 남겼는데 그 중에서도 한국사에 대한 저술이 단연 많았다. 그의 연구는 계몽성과 선구성이 있었을 뿐만 아니라 당대 어떤 학자의 연구보다 한국사의 전문화와 근대화, 대중화에 크게 기여하였다. 이로 인해 해방 이후 한국사를 근대적 학문으로 정립하는 데 공헌한 신진학자들치고 최남선의 영향권에서 벗어난 이는 드물었다. 따라서 한국 근대사학의 체계를 제대로 수립하려면 긍정적이든 부정적이든 최남선을 거론하지 않을 수 없는 실정이다.

올 해는 최남선 서거 50주년을 맞는 해이다. 한때 '조선의 國士'라고 불리던 최남선에 대한 한국학 연구자들의 연구와 평가는 인색하기가 그지없다. 두말 할 것도 없이 식민통치에 신음하고 있던 한민족의 기대와 희망을 그가 저버렸기 때문이다. 게다가 1980년대 이래 점차 높아진 일제 잔재 청산여론은 그를 연구대상이 아니라 비판대상으로 만들었다. 이로 인해 기왕의 연구들은 그의 민족성과 반민족성의 문제를 가름하는 데만 치중하고 있다. 그러나 이제 최남선의 업적과 영향을 객관적으로 조망할 때가 되었다. 일제 말기에 한국지성계에 끼친 부정적 측면만을 가지고 재단하기에는 한국학 연구자로서 최남선이 남긴 족적이 너무나 뚜렷하다고 판단하기 때문이다. 이 짧은 글은 한국사 연구에 끼친 최남선의 공헌과 그의 역사인식의 성격에 초점을 맞춘 것이다.

II. 국학 연구단체의 설립과 운영

한일병합 이전에 최남선은 역사가로서의 면모를 차츰 갖추어나갔다. 그는 을사조약 이전에 국내의 애국신문과 중국에서 들어온 한역자강서를 읽고 사회의식을 형성했고, 1906년 9월 와세다대 고등사범부 지리역사과에 입학하여 3개월간 공부하며 역사연구를 시작했다. 그가 지리역사과를 택한 것은 중인 출신으로서 관상소 기사를 지내며 명성왕후의 묘소 선정에도 일정한 역할을 수행한 부친 최헌규의 영향 때문이었을 것이다. 일본에서 그는 일본 근대 사학의 주류를 형성한 랑케(Leopold von Ranke)의 실증사학을 접했던 것으로 보인다. 이때 그는 일본인들의 한국 침략을 위한 단군연구에 분개하여 단군에 대한 학문적 · 애국적 관심을 넓혀나갔다. 동시에 일본에서 복간되어 판매되고 있는 한국의 희귀 전적들과 도서관 · 서점에 비치된 방대한 서책을 보고 한국학을 연구하기로 마음을 굳혔다.

1908년 11월 최남선은 자신의 최초의 역사저술인 「海上大韓史」를 발표하여 한반도가 세계문화의 발기처 겸 전파지임을 강조하며 한국인들의 해양진출을 촉구하였다. 이후 안창호가 주도한 청년학우회의 총무로서 전국을 순회 강연하면서, 각지의 유적지를 두루 답사하여 한국의 역사와 문화에 대한 이해도를 높였다. 한일병합 전후 수년간은 서울의 각 학교에서 역사를 가르치며 한국사에 대한 기본지식을 확충하고 한국사를 내면화하는 과정을 거쳤다. 1910년 8월 신채호의 「讀史新論」에 대해 과학적 정확성과 논리성이 부재하다는 비판을 가했는데, 이는 최남선이 이때쯤에 일정한 주견을 가진 역사가로 성장했음을 보여주는 것이었다. 이런 기반 위에서 최남선은 1910년대에 한국학운동을 벌여나갔다.

최남선은 일제강점 전후 문명진보론이 한국 지성계를 풍미하던 시기

에 청년기를 보냈다. 당시의 지식인들은 국권상실의 원인이 우리 민족의
무력함 때문이라고 보았다. 따라서 그들은 실력을 길러 제국주의 열강이
이미 달성한 문명진보를 이룩해야 한다는 신념에서 다방면으로 구국활
동을 벌였다. 이런 시대사조의 영향 하에 최남선은 두 방면으로 문명진
보운동을 펼쳐나갔다. 하나는 일본에서 수입한 기계와 서적류를 가지고
新文館 출판사를 설립하여 근대문물을 소개하는 것이었다. 당시 최남선
은 출판업이 막대한 부를 쌓을 수 있는 벤처사업인 동시에 중인 집안의
위상을 양반가의 위치로 끌어올릴 절호의 기회라며 부친을 설득했다고
한다. 다른 하나는 신문명의 기초를 다지기 위해서는 전통문화를 알아야
한다는 신념에서 朝鮮光文會를 설립하여 전통문화 보존운동을 펼쳐나
가는 것이었다. 이들 단체는 최남선이 전개한 신문화운동의 양날개였다.

  1910년 10월 최남선은 일본인들이 조선총독부의 지원 하에 우리 고
전을 간행·연구하는 모습에 분발하여 조선광문회를 설립했다. 당시 조
선총독부는 일본인이 설립한 조선연구회와 조선고서간행회에 자금을 지
원하여 한국의 고전을 간행하도록 하였다. 이들의 한국고전 간행사업은
항구적 식민통치에 필요한 정보를 얻기 위한 것이었다. 그러나 광문회는
일제의 기만적 문화정책에 대항하여 한국의 역사와 문화의 우수성을 선
양하려는 민족적 자긍심에 입각하여 설립된 단체였다. 출범 이후 광문회
는 한국 민족의 구원한 영능의 근원을 밝히고 한국 민족의 문화적 우수
성을 세계에 알릴 것을 설립취지로 삼았다. 광문회는 원래의 설립목적인
고전의 편찬 및 간행 사업 외에도 또 하나의 중요 사업으로서 사전 편찬
사업을 추가로 추진하였다.

  조선광문회는 건재한약품 도매업으로 상당한 부를 쌓은 최헌규가 신
문관을 통해 文章救國 활동을 펼치고 있던 둘째 아들 최남선에게 내려
준 자금으로 운영되었다. 광문회는 최남선이 실무총책인 '주간'을 맡았
고, 朴殷植·柳瑾·金敎獻·周時經 등 당대 국학 분야의 최고봉들과

김두봉・이규영・권덕규 등 그들의 제자들이 자문과 실무를 전담했다. 이들은 광문회에서 대종교 이념으로 굳게 뭉쳐 하나의 종교집단을 형성하며 고전간행과 사전편찬을 통해 문화적 민족운동을 벌였다. 이로써 광문회는 한국근대사에서 최초의 본격적인 한국학 연구단체이자 일제의 기만적 침략정책에 대항한 문화단체의 역할을 수행했다. 이로 인해 최남선의 친일성을 비판하는 논자들조차 광문회의 활동이 한국사에서 순기능을 발휘했던 사실만은 높이 평가하고 있다.

조선광문회는 창립 이후부터 1920년대 초까지 힘겨운 자금난을 견뎌가며 국학 연구에 가장 기초적인 사업들을 착실히 벌였다. 광문회는 한국학 연구의 기초자료인『삼국사기』・『경세유표』・『해동역사』・『연려실기술』・『열하일기』・『택리지』・『당의통략』 등 20여종의 고전과 기타 국학 서적을 간행했다. 완벽한 교열과 교정 작업을 거쳐 오자와 탈자가 없기로 유명한 광문회본 고전들은 일제시기의 '조선학운동'과 해방 직후의 국학진흥운동에 요긴한 사료로 이용되었다. 또한 광문회는 한국 최초의 국어사전인 말모이사전(『조선어자전』)의 편찬을 시도함으로써 조선어학연구회와 조선어학회의 한글사전 편찬운동에 영향을 주었고, 1950년대 이전까지 널리 애용된 한자자전인『新字典』을 간행함으로써 한문 고전에 대한 이해력 증진에 기여하였다. 또『춘향전』・『심청전』・『홍부전』 등 민중 대상의 한글소설인 六錢小說을 편집하여 대량 보급함으로써 한글의 순화와 보급에 도움을 주었다.

1910년대 일제의 강압통치 하에서 조선광문회는 실력양성론자들의 집결처요 독립만세운동의 모의처가 되었는데, 이는 광문회 동인들이 예상치 못했던 결과였다. 당시 일체의 정치・사회・언론 활동이 금지된 무단통치 아래에서 일본책과 일본신문을 가장 많이 구비하고 있었을 뿐 아니라 서울에 들어오는 지방인을 위한 숙소를 갖추고 있던 광문회는 지식인들의 공개적・합법적인 회합처의 구실을 하였다. 그래서 수많은 민족지사들과 신지식층과 장안의 학생들이 광문회에 자주 드나들며 시대의 진운을 논하고 조국의 장래를 염려하였다. 이러한 의미 있는 활동들로 인해 광문회는 '한국 신문화운동의 중심지'·'고전 간행기관'·'한글 연구의 발상지'·'애국지사들의 양산박'이라는 별칭을 받기에 이르렀다.

조선광문회에서의 활동 경험은 1920년대 이후 최남선의 학술활동에 지대한 영향을 미쳤다. 첫째, 최남선은 광문회의 고서 간행과 사전 편찬을 주도한 대종교 지도자 김교헌과 유근 및 기독교에서 대종교로 전향한 국어학자 겸 계몽운동가인 주시경의 영향을 크게 받았다. 『증보문헌비고』의 편찬을 주도하고 『神檀實記』·『神檀民史』등 대종교 역사서를 펴낸 김교헌은 한말 지식인 가운데 전고에 가장 밝았고 그들의 주체적 역사인식의 형성에 크게 기여한 인물이었다. 초·중등용 국사교과서를 3권이나 펴낸 전 황성신문사 사장 유근은 광문회에서 『신자전』을 직접 편찬하고 박은식의 『한국통사』의 사료를 수합하고 일부 내용을 직접 집필했을 정도로 한국의 역사와 언어에 해박한 지식을 지닌 인물이었다. 주시경은 서울의 각 학교에서 국어를 가르치며 광문회에서 김두봉·이규영·권덕규 등의 제자들과 사전편찬에 종사하였던 만인이 공지하는 한국근대 국어학계의 태두였다. 이들 광문회 '老師'들의 우산 아래에서 최남선은 1906년 두 번째 일본유학 때부터 관심을 갖게 된 우리 역사와 문화 전반에 대한 지식을 심화시켰다.

둘째, 최남선은 민족시조 단군을 숭배하는 대종교계 민족운동가들을 접하면서 잠정적으로 일제통치를 인정한 상태에서 문화적 민족운동을 전개하려는 그들의 온건한 민족주의를 수용하였다. 조선광문회의 주역인 유근·김교헌·주시경 등은 자강과 독립을 위해 잠정적 대일협력 노선을 취했는데, 이런 노선은 최남선의 인생역정에 큰 영향을 미쳤다. 유근은 자신의 국사교과서에서 일제의 한국침략을 인정한 바 있다. 김교헌은 일제가 관리하고 있는 조선왕조의 관·사찬 비장문서에서 대종교 관런자료를 수합하고자 조선총독부에 자진해서 들어가 취조국 위원(월50원)과 토목국 촉탁(월50원)을 지냈다. 주시경은 조선언문회를 조직할 때에 일제의 승인을 받은 후에 합법적인 어문운동을 벌이자고 하였다. 최남선이 주변의 우려에도 불구하고 자진해서 조선사편수회에 들어간 것은 시사잡지『동명』과 일간지『시대일보』의 경영 실패가 가져온 막대한 부채와 그로 인한 생활곤란과 학구생활의 중단가능성에 대한 걱정이 일차적 요인이었다. 그러나 보다 근본적인 요인은 최남선이 자기 스승들과 같은 온건한 타협적 민족주의 노선을 걸었기 때문으로 보인다. 그가 가출옥할 때나『시대일보』의 운영자금을 융자받을 때 총독부 관리의 도움을 받았던 것도 같은 맥락에서 이해할 수 있을 것이다.

셋째, 최남선은 고전간행 활동을 통하여 한국 최초로 실학의 특질과 인적 계보를 정립하게 되었다. 조선광문회가 출판한 20여종의 <조선총서>와 출판을 계획했던 190여 종의 서책들 가운데 상당수가 조선후기의 실학관계 서적이었다. 이는 한일병합 이전에 애국계몽운동가들이 추진한 실학서적 간행노력을 광문회 동인들이 한일병합 후에 그대로 이어받은 결과였다. 따라서 광문회는 1930년대 중반 정약용 서거 100주년을 전후하여 벌어진 조선학운동 이전에 이미 실학사상을 정립해가고 있었던 것이다. 당시 광문회 주간으로서 최남선은 실학서적의 출판문제를 광문회 고문들과 함께 기획하고 간행될 고전들에다가 간단하고 명료한 해제를 작성하는 가운데 한국사와 실학사상에 대한 이해를 심화해갔다. 그리하여 그는『朝鮮歷史講話』(1928) 제33장에서 "양난 이후에 自我라는 사상이 선명해지면서 조선의 본질을 알고 실제를 밝히려 하는 경향이 날로 깊어져 실학의 風이 일어났다"고 하면서 柳馨遠－李瀷－丁若鏞으로 이어지는 남인계 실학자와 朴趾源·洪大容·李德懋·朴齊家 등 북학론자의 계보와 그 사상적 특질에 대해 간략히 언급하였다. 이는 한국의 역사가 중에 실학의 인적 계보와 그 사상적 특질을 가장 먼저 거론한 것이었다.

넷째, 조선광문회에서의 활동 경험과 일본 근대학문의 성과를 바탕으로 최남선은 1920년 전반에 '조선학'이란 용어를 맨 처음 사용하며 조선학운동의 기수로 나섰다. 이때 조선학이란 용어는 근대에 이르러 정립된 앗시리아학 · 埃及學 · 지나학에 대비되는 용어로서 '학술 · 정신 · 사상 방면에서 조선인의 손으로 자주독립을 이룩할 것'을 목표로 삼고 있었다. 그가 1920년대 전반에 조선학의 진흥을 제창한 것은, 1910년대 일본인들이 조선고적 조사사업을 벌이며 근대적 · 학술적 노력을 축적해 가는 것에 크게 자극받았기 때문이다. 다만 그에게 조선학은 서양에서 발원하여 일본에서 채용된 여러 학문 분과의 연구성과를 적극 수용함으로써 창출이 가능한 것으로 인식되고 있었다. 따라서 최남선이 친일의 길을 걷기 이전인 1920년대 중반부터 1930년경까지 다양하게 펼쳐진 단군연구, 한국사 통사 저술, 계명구락부를 통한 『삼국유사』의 간행과 해제 집필, 진흥왕 순수비의 발견과 소개, 국토 답사 및 문화답사기 저술, 시조집 발간, 한국불교사와 임진왜란사 정리 작업 등은 모두 1910년대 광문회의 국학운동을 근대적 · 자주적 · 민족적인 학문활동으로 승화시키려는 줄기찬 노력의 결과물이었다.

Ⅲ. 단군 연구와 문화권론의 변용

한국사에서 단군 문제는 한민족의 자기 인식 및 자기 통합 문제와 맞물려 항상 새롭게 부각되었다. 제국주의 열강의 침략으로 민족 생존의 문제가 불거진 한국 근대에 단군 문제는 대중적으로 부활하였다. 한말에 편찬된 대부분의 국사교과서는 단군조선부터 시작하여 민족사의 유구성에 바탕한 자부심을 고취했다. 을사조약 직후 애국계몽운동과 함께 부상한 단군민족주의를 한일병합 직전에 신비화하고 종교화하는 데 성공한 대종교가 출범하여 교세를 확장해가면서 단군 문제는 한국 근대 민족주의 형성 문제와 긴밀한 연관을 맺게 되었다.

최남선은 단군 연구사에 길이 남을 금자탑을 쌓았다. 그는 자신의 한국사 연구의 중심이 "국조 단군의 학리적 부활과 그를 중핵으로 하는 국민정신의 천명에 있었다"라고 자부했을 정도로 단군 전문가였다. 그는 30대에 해당하는 1920년대 내내 정력적으로 단군을 연구한 결과, 「不咸文化論」・「단군론」・「薩滿教箚記」・「壇君神典의 고의」・「단군신전에 들어있는 歷史素」・「壇君及其研究」 등을 비롯한 다수의 단군 관계 논문을 발표했다. 이중 조선을 통해 동방문화의 연원과 단군의 기원을 살펴본 「불함문화론」과 단군 연구의 인문과학적 기반을 마련한 「살만교차기」는 연구방법론상 일대 진전을 가져온 논문이었다. 이처럼 그는 단군을 중심으로 하는 상고사 관련 저술들을 통해 자신의 단군론을 구축하고 이를 널리 확산시키는데 심혈을 기울였다. 두말할 것도 없이 이러한 연구들은 한국 고대문화 연구에서 획기적인 진전을 이룬 것이었다.

단군에 관한 최남선의 학설들은 지금까지도 지대한 영향을 미치고 있다. 단군이 정치적 군장이 아니라 종교적 제사장이라는 단군샤먼론, 단군신화의 역사부와 신화부의 이원화 제창, 단군신화의 토테미즘적 해석, 『삼국유사』에 수록된 단군신화의 사료적 가치 논증, 그리고 단군신화를 민속학・신화학・언어학・종교학・인류학과 연결시켜 파악하려는 근대적인 연구방법론의 도입 자세 등은 아직도 단군 연구의 기본 틀로 작용하고 있다. 따라서 냉정히 말해 해방 후의 단군 연구에서 최남선의 연구수준을 넘어서는 것은 고작 고고학의 발굴 성과 위에 청동기문화를 단군신화와 연결시킨 연구와 단군 인식의 변천에 관한 연구만을 들 수 있을 뿐이다. 따라서 오늘날에도 단군 연구를 제대로 하려면 최남선이 닦아놓은 기초를 크게 참고해야만 하는 실정이다.

1910년대 『稽古箚存』(1918)에 나타난 최남선의 단군 인식은 대종교의 대단군주의에 입각한 것이었다. 1920년대 최남선이 불함문화론을 창안하는데 밑거름으로 작용한 『계고차존』은 조선광문회의 동인이자 대종교 지도자인 김교헌과 유근의 대종교적 역사인식에 기초한 것이다. 거기에서 최남선은 단군조선의 강역을 한반도와 백두산 일대를 벗어나 만주전역과 중국 연안지대까지 확대하는 한편, 단군조선의 중심지를 송화강유역으로 비정하였다. 이때 최남선은 왕검을 임검으로 풀이하며 단군시대를 제정일치시대로 보았다. 그러나 단군의 사제로서의 역할을 언급하지 않았고, 단군의 정치적 군장으로서의 역할만을 강조하였다. 이는 단군을 유교적 교화군주로 파악한 것이다.

1920년대 최남선의 단군 연구는 고려시대이래 유교사가들의 기자중시론과 근대기 일제의 단군말살론에 대한 반대운동의 의미를 지니고 있었다. 특히, 일제의 단군말살론을 타파하는데 초점이 모아져 있었다. 그는 단군기사에 불교적인 색채가 농후하게 나타나며, 『삼국사기』에 단군신화가 실리지 않았다는 이유를 들어 단군신화가 승려들에 의해 날조되었다는 이른바 단군신화의 승려날조설을 내세우는 일제의 단군말살론에 강하게 대항했다. 아울러 『삼국유사』 고조선조 첫머리의 『魏書』 내용이나 古記云 이하의 내용이 허구라는 주장에 대해서도 강하게 반박했다. 나아가 단군신화가 수록된 『삼국유사』의 사료적 가치를 규명하기 위해 『삼국유사』를 간행하고 해제를 집필하였고, 『兒時朝鮮』(1925)에서 한반도 이주민에 의해 일본 고대국가가 건설되었다는 사실을 지적하였다. 이는 모두 일제의 단군말살론에 대한 저항운동의 일환이었다.

최남선의 단군론은 조선이라는 좁은 무대를 넘어서 동방문화, 즉 동북아문화권을 무대로 전개되었다. 그는 이 문화론을 불함문화권이라고 불렀다. 이 불함문화론은 서대문감옥에서 영감을 얻었고 「조선역사통속

강화게재」(1922)에서 처음으로 거론했으며 「불함문화론」(1925)에서 구체화한 것이다. 여기에서 그는 북으로는 만주와 몽고, 남으로는 유구, 서쪽으로는 발칸반도, 동쪽으로는 일본과 동구 지나를 영역으로 삼았다. 그는 불함문화권의 중심지를 조선으로, 중심사상을 단군사상으로 보았다. 이 불함문화권의 핵심적 문화요소는 '밝'(白=Park)사상이며, 이는 태양을 실체로 광명을 主德으로 삼는 천신에 대한 신앙이었다. 이때 그는 단군을 몽고어의 무당을 의미하는 당굴=Tengri와 같은 의미로 해석하였다. 이는 단군을 주술적 사회의 巫君으로 보고 단군조선을 일종의 문화권 개념으로 이해한 것이다. 따라서 최남선의 단군론은 단군을 광대한 영역을 다스린 군주라기보다는 불함문화권이라고 설정한 동북아시아 문화권에 있어서의 보편적인 존재로 파악한 것이다.

불함문화론에서 최남선은 조선문화가 중국문화와는 다른 독자적이며 독립적인 문화라는 점을 강조했다. 또한 그는 일본과 조선이 동종의 문화를 지닌 문화적 동연성을 지닌 나라이기는 하지만 어디까지나 조선문화가 일본문화보다 훨씬 우수하다는 점을 힘주어 강조했다. 아울러 불함문화권의 역사적·지리적 중심지가 두말할 필요도 없이 조선이라는 점을 덧붙여 설명하였다. 따라서 그가 친일시비에 휘말리기 이전에 발표한 논문에서 불함문화권의 중심지를 조선으로 비정하고 조선문화가 일본문화보다 우수하다고 주장한 것은 일제 식민사가들의 일선동조론에 대항하는 민족적인 의미를 내포하고 있었다.

최남선의 불함문화론의 민족적 성격은 1930년경까지는 그런대로 유지되었다. 그는 일문으로 발표한 「단군소고」(1930.11)에서 이전처럼 일제의 단군말살론을 강하게 비판하였다. 그러나 동시에 단군이 남방에도 존재한다고 주장하며 단군신화와 일본신화의 유사성을 비교하는 한일문화 비교론적 시각을 보여주었다. 이는 나중에 친일화의 계기가 되는 한일문화동원론을 받아들인 결과였다. 또한 그는 「조선의 신화와 일본의 신화」(1930.4)에서 한일 신화의 유사성을 논하는 가운데 양국의 건국신화에 보이는 천강설화의 공통성을 강조했고, 아울러 한일문화의 특별한 친연성을 거론하며 문화적 동원성을 언급하였다. 그러나 동시에 그는 한일 간에 신화·전설·풍속·습관·유물·유적 등이 일치하기는 하지만, 이는 문화상의 일이지 민족상의 일은 아니라고 덧붙였다. 이는 최남선이 문화적 일선동원론은 받아들이면서도 혈연적 일선동조론은 강하게 부정했음을 보여주는 것이다. 이처럼 문화적 일선동원론은 수용하되 혈연적 일선동조론은 반대한 것은 일제말기까지 최남선의 일관된 입장이었다.

1930년대 중반에 최남선의 한일문화동원론은 일제의 지배정책을 문화적으로 합리화해 주고 있었다. 1934년에 그는 동북아시아의 제민족은 통치자의 신성한 기원에 대해 유사한 관념을 갖고 있는데, 일본만이 신도로써 이 관념을 원형대로 보존해 왔다고 주장하며, 일본의 신도를 중심으로 하는 동방문화권을 설정하였다. 이것은 초기에 민족적 의미를 지녔던 불함문화권의 구도 속에서 조선이 중심에서 주변으로 떨어진 것을 의미한다. 이어 일제가 한국의 정신을 일본의 신도로 동화시켜 한국인을 일본화하려는 이른바 心田開發政策을 강행할 때에 최남선은 되풀이해서 한일문화동원론을 강조함으로써 일본인들로부터 대대적인 환대를 받았다. 이때 그는 한국의 민속신앙인 무속이 일본의 고대신앙과 특별한 친연관계가 있고 계통적으로도 동일한 점이 있으므로 '정신상 갱생'을 이룩하려는 시점에서 이를 정책적으로 이용할 필요가 있다는 주장을 내놓기까지 하였다. 이로 인해 그는 '스스로를 애국자라고 자부하는 사람들 사이에서 암적인 존재'로 전락하고 말았다.

1937년 7월 중일전쟁이 발발하자 최남선의 친일론은 색채를 분명히 드러내기 시작하였다. 이때 그는 "日支事變과 같은 것은 일본이 영토적 야심을 가지고 지나를 침략하는 것은 결코 아니다.···지나는 노대륙으로 그 민족은 노쇠하여 이제 그 민족적 생기의 보급을 받지 않으면 안된다"
며 일제의 중국침략을 합리화하고 나섰다. 또한 그는 1941년에는 "불함
문화권의 지주적 존재로써 일본 고전에 연계를 가지지 않으면 어쩐지
畵龍點睛을 결함 느낌이 있다"며 1920년대 중반 문화권의 중심을 조선
에 설정함으로써 민족적 색채를 담아냈던 자신의 논리를 변개하기도 하
였다. 요컨대 1930년대 중반 이후에 일본신도와 조선무속의 문화적 동
연성을 추구한 최남선의 변모된 단군론은 일제의 일선동조론과 대동아
공영론을 이론적으로 뒷받침해주고 있었다.

Ⅳ. 한국사의 체계화와 대중화

일제 말엽에 대다수의 민족주의사가들과 유물사가들은 일제의 총동
원체제에 항거하는 의미에서 절필하거나 잠적하였다. 이러한 상황에서
최남선만은 일제의 비호와 견제를 동시에 받아가면서 활발한 문필활동
을 벌였다. 게다가 최남선의 단군 연구를 비롯한 많은 저술들이 지극히
현학적인 문체로 쓰여졌던 반면, 한국사 개설서는 사실 위주의 간명하고
평범한 문체로 쓰여졌기 때문에 대중들에게 많은 애호를 받고 있었다.
이로 인해 해방 전후에 최남선은 일반 대중들의 역사인식에 막대한 영향
을 미칠 수밖에 없었다. 해방 직전인 1943년에 펴낸『故事通』은 한국문
화와 세계문화를 연관지어 파악하려는 문화교류론적 시각이 반영된 친
일적 색채가 농후한 개설서였음에도 불구하고 3달만에 3만부가 팔려나
갔을 정도로 대중적 인기를 누렸다.

최남선의 한국사 개설서들은 해방 직후 국사교과서로 이용되기도 하
였다. 이승만정권 출범 직후인 1948년 10월 문교부 편수국장 孫晉泰가
전국 학무국장회의 석상에서 그리고 安浩相 문교장관이 전국의 중등교

장을 소집한 자리에서 "민족정기를 해칠 우려가 있는" 최남선의 저서를 모든 학교에서 교과서로 쓰지 말라고 지시했다. 이는 최남선의 저서들이 국사교재가 부족하던 해방 직후에 일선 교육현장에서 널리 이용되는 것을 차단하기 위한 특별지시였다. 그러자 일찍부터 최남선의『조선역사』를 국사교과서로 사용하던 서울 시내의 여학교에서는 일부 교사들이 그만한 교과서가 없다며 문교부의 지시를 거부했고, 급기야『조선역사』를 표지만 떼어내고 가르치는 해프닝이 벌어지기도 하였다. 이는 신국가 형성기에 일반 대중들의 역사인식 형성에 최남선이 큰 영향을 미치고 있었음을 나타내주는 증거이다.

최남선은 대중용의 한국사 개설서를 많이 집필하였다. 그 가운데 학술사적 가치와 영향력을 지닌 것은 역시 1931년에 출판된『조선역사』 (1945년『신판조선역사』로 복간됨)였다. 이 책은 6년여의 연찬을 거쳐 1928년 10월에 원고가 완성되었고,『동아일보』지상에 51회에 걸쳐 연재(1930.1.12~3.15)되었다가 1931년에 단행본으로 출판되었다. 이후 최남선이 펴낸 다수의 개설서들은 엄밀히 말해『조선역사』의 내용을 수정하고 풀어쓰고 가감한 아류본에 지나지 않는다고 말해도 과언이 아닐 정도이다. 이런 점에서『조선역사』는 최남선의 한국통사 저술활동을 대표할 만한 작품이다.

『조선역사』에서 최남선은 학자나 전문가보다는 일반인들을 위해 '간단하고 평범한' 개설서를 쓰려 하였다. 그는 역사적 창작품이나 교훈서가 흔히 범하기 쉬운 독단적·자의적 해석을 지양하고 철저히 사실에 근거한 조리 있고 체계적인 서술을 시도했다. 나아가 한국사의 성장·발전 과정을 상고·중고·근세·최근으로 나누어 한국사를 계통적으로 파악하려 하였다. 아울러 당시의 개설들이 고대사에 치중했던 것과 달리 '금일의 조선'을 설명하겠다는 의도에서 근대사에 50% 정도의 분량을 할애했다. 또한 정치·제도·외교 등 정치사를 중심으로 삼고 마지막에 문화 부분을 보완하는 방식을 취하였다.

『조선역사』의 내용 중에는 현재의 한국사 연구경향에 영향을 미친 대목들이 많았다. 예를 들면, 첫째, 한국고대사의 자주성을 강조하면서 단군조선-기자조선-위만조선의 삼조선설을 한국사에 편입시켰을 뿐 아니라 한사군의 위치를 한반도 내로 비정했고, 둘째, 민족 형성사적・문화사적 차원에서 삼국통일의 역사적 의미를 중시했을 뿐더러 삼국통일 이후를 남북국시대가 아니라 통일신라시대로 파악했고, 셋째, 조선후기 실학의 발흥에 주목하여 실학의 계보와 특징을 서술했으며, 넷째, 개화파의 연원을 崔漢綺・李圭景・吳慶錫・劉大致 등으로 잡았고, 다섯째, 의병전쟁이나 기타 반일운동을 상세히 서술하였다.

그러나 『조선역사』는 사회경제 분야를 문화에 종속된 부분으로 파악하거나 제도적 측면에서 파악하려는 문화사관에 입각해 쓰여졌기 때문에 사회경제 분야에 대한 체계적 서술을 결여하고 있었다. 이로 인해 『조선역사』는 林泰輔의 『조선통사』(1912)의 요약본이라거나 '뼈없는 역사'라는 지적을 받기도 하였다. 게다가 『조선역사』의 말미에 붙어있는 민족개조론에 대한 역사평론 「역사를 통하여서 본 조선인」에서는 "미지근하고, 탑작지근하고, 하품 나고, 졸음까지 오는 기록의 연속이 조선역사의 외형이다"며 한국사를 자기부정적으로 인식했다. 이러한 패배주의적 민족인식은 상황의 변화에 따라 일제 관학자들의 민족우열론이나 식민사관을 수용할 위험을 안고 있었다. 그러나 이러한 문제점들에도 불구하고 역사를 사회발전 단계에 따라 거시적・계기적으로 파악하려는 마르크시즘적 역사인식의 문제인식이 한국사 개설서에 본격적으로 반영되기 이전에 나온 『조선역사』는 그 당시로서는 최고 수준의 개설서였다.

1930년대 중반 이후 최남선의 친일행보와는 별개 문제로 『조선역사』 그 자체는 계몽사학에서 근대사학으로 전이되는 분기점이라고 평할 만하다. 『조선역사』는 구한말 玄采의 『東國史略』(1906)의 구태를 일신했을 뿐 아니라 일반인들에게 한국사를 보급·이해시키는데 큰 영향을 미친 획기적 개설서였다. 나아가 "조선민족과 조선문화의 발전과정을 과학적 방법으로 일목요연하게 정리했고" "자칫 단선적이기 쉬운 역사이해를 다양하게 종합적으로 끌어올린" 역사서로 평가되고 있다. 따라서 『조선역사』는 이병도의 『한국사대관』(1954), 한우근·김철준의 『국사개론』(1954), 이홍직 등의 『국사신강』(1958) 등이 연이어 출간되어 한국사 개설서의 새로운 방향이 모색되기 시작한 1950년대 초반까지 일반인들과 학생들의 한국사 인식에 큰 영향을 미쳤다.

해방 후 최남선은 마치 때를 기다린 것처럼 다수의 역사책을 출판했다. 즉, 그는 『신판조선역사』(『조선역사』 중간본, 1946)·『조선독립운동사』(1946)·『조선상식문답』(1946)·『쉽고 빠른 조선역사』(1946)·『국민조선역사』(1947)·『역사일감』(1947)·『성인교육 국사독본』(1947)·『조선역사지도』(1947)·『조선의 고적』(1948)·『조선상식』(1948)·『조선의 문화』(1948)·『국난 극복의 역사』(1951) 등 한국의 역사와 문화 및 독립운동사에 관련된 많은 서적을 간행하였다. 이러한 책들은 대중들에게 크게 어필하여 많은 판매부수를 기록하였고, 동시에 대중들의 역사인식의 형성에 큰 영향을 미치기도 하였다. 그러나 그것들은 사실과 제도의 고증에 치중하여 마치 실학시대의 학자들이 갖는 백과전서적인 지식을 연상케 하는 것이었다. 따라서 그가 『조선역사』의 서문에서 부르짖은 조선정신에 대한 종교적 신앙이나 한국사의 계통적 인식에 대한 노력은 거의 찾아볼 수 없었다. 이때 이미 최남선은 『조선역사』에서 보여주었던 역사가로서의 생명력을 상실하고 말았던 것이다.

V. 조선정신의 강조와 문화우위론

최남선은 국권상실의 원인이 근대화를 이루지 못한 데에 있다고 보았다. 그래서 그는 당대의 대다수 지식인들처럼 제국주의에 대한 직접적 비판보다는 민족 내부의 힘을 기를 것을 주장했다. 즉, 강한 힘을 지닌 자만이 생존할 수 있는 약육강식의 시대에 실력양성을 통한 근대적 문명 진보의 달성만이 조선 민족의 생존을 보장한다고 여겼던 것이다. 이러한 사회진화론적 문명진보론에 입각하여 최남선은 국민정신을 진작할 수 있는 다양한 활동을 벌여나갔다. 그가 10대 중반부터 40살 이전까지 전개한 사회활동, 저술활동, 언론활동은 근대화에 필요한 국민정신을 고취하기 위한 것이었다.

국민정신의 고취를 통한 문명진보를 이룩하기 위한 방안으로서 최남선은 민족정신의 자각을 우선시하였다. 이는 민족구성원 각자가 근대적 자아를 깨우침으로써 민족적 자아를 발견해야 한다는 것을 의미한다. 즉, 그에게 국민정신의 진작론은 민족정신의 자각론으로 이어지고 있던 것이다. 그래서 그는 민족의 발견을 전제로 하지 않는 문명진보란 공중누각에 지나지 않는다고 단언하기도 하였다. 최남선에게 문명진보란 민족적 자각을 통해 민족적 고유성을 인식하고 자각하는 조선인의 자기인식운동이자 자기성찰운동의 일환이었다.

최남선은 또한 민족적 자각을 위해서는 조선정신을 고양할 필요가 있다고 하였다. 그가 조선심·조선정신·조선의식·조선생명·朝鮮我 등으로 표현한 조선정신은 한국의 역사와 문화의 근원을 이루는 것이다. 최남선은 이러한 조선정신에 대한 신앙을 밑바탕으로 삼아 한국의 역사와 문화를 이해하려 하였다. 그가 전개한 한국사 연구, 단군 연구, 고적 애호운동, 시조부흥운동 등은 모두 조선 고유의 가치를 고양하기 위한

활동이었으며, 바로 여기에 최남선의 한국학자로서의 면모가 여실히 나
타나 있다. 이를테면, 최남선은 조선적인 것의 가치를 극대화하려는 조
선학운동을 통해 조선정신을 추구해 들어갔던 것이다.

최남선이 강조한 조선정신은 한국의 역사적 현실과 유리된 관념적·
신비적 성격이 강한 것이었다. 이러한 경향은 단군 연구에 대한 일련의
논문 속에 보이는 불함문화론이나 문화답사기인 『심춘순례』(1926)·
『백두산근참기』(1927)·『금강예찬』(1928) 등에 잘 나타나 있다. 그가
단군을 중심으로 하는 원시적인 신앙세계에 깊은 관심을 보인 것도 이러
한 신념과 무관하지 않았다. 이는 조선정신의 강조를 위해 학문적인 객
관성보다 절대적인 신념을 중시하기 때문에 나타나는 문제였다. 그러나
더욱 중요한 문제는 이러한 조선정신에 대한 절대적인 신념이 대략 그가
40대를 맞이하는 1930년 이후에 점차 엷어져갔다는 데에 있었다.

최남선은 청년기에는 문화와 민족의 가치를 동등하게 중시했던 반면,
장년기 이후에는 민족보다 문화를 상위에 위치시키는 문화우위론을 주
장했다. 그에게 문화는 자연에 대비되는 개념으로서 인간의 인위적인 모
든 것을 포괄하는 가장 상위 개념이었다. 그는 역사를 문화의 기록으로
보았고, 조선민족이 살아온 살림살이의 솜씨가 바로 조선문화라고 하였
다. 이는 조선민족을 혈연·인종·종족의 공동체가 아니라 문화적 공동
체로 정의한 것이다. 따라서 그에게 민족이란 국가 간의 대립에서 생겨
난 것으로서 이상적인 집단체가 아니라 상대적이며 한시적인 개념일 뿐
이었다. 그는 해방 이전에 "민족은 작고 문화는 크다. 역사는 짧고 문화
는 길다"라고 말을 남겼는데, 이 말은 그가 문화를 민족보다 중시하는
문화우위론적 역사인식의 소유자였음을 단적으로 보여주고 있다. 한마
디로 그에게 민족의 우위성은 문화의 가치에 있었던 것이다.

최남선은 문화우위론에 따라 조선문화의 세계성과 우수성을 강조하
기도 하였다. 그는 문화에 대한 새로운 이해를 바탕으로 한국 민족의 전

체 역사를 문화 위주로 설명해야 한다는 문화사의 관점을 제시하였다. 그는 역사연구를 시작한 직후에 지은『해상대한사』에서부터 이미 문화적 가치를 중심으로 한국사를 다루었다. 또한「조선역사통속강화개제」(1922)에서도 문화연구는 민족연구보다 앞선다는 인식하에 당면의 급선무는 공간상 광복이라기보다는 시간상 광복이라고 주장하기도 하였다. 나아가 조선문화와 일본문화의 유사성을 언급했다는 이유로 비판을 받기도 하는「불함문화론」(1925)이나 그의 대표적 저작인『조선역사』・『고사통』・『국민조선역사』등에도 문화를 중시하는 입장이 잘 나타나 있다. 또한 단군관계 논문에서 한국문화가 지나문화나 인도문화와는 구별될 뿐 아니라 일본문화를 능가한다는 사실을 들어 한국문화의 위상을 누누이 강조하였다. 아울러 그는 한국문화의 특질로 세계적・동북아시아적・반도적인 세 가지 측면을 거론하고, 이러한 측면들을 한국적 특수성에서만 찾을 것이 아니라 세계적인 보편성과의 연관 속에서 찾아야 한다고 주장했다.

최남선의 문화우위론은 그의 문명진보론과 어우러져 일제통치에 협조하는 사상적 배경으로 작용하였다. 문명진보론에 배어있는 사회진화론적 시대인식도 이미 제국주의에 함몰된 것이지만, 문화우위론은 같은 동북아문화권 내에서 일본문화와의 동질성을 추구하는 근거로 부활되었다. 식민지 지배를 받고 있는 상황에서 피지배 국가의 지도적 지식인이 지배국가와의 문화적 동질성을 계속해서 강조하는 것은 결국 식민지 지배를 문화동원론으로 정당화하는 것일 수밖에 없었다. 이러한 점에서 외세의 통치에 신음하고 있던 민족수난기에 최남선의 문화우위론은 정치적 독립을 배제한 상태에서 문화적 가치만을 주장했을 때에 어떠한 결말에 이르는가를 여실히 보여주고 있다.

VI. 맺음말

최남선은 약간 거무스름한 넓은 얼굴에 눈은 가는 실눈이었고, 다소 비대한 몸매로 먹성이 좋아 주머니에는 언제나 군것질거리를 잔뜩 넣고 다녔다. 서적욕이나 지식욕에 관한 한 타의 추종을 불허했고, 박람강기에 능하여 洪命熹・李光洙와 함께 조선의 3대 천재로 불리기도 했다. 학문이 조숙하고 자존심이 강하고 다소 독선적이며, 술과 담배를 일체 안하고 일평생 학문을 추구했다. 청년기에는 미투리를 신고 두루마기를 입고 자전거를 타고 다니며 잡지 발간에 노력했다. 조국의 산하를 누비며 종교적・신비적인 조선정신을 읊었고, 노상에서 시조 짓기를 즐겨하고 지은 시조를 이따금 웅얼거렸다. 촌음을 아껴가며 잡지 원고나 연구 논문을 집필했으며, 강연활동에도 부지런하였다. 대종교를 거쳐 불교신도를 자처하다가 죽기 전에 천주교로 개종했고, 정치가나 독립운동가보다 학자가 되고자 민족운동에의 참여를 자제했다. 3・1운동 후에는 역사 연구에 일생을 바치기로 작심했으나 신문사 경영에 실패한 다음 돈에 쪼들리다가 초지를 꺾고 말았다. 참으로 그는 前功이 可惜한 인물이었다.

최남선의 역사학에 대한 비판도 상당하다. 즉, "한민족의 초월적 절대적인 관념을 연역하여 민족의 특수성을 강조하는 관념적이고 국수주의적인 특수문화사가" "현학적・속류적・시사적・저널리스틱한 역사가" "과학적 이론이 결여되고 지식의 유기적인 종합화나 역사사실의 계기성을 도외시하고 사실의 평면적인 서술에 머물렀다" "일제에의 저항과 조국의 독립에 바탕한 역사인식이 결여되어 있었다"는 지적 등이 그러하다. 이러한 비판들은 최남선 역사학의 구조와 성격을 이해하는데 도움이 된다. 아울러 최남선의 삶과 학문을 객관적・비판적으로 조망했던 홍이섭은 "좌우간 육당이 욕먹는 유일한 일은 조선과 일본의 친근성 내지

합일성을 종래의 지식을 휘둘러서 증명할랴는 데서 비난을 받는 것이
다"라고 말했다. 이 말은 앞으로 최남선의 생애와 사상을 연구하고 평가
하는 데 길잡이로 작용할 것이라고 생각한다.

제5부

대종교사상을 수용한 인물들

제1장
정인보의 고대사 인식과 민족주의

I. 머리말

1930년대는 세계대공황과 전시체제로 말미암아 일제의 조선에 대한 수탈이 크게 강화된 시기였다. 일제는 군국주의 파시즘체제의 토대 마련을 위해 조선지성계에 사상탄압을 강화함과 동시에 조선수탈정책의 학문적·이론적 근거를 마련해 나갔다. 이에 따라 조선사편수회·청구학회 등 일제 관학의 중심기관들이 식민주의적 조선연구의 일환으로서 조선사를 정리하고 사회경제사를 연구하였다. 이러한 새로운 상황은 조선지성계의 자기분화를 촉진하였다. 그리하여 타협적 민족주의세력은 친일화로 나가기 시작했고, 비타협적 민족주의세력은 신간회가 해소된 다음 새로운 연대관계를 모색해 나가기 시작했다. 즉, 전자는 열등하고 불구적인 민족성론을 드러내며 패배적 민족주의에 빠져들었던 반면, 후자는 자기의 역사와 문화를 재발견함으로써 민족모순을 치유하고자 하였던 것이다. 이때 후자로 분류되는 인물 가운데 한 사람이 바로 정인보였다.

한말에 태어나 일생의 대부분을 일제강점기에 보낸 爲堂 鄭寅普 (1893~1950)는 1930년대의 대표적인 비타협적 민족주의자 가운데 한 사람이다. 그는 조선의 자강운동세력과 신지식인들의 근대화운동이 일제의 억압과 통치로 말미암아 실패로 돌아가고 한민족이 일제로부터 문화전통을 심하게 훼손당하던 암울한 시기에 민족주의적 역사학자로서 활동하였다. 이때에 그는 무장투쟁론이나 실력양성론 등 당대에 유행하던 급진-완진의 민족운동노선을 따르기보다는 자기 나름의 언론활동과 교육활동 및 한국사연구를 통하여 민족정신을 고취하고자 노력하였다. 다시 말해 그는 문화적인 민족운동을 통하여 한민족이 노예화되는 것을 막고 한민족의 자주성을 수호하고자 노력했던 것이다. 이로써 그는 일제 말기에 많은 민족운동가들이 친일의 길을 걸었던 것과 달리 일제에 타협하기를 거부하고 양심과 지조를 굳게 지킨 민족지사로 널리 알려지게 되었다.[1]

정인보는 일제의 가혹한 식민통치 아래에서 민족적인 각성을 통하여 민족정신을 수호하려고 하였다. 일제관학자들의 한국사 왜곡에 분개하여 그것을 철저히 타파하겠다는 당찬 각오로 역사 연구를 시작한 정인보는 申采浩와 대종교의 역사이론을 계승하여 강렬한 민족주의적 색채를 드러냈다. 그는 민족정신을 고취하고 민족사를 파악하기 위한 논리적 근거로서 양명학에 바탕한 '얼'의 사관을 강조하였다. 이는 일제의 식민주의사학과 민족말살정책이 기승을 부리던 1930년대의 시점에서 한국 역사학의 방향을 제시하고 역사가의 사명감을 진작시켜 주는 것이었다.

---

1) 홍효민, 「담원 정인보론」, 『현대문학』 60, 1959 ; 윤석오, 「정인보」 『한국근대인물 백인선』, 동아일보사, 1970 ; 홍이섭, 「정인보론」 『한국사의 방법』, 탐구당, 1962 ; 김용섭, 「우리나라 근대 역사학의 발달」 『문학과지성』, 1971년 여름호 ; 강만길, 「민족주의론의 반성」 『역사학보』 68, 1976 ; 이기백, 「민족주의사학의 발달」 『민족과 역사』, 일조각, 1978 ; 이만열, 「민족주의사학의 한국사 인식」 『한국사론』 6, 1981.

그러나 동시에 그것은 역사현실과 괴리된 극단적인 신비적·낭만적 정신사관으로서 역사를 지나치게 관념적이며 형이상학적으로 파악한 것이었고, 외세통치하에서 심각한 사회문제로 부상한 민족내부의 계급갈등의 해결에 도움을 주지 못했으며, 그리고 무엇보다도 근대적인 역사연구 방법론이나 철학적·논리적 체계를 수용하지 못한 것이었다. 이로 말미암아 정인보의 민족주의적 역사학이 1930년대의 역사상황에서 민족주체성의 진작에 일정한 기능을 수행한 점은 인정되지만, 그럼에도 한국 근대사학의 계보로 분류하기에는 큰 한계를 지니고 있음도 분명한 사실이다.2)

여기서는 정인보가 이룩한 한국학 연구성과의 여러 측면 가운데 상고사 인식과 민족주의 문제를 다루려고 한다. 기왕에 정인보에 대한 연구는 사학사적 측면, 양명학적 측면,3) 문학적 측면,4) 조선학운동의 측면5) 등 네 측면에서 이루어졌다. 이중 상고사 인식과 민족주의 문제와 관련이 있는 것은 사학사적 측면이다. 그런데 사학사적 측면에서 정인보의

2) 홍기문, 「역사와 언어의 고찰」『조선일보』, 1935년 2월 1~9일자 ; 김태준, 「정인보론」『조선중앙일보』, 1936년 5월 15~19일자 ; 이청원, 「'조선의 얼' 현대적 고찰」『비판』 35, 1937.2 ; 김용섭, 「우리나라 근대 역사학의 발달」 ; 강만길, 「민족주의론의 반성」 ; 이기백, 「민족주의사학의 발달」 ; 이만열, 「민족주의사학의 한국사 인식」 ; 이완재, 「정인보의 한국사인식」『한국사상사학』 4·5합집, 1993.
3) 유명종, 『한국의 양명학』, 동화출판공사, 1981 ; 김길환, 『한국의 양명학 연구』, 일지사, 1981 ; 민영규, 「위당 정인보 선생의 행장에 나타난 몇 가지 문제」『동방학지』 13, 1972 ; 유준기, 「강화학파의 학맥과 사상사적 전개」『국사관논총』 10 ; 민영규, 『강화학 최후의 광경』, 우반, 1994 ; 심경호, 「강화학과 담원 정인보」『어문연구』 28~3, 2000년 가을호.
4) 홍효민, 「위당 정인보론」『현대문학』 60, 1959.12 ; 오동춘, 「위당 시조 연구」, 한강문화사, 1991.
5) 남궁효, 「정인보의 조선학 이론에 관한 연구」『실학사상연구』 8, 무악실학회, 1996 ; 전윤선, 「1930년대 조선학 진흥운동 연구」, 연세대 사학과 석사학위논문, 1999.2 ; 이지원, 『일제하 민족문화 인식의 전개와 민족문화운동』, 서울대 사회교육과 박사학위논문, 2004.2.

상고사 인식과 민족주의 문제를 집중적으로 논급한 연구들은 정인보의
역사관이 집약되어 있는 「오천년간 조선의 얼」(이하 「조선의 얼」)[6]의
내용을 중심으로 그의 역사인식과 민족주의사학론을 다룬 것이 대부분
이었다.[7] 이러한 연구들은 정인보 역사학의 체계와 성격을 알려주는 점
에 있어서 상당히 유익하다. 그러나 동시에 그의 역사학의 시대적 배경
이나 현재성·효용성에 대한 언급이 다소 약한 편이며, 그의 소론에 대
해 냉정한 비판적 시각을 견지하지 못한 경우도 엿보인다. 따라서 여기
서는 선행의 연구성과를 두루 참작하여 논의를 전개하되, 특별히 다음과
같은 점들을 주목하고자 한다.

첫째, 정인보의 상고사 인식에 나타난 역사사실의 진위나 타당성의
문제에 초점을 맞추기보다는 그러한 주장들이 나온 시대적·상황적 배
경과 그러한 주장들이 당대 사회에서 어떠한 역할과 기능을 수행했고 어
떠한 영향을 미쳤는가 하는 점을 우선적으로 살펴보려 한다. 둘째, 정인
보의 역사학에서 조선양명학에 기원하는 양명학적 역사이론과 한말 이
래의 시대적 산물인 민족주의적 역사서술 사이에 어떠한 연관이 있는가
를 주목하려 한다. 셋째, 1920~1930년대 조선학운동 당시의 논설과
「조선의 얼」에 나타난 현재성의 중시 및 민족성의 강조 문제가 정인보
의 상고사 인식 및 민족주의 문제와 어떤 관련이 있는가를 살펴보려 한

---

6) 이 논문은 단군에서부터 삼국시대에 이르는 우리 나라 고대사를 특정 주제를 설
   정하여 통사형식으로 집필한 것인데, 1935년 1월 1일부터 이듬해 8월 29일까지
   『동아일보』 지상에 연재되었다가 해방 후에 『조선사연구』, 상·하(서울문화사,
   1946.9, 1947.7)로 출판되었다.
7) 이만열, 「민족주의사학의 한국사 인식」; 진영일, 「위당 정인보의 사학사상」『공
   주교대 논문집』 21, 1985 ; 진영일, 「위당 정인보의 고대사 인식」『공주교대논총』
   22-1, 1986 ; 천관우, 「정인보의 사학」『한국근대사 산책』, 정음문화사, 1986 ; 박
   성수, 「위당 정인보의 단군문화론」『동양학』 18, 단국대 동양학연구소, 1988 ; 이
   완재, 「정인보의 한국사인식」『한국사상사학』 4·5합집, 1993 ; 최지연, 「정인보
   의 고대사 인식」『숙명한국사론』 창간호, 1993 ; 이상호, 「정인보의 얼사관」『동
   양철학』 12, 2000.

다. 넷째, 결론으로서 사회경제사학자와 실증주의사학자들로부터 혹독한 비판을 받은 정인보의 역사인식에 나타난 관념적·정신적 측면의 한계와 역사인식상의 전근대적 성격의 문제점들을 간략히 논급하려 한다. 이상의 문제인식을 통하여 정인보의 상고사 인식의 전모와 특성이 밝혀지기를 기대한다.

II. 조선학운동에의 참여와 '얼' 사관의 정립

넓은 의미에서 조선학운동(국학운동)이란 한말에서 일제시기까지 한국의 민족정신과 전통문화의 재발견을 토대로 하여 민족독립을 추구한 문화적 민족운동이다.[8] 당시 조선학운동에 종사한 민족주의자들은 면면히 계승된 한국의 국어(문)·국사·신화·제도·법률·관습·풍습 등을 현실사회에서 되살리기 위해 노력하였다. 이로써 그들은 한국의 역사전통과 문화전통을 회복하고 한국인의 저항적 민족의식을 고취하려 하였다. 이는 타민족국가인 일제에 저항하는 문제가 일차적 과제로 대두한 일제강점기에 일본화를 반대하고 한국의 전통과 문화를 지키는 것이 민족적이며 애국적이라는 관념을 전제로 하는 것이었다. 따라서 저술활동과 사상투쟁 등의 형태로 나타난 그들의 조선학운동은 민족독립운동과 불가분의 관계가 있었음이 주목된다.

일제시기 전기간을 통하여 정인보는 조선학운동에 종사하였다. 그는 한학자·국문학자·역사학자·교육가·언론인으로 불릴 만큼 다양한 분야에서 활동을 벌였다. 이로써 그는 일제시기에 한국인들이 벌인 조선학운동에서 일익을 담당하게 되었다. 이때 정인보가 이룩한 조선학운동

---

8) 좁은 의미의 조선학운동이란 1930년대 중반에 비타협적 민족주의자들과 일부 사회주의자들이 정약용탄신 100주년기념을 전후하여 전개한 국학진흥운동을 말한다.

의 성과로는 첫째, 일제시기 동안 꾸준히 시조활동과 문학활동을 전개함으로써 전통문학과 한국문화를 소개한 사실, 둘째, 1920년대 말부터 1930년대 중반까지 역사평론가 겸 문헌고증학자로 활동함으로써 실학의 인적 계보와 그 사상적 특질의 체계화에 일조한 사실, 셋째, 1931년 『동아일보』지상을 통해 이충무공 묘소보존과 位土추환 등 이충무공 현양사업을 벌임으로써 일반 대중의 애국심과 항일의식을 고취한 사실, 넷째, 1933년에 『陽明學演論』을 『동아일보』지상에 발표하여 양명학을 소개함으로써 한국인의 주체적 능력과 자주성을 강조한 사실, 다섯째, 일제의 사상탄압에 굴복하여 투항자가 속출하고 있던 1930년대 중반의 상황 속에서 「조선의 얼」을 발표함으로써 일제의 식민사관을 타파하고 한국인의 민족의식을 고취한 사실 등을 꼽을 수 있다. 이러한 여러 사실들로 미루어 정인보는 일제시기에 한국의 민족주의자들이 벌인 조선학운동의 중심에 서있던 인물이라고 평해도 과언이 아니다.

정인보는 한말 독립운동가를 대거 배출한 저명한 소론계 양반가문인 동래정씨의 후예이다. 그는 양명학자 李建芳의 문하에서 유학사상을 수학하다가 1911~1912년 생모 서씨를 모시고 2차례 서간도의 회인현·유하현·통화현 등지를 다녀왔다.[9] 서간도에 체류하는 동안 정인보는 신흥무관학교를 설립하여 독립운동에 필요한 인재를 양성하고 있던 李石榮·李會榮 등과 자신의 정신적 스승들인 李建昇·洪承憲 등을 비롯한 많은 독립운동가들의 사상과 활동을 체험하는 값진 기회를 가졌을 것이다. 이어 정인보는 1913년 2월 상해로 가서 독립운동 단체인 同濟社에 가입하여 활동하다가 7개월 후에 귀국하였다. 상해에서 그는 申采浩·趙素昻·文一平·洪命憙 등과 기거를 함께 하며 심회를 교환하였고, 朴殷植·申圭植·金奎植·金澤榮 등과 접촉하며 활동범위를 넓혀나갔다.[10] 또한 뛰어난 문장력을 바탕으로 중국 제2차 혁명에 참가

---

9) 남궁효, 「정인보의 '조선학' 이론 체계에 관한 일연구」, 8~9쪽.

하고 있는 陳英士(陳其美)에게 상해거류 조선인을 대신하여 격려문을
지어보내기도 하였다.[11] 이러한 국외활동을 통하여 정인보는 자신의 사
상적 원천인 양명학의 기반 위에 근대적인 민족의식과 역사의식을 덧붙
여나갈 토대를 마련하였다.

　1910년대 중반 이전에 정인보가 민족사관을 형성해감에 있어 상해의
민족지사들은 큰 영향을 미쳤다. 그 중에서도 한국사와 양명학에 조예가
깊은 부친 항렬의 박은식과 한국사와 불교에 일가견을 이룬 선배 항렬의
신채호는 정인보에게 직접적 영향을 미쳤다. 정인보는 자신을 끔찍이 사
랑하는 '介潔無垢한 애국적 노신사' 박은식을 나이차를 떠나 '형님'이
라고 불렀다.[12] 또한 『양명학연론』의 말미에서 『王陽明實記』(1910)를
저술한 박은식에게 질정을 받지 못했음을 못내 아쉬워하였다. 상해에서
정인보는 양명학의 연원인 浙東學派의 활동지 근처에서 태어나 중국의
정신문화를 특별히 강조한 章炳麟·葉德輝 등 이른바 국학파들과 교
유했던 것으로 보이는데,[13] 이때 그는 양명학자인 박은식의 소개로 그
들과 교유관계를 맺었을 가능성이 있다. 또한 그는 "『동사강목』 필사본
을 끼고 다니며 역사연구에 부지런했을 뿐만 아니라 역사문제에 대한 토
론이 벌어지면 항상 형안을 밝히며 자기 나름의 사론을 피력하는" 신채
호를 높이 평가하였다. 실제로 그는 신채호를 '청구사가의 제일인자'·
'문장의 豪'·'명실상부한 사학의 거벽'·"불교에 깊음이 朝鮮人居士
林에 거의 최고요 유학을 배척했으나 일가견을 가진 인물"이라며 극찬

10) 문일평, 「나의 반생」 『호암전집』 3, 조선일보사출판부, 1932, 496~498 ; 조동걸,
　　「연보를 통해 본 정인보와 백남운」 『한국 근현대사의 이해와 논리』, 지식산업사,
　　1998, 322~323쪽.
11) 문일평, 「나의 반생」 『호암전집』 3, 498쪽.
12) 鄭寅普, 「介潔無垢의 朴殷植先生」 『開闢』, 1925.8, 37~38쪽.
13) 민영규, 「위당 정인보 선생의 행장에 나타난 몇 가지 문제」, 6~7쪽 ; 남궁효, 「정
　　인보의 '조선학' 이론 체계에 관한 일연구」, 12쪽. 정인보는 생전에 장병린·엽덕
　　휘의 문집을 머리맡에 가지런히 놓아두었다고 한다.

374 제5부 대종교사상을 수용한 인물들

을 아끼지 않았다.14) 하여튼 정인보는 이들 양인으로부터 대단군주의에
입각한 민족주의적 역사인식을 그대로 이어받았다. 특히, 그는 신채호의
한사군반도재외설・前後三韓說・임나일본부설・백제요서경략설 등을
계승・발전시켰다는 평을 받았을 정도로 학문적 사승관계에서 신채호에
게 많은 영향과 감화를 받았다.15)

　정인보의 민족사관 정립에 영향을 미친 또 다른 요인으로는 단군숭배
를 한민족의 사상지침으로 내세운 대종교의 영향을 고려할 수 있다. 유
학의 일파인 양명학을 신봉한 정인보는 서간도에 머무는 동안 이회영・
이시영의 형제들과 신흥무관학교의 교육방침의 영향으로 대종교를 접했
을 것이다. 그러다가 상해에서 대종교적 민족운동단체인 동제사에 가입
하여 활동하는 동안, 그리고 신규식・박은식・신채호 등 대종교에 입교
한 인사들과 어울리는 동안 단군과 대종교에 대해 일정한 관심과 이해를
가졌을 것이다. 대종교측 자료에 의하면, 그는 나철의 유훈을 받고 국내
에서 활동하던 30여명의 비밀결사 단원 중에 속해 있었고, 1910년대
중・후반 대종교 산하의 興業團이 국내에 비밀결사를 결성할 때에 嚴
柱天・金敎準・明濟世 등 수 십명과 함께 활약하였다.16) 또한 대종교
단이 1917년에 교구를 개편하고 국내에 남도본사를 두었을 때에 유근・
김두봉・안재홍・홍명희 등과 함께 참여한 것으로 확인된다.17) 더욱이

---

14) 정인보, 「단재와 사학」『동아일보』, 1936년 2월 26일 ;『전집』2, 연세대학교출판
　　부, 1983, 98～100쪽. 정인보는 신채호의 권고로「大乘起信論」을 읽었다고 술회
　　하였다. 정인보, 「殘憶의 數片」『신동아』, 1936.4 ;『전집』2, 103쪽.
15) 이만열, 「민족주의사학의 한국사인식」『한국근대 역사학의 이해』, 문학과지성사,
　　1981, 162～163쪽.
16) 李顯翼, 「대종교인과 독립운동연원」, 필사본, 1962, 15～18, 78쪽.
17) 현규환, 『한국유이민사』상, 어문각, 1959, 569쪽. 정인보는 1947～1950년 사이
　　에 대종교의 知敎・尙敎・正敎를 지냈다. 따라서 그는 일제시기에 施敎師나
　　參敎를 지냈을 것으로 보인다. 『대종교중광육십년사』, 대종교총본부, 1971, 942～
　　951쪽.

한일병합 후 만주에서 대종교 시교사로 3년간 활동한 다음 동아일보 충
주지국장(1920) · 제천보통학교장(1923)을 지낸 대종교의 중진 朴勝益
과 '형제의 우정'을 나누기도 하였다.[18] 따라서 1920년대 이후에 정인보
가 단군신앙을 민족통합 · 계급통합의 구심점으로 삼으려는 동아일보계
민족주의자들의 조선학운동에 적극 가담하게 되었던 것도 대종교의 단
군신앙운동에 일정한 자극을 받았기 때문일 것이다.

　1910년대 중반 경까지 정인보는 서간도 · 상해에서의 활동과 대종교
단과 맺은 인연으로 한국적 정체성의 원형인 단군민족주의를 골자로 하
는 민족사관을 수용하게 되었다. 이에 따라 그는 1910년대 중반 경에 일
제가 항구적 식민통치에 필요한 정보를 얻으려는 침략적 동기에서 추진
하고 있던 여러 사업들을 비판하게 되었다. 정인보가 상고사 담론을 유
감없이 펼친 그의 유일한 역사서 『조선사연구(하)』의 「부언」에는 이러
한 취지가 잘 나타나 있다.

　　나는 국사를 공부하던 사람이 아니다. 어렸을 때부터 내 본생 先人이 늘
　말씀하시기를 "너 우리 나라 史冊 좀 보아 두어라. 남의 것은 공부하면서 내
　일은 너무들 모르더라"고 하였건만 다른 노릇에 팔려 많은 세월을 녹였다. 어
　느 해인가 일인들이 『朝鮮古蹟圖譜』라는 '첫 책'을 낸 것을 보니 그 속장
　二三葉을 넘기기 전에 벌써 '분' 한 마디가 나타나므로 "이것 그냥 내버려
　둘 수 없구나" 하였고, 또 어느 해인가 제 소위 '병합 몇 주년'이라고 京日인
　가 每申인가 기념호를 내었는데 소위 '秥蟬碑'의 사진이 몇 해안 대표적 대
　사건의 하나로 올랐다. 이 석각은 龍岡에서 처음 나왔다고 하여 龍岡을 秥
　蟬이라 하고 秥蟬은 漢郡 낙랑의 屬縣이었으므로 이로써 평양이 古樂浪의
　郡治라고 떠드는 것이다. 이것을 보고 일본학자의 조선사에 대한 고증이 저
　의 총독정책과 얼마나 긴밀한 관계가 있는 것을 더욱 깊이 알아 "언제든지
　깡그리 부셔버리리라" 하였다.[19]

───────────

18) 정인보, 「박승익전」『전집』 5, 72~77쪽. 오영섭, 「일제강점기~제1공화국기 대
　　종교인 이용태의 민중계몽활동과 한국식 민주주의론」『국학연구』 9, 국학연구소,
　　2004,

즉, 1915년 3월에 조선총독부가 사진 99장과 채색지도를 첨가하여 제
1권을 펴낸『조선고적도보』는 일제가 식민통치에 필요한 기초자료를 수
집하려는 목적에서 편찬한 것이었다. 일제는 한일합병 직후부터 식민통
치의 정당성을 확보하기 위해 舊慣제도조사사업·고적조사사업·고전
복간사업을 펼쳐나갔다.『조선고적도보』도 이런 과정에서 편찬되었다.
그리고 1913년 일제의 고적조사단은 평남 용강군 해운면에서 서기 85년
경에 건립된 '점제현신사비'를 발굴하였다. 일제의 식민사학자 이마니시
류(今西龍)는 이 비의 발굴을 근거로 한사군이 한반도 안에 있었다는 주
장을 제기하고 나섰다. 몇 년후에 일제는 이러한 주장을 빌미로 평양이
낙랑군의 郡治라며 조선사의 타율성론을 선전하고 나섰다. 이처럼『조
선고적도보』의 출간과 '점제현신사비'를 발굴을 기하여 식민통치의 기
반을 수립하려는 일제의 침략정책은 정인보의 민족의식을 강화시킨 촉
매제가 되었다. 정인보는 일제 식민사학자의 조선사에 대한 자의적인 고
증과 해석이 그들의 총독정책을 뒷받침하고 있음을 절감하고 그러한 식
민사학자의 논리들을 "언제든지 깡그리 부서버리리라"고 다짐하기에 이
르렀던 것이다. 이는 1920년대 말부터 본격화되기 시작한 정인보의 한
국사연구가 일제의 식민사학에 대한 민족적 저항운동의 일환으로 추진
된 것임을 분명히 나타내 준다.

1922년부터 정인보는 崔南善의 추천으로 연희전문학교에 들어가 조
선문학과 한학을 강의하였다. 그는 四書·『사기』·『자치통감』을 가지
고 한문과 한족사를 강의하였고,『열하일기』·『청구영언』·『조선문학
원류』를 가지고 문학을 강의하였다. 또한 그는 이때를 전후하여 협성학
교·불교중앙학교·이화여전 등에서 국학과 한학을 강의하였다. 그런데
문학과 사학은 긴밀한 관계를 가진 학문이기 때문에 정인보의 한학 강의
와 문학 강의는 곧잘 역사 강의로 변하기도 하였다. 당시 그는 강의 사

---

19) 정인보,『전집 4:조선사연구(하)』, 270쪽.

이사이에 한국고대사에 대한 단편적 지식을 소개하거나 양명학이나 조선 양명학파에 대해 논급하였다.[20] 이어 그는 1924년에 동아일보 논설위원이 되었고, 1926년부터는 시조를 창작하여 시조작가로 등단하였다. 또한 그는 1924년 10월부터 『동아일보』지상에 연재된 신채호의 「朝鮮史研究草」[21]를 보고 탄복을 금치 못함과 동시에 국내에 돌아다니는 각종 역사출판물의 반민족적 서술행태에 가슴 가득히 불만을 품기도 하였다. 그러나 이때만 하더라도 정인보는 아직 역사연구에 본격적으로 착수한 것은 아니었다.[22]

정인보는 1924년 2월에 조선민족과 근대한국의 활로를 제시한 논설을 『동아일보』에 발표했다. '형제적 우애로 돌아가자'는 부제가 붙어있는 「永遠의 內訌」은 제1절이 일제에게 삭제 당한 것으로 미루어 정인보의 민족의식이 반영된 글임에 틀림없다. 여기에서 정인보는 현재 조선은 만민이 일심으로 뭉치더라도 지탱하기 어려운 위험에 빠져있으니 우수한 인물이나 단체가 있으면 형제가 서로 돕는 미덕을 발휘하여 그들을 내세우고 후원해야 한다고 주장했다. 이어 그는 조선인은 外人의 사상

---

20) 홍이섭, 「위당 정인보」·「위당 정인보 선생과 국학 연구」『홍이섭전집』8, 연세대학교출판부, 2003, 192~193, 202~203쪽 ; 윤석오, 「정인보」『韓國近代人物百人選』, 동아일보사, 1970.1, 279쪽.

21) 「조선사연구초」는 1924년 10월 13일부터 1925년 3월 16일까지 『동아일보』에 연재된 신채호의 역사평론이다. 이 글들은 『조선사연구초』(조선도서주식회사, 1929)라는 제목으로 간행되었다. 여기에는 「古史上吏讀文名詞解釋法」·「三國史記中東西兩字相換考證」·「三國志東夷列傳校正」·「平壤浿水考」·「前後三韓考」·「朝鮮歷史上一天年來第一大事件」 등 6편의 글이 실려있다. 이중 중국동북지역의 전삼한이 한반도 남부의 후삼한을 형성했다고 하는 「전후삼한고」와 조선문화가 '妙淸의 난' 실패 이후 사대성이 짙어졌다고 하는 「조선역사상 일천년래 제일대사건」은 학술적 영향력이 컸다.

22) 정인보, 『전집 4:조선사연구(하)』, 270쪽. 이때 그는 "그 뒤 申丹齋의 朝鮮史研究草가 들어와 그 眼識을 탄복하는 일면에 역내에 푸뜩푸뜩 돌아다니는 종종의 출판을 퍽 한심하게 여겼으나 모두 한때 한때의 생각이었을 따름이요 제법 국사연구에 손을 대어 본 바 아니었다"라고 말했다.

이나 사업에 대해서는 아첨에 가까운 맹목적 존경과 복종을 나타내면서
자국인의 사상이나 사업에 대해서는 돌아보지 않을 뿐더러 도리어 적극
적으로 비방하고 매장하려 하고 있다며 조선인의 단결심 부족을 질타하
였다. 따라서 그는 조선이 살아남기 위해서는 민족적 내홍을 종식하는
것이 가장 중요하다는 입장을 나타냈다.[23] 이처럼 정인보는 형제애와
단결심의 배양을 통한 대내적 화합과 민족의 사상과 문화의 발견을 통한
대외적 자주를 이룩할 것을 강조했다. 이는 한국의 역사와 전통에 대한
긍정적·자주적 태도를 드러낸 것으로서 양명학에 입각한 주체적 민족
사관의 정립에 초석을 마련한 것이었다.

　1926년 4월 순종 서거 후에 정인보는 왕실을 벗어나 민중을 발견하
는 계기를 맞았다. 순종을 기리는 「大行哀辭」에서 그는 "玉候가 康豫
하시던 平昔에도 九重을 바랄 때마다 형용하기 어려운 느낌을 스스로
억제치 못하였다" 라며 평상시에 순종에 대해 애틋한 충성심을 품고 있
었음을 토로하였다.[24] 이처럼 정인보가 옛 군주에게 미련을 보인 것은
그가 유교이념에 철저한 명문 양반가문의 후손이라는 사실 외에도 왕실
과 가까운 인사들과 관계가 긴밀했기 때문이었다. 다시 말해 그는 소론
계의 보황적 민족주의자인 李會榮·李相卨과는 가문간에 세교가 있는
처지였고, 순종 측근의 '근신'과 '근시'들과도 친한 사이였으며, 일제강
점 후까지도 고종의 충신으로 남아있던 閔永達·韓圭卨 등을 직접 곁

---

23) 정인보, 「영원의 내홍」 『동아일보』, 1924년 2월 13일 ; 『전집』 2, 285~287쪽.
24) 정인보, 「大行哀辭-울려 해도 다시는 잊지 못할 이 설움」 『동아일보』, 1924년
　　4월 27일 ; 『전집』 2, 287쪽. 또한 그는 순종의 관이 나가는 것을 애도한 「梓宮마
　　저 가신다」라는 글에서 "이 궁문을 이 길로서 나시고 이 백성을 이 날로써 못보시
　　니 지극히 슬프옵신 우리 大行의 宸襟을 차마 어찌 생각으론들 이치을 수 있으
　　랴…슬픔은 슬픔으로써 돕는 것이라. 떠나시는 大行을 우는 한편에 남아 있는 우
　　리를 울지 않을 수 없고, 이 울음까지 마저 大行께 향하게 되매 스스로 우리를
　　옮이 한층 더 새로웁게 되니 끝없는 이 순환을 대행은 굽어보시련만" 이라며 순
　　종을 참으로 극진히 애도하였다.

에서 모셨던 인연이 있었다. 이중에서도 고종의 내탕금 관리인으로서
일제의 작위를 거절한 항일 성향의 민영달이 한말 의병운동과 고종망명
운동 및 기타의 민족운동에 거액의 자금을 은밀히 지원한 사실을 높이
평가하였다.[25] 이처럼 정인보는 순종 사망 이전까지만 해도 근왕적 정
치성향과 밀착해 있었기 때문에 「裕陵誌文」을 짓고 『동아일보』에 순
종추모문을 세 차례나 실었던 것이다. 그러나 정인보는 1924년 8월 민
영달의 사망 직전에 민족의 단결심과 자주성을 내세우다가 순종의 서거
를 계기로 조선의 민족과 민중을 발견해 가는 새로운 단계로 접어들게
되었다.

  1920년대 말부터 정인보는 차츰 역사연구에 관심을 기울여나갔다. 그
리하여 1930년대 중반경에 비타협적 민족주의계의 조선학운동을 주도
하는 위치에 오르게 되었다. 즉, 그는 1929년에 문광서림에서 간행된 李
瀷의 『星湖僿說』을 교열하고 거기에 서문을 붙였으며, 1931년에 18종
의 고서를 해제한 「조선고서해제」를 『동아일보』에 연재했을 뿐만 아니
라 동아일보사의 이충무공 선양운동에 적극 찬동하는 글들을 잇달아 발
표했다. 1933년에는 『양명학연론』을 역시 『동아일보』에 66회에 걸쳐서
기고했으며, 1934년에는 정약용의 생애와 사상을 소개하는 글들을 『동
아일보』에 발표하였다. 이어 1935년 1월 1일부터 이듬해 8월 28일까지
『동아일보』 지상에 자신의 역사연구를 집약한 「조선의 얼」을 기고하였
다. 이중 『양명학연론』은 소년기부터 이수한 양명학의 이론과 중요 인
물의 약전을 개술한 양명학 개론서에 해당하는 것이며, 『동아일보』의

25) 정인보, 「閔永達傳」 『전집』 5, 44~52쪽. 乙未以後 起義兵者 多遙聯永達 永
    達所長 在足智慮敢爲 赴事機如鶩 然世亟變 隱度或不中 用是 虛耗金錢無
    算. 민영달의 고종망명운동에 대해서는 李曾馥, 「高宗皇帝와 友堂先生」 『友
    堂李曾榮略傳』, 乙酉文化社, 1985, 187~196쪽. 정인보는 문집의 곳곳에서 신
    규식·이상설·한규설·민영달 등 보황적 민족주의자들을 기리는 글을 다수 남
    겼다.

일장기말소사건으로 중단된「조선의 얼」은 일제식민사학자들의 한국사
왜곡과 일부 국내학자들의 비주체적인 역사연구에 대한 의분심에서 집
필된 것이었다. 따라서『양명학연론』과「조선의 얼」을 통한 '얼'사관의
정립과 한국고대사 연구는 정인보의 반식민주의적 역사학의 골자를 이
루고 있었다.

다양하게 펼쳐진 정인보의 조선학연구는 실학사상의 발굴과 선양, 양
명학의 주체사상 강조, 한국고대사의 우수성 강조 등으로 나타났다. 두
말할 필요도 없이 그의 조선학운동은 한국사와 한민족의 영광과 존엄을
강조하려는 의도에서 시작된 것이다. 이중 해방 후 일제의 식민사관의
타파를 지상과제로 여겼던 한국사학계에 직접적 영향을 미친 것은 실학
사상의 발굴과 선양 문제였다. 이처럼 실학자들의 사상과 업적을 선양하
는 사업은 대한제국기의 애국언론과 1910년대 조선광문회의 고전복간
사업을 계승하는 의미를 지니고 있었다. 특히, 실학계 인사들의 저작을
집중적으로 복간하려는 계획을 세웠던 광문회의 고전간행사업은 정인보
의 실학운동에 직접적 영향을 미쳤다.[26] 이로써 정인보는 비주체적 모
화사상에 기초한 虛學을 비판하고 민족의 주체적 학문체계인 실학을 강
조함으로써 반식민주의사관을 정립하게 되었다.

「조선고서해제」에서 정인보는 鄭尙驥・鄭齊斗・金正浩・洪大容・
李重煥・申景濬・李瀷 등 실학계 인사들의 저작과 인물을 적극적으
로 소개・평가하였다. 그는 양명학자 정제두에 대해서 "오직 고심으로
양반제도의 소탕과 限民名田의 성립을 연구하여 實心으로 학문을 향했
던 사람"이라는 호의적 평가를 내렸다.[27]『담헌서』를 지은 홍대용에 대
해서 "자주를 主하는 實學과 自土를 衛하는 實政을 擧하려는" 생각을
지닌 실학자라고 평하였다.[28] 또 그는「藿憂錄」해제에서 시대와 백성

26) 오영섭,「조선광문회 연구」『한국사학사학보』3, 2001, 11~117쪽.
27)『전집』2,「조선고서해제」, 16~18쪽.

의 어려움을 구하려는 이익의 토지제도론에 대해서 朴趾源・朴齊家
등의 토지제도론의 원형에 해당되며, 조선역사의 최대의 폐해인 당쟁의
원인이 사회경제적인 문제에서 파생된 것임을 설파하였다.[29] 이처럼 정
인보는 실학계 인사들의 저작을 해제하면서 實心・實學・實政 등의
용어를 사용함으로써 민족의 주체적 학문체계인 실학의 개념화・체계화
에 기여하게 되었다.

「조선고서해제」에서 정인보는 '근세 조선학'의 계보를 이익에서 鄭
尙驥로 이어지는 계열, 李頤命과 金萬重으로부터 홍대용을 포함하는
계열, 정제두의 양명학을 계승한 일파로 구분하였다.[30] 이어 그는 정약
용 서거 99주년과 100주년을 기리는 1934~1935년간에 벌어진 조선학
운동에서 실학의 계보를 柳馨遠 → 이익 → 정약용으로 설정하였다. 그
는 "조선 근고의 학술사를 綜系하여 보면 磻溪가 一祖요 星湖가 二祖
요 茶山이 三祖인데 그 중에도 精博明切함은 마땅히 다산에게 미룰 것
이니"라고 하여 정약용에 이르러 실학이 집대성되었음을 언급하고 그를
"근세 조선의 유일한 정법가"라고 평하기에 이르렀다. 나아가 정인보는
"학자가 민중의 影慕의 的인 바에는 학자의 추향이 곧 전민중적인 趨
向이라"는 인식 하에 "선생의 經學은 민중적 경학이라. 어떠한 특수 문
호의 高據하던 학문이 아니요 경학이면서 政法이라. 이로써 민국의 실
익을 資할 만큼 實究 實解하려는 공부이다"라며 정약용의 학문이 민국

---

28) 『전집』 2, 「조선고서해제」, 23~28쪽.
29) 『전집』 2, 「조선고서해제」, 47~52쪽.
30) 실학의 계보 정립과 성격 부여 문제는 최남선이 1928년에 짓고 1930년에 발표한
　　『朝鮮歷史講話』 제33장 '문화의 진흥'란에서 이미 제기된 바가 있었다. 최남선
　　은 유형원 → 이익 → 정약용으로 이어지는 실학계보와 박지원・홍대용・이덕
　　무・박제가 등 북학파에 의한 북학론을 한국 역사상 '처음으로' 간략히 언급하였
　　다. 이 주장은 해방 전후에 나온 그의 『古史通』과 『國民朝鮮歷史』에서 되풀이
　　되었다. 따라서 정인보의 실학운동은 최남선의 주장을 부연하고 개념화한 점에서
　　그 의의를 찾을 수 있다.

에 실익이 되는 민중적 학문임을 강조하였다.[31]

그러면 정인보의 특유한 정신사관인 '얼'사관의 논리와 한국사연구는 어떠한 연관이 있는가? 먼저, 1924년에 민족적 단결심과 자주성을 강조하는 글을 발표했던 정인보는 1928년 이후에 양명학적 역사인식을 나타내기에 이르렀다. 1928년 여름에 우이동에서 열린 하령회에서 정인보는 조선의 병통으로서 인순·구차·허식·당파·猜忌·冷薄 등 여섯 가지를 들었다. 이어 이러한 병통의 근원은 외래의 학술이나 전제군주나 권신의 위세에 있는 것이 아니라 바로 개인들의 自利를 추구하는 마음에 있다고 하였다. 따라서 그는 조선민족의 병통 제거를 위해서는 나와 남의 구별이 없고, 자아와 자연이 일체가 되며, 생각과 행동에서 공동적·민족적이며, 만사에 악착같은 비교가 없는 본심을 환기해야 한다고 주장했다. 아울러 본심 환기의 유일한 지름길은 어떤 일을 행함에 있어 자신만이 분명히 아는 '不安念'을 강렬하게 일으키는 것이라고 보았다. 그런데 良知의 작용에 따라 자신만이 은밀히 자각하게 되는 불안념은 실제 행위에 착수하기 전부터 개인들이 스스로 느끼는 느낌이며 모든 이들을 善으로 인도하는 본심에 다름 아니라고 주장했다. 그렇기 때문에 정인보는 특정 민족의 성쇠와 존망의 원인은 개개인들이 홀로 아는 본심의 자리를 찾는 데서부터 시작된다는 믿음을 드러냈다.[32]

양명학의 본심 추구 문제는 민족의 주체성 확보 문제와 함께 정인보가 학술과 사상을 연구하고 평가하는 기준이 되었다. 그는 조선 멸망의 주원인은 조선 자체의 사상적 허약함과 근대문물을 앞세운 일본의 군사적 강대함이 초래한 것임을 간파하였다. 따라서 그는 모화적 유림들이 신봉한 중국문화나 일제의 침략 도구로 이용된 서구문화는 선택적 여과

---

31) 『전집』 2, 「茶山先生의 일생」·「유일한 정법가 丁茶山先生 敍論」, 63, 69, 70~71, 81~82쪽.
32) 정인보, 「歷史的 膏肓과 吾人의 一大事」 『靑年』, 1928년 9~10월 ; 『전집』 2, 273~284쪽.

과정이 없이 조선에게 강요된 것이기 때문에 그것에 대항하여 동방문화
와 조선문화를 지키는 것이 무엇보다도 중요하다고 보았다. 다시 말해
그는 조선문화-중국문화, 조선문화-서양(일제)문화의 예속관계가 가
로놓인 역사적인 이중적 모순을 타파하고 민족의 주체성을 되살리는 것
을 중시하였다. 이를 위해 그는 조선문화의 정신·사상·문화·문학·
역사의 주체성과 전통성을 강조하고 고취하면서 우리의 자주의지를 되
살리려는 노력을 경주하였다.[33] 이러한 맥락에서 정인보는 조선문화의
재발견을 가로막는 실체이자 조선민족의 정신적 식민지화의 원인인 중
국문화와 서구문화에 대한 비판적·저항적 인식을 토로하였다.

　정인보는 양명학의 實心과 實行의 논리를 동원하여 중국문화의 수용
방식이 비주체적이며 사리추구적임을 비판하였다. 그는 조선의 역사는
오직 虛와 假의 자취에 불과하다는 입장을 나타냈다. 그에 의하면, "수
백 년간 조선에서 유일한 학문으로 군림한 정주학을 신봉한 부류는 두
갈래로 갈라지는데, 하나는 그 학설로 자기의 편의를 도모하려는 私營
派요, 다른 하나는 그 학설로 중화의 嫡傳을 조선에 드리우자는 尊華派
이다. 이들은 평생을 몰두하여 心性만을 강론하고 實心을 추구할 생각
은 적었으며, 일평생 요란하게 도의를 표방했으나 자신밖에는 보이는 것
이 없었다. 이런 경향이 지속되어 그 학문은 虛學으로 그리고 그 행실은
虛行으로 전락하고 말았다. 그 때문에 조선인의 실심과 실행은 학문의
울타리 밖에서 구차스럽게 잔존했을 뿐이며 온 세상에 가득한 것은 오직
虛心이요 虛行에 지나지 않았다. 따라서 조선은 自私念의 영역을 떠나
실심과 실행을 되찾아야만 참다운 학문의 경지에 나갈 수 있을 것이다"
는 것이었다.[34]

　정인보는 서구 근대문화의 무분별한 수용에 대해서도 중국문화의 비

---

33) 남궁효, 「정인보의 '조선학' 이론 체계에 관한 일연구」, 13~14쪽.
34) 정인보, 「양명학연론」, 『전집』 2, 113~114쪽.

주체적인 수용 사례와 같은 방식으로 비판해 들어갔다. 즉, 그는 "영길리의 모학자, 불란서 모대가, 독일의 모박사, 로서아의 모동무의 말씀을 세계적 대학문이라고 하여 중시하고 자신의 '마음'을 우스운 것으로 간주하여 버려두는 것은 實心을 죽이어 '他說'을 살리는 것이나 다름없다"고 주장하였다. 또한 그는 "실심에 의해 시비분별을 거치는 과정이 없이 서양학자의 언설인 타설에만 표준을 세워 의지하는 것은 실심을 버리고 밖으로만 나도는 타설을 신봉하는 것과 같다. 따라서 실심을 경시하는 자에게는 自私念이 쉽게 침투하게 되며, 만약 그렇게 되면 날이 갈수록 실심을 경시하고 타설에만 의지하게 되어 결국에는 자사념의 이용물로 떨어지고 만다"고 보았다.[35] 따라서 그는 실심을 환성하여 주체성을 살리는 방법을 연구하고 그러한 정신과 자세로서 학문을 해나가야 한다고 주장하였다.

양명학적인 실심과 실행을 되찾는 것이 주체성과 자주성을 지켜나가는 지름길이라는 정인보의 인식은 개인과 민족이 하늘에서 부여받은 고유한 얼을 되찾고 강조하는 문제로 이어졌다. 그는 "사람의 존재는 軀殼으로서의 존재를 말하는 것이 아니다. 얼의 존재가 이른바 사람의 존재이니 누구나 얼빠진 사람이 꺼풀사람일 것임을 인정한다"고 하여 얼을 주체적인 자아이자 인간존재의 핵심 요소로 파악하였다.[36] 또한 그는 "생사·영욕·천하·우주라도 개인에게서 얼을 빼앗아가지 못하는 것이니, 만약 얼을 잃어버린다면 이는 스스로 버린 것이요 스스로 죄를 지은 것이다"고 하였다.[37] 따라서 학문·예교·문장·역사도 얼이 아니면 성립하지 못하고 얼이 없는 경우에는 假요 實이 아니며, 따라서 역사상의 진실구명작업이란 개인의 양지를 바탕으로 얼의 실마리를 찾

---

35) 정인보, 「양명학연론」, 『전집』 2, 114~116쪽.
36) 『전집 3:조선사연구 上』, 5, 8쪽.
37) 『전집 3:조선사연구 上』, 6, 10쪽.

아나가는 작업에 다름 아니라고 보았다.[38]

이러한 역사해석은 자아와 타아를 판별하는 주체요 인간이라면 누구나 본래부터 가지고 있는 순수한 앎인 동시에 주체적인 자각능력의 원천인 양명학의 양지를 얼의 인식과 결부시켜 이해한 것이다. 나아가 동시대에 서유럽의 역사발전법칙을 한국사에 기계적으로 적용한 사회경제사학이나 민족정신이나 신념을 도외시하고 개개의 사실 규명에 치중한 실증주의사학과 좋은 대조를 이루고 있다.

정인보는 주체적 자아로서의 얼이 개인적 차원에만 머무는 것이 아니라 보편적 정신으로까지 확대된다고 보았다. 그는 "얼은 가깝게 일민족으로부터 크게 전인류 내지 천지만물에 이르러 일체되는 것"이라며 얼이 개인과 민족으로부터 인류에까지 미치는 보편성을 지닌 것임을 주장하였다.[39] 또한 "얼, 사람의 얼, 종족이 이에 의하여 存延하고 聖胎되며 이에 의해 圓成하는 것이라"며 개인의 얼의 확대된 실체로서의 민족정신을 강조하였다. 이런 주장은 불사불멸하여 실체가 없는 얼이 살아있는 동안은 주권을 잃은 민족이라도 죽지 않고 의연히 살아있다는 점을 강조하는 쪽으로 나가기 마련이었다. 다시 말해 국가와 민족의 성쇠와 융락에 상관없이 주체적 양지의 발현인 얼의 공능이 유지되는 한 국가와 민족은 생명을 지니게 된다는 것이었다.[40] 따라서 오천년간의 조선역사에서 조선의 얼을 뽑아내고 정리하여 외세의 침략에 대항할 에네르기로 삼아야 한다는 것이 정인보의 '얼'사관의 요지였다.

정인보는 역사학은 역사의 대척주인 얼을 추색하는 학문이며 역사가의 사명은 낱낱의 역사적 사실을 탐구하여 역사의 대척주인 '얼'의 큰 줄기를 찾는 것이라고 보았다. 이때 그는 개인과 민족의 '얼'을 빼놓은

---

38) 『전집 3:조선사연구 上』, 6, 10, 29쪽.
39) 『전집 3:조선사연구 上』, 12쪽.
40) 『전집 3:조선사연구 上』, 22∼23쪽.

1930년대 중반 당시의 역사학은 그것이 일제관학자의 것이든, 총독부의 식민지 문화정책에 동조한 친일사학자들의 것이든 모두 쓸데없는 것이요 오히려 해악을 끼치는 것이라고 보았다. 그는 문헌고증학을 내세워 한국사를 난도질하는 식민주의사학의 한국사 왜곡이 일제의 식민정책과 불가분의 관계에 있음을 간파하고 양명학의 '얼'사관에 입각하여 한국고대사를 연구하게 되었던 것이다. 따라서 이러한 '얼'사관은 박은식의 국혼, 신채호의 낭가사상, 문일평의 조선심과 유사한 정신사관으로서 나라를 빼앗겼더라도 정신만 굳게 지키면 언젠가는 국권을 회복할 수 있다는 신념에 기초한 것이었다.

Ⅲ. 상고사 인식의 체계화와 대단군주의

1. 단군과 고조선 · 기자조선 인식

정인보는 「조선의 얼」에서 우리 민족과 다른 민족의 항쟁을 중심으로 역사를 기술하였고, 그러한 투쟁의 역사 속에서 의연히 살아있는 민족의 얼을 찾고자 하였다. 또한 그는 일제의 타율성론을 타파하기 위한 애국적 · 민족적 목표를 가지고 한국고대사 연구에 심혈을 기울였다. 그는 한국고대사에 보이는 다른 민족과의 투쟁정신을 강조함으로써 식민지 백성으로 전락한 한국민족에게 민족정신을 각성시키는 역할을 수행했던 것이다. 이처럼 정인보의 사학은 역사연구를 통해 식민지 상황을 극복하려는 투철한 현실인식에서 출발하고 있었다. 그러한 현실인식이 한국고대사의 전범위에 반영되었음은 물론이다.

먼저, 정인보의 단군론은 황국사관에 의거하여 단군을 부인하고 격하하려는 일제 관학자들의 침략적 단군론을 타파하기 위한 것이었다. 구체적으로, 일제 관학자들은 신화속의 인물인 일본시조 아마테라스 오미카미(天照大神)의 동생 스사노오노 미코토(素盞嗚尊)가 단군과 동일인이라 하며 일선동조론을 주장하거나, 아니면『三國遺事』에 인용된『魏書』의 내용이 현존『위서』에 보이지 않는다는 사실을 내세워 단군신화가 고려시대에 조작된 것이라는 단군신화설을 선전하였다. 이에 대해 정인보는「조선의 얼」서두에서 "조선의 시조는 단군이시니 단군은 신이 아니요 사람이다. 백두산과 송화강을 터전 삼아 조선을 만드시니, 조선 민족은 단군에서 시작되었다"고 하여 단군은 신이 아니라 사람이며 백두산에 도읍한 한민족의 시조요 한민족의 영광과 번영의 기반을 닦은 인물"이라고 단언했다.[41] 또한 그는『위서』에는 여러 종류가 있다고 하면서『삼국유사』에 인용된『위서』는 현존하는 拓跋氏의 위서가 아니라 王沈의『曹魏書』임을 논증한 다음 현존하는『위서』만 가지고서 단군의 존재를 부정할 수는 없다고 하였다.[42]

단군신화의 근거가 되는 단군기사에 대해 정인보는 신화적 부분과 사실적 부분으로 구분하여 파악함과 동시에 사실부분의 역사적 의미를 부각시켰다. 즉, 그는 단군신화에서 桓因에서부터 웅녀까지의 부분은 신화로 인정한다고 하더라도『삼국유사』의 "단군왕검이 唐高(堯) 즉위 50년 경인년에 평양성에 도읍하여 비로소 조선이라고 칭했다"는 부분과『帝王韻紀』의 "단군이라 명하고 조선지역을 점거하여 왕이 되었으니, 故尸羅・高禮・南北沃沮・東北沃沮는 모두 단군의 후예이다"라는 부분은 어디까지나 사실로 간주해야 한다고 보았다.[43] 아울러 그는 현재 남아있는 기록이 없다고 하더라도 우리의 시조가 단군임은 의심할 바

---

41)『전집 3:조선사연구 上』, 32쪽.
42)『전집 3:조선사연구 上』, 33쪽.
43)『전집 3:조신사연구 上』, 46쪽.

가 없는 사실이며 기록이 남아있지 않더라도 사실은 없어지지 않고 민간
에 남아있게 된다고 주장했다.[44] 이처럼 단군신화를 신화부분과 사실부
분을 갈라서 보려는 태도는 일제 관학자들의 단군부정론을 비판하기 위
함이며, 단군신화에서 단군시대의 사회적 단계와 성격을 밝혀내려는 사
회경제사학자들의 영향을 받은 때문일 것이다.

　단군과 관련된 몇 가지 중요한 문제에 대한 정인보의 주장을 알아보
면 다음과 같다. 첫째 단군의 近久문제에 대해 정인보는 『삼국유사』의
"御國이 1500년, 享壽가 1908년"이라는 기록과 『세종실록지리지』의
"향국 1038년"이라는 기록을 조선초기의 문신 權近이 주장한대로 단군
일세만의 기록이 아니라 단군조선의 傳世로 파악하였다.[45] 둘째, 단군
의 연원문제에 대해 정인보는 『삼국유사』의 "昔有桓因"의 주에 "桓因
謂帝釋也"라는 구절을 근거로 단군을 불교의 帝釋天의 후예로 보는 것
은 승려들의 오류이며 인간계의 천왕이자 실체가 분명한 단군으로 보아
야 한다는 입장을 나타냈다.[46] 셋째, 단군의 國都문제에 대해 정인보는
언어학적인 방법을 동원하여 단군이 터전을 잡은 곳은 백두산이며 평양
은 수도를 나타내는 고어이기 때문에 수도의 천이에 따라 여러 개의 평
양이 있을 수가 있다고 하였다.[47] 넷째, 단군의 神化문제에 대해 정인보
는 단군은 조선의 시조이고 아사달(장백산)은 조선의 발상지인데 단군이
죽자 단군을 아사달의 주신으로 숭상하기 위해서 후세인들이 신으로 떠
받드는 것을 '神化'라고 표현한 것이라고 하였다.

　이상 정인보의 단군론은 민족의 시조인 단군을 신이 아니라 인간으로
파악했으며, 단군에 관한 기록을 신화부분과 사실부분으로 분리시켜 신
화 속에서 역사성을 추출하려는 점이 특징적이다. 이러한 주장은 최남선

---

44) 『전집 3:조선사연구 上』, 33쪽.
45) 『전집 3:조선사연구 上』, 36쪽.
46) 『전집 3:조선사연구 上』, 36~39쪽.
47) 『전집 3:조선사연구 上』, 39~41쪽.

의 단군론과 신채호의 단군론에 기초한 것으로서 독창적인 의미는 적은 편이다. 그러나 1930년대 중반 일제 관학자와 그 아류들의 단군말살론을 비판한 것이라는 점에서 일정한 의의를 찾을 수 있다.

다음, 우리나라 최초의 국가인 고조선에 대한 정인보의 인식을 알아 보겠다. 고조선에 관해서는 그 강역과 중심 지역뿐만 아니라 기자조선과 위만조선, 한사군과 삼한문제, 동이족의 활동 영역 등의 문제가 미해결의 과제로 남아있다. 이로 인해 한국의 초기 국가성립 문제가 명쾌하게 해결되지 않고 있다. 그러나 최근 인류학 이론과 고고학 연구성과의 도입으로 한국 초기역사에 대한 실마리가 풀리고 있다. 여기서는 신채호의 고조선 인식을 전폭 인용한 정인보의 고조선 인식을 개략적으로 살펴보기로 하겠다.

고조선의 강역과 국가 규모의 문제를 알아보겠다. 정인보는 조선이라는 명칭은 어떤 일방이나 일국을 특별히 가리키는 것이 아니라 '管屬된 土境'을 말하는 것이며, 그 토경의 치하에 국가를 여럿 건립하여 가지고 이를 통괄하여 부르는 명칭이라고 보았다. 이를테면, 그는 고조선을 특정한 통치권 내에 있는 많은 국가를 총괄하는 명칭으로 보았고, 따라서 發朝鮮·眞番朝鮮·濊貊朝鮮·樂浪朝鮮 등을 모두 고조선의 영역 안에 있는 조선족들로 파악하였다. 이는 고조선의 강역을 상당히 넓은 지역으로 인식한 것이다. 실제로 그는 고조선의 판도를 한반도 이외에 開原이북과 興京이동까지로 보아 吉林·奉天·黑龍江省까지 거의 포괄하는 것으로 보았다.[48]

정인보는 광대한 영토를 가졌다고 파악한 고조선의 중심지역을 어디로 비정했는가. 고조선의 수도 왕검성을 箕準과 衛滿이 도읍한 곳으로 간주한 정인보는 왕검성은 『한서지리지』의 險瀆으로서 樂浪 浿水의 동쪽에 있었는데 패수는 지금 海城懸 서남쪽에 있는 遊泥河의 옛 지명

48) 『진집 3.조신사연구 上』, 48~51쪽.

이므로 해성이 곧 險瀆이라고 하였다. 결국 그는 고조선의 중심지로서 왕검성을 험독으로, 그리고 그곳을 지금의 요동 해성으로 보았다.[49] 따라서 왕검성과 험독과 해성을 동일시하는 정인보의 주장은 고조선의 중심지를 논할 때에 고조선의 서쪽경계는 중국세력과의 충돌로 변화가 있었지만 고조선의 중심부는 여전히 요동지방이었다는 신채호의 요동중심설을 그대로 따른 것이었다.

정인보는 고조선의 판도와 동이족의 활동영역을 연결시켜 파악하였다. 그는 여러 문헌에 나오는 畎夷·方夷·千夷·黃夷·白夷·赤夷·玄夷·風夷·陽夷 등 九夷는 동이족 안에 무수히 많은 小國이 있던 것을 반영한 것이라고 보았다. 이어 그는 周代의 淮夷·徐夷 등의 동이족이 강대한 세력을 이루어 어느 때는 전중국을 진동시켰다며 동이족의 세력이 강대했음을 주목하였다.[50] 이처럼 정인보가 동이족의 활동을 중시한 것은 동이족의 활동영역을 조선의 세력권으로 보았기 때문이다. 이는 삼국이전 동이족의 활동영역을 북으로 북만주일대까지 서남으로 요서·발해만·산동·산서 및 淮·양자강 유역까지 미쳤다고 주장한 신채호의 인식과 같은 것이었다. 이를테면, 정인보는 신채호처럼 중국에서의 동이족의 활동을 조선인의 식민활동의 일환으로 파악함으로써 한국고대사의 영광을 높이려 하였던 것이다.

고조선의 사회와 역사 문제에 대해 정인보는 고조선은 언어와 풍속과 시조를 같이하는 느슨한 통일국가라고 보았다. 그는 고조선 내의 무수한 小國들에는 각기 汗(군주)이 있는데 그러한 汗들의 상위에 그들을 통치하는 최고의 군주인 또 다른 汗이 군림하는 정체가 바로 고조선이라고 하였다. 그렇기 때문에 고조선에서는 정령이나 문화가 조금도 지체 없이 널리 실행된다고 하였다.[51] 나아가 단군이래 조선족이 번성·분화하여

---

49) 『전집 3:조선사연구 上』, 57쪽.
50) 『전집 3:조선사연구 上』, 53쪽.

지대와 칭호가 달라지기는 했으나 扶餘·濊·挹婁·沃沮·三韓은 모두가 단군을 시조로 하는 하나의 역사권을 형성했다고 보았다.[52] 이러한 주장은 고조선의 후예인 부여 이래의 여러 고대국가들을 하나의 통합된 단일한 세력권으로 파악하기보다는 같은 조상아래 공통된 언어와 생활습관을 갖고 분화·발전한 하나의 문화권 내지 생활권의 의미로 파악한 것이었다.

다음은 정인보와 같은 유교지식인들이 민감하게 반응한 기자조선 문제이다. 일제 관학자들은 조선시대에 유교지식인들이 한결같이 주장하던 箕子東來說이나 箕子朝周說을 특별히 강조하여 기자조선이 중국인 이주자인 기자에 의해 이룩된 식민국가인 것처럼 주장하였다. 그러나 이것은 신채호나 최남선의 선구적 연구로서 이미 부정되었다. 이에 대해 정인보는 언어학적 방법론을 동원하여 기자동래설을 부정하였다. 그는 주나라 무왕이 기자를 조선에 봉했다거나 기자가 주왕실에 조회를 드렸다는 『사기』의 기록은 모두 허위라고 보았다. 따라서 그는 殷人 기자와 조선은 아무런 관계가 없다며 기자조선설을 부정했던 것이다.[53]

정인보는 衛滿에게 쫓기어 도망한 箕準은 고조선의 천왕이요 단군의 후예라고 보았다. 그는 『삼국지』에는 고조선에 대해 '候'나 '淮'라고만 불렀을 뿐 箕姓은 없었고, 또한 『魏略』의 '箕子之後'라는 구절은 기자 이후 시대를 범칭하는 말로서 기자의 자손을 가리키는 것은 아니라고 보았다. 이때 그는 箕否와 箕準은 조선왕 否·準를 표현한 것이며, '箕'는 조선 고대의 최고의 존칭인 군주를 나타내는 '검'이라는 의미의 지닌 용어로 보았다. 따라서 그는 箕否와 箕準은 白山시대의 옛 명칭을 그대로 전승한 단군의 후인이기 때문에 그들의 왕조를 고조선 시대에 포함되

---

51) 『전집 3:조선사연구 上』, 53, 73쪽.
52) 『전집 3:조선사연구 上』, 60~70쪽.
53) 『전집 3:조선사연구 上』, 54쪽.

는 것으로 파악하였다.[54] 이는 정인보가 한국고대사의 주체적 인식과
그 체계화를 위해 기자를 중국인 이주자가 아니라 고조선 사회 자체 내
에서 성장·발전한 세력으로 파악하려는 것임을 보여준다.[55]

2. 부여와 고구려 중심의 상고사 인식

일제강점기에 민족주의사학자들은 고조선의 정통 후계자로서 부여·
고구려를 주목하였다. 이는 한국고대사의 흐름을 고조선에서 부여를 거
쳐 고구려로 이어진다고 보았던 것이다.「讀史新論」에서 신채호가 제
기한 부여·고구려 중심의 고대사 인식체계는 단군조선-기자조선-위
만조선-삼한-신라로 이어지는 종래의 그것과는 판이하게 구분되는
것이었다. 당시 신채호는 단군의 정통이 부여로 계승되었고, 단군의 후
예인 부여왕조가 기자를 부리고 있었고, 고구려가 부여에서 파생되었으
며, 한족과의 투쟁에서나 삼국간의 전쟁에 있어서 고구려가 주도역할을
맡았다는 의미에서 부여·고구려 중심의 고대사 인식체계를 수립하였
다. 정인보는 신채호의 고대사 인식체계를 그대로 계승하고 있다. 그는
단군정신의 계승이라는 측면에서 부여·고구려를 중시하였고, 이러한
정신은 한족에 대한 투쟁속에서 더욱 성장 발전한 것으로 보았다.

정인보에 의하면, 부여는 고조선의 후예 종족 가운데 가장 부유하고
강력한 대국이요 고조선의 가장 귀한 지역을 차지한 나라였다. 또한 민
속이 순박하고 단군의 혈통을 그대로 이은 나라로서 그 수도가 남천한
후에도 '根本重地'로서 고조선 후예국들의 핵심적 존재로 남아있었다.
그러한 부여는 "정신의 誕育으로서 가장 고귀한 正嫡"으로서 고구려정

---

54)『전집 3:조선사연구 上』, 58쪽.
55) 이만열,「민족주의사학의 한국사인식」『한국근대 역사학의 이해』, 문학과지성사,
    1981, 170~171쪽.

신의 정통적 계승자였다. 이러한 부여의 강역은 동으로 연해주 綏芬河, 서로는 遼水, 북으로 弱水, 남으로 고구려와 접한 광대한 영토를 가지고 있었다. 아울러 부여가 王否·王準과 병치하고 있었지만 그들의 왕조는 閏位(참위)에 해당하며 부여 천자만이 고조선의 正嫡이 된다는 것이었다. 이때 부여의 시조인 해모수가 천제의 자라고 불리는 것은 그의 선계가 단군에게서 시작되는 것임을 의미한다. 이러한 해석은 고조선의 정신과 영토의 정당한 계승자로서 부여의 존재를 논급한 것이었다.[56]

정인보는 부여가 외국을 침범한 적은 있어도 한 번도 침략을 받아본 적은 없으며, 소소한 전쟁일지라도 한 차례도 패한 적이 없는 무적의 나라임을 강조하였다. 또한 그는 고조선의 수도가 위만에게 함락되어 고조선이 멸망되었다고 하더라도 고조선 정신의 계승자인 부여가 엄연히 존재하기 때문에 고조선의 정신적 맥은 단절되지 않고 계속 이어진다고 보았다. 즉, 그는 전조선을 위하여 고조선의 고토를 수복할 의무를 지닌 부여가 국내 통일을 이루지도 못하고 위만의 난리에 밀려 수도를 천도했으니, "衛氏를 驅除하고, 漢君을 掃蕩할" 일에 전력했을 것임은 분명한 일이라고 하였다.[57] 이는 부여가 고조선을 계승한 나라로서 고조선의 명성과 강역을 되찾기 위해 한족과 투쟁했던 사실들을 부각시키려는 것이었다.[58]

정인보는 고조선의 정신적 계승자인 부여를 계승한 나라를 고구려라고 보았다. 그는 이러한 이유를 다음과 같이 들고 있다. 첫째, 고구려 시조 동명왕 주몽은 단군의 정통적 계승자로서 고조선 천자의 위광을 보이고 있던 解慕漱의 아들이다. 둘째, 동명왕은 해모수가 도읍을 정했던 졸본천에 수도를 세웠다. 이는 실학자 安鼎福과 지리학자 金正浩의 논증

---

56) 『전집 3:조선사연구 上』, 116~118, 122쪽.
57) 『전집 3:조선사연구 上』, 61, 쪽.
58) 『전집 3:조선사연구 上』, 61, 122~123쪽.

을 따른 것이었다. 이때 졸본은 '卒賓'으로서 지금의 綏芬河 서남지방
으로서 고구려는 부여의 고토를 그대로 계승하여 건국된 나라이다. 셋
째, 고구려가 고조선의 옛 강토를 회복하려 했던 부여의 뜻을 이어받아
한족과의 투쟁에 적극적으로 나섰다.[59] 따라서 정인보는 고구려가 부여
에서 파생되어 나온 것도 한족과의 투쟁과정에서 나온 것으로 파악하고,
한족과의 치열한 영토전쟁을 치렀던 고구려왕들의 치적을 자세히 기술
하고 있다. 이는 단군의 정신적 계승자가 부여이고 부여를 계승한 것이
고구려라는 신채호의 주장을 이어받아 단군－부여－고구려 중심의 고
대사 체계를 수립한 것이었다.

정인보의 고대사 체계화는 다소 문제점이 있다. 첫째로는, 단군－부
여－고구려의 계승관계를 단군정신(고조선정신)의 계승으로 파악한 점
이다. 이로 인해 王否·王準의 왕조와 부여와의 실질적인 관계, 고조선
유민이 건국했다고 주장한 후삼한과 부여와의 관계, 부여와 고구려의 실
질적 계승문제, 실체가 애매한 숙신과 부여와의 관계 등의 문제가 분명
히 해명되지 않았다. 둘째로는 정치적 계승관계보다는 이민족과의 투쟁
의식을 강조하여 부여·고구려 중심의 역사인식을 강역회수 문제와 연
결시킨 점이다. 이로 인해 부여와 고구려의 생산력 수준의 차이라든가
사회경제적 성장문제와 관련하여 민족의 주류가 부여에서 고구려로 계
승되는 문제 등이 발전적으로 해석되지 못하고 있다.[60]

이러한 한계점에도 불구하고 정인보의 고대사 체계화는 나름대로 의
의가 있다. 정인보가 신채호의 설을 계승하여 한국사의 정통 흐름을 부
여－고구려로 설정한 것은 주체적인 민족정신의 흐름을 강조한 역사인
식이었다. 또한 그가 단군의 정통성을 계승한 나라라고 단정한 부여－
고구려가 이민족과 벌인 대외항쟁을 부각시킨 것은, 중국에 대한 종래의

---

59) 『전집 3:조선사연구 上』, 208~210쪽.
60) 최지연, 「정인보의 고대사 인식」, 222쪽.

정치적·문화적 사대주의를 타파하려는 의도일 뿐더러 그가 처했던 일제강점기의 식민지 상황의 철폐라고 하는 당시의 민족적 과제와 부합하는 것이었다.

Ⅳ. 고대사의 쟁점에 대한 민족주의적 해석

1. 한사군의 반도외존재설

한국고대사에서 한사군문제는 중요한 의미가 있다. 한사군문제가 아직도 논란 중인 고조선의 강역 및 중심지문제와 연관되어 있으며 일제관학자들의 타율성론의 근거가 되기 때문이다. 이러한 한사군문제의 핵심사항인 위치 문제에 대해서는 반도내존재설과 반도외존재설이 존재한다. 전자는 한백겸의『동국지리지』와 안정복의『동사강목』의 주장을 이은 것이며, 후자는 일찍이 성호 이익의 소론을 거쳐 「독사신론」에 보이는 신채호의 주장을 계승한 것이다. 이에 대해 일제관학자들은 평양 주변에서 낙랑유물이 발굴된 사실을 빌미로 한사군의 반도내존재설을 주장하였다. 그러나 일제관학자들의 낙랑유물을 통한 한국사왜곡에 분개한 정인보는 문헌학적 고증과 유물 검증을 통해 일제관학자들의 논리를 타파하기 위해 노력하였다.

고조선의 중심지역을 요동지방으로 비정한 정인보는 한사군도 요동지방에 있었다고 주장했다. 그는 한나라가 한사군을 설치한 후부터 고구려를 비롯한 전조선은 중국민족과 한사군을 둘러싸고 끊임없는 전쟁을 벌였다고 보았다. 그러한 전쟁을 정인보는 漢四郡役(한사군전쟁)으로 불렀다. 그리고 치열한 전쟁의 결과로서 한사군은 이동에 이동을 거듭했

기 때문에 고정 확립한 지역을 통치할 수가 없었다고 하였다. 그래서
『한서지리지』에 나오는 수많은 군명과 현명은 이름만 나열된 것일 뿐이
며 그러한 명칭들은 한군현의 이동 중에 일시적인 점거 과정에서 나온
것들이라고 주장하였다. 이는 고조선의 고토를 회복하려는 우리 선민들
의 공격을 한군현이 견뎌내지 못했기 때문이라는 것이었다. 이처럼 정인
보는 고구려와 한군현과의 전쟁을 민족간의 전쟁으로 파악했으며, 우리
민족의 끊임없는 투쟁의 결과로서 미천왕대에 고구려가 한군현을 복속
시켰다고 보았다.61) 이것은 상당 기간 동안 한군현이 조선을 지배했다
고 하는 일제관학자들의 주장을 부정한 것이며, 동시에 한민족의 입장에
서 한군현이 존재했던 기간을 적극적으로 해석한 것이었을 뿐만 아니라
한사군 축출의 전과정을 우리 민족의 성장과정과 관련시켜 파악한 것이
었다.

　정인보는 위만조선의 영역이 압록강 이북이기 때문에 당연한 결과로
서 한군현의 위치도 압록강 이북일 것이라고 하였다. 정인보는 한무제가
설치한 순서대로 한사군의 위치를 비정하였다. 낙랑군의 위치는 그 치소
가 요동의 險瀆이라 하여 요동지방으로 보았고, 현도군의 위치는 그 치
소인 沃沮城이 納綠窩集 부근에서 우북평까지 연결된다고 하여 지금
의 奉天 부근으로 보았다. 임둔군의 위치는 臨渝와 같이 屯의 이름을
가진 河水가 있다는 것을 전제로 哨子河 부근으로 보았으며, 진번군의
위치는 대략 大凌下 부근으로 상정하였다.62) 이처럼 정인보는 한군현이
압록강 이남의 한반도로 내려오지 않았다는 반도외존재설을 내세웠다.
나아가 그는 한사군이 우리 민족의 끊임없는 공격에 밀려 그 위치와 중
심지를 수시로 옮겼음을 강조하였다. 특히, 현도군의 경우 부여·고구려
와의 접전 결과에 따라 무려 5차례나 중심지를 이동했다고 하였다. 한사

---

61) 『전집 3:조선사연구 上』, 143~144쪽.
62) 『전집 3:조선사연구 上』, 151~154쪽.

군이 일정 지역을 중심으로 세력을 유지하지 못하고 자주 이동한 것은 한민족의 투쟁역량의 성숙 때문이라는 것이 정인보의 소론이었다.

한사군이 한반도 안에 있었다는 가장 강력한 근거로 제시되는 낙랑군의 封泥 문제와 낙랑유물 문제에 대해 정인보는 위조가능성과 무역품일 가능성을 지적하였다. 우선, 그는 畔土城 안에서 출토한 70여종의 봉니는 믿을 수 없는 것이라고 하였다. 봉니는 주로 문서 함봉에 사용되는 것이므로 낙랑 지역에서 낙랑이라 쓰여진 봉니가 나올 수는 없는 것이기 때문이며, 또한 '樂浪太守章'과 '樂浪大尹章'이란 봉니 중에 나오는 王莽시대의 관명인 大尹이란 관제는 한나라와 하등의 관계가 없는 것이기 때문이라는 것이었다. 나아가 중국 각성에서도 고군현의 봉니가 한 곳에 모인 적이 없었는데 평양 토성에서 낙랑 25현 가운데 18현의 현령과 令長의 印이 모두 구존한 것은 믿을 수 없는 일이라고 하였다. 이어 그는 평양과 鳳山 사이에서 발견된 수천 개의 유물은 모두 낙랑유물이 아니라 한사군전쟁 이전부터 한나라와 교역하던 결과물이라고 보았다.[63] 이러한 이유에서 그는 평양지역에 한군현의 낙랑이 있었다는 일제측의 주장을 부정하였다.

이상에서 정인보가 한사군의 위치를 압록강 이북으로 비정하고 동시에 한사군이 시기에 따라 자주 이동했음을 강조한 것은 한민족의 투쟁정신을 강조하기 위한 것이었다. 나아가 일제관학자들의 타율성론을 논박하기 위해 평양지역에서 출토된 낙랑과 관련된 모든 유물들에 대해 위조·조작 내지 무역품이라는 견해를 나타냈다.

---

63) 『전집 3:조선사연구 上』, 187~192, 196~198쪽. 정인보는 낙랑의 유물이라는 와당류에 대해서도 후대의 조작물이라는 견해를 나타냈다. 또한 그는 일제관학자들이 粘蟬縣神祠碑를 가지고 龍岡을 粘蟬라 하는 주장에 대해서도 이를 부인하였다.

2. 백제의 요서경략설

정인보는 한민족과 중국과의 투쟁에서 주목할 만한 사건인 백제의 요서경략이 고토를 회복하지 못한 단군조선 후예들의 '遺恨'을 계승한 것이라는 입장을 나타냈다. 그는 남북으로 멀리 떨어져 있는 백제와 고구려가 단군의 맥을 이은 나라로서 원래부터 중국을 원수로 여기는 생각을 가지고 있었기 때문에 양국이 연합하여 요서지방을 경략했음을 중시하였다. 이러한 입장에서 그는 『삼국사기』·『후한서』·『삼국지』·『南齊書』·『晋書』·『宋書』·『梁書』등 중국과 한국의 사서를 두루 참고하여 백제의 요서경략을 증명해 보이고자 애썼다.

정인보는 백제의 요서경략은 遼海지방에 대한 공략으로부터 시작되었다고 하였다. 먼저, 己婁王代에 백제는 요해지방으로 출병하여 고구려의 태조왕이 현도군을 공략하는 것을 도왔다. 이때 태조왕은 백제군인 마한군과 예맥군 수천 명을 거느리고 현도성을 포위하였다. 이러한 요해 출병은 큰 공적을 이루지는 못했지만 고조선의 후예들이 연합작전을 벌였다는 점에서 의의가 있다는 것이 정인보의 주장이었다.[64] 다음, 백제의 古爾王은 위나라 장수 관구검이 고구려를 침공하느라 요해 부근의 방비가 허술해진 틈을 이용하여 요해 부근으로 진출하였다. 당시 고이왕은 左將 眞忠으로 하여금 海道를 따라 요해 부근을 잠습하여 상당한 전과를 올리게 하였다. 따라서 정인보는 백제가 요해로 진출하여 고구려와 연합하거나 고구려를 도와주는 성과를 올렸음을 중시하였다.

정인보는 백제가 요서지방으로의 진출을 본격화하는 시기를 서기 3〜4세기에 해당하는 責稽王·汾西王·比流王代로 보았다. 그는 고이왕의 아들과 손자인 책계왕과 분서왕이 정예로운 수군을 거느리고 요

---

64) 『전집 3:조선사연구 上』, 330〜335쪽.

서지역으로 진출하여 고조선의 구토회복을 위한 전쟁을 벌이다가 전사
하거나 살해되었음을 서술하였다. 그가 백제의 요서경략을 고조선과 연
결시킨 것은 산동 동부의 海角·登萊 부근이 본래 고조선의 영역이었
음을 고려한 것이었다. 그는 이후에 백제가 登萊 부근에 근거지를 설치
하고 요동만 서편으로 군대를 몰아 요서의 산동지역의 黃縣을 부근까지
경략하게 되었다고 보았다.[65]

정인보는 백제가 계속 산동지역으로 진출하여 鹿山에서 부여를 격파
하였고 慕容氏와도 전쟁을 벌인 결과 드디어 요서를 점령하여 晉平郡
을 설치하게 되었다고 보았다. 그는 『宋書』夷蠻傳 동이백제조에 "백
제가 요서를 경략하여 차지하고 거기에 진평군 진평현을 두었다"는 기
록에 의거하여 백제의 진평군 설치를 주장하였다. 아울러 진평군의 위치
에 대해서 현재 하북성 昌黎부근인 柳城과 현재 북경 부근의 右北平
일대인 북평 일대가 바로 요서지방에 해당하는 곳이라고 하였다. 그는
이때 진평군의 설치 시점을 근초고왕 25년경이라고 보았다. 정인보는 백
제의 요서경략을 해외무역의 발전과 함께 논하고 있다. 즉, 백제가 요해
의 혼란을 틈타 요동 서쪽의 해상무역권을 장악하였고 바로 이것이 백제
의 해상발전의 기틀이 되었다고 보았다. 결국 백제의 요서지방으로의 군
사진출은 대외무역과 함께 이루어진 것임을 주목하였다.[66]

백제의 해상발전에 대한 정인보의 주장은 신채호의 '백제의 해외경략
설'을 보다 구체화시킨 것이다. 특히, 백제의 산동 일부 점유, 鹿山에서
의 부여격파, 요서에 진평군을 설치한 사실 등을 신채호보다 자세히 서
술하였다. 이로써 그는 한국고대사의 활동무대를 중국 산동지역까지 확
대시킴과 동시에 백제의 요서지역으로의 진출을 고조선의 구토 회복과
관련시켜 이해하려 하였다. 이러한 고대사 인식은 정인보의 민족주의사

---

65) 『전집 4:조선사연구 하』, 116~119쪽.
66) 『전집 4:조선사연구 하』, 119~131쪽.

관의 성격과 특성을 잘 보여주고 있다.

3) 광개토대비의 '신묘년조' 해석

광개토왕비의 신묘년조 해석문제는 한국고대사에서 쟁점 가운데 하나이다. 일제관학자들의 한국사 왜곡의 주대상이었던 임나일본부설과 맞물려 있는 광대토왕비의 해석문제는 지금까지도 한일 역사학계의 논쟁거리로 남아있다. 1930년대 중반에 정인보는 광개토왕비문에 대한 자의적인 해석을 통하여 조선의 남부 일대를 일본의 식민지로 해석하려는 일제관학자들의 침략논리를 치밀한 고증과 민족주의적 관점에 따라 논파하였다.

정인보는 만주벌판에서 기상을 떨친 광개토왕의 위업에 대해 관심이 많았다. 『조선사연구』 하에 부속된 「高句麗霸業과 永樂大王」은 『동아일보』의 정간으로 연대가 중단된 글로서 대략 전반부만이 발표된 것인데, 여기에는 광개토왕의 위업이 자랑스럽게 기술되어 있다. 그런데 이 글보다도 정인보의 광개토왕비문 관계의 기발한 논문은 2,500자에 이르는 「廣開土境平安好太王碑文釋略」이다. 순한문으로 쓰여진 이 논문에는 정인보의 광개토왕 비문에 대한 독창적 견해가 잘 나타나 있다.

광개토왕의 비문 1,775자 가운데 논란의 핵심이 되는 구절은 "百殘新羅舊是屬民由來朝貢而倭以辛卯年來渡海破百殘□□□羅以爲臣民" 32자의 구두와 그 해석의 문제였다. 이는 신묘년조 해석의 시비라고도 불리고 있다. 이 구절을 일제관학자들은 "백제와 신라는 옛날부터 왜의 속민으로 조공을 바쳐왔다. 왜가 신묘년에 와서 바다를 건너 고구려를 격파하고 백제와 신라를 신민으로 삼았다"라고 해석하여 왜의 한반도 진출을 주장하였다. 이에 대해 정인보는 한문의 독법상이나 국제정세에 비추어 부적절한 해석이라고 비판하였다. 그는 왜가 바다를 건너와

고구려를 격파하고 백제와 신라를 신민으로 삼았다는 해석을 이치에 맞지 않는다고 보았던 것이다.[67]

　정인보는 광개토왕비문을 고구려의 입장에서 해석함으로써 새로운 학설을 제기하기에 이르렀다. 그는 광개토왕비문의 문제 구절의 구두에 대해, "百殘新羅 舊是屬民 由來朝貢 而倭以辛卯年來 渡海破 百殘 □□□羅 以爲臣民"으로 보아야 하며, 그에 대한 해석으로는 "백제와 신라는 태왕에게 모두 고구려 屬民이었다. 그런데 왜가 일찍이 신묘년에 고구려를 내침하자 고구려도 바다를 건너 왜를 왕침하여 서로 공격했다. 그리고 백제가 왜와 통교하게 되자 신라가 불리하게 되었다. 태왕이 (백제와 신라는 모두) 우리의 신민인데 어찌 이렇게 되었는가 라고 여겼다. 이에 몸소 수군을 거느리고 진군하였다"라고 해석하였다.[68] 이는 왜가 신묘년에 고구려를 침략하자 고구려의 군사가 바다를 건너 왜를 격파한 것으로 해석한 것이었다. 이러한 새로운 학설은 북한학계의 저명한 역사학자인 박시형의 『광개토왕릉비』와 김석형의 『초기 조일관계사 연구』와 같은 저술에서 긍정적으로 수용되었다.[69]

---

67) 황원구, 「정인보」 『한국사시민강좌』 19, 1996, 149~151쪽. 百濟新羅於太王 俱爲屬民 而倭則嘗來侵句麗 句麗亦嘗渡海往侵 交相攻 而百濟乃通倭 爲不利於新羅 太王以爲此吾臣民也 曷敢爾哉 於是 躬率水軍而行也.

68) 정인보, 「廣開土境平安好太王陵碑文釋略」 『전집 5:薝園文錄 上』, 253~254쪽. 百濟新羅於太王 俱爲屬民 而倭則嘗來侵句麗 句麗亦嘗渡海往侵 交相攻 而百濟乃通倭 爲不利於新羅 太王以爲此吾臣民也 曷敢爾哉 於是 躬率水軍而行也.

69) '임나일본부'에 대해 정인보는 일본인이 주장하는 임나도독부란 것은 중국 남북조 때에 劉宋과 倭王 사이에 문서가 왕복하는 사이에 조작된 것이라고 단정하였다. 그는 劉宋에서 가야를 의미하는 任那 아래에 임의로 加羅를 넣어 任那加羅란 말을 만든 것처럼, 任那都督이란 말은 허망하게 시작된 것이고 보았다. 그런데도 거기에다가 단청을 덧발라 府라는 말을 덧붙이고 임나도독부의 지점까지 논급하는 것을 비판하였다. 『전집 4:조선사연구 하』, 288~290쪽. 이는 일제관학자들의 임나일본부설과 神功王后의 신라정복설에 대해 고대에 이미 일본이 백제의 식민지였다고 주장한 신채호의 학설보다는 대일비판의 강도가 다소 약한 편이었다.

V. 맺음말

일제강점기에 민족주의사학자로 이름을 날린 정인보는 조선학운동에 참여한 국학자이자 한문학자요 양명학자로 활동하였다. 그는 한국의 전통적 역사와 문화를 재발견함으로써 한국인의 저항적 민족의식을 고취하려 하였다. 이는 일본화를 반대하고 한국의 역사와 문화를 지키는 것이 민족적이며 애국적이라는 의식에 기반한 것이었다. 이를 위해 정인보는 다양한 저술운동과 사상투쟁을 통하여 문화적 민족운동을 전개하였다. 이제 정인보의 상고사 인식과 민족주의에 나타난 특징과 한계를 간략히 살펴보려 한다.

1930년대 중반에 정인보가 역사연구에 착수한 직접적 동기는 일제관학자들에 의한 한국사 왜곡과 일부 한국인 역사학자들의 주체성 없는 역사연구를 타파하기 위해서였다. 당시 일제관학자들은 종래의 단군·기자 이래의 한국사 체계를 파괴하여 한국사가 중국이나 일본의 식민지에서 출발한 것으로 날조하고 있었다. 게다가 그들로부터 역사학을 전수받은 일부 인사들은 일제의 식민지 문화정책과 역사연구에 동조하여 자국사의 존엄을 훼손하고 있었다. 정인보는 그들의 활동으로 인해 "마음의 영토나마 나날이 말리어 들어가고" 있는 전도된 상황을 "언제든지 깡그리 없애리라"는 신념으로 한국사를 연구하게 되었다. 이러한 점에서 정인보의 역사연구는 강렬한 현실적 목적의식에 기반을 두고 있었다. 나아가 이러한 강렬한 현실적 목적의식은 정인보의 역사학을 특징짓고 규제하는 핵심논리로 작용하고 있었다.

정인보의 역사인식은 양명학에 기초한 민족주체성을 추구하는 것이었다. 그는 민족의 성쇠와 존망의 원인은 개개인들이 양지의 작용에 따라 홀로 아는 본심과 실심의 자리를 찾는 데서 시작된다고 하였다. 그는 조선민족이 부흥하기 위해서는 본심과 실심에 기초하여 사대적 유림들이 신봉한 중국문화나 일제침략의 도구로 이용된 서구문화를 비판적으로 수용해야 한다고 보았다. 이는 선택적 여과과정이 없이 조선에게 강요된 외래사상과 외래문화에 대항하여 동방문화와 조선문화를 지켜야한다는 개인적 신념에서 비롯된 것이었다. 다시 말해 그는 조선이 일제의 식민지로 전락한 주원인인 조선문화-중국문화, 조선문화-서양문화의 예속관계에서 파생된 이중적 모순을 타파하고 한국사에서 민족의 얼을 밝혀내야 한다고 주장하게 되었다. 따라서 그는 역사적 사실을 탐구하여 역사의 대척추인 민족의 얼을 현재에 되살리는 것이 역사가의 사명이라고 인식하였다.

정인보의 역사연구는 민족주체성의 고양이라는 분명한 현실적인 목표를 설정한 상태에서 이루어지고 있었다. 그는 1920~1930년대에 크게 유행한 언어학적 방법론과 지명이동설을 적극 활용하여 자신의 고대사 체계를 수립하였다. 그는 단군의 역사적 실체를 강조함으로써 일제관학자들의 단군말살론에 항거하였고, 조선민족의 혈통적·문화적 흐름을 단군조선-부여-고구려-삼한으로 파악하는 고대사 인식체계를 수립함으로써 대단군주의와 민족사적 정통성을 확립하려 하였고, 기자조선설·임나일본부설·한사군반도내설 등을 부정하고 광개토왕비문의 신묘년조를 새롭게 해석함으로써 일제가 주장한 한국사의 타율성론을 타파하려 하였고, 백제의 요서진출을 비롯하여 수많은 전쟁에서 한민족이 중국민족에 승리한 사실들을 강조함으로써 민족자긍심을 드높이려 하였다. 이러한 방식의 의도적인 역사서술은 한민족의 역사적 존엄과 영광을 드높이려는 민족주의적인 역사의식의 소산이었다.

정인보의 역사연구는 당대적 의미에서 긍정적 역할을 수행하였다. 1930년대는 일제가 날조한 한국사의 정체성론·타율성론·당파성론이 한국사 해석에 악영향을 미치던 시기였다. 이처럼 한국사의 내재적 발전론을 무시한 주장들과 거기에서 파생된 정신적·학술적 폐해들을 극복하기 위해서는 정치·경제·사회·문화면에서 민족사를 주체적으로 재발견하고 민족의식을 고양하는 작업이 선결적으로 요구되고 있었다. 한국사 연구에서 강고한 민족정신에 바탕하여 주체성과 자주성을 확립하고 동시에 그 본질을 파악하려는 정인보의 역사연구는 당대의 역사적 필요성에 적극 부응하는 것이었다. 1930년대라고 하는 역사적 시점에서 한국 역사학이 나아갈 방향과 한국 역사가들이 지니고 실천해야 하는 역사의식이나 사명감을 정인보가 진작시켜 주었던 것이다. 그러한 점에서 정인보의 주체적 민족사관은 철학이 있었고 그때를 대표하는 훌륭한 역사이론이 될 수가 있었다.

그러나 정인보의 역사인식은 현재의 시점에서 역사연구에 차용하기가 어려운 문제를 안고 있다. 단군론을 비롯한 그의 역사연구는 사회경제사학자들이나 실증주의사학자들로부터 신비적·관념적이라는 혹평을 받았다. 그리하여 "정인보의 문헌해제는 도움이 되지만 역사연구는 논리의 비약이 심하다"는 평가가 나오게 되었다. 그의 고대사 인식은 신채호의 고대사 연구를 차용한 것이며, 일부 부면에서 신채호의 주장을 더욱 구체화·강경화한 것이다. 이는 정인보가 자신이 내세운 엄밀한 문헌고증이라는 본래 취지에 무색하게 지극히 주관적인 역사서술을 통하여 일제의 식민화정책에 항거해 나갔음을 보여준다. 그렇지만 이러한 민족우월의식이 과도하게 반영된 목적론적 역사연구 태도는 동시에 그의 역사학이 근대적 역사학에서 멀어질 소지를 안게 되었던 것이다. 특히, "조선사회의 정예한 선구적 분자의 전통과 유산만이 과거의 민족적 특성이다"라는 정인보의 자의적인 역사연구 태도는 현대 역사학에서 더 이상 의미를 찾기 어려울 것이다. 이러한 점이 바로 정인보의 역사연구가 가진 한계점이라고 말할 수 있을 것이다.

제2장

일제시기~제1공화국기 大倧敎人 이용태의
민중계몽활동과 한국식 민주주의론

I. 머리말

　대종교는 구한말에 국가와 민족의 멸망 위기를 타개하기 위한 구국방안을 모색하는 과정에서 새로이 탄생된 민족종교이다. 출범 당시 대종교는 민족의 시조 단군을 신앙의 대상으로 내세움으로써 한민족의 민족의식을 고취하고 항일운동의 정신적 지주로 부상하였다. 나아가 대종교는 대한민국 건국운동의 지도이념을 제시했을 뿐더러 민족종교가 중시하는 폐쇄적인 일국적 국가관념을 지양하고 세계종교가 내세우는 개방적인 만국적 사해동포주의를 강조하였다. 이로써 한국 근현대사에서 대종교는 한민족의 종교적·사상적 목표와 독립운동·건국운동의 앞길에 인류사적 보편성을 제시하였다.[1]

---

　1) 박영석, 「대종교」『한민족독립운동사 2:국권수호운동 II』, 국사편찬위원회, 1987
　　 ; 오영섭, 「대종교 창시 이전 나인영의 민족운동」『한국민족운동사연구』39,

한일합병 전후에 한국의 민족운동가들은 민족의 장래를 걸머질 새로운 사상체계로서 대종교를 주목하였다. 그들이 대종교를 특별히 중시한 것은 중세적인 관념적 주자학을 대체할 만한 정신적 근거를 대종교의 단군신앙에서 확인했기 때문이었다. 따라서 그들은 유교나 기독교 등 기성종교의 신봉자임에도 불구하고 민족운동을 위한 일시적·전략적 방편에서 대종교로 옮겨가거나,[2) 아니면 한글학자이자 계몽운동가요 기독교도인 周時經처럼 자신의 종교를 버리고 대종교도가 되기도 하였다. 그러나 일단 대종교에 투신한 다음부터 죽을 때까지 대종교에 입각하여 자신의 사상과 활동과 계속 가다듬고 심화시켜 나간 사람은 드문 편이다. 게다가 조선총독부가 안겨준 안락한 환경을 버리고 힘겨운 독립운동을 택한 사람은 더욱 찾아보기 힘들다. 이런 점에서 이용태가 일제의 지방관직을 버리고 대종교 신도로 거듭나는 과정과 계기, 대종교 신앙을 심화시켜 나간 과정, 그리고 대종교에 바탕한 정치사상의 정립과 그 특징 등을 살펴보는 것은 한국근대의 계몽운동사나 지성사나 종교사에서 상당한 의미를 지니고 있다.

檀菴 李容兌(1890~1964)는 한국독립운동사를 화려하게 장식한 대종교의 중요 인물 가운데 한 사람이다. 그는 구한말에서 일제강점기와 해방 공간을 거쳐 제1공화국 직후까지의 역사적 격변기를 몸으로 부딪쳐나간 인물이었다. 그는 일제강점기에 지방관리로 복무하면서 조선의 현실문제를 고민하고 그 해결책 마련에 노력한 결과 제천군 봉양면 일대

2004.

2) 대종교 초대 都司敎 羅喆이 남긴 「奉敎課規」를 보면, 대종교인이 다른 종교를 믿거나 다른 종교의 신자나 이역인들이 대종교에 입교하는 경우 모두 허가할 것이며 "한배검의 寬弘하신 大度를 체앙하여 이단을 공격하지 않는다"고 되어있다. 이처럼 대종교는 다른 종교에 대해 관대한 입장을 취하고 있기 때문에 국가멸망기에 다른 종교의 신자들, 특히 기독교 신자들이 그들의 종교를 간직한 상태에서 자유롭게 대종교를 받아들이게 되었다. 『대종교중광육십년사』, 「봉교과규」, 대종교총본부, 1971, 101~102쪽.

에서 청년층과 농민층의 지식증진과 생활개선을 외친 계몽운동을 주도
하게 되었다. 또한 그는 일제 후반기부터 대종교에 입각하여 한민족이
당면한 모든 난제를 해결하고자 애쓴 결과 조선정신과 조선문화에 기초
한 대종교적인 한국식 민주주의의 수립을 제기하게 되었다. 이로써 이용
태는 일제의 단순한 지방관리가 아니라 한민족을 위한 계몽운동가이자
대종교적 민족주의자로 남게 되었다.[3]

　양반출신의 가난한 농민집안에서 태어난 이용태의 생애는 크게 네 시
기로 구분된다.[4] 제1기(1890~1912)는 소년기부터 한일병합 직후까지
유학교육을 받으며 유교사상에 심취해 있던 단계이다. 제2기(1913~
1939)는 계몽사상을 수용한 다음 일제통치의 하부를 담당하는 면서기와
면장으로서 지역민과 농민층의 지식증대와 생계안정에 진력하던 단계이
다. 제3기(1939~1945)는 면장직을 사임하고 만주 동경성 대종교총본사
로 가서 교주 尹世復을 만나 뵙고 종교운동에 종사하다가 일제의 대대
적인 대종교탄압사건(壬午敎變)으로 투옥되어 옥고를 치렀던 단계이다.
그리고 제4기(1945~1964)는 해방 후부터 사거할 때까지 극심한 사회혼
란기에 대종교단의 중추 인사로서 일편단심 한민족의 안정과 번영을 위
해 대종교에 입각한 건국운동과 사회운동에 투신하던 단계이다. 요컨대
이용태는 항일운동과 건국운동의 전면에 나서서 활동한 투사형의 인물
이라기보다는 그 이면에서 기반을 다지고 이론체계를 수립하는 역할을

---

3) 이용태의 생애와 사상이 담긴 일차 자료로는 박달재수련원 편, 『애국지사 단암이
　용태선생문고』(이하 『단암문고』, 총 1227쪽), 東禾書館, 1997. 이용태의 약전으
　로는 『단암문고』 제4편 「역사:행년약기」 ; 金一洙 편, 「고 단암 이용태 도형」
　『대종교중광육십년사』, 828~831쪽. 이용태의 생애와 사상 및 독립운동을 다룬
　연구논문로는 『국학연구』 제8집(국학연구소, 2003)에 수록된 이동언의 「단암 이
　용태의 생애와 독립운동」, 정영훈의 「단암 이용태의 사회개혁적 삶과 사상」, 김동
　환의 「단암 이용태의 종교사상」 등이 있다.
4) 이용태의 가문배경에 대해서는, 『단암문고』, 「단암 이용태선생 가계보」, 1211~
　1227쪽.

맡았던 이념형 내지 지사형의 인물이었다.

이 논문은 일제강점기부터 제1공화국 직후까지의 역사적 격동기를 살아간 지방관리와 대종교인들의 활동과 사상을 이용태의 경우를 통하여 살펴본 것이다. 이를 위해 이용태의 사상전환 과정과 계몽운동에의 참여, 대종교민족주의의 수용 문제 등을 살펴본 다음, 그러한 기반 위에서 펼쳐지는 대종교에 입각한 '한국식 민주주의론'의 실체를 파악해 보려 한다. 이러한 작업을 통하여 구한말부터 제1공화국 직후까지 활동했던 재야지식인들의 사상변화를 천착함은 물론, 해방 전후 대종교단의 지도급 인물들이 지녔던 건국이념과 사회사상의 일단을 파악할 수 있기를 기대한다.

Ⅱ. 전통 유학의 이수와 화서학파와의 인연

구한말에서 제3공화국 직후까지 활동한 이용태의 정치사상을 한 마디로 줄여 말하면 대종교에 바탕한 한국식 민주주의론이다. 이는 한국의 문화전통, 이용태의 개인경험, 한국의 역사적 특수성 등이 다각도로 고려된 가운데 제기된 대종교적인 근대국가건설론이었다. 이러한 독특한 사상체계의 정립에 영향을 미친 요인으로는, 첫째, 평범한 농민의 자식으로서 일평생 농민의 어려움을 구제하려고 노력한 경험, 둘째, 한일병합 후 일제의 하급관리로서 교육운동·청년운동·농민운동 등 계몽운동에 참여한 경험, 셋째, 지방관직을 버리고 대종교에 입도하여 전통과 민족을 재발견한 경험, 넷째, 계몽사상과 대종교 수용 이후에 철저한 반공의식을 견지한 경험, 다섯째, 만주로 진주한 소련군에게 박해를 받았던 경험, 여섯째, 아나키스트로 유명한 아우 李容俊(1907~1946)이 해방 후 공산주의자에게 피살된 사건 등이다. 이용태는 이러한 여러 사건이나 경험들을 바탕으로 대종교적인 한국식 민주주의론을 정립하게 되었는데, 이때 그의 사상체계의 근저에는 유교사상이 강하게 자리잡고 있었다. 따라서 이용태의 정치사상은 유교가 하부구조를 형성하고 계몽사상과 대종교와 반공주의가 상부구조를 형성하는 독특한 양상을 나타내고 있다.

그의 자서전인 「行年略記」에 의하면, 이용태는 5세(1894)부터 20세(1909)까지 만 15년 동안 李春善·林宜相·元先生·洪性薰·李直愼(李昭應) 등에게 사서삼경 위주의 유학과 한학을 배웠다.[5] 이처럼 장기간 유학교육을 이수한 덕분에 이용태는 일제강점기에 지방관리로 복무할 때에나 대종교에 입교한 후에도 한결같이 강렬한 애민의식·근검의식·안분의식·상부상조의식·항일의식을 견지하게 되었다. 이에 따라 이용태의 생애와 사상이 집약되어 있는 대표적 문건에는 두말할 것도 없이 유교사상이 강하게 투영되기 마련이었다. 일례로, 1927년 대종교로 옮겨가 활동을 벌이다가 1942년 임오교변으로 투옥된 후에 읊은 「自誓」에서 그는 "인간의 삶과 죽음에는 스스로 바른 천명이 있나니, 삶을 근심하지 아니하고 살면서 어찌 죽음을 걱정하며 죽으랴. 죽고 사는 것은 오직 의리에 있을 뿐이로다"[6]라고 하여 유교적인 의리관과 생사관을 여실히 보여주었다. 또한 그가 1939년 만주 동경성에서 아들 榮載에게 보낸 문건과 한국전쟁 후에 지은 훈계문에도 이와 동일한 논리가 나타나 있다.

> 충성과 효도는 인격을 이루는 근본이요, 공경과 신의는 세상을 살아가는 도리요, 부지런하고 검소함은 집안살림을 다스리는 방편이요, 거짓이 없고 마음이 곧고 바름은 악을 물리치고 선을 북돋아서 행실을 닦고 도덕을 공부하

---

5) 『단암문고』, 「행년약기」, 985~990쪽.
6) 『단암문고』, 「自誓」(1942.11), 人之生死 自有正命 不憂其生而生 何憂其死而死. 死生唯義所在而已, 433쪽.

여 착한 사람이 되게 하는 방법이니, 마음과 몸가짐에 있어 하나 하나의 동작
을 이 규범에 어김이 없게 할지어다.[7]

　부모를 사랑하고 형을 공경함은 사람된 의리요, 나라에 충성하고 어른에
게 공손함은 백성으로서의 의리요, 한얼을 높이고 사람을 사랑함(敬天愛人)
은 도를 위한 의리라. 이 세 가지 의리를 버리고 살아간다면 사는 것이 오직
욕일 뿐이고, 이 세 가지 의리를 지키고 죽는다면 죽는 것이 도리어 영예가
되느니라.[8]

　즉, 효도·공경·충성의 유교윤리는 造化·敎化·治化의 대종교
원리와 함께 이용태의 생애와 사상을 떠바치고 있는 중요한 요소였다.
나아가 이용태가 이러한 삼강오륜의 유교윤리와 일체삼위의 대종교 원
리를 개인생활과 국가통치의 차원에 구현하기 위한 방안을 모색하는 과
정에서 대종교적 한국식 민주주의론을 제창하게 되었음을 주목할 필요
가 있을 것이다.

　이용태에게 가장 큰 영향을 미친 유학자는 이직신(1852∼1930)이었
다. 이용태가 화서학파 계열의 학자인 홍성훈의 문하를 떠나 19세 때에
이직신의 문하에 나아간 것은 일본군수비대의 만행을 목도한 경험이 직
접적 영향을 미쳤을 것이다. 1907년 8월경 일본군수비대는 의병토벌을
빌미로 의병세력의 본거지인 제천군 봉양면으로 출동하여 가옥을 불태
우고 마을사람 4인을 무참히 총살했는데, 이를 보고 큰 충격을 받은 이
용태는 일본에 대한 적개심과 함께 그 사실을 일지에 자세히 수록하였
다.[9] 하여튼 이용태는 거주지 인근의 서당과 사숙에서 한학과 유학에 대
해 다소의 소양을 쌓은 후에 1908년부터 1909년경까지 이직신에게 수학
하였다. 이직신의 문하에서 이용태는 李亮雨·洪鍾珏·鄭海文·洪基
五·尹昌鎬 등과 함께 유학사상에 대한 지식을 심화시켜 나갔다.[10]

---

7) 『단암문고』, 「戒榮載兒」(1939.陰12.30), 432쪽.
8) 『단암문고』, 「三義說」(6·25사변 후), 436쪽.
9) 『단암문고』, 「행년약기」, 989쪽.

이용태의 스승 이직신은 단발령 후 춘천지역의 을미의병장을 지냈고, 을사조약 전후에 제천 일원에서 향약을 실시하며 이면에서 의병을 후원했고, 1911년 서간도 회인현으로 망명하여 전통문화 보존운동을 펼친 인물이었다.[11] 즉, 그는 한국근대 최대의 주자학적 민족주의세력으로서 척사운동과 의병운동을 주도해 나간 화서학파의 李恒老-柳重教-柳麟錫을 계승하고 있었다. 따라서 이용태가 이직신에게 전수받은 요점은 화서학파의 주자학적 민족주의논리였을 것이다. 그러나 1900년경부터 1911년 4월 중국 망명 전까지 이직신은 동문의 유인석과 달리 유교적 문화체계의 보존방략으로서 의병운동보다는 自靖운동을 중시하고 있었다.[12] 따라서 이용태는 스승의 자정노선에 영향받아 급진적 무장투쟁론을 버리고 문화와 종교를 보존하고 교육과 실업을 진흥하여 국권을 되찾겠다는 점진적이며 온전한 구국방략을 추구하게 되었던 것으로 보인다.

장기간의 유교교육은 이용태의 사상형성과 인생행로에 지대한 영향을 미쳤다. 이용태는 1939년 10월 친일유림의 집합소인 경학원 주최의 유림대회에 참가했다가 친일유학계의 부패상과 난맥상을 목도하고 유교와 결별하였다. 이후 그는 본격적으로 대종교에 몰입하기 시작하였다. 그러나 엄밀히 말해 그 이후에도 이용태는 유교사상과 완전히 결별한 것은 아니었다. 유교의 윤리의식과 가치체계들이 여전히 이용태의 사고방식과 행동방식을 지배하고 있었을 뿐만 아니라 그의 정치사상의 핵심인

---

10) 1909년 4월경에 이용태는 이직신을 모시고 20여일 동안 청주 화양동과 만동묘를 답사·참배하였다. 이때 그는 柳弘錫·柳士貞·申鼎均·朴胄淳 등 화서학파 인사들을 방문하는 한편, 몇 수의 한시와「華陽洞遊覽日記」를 남겼다.『단암문고』, 58~59, 611~636, 985~990쪽. 이용태는 1955년 윤3월에 홍천 哲亭 일대의 이항로 관련유적을 방문하고 이항로 수제자 김평묵의 손제자인 춘천의 金泳河와 시를 화작하며 교유하기도 하였다.『단암문고』,「詩志」, 142~144쪽.

11) 이소응,『습재집』, 권55, 부록,「년보」; 강원의병운동사연구회 편,『강원의병운동사』,「습재 이소응」, 강원대학교 출판부, 1987, 370~384쪽.

12) 이소응,『습재집』, 권55, 부록,「년보」, 1910~1911년조

대종교민족주의의 하부구조를 이루고 있었던 것이다. 다시 말해 대종교에 침잠한 50대 이후부터 죽을 때까지 이용태의 사상체계에는 유교와 대종교가 양축을 이루었는데, 이때 사유구조의 심연에는 대종교보다는 아무래도 유교가 근간을 이루고 있었음을 주목할 필요가 있을 것이다.

이제 이용태의 사상형성에 끼친 유교의 영향을 살펴보면, 크게 세 가지 측면으로 요약할 수 있다. 첫째, 이용태는 이직신의 문하에서 한말 의병운동을 주도하고 있던 화서학파의 강력한 항일의식은 물론, 현실의 국가나 국왕보다 전통적 성리학적 대도를 우선시하는 유교문화 중시론 등에 깊은 영향을 받았을 것이다. 이용태가 대종교를 받아들인 다음에 정립한 대종교적인 한국식 민주주의론에서 단군 이래의 조선정신과 조선윤리와 조선문화를 유달리 강조한 것도 사실은 화서학파의 유교문화 중시론과 무관한 것이 아니었다. 이는 유중교 제자 高錫魯에게 3개월간 밤마다 『화서아언』을 배웠던 김구가 나중에 계몽사상과 기독교를 수용한 다음에도 화서학파의 유교문화 중시론에 바탕한 문화우위론을 그대로 강조했을 뿐만 아니라 자기 생애의 고비 고비마다 고석로의 가르침을 떠올렸던 것과 같은 경우였다.

둘째, 이용태가 언급한 사회개혁론과 건국담화나 훈계문 등에는 유교적 색채가 농후하게 나타나 있었다. 그는 국민들에게 충성·효도·공경·신의·근면·검소 등 유교덕목을 준수할 것을 간곡히 당부하였다. 그리고 강화도 마니산에서의 祭天도 효도와 공경과 충성의 일을 행하는 것이며, 그러한 제천행사의 본질은 유교 덕목을 이행하는 것에 다름 아니라고 주장하였다.[13] 대종교로 투신한 이후에도 그는 남녀와 부자와 군신간의 관계는 사람의 도리 가운데 가장 큰 윤리라는 입장을 견지하였다.[14] 해방 후에도 이용태는 인간의 기본적인 욕구인 식욕·색욕·재물

---

13) 『단암문고』, 「大倧教의 溯源論」, 431쪽.
14) 『단암문고』, 「隨感錄 上」(1930.음11), 767쪽.

욕에 대해 특별히 절제할 것을 자손들에게 경계하였고, 또한 술을 삼가고 이익을 탐하지 말고 경솔한 행동을 하지 말라는 등의 가르침을 남겼다.[15] 또한 그는 인의예지와 효제충신같은 유교덕목과는 별개로 忠厚謙讓과 仁慈義勇의 대도가 4천년 이래 내려온 한국의 고유한 정신문화라고 강조하였다.[16] 이때 이용태가 단군이래 면면히 내려온 조선의 고유문화이자 대종교 윤리라고 주장한 덕목들은 냉정히 말해 유교사상의 개념과 동일한 것이거나 아니면 유교사상의 논리나 개념으로 포장된 것들이었다. 나아가 이용태는 三生(體生·神生·均生)[17]과 五愛(愛國:忠, 愛親:孝, 愛人:和, 愛物:公, 愛族:平)를 개인생활과 국가통치에 구현해야 한다는 입장을 보였는데,[18] 이러한 덕목들도 역시 유교적 색채가 농후한 것들이었다.

셋째, 이용태는 유교사상의 명분론이나 직분론에 충실한 모습을 보여주었다. 일제강점기에 그는 총독부의 공과잡세 인상조치 때마다 이는 국가의 경제정책상 부득이한 조치이니 백성들은 마땅히 바쳐야 한다는 입장을 보였다.[19] 또한 그는 이승만 대통령의 권위주의적 통치체제나 張都映·朴正熙 등 군인들의 쿠데타에 대해서도 인정하거나 추인하는 태도를 나타냈다. 이는 그가 가급적 현실체제에 만족하고 수긍하는 유교적인 안분적 인생관을 지녔기 때문으로 보인다. 말년에 지은 국민 각자에게 자신의 분수를 지킬 것을 촉구한 「守分說」에서 그는 "하늘이 만민을

---

15) 『단암문고』, 「戒子書」(1947.2), 434~35쪽, 「戒慾說」(1960.3), 437쪽.
16) 『단암문고』, 「政治力과 감화력」(1948.6), 284쪽, 「종교설」(1948.仲春), 381쪽.
17) 이용태는 1955년을 기점으로 그 이전에는 神生·體生·均生을, 그 이후에는 體生·神生·均生을 주장하였다.
18) 『단암문고』, 「신문화는 동방에서 싹이 튼다」(1956.1), 308~310쪽.
19) 『단암문고』, 「봉양면 소작인회 발기취지서」(1922.1), 450쪽, 「농촌재건으로 가는 길」(1931.8), 351쪽. 1935년에 이용태는 일제가 침략적 목적에서 실행한 심전개발운동을 긍정적으로 인식하였고, 서울에 자립갱생의 기운이 충만한 것은 당국의 大計라고 칭찬하였다.

낳을 때에 직분이 있어서 그 기품에 따라 정한 운명이 같지 아니하고 선악의 화복이 따라서 다르다.…모두가 하늘이 주는 바른 운명이 아닌 것이 없다. 이와 같이 자연히 오는 직분을 달게 받을 것이요, 망령되이 함부로 부귀를 구하지 말라”고 했는데,[20] 이는 이용태의 유교적인 체제 순응적 인생관이 집약되어 있는 글이었다. 이러한 모습은 이용태가 일제 강점기부터 제3공화국기까지 외세의 식민통치나 독재자의 가부장적 통치체제에 저항하지 않고 대체로 순응하고 동화하는 모습을 보였던 것과도 일정하게 연관되어 있다고 판단된다.

Ⅲ. 계몽사조의 수용과 계몽운동의 추진

이용태가 전통유림에서 계몽운동가로 변신한 시점은 1913년경이었다. 그런데 한일병합 직전인 1910년 4월에 이용태가 李鍾斗와 함께 서울에 가서 사온 약으로 ‘洋藥局’을 설립한 것을 보면,[21] 이미 1910년 (21세) 이전에 그가 서양 근대문물의 우수성을 인정하고 있었음을 알 수 있다. 동시에 양약 구입을 위한 서울행은 궁벽한 제천의 시골청년이 서울의 발달된 문물을 견식할 수 있는 좋은 기회가 되었을 것이다. 이어 1910년 8월 조선국가가 멸망당하자 이용태는 조선민족이라면 누구나 일제가 불공대천의 원수임을 가슴 깊이 새겨둘 것이라며 일제의 국권강탈에 분노를 표하였다.[22] 아마 이때의 국권상실의 경험은 청년 이용태의 사상전환에 큰 영향을 미쳤음에 틀림없다.

1913년 4월 제천군 근좌면 면서기 취임부터 1927년 11월경 대종교

---

20) 『단암문고』, 「守分說」(1963.8), 439쪽.
21) 『단암문고』, 「행년약기」, 991쪽.
22) 『단암문고』, 「행년약기」, 991쪽.

수용 전까지 이용태는 사상적으로 두 단계의 중요한 진보과정을 거쳤다. 첫째 단계는 1913년 4월 전통유림에서 일제의 말단관리로 나갈 때의 사상변화이다. 이미 1912년에 이용태는 나라는 망하고 임금은 없어지고 세상은 쇠퇴하고 도덕은 잦아들어 천운의 비색함이 그 극도에 다다랐음을 통탄하였다. 그래서 그는 드디어 옛 일을 상고할 생각을 끊어버렸다고 일지에다 기록하였다.[23] 아마 이때 그는 변화된 시대상황을 적극 수용하기로 마음을 바꾼 것으로 보인다. 그리하여 이듬해에 면서기로 취임했는데, 이는 그가 그 지역에서 근대학문에 소양이 있는 개화청년으로 알려졌기 때문이었을 것이다.[24] 이어 그는 보수적인 지방유림의 구각을 벗어던지고 처음으로 진보된 사회의식을 드러내기에 이르렀다.

> 가만히 세계의 대세를 미루어 생각하고 돌이켜 우리나라의 운명을 생각할 때 내가 고집을 가짐은 옳지 아니한 바가 있으니, 무엇인가 하면 시간에는 예와 지금의 차이가 있고 학문에는 새 것과 낡은 것 곧 신구의 분별이 있으며 하늘에는 봄과 가을의 변천이 있고 해에는 낮과 밤의 나뉨이 있는지라.……우리 반도국가의 쇠망함은 정치를 혁신하지 아니함에 있고, 민족이 고통을 당하고 압박을 받는 것은 교육을 받지 못한 데 있다. 이제 국권의 회복을 바라고 시급히 민족의 자유를 구할진대 무릇 우리 2천만 동포가 반드시 분발하여 용감한 마음을 떨쳐 일으키고 교육과 실업 등을 먼저 급속히 개혁함으로써 열혈과 적성을 마음속에 쌓아두고 몸을 복수하기 위한 적과의 싸움터에 희생물로 바치며 세계의 앞선 문화를 수입하여야 한다. 장래에 나라를 위하고 집안을 위한 정치를 행한다면 가히 망국의 치욕을 씻을 것이요, 가히 불공대천의 원수를 갚을 것이요, 가히 생활의 행복을 얻을 수 있을 것이다.[25]

이를테면, 이용태는 망국의 근본 원인이 정치의 부패와 교육의 부진

---

23) 『檀菴文庫』, 「行年略記」, 993~994쪽.
24) 이용태는 면서기 10년 6개월(1913.4~1923.12), 면장 8년 3개월(1924.1~1926. 10, 1934.1~1939.7) 등 19년을 일제의 말단관리로 지냈다. 면서기 시절에 이용태는 일본인 사카이 우메지로(坂井梅次郎)와 교유하였다.
25) 『檀菴文庫』, 「行年略記」, 995쪽.

에 있다고 진단한 다음, 일제에 강탈당한 국권을 회복하고 민족의 자유를 되찾기 위해서는 2천만 동포가 분발하여 교육과 실업을 급속히 진흥시켜야 하며, 세계의 신문화를 수용하고 나라와 집안을 위한 정치혁신을 이룩해야 한다고 역설하였다. 이처럼 이용태는 독립운동과 건국운동의 방안으로서 무장투쟁론보다 교육과 실업의 진흥을 중시하는 실력양성론을 주장했는데, 이러한 현실적 사고방식은 일제시기 전기간에 이용태의 행동방안의 원형을 이루고 있었다. 나아가 이용태는 이런 사고방식을 지녔기 때문에 그리고 일제 관리로 복무하고 있던 처지였기 때문에 1919년 4월 제천군 일대에서 벌어진 3·1만세운동에 가담하지 않았던 것으로 보인다.[26] 하여튼 1913년부터 면서기로 활동한 有志청년 이용태는 면서기로서의 활동경력을 발판으로 만 30살이 되는 1920년 이후에 봉양면 일대에서 벌어진 계몽운동에서 선두주자로 부상하게 되었다.

둘째 단계는 1922년 3월 23일부터 4월 11일까지 20여간 일본을 시찰한 다음에 보여준 사상변화이다. 처음이자 마지막이었던 일본 방문을 통하여 이용태는 도쿄 우에노공원에서 열린 평화박람회를 관람했을 뿐더러 정부 관서와 문화유적과 산업시설을 두루 시찰할 기회를 가졌다. 특히, 그는 "물질이 선명한 동경 시가의 전경" "山紫水明한 교토의 풍모," "상공업의 전당을 이룬 오사카"의 전경에 큰 감명을 받았다. 이처럼 일본의 물질문명의 발달과 국민정신의 단합을 목도하고 돌아온 이용태는 "한양성 안에 들어서니 인물의 미개함을 이루 비교하기 어렵다"는 비감한 심경을 토로하기에 이르렀다.[27] 당시 그는 도쿄행 열차에서 산림양

---

26) 아우 李容俊이 13세의 나이에 3·1운동에 가담하여 일경에 체포되자 이용태가 면장에게 사표를 제출했다고 하는 기록이 있는데(『人物志』, 충청북도, 1987, 380쪽), 이용태가 자신의 활동을 자세히 기록한 『檀菴文庫』의 「行年略記」에는 이에 대해 일절 언급이 없다. 이용준의 3·1운동 가담에 대해서는, 『堤川郡誌』, 제천군지편찬위원회, 1969, 331쪽.

27) 『단암문고』, 「행년약기」·「渡東記」(1923.3~4), 747, 1005쪽,

성·도로정비·토지정리·생활개선을 이룬 일본의 사회상을 목도하고 조선의 현실에 비추어 다음과 같이 통탄하였다.

> 조선인의 정도를 생각하니 落後의 비관은 뇌신을 자극하고 전진할 희망은 就緒할 방도가 없다. 무슨 까닭에 이와 같은 추락의 어조로 타인의 분노를 유발하고 자기의 못남을 표시하느냐 하면, 고향인 堤川를 회상하면 교육기관이 소수에 불과하며 일반 지식이 없다시피 하고 완고한 陋習이 아직도 남아 있어 虛華假飾으로 내실을 생각지 않고 舊規만 묵수하는 자가 백중 구십이요, 상공업간 물질이 미개하여 생활이 곤궁하니 옛 것을 혁파하고 새 것을 추구할 자가 그 누구며, 시대 변천에 경종을 울릴 자가 없어서 전조선과 지방 각지를 생각할지라도 과언이 아닌즉 울분을 억제키 어렵도다.[28]

즉, 이용태는 교육의 혁신과 상공업의 진흥만이 식민지 조선을 구할 구국의 방책임을 절실히 깨달았다. 일본 방문 후에 그는 한국이 일제의 식민지로 전락한 것은 타력에 의해서가 아니라 자력에 의한 것이라는 반성을 하게 되었다. 그는 한국이 '스스로' 일제의 식민지로 전락한 원인으로서 ① 국가가 다스려지지 아니함(國家之不治), ② 민족이 자각하지 못함(民族之不自覺), ③ 유림이 고루한 생각을 고집함(儒林之墨守), ④ 교육이 새롭지 못함(敎育之不新) 등 네 가지를 들었다.[29] 앞서 살펴본 것처럼, 1913년에 처음으로 계몽의식을 피력한 글에서 국가멸망의 주원인으로서 정치부패를 꼽았던 것처럼, 10년 후에도 이용태는 혼란과 무질서가 국가와 민족의 생존과 발전을 저해하는 것을 가장 우려하고 있었다. 그러나 동시에 정치체제의 안정과 평화를 강조하는 이러한 안정제일주의적 시각은 역으로 극도의 혼란과 무질서를 진정시킨 정권이나 인물을 긍정적으로 인식할 단서를 열어둔 것이었다.[30]

---

28) 『檀菴文庫』, 「渡東記」(1923.3〜4), 726〜727쪽.
29) 『단암문고』, 「행년약기」, 1005쪽.
30) 나아가 이용태는 조선민족이 시급히 개선할 사안으로서 ① 삭발의 엄격한 이행, ② 교육의 적극적 장려와 일면일교제의 시행, ③ 백의의 폐지와 色衣의 착용, ④

일본시찰 직후인 1922년 7월에 이용태는 신사상·신문화의 수용과
교육을 강조하는 계몽주의에 바탕한 국권회복론을 제시하였다. 먼저, 그
는 인습과 구교육을 고수하고 세계의 변화에 무지한 조선인들을 각성시
키기 위해서는 "소·중·대학교라는 병원을 방방곡곡에 설립하여 청년
동포들을 모두 입원케 하고 교육탕을 복용시켜야만 장래 동포의 불구병
을 예방할 것이요, 前進心·공익심으로 무장하고 신사상·신생활을 가
미한 각성산을 취하도록 마셔야 우리들의 榮貴한 가치를 발휘할 것이
다"고 하였다.[31] 나아가 그는 조선 이천만 동포의 신학문이 미개하고 국
가가 낙오된 근본 원인이 척양척왜·존화양이의 명분론적 허세와 詩賦
表策의 死文學과 학파 수립을 통한 민중 착취와 족보 자랑을 통한 정쟁
에 있다며 유림의 각성을 촉구하였다. 이때 그는 유림에게 전통유교의
우수성을 민족윤리와 고유문화로 승화시키고, 서구적 물질문명을 흡수
한 신세대 청년들을 교육하는 신교육의 후원자가 되라고 촉구하였다.[32]
그런데 이러한 주장들은 신학문 수용을 통한 의식개혁만이 조선독립의
첩경이라는 논리로 이어지고 있었다.

1920~1922년간에 이용태는 청년운동·교육운동·농민운동 등 세
가지 방면에서 계몽운동을 펼쳤다. 이중에서 이용태가 가장 주력한 것은
농민운동이었다. 그 부친도 날마다 힘겨운 농사일을 직접 했던 가난한
농민의 후예인 이용태는 매년 농사의 풍흉과 물가의 대략을 자신의 일대
기에 기술해 놓았을 정도로 농촌문제에 많은 관심을 보였다. 따라서 그
가 농민운동에 각별한 관심과 애정을 쏟은 것은 어쩌면 당연한 것이었

육림사업의 강력 시행, ⑤ 생활개선과 식생활의 간소화를 통한 여성활동 권장, ⑥
군단위로 상공업 교습소를 건립하여 실업진흥 도모, ⑦ 문맹퇴치운동 강력 실시,
⑧ 인사행정의 쇄신과 능력본위의 인재 등용 등을 들었다.『단암문고』,「渡東記」
(1923.3~4), 751쪽.

31)『단암문고』,「哀我不具하야 警告我不具同胞」(1922.7), 337~338쪽.
32)『단암문고』,「조선의 흥망은 유림에 있다」(1922.7), 341~344쪽. 이용태는 이때부
터 자서전에서 양력을 사용하기 시작하였다.

다. 이용태가 벌인 농민운동을 비롯한 계몽운동은 일제의 감시와 방해, 재정 부족, 농민층의 이해 부족, 지주층의 비협조 등으로 말미암아 두드러진 성과를 올리지 못하고 말았다. 그럼에도 그러한 사업들은 이용태가 1939년 만주로 망명하기 전까지 제천군 일대에서 기층민중을 상대로 벌인 계몽운동의 원형이었다. 나아가 그러한 사업의 경험을 토대로 이용태가 계몽사상을 정립하게 되었음을 주목할 필요가 있을 것이다.

우선, 이용태는 1920년 7월에 설립된 제천청년회의 봉양면 지부장을 맡았다.33) 제천청년회는 3·1운동 이후 일제의 문화정책과 청년들의 민족의식의 증대가 맞물려 나타난 계몽단체로서 德育·智育·體育의 발달, 실업의 장려, 풍속의 개선을 목표로 1920년 7월 11일에 설립되었다.34) 구한말 제천지역의 유지로서 다액의 자금을 각종 학회와 학교에 희사한 李熙直35)이 회장을 맡은 제천청년회는 매주 토론회를 개최하여 군민들의 사회지식 확대를 도모하였다. 또한 1925년 10월부터 농민층과 문맹자를 대상으로 마을마다 노동야학을 설치하여 널리 상식을 보급할 것을 방편으로 삼았다.36) 당시 이용태는 『朝漢讀本』120책을 구입하여

---

33) 『단암문고』, 「행년약기」, 1001쪽.

34) 『동아일보』, 1920년 7월 22일, 8월 28일. 李熙直(회장)·李殷榮(부회장)·총무 李載培(총무)·李觀儀·朴魯泰·李載浩·李錫永·李教駿·李建福·李永弼 등 유지청년들이 설립한 제천청년회는 총무부·평의부·재무부·덕육부·지육부·체육부·실업부·위생부·음악부·구제부 등 10부로 구성되어 있었다. 1920년 8월 18일 제천 읍내 운동장에서 창립총회를 개최했을 때에 회원은 1,500여명이었다.

35) 고종조에 사마시를 거쳐 중추원 의관을 역임한 이희직(1922년 사망)은 구한말 자신이 소유한 300석의 토지를 서북학회·기호흥학회·교남학회·관동학회·고아원·기독청년회·여자교육회 등 학회와 교육기관에 모두 희사한 민족지사이자 육영사업가였다. 1940년에 김성수·현상윤 등이 그의 행적을 기려 제천군 백운면 平洞에 비를 세워 주었다. 『동아일보』, 1940년 6월 18일 ; 『제천군지』, 585~586쪽.

36) 제천청년회는 1925년 8월에 청년회관을 신축한 다음에 10월 27일부터 노동야학을 개시하기 위하여 학생을 모집하였다. 『동아일보』, 1925년 10월 22일.

각 리의 노동야학에 나눠주고 배우도록 하였다.37) 1926년 12월 하순에 제천청년회는 가정평화의 유지문제를 주제로 남녀합동토론회를 개최한 다고 군내에 광고했다가 풍기문란이란 이유로 일제로부터 강력한 탄압 을 당하였다.38)

다음, 이용태는 봉양모범서당의 설립과 운영에 깊숙이 간여하였다. 그는 봉양면내에 청년자제의 지식이 하락하고 유지인사가 없음을 우려 하여 면장 李鍾升과 함께 1918년이래 준비해 오던 모범서당을 1919년 8월 1일에 봉양면 주포리에서 개설하였다. 40명(혹 60명) 정도의 학도와 교사 1인(鄭彰敎)으로 출범한 주포리의 모범서당은 유교교육 위주의 한 문서당이 아니라 근대교육을 실시하는 초등학교 수준의 개량서당이었 다. 이용태는 1920년 9월에 이르러 제천청년회 창립회원인 李錫永을 교 사로 추가 초빙하여 서당운영을 활성화하였다.39) 이 모범서당의 건축비 는 박달령 제2등도로 건설에 참여한 역인들에게서 기부받은 것이며, 학 교유지비는 學契를 조직하여 1호당 30전씩 징수한 것이다. 그리고 1920 년에 면내 거주자 1호당 평균 2원씩 총 4,000원을 징수하여 식리 충당하 다가 1923년 4월에 면장 慶勳과 유지 趙秉憲 명의로 사립봉양보통학교 의 인가를 받았다. 그러나 이 서당은 기본금이 부족하여 운영상의 애로 도 적지 않은 편이었다.40)

다음, 이용태는 1920년 12월에 과도한 세금으로 경제적 곤경에 처한 영세농민에 대한 보호대책 마련에 힘썼다. 그는 면장 金鎭弼과 함께 지 세와 기타의 공과금을 지주와 소작인이 동등하게 부담하도록 하자는 계

---

37) 『단암문고』, 「행년약기」, 1001쪽.
38) 『동아일보』, 1926년 1월 2·5일.
39) 『단암문고』, 「행년약기」, 1001쪽.
40) 이용태, 「봉양면지」(1924), 『내제문화』 13, 제천문화원, 2002, 110~112쪽. 1924 년 현재 봉양보통학교의 주요 현황은 교장 朴勝益, 교사 李行雨, 학교기본금 3,200원, 남학생 112명, 여학생 8명이었다.

획안을 면내에 대대적으로 선전하였다. 그러나 소작인들의 무지와 지주의 비협조로 성과를 거두지 못했다.[41] 1921년에 이용태는 나날이 높아가는 소작인의 부담을 줄이기 위해 봉양면 내의 유지들과 논의한 결과 소작인회를 설립할 것을 모색하기에 이르렀다. 이는 10년 사이에 100원당 25전에서 3원 12전으로 30배나 불어난 공과 잡세의 부담을 경감해 주기 위한 것이었다.[42]

1922년 1월 5일 이용태의 주도로 봉양면 소작인회 창립총회가 열렸다. 이 소작인회의 주요 사업은 토지개량, 산업증진, 풍기정숙, 납세충근, 근검절약, 친선도모, 교육공평, 부담공평 등이었다.[43] 소작인회 설립 당시에 이용태는 회칙통과, 직원선거, 사업착수 등 소작인회의 중요 사무를 주관하여 처리하고 지주들에게 보낸 공함 등의 글도 모두 손수 지었다. 그러나 공무를 맡은 처지인지라 공개적으로 소작인회를 주관하지는 못했을 뿐이었다. 1월 14일에 이용태는 지주들에게 수백 통의 공함을 보내 지세와 기타 공과금을 지주와 소작인이 동등하게 부담할 것을 주장하였다. 또한 소작인회의 회원들에게 과도하고 부당한 지세와 공과금을 납부하지 말도록 지시하기도 하였다.[44] 이러한 소작인보호활동의 취지는 이용태가 직접 집필한 1922년 1월 1일자 「봉양면소작인회발기취지서」에 잘 나타나 있다.

애달프다. 밤낮으로 부지런히 고생하여 일 년 동안 힘써 농사지은 것을 모두 도조로 바치고 남은 것이 없으니 풍년에도 마침내는 몸만 고생하고 흉년에는 굶어죽음을 면하지 못함이 오늘날 세상의 소작인들의 처참한 정상이다.…지난 대정 6년(1917) 이후로부터 토지에 부과하는 공과금이 해마다 높이 오르고 늘어감은 피하지 못할 시국 형세라. 다만 백성들이 마땅히 바쳐야

41) 『단암문고』, 「행년약기」, 1001쪽.
42) 『단암문고』, 「행년약기」, 1003쪽.
43) 『단암문고』, 「소작인회원에게 격려」(1922.3), 490, 493쪽.
44) 『단암문고』, 「행년약기」, 1004~1005쪽.

할 것이다. 그 공과금을 부담할 의무는 국가 법률에 소유자로 지정되어 있으
나 제천 고을에 이르러서는 몇 사람의 자선가를 제외하고는 법령의 어떠함에
구애됨이 없이 다만 옛날의 습관에 의지하여 거의 모든 것을 소작인에게 부
담하게 하니, 이것이 어찌 소작인을 애호한다는 본뜻일까 보냐.[45)]

　　이용태의 소작농보호운동은 농촌경제의 근본적인 피폐원인인 일제의
식민정책을 정면으로 비판한 것은 아니었다. 오히려 그는 일제가 농지에
부과하는 공과금을 해마다 올리는 것을 당연하게 여기고 있었다. 또한
지주의 온정과 농민간의 협동정신에 의하여 소작농문제가 해결되기를
기대하였다. 이러한 점에서 이용태의 농민운동은 일제의 식민체제를 인
정한 바탕 위에서 진행된 한계를 드러내고 있었다. 그럼에도 그것은
1918년 토지조사사업과 1920년 산미증식계획으로 소작농이 날로 증가
하고 소작료가 매년 높아 가는 조선농촌의 불평등한 현실을 타개하려는
의도에서 추진된 것이라는 점에서 나름대로 의의가 있었다.[46)]

　　1924년에 이용태는 봉양면장으로서 산업조합을 발기하고 조합장의
자리에 올랐다. 산업조합은 신학문 습득을 통한 문명생활과 경제생활의
영위, 나태와 무위도식과 향락의 타파, 상부상조의 도의심 앙양과 단결
심 배양, 시대와 과학의 학습을 통한 경제적 자립의 획득 등을 목표로
삼았다.[47)] 이어 1928년에 이용태는 농촌사회의 자치적 상호부조기구인

---

45)『단암문고』,「봉양면 소작인회 발기취지서」(1922.1), 450~451쪽.

46)『단암문고』,「행년약기」, 1004~1005쪽. 1923년 이후 이용태는 제천군의 봉양면
　　일대의 지도급 인사가 되었다. 1923년 11월에 그는 봉양보통학교 후원회를 조직
　　하여 집행위원장에 올랐고, 1924년 1월 봉양면장, 11월에 산업조합 조합장, 1925
　　년 2월 下所橋(제천교) 가설 및 황색연초 재배 진정위원, 1932년 9월 봉양군 농
　　산물품평회 후원회장, 1933년 12월 제천군내 4개면 '유교시대화' 강연회 연사,
　　1934년 1월 백운면장, 德洞간이학교 설립 등을 통하여 교육운동과 농촌계몽운동
　　과 농민보호운동을 꾸준히 실시하였다.

47)『단암문고』,「산업조합 발기취지서」(1924.6.3), 459쪽. 이용태는 1926년 도지사회
　　의에 교육시설의 개선과 확충, 산업의 개발, 면직원의 훈련 등을 건의하였다.『단
　　암문고』,「도지사회의에 대한 건의서」(1926.7.상순), 547~552쪽.

大同會를 발기하였다. 대동회는 산업진흥·풍속개량·문화향상을 도모함과 동시에 생존경쟁을 통하여 세계와 보조를 맞출 방안을 강구하려는 단체였다.[48] 또한 이듬해에는 소규모 금융기관인 大同興業社를 발기했는데, 이는 유리걸식하고 자결 투신하는 농민들의 비참한 곤경을 구제하고 공존공영의 생업을 진흥함으로써 대중의 생활로를 개척하려는 목적에서 조직된 것이었다.[49] 그러나 산업조합·대동회·대동흥업사 등은 일제의 경제수탈과 물가앙등, 제천지역의 경제적 미성숙, 제천 유지들의 비협조로 말미암아 별다른 성과를 거두지 못하였다. 그럼에도 이용태는 1930년대에 이르러 1920년대 초반 이래의 농민운동의 경험을 바탕으로 그 나름의 종합적인 농민대책을 제시하기에 이르렀다.

> 목하 조선 농촌민의 생활상태를 관찰할 때에 빈약에 빈약을 가하여 날이 갈수록 파산자가 늘어가고 곤궁에 곤궁을 더하여 해를 거듭할수록 외지로 流離漂迫하는 자가 속출하여 不可勝數라. 考其遠因함에 한 두 가지의 원인과 이유가 아니고 其 공통적인 원인으로는 공과부담금의 과중과 지주 착취의 가혹함과 생산능률의 저하부진과 자식암매로 인한 시대낙오와 보호지도관계의 결여와 因循폐습의 惡癖과 공동단결력의 결핍 등등을 들 수 있는바 농민대중의 생활상태가 여하히 窮乏之頂에 달하고서 어찌 국부를 바라며 안녕 질서가 확립된 사회를 건설 유지하리오.[50]

이어 이용태는 국가발전에 가장 필요한 목표인 부국강병을 달성하기 위해서는 쇠락한 농촌사회의 재건이 무엇보다도 중요한 문제라는 인식하에, ① 공과부담금의 경감, ② 지주착취의 금지, ③ 생산능률의 향상, ④ 문맹퇴치의 의무화, ⑤ 농민보호 지도기관의 설치, ⑥ 폐습추방과 풍속개량, ⑦ 협동단결의 생활훈련 등을 농촌문제 해결의 세부적 실천방

---

48) 『단암문고』, 「대동회 발기취지서」(1928.3), 456~457쪽.
49) 『단암문고』, 「대동흥업사」(1929.12), 461~462쪽.
50) 『단암문고』, 「농촌재건으로 가는 길」(1931 8), 350~361쪽.

안으로 제시하였다. 그러나 이는 일제의 식민지통치와 지주제도를 용인
한 상태에서 현상적으로 드러난 폐단과 악습만을 경감하고 제거하자는
특징과 한계를 지니고 있었다. 그럼에도 그것은 해방 후의 극심한 경제
혼란기에 이용태가 제시한 농민대책의 원형에 해당한다는 것이었다.

Ⅳ. 대종교 입교와 전통문화의 발견

1926년 10월 봉양면장직에서 권고 사직당한 이용태는 향후의 진로를
고민했던 것으로 보인다. 그 결과 이용태는 1927년 11월에 인생의 전환
점으로 작용한 대종교에 입교하게 되었다. 이때 그는 "앞으로 단군성조
를 숭봉하여 민족정신을 불러일으키는 것을 나의 일로 삼겠다"는 포부
를 드러냈다.[51] 이후부터 1964년 사망할 때까지 인생의 후반기를 이용
태는 철저히 대종교 신자로서 생활하였다. 그러한 가운데 1939년에 靈
戒를 받고 參敎의 교질을 거쳐 총본사 贊範에 임명되었고, 1945년 尙
敎, 대종교 經議院長, 1946년 교무 전반을 전결하는 총본사 贊理를 거
쳐 1956년 正敎加大兄號에 올랐다.[52] 이로써 이용태는 해방 후부터 제
1공화국기까지 대종교단의 대표적인 이론가요 사상가로 활동하며 대종
교이념에 입각한 특유한 한국식 민주주의론을 정립하였다.

그러면 독실한 유림관리인 이용태가 어떤 계기로 대종교를 수용하게
되었는가? 이용태가 유교에서 대종교로 옮겨간 데에는 忠州 출신의 대
종교도 朴勝益의 종교적 감화가 큰 영향을 미쳤을 것이다. 이용태보다
세 살 많은 박승익은 항일의식이 투철한 애국지사이자 대종교인이었다.
가난한 집안 출신의 박승익은 서울의 관립공업전습소[53]에 다니다가 한

---

51) 『단암문고』, 「행년약기」, 1018쪽.
52) 『단암문고』, 「행년약기」, 1123~1128쪽 ; 『대종교중광육십년사』, 828~831쪽.

일병합 후에 교내외의 학생들을 동원하여 항일운동을 계획한 적이 있었
다. 그는 공업전습소 학생들이 조직한 공업연구회의 평의원과 공업연구
회의 기관지인『공업계』의 편집부원을 지냈다. 이때 그와 가장 친하게
지낸 朴贊翊이 공업연구회 회장을, 그리고 박찬익의 정신적 대부인 申
圭植이『공업계』의 사장겸편집인을 맡고 있었다. 따라서 이러한 인연으
로 박승익은 1909년 신규식이 대종교에 입도한 다음 1910년 박찬익과
함께 대종교에 입도한 것으로 보인다.54)

박승익은 1910년 11월경 羅喆(1863~1916)의 신생 대종교단이 대종
교와 독립운동의 토대 마련을 위해 포교사들을 만주로 대거 파견할 때에
만주로 건너갔다. 그는 부친 항렬의 姜虞와 白純 양인을 모시고 간도에
서 3년 동안 대종교 시교사로 활동하였다. 이때 박승익은 만사를 백순에
게 의지하며 따라 배웠고, 근대 학문의 여러 분과에 해박한 지식을 지닌
백순은 박승익을 애중하게 여겼다. 그는 황량한 풍토, 극심한 배고픔, 일
제의 탄압, 마적의 약탈 등 갖은 어려움을 겪어가며 대종교 포교와 학교
설립에 큰 공을 세웠다.55) 대종교단내에서 그는 1911년에 참교, 1913년
에 지교에 올랐고, 1917년경에는 북만주를 관장하는 北一道本司에 속
해 있었으며, 1922년에는 남일도본사에서 상교를 지낸 것으로 확인된
다.56)

53) 관립공업전습소에 대해서는, 김근배, 「대한제국기-일제 초 관립공업전습소」『한
국문화』18, 1996.

54) 남파박찬익전기간행위원회 편, 『남파박찬익전기』, 을유문화사, 1989, 88~90, 97,
135~136쪽.

55) 1914년 3월경에 박승익은 용정촌 墾民會 지회의 회원이 되었다. 『한국독립운동
사 자료 39:중국동북지역편 Ⅰ』, 국사편찬위원회, 1993, 362~363쪽. 당시 일제
측의 자료에는 같은 시기에 북간도에서 대종교 시교사로 포교활동과 교육활동에
종사하고 있던 朴勝益과 朴贊翊의 이름이 朴承益・朴昌翼・朴贊益・朴讚
翊・朴贊翼 등으로 혼동되어 나오고 있다.

56) 정인보, 「朴勝益傳」『담원정인보전집』5, 연세대학교 출판부, 1983, 72~74쪽 ;
『종문영지』, 대종교총본사 소장 ;『대종교중광육십년사』, 967쪽 ;『단암문고』,

박승익은 만주에서 활동하다가 부친의 간절한 부름과 강우·백순의 은근한 권고로 1910년대 중반경에 귀국하였다. 충주에서 그는 연로한 부모의 생계를 위해 代書를 하며 지내다가 1919년 봄에 성묘차 충주에 내려온 鄭寅普와 '형제의 우정'을 나누게 되었다. 1920년에 그는 대서를 계속하며 충주·제천·단양·영월·평창·정선 등 6군을 관할하는 동아일보 충주지국장을 맡았다.[57] 그러나 일제의 탄압으로 인해 대서일을 그만두었고 신문사 지국도 해체되고 말았다. 이어 1922년에 그는 정인보의 추천으로 서울 유지들이 입학난 해소를 위해 설립한 중·고등 과정의 동아강습소에 강사로 들어갔다.[58] 그후 친일왕족의 대종교 진흥 자금 지원요청을 둘러싸고 교단과 이견이 생겨 귀향했다가 제천으로 이사하였다. 그는 제천의 봉양모범서당이 봉양보통학교로 승격되는 1923년 4월을 전후한 시기에 봉양보통학교의 교장이 되었다.[59] 이용태는 1923년 11월에 봉양면내의 유지들과 봉양보통학교 후원회를 조직하고 후원회 집행위원장 자격으로 면내의 각 호에 후원금을 분배하였다. 그런 다음에 이용태는 교장 박승익, 유지 趙命龜, 구장 元世千과 더불어 각 리를 순회하며 후원회 조직과 취지를 설명하고 다녔다.[60] 따라서 이용태는 박승익이 교장에 오르는 시기를 전후하여 그와 깊은 인연을 맺어나간 것으로 보인다.

1924년 (음)12월에 박승익은 38세의 젊은 나이로 죽었다. 이때 이용태는 "하늘의 원통함과 사회의 실망함이 비할 데가 없을 것이다"는 참으로 극진한 애도를 표하였다. 아울러 그는 "10년 동안 서울에서 세상이

「행년약기」, 1011쪽 ; 朴明鎭, 「대종교독립운동사」 『국학연구』 8, 국학연구소, 2003, 420쪽.
57) 『동아일보』, 1920년 4월 27일.
58) 『동아일보』, 1922년 4월 16일.
59) 정인보, 「朴勝益傳」 『담원정인보전집』 5, 75~77쪽.
60) 『단암문고』, 「행년약기」, 1009쪽.

바뀌는 풍파를 겪으면서도 분통함을 참고 원한을 가슴 깊이 새겨 백 번 굽혀도 꺾여지지 않았고 천 번 흔들려도 움직이지 않았다"고 박승익의 항일의지를 칭송한 다음, "나와 같이 무뢰한 사람이 그대의 정신을 탄복하여 배웠으니 눈물이 절로 흐른다"며 그 자신이 박승익에게 배운 바가 참으로 많았음을 토로하였다.[61] 그런데 이때 이용태가 박승익에게 탄복하며 배운 '정신'이란 것은 강렬한 애국정신, 시조 단군성조와 민족종교 대종교에 대한 애정과 지식, 羅喆·金敎獻·徐一·尹世復·백순·강우 등 대종교 인물들의 활동상, 동아일보계 인사들의 실력양성론에 기반한 민중계몽론 등이었을 것이다. 이로 미루어 이용태는 대종교에 입교하기 전에 이미 대종교와 일정한 인연을 맺었음을 알 수 있다.

1927년 11월 이용태는 崔南善을 '尊師'라고 표현한 간곡한 편지를 보냈다. 이용태가 최남선에게 편지를 보낸 것은, 박승익에게 받은 종교적 감화 외에도, 1925년 11월 이후부터 『동아일보』지상을 통해 일제의 단군말살정책에 항거하는 논문을 기고하고 있던 최남선에게 일정한 영향을 받았기 때문일 것이다.[62] 최남선에게 보낸 편지에서 이용태는 "홀연히 한 노인이 夢中에 말씀하시기를 너의 생긴 본원을 알려거든 경성에 최선생이 계시니 지성으로 기도하라고 분부하시기로 감사의 경의를 표하옵고 노인의 존함을 문하온즉 我는 上古始君이라. 상세는 선생처에 문하라고 하옵기 존전에 不敢贅言하옵고"라며 자신이 꿈속에서 단군을 뵈옵는 일종의 종교체험을 경험했을 뿐 아니라 최남선을 만나보라는 단군의 지시를 받았음을 언급하였다. 아울러 그는 최남선에게 대종교에 관계되는 서책이나 소설을 보내줄 것을 요청하였다.[63] 또한 한 달 후에 이용태는 대종교 남도본사의 지도자 姜虞에게 답서를 보내 "배달겨

---

61) 『단암문고』, 「행년약기」, 1009~1011쪽.
62) 김동환, 「단암 이용태의 종교사상」, 76~78쪽.
63) 『단암문고』, 「上六堂崔南善氏書」(1927.11), 519~520쪽.

레의 생명을 보전하고 자손을 전한 영광이 실로 한배검의 다함없고 없어
지지 않는 성령의 보우하심이요 만고에 바뀔 수 없는 정상이다"며 한배
검의 공능을 적극 인정하기에 이르렀다.[64]

　대종교도로 새롭게 태어난 이용태는 1928년 무진년 신년사에서 안으
로 신심지·신감각·신복록을 누리고 밖으로 신색채·신사업·신운명
을 개척하기 위하여 조선정신의 혁신, 농업·교육·도덕의 혁신, 근
검·저축, 집회개최, 풍속개량, 종교혁신 등 9가지를 강조하였다. 특히,
종교혁신에 대해 그는 "종교를 새롭게 해야 합니다. 우리는 우리의 시조
인 三神上帝 단군 한배를 숭봉해서 수 천년 背本 죄악을 벗고 새로운
광명의 복록을 받는 동시에 淫荒미신을 일체 타파해야 합니다"라며
대종교를 신앙할 것을 촉구하였다.[65] 이해에 그는 서울의 대종교 남도
본사로 강우를 찾아갔으나 만나지 못하고 대신 奉敎·奉審의 의식을
거행하고 李灝와 교리와 시사를 토론하였고,「神歌」·「開天歌」·「覺
辭」·「檀君敎佈明書」 등을 얻었다. 그는 「三一神告」·「神檀實記」
를 서울에서 구입해다가 번역을 하기도 하였다. 아울러 3월 20일 대종교
에 공식 입도하였고, 별호를 '檀菴'으로 고치고, 대종교에서의 이름을
'불'이라고 하였으며, 9월 3일에 영계를 받았다.[66] 이로써 이용태는 대
종교에 깊이 몰입해 들어갔다. 당시 이용태는 자신의 대종교 입교동기에
대해 다음과 같이 말했다.

---

64) 『단암문고』, 「答姜湖石虞書」(1927.12), 521~522쪽. 이용태는 「祭湖石姜先生
　　文」(1931.3)에서 2번이나 서울의 대종교 남도본사를 찾아갔어도 만나지는 못했으
　　나 마음속에 스승으로 모셨다고 말했다.
65) 『단암문고』, 「신년사」(1928.1), 496~498쪽.
66) 『단암문고』, 「행년약기」, 1021쪽 ; 『대종교중광육십년사』, 「임오교변」·「故司
　　敎檀菴李容泰道兄」, 519·829쪽. 그는 1928년 8월 사촌형의 환갑연에서 지은
　　시(敬次四從兄容顯氏壽宴韻)에서 단군이 무진년에 국가를 개창한 것을 칭송하
　　였다.

세월이 바뀌면 인심도 변천될 것이다. 그러나 내가 종교에 들어간 것이 이 무슨 망녕된 행동인가. 진실로 그 그릇됨을 알지 못함이 아니로되 만약에 혹시 홀로 그 몸만을 닦는다고 하면 죽고 나면 그만이니 儒道가 그렇다. 지금처럼 거국적으로 민족정신이 쇠퇴한 때를 당하여 만약에라도 조선의 혼을 바로 잡아 회복하지 못한다면 나라의 역사를 계속할 수 없을 것이며 또 일반 생명을 구제할 수는 더욱 없을 것이므로…대종교에 이르러서는 우리나라의 백성들을 처음 낳으신 시조를 숭봉함이라. 그 교화로 말한다면 4천년 동안 내려온 고유의 문화. 유교로서 비길 때 얼마간의 모순도 있으나 오늘날의 사세가 유교로써 국혼을 진흥하기 어려운 까닭에 비록 儒家에 끌림이 있다고 하나 그 교의 종지는 인륜도덕에서 벗어남이 없고 불교와 서양의 기독교와는 스스로 다른 한계가 있고 유교와는 조금도 다른 점이 없다.[67]

즉, 이용태는 대종교가 유교에 비해 모순이 있기는 하나 지금처럼 민족정신이 쇠퇴한 시기에 유교로는 국혼을 진흥시키기 어렵기 때문에 4천 년간 내려온 고유문화이자 국조를 받드는 대종교를 믿게 되었다고 술회하였다.

대종교에 입교하여 조선정신을 강조하게 되면서부터 이용태는 자신의 한국적 민주주의론의 뼈대를 정립해 나가게 되었다. 다시 말해 대종교에 투신한 다음 종교적 신념의 변화가 분명히 반영된 글들 속에서 이용태는 해방 후 그가 보여준 정치사상의 원형을 제시했던 것이다. 이를테면, 신앙심의 통일이 조선의 당면과제라고 인식하고 있던 이용태는 불가의 석가씨의 大小乘의 진리, 서구의 야소씨의 天堂生活, 중국의 孔夫子의 윤리와 구도덕, 인도의 간디씨의 비저항주의, 독일의 막스씨와 로서아의 레닌씨의 唯物主義 등 외래의 모든 사상·종교체계를 총체적으로 비판하고 부정하였다. 그런 다음에 그는 조선민족의 유일한 생존방책으로서 "첫째로 조선정신을 찾고, 둘째로 찾아진 조선정신으로 굳게 단결하고, 셋째로 단결된 정신으로 우리 성조단군를 신봉하는 것이다"

67) 『단암문고』, 「행년약기」, 1019쪽.

고 주장하였다.[68] 이런 맥락에서 이용태는 개인적·지역적으로나마 단군을 신봉하기 위해 단군의 신령이 붙어 있다고 하는 박달재에 단군사당을 짓고 향화를 올리려고 하였으나 시국의 형편으로 인하여 신전을 짓지 못하고 말았다.[69]

1930년 12월에 이용태는 세상의 모든 종교의 문제점을 넘어서 세계 평화를 가져올 종교로서 대종교의 역할을 강조하였다. 그는 인류가 유교의 인의, 불교의 자비, 일본 신도의 대화, 예수교의 사랑 등으로 평화를 얻었으나 몇 해 전부터 서로 이욕만 추구하여 상잔과 파괴가 다반사로 벌어지는 살벌한 상황이 전개되고 있음을 우려하였다. 따라서 그는 이런 종교들이 발생하기 이전에 사람들이 깨우치고 실천하여 평화를 이루었던 대종교의 교화를 다시 재현하고자 하였다.[70] 그런 다음에 그는 조선인들로 하여금 사견과 사익을 버리고 정도로 나아가 정신과 마음을 맑게 닦고 인류의 떳떳한 법도를 실천하도록 하기 위하여 대종교의 연원과 공능을 자세하게 덧붙여 설명하였다.

> 우리의 종문대도는 실로 종교 가운데 종교로다. 먼 옛날 천지가 갈리기 전에 神市天王께서 하느님의 명을 받으시어 天符 三印을 가지시고 홍익인간의 대의로써 백두산에 내려와 신으로써 사람으로 화하시어 한 세상을 다스리고 가르치시니 곧 단군천조이시다. 그 신은 조화주이신 桓因과 교화주이신 桓雄과 치화주이신 桓儉의 三神이시며, 그 덕은 인과 지와 용의 三德이며, 그 도는 아버지와 임금과 스승의 三道이고, 그 진리는 성품과 목숨과 정기의 三眞이요, 마음과 기운과 몸과 三妄이요, 숨쉼과 느낌과 부딪힘의 三途이며, 그 교는 직감과 조식과 금촉의 三法이요, 돌이키고 나아가고 돌아오는 三生이며, 그 일은 농사와 명령과 의약과 형벌과 포상과 남녀와 부자와 군신과 의복과 음식과 궁실과 변발과 상투 등의 제도를 마련하여 무릇 360가지다. 이것이 바로 천지자연의 바른 진리로서 만고에 바뀔 수 없는 대도이고, 사람

---

68) 『단암문고』, 「조선민족의 신앙심 통일을 기하자」(1928.1), 347~349쪽.
69) 『단암문고』, 「建築三神殿發起文」(1928.음1), 452~454쪽.
70) 『단암문고』, 「종교설」(1930.12.18), 203~204쪽.

이 본디부터 받은 한 시도 떨어질 수 없는 바른 길이고, 동서양에서 처음 열
린 교화로서 유일무이한 대법이다. 그러므로 성인 箕子가 神誥를 번역하여
읽고 후세를 가르쳤으며, 발해 태조는 神誥의 각 訓을 친히 찬하여 깊은 뜻
을 밝히시고 홍암대종사께서는 대종교로서 중광하여 지난날의 교화를 이으셨
다.71)

대종교 입교 당시만 해도 이용태는 유교와 대종교의 관계를 병존이
가능한 것으로 인식하고 있었다. 일찍이 1913년에 이용태는 계몽사조가
수용됨으로써 교육과 식산을 강조함과 동시에 중화를 높이고 이적을 물
리치는 의리가 사라지고 인류와 금수의 구분이 흐려진 것을 안타까워했
다.72) 또한 1922~1923년에 계몽사조에 입각하여 국권회복론을 정립해
가는 중요한 시기에도 이용태는 유림의 수구성과 고루성으로 인한 신학
문과 신문화에 대한 무지를 강하게 비판했을 뿐이며 정작 유교사상 그
자체를 정면으로 비판한 적은 없었다. 오히려 그는 조선이 흥왕한 것은
모두 유교 덕분이요 유림은 국가의 원기라며 유교의 역할을 중시한 바탕
위에서 "시대적 특수성이 가미된 새로운 유교를 진흥시켜 민족윤리를
재천명하고 국민의 덕성을 함양케 함으로써 고유의 정신문화를 발양하
자"고 주장하고 있었다.73) 이것은 "기자 성인의 뒤를 이은 조선의 백성
들"에게 유교적 가치에 바탕하여 민족윤리를 개발하고 국민의 덕성을
진작시킬 것을 촉구한 것이었다.

유교와 대종교를 동등하게 중시하는 이용태의 신앙태도는 대종교에
입교한 1927년 12월부터 만주로 망명하여 동경성의 대종교총본사를 찾
아간 1939년 10월까지 지속되었다. 이때 그는 대종교의 교리를 부지런
히 학습하고 그러한 내용을 내면으로 삭이고 체험하는 중요한 시기를 보
내고 있었다. 그런 가운데 제천군내에서 유림계 관료 겸 지식인으로 이

71) 『단암문고』, 「종교설」(1930.12.18), 205쪽.
72) 『단암문고』, 「행년약기」, 995쪽.
73) 『단암문고』, 「조선의 흥망은 유림에 있다」(1922.7), 340~344쪽.

름이 알려진 관계로 1934년에 제천군내 4개면의 유림들에게 강연하라는 일제의 지시를 받고 유림들을 상대로 '유교시대화'라는 주제로 강연을 주최하기도 하였다.[74] 당시 그는 조선이 유교의 발달로 동방예의지국이란 별칭을 들었으나 말기에는 사대주의로 흘러 조국정신을 상실하고 상고의 풍습이 사라지고 문약에 흘러 자강의 기상을 잃고 상하가 모두 부패하고 말았다며 유교의 폐단과 약점을 구체적으로 지적하였다.[75]

1939년 10월 서울에서 경학원 주최 전조선 유림대회가 열리자 이용태는 제천군 대표로 천거되어 상경하였다. 그러나 유림대회의 무질서와 고루함 및 친일유림들의 행태에 실망하여 그 길로 만주로 망명하였다. 당시 그가 면장직을 내던지고 만주행을 결행한 배경으로는 1939년 1월 사랑하는 아우 李容俊이 일경에게 체포된 사건과 세계대공황과 전시체제가 초래한 인민의 생활곤란을 크게 아파한 개인적 경험을 들 수 있을 것이다. 만주에서 그는 동경성 대종교총본사로 가서 제3세 도사교 尹世復과 기거를 함께 하며 본격적으로 대종교를 숭봉하고 연구하기 시작하였다. 대종교단을 찾아간 동기에 대해 그는 민족정신의 발휘, 국가의 자주, 민족의 단결, 전통문화의 계승과 전수는 대종교 정신이 아니면 불가능하다는 판단 때문에 대종교총본사로 가서 헌신적으로 활동하고 봉사하려 했다고 말했다.[76]

이용태는 1939년 11월경부터 1940년 7월까지, 그리고 1941년 3월 하순부터 8월 하순까지 2차례 만주에 머물며 종교활동에 종사하였다. 이때 그는 대종교총본사에서 교주 자문기관인 經義院의 參議로서 활동하였고, 교주 윤세복과 기거를 같이하며 교단의 운영과 활동에 관한 사항을 집행하였다. 또 1940년 (음)1월 15일부터 이듬해 (음)4월 16일까지 수차

74) 『단암문고』, 「행년약기」, 1035쪽.
75) 『단암문고』, 「행년약기」, 1035쪽.
76) 『단암문고』, 「拘禁苦況」(1946.9), 357∼358쪽.

례 직원회에 출석하여 직원개선에 관한 사항을 협의 결정했으며, 각지에
출장하여 다수의 교도로부터 敎籍 간행에 관한 자금을 모집하였다.
1941년 봄에는 和龍縣 淸坡湖에 가서 대종교 삼종사의 무덤을 참배하
였고, 동경성에서 포교활동을 통하여 교도 몇 명을 얻기도 하였다.77) 그
러다가 일제의 대규모 대종교 탄압사건인 임오교변에 연루되어 1942년
12월 제천군에서 체포되어 만주 영안현 감옥에 압송되었다. 그는 대종교
간부 25인과 함께 치안유지법 위반혐의로 체포·투옥되어 혹독한 고문
을 받은 다음 8년형을 선고받고 목단강시 拔河감옥에 이관되어 복역하
다가 소련군의 만주 진주와 함께 풀려났다.78)

　만주에서 이용태가 벌인 여러 활동 가운데 주목할 만한 것은 대종교
서적의 간행작업에 임원으로 참여한 점이었다. 대종교단은 1934년 여름
만주 밀산의 총본사가 마적의 습격을 받아 '敎籍'이 모두 소실되는 참화
를 당하였다. 이에 1939년 7월에 만주정부로부터 교적간행을 승인받고
이어 10월에 조직된 '대종교교적간행회'가 소실된 교적의 재간행 사업
에 본격 착수했을 때에 安熙濟가 회장을 이용태가 총무를 맡았다. 이어
1940년 3월에 조직개편으로 안희제가 회장을, 강철구가 총무를, 이용태
가 간사를 맡았다.79) 이러한 대종교교적간행회에서는 임오교변 이전
까지 『大倧敎弘範及規則』(1939)·『三一神誥』(1940.6)·『神檀實記』
(1940.6)·『倧禮抄畧』(1940.8)·『五大宗旨講演』(1940.9)·『倧門指
南』(1940.10) 등의 서책을 발간하였다. 이처럼 이용태가 교적간행에 주
요인물로 참여할 수 있었던 것은 그가 대종교 교리에 대해 해박한 실력

---

77) 『대종교중광육십년사』, 「임오교변」, 519～520쪽. 조준희, 「단암 이용태의 대종교
　　윤리사상」 『단암이용태추모학술회의논문집』, 2004, 103쪽.
78) 이용태의 임오교변 체험기에 대해서는 「拘禁苦況」(1946.9), 357～362쪽. 임오교
　　변에 대해서는 대종교총본사 편, 『임오십현순교실록』, 1971 ; 박영석, 「대종교의
　　민족의식과 항일민족독립운동－임오교변을 중심으로－」 『건대사학』 6, 1982, 25～
　　53쪽 ; 이동언, 「단암 이용태의 생애와 독립운동」, 20～26쪽.
79) 『대종교중광육십년사』, 447～455쪽.

을 지녔기 때문에 가능했을 것이다. 동시에 그는 대종교 서적의 간행을 통하여 자신의 종교이론을 체계화·종합화하는 귀중한 기회를 가졌을 것이다. 하여튼 해방 후 이용태가 많은 글을 통하여 대종교민족주의를 적극 선양하고 나섰던 데에는 이러한 배경이 자리잡고 있었다.

V. 대종교에 입각한 한국식 민주주의론

해방 후 고향 제천으로 돌아온 이용태는 좌우대립과 경제혼란이 중첩된 혼돈상태를 맞이하게 되었다. 이때 이용태는 치안유지에 주력하며 질서를 유지하고 단합된 힘으로 대한민국임시정부의 환국을 기다려야 한다고 보았다. 그러나 5～60개이 정당이 난립하는 와중에서 좌익계의 조선인민공화국이 출현하여 정국을 주도해 나가자 그는 분통한 심경을 토로하기도 하였다.[80] 곧이어 1946년 1월 아우 이용준이 임시정부 봉대와 좌익세력 척결활동을 벌이다가 박헌영 일파에게 암살당하는 불행한 사건이 일어났다. 이용준은 해방 직후에 수 십명의 동지를 규합하여 좌익세력과 대항하였고, 중경임시정부가 귀국한 다음에는 大韓保國軍團이란 우익단체를 조직하여 스스로 제1사단 사령관을 맡아 좌익세력과 대항하고 있었다.[81] 이에 서울로 올라온 이용태는 대종교단의 중추 인사로서 강연·기고·집필 활동을 활발히 벌이며 대종교민족운동을 전개해 나가기 시작하였다.

해방 후부터 사거할 때까지 이용태는 공산주의를 절대 반대하고 민주주의를 적극 지지하였다. 이미 이용태는 1928년에 대종교에 입교할 때부터 공산주의에 강한 불만을 나타내고 있었다. 당시 그는 "독일의 막스

---

80) 『단암문고』, 「행년약기」, 1060～1061쪽.
81) 『단암문고』, 「행년약기」, 1063～1064쪽.

씨와 로서아의 레닌씨의 유물주의가 魂盲·文盲한 대중들에게 파급되는 현상"에 깊은 우려를 나타낸 바가 있었다.82) 또한 신국가 건국도상에서 벌어지고 있는 분열과 파괴, 혼란과 도탄의 제반 원인은 다름 아닌 외래사상인 공산주의의 무분별한 추종에 있다고 보았다.83) 이처럼 이용태가 공산주의를 극력 배격한 데에는 충효윤리를 중시한 개인 성향, 계몽주의와 자유주의의 영향, 사회주의를 탄압한 일제의 식민통치 방침, 해방 후 만주에 진군한 소련군의 대종교 탄압 등이 복합적 영향을 미쳤을 것이다. 특히, 대종교를 "공산정책에 비협조적인 단체"로 규정하여 총본사 건물을 징발하고 대종교 학생들을 위협하고 간부직원에 대한 협박을 일삼은 소련공산주의에 대한 혐오가 가장 큰 영향을 미쳤을 것이다.84)

이용태가 해방 후에 남긴 많은 문적에는 강렬한 반공주의와 대종교적 민주주의가 일관되게 나타나 있다. 그는 미군정기~제1공화국기에 공산주의를 일관되게 반대했던 반면, 대종교적 민주주의에 대해서는 시대상황과 정치세력의 변화에 따라 유동적인 모습을 보였다. 다시 말해 이용태는 1949년 8월 대한민국 정부수립 직후까지 "좌우에 편향함이 없이 자주자립의 한국민주주의의 국민성을 함양할" 것을 기원했던 반면,85) 6·25전쟁 후에는 철저한 반공정책과 함께 한국적 특수성을 살린 홍익인간 이념에 입각한 '한국식 민주주의'를 실행해 나갈 것을 주장하고 있었다.86) 따라서 이용태의 해방 후의 정치사상을 살필 때에 한 가지 유의할 것은 그의 반공주의는 사상적 정합성이 있는 일관된 흐름으로 이어졌던

---

82) 『단암문고』, 「조선민족의 신앙심 통일을 기하자」(1928.1), 347~349쪽.
83) 『단암문고』, 「개과천선」(1947.2), 229쪽.
84) 『대종교중광육십년사』, 573~574쪽 ; 박환, 『나철·김교헌·윤세복』, 동아일보사, 1992, 197~198쪽.
85) 『단암문고』, 「政敎略說」(1948.중춘), 396쪽.
86) 『단암문고』, 「우리의 도의에 입각한 민주주의를 실천하자」(1959.5), 327쪽.

반면에 상황에 따라 가변적인 모습을 보인 그의 대종교적 민주주의론은 정부수립 이전과 이후를 구분해서 이해해야 한다는 점이다.

이용태는 대종교적 민주주의 시각에서 당대 사회를 풍미하고 있는 공산주의와 무정부주의와 대자본주의를 강하게 비판하였다. 즉, 이용태는 인류해방을 주창하는 공산주의는 정책과 시정면에서 무자비한 독재와 숙청으로 일관하여 도리어 인간의 자유를 완전히 강탈·속박하고 있으며, 동생 이용준이 추구한 무정부주의는 너무도 허무한 이상에 흘러 국가와 민족을 초월하여 세계일가라는 미몽으로 인간사회의 질서만 파괴하고 있으며, 대자본주의에서는 금권을 장악한 특권계급이 무산대중을 멸시·착취하고 토지겸병과 상품독점을 일삼고 국가행정을 좌우하는 반면에 근로자들은 도탄에 빠져 허덕인 결과 부익부 빈익빈 현상이 날로 심화되고 있다고 비판하였다.

이용태는 당대의 문제거리인 공산주의와 무정부주의와 대자본주의 가운데 공산주의 사조의 확산이 무엇보다도 가장 위험한 것이라고 보았다.[87] 그는 공산주의를 '적색공산주의'·'적색병'·'赤狗菌'·'共産唯物魔'라고 부르며 강하게 비판하였다. 그는 공산주의가 세계주의를 빙자하여 다같이 잘살자는 사회주의라는 허위의식을 내세워 빈약한 농민·영세민과 노동자·무식층을 기만하고 있지만, 실제로는 소련추종사상으로서 자유박탈주의요 노력착취주의요 인간금수화주의에 불과하다고 일축하였다.[88]

이용태는 정치적·경제적·사회적·윤리적인 측면에서 공산주의의 문제점을 구체적으로 지적하였다. 정치적 측면에서 공산주의를 추종한 국가치고 소련의 노예로 전락하지 아니한 나라가 없으니 공산주의란 소련민족으로 동화하자는 사상이요, 공산주의 이외에 다른 정치주장은 추

87) 『단암문고』, 「政治略說」(1948.중춘), 398~399쪽.
88) 『단암문고』, 「좌익계열 청년동포에게 읍고함」(1948.11), 304쪽.

호도 용납지 않을 뿐만 아니라 소련 내에서도 무자비한 숙청으로 600만 이란 자국민을 학살했으니 공산주의란 자유박탈사상에 다름 아니라는 것이었다. 경제적 측면에서 공산주의는 억강부약의 균평제도를 강조함으로써 국민들의 근로의욕을 떨어뜨리고 나태와 낭비만을 조장하며, 남녀노소가 어렵게 생산한 식량과 공산품을 전부 탈취해가면서 아주 적은 양만을 배급으로 돌려주고, 전민족을 우마와 같이 사역하고 착취하면서도 간부당원의 배만을 채우기에 혈안이 되어있는 사상이라고 단언하였다. 사회적·윤리적 측면에서 공산주의는 父慈子孝의 은혜를 끊어 가족제도를 파괴하고 상부상조의 신의를 배척하고 사기와 약탈을 부추겨 사회도덕을 타락시키고 일부일처의 정조관념을 유린하여 淫風獸行의 성욕만 조장하며 반만년 동안 전래된 미풍양속을 근절시켜 山禽野獸로 변하게 하고 있다고 비판하였다.[89]

　그런데 이용태가 공산주의를 강하게 비판한 근본이유는 공산주의가 사상분열을 초래하여 한민족의 단결심과 자주성을 약화시킬 것을 크게 우려하였기 때문이었다. 건국운동기에 이용태는 전래의 순풍미속이 사라지고 謙讓恭儉의 민족성이 증발한 점과 외래사상으로 말미암아 분열과 파괴가 속출하여 사회가 혼란되고 국민이 도탄에 빠진 것을 통탄하였다. 특히, 외래사상인 공산주의의 유행으로 사회가 혼란되고 민족이 분열하는 현상을 이용태는 심각한 문제로 간주하였다. 그렇기 때문에 그는 한국이 개과천선의 정신으로 사상을 통일하지 않으면 통일독립을 기대할 수가 없다고 주장하였다.[90] 다시 말해 국민을 혼란과 도탄에서 구제하고 자주적 민주국가를 건설하는 방책은 사상의 통일에 달려 있으며 이 경우 사상의 통일은 대종교가 아니면 불가능하다는 것이었다. 나아가 그

---

89) 『단암문고』, 「大東正論 第一輯을 읽고」(1946.4), 216~217쪽, 「좌익계열 청년동포에게 읍고함」(1948.11), 304~305쪽.

90) 『단암문고』, 「개과천선」(1947.2), 229쪽.

는 신국가건설이라는 막중한 책무를 짊어진 한국에서 대종교의 종지를
버리면 인간의 가치와 조선인의 특징과 자주자립의 용력을 상실하는 것
임을 아울러 강조하였다.[91]

이용태는 혼란에 빠진 한국의 현실을 대종교로 치료해야 한다고 보았
다. 미군정기에 그는 조선이 환란에 빠진 요인으로서 ① 주권 없는 국
가, ② 보호받지 못하는 국민, ③ 경제의 곤핍으로 빈궁에 빠진 민생,
④ 조선정신을 잃은 인민, ⑤ 평화를 배척하고 싸움만 일삼는 사회, ⑥
생산에 힘쓰지 아니하고 소비만 일삼는 나태, ⑦ 학술이 세계 수준에 비
해 뒤떨어짐, ⑧ 단결을 파괴하고 분열을 일삼음, ⑨ 좌우의 사상대립,
⑩ 악질적 모리행위로 인한 사회혼란 등 열 가지를 들었다. 그런데 이러
한 혼란의 근본원인은 사대사상과 외래문화에 빠져 나라를 잃고 민족성
을 상실한 때문이라고 진단하였다. 따라서 그는 이러한 난국을 타개할
이는 민족의 시조인 한배검뿐인데, 한배검의 구원을 받자면 報本湯이란
살균제·영양제·평화제의 조선약을 복용하여 사상의 통일을 달성해야
한다고 주장하기에 이르렀다.[92]

1948년 8월 대한민국 정부수립 직전에 이용태는 홍익인간의 이념으
로 시대의 과제를 해결하려 하였다. 그는 국가건설·사회개혁·민족단
결 등 세 가지를 시대의 당면과제로 설정하였다. 즉, 그는 국가건설면에

---

91) 『단암문고』, 「대종교에 대하여」(1947.8), 264쪽.
92) 『단암문고』, 「환란상구」(1947.6), 256~258쪽. 이용태가 해방 직후에 제시한 대종
교적 국가건설론의 골자는 다음과 같다. ① 우리 정신을 찾고 남의 정신에 놀지
말 것, ② 倭말을 버리고 우리말을 쓸 것, ③ 용감하고도 충후한 전래의 양속미풍
을 지킬 것, ④ 모든 역량을 단결하여 평화의 낙원을 건설할 것, ⑤ 악질 모리를
취하지 말고 공정한 상업도덕을 실천할 것, ⑥ 농장과 공장에서 활동을 빨리 하여
산업경제를 부흥시킬 것, ⑦ 놀고 먹고 놀고 입지 말 것, ⑧ 거짓말은 금하고 믿
음을 중시하여 신의를 회복할 것, ⑨ 인간은 물적 생활만이 아니라 영적 생활이
더 중요하며 영적 생활에는 신앙이 기본이 되나니 우리 대종교 곧 三神一體 上
帝이신 단군 한배검님을 다 같이 믿을 것. 『단암문고』, 「널리 겨레에게 고함」
(1946.6), 433~434쪽.

서는 일단 국가를 먼저 건설해 놓고 차차 기구와 내정을 보완해 나가자
고 하였다. 사회개혁면에서는 토지개혁·반상타파·인권보호·윤리엄
수·인류보존·근로장려·부랑배 근절·의무교육 실시·문맹퇴치·
학문장려 등을 우리 겨레의 특성에 맞게 개조하자고 하였다. 그리고 민
족단결면에서는 오늘날의 혼란 원인은 민족단결의 부재에서 연유한 것
이니 한배검의 정신이요 조선정신인 홍익인간의 이념으로 민족단결을
이룩하자고 하였다.93) 특히, 그는 민족단결에 가장 중요한 이념인 홍익
인간의 대이념을 구현하기 위한 세부방안으로서 三生主義를 들었는데,
三生이란 정신을 살리는 神生, 육체를 살리는 體生, 모두가 고르게 사
는 均生을 말하는 것이었다.94)

　이용태는 공산주의세력의 확대를 막기 위해서 대종교에 의한 사상통
일 외에도 민생의 안정을 매우 강조하였다. 그래서 그는 상경하자마자
미군정 경제정책의 현안 가운데 하나인 米穀價의 안정문제를 거론하고
나섰다. 미군정기에 공포된 미곡수집령의 폐단으로 물가가 앙등하고 무
산대중의 생활이 곤핍한 지경에 빠졌으니 군정 당국은 공정가를 철폐하
고 자유판매로 환원하는 임시변통책을 버리고, 상업가와 지주는 所持米
를 방출하고, 관공서의 공무원과 농촌 유지는 극력 협조하여 미곡수집사
업에 협조하라고 하였다. 나아가 그는 중간상인의 폭리로 인한 일반 생
필품과 기타 물가의 지나친 앙등을 우려하여 관청의 지도하에 소비조합
을 설치하여 생활필수품이 직접 소비자에게 들어가게 해야 한다고 하였
다.95)

　1950년 4월 제2대 민의원 선거에 출마했을 때에 발표한 정견정책의
내용은 1950년대 이용태의 경제대책을 집약한 것이었다. 즉, 그것은 ①

---

93) 『단암문고』, 「홍익인간의 정신으로 삼천만이 통일하자」(1948.4), 276～277쪽.
94) 『단암문고』, 「政敎略說」(1948.중춘), 399～400쪽, 「신문화는 동방에서」(1956.1),
　　308～310쪽.
95) 『단암문고』, 「미곡수집령과 허영에 취한 자에 대한 소감」(1946.2), 212～213쪽.

통화 수축과 저물가 정책의 실시, ② 대규모 기업과 공장의 국영제를 통한 대량생산과 통제판매의 실시, ③ 외국무역을 개발 증진하되 사치성 소비물자의 수입엄금과 외화획득을 위한 국산품 수출의 장려, ④ 자급자족책의 수립과 외국원조의 점차적인 사절, ⑤ 공정 물가제도의 실시와 악질모리배와 무위도식자의 일소, ⑥ 노동임금의 물가연동제와 노동자의 생활안정, ⑦ 불법 잡비와 기부금 부과 엄금과 빈민 생활안정, ⑧ 농민의 소비품 구매와 생산품 판매의 알선단체 조직 등이었다. 이러한 경제대책의 골자는 인플레이션을 억제하고 자본주의의 폐단을 제거함으로써 농민·노동자·서민의 생계보장을 목표로 하고 있었다.[96]

이용태는 공산주의를 비판하는 시각에서 대한민국 정부수립 이전 미소대립과 좌우투쟁에서 파생된 모든 사건들에 대해 미국측과 우익측에 동조하는 태도를 보였다. 즉, 그는 신탁통치문제, 미소공동위원회, 좌우합작, 대구좌익폭동, 남북협상, 남한단독정부 수립문제, 여순 사건 등에 대해 소련과 좌익측에 모든 책임을 묻고 있었다.[97] 동시에 현실주의적 정세인식에 따라 이용태는 가능한 지역만의 총선거에 의한 남한단독선거안을 통과시킨 유엔 소총회의 결정에 적극 찬동을 표하였고, 유엔이 파견한 국제연합한국위원단의 활동을 칭송하게 되었으며, 그러한 절차를 거쳐서 수립된 대한민국 이승만정부의 역사적 정통성을 강조함과 동

---

96) 『단암문고』, 「정견정책」(1950.5), 555～556쪽.

97) 예컨대 미소공동위원회의 결렬원인에 대해 이용태는 "미소공동위원회의 결렬 이유로는…소련측은 공산독재로써 자국의 일 위성국가를 수립함으로써 종국적으로 연방화하려는 영토적 야욕이 앞섰고, 미국측은 자유애호국가로 완전한 민주국가로서 통일시켜 세계자유진영의 민주국가의 반열에 들게 하자 함이라. 요약 환언하면 소련은 세계의 무산자들을 유혹하여 자국의 藩屛으로 삼아 세계를 독점하려는 야욕에 불과하고 미국은 인류의 자유와 통상의 원활을 도모함으로써 동서 각국의 빈민을 물질로 구제하여 세계 경제의 기반을 장악하려 함에 있다"라고 하여 미국의 경제적 제국주의를 우호적으로 소련의 영토적 팽창주의를 적대적으로 인식하였다. 『단암문고』, 「政治略說」(1948.중춘), 398쪽.

시에 남북통일을 건국이념으로 고집하며 건국에 불참한 세력들을 비판하게 되었다.[98]

그런데 정부수립 직후까지 친미적 국제관을 보였다고 해서 이용태의 국제정세관이 일방적으로 친미주의나 자본주의에 치중한 것은 아니었다. 오히려 그가 희망하는 체제는 좌우와 신구에 치우치지 않고 각자의 장점을 살려 화평 위주의 절대적인 민주국가를 건설하자고 것이었다.[99]

> 이러한 시기 하에서 우리 국가를 재건케 됨은 실로 복잡한 처지가 아닐 수 없다. 수구파에서는 왕정으로 복구함도 몽상할 것이요, 공산적도들은 소련의 연방화도 갈망할 것이요, 그러나 우리가 진정으로 갈망하는 국가는 좌우신구에 구애됨이 없이 折長補短하되 민족의 정신적 특수성을 살린 和平爲主의 절대적인 민주국가여야 한다. 우파에 대하여는 극단적인 자본주의를 배제하고 제한된 사유재산제도를 준수하여 개인의 진정한 자유를 향유하게 하며, 좌파에 대하여는 인권의 평등과 노동의 신성을 주안으로 경제의 원활을 도모하며 기한의 궁핍을 면하게 하고, 구파에 대하여는 충후한 덕성을 함양하고 선량한 풍속을 전승하는 동시에 적폐악습을 제거하며 사대의타사상을 근절하여 민족자결의 정신으로 통일하고 동양의 미덕인 가족제도를 준수하고 조선정신의 근본인 敬天愛人의 관념을 堅持發揚할 것이며, 신파에 대하여는 덕육과 지육과 체육을 통한 국민의 기본교육을 보급하여 시대적 과학기술을 연구개발하고 농·공·상·광업을 막론하고 일체의 산업을 진흥함으로써 국부민강을 도모하고 소비를 억제하고 사치를 勵禁하여 검소를 力勸함으로써 세계적으로 우수한 민족이 되기를 목적으로 힘차게 전진하게 하는 완전 자주독립 민주국가의 건설을 다 같이 힘차게 외치자.[100]

---

98) 『단암문고』, 「政敎略說」(1948.중춘), 389~391쪽, 「관민의 자각으로써 한국을 육성하자」(1948.11), 299쪽.

99) 이용태는 세계의 대세상 좌우대립은 면할 수 없는 형세라는 판단에서 김구·김규식의 남북협상을 반대하였다. 대신에 그는 "한국은 우익에도 죽기 쉽고 좌익에도 살기 어려운 까닭에 스스로 결의하고 전진할 뿐이다"고 주장하였다. 『단암문고』, 「행년약기」, 1068쪽.

100) 『단암문고』, 「政敎略說」(1948.중춘), 395~396쪽.

즉, 이용태는 좌익·우익, 신파·구파의 장단점을 모두 통합하여 극단적 자본주의가 억제된 사유재산제의 활성화, 노동의 가치를 권장하여 경제적 낙후 문제의 해결, 민족자결정신과 동양의 미덕의 준수, 기술개발과 산업진흥을 통한 국부민강의 달성을 촉구하였다. 그리하여 그는 이러한 경지에 도달하기 위해서는 무엇보다도 대종교에 기반한 조선정신을 회복하는 것이 무엇보다도 중요하다는 인식을 나타냈다.

> 상실한 조선정신을 회복한다는 것이 또한 일조일석에 될 일은 아니나 시급히 敬神崇祖의 고유신앙을 장려하고 追遠報本의 국조숭봉관념을 환기하여 反本의 정신을 돌리고 애친경장의 미풍과 隣里相扶의 양속을 장려함으로써 자치의 제도를 실행하면 충후하고 명민하고 과감하고 진정한 조선의 민족성으로 환원될 것이요, 곡가와 생활필수품의 가격을 엄격히 통제 조절함으로써 생활을 안정하게 하는 것이 관이 해결해야 할 급선무이며, 민으로서 현시점에서 해야 할 가장 시급한 일은 무엇보다도 대한민국의 국권이 없는 날에는 국민의 생명이 끊어진다는 것을 깊이 깨닫고 정부의 시정방침에 순응 협조함으로써 관민 일치의 단합체제를 이룰 것이요, 둘째는 양심의 동요됨이 없이 맡은 바 자기의 직업에 충실히 면려할 것이요, 셋째는 사랑과 온정으로 가족과 이웃에 친목을 도모할 것이요, 넷째는 밖으로 떠도는 풍설과 유혹에 속지 말고 지역마다 자위를 위한 단결력으로써 자체를 수호하여 전력을 다할 것이요, 다섯째로는 납세의무와 교육의 의무를 충실히 이행하면 우리 국가는 반석의 기초 위에 확고히 설 것이요, 우리들 개인의 생명도 완전히 護持될 것이다.101)

즉, 이용태는 조선정신을 회복하기 위해서는 관민이 다 같이 노력해야 하며, 이때 양자는 국조숭배 관념과 애친경장의 미덕을 통하여 관민 일치의 단결과 가족·이웃 간의 친목을 이루어야 한다고 주장하였다. 따라서 그는 정신적 독립이 없으면 국가의 독립도 완전치 못하다는 인식 하에 "좌우에 편향함이 없이 자주자립의 한국민주주의의 국민성을 함양

---

101) 『단암문고』, 「관민의 자각으로써 한국을 육성하자」(1948.11), 297~298쪽.

하자"고 주장하였다.102)

1950년대 후반부터 귀천하기 전까지 이용태는 자유당의장 李起鵬, 과도정부수반 許政, 국가재건최고회의의장 張都映 등에게 서한을 보내 자신의 특유한 대종교적 민주주의론이 담긴 시국대책론을 건의하였다. 그는 이기붕에게 보낸 서한에서 자신이 자유당에 들어간 이유로서, 첫째 한국 고유의 충효와 애경을 지키고 허식적 의례와 계급적 인권차별을 혁신하기 위해서이며, 둘째 농민대중의 억압착취를 해제하고 생활향상으로 농촌낙원의 기초를 건설코자 함이라고 주장하였다.103) 나아가 이용태는 "4·19학생의거와 5·16군사혁명의 쾌거"를 극찬하는 한편, "조용한 가운데 완성한 혁명은 천추의 찬연한 업적이요, 배달민족의 영광스러운 행복이요, 세계만방의 모범적인 장거이다"고 주장하였다.104)

4·19학생의거 직후에 이용태는 허정 외무장관, 李在鶴 국회부의장, 대법원장, 신문편집인회장, 변협회장 등에게 서한을 보냈다. 거기에서 그는 이승만 대통령과 이기붕 자유당의장의 사퇴를 촉구하는 한편, 일인독재·일당횡포·관권남용을 방지하기 위해서는 악법들을 제거하고 내각책임제를 택할 것을 촉구하였다.105) 또한 4·19직후에 그는 현시국에 대한 대대적인 쇄신을 촉구하는 건의안을 과도정부에 올렸다. 이때 그는 정치면에서 부정부패의 근절, 신진인사의 등용, 부정선거사범의 처벌을 주장했고, 경제면에서 부정축재자의 처벌, 사치방지와 밀수근절, 국산품애용, 원조자금의 이용을 건의했고, 사상면에서 반공정책의 강력이행, 민족정기의 앙양 등을 거론하였다.106)

이용태는 제2공화국 張勉내각의 무능과 파벌 싸움으로 인한 극심한

---

102) 『단암문고』, 「관민의 자각으로써 한국을 육성하자」(1948.11), 302쪽.
103) 『단암문고』, 「與李起鵬議長書」(1957.11), 525쪽.
104) 『단암문고』, 「革命施政에 協贊蹶起할 것을 檄함」(1961), 422쪽.
105) 『단암문고』, 「사·일구후의 정국수습을 위한 건의서」(1960.4.26), 565~567쪽.
106) 『단암문고』, 「과도정부에 대한 국민의 희망」(1960.5), 567-570쪽.

사회혼란을 크게 우려하였다. 그래서 그는 5·16군사쿠데타 직후에 장도
영 국가재건최고회의의장에게 서한을 보내 정치인에게 정권을 이양하더
라도 신정권이 정상적인 궤도에 오를 때까지 계속 참정할 것을 건의하였
다.107) 곧이어 그는 다시 장도영에게 서한을 보내 정부형태를 다시 대통
령중심제로 회귀하고 국회의 양원제를 단원제로 바꿀 것을 건의하였다.
그런데 이때 그는 두 가지 주목할 만한 주장을 제기하였다. 하나는 군사
혁명의 중추요인들로 7인의 고문단을 설치하여 중요 문제를 자문 결정
하게 하자는 것이었다. 다른 하나는 사상의 선도와 민족정기의 앙양을
위해 범국민운동을 강력히 추진하자는 것이었다.108)

그러면 이용태가 이기붕의 자유당, 허정의 과도정부, 장도영의 국가
재건최고회의 등 집권기구의 수장들에게 계속해서 은근한 기대가 담긴
글들을 보낸 것을 어떻게 이해해야 하는가. 종년을 앞둔 이용태가 개인
적 사리사욕을 위해서 그러한 모습을 보였다고 보는 것은 올바른 역사인
식이 아닐 것이다. 오히려 이용태는 1927년 11월 대종교를 받아들인 이
래 자신이 추구해온 전통문화와 민족정기의 선양을 통한 대종교민주주
의의 실현을 위한 비장한 심경에서 그러한 건의서를 올렸음을 주목할 필
요가 있다. 아래의 인용문은 인생의 황혼을 맞이한 이용태가 대종교에
기반한 한국식 민주주의론의 실현을 위해 분투하고 있었음을 나타내 주
는 글이다.

　　우리도 반드시 우리의 풍습 환경 기타 우리의 모든 생활면에 적합한 방식
을 채택하여야 참다운 민주국가로서의 발전을 기대할 수 있을 것이다. 우리는
반만년이란 유구한 역사를 지니고 있으며 신성하옵신 天祖 檀君 한배검의
혈통을 계승한 민족으로 충효와 예의에 물든 민족이요 또 가족제도가 확립된
안온한 민족인데 8·15해방 이후로 갑자기 자유민주주의가 조수처럼 밀어닥

107) 『단암문고』, 「上國家再建最高會議議長」(1961.6), 527쪽.
108) 『단암문고』, 「혁명정부기본법 제정에 대한 건의서」(1961.6), 571~574쪽.

처 왜적의 전제와 이조 보수의 미몽을 깨기도 전에 정치국면은 자유 대 공산
의 좌우 파쟁으로 민족의 생명은 초개같이 쓰러지는 파국을 이루었고 경제면
으로도 재산이 풍진처럼 失散되었음을 자타가 공인하는 바이며 근일에 이르
러는 혼란이 가중하여 부모를 시역함이 그 수를 알 수가 없는 지경이고, 정치
적으로는 폭행과 파괴가 계속 일어나 야만의 치욕도 면하기 어렵고 부패라는
비난도 감수할 정도이니…공고한 기초 위에 민주주의의 대전당을 건립하고
국민 각자가 출입 시무하여야 건전한 자유를 향유하며 그 민주이념도 공정
무사하게 수행될 것이요. 만약 그렇지 아니하고 사전 확인이 없다면 포말에
뜬 사상누각에 불과하여 한갓 환영에 그치고 말 것임에 우리는 父慈子孝하
고 兄友弟恭하고 夫和婦順하고 老愛少悌하고 師正徒敬하고 政義民主하
고 推賢讓能하고 抑強扶弱하는 우리 민족이 본래부터 습관 생활화된 국민
도의에 위배됨이 없는 새로운 도의기반 위에 한국식 민주주의를 확립하되 그
절차와 방법 등의 기술상 문제는 선진민주주의국가의 제도를 원용함이 당연
한 사리라고 단언해 둔다.[109]

이를테면, 이용태는 우리에게 적합한 제도를 채택해야만 참다운 민주
국가를 건설할 수 있다는 신념을 나타낸 다음, 천조 단군 한배검의 혈통
과 문화를 계승하여 국민 각자가 부모는 자애롭고 자식은 효도하고, 형
은 우애하고 동생은 공손하고, 남편은 화목하고 아내는 순종하고, 노인
은 사랑하고 젊은이는 공손하고, 선생은 바르고 제자는 공경하고, 정의
와 민주를 추구하고, 어진 이를 추앙하고 능한 이에게 양보하고, 강한
이를 억누르고 약한 이를 부추겨줌으로써 한국 전래의 도의기반을 현실
에 되살려야만 대종교에 기반한 한국식 민주주의를 이룩할 수가 있다고
단언하였다.

---

109) 『단암문고』, 「우리는 도의에 입각한 민주주의를 실천하자」(1959.5), 326~327쪽.

VI. 맺음말

이용태는 일제강점기를 거쳐 제1공화국 직후까지 활동한 계몽운동가 이자 대종교인이었다. 이제 이용태의 생애와 사상에 나타난 특징을 몇 가지로 나누어 요약하면 아래와 같다.

첫째, 이용태의 사상체계의 근저에는 유교사상이 자리잡고 있었다. 그는 20살 이전까지 향리 제천에서 유학을 공부하였다. 이때 구한말의 대표적인 주자학적 민족주의 세력인 화서학파의 이소응에게 2년간 가르침을 받기도 하였다. 이로써 그는 유교의 애민의식, 근검의식, 안분의식, 상부상조의식, 저항의식 등을 체득하게 되었다. 이런 사상논리들은 대종교도로 轉身한 다음에도 그의 활동과 사상에 직접적인 영향을 미쳤다. 이를테면, 그는 전통적인 조선윤리와 조선문화에 입각한 한국식 민주주의를 제기하였고, 효도·충성·공경·신의·근면·검소 등 유교덕목의 준행을 강조했으며, 유교의 명분론·직분론을 행동지침으로 삼았다. 그런데 이러한 측면들은 두말할 필요도 없이 유교사상의 영향에 의한 것이었다. 특히, 명분론·직분론을 중시한 것은 이용태가 생애의 대부분의 시기에 체제순응적 태도를 보인 점과 긴밀한 연관이 있다. 그는 일제의 공과잡세 인상조치 때마다 부득이한 조치라며 받아들였고, 한국인을 일본화하려는 심전개발정책에 대해 호평을 내렸으며, 이승만의 권위주의 통치를 인정하는 모습을 보였고, 박정희 군사정부의 등장에 대해 기대를 표하였다. 이는 이용태가 유교사상의 논리들 가운데 저항논리보다는 안정논리에 좀더 밀착되어 있었기 때문으로 보인다.

둘째, 이용태가 전개한 민중계몽활동의 목표는 한민족의 정치적 자주와 경제적 번영을 달성하려는 것이었다. 그는 망국의 근본원인이 정치부패로 인한 국가혼란, 민족 자각심의 박약, 유림세력의 고루함, 산업과 실

업의 부진, 신교육과 신문물의 낙후에 있다고 보았다. 따라서 그는 의식
개혁과 산업진흥과 신교육 실시를 통해 조선의 독립과 부강을 이루어야
한다는 결론을 내렸다. 이러한 현실인식에 따라 그는 청년운동(제천청년
회)·교육운동(봉양보통학교)·농민운동(봉양면소작인회) 등을 동시에
전개하였다. 이중에서 그가 가장 심혈을 기울인 것은 농민운동이었다.
그가 농민운동에 주력한 것은 농민의 폐막을 구제하여 민생을 안정시키
는 것만이 조선의 자주와 부강을 달성하는 지름길이라는 신념 때문이었
다. 이에 따라 그는 1920년대 중·후반경에 산업조합·대동회·대동흥
업사 등을 주도적으로 조직하여 봉양면 일대 인민의 생활안정에 힘썼다.
한 마디로 이용태는 독립운동과 건국운동의 방략으로서 급진적인 무장
투쟁론보다는 점진적인 실력양성론을 우선시했던 것이다.

셋째, 이용태는 1927년 11월 이후부터 대종교 신앙으로 한민족을 구
제하고자 하였다. 1920년대 초반에 그는 만주에서 대종교 시교사를 지
낸 봉양보통학교 교장 박승익에게 큰 감화를 받았는데, 아마 그때 그는
박승익으로부터 대종교를 전해들었을 것으로 보인다. 그러다가 그는
1927년 11월에 대종교를 믿기로 결심하고 최남선·강우에게 서한을 보
내 대종교단을 소개받았고, 이듬해 초에 서울의 남도본사를 방문하여
종교의식을 거친 다음에 대종교도로 거듭 태어났다. 이로써 그는 "우리
의 시조인 三神上帝 단군 한배검을 숭봉하여 타고난 죄악을 벗고 새로
운 광명의 복록을 구해야 한다"며 대종교 신앙을 강조하고 나섰다. 또
한 조선민족의 유일한 생존방책은 첫째로 조선정신을 되찾고, 둘째로
찾아진 조선정신으로 굳게 단결하고, 셋째로 단결된 정신으로 성조단군
을 신봉하는 것에 다름 아니라고 주장하였다. 나아가 현재 강대국이 서
로 이익만 추구하여 상잔과 파괴를 다반사로 벌이는 현상을 대종교의
교화로써 진정시켜야 한다는 대종교 역할론을 제기하였다. 이처럼 이용
태는 대종교를 수용한 후부터 홍익인간의 정신으로 세상을 다스린 단군

과 대종교를 창시하여 민족의 앞길을 제시한 나철의 위대한 정신으로 한민족을 교화하고 구제해야 한다는 종교적이며 민족적인 사명감을 나타냈다.

넷째 이용태의 사회사상은 대종교에 기반한 한국식 민주주의론이었다. 그는 해방 전후 한국인들이 심취한 공산주의와 무정부주의와 대자본주의를 한국의 현실과 유리된 외래사상이라는 이유에서 강력히 배척하였다. 이중에서도 그는 노동자·농민을 중심으로 다같이 잘살자는 '허위의식'을 내세운 공산주의가 실제로는 소련추종사상이자 자유박탈주의요 인간금수주의에 불과하다고 비판하였다. 이처럼 그가 공산주의를 반대한 것은 공산주의가 父慈子孝의 가족윤리, 상부상조의 공동윤리, 일부일처의 정조관념으로 짜여진 한국의 전통윤리를 훼손할 뿐더러 무엇보다도 한민족의 단결심과 자주성을 약화시킬 것을 크게 우려했기 때문이었다. 따라서 그는 공산주의의 유행으로 인한 사회혼란을 막고 민족의 통합을 이룩하기 위해서는 대종교를 통하여 강력한 사상통일을 이룩하는 것이 무엇보다도 중요하다고 보았다.

이용태는 해방 후부터 제1공화국 직후까지의 정치사회적 혼란상을 대종교로 치유하고자 하였다. 당시 그는 한국의 당면과제를 국가건설·사회개혁·민족단결로 설정한 다음, 이를 달성하기 위해서는 민족의 시조 한배검의 사상인 홍익인간의 이념을 가지고 사상의 통일을 달성해야 한다고 하였다. 이때 그는 민족단결에 가장 중요한 이념인 홍익인간의 대이념을 구현하기 위한 세부방안으로서 정신을 살리는 神生, 육체를 살리는 體生, 모두가 고르게 사는 均生으로 짜여진 三生主義를 들었다. 요컨대 이용태는 "左右新舊에 구애됨이 없이 折長補短하되 민족의 정신적 특수성을 살린 화평 위주의 절대적인 민주국가"를 건설하고, "父慈子孝하고 兄友弟恭하고 夫和婦順하고 老愛少悌하고 師正徒敬하고 政義民主하고 推賢讓能하고 抑强扶弱하는 우리 민족이 본래부터 습관 생활화된 국민도의에 위배됨이 없는 새로운 도의기반 위에 한국식 민주주의"를 수립해야 한다는 신념을 피력하였다.

제3장
해방 후 안재홍의 민공협동운동

Ⅰ. 머리말

1945년 8월 15일 일본의 무조건 항복과 함께 한국은 일제 36년간 식민통치의 질곡을 벗어나 해방을 맞이하였다. 그러나 해방은 우리가 자력으로 쟁취한 것이 아니라 연합국이 우리에게 안겨준 '뜻하지 않은 선물'이었다. 따라서 신국가건설을 위한 사전준비를 충분히 갖추지 못한 한국은 해방된 그날부터 미소 등 연합국 외세의 간섭과 지배를 무마하고 배격해 가면서 자주적인 민족국가를 건설해 나가야만 하는 버거운 부담을 안게 되었다.

해방 전후 한국의 민족지도자들은 이념과 신념, 사회경제적 배경, 개인적 이상과 야심, 상호간 이해관계, 소속 정파의 정치노선 차이 등에 따라 각기 다른 배경에서 자주적 민족국가의 건설을 모색하였다. 당시 우익의 李承晚·金九·金奎植, 좌익의 呂運亨·朴憲永 등은 민족국가 건설을 위해 힘썼던 대표적인 민족지도자들이다. 이들 외에도 많은 인사들이 나름대로의 노선에 따라 민족국가 건설을 위해 헌신했는데, 그 중 한 사람이 바로 民世 安在鴻(1891~1965)이었다.

안재홍은 해방 전에는 대종교에 기반한 민족주의사가, 교육가, 독립운동가, 언론인으로서 조국광복을 위한 비타협적 민족운동을 전개하였다. 해방 후에는 중도우파의 지도급 정치가로서 자신이 정립한 신민족주의론과 신민주주의론에 입각하여 우파를 중심으로 좌파까지 망라하자는 이른바 民共協同論을 주창하였다. 그러나 미소간 냉전체제가 고착되어가는 국제정세 하에서 중도파들의 민공협동론은 실현가능성이 희박한 편이었다. 이에 안재홍은 이승만과 유엔과 미국이 제안·지지하는 남한 단정수립론을 적극 수용함으로써 이상주의자에서 현실주의자로 변신하였다. 이후 1950년 5월 그는 제2대 국회의원에 당선되었으나 곧이어 터진 6·25 때에 납북되어 1965년에 사망하였다.

지금까지 안재홍에 관한 연구로는 그의 사상을 논급하는 가운데 생애와 정치활동을 간략히 다룬 연구,[1] 또 신민족주의·신민주주의 정치사상 및 신민족주의 사관을 다룬 연구가 대부분을 차지하고 있다.[2] 따라서

---

1) 안재홍의 생애에 대해서는 이정식, 「민세 안재홍의 자서전」『신동아』, 1976.11 ; 천관우, 「민세 안재홍 연보」『창작과 비평』, 1978년 겨울호. 그의 정치사상과 정치활동을 다룬 논문으로는, 유광렬, 「안재홍론」『조광』, 1932.7 ; 임홍빈, 「안재홍론」『정경연구』, 1965.9 ; 천관우, 「민세 안재홍 선집 해제」, 지식산업사, 1981 ; 유병용, 「민세 안재홍의 인물과 사상」, 강원대『인문학연구』16, 1982 ; 송건호, 「안재홍」『한국현대인물사론』, 한길사, 1984 ; 정윤재, 「안재홍의 신민족주의론 연구」, 신용하 편,『한국현대사회사상』, 지식산업사, 1984 ; 유병용, 「안재홍의 정치사상에 관한 재검토」『한국민족운동사연구』1, 지식산업사, 1986 ; 김재명, 「안재홍, 민족자주 외치다(상)」『정경문화』, 1986.9 ; 김재명, 「민정장관 안재홍의 번민(하)」『정경문화』, 1986.10 ; 이지원, 「일제하 안재홍의 현실인식과 민족해방운동론」『역사와 현실』6, 1991 ; 정윤재, 「안재홍의 해방전후사 인식과 "조선정치철학"적 처방」, 김영국 외,『한국정치사상』박영사, 1991 ; 정영훈, 「안재홍의 신민족주의이론」『정신문화연구』15권 3호, 1992 ; 김인식, 「식민지시기 안재홍의 좌익민족주의운동론」『백산학보』43, 1994 ; 유병용, 「안재홍의 신민족주의 국가상」『한국사시민강좌』, 17, 1995.

해방 직후부터 국회의원 출마 전까지 그의 정치활동을 집중적으로 다룬 연구는 아직까지 없는 실정이다. 그 이유는 해방 공간에서 안재홍의 정치적 비중이 이승만·김구·김규식·여운형·박헌영·김일성 등에 비해 상대적으로 떨어진다고 여겨졌기 때문이며, 나아가 그의 활동과 사상이 당대 사회현실 및 국제정세와 유리된 고답적인 이상주의에 불과했다는 비판을 받고 있기 때문이 아닌가 생각된다.

그러나 저자는 일제시대부터 대한민국 정부수립 전까지 비타협적 지식인으로서 또 중도우파의 정치가로서 일정한 역할을 수행한 안재홍의 사상과 행적은 물론 그가 일관되게 추진한 민공협동운동에 주목할 필요가 있다고 본다. 왜냐하면 "민족주의계와 공산주의계가 사심없이 합심 협력해서 민족국가를 건설하자"고 하는 그의 민공협동론은 남북분단 상황을 극복하고 자주적인 통일민족국가를 건설해야 하는 한민족의 당면 과제에 비추어 볼 때 역사적으로 조명받을 가치가 충분하다고 판단하기 때문이다. 아울러 자신의 신념이자 이상론인 민공협동론의 실현가능성이 점차 희박해지자 미련 없이 최선책을 버리고 이승만정권에의 참여라는 차선책을 택하게 되는 그의 사상적 탄력성에 주목할 필요가 있다고 보기 때문이다. 특히 그의 단정참여론은 객관적인 현실상황을 다각도로 고려한 사상전환의 결과인 동시에 중도우파 지식인의 고뇌 어린 용단이었다는 점에서 주목해야 한다는 것이다. 이러한 점에서 필자는 해방 후 안재홍의 정치활동·국가건설구상 및 사상변화 과정을 깊이 있게 살펴보기 위해 본고를 작성하게 되었다.

여기서는 해방 직전부터 1948년 6월 민정장관직을 사임할 때까지 안

---

2) 안재홍의 신민족주의 사관을 다룬 논문으로는 김용섭, 「우리나라 근대역사학의 발달」『문학과 지성』, 1971년 여름호 ; 이기백, 「신민족주의사학론」『문학과 지성』, 1972년 가을호 ; 김정배, 「신민족주의사관론」『문학과 지성』, 1979년 봄호 ; 한영우, 「안재홍의 신민족주의와 사학」『한국독립운동사연구』 1, 1987 ; 유병용, 「신민족주의론 연구」『강원사학』 10, 1994.

재홍의 정치활동을 구체적으로 살펴보려 한다. 이를 위해 일제총독부의
정권이양 시도와 안재홍의 관련여부, 좌익계 단체인 조선건국동맹·조
선건국준비위원회·조선인민공화국에 대한 견해, 국민당의 창당과 주요
활동, 반탁·좌우합작운동과 민정장관 재직 시의 활동 등을 알아보려
한다. 이상의 작업에서 필자는 안재홍이 민공협동노선에서 남한단정수
립노선으로 자신의 정치적 소신을 바꾸는 과정과 그러한 과정에 나타난
개인적 고뇌상을 추적하는데 주안점을 두었다.

　여기서는 해방 후 방송과 잡지 등에 발표된 안재홍의 연설문과 논문
을 수록한 『민세안재홍선집』(이하 『선집』3)을 주자료로, 『G-2 보고서』
및 해방 직후에 출간된 잡지 등을 보조자료로 이용하였다.

II. 8·15해방 후 민공협동론의 제기

　안재홍은 1942년 12월 조선어학회사건으로 함남 홍원경찰서에 수감
되었다가 1943년 7월에 석방되었다. 그 후 그는 일본의 패망조짐을 감
지하고 국내의 민족주의 및 사회주의계열의 인사들과 활발하게 접촉하
였다. 이러한 교류를 통해 그는 해방 후에 갑자기 발생할지도 모르는 일
제총독부측과 조선인간의 '대량유혈사태'를 피하고 자주적 민주주의 국
가를 건설하려는 사전준비에 골몰하였다. 그러는 가운데 1944년 10월
미군의 동경대공습 후 12월 상순부터 패전에 대비한 시국수습책을 마련
키 위해 한국의 지도급 인사들과 접촉을 갖기 시작한 일제총독부측의 주
목을 받게 되었다. 이때의 상황을 안재홍은 다음과 같이 설명하였다.

---

3) 민세안재홍선집간행위원회 편, 『민세안재홍선집』, 전5권, 지식산업사, 1991~
　1994.

1944년 봄부터 일본인측에서는 시국을 비관은 하면서도 어떻게고 그래도 유리하게 회전시켜 보려는 미련 남아 있어, 조선측 지도층 인물들에게도 상당한 획책을 하던 것이다. 당시 고 呂運亨·宋鎭禹 및 曹晩植·洪命熹, 그리고 필자인 나 등을, 남아 있는 비협력 지도인물로 보아, 무슨 방식으로든지 사용하려는 것이 그들의 뱃속이었다.···오직 夢陽 呂씨와 나와만은 최종까지 투옥될 만큼 대중과 관여된 일이 있다고 인정되었고, 따라서 피방의 추구 끈 질김에서 그들을 접촉하면서 상응한 대책을 강구하였다. 총독인 일본 육군대장으로부터 군사령관, 그 정무총감, 경무국장, 그 대리, 헌병대의 간부, 따로이 동경에서 내방하는 모 해군중장, 육군소장, 外他 국회의원 등등이 그 상대였던 것이다. 그들의 관심 및 요구는 첫째, 조선 치안유지 즉 폭동의 방지요, 둘째는 평화공작이니 어떻게든 그 소련을 통하여 미·영 열국에 평화공작을 할 것인가, 거기에 대하여 延安政府에의 呂夢陽의 출동을 충동이는 터이었고, 그 외에는 국내 치안문제에 무슨 공작이라도 하는데 응분의 이용이 될 것인가 하는 것이었다.4)

이를테면, 일제총독부가 안재홍을 포섭하려는 주요 동기는 치안을 유지하여 폭동을 방지하고, 여운형을 통해 연안정부와 연락하고, 소련을 통해 미영 열강과 평화공작을 추진하는 것이었다. 이러한 의도를 지니고 수차례 접근하는 총독부측의 협력요구를 안재홍은 그때마다 단호히 거절하였다. 당시 그는 총독부 경무국장 니시히로 타다오(西廣忠雄)에게 단도직입적으로 임진왜란·을미사변 및 관동대진재 때 일본인이 한국인을 무자비하게 살육한 사례를 열거하면서 "당신들은 조선에서 퇴각할 날이 있는 것으로 치고, 퇴각하는 때에 한일 양민족 사이에 큰 마찰을 일으켜 피차간에 대량 유혈을 아니하도록, 미리부터 말단 방면, 군민 각계에 철저한 훈련을 시켜두는 것이 절대 필요하다"고 말하였다. 이어 그 대책으로서 민족자주·호양협력·마찰방지 등의 3원칙을 제시하고, 언론과 행동의 자유를 허용할 것을 요구하였다.5) 총독부측은 이러한 주장

---

4) 안재홍, 「팔·일오 당시의 우리 정계」 『새한민보』, 1949.9 ; 『선집』 2, 지식산업사, 1983, 467쪽.
5) 천관우, 「민세 안재홍 연보」 『창작과 비평』, 1987년 겨울호, 238~239쪽.

에 대해 일단 긍정적으로 수용하겠다는 태도를 보였다.

　1945년 1월에 이르러 일제총독부측은 입장을 표변하여 "유혈방지는 취지 가하나, 민족자주를 부르짖다니 치안유지법을 적용하여 呂·安 양인을 구금할 수 있다"고 위협하였다. 동시에 일제는 '히로시마조'(廣島組)라는 폭력단을 조직하여 만일의 경우에 여운형·안재홍 양인을 암살하겠다고 공언하였다. 실제로 지방법원 검사 모리우라(森浦)는 공개적으로 암살을 권장하는 연설을 하면서 제1자객과 제2자객을 지정하여 안재홍을 제거하고 말겠다고 협박하였다.[6] 이때 안재홍의 측근인사들은 총독부측과 '호양협력'하면 훗날 친일협력파라는 시비를 불러일으킬지도 모른다는 우려에서 이의를 제기하였다. 그러나 안재홍은 "지금 민족자주를 들고 나와 대일절충을 한다는 판인데, 그까짓 호양협력 쯤은 겁낼 것 없다"고 하면서 일본과 종전에 대비한 협상을 재개하겠다는 이른바 호양협력의 자세를 일관되게 견지하였다.[7]

　태평양전쟁의 추이가 점차 일제측에 불리하게 전개되어 감에 따라 안재홍의 일본에 대한 호양협력의 자세는 일제총독부측의 긍정적인 반응을 얻게 되었다. 이에 총독부측은 다시금 안재홍에게 시국수습을 위촉하였다. 그러나 그는 이번에 만일 일제측이 자신에게 유혈방지를 위한 사태수습책을 직접 마련하라고 하면 사태가 자못 곤란해질 수도 있다고 판단하였다. 따라서 1945년 5월 하순에 그는 여운형과 함께 독립준비를 위한 제반 사항이 "우리들 소수의 의사만으로는 결정할 수 없는 일이므로 민족대회를 경성에 소집하여 그 결의를 밟지 않고서는 정식으로 그 공작을 촉진할 수 없다"라고 하며 이른바 「민족대회소집안」을 총독부측에 제시하였다. 그러한 방안에 따라 안재홍은 여운형·鄭栢 등과 함께 점차 세력을 상실해가는 "총독부 적진의 최후 발악인 박해와 음모를 역

---

6) 안재홍, 「팔·일오 당시의 우리 정계」 『선집』 2, 468쪽.
7) 안재홍, 「팔·일오 당시의 우리 정계」 『선집』 2, 470~471쪽.

이용하면서 내선일체 반대 민족자주를 고조하면서" 민족대회의 소집을 위해 분투하였다.[8] 그러나 일제측은 안재홍의 반일활동을 끈질기게 방해하였고, 급기야 그를 살해하려고까지 하였다. 이로 인해 그는 해방 때까지 거주를 자주 변경하며 피신생활을 해야만 했다.[9]

해방직전 안재홍의 시국인식을 구체적으로 살펴보면, 그는 동아일보계의 우파민족주의자인 송진우와 시국회담을 벌이는 자리에서 일제에 항거한 '비타협적 양심세력'의 단합으로써 '시국을 광구할 것'을 주장하였다.[10] 그러나 송진우는 미국의 영도 하에 소련이 미국에 적극 협력하고 있으며, 중경의 대한민국임시정부(중경임정) 지도부가 연합국의 승인을 얻어 10만 명의 독립군을 거느리고 10억불의 원조금을 지니고 있으며, 이들이 조선에 들어와 친일파 거두 몇 명만 처단하면 만사가 해결될 것이다"라는 등의 낙관적이며 친미적인 국제정세 인식을 드러내면서 안재홍의 제의를 수락하지 않았다. 이에 안재홍은 공산주의계 인사들을 방문하여 그들에게 중경임정의 민족주의자들을 제1선에 나서도록 하고 공

---

8) 「팔월 십오일 조선공산당 조직경과 보고서」『조선공산당문건자료집(1945~46)』, 한림대학교 아시아문화연구소, 1993, 6쪽. 한편 위 보고서에 의하면, 조선공산당 측은 당시 민족대회 소집노력을 다음과 같이 평하였다. "8월 15일이 박두하기 5일 전부터 呂運亨과 安在鴻은 8월 12일 석방된 鄭栢과 함께 협의하고 독립에 대한 구체적인 정책수립을 준비하기 위하여 동아일보파의 宋鎭宇와 협력의 필요를 실현코저 정백은 金俊淵을 만나 누차 회의를 가졌다. 宋側에서는 일본정권이 완전 붕괴되기 전에 일본 치하에서 준비·조직되는 정권은 파탄정권의 위험이 있으므로, 임시정부가 오기를 기다리겠다고 협력을 거부하였었다. 그것은 큰 오해였다. 그것은 시세추종주의였다."
9) 한편 안재홍은 1944년 가을부터 일본이 패망한 후 주한일본군과 한국인과의 유혈충돌 및 한국내 민족진영과 공산진영간의 상쟁이 벌어질 것을 예견하였다. 따라서 그는 "진보적인 민족주의노선에서 협동하자고 하는 것이고, 공산주의를 추수하는 협동은 의의를 이루지 못하는 것"이라는 인식하에 우파우위의 민공협동론을 추진하였다.
10) 안재홍, 「민정장관을 사임하고」『선집』2, 261쪽 ; 정윤재, 「민세 안재홍의 신민주주의론 연구」, 321쪽 ; 유병용, 「안재홍의 정치사상에 관한 재검토」, 188쪽.

산계열은 제2선에서 협력하는 것이 좋겠다고 설득하였다. 그러나 공산
측은 자신들이 우월한 위치에 서려고 하였기 때문에 안재홍의 제안을 수
락하지 않았다.[11] 이로써 해방 직전에 예견된 한일간의 유혈충돌과 민
공간 민족갈등의 발발위험성을 사전에 제거하려고 노력했던 안재홍의
민공협동론은 일단 실패로 끝났다.

　요컨대 해방 직전에 안재홍은 우파의 민족주의자들이 제일선에 나서
고 좌파의 공산주의자들이 제이선에서 협력하자고 하는 우파우위의 민
공협동론을 주장하고 있었다. 이때 그는 '계급혁명'은 물론 공산주의자
가 주도하는 어떠한 형태의 좌우 제휴에도 일관된 반대의사를 나타냈다.
그러나 현실적으로 공산주의자들의 거센 반대에 직면함으로써, 또 동서
냉전이 고착되어 가는 국제적 정세와 남북분단이 가시화되어 가는 국내
정세의 변화가 일어남으로써, 그의 민공협동론은 순수한 의도와 달리 처
음부터 실패할 소지를 안고 있었던 셈이다.

Ⅲ. 건준세력과의 좌우합작 모색과 결렬

　1945년 8월 7일 일본 히로시마에 원자탄이 투하되고, 8일에는 소련이
일본에 선전포고를 하였다. 이어 10일에는 소련군이 함북 웅기와 나진의
일본군을 공격함으로써 일본은 패망에 직면하였다. 마침내 8월 15일 히
로히또 일본천황의 무조건 항복방송과 함께 한국은 해방되었다.

　8월 15일 하오에 서울 계동에서 열린 조선건국준비위원회(건준)의 모
임에서 안재홍은 부위원장에 임명되었다. 건준의 위원장은 여운형이 맡
았다. 그런데 안재홍에 의하면, 이 건국준비위원회라는 명칭은 자기가
고안한 것이라고 한다.[12]

---

11) 안재홍, 「한민족의 기본진로」(1948.10), 『선집』 2, 352쪽.

그런데 중도우파 민족주의자로 분류되는 안재홍이 중도좌파 사회주의자로 분류되는 여운형과 정치적으로 합작한 배경에는 일제 초부터 오랫동안 함께 항일투쟁을 해온 개인적 친분이 크게 작용하고 있었다. 안재홍은 일찍이 "사회주의계열 인사들과 함께 감옥생활을 하는 동안 그들을 이해하고 그들과 친해질 수 있었다"고 술회한 적이 있었다. 이러한 태도는 그가 국내에서의 좌우합작운동인 신간회운동에 적극 참여했던 것처럼 그로 하여금 자주적 민주주의국가의 건설을 위해 민족주의자와 사회주의자 내지 공산주의자가 합세해야 한다는 민공협동의 정치관을 지니도록 하는데 결정적 영향을 미쳤다.

일본에 유학중이던 1912년 도쿄에서 안재홍은 황성기독교청년회의 야구팀을 거느리고 일본을 방문한 여운형을 처음 만나 사귀기 시작하였다. 이후 양인은 "서로 깊은 인식을 나눌" 정도로 친밀한 관계를 유지하였다. 이러한 인연으로 안재홍은 1932년 자신이 사장직을 맡고 있는 조선일보사 사장의 후임으로 여운형을 추천하였다. 그리하여 여운형의 응낙을 받았으나, 정작 여운형은 좌익인사들의 권유 때문에 부득이 이를 철회한 일도 있었다. 아울러 양인은 1943년 조선어학회사건으로 100여 일 동안 함남 홍원경찰서에 수감되어 함께 생활한 적도 있었다. 이때 양인은 "강렬한 동포애와 동지애의 열정"에 기맥이 상통하였다. 이러한 친분관계를 고려할 때, 일제 말에 안재홍과 여운형이 동심협력하여 건국활동을 벌인 것은 결코 우연이 아니었다. 해방된 그날부터 양인은 건준의 위원장과 부위원장직을 맡았고, 건준 해소 후에도 협동노선을 성사시키기 위해 계속 노력하였다. 그리고 1946년 6월부터 이른바 좌우합작운동을 벌이며 민공협동세력을 규합하기에 이르렀다.[13]

---

12) 안재홍, 「민정장관을 사임하고」(1948.7), 『선집』 2, 259∼260쪽.
13) 안재홍, 「몽양 여운형씨의 추억」(1947.9), 『선집』 2, 198∼205쪽. 이 외에 여운형과 안재홍의 우호적인 관계에 대해서는 서중석, 『한국현대 민족운동연구』, 역사비평사, 1991, 106∼109쪽.

1943년경부터 일제 패망을 예견한 국내의 민족주의자와 사회주의자
들은 민공협동노선에 따라 건국을 준비하였다. 즉, 여운형 등 사회주의
자들과 송진우 등 민족주의자들은 비밀 지하조직을 확충하고 해외의 민
족독립운동단체들과 협조하면서 은밀히 건국활동을 전개하였다. 1944년
8월 10일 설립된 조선건국동맹(건국동맹)은 해방 직전 중도계 사회주의
자들이 건국준비를 구체화시키기 위해 조직한 단체이다. 이 단체는 초보
적이나마 민족협동전선을 형성함으로써 한민족의 자주독립능력을 과시
했을 뿐 아니라 일제 패망 후 민족국가건설의 선봉에 서서 국가건설의
신방향을 제시했다는 점에서 역사적인 의의가 있었다.[14] 여기에는 중도
계열의 민족주의자 및 사회주의자가 여운형을 중심으로 뭉쳐 있었다.

그런데 안재홍은 여운형이 주도하는 건국동맹에 참여하지 않았다. 여
운형의 아우 呂運弘은 "저명인사 중 가장 양심적 인물로 알려진 안재홍
을 위시하여 많은 지식인과 젊은 동지들이 건국동맹에 참여하였다"고
하였다.[15] 그러나 이는 해방 직전 내지 직후 건국동맹과 건준의 업무가
아직 확연히 구분되지 않았을 때인 8월 15일에 건준에 가담한 안재홍을
건국동맹원으로 간주한 데서 나온 착오로 보인다. 예컨대, 1945년 5월
"夢陽의 제의로 許憲·안재홍 등을 건국동맹에 가맹시켜 부위원장으로
추대하기로 내정하고 趙東祐와 玄又玄이 나서서 각각 타진 정도에 그
치고 실현은 유보하였다"는 내용의 자료와, 해방 전 여운형이 안재홍에
게 "자신 있게 비밀을 지킬 이백 여명의 동지가 있으니, 지하조직을 만
들자"고 제안하자 "나는 그렇게까지는 생각지 않으므로 지하조직을 그
만 둔다"고 말했던 사실이 있었다.[16] 이러한 사례에 비추어 안재홍이 건
국동맹에 참여하지 않았던 것은 확실한 것 같다. 다만 그는 1949년 9월

---

14) 서중석, 『현대한국 민족운동 연구』, 107, 195~196쪽.
15) 여운홍, 『몽양 여운형』, 청하각, 1967, 131쪽.
16) 안재홍, 「몽양 여운형씨의 추억」(1947.9), 『선집』2, 198~205쪽 ; 이만규, 『여운
    형투쟁사』, 재판, 자유문화사, 1947, 173쪽.

에 집필한 「팔·일오 당시의 우리 정계」라는 논문에서 자신은 "비밀결사를 만드는데 협동할 의사가 없다"는 것을 명언했기 때문에 "건국동맹의 진상에 대해서는 아는 것이 없다"고 말했는데,[17] 이는 후에 우익측으로부터 '좌익과 동색'이라는 비난을 피하기 위한 자기방어적 발언이었던 것으로 보인다.

현전하는 안재홍 관련자료에는 일제 초부터 비타협적 양심세력의 좌우협동운동을 꾸준히 제창·추진해 왔던 안재홍이 어찌하여 건국동맹에 참여하지 않았는가를 명확히 해명해 주는 구절은 보이지 않는다. 다만 여운형의 측근인 이만규에 의하면, 그가 건국동맹의 강령 중 세 번째 강령인 "건설부면에 있어서 일체 施爲를 민주주의적 원칙에 의거하고 특히 노농대중의 해방에 치중할 일"에 찬동하지 않았기 때문에 건국동맹에 가담치 않았다고 한다.[18] 다시 말하면, 민족국가의 건설을 우선과제로 내세운 건국동맹의 강령은 노농대중의 해방에 중점을 두고 민족주의자를 광범하게 포섭할 것을 목표로 삼고 있었는데, 안재홍은 '노농대중의 해방'문제에 찬성하지 않았기 때문에 건국동맹에 불참하였던 것이다.[19] 바로 이러한 사실 때문에 그는 건국동맹 내부의 사회주의 세력으로부터 배제를 당했을 것이다. 이렇게 볼 때, 그의 민족대동단결 내지 민족협동노선은 결국 공산주의자들을 제외한 가운데 민족주의자들을 중심으로 민족국가를 건설해야 한다는 民主共從의 논리라는 점에서 처음부터 좌파측의 동의 내지 협력을 기대할 수 없는 논리적 약점을 지니고 있었다.

---

17) 안재홍, 「팔·일오 당시의 우리 정계」『선집』 2, 472쪽.
18) 이만규, 『여운형투쟁사』, 170쪽.
19) 아울러 고려할 점은 만약 비밀결사조직이 확대되어 일본인과 한국인간에 한반도 내에서 유혈투쟁으로 발전할 경우, 일본에 있는 많은 한국인들이 피해를 당하게 되리라는 그의 평소 주장에 입각하여 참여치 않은 것으로도 보인다. 김재명, 「민정장관 안재홍의 번민(하)」, 430~431쪽.

앞에서 논급한 바와 같이 해방 직후 안재홍은 여운형의 건준에 부위
원장의 자격으로 참여하였다. 주지하다시피 여운형의 건국동맹을 모체
로 성립된 건준은 일부 공산주의자 및 안재홍 등 일부 우파 민족주의자
가 가담하여 성립된 단체로서 건국동맹에서처럼 인적구성에 있어 민족
통일전선을 내세우는 좌파를 중심으로 좌우 각계각층의 인사를 망라하
였고, 건국방략에 있어서는 '진보적'인 중도노선을 제시하였다. 이때 안
재홍이 건준에 참여한 것은 여운형의 권유를 수락했기 때문이라고 알려
져 있다.

안재홍은 건준의 부위원장으로서 해방 직후의 사회적 혼란을 수습하
고자 노력하였다. 특히 그는 8월 16일 서울 중앙방송을 통하여 「해내·
해외의 삼천만 동포에게 고함」이라는 제목의 연설을 하였는데, 연설내
용에 경위대·정규병의 편성, 식량의 확보, 통화·물가의 안정, 정치범
의 석방, 친일파의 처벌문제 등이 포함되어 있었기 때문에 흡사 새로 수
립된 정부의 정책발표를 방불하게 하는 점이 있었다. 이 연설은 16일 하
오 3시, 6시, 9시 등 도합 세 번에 걸쳐 반복 방송되었다. 이때 방송을
들은 일반 국민들은 일제의 총독정치가 끝나고 조선의 독립이 실현되어
신정부가 수립된 것으로 착각하였고, 자주국가의 건설이 조만간 이루어
질 것이라는 꿈에 부풀어 있었다고 한다.[20]

형세가 이렇게 전개되자 일제총독부측은 건준의 자제를 요구하는 한
편, 안재홍의 방송내용이 자기들과의 약속을 어겼다는 이유로 안재홍을
건준에서 해고시키고 나아가 건준도 해체할 것을 요구하였다. 아울러 총
독부측은 군대를 동원하여 모든 정치단체와 치안유지단체의 해체를 명
령하였다. 그러나 건준은 이에 강력히 항의하여 총독부측으로부터 그 존
립에 대한 양해를 얻어내고 방송국과 신문사를 장악하여 그 세력을 날로

---

20) 안재홍, 「해내·해외의 삼천만 동포에게 고함」 『선집』 2, 10~12쪽 ; 송남헌, 『해
방삼년사』 1, 까치, 1985, 37~39쪽.

확대시켜 나갔다.[21] 당시 안재홍이 건준에 참여했을 때, 그의 의도는 다음과 같았다.

> 첫째, 일제의 붕괴 및 퇴각에 즈음하여 조선인의 민족적 자중으로써 일제 군벌의 잔인한 단말마적 발악에 의한 무용한 대량유혈을 방지하자 함이요.
> 둘째, 현존 시설과 기구·기계·자재 및 계획문서 등까지를 완전히 보관 관리하여 독립정부에 인계 활용케 하자 함이요.
> 셋째, 그 독립정부는 중경의 임시정부가 해외에 있는 독립운동의 정통적 인 지도기관인 만치 임정을 최대한으로 지지하여 해내외의 혁명세력으로써 적정한 보강확충을 하도록 하자는 것이다.[22]

즉, 안재홍의 건준참여 의도는 건준이 사회의 각계각층을 망라하고 모든 정파를 초월하여 조직·운영됨으로써 대량 유혈사태를 방지하고, 제반 시설과 문서를 새로이 수립될 독립정부에 인계하고, 중경의 임정세력을 지지·봉대하여 독립정부의 기반을 보강하고 확충하자는 것이었다. 그러나 좌파의 생각은 이와 상당히 달랐다. 특히 문제가 되는 것은 중경임정에 대한 인식차이였다. 구체적으로 안재홍은 임정을 '독립운동의 정통적 지도기관'으로 간주하고 이를 지지해야 한다고 보았던 반면, 건준 내의 좌파는 일제의 탄압 아래 악전고투한 세력이 바로 국내의 3천만 민중이라는 반론을 폈다. 환언하면, 임정의 존재를 아예 부정하는 것은 아니지만, 독립투쟁의 주체를 국내 민중과 아무런 연계관계도 없던 중경임정으로 보는 것은 잘못이라는 것이 좌익측의 주장이었다.[23]

안재홍의 의도와 달리 건준은 소련군의 서울진주를 은근히 기대하며 '무산자독재와 노농정권의 수립'을 주장하는 좌익진영의 책동으로 점차

21) 송남헌, 『해방삼년사』, 41~42쪽 ; 유병용, 「안재홍의 정치사상에 대한 재검토」, 189쪽.
22) 안재홍, 「(성명) 조선건국준비위원회와 余의 처지」(1945.9.10)·「민정장관을 사임하고」(1948.7)·「純正右翼의 집결」(1947.10), 『선집』 2, 13~14, 211~212쪽.
23) 김재명, 「민정장관 안재홍의 번민(하)」, 432~433쪽.

좌경화되기 시작하였다. 여운형의 요청에 따라 건준의 본부에서 밤낮없이 진췌하던 안재홍은 건준 주도세력이 좌파 일색이 되어가는 조짐이 나타나자 즉시 그만두려 하였다. 그러나 위원장 여운형과 조직부장 정백이 곡진하게 협력을 당부하였기 때문에 사의를 번복하고 사직하기 전까지 최선을 다하였다.[24] 안재홍의 노력과는 상관없이 시간이 지날수록 "좌파 제씨의 은밀한 공작이 가속화됨에 따라" 건준은 좌파의 주무대가 되어 위원장 여운형은 주도권을 잃게 되었다.

건준은 여운형의 건국동맹에 참여했던 중도세력, 李英·崔益翰·정백 등 장안파 공산주의세력, 박헌영·李康國·崔容達 등 재건파 공산주의세력, 그리고 안재홍을 중심으로 하는 우익세력의 인사들로 구성되어 있었다.[25] 그러나 해방 직후 건준의 조직이 지방과 중앙에 걸쳐 확대·강화되는 사이에 그 조직 내부에서는 건준운영의 주도권을 둘러싸고 좌우파간에 암투가 시작되었다. 여운형과 중도우파의 안재홍 등이 동아일보계의 송진우세력과 제휴하는데 실패하였기 때문에 건준의 운영은 좌익이 독주하는 상황을 빚게 되었다.

이러한 상황을 우려한 金炳魯·白寬洙·李仁·朴明煥·金若水 등 우익진영의 인사들은 건준에 대거 합세하여 건준의 좌경화를 막고 건준을 개조하여 건국대책을 강구하고자 하였다. 이들의 의도는 민족의 대동단결로써 새로운 독립국가를 건설하고 격변하는 국제정세에 능동적으로 대처하려는 안재홍의 의도와 부합하는 것이었다. 그래서 안재홍은 건준의 간부진과 함께 김병로·백관수 등과 몇 차례 회합을 가진 다음 경향 각지의 480명의 인사로 구성된 전국유지자대회를 8월 18일에 소집하여 이를 전국민의 총의에 의한 조직체로 확대시킬 것을 결의하였다.

공산주의자들의 강력한 반대 때문에 전국유지자대회를 소집하자는

---

24) 안재홍, 「민정장관을 사임하고」『선집』 2, 260쪽.
25) 송남헌, 『解放三年史』, 45, 48쪽 ; 서중석, 『한국현대 민족운동 연구』, 207쪽.

상기 결의사항은 실행이 지연되었다. 19일 양측 대표는 회합을 갖고 건준을 해체하고 명실상부한 유지자단체를 원한다는 내용의 초청장을 안재홍 명의로 발송하기로 합의를 보았다. 그러나 이날 밤 여운형의 피습 사건으로 초청장은 발송되지 못했고, 혼란한 시국을 이유로 '유지자'도 서울시내 거주자로 한정하기로 하였다. 그리하여 25일 안재홍과 우익세력은 동석하여 유지자대회 확대위원 62명을 선출하였지만, 건준 내의 좌익은 이에 68명을 추가하여 130명의 명단을 독자적으로 발표하였다. 이에 안재홍은 우익인사 5명을 더해 135명의 확대위원을 최종 결정하고 위원추천장을 발송하여 시국을 수습하려 하였다. 그러나 좌익계의 비난과 반발에 직면한 여운형은 급기야 확대위원들에게 발언권을 주지 말도록 하였다.[26]

또한 안재홍은 姜樂遠·兪億兼 등 우익진영이 조직한 보안대를 건준의 치안대에 통합하자는 주장에 적극적으로 찬동하였다. 그러나 여운형은 張權이 거느린 치안대의 압력 때문에 이를 반대하였다. 그러자 안재홍은 8월 18일 심야에 여운형과 보안대문제를 포함한 건준 운영의 전반적인 문제를 가지고 단독회담을 벌였다. 나중에 안재홍은 "몽양이 의도하는 바는 나의 포부인 민족진영 주도세력하의 건국방침과는 상당한 거리가 있는 편이어서 사실의 내면에서는 이날로서 거의 결렬했다"고 술회하였다.[27] 하여튼 안재홍은 이러한 이유 때문에 건준 내의 여운형을 위시한 좌파인사들과 반목하기 시작하였다.

안재홍은 8월 하순부터 심경의 변화를 보이기 시작하였다. 건준 확대문제에 대해 처음에 적극적인 태도를 보였던 김병로·백관수 등 우익인사들이 소극적인 입장으로 돌아섰고, 또 좌익세력이 강하게 반대하고 나

---

26) 이상 전국유지자대회를 둘러싼 건준내 우익과 좌익의 갈등에 관해서는 송남헌, 『해방삼년사』, 45~47쪽 ; 김재명, 「민정장관 안재홍의 번민(하)」, 433~444쪽.
27) 안재홍, 「몽양 여운형씨의 추억」『선집』 2, 205쪽.

섰으며, 게다가 8월 말쯤에 미군의 서울진주설이 유포되었기 때문이었다.[28] 특히, 그는 건준내 좌익의 반대를 무릅쓰고 민족주의자들의 건준 참여의 길을 터놓았음에도 불구하고 민족주의자들이 막판에 보이코트함으로써 좌우합작이 결렬되었다고 안타까워했다.[29]

건준에 대한 기대가 무산되자 안재홍은 9월 1일 조선국민당 당수직에 전격 취임하였다. 국민당 당수로서 안재홍은 건준이 부정적인 평가를 내리는 중경임정을 공식 지지하고 나섬으로써 건준과 실질적인 결별상태에 돌입하였다. 곧 이어 9월 4일에 그는 건준을 탈퇴할 때 "독자적인 정강을 가진 정당도 아니요, 그 운행자 자신들의 조각 본부도 아닌 것이요, 따라서 다년간 해외에서 해방운동에 진취하여 오던 혁명전사들의 지도적 집합체인 해외정권과 대립되는 존재도 아닌 건준이 점차로 이와 같은 편향된 성격, 특히 좌익세력의 집결지로서의 성격을 가지게 되었다"고 건준을 극력 비판하였다.[30]

한편 9월 4일 건준을 탈퇴하기 직전에 열린 건준 제1회 위원회 전체대회에서 안재홍은 "현재에 공산정권을 수립하는 것은 아직 시기가 적절치 못하며, 민공통일로 이념통일을 이룬 다음 하루 빨리 독립정부를 만들어야 분단된 남북을 점령하고 있는 연합국을 되도록 단시일에 철퇴시키게 되며, 중경임정을 최대한 지지하여 그들을 기본으로 해내외의 혁명역량을 신정부에 집결토록 해야 한다"고 주장하였다. 이로써 그는 좌익정부 수립에 대한 분명한 반대를 표함과 동시에 송진우·허헌 등 연합군 진주에 대해 낙관적인 견해를 지닌 일부 인사들과도 대립되는 의견

---

28) 서중석, 『한국현대 민족운동 연구』, 209쪽.
29) 해방직후 건준과 민족진영 및 안재홍과의 관계에 대해서는, 이인, 「해방전후 片片錄」『신동아』, 1967.8 ; 이동화, 「몽양 여운형의 정치활동」『창작과 비평』, 1978 가을호 ; 이정식, 「여운형과 건국준비위원회」『역사학보』134·135합집, 51~54쪽.
30) 송남헌, 『해방삼년사』, 48쪽.

을 보였다.[31] 환언하면, 이때 안재홍은 연합국 외세를 철퇴시키기 위해
민공협동에 의한 이념통일과 중경임정에 의한 신정부의 수립을 지지한
셈이었다.

우익측의 반대에도 불구하고 좌익측은 9월 6일 밤 '건준의 자궁외 임
신'이라는 평을 받은 이른바 조선인민공화국(인공)의 성립을 전격 발표
하였다. 인공의 출현과 함께 건준은 해소되었다. 당시 좌익측의 전략은
곧이어 있을 미군의 진주(9월 8일 미군 월미도 상륙)에 대비하여 일종의
주권기관을 구성함으로써 발언권을 강화한다는 것이었다. 이에 안재홍
은 9월 10일 건준 탈퇴성명을 발표하였다. 여기에서 그는 건준은 정강을
가진 단체도 아니요 조각 본부도 아니며 혁명전사들의 지도적 집결체인
해외정권과 대립되는 존재도 아니라고 전제한 다음, 건준의 인공으로의
'변질'은 초계급적 · 초당파적 입장과 중경임정을 중심으로 하는 자신의
신국가건설의 의도와 배치되기 때문에 건준을 탈회하겠다는 입장을 나
타냈다.

안재홍은 1945년 11월에 『민심』지 기자로부터 건준의 후신인 인공에
대해 어떻게 생각하느냐는 질문을 받은 적이 있었다. 이에 그는 "인민공
화국이 의도하는 정강 정책을 아즉도 검토치 못하야 무어라 말할 수 없
으며, 아즉은 不支持의 태도를 가지고 있다"고 하였다.[32] 그러나 후일
에 그가 좌익과 완전히 결별하고 우익에 의한 남한단정을 지지했을 때,
그는 해방정국에서 인공이 끼친 부정적인 영향을 세 가지로 꼽았다.

첫째, 人共 그것은 삼팔장벽으로서 표현되는 미소 양국 대립의 전세계적
형태에서 소련적 성세를 상징하는 존재로서 그 본질적 의의를 보유하게 된
것이다.

---

31) 안재홍, 「팔 · 일오 당시의 우리 정계」 『선집』 2, 474~475쪽.
32) 고심백, 「각당 각파의 인물기」 『민심』, 1권 1호, 1945.11 ; 김남식 편, 『한국현대
사자료총서』 6, 돌베개, 1986, 534~537쪽.

둘째, 인공은 국내적 견지에서 마치 공산주의의 상층 건축과 같은 존재로 되어, 후래 민족주의 진영 총지지의 대상으로서 己未運動 이래 민족운동의 법통을 따號하는 중경임시정부와의 사이의 양립 대립하여 조금도 양보치 않는 민족통일상의 거대한 지장으로 되었다.

셋째, 구월 팔일 미주둔군의 남조선 상륙과 함께 미구에 서울에 설치한 미군정으로 하여금 소수 공산파 또는 친소파라고 인정되는 '인민공화국'의 존재로 말미암아 자연 우익계열에서 그 긴밀한 협력 지지자를 찾아낼 밖에 없게 하였고, 이로 말미암아 일제시대 이래 그와 결합·의존 또는 타협하여 일정한 현존 세력을 식민지 조선에 옹유하고 있던 각 등차를 가진 보수적 부대로 하여금 점차 견고한 세력을 다시 부식하게 하는 계기를 지어 주었다.[33]

즉, 안재홍은 해방 직후의 혼란기에 인공은 한반도에서 소련을 지지하는 세력이 우위에 있음을 말해주는 하나의 상징적인 기구이지만, 그것이 미군정에 의해 친소세력으로 간주되어 이후 군정통치 과정에서 철저히 배제됨에 따라 한국민주당계의 친일 내지 부일계층이 다시 현실정치권에 등장하는 계기를 제공하게 되었다고 설파하였다.[34]

Ⅳ. 국민당 당수 활동과 좌우합작운동 참여

안재홍은 9월 상순 건준의 탈퇴를 전후하여 좌우익측로부터 거센 비난을 받았다. 좌익의 조선공산당측은 그를 '반동의 음모자'라고 비난하였고, 우익의 한국민주당(한민당)측은 그의 건준 참여를 거론하며 친공분자라고 공격하였다. 좌우협공에 몰린 안재홍은 직접적인 응수를 피하면서 자신의 정치사상이 집약되어 있는 「신민족주의와 신민주주의」라는 논문을 탈고하는데 몰두하였다. 아울러 그는 건준에서 탈퇴한 우파 민족

---

33) 안재홍, 「민정장관을 사임하고」 『선집』 2, 262~263쪽.
34) 인공에 대한 이와 동일한 평가에 대해서는 이정식, 「인민공화국과 해방정국」 『한국사시민강좌』 12, 1993, 15~45쪽.

주의자들을 중심으로 9월 1일에 설립된 최초의 우익정당인 조선국민당
(The National Party 혹은 The Nationalist Party)의 조직을 확대하는데 심
혈을 기울였다. 신민족주의와 신민주주의의 기치 하에 설립된 조선국민
당은 민족진영을 대표하여 중경임정을 절대 지지하고, 국내의 건국준비
와 치안유지에 협력하며, 해외동포의 보호귀환을 긴급히 실시하고, 만민
개로와 대중공생의 대의를 관철하고, 그리고 새로운 민족문화를 드높일
것을 모토로 하고 있었다.[35)

조선국민당 당수로서 안재홍은 해방 직후 각종 정당의 난립으로 인한
정치적·사회적 혼란을 타개하기 위해 분주히 움직였다. 그러한 노력의
결과 그는 조선국민당을 여타 정당과 합동하기로 결심하고 朴容羲의 사
회민주당, 明濟世의 민중공화당, 자유당, 협찬동지회, 근우동맹 등 6개
의 정당 및 사회단체의 대표 39인과 함께 새로이 국민당을 창립하는 성
과를 거두었다. 국민당의 중앙집행위원장에는 안재홍이, 부집행위원장
에는 박용희와 명제세가 각각 임명되었다.[36) 국민당은 민족국가의 발전
과 신민주주의의 실현 및 민족문화의 앙양을 강령으로 내걸었고, 한민당
과 함께 우익진영을 대표하여 중경임정을 지지하고, 신민주주의와 신민
족주의를 표방하는 중간우파적인 성격을 띠고 있었다. 이를테면 국민당
은 "일즉이 통일전선에 눈 깬 결과로 탄생된 정당"으로서 해방 후 정당
난립상태를 타개하고 신국가건설과 민생안정을 앞당기려는 대승적 자세

---

35) 9월 9일 서울에 진주한 미군이 38선 이남 일본군의 항복을 받아냄으로써 남한에
    미군정이 시작되었다. 이날 안재홍은 임시한국위원단(The Provisional Korean
    Commission)이 장차 수립될 예정인 한국정부에 충성을 바칠 인물이라고 간주한
    17명 중 일인으로 꼽히기도 하였다. 『주한미군정보일지』1, 1945년 9월 9일자,
    한림대학교 아시아문화연구소, 1988. 이들 17인은 여운형·백상규·여운홍·조
    한영·안재홍·김성수·조만식·최동·이만규·김창숙·구자옥·이임수·황
    진남·홍순엽·장덕수 등이다.
36) 기타 국민당 간부(부장)로는 李昇馥(총무)·李正鎭(재정)·李義植(조직)·백홍
    均(선전)·李吉鐘(조사)·閔大鎬(기획)·李斗烈(노동) 등이었다.

를 표방한 각 정당과 사회단체의 주도하에 벌어진 정당통합운동 내지 정
당통일운동의 선두 주자격이었다.

국민당의 당수인 중앙집행위원장으로서 안재홍은 국민당이 선진 기
성국가의 정당들처럼 정권의 쟁취를 목적으로 삼지 않고 자주독립을 위
한 투쟁단체임을 천명하였다. 즉, 그는 국민당 창립선언문에서 "우리들
은 군정 하에 있는 오늘날 정권의 장악이나 혹은 관료로 진출함 등을
의도함이 아니요, 정치훈련과 필요한 투쟁으로서의 국민운동을 전개하
여 국가의 영항한 미래에 공헌키를 기한다"라고 언명하였다.[37]

안재홍은 신민족주의와 신민주주의 정치사상에 입각해 국민당을 설
립하였다. 국민당 창당선언문에는 이러한 점이 잘 나타나 있다.

> 오인은 초계급적인 전민족적 피압박의 형태에서 항전하여 왔고, 다시 전
> 민족적 해방의 단계에 들어있어, 초계급적 통합국가 건설의 역사적 약속 아래
> 에 있으므로 모든 진보적이요 반항 침략제국주의적인 지주와 자본가와 및 농
> 민 노동자 등 근로층의 인민과를 통합한 신민주주의의 국가를 창업하여, 만민
> 개로와 대중공생을 이념으로 하는, 계급독재를 지양시킨 신민주주의의 실행
> 을 목표로 한, 정치적 문화적 신기원의 역사를 개창하여야 한다.[38]

이어 안재홍은 이제 한민족은 균등사회·대중공영을 목표로 하는 신
민주주의를 이념적 토대로 삼아 삼천만이 일체되는 만민공생의 신민족
주의국가를 건설하기 위해 대동단결해야 한다고 역설하였다. 아래에 인
용한 국민당의 강령에는 안재홍의 이러한 정치사상이 잘 나타내고 있
다.[39]

---

37) 안재홍, 「국민당선언」 『선집』 2, 61쪽 ; 진학주, 「해방된 정당운동」 『민심』,
   1945.11, 71쪽.
38) 안재홍, 「국민당선언」(1945.9.25), 『선집』 2, 62~63쪽.
37) 국민당의 정책에 관해서는 안재홍, 「국민당 정강·정책 해설」 『선집』 2, 68~77
   쪽 ; 엄우룡, 「신민족주의와 신민주주의」 『개벽』, 1946년 1월호, 55쪽 ; 『자유신
   문』 1945년 10월 17일자 ; 송남헌, 『해방삼년사』, 133쪽.

一. 민족국가의 완전한 발전과 국제협력의 최선한 분담됨을 기함.
一. 국민개로와 대중공생을 이념으로 신민주주의의 실현을 기함.
一. 민족문화의 전면적 앙양과 인류대동의 조류에 순응키를 기함.[40]

　나아가 국민당은 9월 29일 중앙집행위원회에서 임시정부를 절대지지하고, 연합국에 감사를 표명하고, 건국 도상에서 연합국의 후원을 요망·촉구하고, 38선 분단으로 인한 교통장애를 해소하고, 재외 동포와 실업자 구제대책을 각계각층이 초당적으로 강구할 것을 결의하기도 하였다.[41]

　국민당은 중간우파에 속하는 다양한 성격을 지닌 정당들의 집합체였다. 이로 인해 지지기반이 분명하지 못한 편이었고 세력도 미약하였기 때문에 창당 직후부터 10여개의 정당을 흡수·통합하여 중간우파의 단일정당으로 비상하려 하였다. 그러나 이들 군소정당들이 신한민족당으로 통합되었기 때문에 그 목적을 달성하지 못하였다.[42] 다만 정당의 당원수와 규모 및 영향력 면에서 국민당은 한민당, 신한민족당, 한독당 등 여타 우익정당과 비견될 만하였고, 오히려 초기에는 이들 정당을 능가하는 측면도 적지 않았다.

　국민당은 결의문에 나타난 바와 같이 중경임정을 공개적으로 지지하였다. 미군 진주 이래 한국인들은 많은 정당을 설립했는데, 이들 정당들이 추진하는 신정부수립운동이 점차 한국임시정부수립과 조선인민공화국 수립 등 두 가지 방향으로 나가고 있었다. 보수파와 현실주의자와 친일세력이 다수 가담한 한민당과 달리 국민당은 장래의 한국정부 수립에 대해 자기들과 목적과 의도가 비슷한 어느 정당과도 기꺼이 협력하겠다

40) 안재홍, 「국민당선언」(1945.9.25)·「국민당 정강·정책 해설」(1945.12), 『선집』 2, 63, 66~68쪽.
41) 송남헌, 『해방삼년사』, 134쪽.
42) 중앙선거관리위원회 편, 『대한민국정당사』 1, 1973, 133~134쪽 ; 송남헌, 『한국현대정치사』 1, 성문각, 1980, 135~138쪽.

고 공헌하였다. 이러한 입장에 따라 국민당은 실제로 한민당이나 조선인
민공화국을 지지하는 정당들과도 적극적인 협력을 아끼지 않았다. 그러
나 이러한 초당적인 협력에도 불구하고 국민당은 임정에 대한 지지의사
만은 변치 않고 일관되게 유지하였다.[43)

안재홍은 11월 4일 국민당의 정강을 통해 다시 한번 중경임정에 대한
지지를 표명하고, 독립촉성중앙협의회에 대한 협력을 약속하였다. 나아
가 그는 민공협동에 의한 자주국가 건설이라는 자신들의 목표를 실현시
키기 위해 전체와 합류하는 것이 필요하다면 어느 때라도 국민당을 해체
하겠다는 입장을 나타냈다. 이에 대해 미국측은 국민당의 정책발표 및
여타 정당들을 통일시키려는 활동이 한국내의 정치상황을 분명하게 변
화시킬 것이라고 보았다.[44) 안재홍은 12월 4일 한민당과 함께 임정에
대한 지지서약에 참여하였고, 또 독립촉성중앙협의회가 계획하고 있는
통일계획에 모든 정당들이 동참하라고 촉구하였다.[45) 이어 12월 11일
임시정부에 대한 확고한 지지를 재천명함과 동시에 인공을 미군정이 강
제로 해체시켜야 한다고 주장하기에 이르렀다.[46) 그러나 이로 인하여
그는 12월 8일과 23일 두 차례에 걸쳐 우익계 비밀단체인 애국결사단으
로부터 겉으로는 우익이지만 속으로는 여운형과 박헌영 등 좌익과 협력
하는 '민족반역자'란 비난과 함께 살해위협을 받기까지 하였고, 동시에
'민족주의적 좌익'이라는 지목을 받기도 하였다.[47)

12월 27일 모스크바에서 열린 미·영·소 3국 외상회담에서는 미국
무성 극동국장 빈센트가 제안한 한국에 대한 '5개년 신탁통치안'을 의결

---

43)『주한미군주간정보요약』 1, 1945년 11월 27일자, 한림대학교 아시아문화연구소,
   1990.
44)『정보일지』, 1945년 11월 4일자.
45)『정보요약』, 1945년 12월 4일자.
46)『정보요약』, 1945년 12월 11일자.
47)『정보일지』, 1945년 12월 17일자 및 12월 23일자 ; 박달환, 「안재홍론」『인민』,
   1946년 1·2월 합집호.

하였다. 다음날 이 소식을 들은 안재홍은 국민당 간부들과 함께 경교장의 임정 수뇌와 공산당의 이주하 등을 차례로 방문하고 좌우합작의 반탁운동을 전개할 것을 건의하여 양측의 전폭적인 찬동을 받았다.[48] 그러나 주지하듯이 소련의 지시를 받은 좌익은 이전의 찬탁입장을 표변하여 1946년 1월 3일 이후 모스크바3상회의의 결정을 전면 지지하는 쪽으로 방향을 바꾸었다. 이로써 안재홍의 좌우합작에 의한 반탁운동은 실패하고 말았다.

그런데 '5개년 신탁통치안'에 실린 문제의 탁치조항은 먼저 한반도에 임시정부를 수립하고 신탁통치문제는 임시정부와 협의를 거쳐 최고 5년 이내의 탁치를 실시한다는 내용이었다. 그렇기 때문에 차후 수립될 임시정부가 이를 거부할 수 있는 탄력성을 지닌 것이었다. 좌익이 반탁에서 찬탁으로 돌아선 것은 바로 이런 이유 때문이었다. 공산당과의 반탁운동이 실패한 다음, 안재홍은 공산당의 극좌노선을 비판하는 입장으로 돌아섰다.

우익진영에서는 1945년 12월 29일 경교장 중심의 신탁통치반대 국민총동원 중앙위원회(동원회)를 조직하였다. 위원장은 당시 대표적인 민중지도자였던 權東鎭이 맡았고, 안재홍과 金俊淵은 부위원장을 맡았다. 그러나 위원장이 노환 중이었기 때문이 모든 실무는 안재홍이 전담하였다. 반탁대중운동은 김구의 임정세력이 귀국한 다음 처음으로 직접 간여한 정치활동이었다. 12월 30~31일 양일간 동원회는 전국 총파업을 결의하였고, 동원회 주최의 반탁시위대회에서는 "3천만 전국민이 절대지지하는 대한민국임시정부를 우리의 정부로서 세계에 선포하는 동시에 세계 각국은 우리 정부를 정식으로 승인함을 요구한다"고 선언하였다. 이로써 김구는 남한에서 미군정의 존재를 정면으로 부인하고 독자적인 정부를 수립하겠다는 의사를 표명하였다. 김구의 신탁통치 반대운동은

---

48) 안재홍, 「민정장관을 사임하고」, 『선집』 2, 266쪽.

반소반공투쟁으로, 나아가 중경임정 추대운동 및 반외세운동으로 발전할 소지를 안고 있었기 때문에 당시 하지장군은 김구가 쿠데타를 일으켰다고 결론지었다. 미국측과 이승만, 그리고 좌익의 반대에 밀린 김구는 결국 1946년 1월 1일 파업철회를 촉구하는 방송연설을 하지 않을 수 없었다.[49]

1946년 1월 6일 신탁통치문제로 인한 '좌우분열의 기세'를 완화하고 '통합·협동의 길'을 열고자 국민당·인민당·한민당·공산당 등 4개 정당대표와 임정대표들이 철야 토의한 결과, 소위 '4당코뮤니케'를 발표하였다. 그러나 제3항의 "국제헌장에 의하여 疑懼되는 소위 탁치안은 임시정부 수립 후 독립정신에 준하여 해결키로 함"이라는 어구가 불명확하다는 이유로 국민당·한민당과 일반 인민들이 거세게 반대하였기 때문에 4당코뮤니케는 결국 폐기되고 말았다. 이때 공산당측은 4당이 마치 탁치안을 전면 지지하기로 의결한 것처럼 선전하고 나섰다. 이러한 상황에 대해 안재홍은 신탁통치문제는 당시의 민공분열을 가속화시켰고, 4당코뮤니케의 폐기는 이후 좌우합작의 실패를 예고하는 조짐이 되었다고 보았다.[50]

1월 12일 제2차 반탁시위를 전후하여 반탁의 물결이 다시 전국으로 확산되었다. 국민경제의 파산을 우려한 안재홍은 이미 1월 8일 서울 중앙방송을 통해 "탁치를 반대하는 것이지 연합국에 적대하는 것이 아니며, 전민족의 의사표시가 대중생활에 지장이 없어야 하므로 파업을 풀고 직장에 복귀하라"는 내용의 파업철회 촉구연설을 하였다. 이어 1월 15일의 방송연설에서 그는 "국제적 국내적 상황 변화에 직면하여 우리는 극좌·극우사상을 배격하고 한국독립을 위해 일하고 있다"라며 신탁통

---

49) 이완범, 「한반도 신탁통치문제, 1943~1946」『해방전후사의 인식』 3, 한길사, 1987, 243~245쪽.
50) 안재홍, 「민정장관을 사임하고」『선집』 2. 266~267쪽.

치를 둘러싸고 벌어지는 좌우의 극한대립을 경계하는 태도를 나타냈다.[51] 이러한 맥락에서 그는 1월 29일 "탁치안이 아직 실시가 아니된 대신 철폐도 아니되었으니, 장래를 위하여 무용한 반탁시위는 필요할 때까지 금지하는 것이 좋겠다"고 말하였다. 이로써 그는 반탁논리를 실현하기 위해서 극한투쟁도 불사하겠다는 일부 강경파 인사들과 입장을 달리하였다.[52] 그러나 다른 한편으로 4당코뮤니케의 폐기를 전후하여 드러난 안재홍의 입장변화는 강경 반탁노선에서 크게 후퇴한 것으로 보아야 할 것이다.

처음에는 안재홍도 신탁통치를 반대하였다. 그러나 그는 모스크바3상회의의 결정사항을 자세히 살피고 당시의 국제정세를 고려한 다음, 1946년 4월 8일에 한민족은 당시 유일한 한반도 통일방안으로서 관련 강대국간의 합의에 의해 마련된 모스크바3상회의의 결정사항을 받아들여야 한다고 주장하기에 이르렀다. 우선 신탁통치문제는 민공협동으로 좌우합작을 성사시킨 후 미소공동위원회(미소공위)에 제시할 '제안'을 작성하는 과정에서 한민족의 단결된 강력한 의사를 반영해야 한다고 하였다.[53] 즉, 안재홍은 김구·이승만 등 보수 우파인사들과 달리 모스크바3상회의의 결정사항을 수용하는 것이 곧 신탁통치를 허용하는 것은 아니라고 보았던 것이다. 아울러 그는 민공협동으로 좌우합작과 임시정부 수립을 이룩하는 것이야말로 미소가 한반도의 장래를 협의할 때 임시정부의 대표들이 실제로 참여하여 신탁을 반대하는 민족적 의지를 충분히 반영할 수 있는 유일한 전략이자 민족분단의 비극을 해소하는 첩경이라고 생각하였던 것이다.[54]

51) 『주한미군주간정보요약』 1, 1946년 1월 15일자 보고서.
52) 김재명, 「민정장관 안재홍의 번민(하)」, 436∼437쪽.
53) 안재홍, 「자력건설과 자주건국」(1946.4.8), 『선집』 2, 112∼113쪽 ; 정윤재, 「안재홍의 해방전후사 인식과 "조선정치철학적 처방」, 374쪽.
54) 안재홍, 「민정장관을 사임하고」 『선집』 2, 265∼267쪽.

안재홍은 4당코뮤니케가 무산된 후 단념치 않고 재차 국내 정치세력의 단합을 위해 고심 분투하였다. 즉, 안재홍을 중심으로 하는 국민당은 4당 및 신한민족당을 포함한 5당 협동에 의해 과도정부 수립방안을 토의코자 하였다. 그러나 이는 임정측의 호응을 얻지 못하였다.[55] 그래서 안재홍은 한민당과 함께 이승만의 비상국민회의와 김구의 비상정치회의를 연합시킴으로써 건국의 도정을 앞당기려는 방안을 강구하였다. 당시 안재홍이 제시한 해결방안은 독립촉성중앙협의회를 중심으로 각 당파관계를 고려하여 인선한 다음에 비상국민회의를 열고, 거기에서 이승만·김구 등의 영수에게 지명권을 일임하여 최고정무회의를 구성하고 통일정부를 실현시키자는 것이었다. 이러한 안재홍의 의견은 수용되어 그는 비상국민회의 최고정무위원 28인 중 1인에 선출되어 주비회장을 맡게 되었다.[56]

그러나 임정내의 좌파인 조선민족혁명당과 조선민족해방동맹의 김원봉·성주식·김성숙 등은 임정내의 좌익과 타협하지 않고 우익의 양해만을 얻었다는 것을 문제 삼아 비상국민회의에서 탈퇴하였다. 이로써 비상국민회의는 우익 일색을 이루게 되었다. 아울러 좌파와 연합하고 있던 중경임정도 좌우가 양분되는 '불구성'을 면할 수 없게 되었다. 게다가 최고정무위원의 선출방식이나 회의진행방식이 전형적인 상명하달식이었기 때문에 우익중심의 최고정무회의를 입안한 안재홍은 '파시즘적 경향이 있는 인물'이라는 비판을 받기도 하였다.[57]

우익측은 비상국민회의 소집을 계획했을 때부터 비상국민회의를 과도정부의 의회적 기능을 담당하는 기관으로 만들려고 하였고, 최고정무위원회를 과도정부 내지 정부수립을 위한 모태기관으로 만들려고 하였

---

55) 서중석, 『현대한국 민족운동 연구』, 337~340쪽.
56) 안재홍, 「민정장관을 사임하고」『선집』 2, 267~269쪽.
57) 박달환, 「안재홍론」『인민』, 1946년 1·2월 합본호.

다. 그러나 미군정의 의도가 작용하여 최고정무위원회는 1946년 2월 14
일 주한 미점령군 사령관 하지 중장의 자문기관인 '남한국민대표 민주의
원'(민주의원)으로 명칭이 바뀌었다. 이때 안재홍도 민주의원에 자동적
으로 피임되었다.

　그런데 미군정이 민주의원을 임명한 이유는, 첫째, 한국인의 의사를
군정에 반영하는 기구가 필요했고, 둘째, 미소공위를 통해 만들 임시정
부의 모태로 삼을 기구가 필요했기 때문이었다. 즉, 민주의원은 1946년
봄 미군정이 조선공산당과 인민공화국의 극좌파들을 온건좌파와 분리·
고립시켜 온건좌파와 우익의 연합체를 도모하려는 의도에서 생겨난 것
이었다. 그러나 민주의원은 우익의 정치적 전위단체로 전락하였고, 오직
'세간 조소의 과녁'이 될 뿐이었다. 또 비상국민회의와 민주의원이 성립
되자 좌익은 공산측의 주도하에 민주주의민족전선(민전)을 조직하였고,
북한에서는 민주의원의 출현을 남조선 단독정부 성립으로 간주하여 2월
9일 북조선인민위원회를 수립하기에 이르렀다. 이후 남한에서는 우익의
민주의원과 좌익의 민전으로 양분되어 혼미상태를 거듭하게 되었다.[58]

　1946년 2월 26일 안재홍은『한성일보』를 창간하여 사장직에 취임하
였다. 이어 3월에 민족주의계 정당의 합당운동에 따라 신한민주당과 함
께 국민당을 한국독립당에 통합하고 한국독립당(중앙집행위원장 김구,
부위원장 조소앙)의 중앙상무위원 및 훈련부장에 임명되었다. 한민당을
제외한 우익계 주요 3당의 합당은 미군정 및 좌익세력으로 말미암아 주
권 행사기관으로서 실질적 활동에 제약을 받고 있던 임정이 자구책을 모
색하는 과정에서 나온 것이었다. 당시 임정은 한독당의 존재에 전적으로
의존할 수밖에 없었던 위기상황을 벗어나 국내세력을 광범위하게 흡수
하여 대중적 기반을 강화함으로써 그들의 정치적 의도를 관철시키려 하

---

58) 이상 비상국민회의와 민주의원 및 민주주의민족전선에 대해서는 서중석,『현대한
국 민족운동 연구』, 341～354쪽.

였다.[59]

그런데 국민당이 한독당으로 통합될 때, 중앙집행위원을 선출하는데 있어 약간의 문제가 생겼다. 중앙집행위원은 3당에서 동수로 공천하게 되어 있었는데, 당시 국민당은 남한뿐만 아니라 북한에도 7~8개 군에 지당부 및 준비처가 있었고, 당원수도 20만 명을 넘고 있었다. 이에 비하면 신한민족당은 당세가 지극히 약하였고, 한독당 역시 당원수가 많은 편은 아니었다.[60] 게다가 한독당의 간부들이 고답적인 자세로 일관하였기 때문에 국민당 내에서 한독당과의 통합에 반대하는 여론이 비등하였다. 그러나 안재홍은 "합당은 처음부터 계획했던 바이고, 또 이미 천하에 선포 공약한 바이니, 그새 또 뒤집는 것은 불가하다"는 입장을 견지하며 무려 1개월여의 설득작업을 거쳐 합당을 강행하였다. 국민당과 한독당과의 통합은 '민족대동단결'을 바라는 안재홍의 순수한 동기에서 나온 것일 뿐만 아니라 반탁운동으로 전국적인 지지를 얻고 있는 임정세력에 힘입어 우익진영 내에서 자신의 정치적 기반을 강화하려는 고심의 결단에서 나온 것이었다. 그러나 국민당과 한독당의 통합에 대해 당시 한독당의 원임간부들과 미국 정치가 및 신문기자들은 안재홍의 정치적 실책으로 간주하고 있었다.[61]

당세가 대폭 확대된 한독당은 한민당과 더불어 우익진영의 양대 세력을 형성했으나, 당권은 의연히 구한독당계가 장악하고 있었다. 이것은 후에 한독당에서 구국민당계와 구신한민주당계가 탈당하는 일차적인 원인으로 작용하였다. 이 외에도 안재홍은 국민당이 한독당에 합당한 후 김구와 정견차이를 노정하면서 대립하고 있었다. 그가 김구와 입장을 달리했던 것은 신탁통치문제와 미군정에의 참여문제였다.

---

59) 송남헌, 『해방삼년사』, 190~191쪽.
60) 천관우, 「民世 안재홍 연보」, 240~241쪽.
61) 안재홍, 「백범 정치투쟁사」(1949.8), 『선집』 2, 438~439쪽.

한독당내에서는 1946년 3월 이래 당권을 둘러싸고 김구 등의 '해외 파'와 안재홍 등 '국내파'간에 암투가 계속되고 있었다. 만약 그가 찬탁 과 반탁에 대한 자신의 입장을 분명히 했더라면, 안재홍은 1947년 2월 12~13일 양일간에 개최될 우익 주도의 대중집회에서 부의장직을 맡을 예정이었다.[62] 그러나 그는 탁치운동에 적극 찬동하지 않았기 때문에 부의장직에서 배제되었다. 당시 미군정의 정보에 의하면, "반탁과 반미 군정의 입장을 견지하며 테러리즘을 좋아하는 김구는 최신의 정치지식 이 부족하였던" 반면, "신탁통치운동을 경시하거나 그 운동에서 벗어나 려는" 안재홍은 미군정에 협력할 의사를 표명하고 있었다.[63] 이러한 호 의적인 미군정관을 보였기 때문에 안재홍은 미군정에 의해 좌우합작의 우측대표 가운데 한사람으로 선정되었던 것이다.

1947년 5월 재개된 미소공위의 참가여부를 둘러싸고 참가하자는 국 내파와 보류하자는 해외파간에 논쟁이 일어났다. 해외파인 임정측에서 는 미소공위의 참가여부를 결의할 중앙집행위원회 소집안을 제출한 국 민당 및 신한민주당계를 제명 처분하자는 주장을 내놓았다. 이에 따라 안재홍은 6월 19일 한국독립당에서 제명당하였다.[64]

1947년 3월 20일 탁치를 둘러싸고 좌우익의 대립이 심화되는 가운데 개최된 미소공위의 목적은 모스크바3상회의의 결정에 따라 조선의 민주 적 정당 및 사회단체와 협의하여 임시정부를 수립하고, 장래 수립될 임 시정부의 참여하에 4개국 신탁통치협약을 작성하는 것이었다. 그러나 회담은 임시정부 수립을 협의할 정당 및 사회단체를 선정하는 문제에서 부터 난관에 봉착하였다.

당시 소련은 한반도가 소련에 대한 공격거점이 되지 않도록 자국에

62) 『주한미군정보일지』 3, 1947년 2월 8일자 보고서.
63) 『주한미군정보일지』 3, 1947년 2월 11일자 보고서.
64) 천관우, 「민세 안재홍 연보」, 248~249쪽.

우호적인 정부가 수립되기를 바라고 있었다. 따라서 소련은 모스크바3
상회의의 결정을 반대하는 정당 및 사회단체를 협의대상에서 제외해야
한다는 주장을 시종일관 견지하였다. 아울러 소련은 미국이 제출한 남한
측 초청대상 20개 가운데 우익이 17개이며 이들이 모두 모스크바3상회
의의 결정에 반대하여 반탁운동을 벌이고 있는 점, 60만 회원의 金平과
30만 회원의 婦總 등 전국적 대중단체가 빠져있다는 점을 지적하였다.
이로써 미소 양측은 의견대립에 빠졌고, 1947년 5월 6일 제1차 미소공
위는 결렬되었다. 이때 안재홍은 "좌우를 막론하고 임시정부 수립의 협
의대상으로 참가하여 우선 남북좌우 통일정권을 수립하고 그 정식정권
을 통해서 국제적으로 공식발언권을 보유하면서 국가재건의 대업을 달
성해 나가자"고 주장하였다.65) 그러나 회담이 열리지도 못하는 상황에
서 이러한 주장은 반향 없는 메아리나 다름없는 것이었다.

　미소공위 결렬 후 미군정은 국무성의 권고에 따라 극우·극좌파와의
연계를 줄이고 비교적 온건하고 진보적인 성향을 지닌 한국인과 연계해
나가기로 결정하였다. 그래서 미군정은 온건파만이 포함된 중도파 연합
을 구성할 목적으로 버취중위로 하여금 좌우합작을 목표로 하는 한국 정
치지도자들과 회담을 벌이도록 하였다. 이후 버취중위는 비공식적 차원
에서 중도파 정치인과 접촉을 벌였고, 6월 말경에 이르러 하지장군도 공
개적으로 좌우합작의 노력을 승인하였다. 따라서 한국의 언론들도 좌우
합작을 언급하기 시작하였다.

　1947년 7월 안재홍은 민주의원과 비상국민회의 합동회의에서 좌우합
작위원회의 우측대표로 지명되었다. 우측의 수석대표는 김규식, 좌측의
수석대표는 여운형이었다. 널리 알려진 것처럼 좌우합작운동은 미소공
위가 결렬되자 미군정측이 모스크바3상회의의 결정에 반대해 반탁을 주
장하는 이승만·김구 등의 극우세력을 배제하고 중간파를 중심으로 미

---

65) 안재홍, 「민정장관을 사임하고」 『선집』 2, 270~271쪽.

국에 우호적인 정부를 세우려는 구상 하에 추진된 것이었다. 이윽고 7월 25일에는 좌우합작위원회 제1차 회의가 덕수궁 석조전에서 개최되었다. 버취 중위는 좌우 각 측에서 융통성이 있다고 보이는 정치지도자들을 공평하게 선발하였다. 이때 우익측 대표로는 김규식·元世勳·崔東旿·안재홍·金朋濬 등이, 좌익측 대표로는 여운형·허헌·金元鳳·이강국·鄭魯湜 등이 참석하였다.[66]

좌우합작위원회가 열렸을 당시 안재홍은 "국민총의를 한데 묶어 임시정부를 속히 구성해야 한민족의 건국사업이 비로소 궤도에 오르게 되며…머지않은 장래에 내란적인 항쟁에서 피를 흘리게 될 화근을 미리 제거하기 위해서라도 극좌편향과 극우편향을 버리고 합작에 동참해야 한다"는 생각에서 좌우합작운동에 적극 지지·참가하였다.[67] 미군정 및 한국 일반 민중의 커다란 관심을 불러일으킨 좌우합작운동은 그러나 합작원칙 중 신탁통치문제, 토지개혁, 경제정책문제, 친일파처리문제 등을 둘러싸고 합작위원 간에 이견이 분분하였다. 좌익계의 민전측과 우익계의 한민당측이 강경히 대립하였고, 특히 좌익계의 '합작5원칙'과 우익계의 '합작8원칙'에 대해 좌우 양측이 서로 합의를 보지 못했기 때문에 좌우합작은 결국 성사되지 못했다.

좌우합작운동이 실패한 것은 기본적으로 일제시기 이래 각기 상이한 사상적 배경과 노선에 따라 민족해방운동을 추진해 왔던 한국내의 좌우익 세력이 민족통합을 이루지 못했기 때문이었다. 그러나 미국의 대한반도정책이 친미적인 좌우연립정부 수립정책을 버리고 남한만의 단독정부 수립으로 전환한 것도 좌우합작이 실패하는데 큰 영향을 미쳤다. 이로써 "대중공생·만민공화하는 신민주주의 민족국가를 건설"하기 위해 노력

---

66) 부르스 커밍스 지음, 김주환 옮김, 『한국전쟁의 기원(하)』, 청사, 1986, 79~85쪽.
67) 안재홍, 「좌우합작의 정치적 의의」(1946.7.17)·「민족위기 타개의 일로」(1946.7. 19), 『선집』 2, 129~133, 134~138쪽.

했던 안재홍의 대동단결 노력은 다시 한번 무산되었다.

V. 군정장관직 수행과 순정우익 집결론

안재홍은 해방 후부터 민공협동에 의한 민족자주통일을 일관되게 주장해왔다. 그러나 그는 민정장관 취임 시에 종전의 주장을 바꾸어 남한 단정 수립노선을 주장하였다. 여기서는 안재홍이 그의 정치적 입장을 바꾸는 계기가 되었던 민정장관직의 취임배경, 취임동기, 장관직 수행 등을 살펴보겠다. 아울러 민공협동운동이 실패한 다음 최후로 제기한 순정우익 집결론을 알아보겠다.

먼저 안재홍의 민정장관직 취임배경을 알아보겠다. 군정 초기 정치적·경제적·사회적 혼란이 심해지자 미군정에 대한 한국인의 불신감은 급격히 높아졌다. 게다가 1946년 5월 8일 제1차 미소공위가 결렬되면서 한국민의 불만은 점차 고조되어 갔다. 이러한 난관을 타개하기 위해 미군정은 모스크바협정의 범위 내에서 한국문제를 해결하려는 노력의 일환으로 좌우합작을 추진하게 되었다. 아울러 그러한 동반정책(Couple Project)의 일환으로 과도입법기구를 창설하여 한국인을 군정에 참여시킴으로써 간접통치를 실행하려는 이른바 한국화정책을 채택하였다. 나아가 미군정은 한국화정책을 구체화시킬 수 있는 하나의 수단으로서 입법기구의 설립을 구상했으며, 이를 위해 전국적인 선거의 실시를 계획하기도 했다. 그런데 당시 미군정이 북한의 소비에트화에 맞서기 위한 방편으로서 남한의 한국화정책을 추진했을 가능성을 배제할 수가 없다. 이를테면 북한의 소군정은 자신들이 미군정보다 낫다는 것을 선전하기 위해 한국인을 통치의 전면에 내세워 이들이 실질적으로 자치를 하고 있는 것처럼 꾸몄기 때문에 미군정도 나름대로 적절한 대비책을 강구하

는 가운데 한국화정책을 취하게 되었다는 것이다.[68]

　이러한 배경에서 미군정은 1946년 3월에 발표된 미군정법령 제64호를 통해 군정청의 각 국을 부로 개편하고, 각 부에는 한국인과 미국인 각각 1인씩의 부처장을 두게 하였다. 이어 9월 11일에는 미군정의 행정권을 점차적으로 한국인에게 이양하겠다는 제2대 군정장관 러치(A. B. Lerch, 1945.12.18~1947.9.11) 소장의 공식발표가 있었다. 이에 따라서 안재홍의 민정장관 취임이 이루어질 수 있었다.

　안재홍에 의하면, 당시 대부분의 인사들은 "미군정의 무능·부패·무질서에 대한 책임을 온통 떠맡는 자리이며, 애만 많이 쓰고 아무런 보람도 없는 자리이다"는 판단에서 민정장관직을 기피했다고 한다. 일찍이 안재홍은 민정장관직에 취임하기로 결정한 다음 이 사실을 김구에게 전하였다. 그러자 김구는 자신은 전부터 안재홍의 미군정 참여를 반대해 왔다는 사실을 상기시키면서 앞으로 애쓴 보람도 없이 결국 구설수에 휘말릴 것이라고 충고하였다.[69] 아울러 부끄러운 전력을 지닌 미군정의 한국인 관리들도 독립운동 경력이 있는 비타협 민족주의자인 안재홍의 민정장관 취임을 달가와 하지 않았다. 그래서 그들은 "1개월 안에 이 자를 장관자리에서 축출하겠다"거나 심지어 "그 위인이 지방군수자리 하나도 내지 못하고 쫓겨 나가게 만들겠다"고 공언하기까지 하였다.

　1947년 1월 말경 하지장군으로부터 민정장관직을 제의받은 안재홍은, 일주일간의 '熟考와 集議'를 거친 끝에 2월 5일 민정장관직을 수락하고, 2월 10일 군정내의 한국인 최고 행정책임자인 민정장관직에 공식 취임하였다.[70] 이로써 안재홍은 당시 과도입법의원을 맡은 김규식, 대법원의 책임자 金用茂와 함께 미군정내 한국인 최고위자가 되었다.[71]

---

68) 미군정의 한국화정책에 관해서는 김운태, 「미군정의 한국통치」, 박영사, 1992, 225~232쪽.
69) 안재홍, 「백범 정치투쟁사」(1949.8), 『선집』 2, 431~442쪽.
70) 『주한미군정보일지』 3, 1947년 2월 10일자 보고서.

일설에 의하면, 안재홍이 민정장관직을 차지한 것은 한민당측이 그를 미군정에 천거했기 때문이라고 한다. 일찍이 미군정청은 한민당측에 민정장관 후보 한 사람을 천거해 주도록 요청했던 것으로 알려져 있다. 중경임정의 법통을 내세우며 미군정과 알력을 빚고 있던 김구의 한독당과 달리 김성수의 한민당은 미군정과 유착관계를 맺고 있었다. 따라서 당시 한민당 수뇌부로서는 앞으로 수립될 신정부의 정권을 용이하게 장악하기 위해서 미군정이 저지른 실정을 책임지지 않는 것이 바람직하다고 계산하였고, 그러한 판단에서 좌익이나 우익으로부터 비교적 책잡힐 요소가 적고 정치적 야심이 두드러지지 않은 인물을 물색하다 보니 안재홍이 적격후보로 지목되어 그를 미군정에 적극 추천했다는 것이다.[72] 이러한 소문을 당장 입증할 자료를 찾을 수는 없지만, 하여튼 한민당계 인사들이 군정청 행정고문직 및 군정의 중요 고위직을 완전 장악한 다음 미군정의 '충성스런 동맹세력'으로 기능하고 있던 당시의 정치상황을 고려할 때 일견 타당성 있는 주장으로 여겨진다.

안재홍도 자신이 맡은 민정장관직이 얼굴마담에 불과한 자리라는 한계점을 나름대로 파악하고 있었을 것으로 보이는데, 그렇다면 그는 어떠한 숨은 의도에서 민정장관직을 수락하였는가? 이 물음에 대한 답이 바로 미소공위와 좌우합작이 실패한 다음의 변화된 안재홍의 정치적 입장이었다. 민정장관직에 취임할 당시 안재홍의 생각은 다음과 같았다.[73]

미소공위는 좀 체로 다시 아니 열릴 것으로 보았으며, 미소 협조 멀어지고 남북통일의 민주정부수립이 늦어진다고 하면, 민정수뇌부에 앉아 한국의 독

---

71) 김용무는 변호사로서 미군정청의 행정고문 중 일인인 동시에 한민당의 핵심간부였다.

72) 김재명, 「민정장관 안재홍의 번민(하)」, 439쪽.

73) 민정장관 취임 직후 미국기자와의 인터뷰에서 안재홍은 한국의 항구적인 독립문제는 유엔의 결정에 달려있으며, 미소 점령군은 동시에 철수해야 한다는 입장을 피력하였다. 『주한미군주간정보요약』 2, 1947년 2월 20일자 보고.

립을 원조하는 미국의 군정으로 하여금 민의에 가까운 정치가 되도록 협력하
고 남한의 민주주의·민족진영의 정치토대가 바로 잡히도록 노력하는 것이
애국자로서 사양할 수 없는 길이라고 나는 각오하였다.[74]

즉, 민족분열을 막기 위해 민공협동운동을 추진하였고 민족자주를 지
키기 위해 남한에서의 군정을 반대하였던 안재홍이 민정장관직을 수락
한 것은, 미군정에 협력하여 "남한의 민주주의 및 민족진영의 정치토대
가 바로 잡히도록 노력하는 것"만이 진정한 애국자의 임무라고 판단하
였기 때문이었다. 다시 말하면, 안재홍은 미군정에 협력하는 것은 당연
한 일이라는 인식하에 미군정이 통치하는 남한 내에서 극좌 공산주의 및
극우 보수주의를 배격하려고 하였던 것이다. 한마디로 그는 이 시기에
개인의 자유와 사유재산제를 부정하는 무산자독재를 반대하고, 봉건
적·대지주적·자본적 특권계급의 지배를 반대하는 입장에서 미군정에
참여한 것으로 파악된다.[75]

안재홍의 정치관 변화는 그가 해방 직후부터 각파의 정치가들과 계속
협동을 시도했다가 실패한 경험에서 우러나온 것이었다. 자주적인 민족
국가 건설을 위해 좌우익의 지도자들을 상대로 민공협동·대동단결운동
을 펼치는 동안, 안재홍은 그들과 상당한 이념차이를 보이고 있었다.
그리고 이러한 차이점으로 인해 결국 안재홍은 '극좌·극우의 편향성'
을 극복하고, 건국구민을 이룩하기 위해 미군정에 참여하게 되었다. 이
제 당시 안재홍이 주요 지도자와 이념적으로 결별하는 과정을 살펴보
면 아래와 같았다.

먼저, 박헌영을 위시한 공산주의계열에 대해, 안재홍은 건준 활동 및
신탁통치 반대운동 때에 이들과 합작을 추진하였다. 그러나 그는 건준내
극좌파 및 인공세력이 바라는 좌익의 노농정권 수립을 반대하였고, 탁치

---

74) 『신태양』, 1949년 8월호.
75) 안재홍, 「순정우익의 집결」(1947.10), 『선집』 2, 208~213쪽

문제에서 반탁에서 찬탁으로 입장을 바꾼 좌익의 처사를 비난했으며, 좌우합작 시에 좌익측에 대해 양보를 요구하였고, 민정장관 취임 후 좌익측의 극좌모험주의를 매우 경계하였다. 이러한 사실들을 고려할 때, 안재홍은 좌익과의 정치적 제휴가 더 이상 불가능하다고 판단하였을 것이다.

이승만에 대해, 안재홍은 이승만의 독립촉성중앙협의회에 참여하여 김구와 이승만으로 하여금 정치적으로 제휴하도록 노력하였다. 그러나 그는 해방 전부터 중경임정을 적극 지지하고 있었으며, 또 이승만의 반탁·반공노선에 의한 남한단독정부 수립정책에 찬동하지 않았다. 이러한 이유 때문에 그는 1946년 이후 이승만과 정치적으로 결별하였다.

김구를 비롯한 임정세력에 대해, 안재홍은 해방 전부터 적극적인 지지의사를 표명하면서 임정을 중심으로 모든 정치세력이 결집하여 민족자주국가를 건설해야 한다고 주장하였다. 이러한 입장에서 그는 1946년 3월 민족주의계 정당을 중심으로 정당통합운동이 일어나자 자신의 국민당과 김구의 한독당의 통합을 성사시켰다. 그러나 통합된 한독당 내에서의 주도권경쟁, 신탁통치문제, 미군정에의 참여문제를 둘러싸고 상호간에 의견이 엇갈려 급기야 안재홍과 김구는 갈라서고 말았다.

여운형에 대해, 안재홍은 앞에서 살펴본 바와 같이 강렬한 '동포애와 동지애'를 주고받을 정도로 친밀한 관계였다. 김규식에 대해, 안재홍은 좌우합작 및 미군정에의 참여문제 있어서 그와 동일한 중도우파의 노선을 걷고 있었다. 특히, 양인은 "반탁만을 부르짖으며 민족통일을 가로막지 말고 우선 임시정부를 세워놓고 그 다음에 탁치문제를 거부하자"는 데 의견을 함께하고 있었다. 그러나 그 후 안재홍이 남한단정 수립에 찬동하고, 김규식이 남한단정 수립에 반대하여 김구와 활동을 같이 하면서 양인의 정치적인 연합은 종식된 것으로 보인다.

그러면 안재홍은 민정장관에 취임하여 구체적으로 어떤 일을 하였는

가? 또 그는 민정장관직에 취임할 때 밝혔던 포부를 달성하였는가? 안재
홍은 취임 당시 하지장군으로부터 "정부 내의 인사문제, 경찰문제, 식량
문제, 부일협력자문제 등을 양심적으로 인내성 있게 해결해 달라"는 내
용의 서한을 받았다. 그는 이러한 요구에 따라 "현하 미군정부 방침에
순응하는 법규를 엄수하되, 행정권의 완전이양과 독립조선의 성취를 지
향하는 노선에서…제반 행정의 개선향상을 도모하고, 관기의 숙정과 민
생문제의 해결에 최선의 노력을 다하겠다"는 내용의 취임식사를 발표하
였다. 그러나 그는 하지장군으로부터 요청받은 여러 가지 문제를 제대로
처리하지 못하고 1948년 6월 민정장관직을 사임하였다.

민정장관직을 떠난 다음 안재홍은 자신의 민정장관으로서의 공무수
행을 다음과 같이 평가하였다.

> 남북분단이 그대로, 미소 힐항이 그대로, 좌우대립이 그대로, 군정의 권병
> 이 미국인이 방촌 하나에 좌우됨이 그대로, 조선인이 각 개인적 이해와 파당
> 적 私觀에 따라 권병을 쥐고 있는 미국인 고관에게 聚訟排濟함이 그대로,
> 미국인이 조선에 대한 통찰 인식이 아직도 미흡한 바 있어, 聚訟者의 언번에
> 따라 시비 혹 번복 될 수 있음이 그대로, 국제적 또는 사상적 분규한 속에서
> 미의 입장 혹은 험지에 빠질까 회의 초조함이 아직도 없을 수 없는 것이 그대
> 로이므로, 그들의 조선인 상대자에 대한 판단이 확정키 어려운 조건하에서 역
> 량은 민중을 총집결할 수 없고, 어학은 我意를 다소라도 소통할 수 없는 내
> 가, 이때의 민정장관을 담당한 것은 너무나 몰아적이었다.[76]

한마디로, 그는 자신이 민정장관직에 취임한 것은 시대상황을 고려치
않은 무모한 행동이었으며, 취임한 후에는 미소·좌우익의 대립, 미국인
의 통치미숙, 한민당 세력의 득세로 인해 민정장관의 직무를 제대로 수
행하지 못했음을 자인하였다.

안재홍은 민정장관 재직 시에 모든 정치세력으로부터 비난을 받았다.

[76] 안재홍, 「민정장관을 사임하고」 『선집』 2, 279~280쪽.

1947년 6월 19일에 그는 군정청의 참여 및 신탁통치문제에 관한 의견대립으로 한독당으로부터 제명을 당했다. 그런데 공교롭게도 헬믹준장의 요청에 따라 6월 23일에 반탁시위를 주동한 嚴恒燮·金錫璜 양인을 체포함으로써 그는 우익측으로부터 '옛 동지를 구속한 찬탁옹호자'라는 거센 비난을 받았다.[77] 또 1947년 9월에 한국인 부처장들과 연명으로 하지 장군에게 제출한 「시국대책요강」을 한민당계의 『동아일보』가 오역하여 왜곡 보도함으로써 '군정연장을 책동하는 민족반역자'란 비난이 쏟아졌다. 때문에 그는 1947년 11월 초 서울 중앙방송을 통해 진상을 해명하기도 하였다.[78] 나아가 그는 1948년 2월 7일 유엔한국임시위원단의 입국에 반대하여 전국 각지에서 일어난 시위·파업·폭동·동맹휴학 주동자 및 1947년 2월 7일의 '구국투쟁' 이후 남한단독정부 수립반대, 인민공화국 지지투쟁을 벌이고 있던 좌익의 野山隊 등을 체포·투옥케 하였다. 이로써 좌익측으로부터도 '미제의 주구'라는 비난을 받았다.[79]

민정장관으로서 안재홍은 형식상으로 미군정내 한국인 관료 중 최고위자였으나, 실질상으로 미군정내 한국인 부·처장 직원들을 통솔할 수 있는 실권이 없었다. 당시 정치적·행정적인 주요 사안은 하지장군을 비롯한 미군정의 요인들이 처결했으며, 또 부·처에 소속된 미국인 고문들이 민정장관의 정무결정에 대한 거부권을 행사할 수 있었기 때문에

---

77) 안재홍, 「백범 정치투쟁사」 『선집』 2, 445~446쪽.
78) 안재홍, 「소위 군정연장책모, 반역행위 문제의 진상」 『선집』 2, 221~227쪽.
79) 안재홍은 한국전쟁 중 납북당할 때 남로당의 지도급 인사였던 李承燁으로부터 "당신을 선배로 섬겼고 민정장관 때 열심히 말했는데 당신은 말 뿐이지 언약을 이행치 못했고 또 이번에도 출마치 않는다고 약속한 바 있지 않소. 우유부단하고 흐리멍텅하게 행동하여 지금 이렇게 만든 데 대한 죄책을 아시오"라고 힐난을 당했다고 한다. 이를 보면 그는 민정장관 재직 시에 좌익과 암중으로 교섭을 벌였던 것을 알 수 있다. 김진구, 「나의 꿈 농촌생활」 『격랑반세기』, 강원일보사, 1988, 191~192쪽.

행정권이 한국인에게 이양되었다고 하나 실권은 여전히 미군정이 쥐고 있었던 것이다.

안재홍은 민정장관직 취임 시에 하지장군이 요구한 인사개혁과 경찰개혁 문제를 해결하는데 자신의 의사를 전혀 관철시킬 수 없었던 것 같다. 그는 인사개혁에 대해서 어느 정도 노력을 기울였던 반면, 경찰개혁에 대해서는 전혀 영향력을 발휘하지 못했던 것으로 보인다. 일설에 의하면, 경찰권을 장악한 경무부장 조병옥을 비롯한 경찰관리들은 안재홍을 아예 무시했던 것으로 알려져 있다. 조병옥은 훗날『나의 회고록』이란 자신의 전기에서 민정장관에 대해 한마디도 언급하지 않은 채 1948년 5월 10일의 선거가 무사히 끝난 것은 오로지 자신의 '비장한 결의와 비범한 정치적 경륜'의 결과라고 장황하게 늘어놓았다.[80]

실제로 안재홍이 민정장관으로 재직하는 동안에 일어난 3·1절 기념행사 후 좌우익의 충돌 및 민전·전평간 대립(47.3), 전국 각지의 반탁시위(47.6), 좌익에 대한 대대적인 검거(47.8), 4·3제주도항쟁(48.4), 남한총선거(48.5.10) 등 비중 있는 정치적 사건에서 안재홍이 민정장관으로서의 권위를 제대로 발휘했다는 구체적인 사례를 찾아볼 수 없다. 그가 정례 기자회견 외에 자주 기자들과 만나 통화·물가·실업·예산·전력·식량·연료·적산처리 등 경제적 문제에 관해 얘기를 나누었다고 하나, 이것도 민정장관으로서 의례적인 대언론접촉에 지나지 않는다고 보아야 할 것이다.

인사문제에 관해, 안재홍은 민정장관 재임 시에 "일당전제적인 경향을 방지하면서 정치의 민주화를 위해 노력하였으나 투철한 성과를 보지 못했다"고 자평한 바 있다.[81] 이것은 물론 미군정내의 한민당 세력을 억제하고 온건 우익세력을 부식하려는 자신의 의도가 여의치 못했음을 나

---

80) 김재명, 「민정장관 안재홍의 번민(하)」, 440쪽.
81) 『경향신문』, 1948년 6월 9일자.

타내는 말이다. 실제로 안재홍은 자기주장처럼 한민당계열의 도지사를
전직시킴으로써 인사를 독자적으로 처리하고자 노력하였다.

> 6월 30일에 안재홍은 민정장관의 재량으로 전남·전북·강원·충남지사
> 및 군정청의 한국인 관리의 전직을 명령하였다. 이들은 모두 우익(Rightists)이
> 다. 이들은 안재홍이 취임 전에 임명되었으며, 그에게 특별한 충성을 표하지
> 않는 인물들이다.…그러나 이번 사건에 나타난 안재홍의 행동조치에 적법성
> 이 있는가 하는 데는 심대한 문제점이 있다. 미군정 법령 제135호는 한국인
> 관리의 전직을 군정장관에게 건의할 권한만을 민정장관에게 인정하였다. 즉
> 이것은 민정장관이 관리의 임명·전직을 마음대로 할 수 있는 것을 인정하지
> 않은 것이다. 중도파는 이러한 정부 관리들의 '전직조치'가 '임명조치'를 의
> 미하는 것은 아니므로 안재홍의 권한 내에 있는 일이라고 말하고 있다. 그러
> 나 입법의회의 대다수 의원은 분명히 다르게 생각할 것이며, 그리고 이것이
> 또한 미군의 견해이다. 이러한 안재홍의 행동을 인정하는 것은 고위 정부
> 관리들을 비롯한 일반 관리들을 제거하는 제거권의 소유를 인정하는 것이다.
> 그렇게 관리를 전직시키는 권한은 민정장관이 소유치 않은 것이다. 그렇게 전
> 직된 한국인 관리들은 이번 경우처럼 체면을 손상당하게 되며, 그런 상황 하
> 에서 그들은 대부분 모욕을 감수하느니 차라리 사임할 것이다. 만약 이런 일
> 이 허용된다면, 민정장관직을 맡은 사람이 조만간 모든 한국인 관리들의 통제
> 와 충성을 확보하게 될 것이다.[82]

이를테면, 안재홍은 한민당계의 도지사 및 미군정청의 한국인 관리를
민정장관의 재량으로 전직시켜 그들의 체면을 손상시키고 나아가 자연
스럽게 사임토록 함으로써 인사권을 장악하고 한국인 관리들에 대한 통
제와 충성을 보장받고자 하였다. 이러한 조치는 안재홍이 한민당 및 미
군정에 대항하여 군정 내에서 자파세력의 부식 및 인사권의 장악을 기도
했다는 점에서 제한적인 의의가 있다. 그러나 미군정청은 군정법령 제
135호를 들어 안재홍의 행위가 합법성이 없는 독단적인 조처라고 비판
하였다.

---

82) 『정보요약』, 1947년 7월 10일자 보고.

1947년 3월 15일에 발포된 군정법령 제135호는 4개항에 걸쳐 '관공리의 임명절차를 규정'하고 있다. 이중 제2항에서는 "각부 처장·도지사·서울특별시장은 민정장관의 추천으로 군정장관이 임명한다"거나, 제3항에서는 "각 도내 및 서울특별시 관직임명과 각 부처내 관직임명은 각기 당해 도지사 및 시장과 당해 부처장이 임명한다"라고 하여 실질적으로 고위관료뿐만 아니라 하위관리의 임명에 이르기까지 미군정의 영향력이 작용하게 되어 있었다.[83] 즉, 민정장관이 어떠한 결정을 내리던 간에 그 결정이 효력을 발휘하기 위해서는 군정장관의 승인을 필요로 하였기 때문에 안재홍은 인사문제에서 본인의 의사와는 무관하게 별다른 영향력을 미칠 수가 없었던 것이다.

한편 안재홍은 1948년 5월 10일 선거(5·10총선)를 앞두고, "민주주의·민족진영의 정치대가 바로 잡히도록 노력하겠다"고 하던 민정장관 취임시의 입장을 바꾸어 미국과 이승만의 남한단정 수립노선을 인정하게 되었다. 그런데 일제 때부터 미공협동누서을 걸어온 안재홍이 5·10총선을 현실적인 정치노선으로 받아들인 이유는 무엇이었는가? 아마 거기에는 민정장관 재임 시에 겪은 잦은 파업·폭동 등 좌익의 투쟁일변주의노선도 주요 요인으로 작용하고 있었을 것이다. 그러나 이보다 더 중요한 요인은 그가 동서간 냉전이 고착되는 국제정세의 변화를 적극 수용한 때문으로 보인다.

비록 민정장관을 맡느라 일선에서 활동하지는 않았지만, 안재홍은 1947년 9~12월경에 국민당의 후신인 민주독립당의 창립과 김규식이 거느린 한국민족자주연맹의 창립에 관여하였다.[84] 이때에 이르러 그는 "민족의 명칭에서 일계급이나 혹은 특권벌의 이익만을 농단 독점하는 것은 기만인 것이다. 진정한 민주주의노선에서만 진정한 민족주의가 성

---

83) 김운태, 『미군정의 한국통치』, 249쪽.
84) 처관우, 「민세 안재홍 연보」, 249쪽.

립되는 것이니, 이는 즉 純正右翼인 것이다"고 하여 우익을 이끌고 좌
우합작에 참여했던 인사들에게 "순정우익에 집결 웅거하여 천하의 변국
에 대처하자"고 주장하였다. 또한 "극우는 조만간 재수정을 필요로 하는
우익이니 진정한 민주주의 노선만이 순정우익인 것이요, 이는 또 진보적
이면서 항구성을 가진 순정민족주의인 것이다"라고 하여 순정우익의 민
주적·민족적 중요성을 강조하였다.[85] 요컨대 이때 안재홍은 중도우파
('순정우익')를 중심으로 우파 정치세력의 결집을 주장했던 것이다.

　1947년 9월 17일 미국의 마샬 국무장관이 한국문제를 유엔에 상정할
것을 제의하였고, 이에 11월 14일 유엔총회에서 한국총선안, 유엔한국임
시위원단(유엔위원단) 설치안, 정부수립 후 미소 양군철퇴안 등이 가결
되었다. 이에 따라 한국정부 수립문제는 이제 국제적인 관심사로 부상하
였다. 이때 한독당은 「남한단정수립반대성명」을 발표하였고, 민전은 유
엔의 「한국문제결정반대성명」을 내놓았다. 그러나 이러한 한국민들의
반대와 달리 1948년 1월 8일 유엔위원단이 내한하자,[86] 김구·김규식
등이 그들에게 남북협상 방안을 제시했지만 아무런 반응도 얻지 못하였
다. 이때 안재홍은 서울 중앙방송을 통하여 "유엔위원단이 내한하여 남
북한 총선거를 실시하여 민주주의정부가 수립되면, 이 정부가 남북의 사
회질서를 유지할 것이니, 이후 미소 연합국은 조속히 철퇴해야 한다"고
하여 유엔위원단에 의한 총선거 실시를 기정사실화하는 동시에 정부수
립 후 미소 연합군의 조속한 철퇴를 강조하였다.[87]

　1948년 2월 28일 유엔 소총회는 유엔위원단이 '접근가능한' 남한지
역만의 총선거 실시를 결의하였다. 이 결의에 따라 하지장군은 3월 1일
남한총선거의 실시를 공식 선포하였다. 3월 8일 김구는 북한의 김일성에

---

85) 안재홍, 「순정우익의 집결」(1947.10), 『선집』 2, 208~213쪽.
86) 소련측은 1월 23일 유엔위원단의 입북을 거부하였다.
87) 안재홍, 「유엔대표단을 맞이하여」, 『선집』 2, 247~248쪽.

게 남북협상을 제의하는 동시에 김규식·김창숙·조소앙·조성환·조
완구·홍명희 등과 함께 공동성명을 발표하여 총선을 반대하였다. 남한
의 좌익을 제외한 우익은 극우와 중도우파에서 이제 이승만과 한민당 계
열의 단정지지파와 김구·김규식 등의 단정반대파로 재편성되었다. 이
때 안재홍은 하지장군에게 편지를 보내 "접근가능한 지역의 총선거를
실시하게 된 현단계에 있어서는 평일에 그 정치노선이 이러한 단계성과
합치되는 인물로 민정의 최고책임을 맡기는 것이 좋겠다"며 민정장관직
을 사임할 뜻을 전하였다.[88]

안재홍은 한독당의 김구와 민족자주연맹의 김규식을 중심으로 한 일
단의 민족양심세력이 추진하는 남북협상에 회의적이었다.[89] 그래서 그
는 남한만의 첫 국회의원 선거에 우익 각 세력의 참가를 주장하였다.

> 부친은 남북총선거는 최선이요, 가능지역만의 총선거는 차선인데, 군정을
> 무기한으로 끌어갈 수 없는 이상 차선이라도 취해야 한다는 현실적인 이론에
> 지지를 표명하고 있었으며, 평양에서 준비된 협상에, 이남에서 월북 참가하는
> 피동성과 제약받는 조건을 근심하고 성산 없는 것으로 여겨서, 한성일보를 통
> 하여 수차 그 취지를 표명하고 주의를 환기한 바 있었다. 뿐만 아니라…협상
> 에 참가하는 것은 별문제로, 남한 총선거에는 각 당에서 일률적인 참가를 역
> 설하였으나, 명분론적인 참가반대론이 부친의 주장을 거부하였던 것이다.[90]

즉, 안재홍은 남북협상의 참여여부를 떠나 5·10총선에 민족양심세력
이 적극 참여하여 정치권력을 장악하는 것이 차선책이라는 생각을 지니
고 있었다. 자기의 구상이 실현되지 못한 아쉬움을 그는 대한민국 정부
수립 후에 다음과 같이 토로하였다.

---

88) 안재홍, 「하지사령관에게 보내는 공한」, 『선집』 2, 252~253쪽.
89) 안재홍, 「남북협상에 寄함」, 『선집』 2, 254~255쪽.
90) 안정용, 「아버지와 나」. 천관우, 「민세 안재홍 연보」, 250~251쪽에서 재인용.

남북협상 당시 선배와 동지들이 남한선거를 거부치 말고 그 산하의 인물
들로 대거 참가케 하였던들, 오늘날 의정단상에서 다수의 투사와 함께 통일공
작의 동지로 하여금 대다수를 확보하여 자못 신축자재한 기동적인 작전을 하
였을 것인데, 그의 오류 이미 추급할 수 없고, 역시 다만 看過知仁의 탄식을
발할 뿐이다.[91]

만일 안재홍의 발언대로 되었다면, 평화적 통일을 달성하는데 있어
민족적 양심세력의 역할을 기대할 수 있었을 것이다. 그러나 현실정치는
그의 소원과 다르게 전개되고 있었다. 안재홍은 5·10총선에 따른 제헌
국회가 5월 31일 개원한 직후인 6월 7일 민정장관직을 사임하였다.

VI. 맺음말

지금까지 해방공간에서 중간우파의 지도자급 인사로 활약했던 안재
홍이 1945년 9월 건준의 부위원장직에 취임한 직전부터 1948년 6월 미
군정의 민정장관직을 사임할 때까지 어떠한 정치이념에 따라 활동했는
가를 살펴보았다. 여기서는 안재홍이 일제 때부터 구상·추진해왔던
'민공협동과 대동단결에 의한 자주민족국가의 건설'이라는 대의를 포기
하고, 그 대신 '접근가능한 지역만의 총선거'(5·10총선)를 지지하게 되
는 과정을 간략히 논급함으로써 결론에 대신하고자 한다.

해방 전 저명한 비타협적 민족지식인의 일인이었던 안재홍은 민공협
동론 내지 민공합작론에 입각하여 중경임정계의 우파 민족주의자를 중
심으로 건국동맹 및 조선공산당계의 좌익을 포섭·망라하여 명실 공히
좌우가 함께 참여하는 자주민족국가를 건설하려고 노력하였다. 그러나
이러한 노력은 중경임정계의 건국노선에 반대하는 좌익 및 일부 우익세

---

91) 안재홍, 「조선민족의 정치적 진로」『선집』2, 318쪽.

력의 반대 때문에 수포로 돌아갔다. 해방 직후 안재홍은 다시금 특유의 민공협동론에 따라 일제 치하에서 함께 항일활동을 전개했던 여운형의 건준에 참여하여 민족자주국가의 건설사업에 매진하였다. 그러나 건준은 안재홍의 기대와 달리 소련군의 진주에 은근한 찬동을 표하고 '무산자독재와 노농정권의 수립'을 기도하며 점차 좌경화로 치닫기 시작하였다. 이때 안재홍은 우익세력을 건준에 끌어들여 건준의 좌경화를 막고자 백방으로 힘썼지만, 우익측의 비협조로 뜻을 이루지 못하게 됨에 따라 건준을 탈퇴하기에 이르렀다. 건준을 계승한 인공에 대해서, 안재홍은 이것은 한반도에서 소련세력의 우세를 상징하는 단체이며, 민족통일을 가로막는 방해물이며, 미군정과 친일파의 결합을 부추기는 정치단체라고 혹평하였다. 이 단계에서 안재홍은 무산자독재를 주장하는 극좌 공산당세력과는 결별했지만, 아직 온건 좌익세력에 대해서는 상호협력의 가능성을 인정하고 있었다.

안재홍은 1945년 9월 4일 중도우파의 노선을 표방하는 국민당을 설립하여 중경임정을 중심으로 하는 민공협동론을 다시 주창하였다. 자신의 민공협동론을 구체화시키기 위한 방책으로서 그는 민공 양측의 정당들과 활발하게 협력을 모색하였다. 이어 11월 27일 모스크바3상회의의 신탁통치 결의안이 발표되자, 그는 우익 주도의 신탁통치반대 국민총동원 중앙위원회의 부위원장을 맡아 반탁운동에 가담하였다. 그러다가 그는 1946년 초부터 우선 임시정부를 수립한 다음에 탁치문제를 거론하자고 주장하며 이승만·김구 등 극우 반탁노선과 점차 거리를 두기 시작하였다. 이처럼 반탁문제 유보론을 제기하는 가운데 그는 먼저 민주정부를 수립하는 것이 선결문제라는 인식하에 미군정에 참여하기로 결심하였다. 이를 계기로 그는 김구·이승만 등 극우 세력과 정치적으로 결별하였다.

1946년 3월 20일 개최된 제1차 미소공동위원회는 탁치조항이 포함된 모스크바 3상회의 결의사항을 수락하는 한국인 정당·사회단체만을 협의대상으로 삼아야 한다는 소련측의 주장 때문에 5월 8일에 결렬되고 말았다. 이후 미군정은 극우·극좌파를 배제하고 온건파 내지 중도파를 중심으로 좌우합작을 통해 정부를 수립하고자 하였다. 이에 안재홍은 1946년 7월에 김규식과 함께 중도 우익세력의 대표로 나서 좌우합작을 실현시키기 위해 노력하였다. 그러나 좌우합작운동은 합작원칙을 입안하는 문제에서 합의를 보지 못하고 무산되었다. 이 단계에서 안재홍은 온건 좌익과도 실질적으로 정치적인 결별을 고하였다.

1947년 2월 안재홍은 미군정청 내의 한국인 최고위직인 민정장관직에 취임하였다. 민정장관으로서 그는 인사권을 장악하여 한국인 관리들에 대한 통제권과 충성심을 확보하고 나아가 미국식의 민주주의 정치를 이룩하려 노력하였다. 그러나 이러한 그의 의도는 고위관료 임명 시에 군정장관의 허락을 받도록 규정한 미군정법령 제135조와 한민당계 관리들의 반대에 부딪쳐 좌절되었다. 또 그는 경찰권을 전혀 장악하지 못하였기 때문에 중앙은 물론 지방정부에 대해 거의 통제력을 발휘할 수 없었다. 자신이 자평한 것처럼 민정장관으로서 안재홍은 국내외적 상황의 불리, 미군정의 한국 상황에 대한 몰이해, 한민당 인사들을 주축으로 한 통역정치의 폐해, 자신의 능력부족 등의 이유로 괄목할 실적을 거두지 못했다.

1947년 10월 한국문제가 유엔에 상정되자 안재홍은 '민공협동'(좌익과 우익의 협동) 및 '좌우합작'(중간우파와 중간좌파의 합작)이란 이전의 비현실적 내지 이상주의적 입장을 버리고 그 대신 '순정우익의 집결'을 주장함으로써 좌익 및 극우파를 배제한 온건 우익만의 단정 참여 및 집권을 강조하였다. 이처럼 그가 이전의 생각을 바꾼 이유는 한국문제 해결의 주도권이 유엔내의 강대국, 특히 미국의 수중에 있다는 현실상황을 적극적으로 수용하여 현실주의적인 노선으로 전환하였기 때문으로 풀이

된다.

1948년 2월 유엔 소총회에서는 유엔한국임시위원단이 접근가능한 남한지역만의 총선거 실시안을 가결하였다. 이에 안재홍은 남북한 총선거에 의한 통일민족국가 건설이라고 하는 '최선책'이 불가능하면, 남한에 국한된 민주정부라도 수립해야 한다는 차선책을 택하는 것이 좋겠다는 현실주의적 발상으로 전환하였다. 이에 따라 그는 현실적인 상황에 순응하는 차선책을 거부하고 이상론에 따라 최선책만을 고집하는 김구·김규식 등 남북협상파에게 적극적인 선거 참여를 호소하였다. 그러나 주지하는 바와 같이 이러한 그의 노력은 실효를 거두지 못하였다.

1948년 8월 대한민국 국회의 개원과 함께 안재홍은 민정장관직을 사임하고 『한성일보』 사장직에 복귀하였다. 재야인사로서 그는 '신생활구국운동'을 표방하고, 이승만·김구·김규식 등 우익 3영수의 회동을 주선하고, 그리고 대종교의 正敎 및 원로원 參議에 피임되어 大兄의 칭호를 받는 등 정치·언론·문화·종교 활동에 몰두하였다. 그러다가 1950년 5월 제2대 국회의원 선거에 평택에서 무소속으로 입후보하여 당선됨으로써 현실참여의 길을 선택하였다.

참고문헌

A. 1차 자료

1. 일반 자료 (국문 및 국한문)

개벽사 편집국 편, 「민중의 친우 유길준」, 『유길준전서』 5, 일조각, 1971

고려대60년사 편찬위원회 편, 『육십년지』, 고려대학교 출판부, 1965

고려대학교 90년지편찬위원회 편, 『고려대학교구십년지』, 고려대학교 출판부, 1995

고려대학교 아세아문제연구소 편, 『구한국외교문서』, 제1~17권, 1965~1969

_____ 편, 『구한국외교관계부속문서 3-5:통서일기 1-3』, 1972~1973

고 택, 「군대해산」, 『신동아』 65, 1970.1

『공문편안』, 규장각도서, 규18154

『구한말조약휘찬』 중, 국회도서관, 1964

국사편찬위원회 편, 『한국독립운동사』, 제1권, 1965

_____ 편, 『고종시대사』, 제1~6권, 1967~1972

_____ 편, 『일제침략하 한국36년사』, 제1~3권, 1968

_____ 편, 『한국독립운동사 자료』, 제6~7권, 1968

_____ 편, 『고종실록』, 상·중·하, 탐구당, 1970

_____ 편, 『동학란기록』, 상·하, 1971

_____ 편, 『한민족독립운동사자료집』 제11~19권, 탐구당, 1990~1994

_____ 편, 『한국독립운동사 자료 20·34·43』, 1991~2000

『국조문과방목』, 제1~3권, 태학사, 1984

김가진, [김가진문서], 연세대 중앙도서관 소장

김 구 저, 도진순 주해, 『백범일지』, 돌베개, 1997

김남식 편, 『한국현대사자료총서』 6, 돌베개, 1986

김윤식, 『속음청사』, 상·하, 국사편찬위원회, 1960

김윤식, 「이준용 신도비명」

김택영 저, 조남권 등역, 『김택영의 조선시대 韓史綮』, 2001

대종교총본부 편, 『대종교중광육십년사』, 필사본, 1971

대종교총본사 편, 『임오십현순교실록』, 1971

독립운동사편찬위원회 편, 『독립운동사자료집 별집1:의병항쟁 재판기록』,
　　　　1974

_____ 편, 『독립운동사자료집』 13, 1977

_____ 편, 『독립운동사:학생독립운동사』 9, 1981

_____ 편, 『한국독립운동사자료 39:중국동북지역편 Ⅰ』, 국사편찬위
　　　　원회, 2003

『東學書』, 규장각도서, 규17295

『러시아 국립극동역사문서보관소 한인관련 자료 해제집』, 고려학술문화재
　　　　단, 2004

로베르트 베버, 『한국여행기』 ; 『조선일보』, 「안중근의사의 고향－청계동」,
　　　　1979년 9월 2~6일

명동천주교회 편역, 『서울교구년보(Ⅰ)·(Ⅱ)』, 한국교회사연구소, 1984·
　　　　1987

박달재수련원 편, 『애국지사 단암이용태선생문고』, 동화서관, 1997

박은식, 『한국독립운동지혈사』 하, 유신사, 1920

박종효 편, 『러시아 국립문서보관소 소장 한국관련 문서요약집』, 한국국제
　　　　교류재단, 2002

삼촌준, 「명치이십칠팔년재한고심록」, 한상일 역, 『서울에 남겨둔 꿈』, 건
　　　　국대학교 출판부, 1993

새비지－랜도어 저, 신복룡·장우영 역, 『고요한 아침의 나라』, 집문당,
　　　　1999

세종대왕기념사업회 역, 『승정원일기』, 고종시대편

송상도, 『기로수필』, 국사편찬위원회, 1971

『昇平誌』, 「선생안」, 1923

신용하, 「한말 '자신회'의 '취지서'·'동맹서' 등」, 『한국학보』 12, 1978년
　　　　겨울호

알　렌 저, 김원모 역, 『알렌의 일기』, 단국대학교 출판부, 1991

어윤중,『종정연표』, 국사편찬위원회, 1958

예관선생기념회 편,『한국혼』, 중경, 1939

O. N. 데니 저, 유영박 역주,『청한론』, 동방도서주식회사, 1989

외교통상부 편,『이범진의 생애와 항일민족운동』, 외교통상부, 2003

『外部訴狀』, 규장각도서, 규18001

『우남이승만문서:동문편』 6, 연세대 현대한국학연구소, 1998

유병용 편,『지운 김철수』, 한국정신문화연구원 현대사연구소, 1999

유지영,「합일학교와 고 최상현씨」,『신동아』, 1935.11

윤병석 편,『성재이동휘전서』, 상·하, 국학자료원, 1998

_____ 역편,『안중근전기전집』, 국가보훈처, 1999

윤치호,『윤치호일기』, 제1~5권, 국사편찬위원회, 1973~1975

윤치호 저, 송병기 역,『국역 윤치호 일기 1』, 연세대학교 출판부, 2001

윤치호 저, 김상태 편역,『윤치호일기』, 역사비평사, 2001

윤효정,『한말비사』, 교문사, 1995

이광수,「무명씨전 A씨의 약력」 1-2,『동광』, 제20~21권, 1931.4~1931.5

_____,「박영효씨를 만난 이야기」,『이광수전집』 17, 삼중당, 1962

이승만,『옥중잡기』, 연세대 현대한국학연구소 소장

이용태,「봉양면지」,『내제문화』 13, 제천문화원, 2002

이응익,『해서안핵사주본』, 규장각도서, 규17145

이 인,「해방 전후 片片錄」,『신동아』, 1967.8

이 전,『안중근혈투기』, 연천중학교기성회, 1949

이정식 역주,「청년 이승만 자서전」,『신동아』, 1965년 9월호

「이준용공초」,『아세아연구』 4-2, 고려대 아세아문제연구소, 1961

이증복,「고종황제와 우당선생」,『우당이회영약전』, 을유문화사, 1985

이현익,「대종교인과 독립운동연원」, 필사본, 1962

임성복 편저,『을미왜란(1895) 진상과 명성황후 : 을미왜란복수창의비사』,
        을미왜란복수창의비사편찬회, 1998

『議政存案』, 규장각도서, 규17236

재일본동경조선유학생회 편,『학지광』, 도서출판 역락, 2001

정 교,『대한계년사』, 상·하, 국사편찬위원회, 1957

정 교 저, 조 광 편,『대한계년사』, 제1~10권, 소명출판, 2004

정상각오랑,「漢城之殘夢」, 한상일 역,『서울에 남겨둔 꿈』, 건국대학교 출
　　　판부, 1993

정원택 저, 홍순옥 편,『지산외유일지』, 탐구당, 1983

정인보,『조선사연구』, 상·하, 서울문화사, 1946

제천군지편찬위원회 편,『제천군지』, 1969

제천향교지편찬위원회,『제천향교지』, 1979

조도전대학 한국유학생회 편,『와세다의 한국인 – 조도전대학 한국유학생
　　　구십년사』, 1983

『조선공산당문건자료집(1945~46)』, 한림대학교 아시아문화연구소, 1993

『駐美去來案』(규장각도서, 규18061)·『駐俄去來案』(규장각도서, 규18062)

『奏本·議奏』·『議奏』, 제1~5권, 서울대학교규장각, 1994

중앙선거관리위원회 편,『대한민국정당사』1, 1973

채근식,『무장독립운동비사』, 대한민국공보처, 1950

총무처 정부기록보존소 편,『국권회복운동판결문집』, 1995

충청북도 편,『인물지』, 1987

「통리아문주사선생안」(규장각도서, 규18156)·「통리아문협판선생안」(규장
　　　각도서, 규18157)·「통리아문참의선생안」(규장각도서, 규18159)

한국교회사연구소,『황해도천주교회사』, 1984

　　　　　　　　 역주,『뮈텔 주교 일기』, 제1~5권, 1986~1998

『한국독립운동사자료집』3,「조선폭도토벌지」, 독립운동사편찬위원회, 1971

『한국민족운동사료:중국편』, 국회도서관, 1976

한상일 역,『서울에 남겨둔 꿈』, 건국대학교 출판부, 1993

홍영기,「이동휘의 구국운동(1905~1907)에 관한 새로운 자료」,『한국근현
　　　대사연구』1, 1994

홍영도 편,『한국독립운동사』, 애국동지원호회, 1956

『황해도래거안』, 규장각도서, 규17986

황　현,『매천야록』, 국사편찬위원회, 1955

황　현 저, 이민수 역,『동비기략초고』, 을유문화사, 1985

황　현 저, 김　준 역,『매천야록』, 교문사, 1994

황　현 저, 김종익 옮김,『오하기문』, 역사비평사, 1994

2. 일반 자료 (일문·중문·영문)

『고등경찰보』 6, 조선총독부 경무국보안과, 1937

국사편찬위원회 편, 『주한일본공사관기록』, 제1~28권, 1986~2000

_____ 편, 『통감부문서』, 제1~11권, 1998~2000

_____ 편, 『요시찰한국인거동』, 제1~3권, 2001

_____ 편, 『한국독립운동사 자료 39~43:중국동북지역편 1~3』, 2003~
      2006

김정주 편, 『조선통치사료』 10, 동경: 한국사료연구소, 1970

大村友之丞 편, 『조선귀족열전』, 조선총독부인쇄국, 1910

細井肇, 『漢城の風雲と名士』, 동경: 일한서방, 1910

小田省吾 등편, 『이희공실기·이준공실기』, 이왕직, 1943

市川正明, 『조선독립운동』 Ⅱ, 동경: 원서방, 1967

신궁봉경회 편, 『신궁건축지』, 1910

鈴木彰, 「東學黨征討略記」, 『동학농민전쟁사료총서』 12, 역사문제연구소,
      1996

王炳毅, 「韓國抗日義士安恭根重慶失踪案內幕」, 『文史春秋』 33, 2003.11

伊藤博文 편, 『비서유찬:조선교섭자료』, 상·중·하, 동경: 비서유찬간행회,
      1936

李航澍 편저, 『청계중일한관계사료십삼종종합분류목록』, 국학자료원, 1994

일본외무성 편, 『일본외교문서』, 동경: 일본국제연합협회, 1935~.

『齋藤實文書:민족운동 1』, 고려서림, 1990

정관응, 『易言』, 1875

『조선신사보감』, 조선문우회, 1913

『주한미국공사관·영사관기록』 10, 한림대 아시아문화연구소, 2000

『주한미군주간정보요약』 1, 한림대 아시아문화연구소, 1990

『주한미군정보일지』 1, 한림대 아시아문화연구소, 1988

中山泰昌 편저, 『신문집성명치편년사 9:일청전쟁기』, 동경: 재정경제학회,
      1936

중앙연구원 근대사연구소 편, 『청계중일한관계사료』 5, 대북: 중앙연구원
      근대사연구소, 1972

조선총독부 편, 『朝鮮ノ保護及倂合』, 1917
靑柳南冥, 『조선독립소요사론』, 경성: 조선연구회, 1921
Spencer J. Palmer ed., *Korean-American Relations*, Vol. II, Berkeley and Los Angles
: University of California, 1963

3. 신문·잡지·학보류

『경향신문』/『(구한국)관보』/『기호흥학회월보』/『대동공보』/『대동학
회월보』/『大阪매일신문』/『대한매일신보』/『대한유학생회학보』/『독립
신문』/『(상해판)독립신문』/「동경시사신문초」(규장각도서, 규7561) /『동
아일보』/『매일신문』/『신한민보』/『이북도민보』/『자유신문』/『朝日
新聞』/『태극학보』/『漢城申報』/『황성신문』

4. 문집·전집류

고석로, 『후조집』/ 김구, 『백범김구전집』/ 김평묵, 『중암집』/ 나경석, 『공
민문집』/ 박은식, 『박은식전서』/ 문일평, 『호암전집』/ 안재홍, 『민세안재
홍선집』/ 안창호, 『도산안창호전집』/ 이기, 『해학유서』/ 이소응, 『습재집』
/ 장지연, 『장지연전서』/ 정인보, 『담원정인보전집』/ 주요한, 『주요한전서』
/ 최남선, 『육당최남선전집』/ 홍이섭, 『홍이섭전집』

5. 족보류

『개성왕씨족보:평양공파』(1999) /『순흥안씨족보』(1845) /『순흥안씨족보』
(1864) /『순흥안씨참판공파보』(1917) /『순흥안씨족보』(1918) /『순흥안씨족
보』(1936) /『순흥안씨참판공파족보』(1998) /『안동김씨세보』(1982) /『여흥
민씨세계보』(1973) /『연안이씨:소부감판사공파대보』(2002) /『전주이씨경
창군파보』(1986) /『전주이씨광평대군파세보:정안부정공파』(1977) /『평산
신씨대동보』(1976)

6. 자서전·회고록·전기·평전

김석영 편, 『신익희선생일대기』, 조도전대학동창회출판부, 1956

김진구, 「나의 꿈 농촌생활」, 『격랑반세기』, 강원일보사, 1988

김진배, 『가인 김병로』, 가인기념회, 1983

나영균, 『일제시대, 우리 가족은』, 황소자리, 2004

남파박찬익전기간행위원회, 『남파박찬익전기』, 을유문화사, 1989

박달환, 「안재홍론」, 『인민』, 1946년 1·2월 합집호

백남훈, 『나의 一生』, 신현실사, 1973

신익희, 『나의 자서전』, 1953

신정완, 『해공 그리고 아버지』, 성진사, 1981

신창현 편, 『(증보판) 신익희선생연설집』, 국민대학동창회, 1961

신창현, 『해공신익희선생약전』, 五.五.의거동지회, 1967

_____, 『해공 신익희』, 태극출판사, 1972

_____, 『해공 신익희』, 해공신익희선생기념회, 1992

안중근, 「안응칠역사」, 『안중근의사자서전』, 안중근의사숭모회, 1979

안학식, 『안중근의사전기』, 만수사보존회, 1963

유석인, 『애국의 별들』, 교문사, 1965

유자후, 『이준선생전』, 동방문화사, 1947

유치송, 『해공신익희일대기』, 해공신익희선생기념회, 1984

이경남, 『설산 장덕수』, 동아일보사, 1981.

이기동, 『비극의 군인들』, 일조각, 1982

이은숙, 『민족운동가 아내의 수기』, 정음사, 1975

이만규, 『여운형투쟁사』, 재판, 자유문고, 1947·

이정규·이관직, 『우당 이회영 약전』, 을유문화사, 1985

이정희, 『아버님 추정 이갑』, 인물연구소, 1981

이희승, 『한 개의 돌이로다』, 휘문출판사, 1971

_____, 『다시 태어나도 이 길을』, 선영사. 2001

정정화, 『장강일기』, 학민사, 1998

정화암, 『이 조국 어디로 갈 것인가』, 자유문고, 1982

주요한, 『추정 이갑』, 대성문화사, 1964

홍필주, 『紫隱선생유사』, 순국선열유족회, 1985

B. 2차 자료

1. 연구서

강원의병운동사연구회 편, 『강원의병운동사』, 강원대학교 출판부, 1987
고정휴, 『이승만과 한국독립운동』, 연세대학교 출판부, 2004
구선희, 『한국근대 대청정책사연구』, 혜안, 1999
권혁수, 『19세기말 한중 관계사 연구』, 백산자료원, 2000
김근배, 「대한제국기-일제초 관립공업전습소」, 『한국문화』 18, 1996
김기혁, 『근대 한·중·일 관계사』, 연세대학교 출판부, 2007
김도형, 『대한제국기 정치사상연구』, 지식산업사, 1994
김세민, 『한국근대사와 만국공법』, 경인문화사, 2002
김수암, 『한국의 근대외교제도 연구』, 서울대 외교학과 박사학위논문, 2000
김운태, 『미군정의 한국통치』, 박영사, 1992
김윤식, 『이광수와 그의 시대』, 솔출판사, 1999
김진봉, 『삼·일운동사연구』, 국학자료원, 2000
김학준, 『가인 김병로 평전』, 민음사, 1988
김현철, 『박영효의 근대국가 구상에 관한 연구』, 서울대 외교학과 박사학
　　　　위논문
김희곤, 『중국관내 한국독립운동단체연구』, 지식산업사, 1995
민영규, 『강화학 최후의 광경』, 우반, 1994
박성수, 『독립운동의 아버지 홍암 나철』, 북캠프, 2003
박종수, 『러시아와 한국』, 백의, 2001
박종혁, 『한말 격동기 해학 이기의 사상과 문학』, 아세아문화사, 1995
박찬승, 『한국근대 정치사상사연구』, 역사비평사, 1992
박찬식, 『한말 천주교회와 향촌사회-교안의 사례분석을 중심으로』, 서강
　　　　대 사학과 박사학위논문, 1996
박　환, 『나철·김교헌·윤세복』, 동아일보사, 1992
＿＿＿, 『러시아한인민족운동사』, 탐구당, 1995

반병률, 『성재이동휘일대기』, 범우사, 1998

부르스 커밍스 저, 김주환 옮김, 『한국전쟁의 기원(하)』, 청사, 1986

북악사학회 편, 『역사에 비춘 한국 근현대 인물』, 백산출판사, 1997

삿사 미츠아키, 『한말·일제시대 단군신앙운동의 전개』, 서울대 종교학과
　　　　박사학위논문, 2003

서영희, 『대한제국 정치사 연구』, 서울대학교 출판부, 2003

서중석, 『한국현대 민족운동 연구』, 역사비평사, 1991

손과지, 『상해한인사회사, 1910~1945』, 한울, 2001

송남헌, 『해방3년사』, 까치, 1985

＿＿＿, 『한국현대정치사』 1, 성문각, 1980

송병기, 『근대한중관계사연구』, 단국대학교 출판부, 1985

신복룡, 『대동단실기』, 양영각, 1982

신용하, 『독립협회연구』, 일조각, 1976

＿＿＿, 『한국민족독립운동사연구』, 을유문화사, 1985

＿＿＿, 『한국민족 독립운동사』, 을유문화사, 1985

＿＿＿, 『초기 개화사상과 갑신정변 연구』, 지식산업사, 2000

신철호, 『韓國中興宗敎 교조론』, 대종교총본사, 1979

연갑수, 『대원군 집권기 부국강병정책 연구』, 서울대학교 출판부, 2001

오영섭, 『화서학파의 사상과 민족운동』, 국학자료원, 1999

오천석, 『한국신교육사(상)』, 광명출판사, 1975

왕현종, 『갑오개혁 연구』, 연세대 사학과 박사학위논문, 1999

유명종, 『한국의 양명학』, 동화출판공사, 1981

유영익, 『갑오경장연구』, 일조각, 1990

＿＿＿, 『동학농민봉기와 갑오경장』, 일조각, 1998

유한철, 「일제의 국권침탈과 의열투쟁」, 『한국근대사강의』, 한울, 1997

이광린, 『한국사 강좌:근대편』, 일조각, 1981

이만규, 『조선교육사』 Ⅱ, 거름, 1988

이명화, 『도산 안창호의 독립운동과 통일운동』, 경인문화사, 2002

이민원, 『명성황후시해와 아관파천』, 국학자료원, 2002

이상일, 『운양 김윤식의 사상과 활동 연구』, 동국대 사학과 박사학위논문,
　　　　1996

이선근, 『한국사:최근세편』, 을유문화사, 1961

_____, 『한국사:현대편』, 을유문화사, 1963

이완재, 『한국근대 초기 개화사상의 연구』, 한양대학교 출판부, 1998

이지원, 『일제하 민족문화 인식의 전개와 민족문화운동』, 서울대 사회교육
　　　과 박사학위논문, 2004

이현종, 『한국개항장연구』, 일조각, 1975

이현주, 『국내 임시정부 수립운동과 사회주의세력의 형성(1919~1923)』, 인
　　　하대 사학과 박사학위논문, 1999

장석홍, 『안중근의 생애와 구국운동』, 한국독립운동사연구소, 1992

정재철, 『일제의 대한식민지교육정책사』, 일지사, 1985

조용만, 『육당 최남선』, 삼중당, 1964

주진오, 『19세기 후반 개화 개혁론의 구조와 전개』, 연세대 사학과 박사학
　　　위논문, 1995

최기영, 『대한제국기 신문연구』, 일조각, 1991

최영희, 『격동의 한국근대사』, 한림대 아시아문화연구소, 2001

한명근, 『한말 한일합방론 연구』, 국학자료원, 2002

한상도, 『한국독립운동과 중국군관학교』, 문학과지성사, 1994

_____, 『중국혁명 속의 한국독립운동』, 집문당, 2004

현규환, 『한국유이민사』 상, 어문각, 1959

홍일식, 『육당연구』, 일신사, 1959

渡邊勝美, 『조선개국외교사연구』, 동경: 동광당서점, 1941

林明德, 『袁世凱與朝鮮』, 대북: 중앙연구원 근대사연구소, 1970

호춘혜 저, 신승하 역, 『중국안의 한국독립운동』, 단국대학교 출판부, 1978

F. H. 해링튼 저, 이광린 역, 『개화기의 한미관계－알렌박사의 활동을 중심
　　　으로』, 일조각, 1973

B. 연구논문

강만길, 「민족주의의 반성」, 『역사학보』 68, 1976

강인구, 「러시아 자료로 본 주러한국공사관과 이범진」, 『역사비평』 2001

　　　겨울호

권대웅, 「한말 재경 영남유림의 구국운동」, 『일제의 한국침략과 영남지방
　　　의 반일운동』, 대구: 한국근대사연구회, 1995

권대웅·박걸순, 「3·1운동」, 『한국독립운동사강의』, 한울, 1983

김동환, 「己酉重光의 민족사적 의의」, 『국학연구』 1, 1988

_____, 「홍암 나철의 사상과 독립운동방략」, 『한국독립운동사연구』 19,
　　　2002

_____, 「단암 이용태의 종교사상」, 『국학연구』 8, 국학연구소, 2003

김　방, 「이동휘의 국권회복운동(1906~1913)」, 『한국근현대사연구』 6, 1997

김상기, 「李海鶴의 생애와 사상에 대하여」, 『동방사논총』, 서울대학교 출
　　　판부, 1974

김상수, 「민비시해사건의 국제적 배경」, 『명성황후 시해사건』, 민음사,
　　　1992

김성식, 「학생민족독립운동(Ⅱ)」, 『일제하의 민족운동사』, 현음사, 1982

김영수, 「아관파천기 정치세력 연구」, 성균관대 사학과 석사학위논문, 2000

김용국, 「대종교와 민족운동」, 『백산학보』 4, 1973

김용달, 「해공 신익희의 가학과 민족교육운동」, 『한국근현대사연구』 22,
　　　2002

김용섭, 「우리나라 근대역사학의 발달」, 『한국의 역사인식』 하, 창작과비
　　　평사, 1976

김원모, 「정동구락부와 친로반일정책」, 『한국사학논총』 하, 탐구당, 1992

김인덕, 「학우회의 조직과 활동」, 『국사관논총』 66, 1995

김인식, 「식민지시기 안재홍의 좌익민족주의운동론」, 『백산학보』 43, 1994

김재명, 「안재홍, 민족자주 외치다(상)」, 『정경문화』, 1986.9

_____, 「민정장관 안재홍의 번민(하)」, 『정경문화』, 1986.10

김정배, 「신민족주의사관론」, 『문학과 지성』, 1979년 봄호

김창수, 「한인애국단의 성립과 활동」, 『한국독립운동사연구』 2, 1988

김태준, 「정인보론」, 『조선중앙일보』, 1936.5.15~5.19

김형목, 「대한제국기 강화지역의 사립학교 설립운동」, 『한국독립운동사연
　　　구』 24, 2005

김후경, 「나철선생」, 한국민족운동연구소 편, 『대한민국독립운동공훈사』,

1983

남궁효, 「정인보의 '조선학' 이론에 관한 연구」, 『실학사상연구』 8, 무악실
학회, 1996

노수자, 「백당현채연구」, 『이대사원』 8, 1969

노용필, 「대한제국기 自新會 관련 고문서에 대한 검토」, 『한국근현대사연
구』 5, 1996

민영규, 「위당 정인보 선생의 행장에 나타난 몇 가지 문제」, 『동방학지』 13,
1972

박경식, 「민족문화의 말살」, 『일본제국주의의 조선지배』, 청아출판사, 1986

박명진, 「대종교독립운동사」, 『국학연구』 8, 국학연구소, 2003

박보리스, 「러시아에서의 이범진의 외교활동」, 『이범진의 생애와 항일민족
운동』, 외교통상부, 2003

박성수, 「위당 정인보의 단군문화론」, 『동양학』 18, 단국대 동양학연구소,
1988

박영석, 「대종교의 민족의식과 항일민족독립운동 – 임오교변을 중심으로 –」,
『건대사학』 6, 1982

박영석, 「대종교의 민족의식과 항일민족독립운동(상)·(하)」, 『한국학보』 31~32,
1983년 여름·가을호

_____, 「대종교」, 『한민족독립운동사 2:국권수호운동 Ⅱ』, 국사편찬위원
회, 1987

박진희, 「해방 직후 정치공작대의 조직과 활동」, 『역사와 현실』 21, 1996

박 환, 「나철의 인물과 활동 – 대종교 창시 이전을 중심으로 –」, 『동아연구』,
서강대 동아연구소, 1989

_____, 「이범진과 연해주 지역의 한인민족운동」, 『이범진의 생애와 항일
민족운동』, 외교통상부, 2003

반병률, 「이동휘의 한말 민족운동」, 『한국사연구』 87, 1994

방선주, 「서광범과 이범진」, 『최영희선생화갑기념 한국사학논총』, 탐구당,
1987

삐스꿀로바, 「붉은 군대 사령관, 왕자 이위종」, 이범진의 생애와 항일민족
운동』, 외교통상부, 2003

손세일, 「이승만과 김구⑤」, 『월간조선』, 2001년 12월호

송건호, 「안재홍」, 『한국현대인물사론』, 한길사, 1984

송경원, 「한말 안경수의 정치활동과 대외인식」, 『한국사상사학』 8, 1997

송우혜, 「독립운동가 안정근의 생애」, 『수촌박영석교수화갑기념 한민족독
　　　립운동사논총』, 탐구당, 1992

송찬섭, 「황해도지방의 농민전쟁의 전개와 성격」, 『동학농민혁명의 지역적
　　　전개와 사회변동』, 새길, 1995

신승권, 「아관파천과 러시아의 동아세아 정책」, 『명성황후 시해사건과 이
　　　관파천기의 국제관계』, 동림사, 1998

신용하, 「왕산 허위의 제2차 의병활동」, 『왕산 허위의 사상과 구국의병항쟁』,
　　　금오공대 선주문화연구소, 1995

＿＿＿, 「갑오개혁과 사회신분제의 폐지」, 『갑오개혁과 독립협회운동의 사
　　　회사』, 서울대학교 출판부, 2001

심경호, 「완구신대우론」, 정양완·심경호 공저, 『강화학파의 문학과 사상
　　　(1)』, 한국정신문화연구원, 1993

심경호, 「신대우론」, 정양완 외 공저, 『조선후기한문학작가론』, 집문당,
　　　1994

＿＿＿, 「강화학과 담원 정인보」, 『어문연구』 28-3, 2000년 가을호

엄우룡, 「신민족주의와 신민주주의」, 『개벽』, 1946.1

오동춘, 『위당 시조 연구』, 한강문화사, 1991

오세창, 「만주한인의 3·1운동」, 「수촌박영석교수화갑기념 한민족독립운동
　　　사논총」, 탐구당, 1992

오영섭, 「갑오개혁 및 개혁주체세력에 대한 보수파 인사들의 비판적 반응」,
　　　『국사관논총』 36, 1992

＿＿＿, 「한국근대 봉건적 사회신분제 및 풍습의 개혁실태」, 『사학지』 31,
　　　1998

＿＿＿, 「갑오경장 중 고종의 왕권회복운동」, 『한국민족운동사연구』 24,
　　　2000

＿＿＿, 「조선광문회 연구」, 『한국사학사학보』 3, 2001

＿＿＿, 「안중근 가문의 독립운동」, 『한국민족운동사연구』 30, 2002

＿＿＿, 「개항 후 만공공법 인식의 추이」, 『동방학지』 124, 2004

＿＿＿, 「한말 의병운동의 발발과 전개에 미친 고종황제의 역할」, 『동방학

지』 128, 2004

오영섭, 「고종과 춘생문사건」, 『향토서울』 68, 2006

왕현종, 「19세기 말 개혁관료의 서구정체 인식과 입헌문제」, 『한국사상사학』 17, 2001

원재연, 「안중근 연보」, 『교회사연구』 9, 한국교회사연구소, 1994

유광열, 「안재홍론」, 『조광』, 1932.7

유병용, 「민세 안재홍의 인물과 사상」, 『인문학연구』 16, 강원대학교, 1982

_____, 「신민족주의론 연구」, 『강원사학』 10, 1994

_____, 「안재홍의 정치사상에 관한 재검토」, 『한국민족운동사연구』 1, 지식산업사, 1986

유영렬, 「한국에 있어서 근대적 정체론의 변화과정」, 『국사관논총』 103, 2003

유영익, 「청일전쟁 중 일본의 대한침략정책」, 『청일전쟁을 전후한 한국과 열강』, 한국정신문화연구원, 1984

_____, 「군국기무처 의안의 분석」, 『갑오경장연구』, 일조각, 1990

_____, 「갑오개화파 관료의 집권경위·배경 및 개혁구상」, 『갑오경장연구』, 일조각, 1990

_____, 「대원군과 청일전쟁」, 『동학농민봉기와 갑오경장』, 일조각, 1998

유준기, 「강화학파의 학맥과 사상사적 전개」, 『국사관논총』 10, 1989

윤병석, 「안중근의사 전기의 종합적 검토」, 『한국근현대사연구』 9, 1998

윤병희, 「이범진·기종·위종 3부자의 가계 및 행적」, 『이범진의 생애와 항일민족운동』, 외교통상부, 2003

윤석오, 「정인보」, 『한국근대인물백인선』, 동아일보사, 1970

윤선자, 「'한일병합' 전후 황해도 천주교회와 빌렘신부」, 『한국근현대사연구』 4, 1996

이광린, 「구한말의 관립외국어학교」, 『(개정판) 한국개화사연구』, 일조각, 1969

_____, 「『이언』과 한국의 개화사상」, 『(개정판) 한국개화사연구』, 일조각, 1969

_____, 「구한말 노령 이주민의 한국정계 진출에 대하여」, 『한국개화사의 제문제』, 일조각, 1986

이광린,「개화기 한국인의 아시아연대론」,『개화파와 개화사상 연구』, 일
　　　조각, 1989

＿＿＿,「개화당의 대원군관」,『개화파와 개화사상 연구』, 일조각, 1989

＿＿＿,「유길준의 영문서한」,『개화파와 개화사상 연구』, 일조각, 1989

이기백,「민족주의사학의 문제－단재와 육당을 중심으로－」,『민족과 역
　　　사』, 일조각, 1971

＿＿＿,「신민족주의사학론」,『문학과 지성』, 1972년 가을호

＿＿＿,「민족주의사학의 발달」,『민족과 역사』, 일조각, 1978

＿＿＿,「육당 사학의 재평가」, 육당최남선기념사업회 편,『육당이 이 땅에
　　　오신지 백주년』, 동명사, 1991

이동언,「단암 이용태의 생애와 독립운동」,『국학연구』 8, 국학연구소,
　　　2003

이동화,「몽양 여운형의 정치활동」,『창작과비평』, 1978년 가을호

이만열,「민족주의사학의 한국사인식」,『한국근대 역사학의 이해』, 문학과
　　　지성사, 1981

이민원,「아관파천과 이범진」, 이범진의 생애와 항일민족운동』, 외교통상
　　　부, 2003

이상배,「장충단의 설립과 장충단제」,『충민공 이도철의 생애와 활동』, 제
　　　천문화원, 2005

이상호,「정인보의 얼사관」,『동양철학』 12, 2000

이영화,『최남선의 역사학 연구』, 한국정신문화연구원 박사학위논문, 2002

＿＿＿,「최남선의 문화주의에 내포된 근대성과 친일성」,『국사관논총』
　　　103, 2003

이완범,「한반도 신탁통치문제, 1943～1946」,『해방전후사의 인식』 3, 한길
　　　사, 1987

이완재,「정인보의 한국사인식」,『한국사상사학』 4·5합집, 1993

이은주,「개화기 사진술의 도입과 그 영향」,『진단학보』 93, 2002

이재호,「안창호와 안정근·공근 형제」,『도산학연구』 10, 2004

이정식,「신익희」,『한국근대인물백인선』, 동아일보사, 1970

＿＿＿,「민세 안재홍의 자서전」,『신동아』, 1976.11

＿＿＿,「여운형과 건국준비위원회」,『역사학보』 134·135합집, 1992

이정식, 「인민공화국과 해방정국」, 『한국사시민강좌』 12, 1993

이지원, 「일제하 안재홍의 현실인식과 민족해방운동론」, 『역사와 현실』 6, 1991

이창식, 「충민공 이도철의 순국정신과 제천」, 『충민공 이도철의 생애와 활동』, 제천문화원, 2005

이현종, 「아관파천」, 『한로관계100년사』, 한국사연구협의회, 1984

임돈희 · 로저 L. 자넬리, 「최남선의 1920년대 민속연구」, 『민속학연구』 2, 1995

임홍빈, 「안재홍론」, 『정경연구』, 1965.9

장석홍, 「조선민족대동단 연구」, 『한국독립운동사연구』 3, 1989

_____, 「대한민국 임시정부의 환국과 '민족대학' 설립」, 『충북사학』 11 · 12 합집, 2000

_____, 「19세기말 안태훈 서한의 자료적 성격」, 『한국학논총』 26, 국민대 한국학연구소, 2004

_____, 「백범과 안중근 집안의 인연과 독립운동」, 『백범과 민족운동 연구』 2, 2004

전미란, 「통리교섭통상사무아문에 관한 연구」, 『이대사원』 24 · 25합집, 1989

전윤선, 「1930년대 조선학 진흥운동 연구」, 연세대 사학과 석사학위논문, 1999

전택부, 「전덕기 목사와 그 주변사람들」, 『나라사랑』 97, 1998

정영훈, 「안재홍의 신민족주의이론」, 『정신문화연구』 15권 3호, 1992

_____, 「홍암 나철의 종교민족주의」, 『정신문화연구』, 2002년 가을호

_____, 「단암 이용태의 사회개혁적 삶과 사상」, 『국학연구』 8, 국학연구소, 2003

정윤재, 「안재홍의 신민족주의론 연구」, 신용하 편, 『한국현대사회사상』, 지식산업사, 1984

_____, 「안재홍의 해방전후사 인식과 "조선정치철학"적 처방」, 김영국 외, 『한국정치사상』 박영사, 1991

조 광, 「안중근의 애국계몽운동과 독립전쟁」, 『교회사연구』 9, 한국교회사 연구소, 1994

조 광, 「일제하 무장 독립 투쟁과 조선 천주교회」, 『교회사연구』 11, 1996

_____, 「안중근 연구의 현황과 과제」, 『한국근현대사연구』 12, 2000

조동걸, 「해공 신익회의 임시정부 활동」, 『한국학논총』 18, 국민대 한국학
       연구소, 1996

_____, 「연보를 통해 본 정인보와 백남운」, 『한국 근현대사의 이해와 논리』,
       지식산업사, 1998

조재곤, 「한말 조선 지식인의 동아시아 삼국제휴 인식과 논리」, 『역사와 현
       실』 37, 2000

조현욱, 「한말 이동휘의 교육진흥운동」, 『문명연지』 5-1, 2004

진영일, 「위당 정인보의 사학사상」, 『공주교대논문집』 21, 1985

_____, 「위당 정인보의 고대사 인식」, 『공주교대논총』 22-1, 1986

진학주, 「해방된 정당운동」, 『민심』, 1945.11

천경화, 「대종교의 민족교육운동에 관한 연구」, 『백산학보』 27, 1983

천관우, 「민세 안재홍 연보」, 『창작과 비평』, 1978년 겨울호

_____, 「정인보의 사학」, 『한국근대사 산책』, 정음문화사, 1986

최기영, 「헌정연구회의 설립과 입헌군주론의 전개」, 『한국근대 계몽운동연
       구』, 일조각, 1997

_____, 「재주가 넘쳐 품격이 뒤따르지 못한 민족지도자 - 최남선의 功과
       失」, 『황해문화』, 1997년 겨울호

최문형, 「韓露수교와 한말의 정황」, 『제국주의 시대의 열강과 한국』, 민음
       사, 1990

최석영, 「일제하 최남선의 비교종교론의 맥락」, 『일제하 무속론과 식민지
       권력』, 서경문화사, 1999

최석우, 「해서교안의 연구」, 『한국교회사의 탐구』 1, 한국교회사연구소,
       1991

_____, 「안중근의 의거와 교회의 반응」, 『한국교회사의 탐구』 3, 한국교회
       사연구소, 2000

최 준, 「을미망명자의 나환문제」, 『한국신문사논고』, 일조각, 1976

최지연, 「정인보의 고대사 인식」, 『숙명한국사론』 1, 1993

최진식, 「김윤식의 자강론 연구」, 『대구사학』 25, 1984

최취수, 「1910년 전후 강화지역 의병운동의 성격」, 『한국민족운동사연구』 2,

1988

한시준, 「독립운동 정당과 해공 신익희」, 『우송조동걸선생정년기념논총』, 나남, 1997

_____, 「안공근의 생애와 독립운동」, 『교회사연구』 15, 2000

_____, 「해공 신익희와 대한민국임시정부」, 『해공 신익희, 삶과 자취』, 국민대 교사자료위원회, 2006

한영우, 「안재홍의 신민족주의와 사학」, 『한국독립운동사연구』 1, 1987

한철호, 「개화기(1887~1894) 주일 조선공사의 파견과 외교활동」, 『한국문화』 27, 2001

_____, 「아관파천의 전주곡, 춘생문사건의 진상과 그 영향」, 『내일을 여는 역사』 19, 서해문집, 2005

한홍수, 「서재필의 귀국활동과 독립협회 창립」, 『한국사』 41, 국사편찬위원회, 1999

허동현, 「1880년대 한국인들의 러시아 인식양태」, 『한국민족운동사연구』 32, 2002

호사카 류지(保坂祐二), 「최남선의 불함문화론과 일선동조론」, 『한일관계사연구』 12, 2000

홍경만, 「춘생문사건」, 『이재룡박사환력기념한국사학논총』, 한울, 1990

홍기문, 「역사와 언어의 고찰」, 『조선일보』, 1935.2.1~2.9

홍이섭, 「육당 최남선의 일면」, 『신천지』 4권 1호, 1949

_____, 「정인보론」, 『한국사의 방법』, 탐구당, 1962

홍효민, 「담원 정인보론」, 『현대문학』 60, 1959

황민호, 「대종교의 항일민족운동」, 『일제하 경기도지역 종교계의 민족문화운동』, 경기문화재단, 2001

황원구, 「정인보」, 『한국사시민강좌』 19, 1996

田保橋潔, 「近代朝鮮における政治的改革」, 『近代朝鮮史研究』, 경성: 조선총독부, 1944

佐佐充昭, 「韓末における檀君教の'重光'と檀君ナショナリズム」, 『조선학보』 80, 2001

Chizuko T. Allen, "Ch'oe Namson : History and Nationalism in Modern Korea," Ph.D. dissertation, University of Hawaii at Manoa, 1988

찾아보기

찾아보기 519

ㅂ

오영섭 (吳瑛燮)

서강대 문과대 사학과 졸업
한림대 대학원 사학과 졸업(문학박사)
우남사료연구소·우남연구회 총무
현 연세대 현대한국학연구소 연구교수

▫ 저서 및 논문

『고종황제와 한말의병』
『화서학파의 사상과 민족운동』
『다시 보는 명성황후』(공저)
『한국 근현대 상고사 인식과 민족주의』(공저)

「갑오경장 중 고종의 왕권회복운동」
「고종과 춘생문사건」
「한말 의병운동의 발발과 전개에 미친 고종황제의 역할」

「상해 임정내 이승만 지지세력의 동향」
「이승만과 한글파동」
「이승만 대통령의 문인적 면모」 외 다수

한국 근현대사를 수놓은 인물들(1)　　정가 : 27,000원

2007년 4월 5일 초판 인쇄
2007년 4월 15일 초판 발행

저　　자 : 오 영 섭
회　　장 : 한 상 하
발 행 인 : 한 정 희
발 행 처 : 경인문화사
편　　집 : 김 경 주
서울특별시 마포구 마포동 324-3
전화 : 718-4831~2, 팩스 : 703-9711
http://www.kyunginp.co.kr | 한국학서적.kr
E-mail : kyunginp@chollian.net
등록번호 : 제10-18호(1973. 11. 8)

ISBN : 978-89-499-0478-8　94910
ⓒ 2007, Kyung-in Publishing Co, Printed in Korea